大国通史丛书

总主编 钱乘旦

德国通史

A History of Germany

邢来顺 吴友法 主编

【第六卷】

重新崛起时代

（1945—2010）

吴友法 黄正柏 邓红英 岳伟 孙文沛 著

江苏人民出版社

图书在版编目(CIP)数据

德国通史. 第六卷/吴友法等著. —南京:
江苏人民出版社,2019.3(2025.10 重印)
ISBN 978 - 7 - 214 - 21492 - 8

Ⅰ.①德… Ⅱ.①吴… ②黄… Ⅲ.①德国—历史
Ⅳ.①K561.0

中国版本图书馆 CIP 数据核字(2017)第 274870 号

书　　　名	德国通史·第六卷　重新崛起时代(1945—2010)
主　　　编	邢来顺　吴友法
著　　　者	吴友法　黄正柏　邓红英　岳　伟　孙文沛
策　　　划	王保顶
责 任 编 辑	张惠玲
装 帧 设 计	刘葶葶
责 任 监 制	王　娟
出 版 发 行	江苏人民出版社
地　　　址	南京市湖南路 1 号 A 楼,邮编:210009
照　　　排	江苏凤凰制版有限公司
印　　　刷	江苏凤凰新华印务集团有限公司
开　　　本	652 毫米×960 毫米　1/16
印　　　张	221　插页 24
字　　　数	2 965 千字
版　　　次	2019 年 3 月第 1 版
印　　　次	2025 年 10 月第 3 次印刷
标 准 书 号	ISBN 978 - 7 - 214 - 21492 - 8
定　　　价	780.00 元(精装)

(江苏人民出版社图书凡印装错误可向承印厂调换)

目　录

前　言

　　一部波澜起伏、曲折惊险、执着前行的德国历史,在经历了德国法西斯垮台后,遭受了又一次凌辱,又一次在泥沼中艰难地爬行。然而,这一次是真正的置死地而后生,又凤凰涅槃般地崛起,在曲折艰难的分裂与统一之后,经过风风雨雨洗礼后的德国,终于与欧洲融为一体,成为爱好和平、受世人关注的欧盟与世界的重要一员,再次雄踞欧洲,创造德国历史上又一次灿烂的辉煌。

一

　　二战结束后,德国经济彻底崩溃,德国人民生活十分艰难。法西斯政权垮台后,德国被苏美英法四国分区占领,德国人民没有决定自己命运的权力。

　　四大盟国在占领德国后,就着手考虑德国的政治体制。

　　在缺乏民主基础的德国,外来力量的冲击是民主政治得以确立、缓慢演进,并最终完全建立的重要推手。在德国历史上,拿破仑入侵的铁蹄催生了德意志的民族民主主义,从而使德意志民族真正觉醒和民主意识启蒙。在一战行将结束之际,为避免陷入全面崩溃,德国请求美国出面"媾和",其条件是德国必须结束"君主专制"统治,实行西方式的自由民主制,德国被迫进行宪政改革,实行民主化。在魏玛民主建立过程中,威尔逊和美国自觉不自觉充当了共和国的"助产士"①。二战后,德国又一次在盟国帮助下,建立了东、西方类型的民主制。这一过程是通过处置德国、对德国实行非纳粹化、非军国主义化、非工业化、民主化的"四化"改造运动实现的。

　　四大盟国意识到,德意志民族要新生,民主政治得以在德国建立和健全发展,社会得到全面进步,就必须铲除纳粹主义。在处置战败的德国问题上,四大盟国吸取了一战后战胜国对德国制裁不成功的教训,重在从政治、经济上对德国进行民主化改造,铲除德国的军国主义、纳粹主义,进而建立健全的民主政治体制。

　　首先,四大盟国对德国实行分区占领,将"一再发生瘟疫的策源地"普鲁士彻底分割,使其从德国地图上消失。其次,对纳粹主要战犯和骨干进行审判,予以严惩,达到教育德国人民的目的。非纳粹化的目的是肃清纳粹主义对德国政治、经济、教育等领域的影响,彻底铲除纳粹残余势力。各占领区废除一切法西斯的法律和决议,查禁和摧毁所有纳粹党团组织,严禁法西斯组织重新活动,清洗盘踞在政治、经济和社会各领域的重要岗位上的纳粹分子,为德国的民主改造奠定基础。

　　非纳粹化过程实际上就是民主化的教育过程。东、西方各占领区在非纳粹化的同时,就开始重建德国的民主政治生活。在西占区,一方面美英法利用教育宣传机构,在西德进行西方民主的灌输;另一方面,按照西方民主原则恢复和重建德国的政治生活。美英法认为,民主政治只有通过西德人民的接受才能在德国土地上生根开花结果。要使德国人接受西方民主政治,就必须迅速恢复和发展经济。经济的恢复和发展,使西德人民顺利度过了战后初期的困难,从客观上也为西德人民接受西方民主树立了信心,为推行西方民主政治奠定了物质基础和群众基础。最后,在西方大国扶持下建立了具有真正意义的资产阶级民主共和国——

---

① 陈从阳:《美国因素与魏玛共和国的兴衰》,中国社会科学出版社 2007 年版,第 69 页。

德意志联邦共和国。在苏占区,苏联没有提"非纳粹化"这一概念,而是称"肃清法西斯残余"。根据波茨坦会议决定,苏占区采取了一系列肃清法西斯残余势力、铲除军国主义的措施。在肃清法西斯残余的同时,苏占区开始实行民主化措施,按照苏联体制,重建东部德国的民主政治生活,建立苏联式的社会主义民主共和国——德意志民主共和国。

盟国的"四化改造",与一战后战胜国只是从经济上对德国进行掠夺和剥削,而不是重在从政治思想上对德国进行改造有着天壤之别。四大盟国对德国的改造,在德国历史进程中起着巨大的进步作用,在西部为联邦德国资本主义制度的建立和发展奠定了重要基础,在东部为民主德国社会主义制度建立创造了条件。盟国对德国实行的非纳粹化和民主化措施,实际上是一场政治革命,从结果看,可以说在西部德国完成了德国资产阶级民主革命没有完成的任务,在东部德国直接实现了无产阶级革命的目的。

<h2 style="text-align:center">二</h2>

美苏"冷战"使德国在 1949 年被分裂为实行不同社会制度的两个国家。由于东西方的对抗,使美苏都不得不扶持各自的伙伴发展经济,使两国在成立后又一次获得了经济复兴的机会。两个德国的人民凭着自己的智慧和才干,奋发图强,在很短时间内,使自己的国家在一片废墟的土地上迅速崛起,各自成为东西方两大对立阵营中的重要强国。联邦德国从 20 世纪 50 年代初开始,经济上进入高速发展时期,创造了"巨大经济奇迹",在 20 世纪 50 年代末就成为仅次于美国的第二经济大国。20世纪 80 年代,联邦德国仍是西方世界"经济巨人",经济实力仅次于美国和日本,在西欧名列前茅。民主德国在比联邦德国更困难的条件下,经过 40 年的艰苦努力,也跻入世界十大工业强国之列,虽然和联邦德国有一定差距,但在东欧国家中却名列榜首。德意志民族在二战失败后的废墟上又一次实现了新的崛起。

联邦德国在战后政治经济社会得以稳定发展,主要是建立了独特的政治经济体制。这一体制是在吸取第二帝国专制主义、魏玛共和国自由主义、第三帝国纳粹极权主义体制失败的教训和吸收外来民主的基础上,并结合本民族特点,基本上按照西方的民主政治和自由经济体制的模式建立起来的。

政治体制上,鉴于魏玛共和国实行不稳定的多政党议会制度的失败,联邦德国实行了新型的政党结构体制。这一体制的特点是消除政党之间意识形态上的障碍,通过设置选举门槛,逐步建立和保持稳定的两党制,在两党制结构基础上形成稳定的德国议会民主制度。联邦德国在较长时期内形成了以"联盟党"和社会民主党两大政党为主、自由民主党为辅的三党制政治结构。① 另外,吸收魏玛体制教训,由《德意志联邦共和国基本》(简称《基本法》)规定对总统权力加以限制,总统只是国家权力的象征性代表,不再拥有行政权,废除了《魏玛宪法》规定的总统拥有的"紧急权力"。总理由总统根据议院中力量对比,提名最强大的党的领袖为总理候选人,再经联邦议院选举后组织政府。政府一旦组成,就获得了比《魏玛宪法》时更大的独立性。这既不像美国国会独立于政府首脑,从整体上形成对总统的抗衡力量,也不像英国下院完全受政府支配和控制,成为政府和反对派争吵的场所,而是这两种类型的混合体。政党政治结构比较民主和稳定。

经济体制上,吸取市场经济和计划经济两种模式的利弊,制订出符合本国国情的"社会市场经济"模式。这一体制在坚持市场经济、坚持自由竞争为主的前提下,强调社会秩序,政府不能对市场经济完全放任自由,要进行适当的调节;同时要保护市场经济,维持一种民主的"竞争秩序"。这种秩序要与自由得以均衡,防止垄断,保证个人创造精神,从而

---

① 在联邦德国,长期以来或者主要政党单独组阁,或者一个主要政党与小党自由民主党组成小联合政府,或者两个大党组成大联合政府。虽然后来如绿党、左翼党等小党也超过5%的门槛进入联邦议会(右翼民族民主党至今未超过5%的门槛),但很难单独取得多数组阁。只有1998年10月,由于社会民主党没有获得单独执政所需的绝对多数,选择与联盟90/绿党组成红绿联盟组阁。绿党首次成为执政党,但仍是小党,不是主要政党。德国政坛至今仍然是"联盟党"和社会民主党两大政党为主、自由民主党为辅的政治结构。

保证竞争得以实现,使经济有一个稳定的发展环境。社会市场经济理论的主要核心是经济自由、社会民主、公正安全。艾哈德将这一理论归结为"自由＋秩序",认为这一理论既不是社会主义,也不是资本主义,而是社会发展的第三条道路——"经济人道主义",否认联邦德国是资本主义国家。其实,社会市场经济从本质上讲仍然是主张发展国家垄断主义,只是不完全等同于西方的"社会市场经济"体制。

联邦德国政治与经济体制的一个共同特点,就是强调"秩序"和"稳定",这也是鉴于德国在动荡多变的历史中遭受磨难而得出的宝贵经验。虽然联邦德国成立后政府也几经更迭,也出现过几次经济危机,但政治经济体制基本上没有改变。在西方民主政治影响下,联邦德国也出现过多元主义,代表各个不同阶级、阶层利益的压力集团在社会生活中起着重要作用。虽然人们对各个压力集团活动有所不安,但联邦德国稳定的政治和经济体制,使利益多元主义也呈现稳定的状态。虽然也几度有"新纳粹"出现,为希特勒法西斯招魂,但反纳粹的正能量总是占主流,也掀不起大浪。民主制的实行和多元主义的出现,并没有削弱德国传统中强调国家权力的作用,而是国家权力和民主制度融洽地结合在一起。事实证明,联邦德国的政治经济体制是成功的。从政治与经济关系角度看,联邦德国基本上实现了政治与经济的相对同步协调发展,保持了社会稳定、经济持续发展的局面。对此,人们称联邦德国的发展模式为资本主义发展的"第三条道路",或曰莱茵资本主义发展模式,是一个真正完备的资本主义社会形态,或者说较成熟的资本主义社会形态。①

当然,再好的体制也会随着形势的发展而遇到新的问题,也还需要不断进行自我改革和完善。在 20 世纪 60 年代中后期联邦体制也遇到

---

① 近代以来,德国资本主义出现过四种社会形态,是一个由不成熟到逐渐走向相对成熟的过程:第二帝国是经济巨人、政治跛子的半资本主义或者说半专制主义的社会形态。魏玛德国是不成熟的或者说不完备的资本主义社会形态。第三帝国可称为封建法西斯式资本主义社会形态,从军事经济角度看,可称为军事国家垄断资本主义的社会形态。联邦德国确立了完全的资产阶级政治经济体制,是一个真正完备的资本主义社会形态,或者说较成熟的资本主义社会形态。

了困境,主要是在以市场经济原则的指导下,以经济增长为主的政策不能满足联邦德国现实的需要。在社会民主党上台后,1967 年制定了《促进经济稳定和增长法》,尤其是在 70 年代初的经济危机中,勃兰特和施密特政府根据危机出现的新情况,对社会市场经济某些方面的政策进行了调整,如在以市场经济为主的前提下,增强了国家干预职能。"稳定法"在维护社会市场经济体制的基本特征的同时,也弥补了它在发展变化的形势中出现的缺点和不足,从而更加完善和发展了社会市场经济体制,使联邦德国顺利渡过了经济萧条时期。

后来,联邦德国又染上了高福利给财政带来沉重负担的"德国病",这是联邦经济体制在运行过程中出现的又一新问题,又需要进行改革,使之不断完善。从科尔政府开始意识到了这一点。德国统一后,他出台了诸如税收、社会福利和就业等方面的改革政策,施罗德时代的包括税收、劳动力市场、养老金和医疗保险等一系列改革,以及默克尔政府的财税改革,都是对社会市场经济在运行过程中出现的问题进行自我完善。经过几届政府的努力,医治"德国病"和解决失业问题也出现了一些成效。尽管西方国家及一些德国人认为,德国"社会市场经济"模式气数已尽,其高福利制度保护了"懒惰",制约了德国人在经济活动中的积极性,限制了生产效率的提高,德国应向美国的"自由市场经济"或英国的"传统市场经济"模式转变。其实,德国的"社会市场经济"是适应德国的国情和历史传统而产生的,它为德国经济发展创造过奇迹,为繁荣德国资本主义和提高国民生活起过重要作用,至今仍然在发挥作用。现在,德国大多数人认为社会市场经济这种模式依然适合德国国情,德国进行的税收和福利制度的改革,仍然是对德国社会市场经济模式的修正,而不能说是这种模式的失败。

民主德国经济社会发展成就是借助于苏联的帮助,是因为实行了苏联模式的社会主义政治经济制度,建立了以统一社会党为主的中央集权体制,采用人民议会民主制,奉行以计划经济为主的经济体制。在社会主义道路上,民主德国也进行了多次政治经济体制改革,经济社会也在平稳中发展。然而，在德国统一之前民主德国进行的政治经济改革并不彻底，人民群众怨声载道，仍然需要不断进行自我完善的社会主义体制的改革。

三

除了独特的政治经济体制之外，联邦德国虽然是依附于西方世界，维护西方价值观，但从国家的整体利益出发，在外交上也是独树一帜，基本上开展的是自主性的、全方位外交。在这一方针下，根据实际情况确立和不断调整对外政策。

联邦德国成立后，面临主要问题是复兴西德经济、取得独立的国家主权。德国经济复兴了，法国及德国其他邻居会担心德国成为"第四帝国"，又面临安全危险。如何解决这一"德国问题"，联邦德国认为只有通过西欧联合来实现。推进西欧联合，实现欧洲永久和平，这是联邦德国成立后的重要外交构想。解决"德国问题"的关键是实现"德法和解"，"德法和解思想"是首任联邦总理阿登纳最先提出的。他认为，只有这样才能解除法国对德国复兴的担忧，只有通过西欧联合，在煤钢生产等领域建立一种超国家的一体化机制，对包括德国在内的各国行为加以限制，才能实现欧洲的长久和平和相互合作。一体化是其德法和解、合作的最好途径。所以，在实现德法和解过程中，才有了《舒曼计划》的出台，有了煤钢联营条约，后来才有了 1957 年的《罗马条约》，才有了欧洲经济共同体（Europäische Wirtschaftsgeimeinschaft，EWG），才有了早期西欧一体化。没有阿登纳的"德法和解"外交思想，就没有欧洲早期一体化。

推行欧洲一体化健康发展，是德国不断追求的奋斗目标。出于对第三帝国给法国及欧洲带来伤害的愧疚，联邦德国在战后特别是上世纪五六十年代基本上是扮演了一个顺从和迁就法国的小伙伴角色，并尽力避免欧共体内的摩擦。① 在对法国及对欧洲政策问题上，德国宁愿保持低

---

① 如在《罗马条约》及共同农业政策形成的谈判时，德国就基本上顺从了法国的意愿，它虽然希望英国加入欧共体，但戴高乐在 1963 年和 1967 年对英国申请的两次否决，德国也表示了默认。

调,尽力避免在欧共体内追求本国的最大利益。为欧洲一体化顺利发展,德国作出了很多让步。后来的施密特、科尔,为推动欧洲一体化深入发展也作出了积极的贡献。

在美苏冷战时期,联邦德国在以美国为首的西方操纵下,不得不长期推行拒不在国际法上承认民主德国的"哈尔斯坦主义",在"德国统一问题"和"柏林问题"上处于严重对峙局面,与东欧关系也很紧张,外交空间十分狭窄。在此情况下,联邦德国不顾被绑在西方战车上,在20世纪六七十年代联邦总理勃兰特坚决推行"新东方政策"①,缓和了东西德的紧张关系,在缓和美苏对峙引起的剑拔弩张的东西方关系方面也发挥了重要作用。由于"新东方政策"的实施,两个德国的人民不断寻找缓和的途径,终于没有在德国问题和欧洲问题上导致兵戎相见。"新东方政策"也使民主德国放弃了对联邦德国的强硬态度,两个德国关系实现了正常化,逐步建立了友好睦邻关系。联邦德国和民主德国也都分别与东欧、西欧国家改善了关系,从而缓和了欧洲紧张局势。

为表明德国爱好和平和维护世界和平的诚意,联邦德国自成立以来,不断正视自己的历史,勇于承担在二战中的战争罪行。1970年12月7日,联邦德国总理勃兰特访问波兰,在华沙犹太人纪念碑前双膝下跪,以示对纳粹屠杀犹太人的忏悔,令全世界为之动容。联邦德国不仅在道义上勇于承认历史罪责,而且还承担了不少经济赔偿责任。② 两个德国统一及1991年12月苏联解体,欧洲各国的力量对比发生了明显的变化。善于捕捉机遇的科尔,及时抓住这一变化的世界局势,在新的世界

---

① 勃兰特于1974年5月6日辞职,继任总理赫尔穆特·施密特继续推行勃兰特政府的政策。
② 联邦德国政府根据1953年的对战争受害者的赔偿法,每年要支付数十亿马克的赔偿费,在德国统一前已支付了800亿马克。统一后的1991年,德国政府向"德国波兰和解基金会"提供了一笔价值5亿马克的捐款,以表示对波兰受害者的赔偿;1993年4月,德国又向前苏联三个加盟共和国一次性赔偿10亿马克;1996年12月28日,科尔表示德国愿意向纳粹受害者提供更多的经济补偿,认为这是尊重历史和不忘历史教训的具体行动,随后德国允诺提供1.3亿马克,以增加对法西斯集中营幸存的犹太人和纳粹受害者的后代等经济补偿。到20世纪末,德国赔偿总金额达到1020亿马克。

格局中不断拓展新德国的外交空间,主动要求承担更多的维护和平的国际任务,参加国际维和行动,使德国军队走出国境,显示其政治大国地位。同时,在与美国等西方国家继续保持传统的友好关系的同时,德国推行温和的外交政策,主动与俄国及东欧国家发展友好关系。对亚洲,德国推行"新亚洲政策",将亚洲作为其外交和经济政策的重点,加强与亚洲的经济合作,同时十分重视扩大在中东和非洲的影响,增强德国在拉美的地位。这些努力,使统一后的德国在欧洲和世界发挥着越来越重要的作用。

在与美国关系方面,也逐渐改变以往在外交上唯美国马首是瞻的"追随者"形象,推行全方位"自主性"的大国外交,努力争取获得与其经济实力相称的政治大国地位。从1991年底开始,德国在国际政治舞台上频频亮相,开展了一系列令世人瞩目的外交活动。如1991年12月不顾美国和欧共体国家反对,单独宣布承认斯洛文尼亚和克罗地亚两个自治共和国的独立。科尔"自主性"外交也处处显示德国在处理欧洲事务中的主导地位,如德国不与欧洲盟国协商,曾几次单独提高利率,迫使其盟友不得不跟着提高利率或者不敢降低利率。德国促成欧洲政治联合的实现,以及为扩大其在中、东欧的影响,力主欧洲联盟向中、东欧敞开大门。凡此种种,充分显示德国已成为欧洲联盟中的主角。

四

由于"新东方政策"的实施,两个德国的关系从互相对立、彼此不接触的状态中逐渐实现了正常化。两国关系的《基础条约》签定后,两国关系快速发展,20世纪80年代有了新的突破。德国分裂基于美苏"冷战"。只要美苏"冷战"对峙的格局存在,只要"柏林墙"依然存在,德国统一就不可能成为现实。20世纪80年代末,戈尔巴乔夫"新思维"改革思想抛出后,东、西方关系进一步缓和,东欧出现政治剧变,雅尔塔格局开始动摇。1989年下半年,民主德国政府宣布开放两个德国和东、西柏林之间的边界,以便使两国人民自由往来。联邦德国总理科尔及时抓住这一机会,提出了德国统一的主张,并经过不懈的努力,得到以美国为首的西方大国和苏联的支持,同时,民主德国在社会主义自我完善改革的道路上不断出现失误,最终被联邦德国统一了过去。在两个德国从实现关系正常化以来业已存在的民族情感及两国人民早就有要求统一愿望的坚实基础上,在欧洲一体化进行的过程中,于1990年10月3日迅速地实现了德国的统一。德国的统一,宣告了二战后形成的以美苏对峙为标志的"雅尔塔格局"的结束。

再次统一起来的德国,其强大的经济实力和众多的人口,成为欧洲最强大的国家。德国统一后,由于要在东德移入联邦政治经济体制,政治经济转轨在一段时期内遇到一些困难,如物价上涨、失业率上升、新纳粹沉渣泛起、振兴东部经济要投入大量财力,以及高福利导致高债务,使德国经济出现下滑。东德居民在统一后生活不及西德,导致成为二等公民的失落感,东、西德统一后在政治经济生活上完全融合,也需要时日,不能一蹴而就。在科尔、施罗德、默克尔等几届政府的领导下,大力振兴东部经济,并进行全方位的改革,不断推进东部德国的经济改造,尽可能努力实现与西部德国的同步发展,改善东部德国人民的生活。这些努力出现成效,1998年德国统一以来经济出现增长,经过2000年以来的长期低迷后,又在2006年出现了转机。默克尔执政时期的德国经济发展态势良好。德国统一后,大量外来移民涌入,德国已成为了事实上的移民国家。针对新出现的情况,政府逐渐推行以"和而不同,和谐为本"为主要特征的文化多元主义政策,在德国建构文化多样性、和谐的社会。

德国统一后,又促进了欧洲的大统一。在联邦德国为谋求两德统一之际,又产生了类似于二战后的"德国问题"。为消除法国等周边国家对两德统一后安全的担忧,联邦德国再三强调,两德统一要在欧洲一体化进程中实现。为实现诺言,德国统一后,科尔总理对外不遗余力地积极推动欧洲的联合和统一。在德国的主动努力下,并根据德国和法国的建议,欧洲共同体成员国于1991年12月共同签署了关于建立欧洲政治联盟和经济货币联盟的《马斯特里赫特条约》(简称《马约》)。《马约》于1993 年 11 月 1 日正式生效,"欧洲政治和经济货币联盟"(简称"欧洲联盟"或"欧盟")正式诞生。它的成立标志着欧洲联合进入一个新的发展阶段。

由于地理和历史原因,德国一直以"东西欧的桥梁自居",主张北约与欧盟"同步进行"东扩,实行新的东方政策。为此,先后通过与东欧国家签订双边条约,解决诸如边界等历史遗留问题,消除这些国家对德国统一之后的疑惧心理,实现了和解。德国这些外交努力,使其统一后"新东方政策"赢得了东欧各国对德国的友好和信任,欧盟先后实现了几次东扩,使欧洲实现了大统一。欧洲今天的大统一,无不是因为解决"德国问题"和德国为之努力的结果。但是,正如历史是螺旋式曲折发展的,由于统一欧洲的各国政治、经济、文化存在差异,在发展的过程中不会是一帆风顺的,内部出现不同声音,甚至出现挫折,也是不可避免的。英国公投脱欧,为欧盟分裂倾向撕开了一个口子。但是,德国历届政府和有识之士坚持不懈地维护欧洲的团结和联合,相信这也是以后德国政府和有识之士的努力方向。因为只有这样,才能使欧洲历史不至于走回头路,陷入动则兵戎相见、冤冤相报的历史漩涡。

五

二战后联邦德国在政治经济外交等领域走的是一条符合本国国情和利益的独特的发展道路。德国在战后崛起,得益于这一符合本国国情的道路选择。除此之外,依靠教育和科技的力量,也是德国的强国之基。重视教育和科技,是德国重要的历史传统。德国的教育尤其是普及教育的程度居世界各国之首。为适应工业化的需要,德国还十分重视技术教育,大力发展工科大学。另外,德国还十分重视职业教育。德国教育为经济发展造就了大批科学人才和高素质的职工队伍。在发展教育的同时,德国十分重视科学研究,并使之与实际相结合。德国在教学科研方面的学术气氛十分活跃,允许学者们在学术上自由发表意见,科学研究和学术探讨完全独立于政治和宗教之外,不受其干扰,所以德国人才辈出,科研硕果累累。强大的教育和科技,成就了强大的德国!

纵观二战后的德国历史,它是一部被占领、分裂、崛起、统一的历史;它也既是一部无奈的民族占领屈辱史、被迫的民族分裂伤痛史,又是一部德意志民族再新生、再崛起、再统一、再辉煌的历史!

本卷主持人　吴友法

第一编

盟国占领与德国的分裂（1945—1949）

第一章 盟国对德国的占领与管制

德国挑起第二次世界大战,给欧洲人民带来巨大灾难,德国也因此成为危害欧洲乃至全世界安全的最不稳定因素,被世界各国视为破坏和平的"动乱之源"。德国自身也遭受了自"三十年战争"(Dreißigjähriger Krieg,1618—1648)以来最为惨重的损失,德国人民为法西斯的侵略战争付出了沉重的代价。二战后的德国满目疮痍,第三帝国政权被完全摧毁,国民经济陷入崩溃,人民生活困苦不堪。德国尽管已经彻底战败并陷入全面崩溃的境地,但仍难逃历史的惩罚。

在正义国家付出巨大的牺牲和努力最终打败纳粹德国之后,同盟国领导人决心一劳永逸地消除德国对世界和平的军事威胁,不再重蹈一战后对德制裁不彻底、放纵德国,使其再度崛起的覆辙。1945 年 2 月,富兰克林·罗斯福(Franklin Roosevelt,1882—1945)、温斯顿·丘吉尔(Winston Churchill,1874—1965)与约瑟夫·斯大林(Joseph Stalin,1878—1953)在雅尔塔会议(Jalta-Konferenz)上一致决定,在战后对德国实施全面占领和国际管制。《雅尔塔会议公报》(Jalta-Konferenz Bericht)庄严宣布:"我们坚定不移的宗旨,是消灭德国的军国主义和纳粹主义,保证德国从此永远不能破坏世界和平。……只有根绝了纳粹主义和军国主义,德国人民才有过适当的生活和在国际交往中占一席之地的希望。"①欧洲战事结束后,盟国领导人在1945年7月召开的波茨坦会议上重申了雅尔塔会议精神,在《波茨坦协议》(Potsdamer Abkommen)中确立了战后管制德国的政治、经济原则。至此,德国自1871年以来保持的统一状态被终结,完全丧失了国家主权,被美苏英法四大战胜国分区占领。

第一节　战后初期的德国

一、一片废墟,满目疮痍

希特勒曾经威胁说,假如他的军队不能取得最后胜利,他将把德国人民同他一起拖进失败的深渊。这是纳粹元首向德国人民唯一不折不扣兑现的诺言。1945年5月,标志着纳粹德国最终覆灭的柏林战役行将结束时,柏林市3/4的住宅已经倒塌,成为一座"死亡的城市"。柏林交响乐团在疏散前最后一场音乐会上演奏了希特勒最喜爱的瓦格纳歌剧《众神的黄昏》(Götterdämmerung),其庄严的哀乐宣告了宫殿的毁灭、众神的死亡和世界的末日。这恰如其分地描述了纳粹德国最终崩溃时的情景。5月8日,德军最高统帅部宣布无条件投降,德国在第二次世界大战中以惨败收场。5月9日,最高统帅部发布了第二次世界大战的最后一项公报,公报将此时描述为"德国历史上最黑暗的时刻"。同盟国军队全面占领德国并接管当地政权。重获自由的德国人不得不面对长期的被占领状态,在一片废墟上艰难起步,开始新的生活。

第二次世界大战给德国带来了极为惨重的损失。自17世纪"三十年战争"使德国1/3的人口丧生以来,德国遭受的生命和财产损失、城镇破坏以及整个社会结构的瓦解,从未如此严重过。盟国轰炸机持续数年的高强度轰炸、激烈的城市攻防战,以及阿道夫·希特勒(Adolf Hitler,

---

① 萨纳柯耶夫、崔布列夫斯基编:《德黑兰、雅尔塔、波茨坦会议文件集》,北京外国语学院俄语专业译,三联书店1978年版,第244—245页。

1889—1945)在战争行将结束时发布"焦土政策"的肆意破坏,几乎使德国所有城镇都成为颓垣残壁的瓦砾场。

据战后估计,德国的实物资本在1938年到1945年间从4150亿帝国马克下降到1900亿帝国马克,与此同时,德国债务却从310亿帝国马克上升到3370亿帝国马克。专家们计算,德国农业和工业建筑物价值损失几乎达到25%,农业动产和住房建筑物损失50%,私人实物财产损失超过60%以上,其他非建筑物工业财产损失75%。[①] 德国大城市有2/3的住宅在战争中被炸毁,数百万人在轰炸中失去了他们所有的房屋和财产,只能在防空壕、难民营、碉堡以及地窖中拥挤地生活。昔日繁华热闹的大都市,如今已变成满目疮痍的废墟,只有在碎砖乱瓦中才依稀可见几条弯曲的小路。1945年5月3日进入柏林的纽约《先驱论坛报》记者描述当时的柏林状况:"柏林什么也没有剩下。没有住宅,没有商店,没有运输,没有政府建筑物。纳粹留给柏林人民的遗产仅是一些颓垣残壁。……柏林如今仅仅是一个碎砖破瓦堆积如山的地理位置。"一位美国官员则将柏林形容成"一座燃烧的、冒烟的、爆炸的传播死亡气息的火山"[②]。据计算,如果柏林每天开出10列有50辆车皮的列车来运输瓦砾,要历时16年才能运完。科隆66%的住宅被摧毁,只剩下大教堂仍然矗立着,如此严重的损失使市政厅一度考虑放弃科隆的废墟,在北边莱茵河畔新建一座城市。杜塞尔多夫93%的住宅不能居住,法兰克福(Frankfurt am Main)[③]的18万套住宅中有8万套被毁。远远看去大多数建筑物仍然屹立在那里,但实际上大多只剩下一个外壳。除私人住宅外,大量公共建筑也遭到毁坏,教堂、剧院、学校、艺术馆等都未能幸免于难。统计表明,到1945年,10万人以上的德国城市住宅建筑破坏状况

---

① 卡尔·哈达赫:《20世纪德国经济史》,商务印书馆1984年版,第90—91页。

② Peter Zolling, *Deutsche Geschichte von 1871 bis zur Gegenwart*, München: Carl Hanser Verlag, 2005, S. 229.

③ 德国有两个法兰克福,即西德地区的美因河畔法兰克福和东德地区的奥德河畔法兰克福(Frankfurt an der Oder)。

为:柏林:毁坏 30%,损坏 45%,完整 25%;英占区相应为 33%,46%和 21%;美占区为 33%,48%和 19%;法占区为 44%,45%和 11%;苏占区为 23%,38%和 39%。[1]

由于盟军的昼夜空袭,德国大约 30%—40%的工厂遭到破坏无法继续生产。在欧洲最大的工业中心鲁尔区,情况则更加糟糕。这个 50 英里长、20 英里宽的椭圆形区域内,曾经鳞次栉比地坐落着众多煤矿、钢铁厂、发电厂、化工厂等,繁荣的工业生产使该地区终日烟雾弥漫。鲁尔区在战争中受到英美空军的重点轰炸,到战争结束时,空袭中幸存的烟囱寥寥无几,这个最大的工业中心已成为一片废墟。比较偏远的巴伐利亚、巴登-符腾堡等地的工业受破坏程度则较小。1945 年 7 月,美占区军政府对辖区内所有工厂生产情况进行统计,1.2 万家工厂中只有大约 10%还能继续生产,其余的已经无法开工了。

战争使德国人原本引以为傲的交通体系遭到了毁灭性的破坏。战争后期英美空军意识到破坏交通运输,将给德国工业造成更加严重的破坏,于是将轰炸重点转移到德国各种交通设施上来。各种铁路枢纽、铁道、桥梁和高速公路成为盟国空军打击的重点,车辆和船只也不能幸免。战争结束时,原本四通八达的交通网几近瘫痪。铁路和水运是德国交通体系中最重要的组成部分,战前德国货运有 70%是通过铁路、20%是通过水运进行的,这两个部门在战争中的损失也最为严重。无数铁路枢纽、隧道、调车场和道岔已不能使用。在英国和美国占领区内,有 2341座铁路桥梁被摧毁,占原有桥梁总数的 70%。英占区的 1.3 万公里铁路只剩下 1000 公里可以行车,而且这 1000 公里还互不连接。[2] 铁路车辆也极度缺乏,货车车厢达不到战前水平的一半,只有约 50%的火车头可供使用。铁路运输因此几乎完全瘫痪。在水运方面,英占区和美占区的

---

[1] 迈克尔·鲍尔弗、约翰·梅尔:《四国对德国和奥地利的管制》,上海译文出版社 1980 年版,第 9 页。

[2] Michael von Prollius, *Deutsche Wirtschaftsgeschichte nach 1945*, Göttingen:Vandenhoeck & Ruprecht,2006,S. 21.

958 座主要河道桥梁中有 740 座被毁坏，横跨莱茵河、威悉河和美茵河的所有铁路桥梁都被摧毁，导致这三条举足轻重的内河航道完全关闭。莱茵河是德国最重要的河流，被誉为德国人的"母亲河"，其战前承载的航运量比苏伊士运河或巴拿马运河还要大，重要性不言而喻。横跨莱茵河的所有桥梁都被摧毁，约 1700 艘船只沉没进一步堵塞了河道，导致全程不能通航。德国靠近北海的港口，如不来梅、威廉港等，也充塞着沉没的船只无法使用。汽车运输方面，不仅道路损毁严重，而且大部分卡车在战时都被用于服务德军，剩下的则在战后被占领军没收了。一度被誉为欧洲最发达的德国交通，完全成了一个烂摊子。

纳粹德国发动的第二次世界大战在给别国带来巨大灾难的同时，也使德国蒙受了极为惨重的生命损失。与第一次世界大战相比，第二次世界大战给德国造成的人员伤亡高出几乎两倍，大约有 550 万人死亡，其中军队死亡人数约 376 万人，平民死亡人数约 165 万人。[1] 此数字尚不包括失踪和死于战俘营的士兵和平民。大量平民在盟国空军的猛烈轰炸中丧生。1943 年 7 月对汉堡的轰炸使 4 万人丧生，1945 年 2 月对德累斯顿的空袭使 13.5 万人丧生。战前拥有 430 万人口的柏林，在 1945 年 8 月只剩下 280 万居民。[2] 因战争而受伤致残者不计其数，仅西德地区就有 200 万人残废。1920 年出生的德国男子中每 100 人就有 41 人死亡或失踪，1921 年至 1925 年出生的德国男子中这一比例均超过 30％。1939 年德国人口中男性占 48.8％，到 1946 年下降到 44％。[3] 战争毁灭了整整一代人的青春岁月，留给他们的只有无尽的痛苦回忆。

---

① 卡尔·迪特利希·埃尔德曼：《德意志史》，第四卷下册，高年生译，商务印书馆 1986 年版，第 167 页。

② Ilse Spittmann, *Von der SBZ zur DDR ：1945—1949*，Köln：Verlag Wissenschaft und Politik, 1989, S. 9.

③ 迈克尔·鲍尔弗、约翰·梅尔：《四国对德国和奥地利的管制》，上海译文出版社 1980 年版，第 13 页。

二、穷困潦倒,苟且图生

纳粹德国的覆灭标志着一个旧时代的终结。自二战爆发以来,德国人民所忍受的每况愈下的生活,到战争结束时,变得更加灰暗和令人绝望。在当代德国人的记忆中,习惯将这一时刻称为"崩溃"(Zusammenbruch)或"零点"(Stunde Null)。在新的国家体系建立之前,德国人民必须忍受长时期低水平生活的煎熬。

在战争结束时的一片混乱当中,最引人注目的情况当属大量德国东部难民的涌入。在1945年欧洲战事结束的前后几个月,发生了德国历史上最大规模的人口迁移,1200万东部德国人失去了他们的家园成为难民,汇聚成从东向西流动的浪潮。由于德国历史上长期的向东殖民运动,在奥德-尼斯河以东的波莫瑞、西里西亚和东普鲁士等地定居着大量德意志人。在二战期间,随着德国军队向东方的推进,大量德国居民被迁移到东方新占领的土地上,在波兰、捷克斯洛伐克、匈牙利、罗马尼亚都居住着这种新移民。随着战局的转折,1944年苏联红军推进到波兰,失去德国军队庇护的德国移民开始被驱逐,可怕的命运逐步降临到德国东部领土全体居民的头上。根据雅尔塔会议的决定,战后波兰领土整体向西移动,波兰在东部失去的领土由德国割让其东部领土给予补偿,奥德-尼斯河成为德国与波兰的新边界,德国东部居民成为苏联和英美博弈的牺牲品。庞大混乱的群体性人员流动与其说是迁移,不如说是一场不折不扣的逃亡。在复仇情绪的驱使下,德国居民受到当地政府和苏联红军的暴力驱逐,被迫在短时间内离开他们世代生活的故土,汇入到向西逃亡的巨大人流中去。也有人害怕受到当地居民的报复,自愿离开。因为逃亡的匆忙和沿途的损失,绝大部分人失去了他们所有的财产,带着饥饿和绝望来到了德国本土。能够活着进入德国本土并安顿下来已属侥幸,大约200万人死于逃亡途中。在战后最初几个月里,成群结队的难民和为了逃避轰炸离开城市的上百万疏散者在公路上汇合在一起,犹如一群失魂落魄的乌合之众。东部难民的涌入使德国人口增加了

23.6%，有 780 万难民进入了英国和美国占领区。① 这些逃到德国西部的难民既无住宅，又无财产，更加重了本地居民的负担。

在战争刚刚结束的几个年头，不惜一切代价以求生存成为德国人生活中压倒一切的理念。因为缺衣少粮和恶劣的居住环境，寒冷和饥饿不断加剧着人们的痛苦，虚弱的人往往在夜里被冻死在床上。德国人自我嘲讽道，"因饥饿而干瘪的脸成了德国人的标志，四周都看不到一个胖子，我们快要退回到石器时代了"②。战胜国并不准备让德国人维持体面的生活，罗斯福在战争期间就说过，"德国人一天喝三次汤就够了"。一向心高气傲自视为优等民族的德国人，如今沦为占领军眼中的"下等人"，毫无尊严和保障可言。一些人不能忍受痛苦，出现了严重的精神崩溃和价值观的丧失。买不起香烟的人跟在外国军人和外国游客身后捡他们扔掉的烟头，而一些德国姑娘与盟国士兵勾搭，换取巧克力和尼龙袜或者美军的干粮包，以贴补家用。一切政治口号和文化信条此刻都变得空洞无力，麻木的德国人只能祈求熬过战后最艰难的这段岁月，顽强地活下去。

战争期间德国农民大量应征入伍，德国农业靠大量的外国劳工才得以维持。德国人的食品需求相当一部分依靠广大德国占领区的供应。战争后期，随着德国占领区的不断缩小，德国人的食品供应持续下降。在德国投降前，人均每天的食品供应已下降到 1600 卡路里。战争结束后，外国劳工纷纷被盟军遣返，德国的食物短缺问题立刻变得严重起来。易北河以东地区是德国一直以来的"面包篮子"。战争结束后，苏联停止从东德向西德输送粮食，更加剧了西德的食品危机。德国有限的食品被优先供应给军政府和占领军，普通德国民众只能领取少得可怜的食品配给。根据当时的医学评估，一个成年人每天需要补充 3000 卡路里的能

---

① Jan Foitzik，*Sowjetische Militäradministration in Deutschland*（SMAD）*1945—1949*，Berlin：Akademie Verlag，1999，S. 61.

② Peter Zolling，*Deutsche Geschichte von 1871 bis zur Gegenwart*，München：Carl Hanser Verlag，2005，S. 230.

量,才能满足每天 8 小时工作所需。1945 年战争结束后的那个冬天,每个德国人每天得到的食物不足 1000 卡路里。后来当上德国总理的赫尔穆特·施密特(Helmut Schmidt,1918—2015)回忆道,"我们每天靠 896 卡路里的热量过活"。大城市的情况尤其糟糕,柏林出现了市民啃食青草和树皮的情况。一名作家在日记中这样写道:死去动物的尸体也成为人们争夺的对象,"骨头上的每块肉都被割下来扔到锅子里"。① 但是,这还不算最严峻的境况,此后生活水平持续恶化,更大的厄运等待着德国人民。1946 年 10 月,从北极和西伯利亚入侵的寒潮开始席卷德国,到了 1947 年 1 月,温度骤然降至零下 20 度,德国迎来了 20 世纪最寒冷的冬天。在长达四个月的漫长冬季里,全德国死亡人数至少 10 万(这还不包括在战俘营死去的俘虏),冻伤、浮肿、患上软骨病、肺结核者达数百万。直到 1948 年下半年,德国开始接受"马歇尔计划"(Marshall-plan)援助后,食品短缺危机才得以缓解。

　　日常生活中的燃料短缺也使德国人民苦不堪言。鲁尔区的煤产量在 1938 年为 1.37 亿吨,到 1945 年只剩下 0.355 亿吨,相当于战前水平的 1/4。② 英国军政府在德国投降后立即切断了鲁尔煤矿与外界的经济联系,实行计划生产。出于限制德国工业或战争赔偿的考虑,大量煤矿开采设备被拆卸运走。开采出来的煤的 1/4 被运到其他燃料和能源供应不足的欧洲国家。德国交通体系在战争中遭受的毁灭性破坏,也阻碍了煤炭的运输,成为制约工业生产恢复的瓶颈。而矿工们自身缺少足够的食物,也严重影响了生产效率。所有这一切,不仅让德国的主妇为缺少烹饪的燃料犯愁,更使虚弱的德国人民在寒冷的冬季时刻面临死神的威胁。在 1946 年异常寒冷的冬季,西占区每户居民只得到当局配给的

---

① Ruth Andreas-Friedrich, *Battleground Berlin*：*Diaries*，*1945—1948*，New York：Paragon House Publishers，1990，p.35.

② Nicholas Balabkins, *Germany under Direct Controls*：*Economic Aspects of Industrial Disarmament*，*1945—1948*，New Brunswick：Rutgers University Press，1971，p.112.

25 公斤煤作为取暖之用,而在 1944 年这一配给量是 500 公斤。[①] 刺骨的寒冷使一切道德体系都变得摇摇欲坠,偷窃作为延续生计的一种手段已经广为德国人接受。面对德国普通群众的灾难,西德的天主教高级教士、科隆的约瑟夫·弗林斯(Josef Frings,1887—1978)红衣主教正式宣布,凡是在有煤的地方,偷煤都不再是罪孽。[②] 每当载煤的火车在有人居住的地区停下来时,大人小孩便蜂拥而上,像蝗虫饕餮庄稼一样把煤一抢而光。

　　德国人民还要忍受相当长时期的住房短缺。战争结束后,西德地区超过 300 万套公寓已被摧毁或无法居住。在英占区和美占区,战前公寓总计 930 万套,战后只剩下 480 万套可供居住,48% 的公寓遭到摧毁或破坏。一栋在战前居住 4 个人的房屋,现在挤进了 10 个人。占领军大量征用了那些没有受到破坏的住宅,提供给军官居住。各种旅馆、学校和其他公共建筑也被征用,作为士兵的住所。从东方逃亡来的几百万难民使居住情况变得更加拥挤不堪。在轰炸中失去房屋的城市居民被迫挤进地下室或防空洞栖身,或在断壁残垣间搭起窝棚来抵御风雨。相对而言,农村或郊区的住宅损失要轻得多。战争结束时,农村居民不得不为几十万流离失所的城市居民提供住所。由于缺少燃料、电力和建筑材料,加上交通体系的瘫痪,城市里建筑的修复工作进展缓慢。到 1947 年,战争结束两年后,人均居住面积仍然只有 4 平方米。甚至直到 1949 年联邦德国建立之时,依然平均有 3.18 个人分享一个卧室。因为过度拥挤的居住环境,肺结核之类的传染病快速传播,加剧了人群中的非正常死亡。

　　战争造成了工业的衰退和金融体系的轰然倒塌。纳粹德国在战争期间大量发行纸币,使纸币数量猛增 14 倍。战后德国消费品的极端匮乏和帝国马克的贬值使黑市交易异常繁荣,进而支配了人们的日常生

[①] Nicholas Balabkins, *Germany under Direct Controls*：*Economic Aspects of Industrial Disarmament*，*1945—1948*，p. 127.

[②] 埃德温·哈特里奇:《第四帝国的崛起》,世界知识出版社 1982 年版,第 40 页。

活。一个熟练技工在 1946 年每月能挣 230 马克,这只够在黑市上买一磅黄油。[1] 在当时的德国流传着一个故事:一个矿工每周能挣 60 马克,他养的一只母鸡每周能下 5 个蛋。矿工吃掉一个鸡蛋,用剩下的 4 个鸡蛋换到 20 支香烟,这些香烟在黑市等价于 160 马克。也就是说,一只母鸡创造的效益是一个辛苦劳作的矿工的 3 倍。黑市的存在激励了各种投机行为,打击了诚实劳动的人,降低了社会的道德水准。人们不愿为得到毫无价值的帝国马克而努力工作,只能在黑市上卖掉个人财产维持生计。人人都想囤积居奇,商店的货架却空空如也,没有一个店主愿意将货品换成帝国马克。城市里的居民被迫涌向农村,用财物交换农民的粮食,运气好的话,他们能够带回几磅土豆、鸡蛋、黄油或肉。农民在战后成了德国的新贵。同时,货币的严重贬值迫使人们回到以物易物的原始交易方式,香烟代替帝国马克成为交易中的等价物。人们聚集在城市的火车站附近进行交易,价格都以几包几条香烟来计算。虽然黑市交易是占领当局明令禁止的,但农民和商人都乐意铤而走险,生产和出售自己的商品。盟国的占领军也参与到黑市中来,从中渔利,美国大兵用军队配给的香烟、罐头、咖啡换走了德国大量珍贵物品,例如珠宝、银器、迈森瓷器等。黑市交易从 1945 年持续到 1948 年的货币改革才告终结。虽然被称为"卷烟经济"的黑市交易充斥着肮脏和腐败,但德国人民依靠它才度过了战后最艰难的岁月。

第二节　盟国对德国的管制

一、四大国最初处置德国的意见

自 1871 年普法战争以来,德国在欧洲中部的崛起打破了近代欧洲的均势格局,也使欧洲传统的地缘政治发生了重大变化。"谁控制了德

---

[1] Alan Kramer, *The West German Economy*, *1945—1955*, New York: Berg Publishers, 1991, p. 87.

国,谁就能控制欧洲的力量平衡"①,进而在世界称霸。在二战中彻底战败后,整个德国都在沉默地等待战胜国的处置。但是,四个国家共同战胜德国、占领德国的事实,意味着对德国的改造必然存在多种设想,其中交织着社会制度和意识形态的巨大分歧,为德国的分裂埋下了伏笔。

在二战期间,同盟国领导人在战后如何处置德国的问题上进行了多次讨论,唯恐再度出现一战后德国武装崛起的局面。从一战后的历史经验出发,盟国领导人在战后处置德国问题上达成了共识,即尽力削弱德国,彻底消除德国再度军事崛起的可能性。关于盟国领导人乃至欧洲人民对德国的仇恨情绪,英国首相丘吉尔于 1943 年 9 月 21 日在议会下院发表的演讲很具代表性:"在我们一生中,德国人曾经两次,加上我们的父辈则有三次,把世界投进他们所挑起的扩张与侵略战争。……他们一旦变得强大起来,就要寻找牺牲品;他们以铁的纪律追随任何一个领导他们找寻牺牲品的人物。德国的核心是普鲁士。那里是一再发生瘟疫的策源地。……在 1/4 的世纪中,由于条顿民族追求霸权,英、美、俄三国人民曾两次遭受不可估量的损失、危险和流血牺牲,因此他们这一次一定要采取步骤,使普鲁士或整个德国再也不能卧薪尝胆、卷土重来。纳粹暴政和普鲁士军国主义是德国生活中必须彻底摧毁的两个因素,如果欧洲和全世界要避免更可怕的第三次战争,上述两个因素必须连根铲除。"②

在尽力削弱德国的前提下,美、苏、英、法四个大国出于自身利益考虑,对未来德国的设想方案差别很大,其中分歧还需各国领导人通过会谈进行磨合。早在 1941 年 12 月,苏联领导人斯大林会见英国外交大臣罗伯特·安东尼·艾登(Robert Anthony Eden,1897—1977)时就对战后德国版图作出了构想。为了确保战后苏联的长期安全,除了割让德国东部领土给波兰、将波兰整体向西移动之外,斯大林还提出,将德国一些

---

① 吴友法:《德国现当代史》,武汉大学出版社 2007 年版,第 267 页。
② 迈克尔·鲍尔弗、约翰·梅尔:《四国对德国和奥地利的管制》,第 54 页。

地区分裂出来使其独立,例如莱茵兰或巴伐利亚。斯大林竭力强调战后安全是可以理解的。历史学家保罗·肯尼迪(Paul Kennedy,1945—　)曾经指出:"毫无疑问,20世纪上半叶德国侵略对俄国造成的损失,比对其他任何国家都大。俄国人决心不再让20世纪上半叶发生的事件在下半叶重演,且这一观念由于斯大林坚决要求得到安全保障而有所强化。"[1]英国首相丘吉尔在同期也有类似的想法,他在给艾登的电报中表示:"付出巨大战争努力的首要目标在于防止德国的再度爆发。关键在于将普鲁士与德国南部分割开来,消灭普鲁士的形态。"[2]虽然此刻纳粹德国的军事征服达到了巅峰,但同盟国领导人坚信胜利必将到来,分割德国已成为他们不可动摇的信念。

　　1943年11月28日—12月1日,苏美英三国首脑斯大林、罗斯福和丘吉尔在伊朗德黑兰会晤,共谋展开对法西斯德国的全面反攻,即著名的德黑兰会议(Teheran Konferenz)。此次会议除决定在欧洲开辟"第二战场"外,还涉及了战后处置德国的设想。罗斯福建议把德国分为五个部分,把基尔、汉堡两市和鲁尔、萨尔两个地区交给战后的联合国管制。丘吉尔认为"普鲁士是万恶之源",要求彻底铲除德国军国主义的策源地普鲁士,将南部各邦脱离德国同奥地利和匈牙利成立一个"多瑙河联邦"。丘吉尔延续了英国近代以来的欧洲大陆均势外交思想,希望削弱德国、加强法国和波兰,再度恢复欧洲的均势。斯大林再度强调了战后德波边界问题,正式提出把寇松线(Curzon Linie)作为战后苏联与波兰分界线,波兰领土西移,以德国东部领土划给波兰作为补偿。他还提出东普鲁士的柯尼斯堡(Königsberg)及其周边地区要由苏联占领。在斯大林看来,俄国的历史经验说明,在东欧的广阔平原地带,安全是用空间来表达的。将德国疆界尽可能地向西方推移,为苏联获得一个缓冲或保护地带,以防止未来侵略的最初冲击会直捣苏联领土。在处置德国问题

---

[1] 保罗·肯尼迪:《大国的兴衰》,国际文化出版公司2006年版,第367页。

[2] Wolfgang Benz, *Potsdam 1945*, *Besatzungsherrschaft und Neuaufbau im Vier-Zonen-Deutschland*, München: Deutscher Taschenbuch Verlag, 1986, S. 28.

上,斯大林赞同罗斯福的设想,反对丘吉尔"多瑙河联邦",因为一个强大的由德意志民族组成的"多瑙河联邦"不符合苏联在东南欧的扩张利益。这个问题最终交由 1943 年成立的"欧洲咨询委员会"(Europäische Beratende Kommission)处理,该委员会的任务是拟订停火条件、筹备对德国的占领和管制事宜。

1944 年随着苏联红军的全面反攻和"第二战场"的开辟,纳粹德国的军事溃败已成定局,盟国开始紧锣密鼓地筹备对战后德国的处置方案。"欧洲咨询委员会"在 1944 年 9 月 11 日发布《关于对德管制机构》(Über das Kontrollsystem in Deutschland)方案,规定德国战败后将由盟国武装部队最高司令官接管德国最高权力,德国将按照 1937 年 12 月 31 日的疆界划分为三个面积相同的占领区分别由美国、苏联、英国占领,柏林将由盟国共同占领。1944 年 12 月,委员会又决定从战后美国占领区中分出一块区域,由法国实施占领。

1945 年初,德国法西斯濒临灭亡,欧洲的反法西斯战争胜利在望。为了尽快结束战争,建立战后欧洲和平秩序,苏美英三国首脑斯大林、罗斯福和丘吉尔于 1945 年 2 月 4—11 日在苏联克里米亚半岛的雅尔塔举行了战时第二次首脑会议。会议主要讨论了战后对德国的处置问题,对德国的占领和管制、向德国索取战争赔偿成为讨论的热点。三国领导人批准了"欧洲咨询委员会"草拟的关于德国无条件投降的条款和处置战败德国的总原则,并将其写入最后的会议公报:"我们坚定不移的宗旨,是消灭德国的军国主义和纳粹主义,保证德国从此永远不能破坏世界和平。我们决心把德国的全部武装力量解除武装并予以解散;永远解散曾一再图谋复活德国军国主义的德国总参谋部;没收或销毁德国全部军事装备;消灭或管制德国全部可用于军事生产的工业;公正、迅速地惩处一切战争罪犯并对德寇造成的破坏索取实物赔偿;废除纳粹党、纳粹的法律、组织与机关;从德国人民的公共机关、文化生活和经济生活中消除一切纳粹主义与军国主义的影响;并对德国采取其他为全世界未来的和平与安全所必需的措施。我们的宗旨不是要消灭德国人民,但只有根绝了纳粹主义和军国主义,德国人民才有过适当的生活和在国际交往中占一席之地的希望。"①会议表决通过了"欧洲咨询委员会"起草的《关于德国占领区和管理"大柏林"》和《关于对德管制机构》方案。雅尔塔会议为战后处置德国问题确立了一般性原则,决定了战后德国的命运。

二、盟国管制委员会成立

在雅尔塔会议上,三国达成了原则上同意分割德国的协议,但没有提出具体的瓜分建议。会议决定在伦敦成立一个由英国外交大臣安东尼·艾登任主席,美、苏驻英国大使任委员的"分割委员会"(Spaltungsrat),研究分割德国的事宜。雅尔塔会议确定了同盟国要通过何种形式的统治机构在战后德国行使最高权力。会议决定,在德国无条件投降后,美、英、苏三国军队将各自占领德国的一个区域,苏军占领德国东部,英军占领德国的西北部,美军占领德国的西南部。盟国将"成立一个中央管制委员会执行互相协调的行政管理和监督工作,这个委员会由三国的总司令组成,地点设在柏林"。此外,三大国同意邀请法国参加对德国的占领,并作为第四个成员参加管制委员会,前提条件是法国占领区必须从美国和英国的占领区中划分出来。这一决议奠定了战后德国由四国分区占领的格局。

随着 1945 年 5 月 8 日德军最高统帅部宣布投降,盟国占领军对德国的管制工作全面开展起来。最后一届纳粹政府——卡尔·邓尼茨(Karl Doenitz,1891—1980)政府很快被解散,邓尼茨及其政府成员于 5 月 23 日被逮捕。随着旧德国的解体,苏、美、英、法四国政府开始对德国拥有无上主权。根据雅尔塔会议的精神,四国驻德占领军总司令格奥尔吉·朱可夫(Georgy Konstantinovich Zhukov,1896—1974)、德怀特·艾森豪威尔(Dwight David Eisenhower,1890—1969)、伯纳德·蒙哥马利(Bernard Law Montgomery,1887—1976)、让·塔西尼(Jean de Lattre

---

① 萨纳柯耶夫、崔布列夫斯基编:《德黑兰、雅尔塔、波茨坦会议文件集》,第 244—245 页。

de Tassigny，1889—1952）组成的德国管制委员会（Alliierter Kontrollrat)于 6 月 5 日在柏林宣告成立。军事司令官们在这一天签署了《鉴于德国失败和接管最高政府权力的宣言》，即《四国宣言》（Vier-Mächte-Erklärung)，以及"欧洲咨询委员会"较早起草的《关于德国管制机构的声明》《关于德国占领区的声明》等三个文件。[①] 这些声明从法律上奠定了战后德国发展的基础，标志着盟国正式接管了德国的最高权力。至此，一个由四国军事司令官组成的、在德国拥有最高权力的盟国管制委员会建立起来，德国从最高领导到地方基层的全部公共权力都被盟国接管。1945 年 8 月 5 日，占领国发布第一份公告，向德国人民宣布盟国管制委员会的成立，随后各占领区管制机构相继成立，四国军队都进入各自指定的占领区，包括大柏林地区。

　　按照 1937 年 12 月 31 日的边界，德国被划分为四个占领区：美占区包括巴伐利亚、黑森、巴登-符腾堡三州和供美军做港口用的不来梅，人口近 1700 万；英占区包括北莱茵-威斯特法仑、下萨克森、石勒苏益格-荷尔斯泰因和汉堡，人口近 2200 万；法占区包括莱茵兰-普法尔茨、南巴登-符腾堡和萨尔，人口约 600 万；苏占区包括萨克森、图林根、梅克伦堡-上波莫瑞、萨克森-安哈尔特和勃兰登堡，人口约 1730 万。[②] 作为政治实体的普鲁士邦不复存在，留在了人们的记忆中。德国首都柏林因其特殊的政治意义，由四国共同占领和管辖。但是，柏林地处苏占区的中心，美英法要到达自己在柏林的辖区，就必须经过苏占区。苏联在一开始就对西方国家进入柏林的航空、铁路、公路路线进行了严格限制，这就给后来的"柏林危机"埋下了祸根。

　　在欧洲战争刚结束时，同盟国依然保持着战时精诚合作的精神。各大国都同意，涉及整个德国的问题要由四个占领国共同研究处理，德国

---

① Hans-Dieter Kreikamp，*Quellen zur staatlichen Neuordnung Deutschlands 1945—1949*，Darmstadt：Wissenschaftliche Buchgesellschaft，1994，S. 31.

② Thomas Grosser，*Besatzungspolitische, administrative und rechtliche Rahmenbedingungen 1945—1949*，Mannheim：Südwestdeutsche Schriften,1998，S. 52.

依然被看作一个政治经济整体,分区占领此刻并不意味着分裂德国。由四国占领军总司令组成的盟国管制委员会,成为占领时期德国境内最高权力机构。该组织每月 10 日、20 日和 30 日在柏林美占区的卡梅尔格里希特大厦集会,各国轮流担任主席一个月。管制委员会下设一个协调委员会作为辅助机构。协调委员会的任务是执行管制委员会的决定并监督其执行,它由四个副军事总督组成,他们把全部时间用于管理德国,千头万绪一手掌握。协调委员会每周开会两次,为管制委员会准备议事日程。此外,还成立了一个庞大的管制办事机构,设有负责各种行政事务的 12 个管理局,即陆军管理局、海军管理局、空军管理局、政治管理局、运输管理局、经济管理局、财政管理局、赔偿管理局、交付与归还管理局、内务与交通管理局、法律管理局、战犯与难民管理局以及人力管理局。①1945—1946 年的冬季,管制委员会的活动达到高峰,下属各种委员会超过了 175 个,职责重叠的现象突出。

事实上,管制委员会成立之初就面临着不可调和的矛盾。管制委员会的任务是管制德国中央行政,但分区占领的现实却使中央行政名存实亡。每个占领区总司令都要在他的管辖范围内按照本国政府的指示行驶最高权力,只有当四个总司令达成一致决议的情况下才能对涉及整个德国的事务共同负责。也就是说,每个占领国都可以使用否决权来阻挠管制委员会的工作。

三、波茨坦会议:管制德国原则

随着欧洲战事的结束,开始重建、确立战后欧洲政治经济新秩序已成为当务之急。同时,在美国看来,战胜德国之后压倒一切的首要世界性问题就是结束对日战争。美国军队在 1942 年以来的太平洋岛屿作战中伤亡惨重,日本军队的顽强作战使美国领导人坚信,要不惜任何代价

---

① Hans-Dieter Kreikamp, *Quellen zur staatlichen Neuordnung Deutschlands 1945—1949*, S. 31.

争取苏联早日参加对日战争,把苏联红军投入到可能伤亡惨重的对日决战中去。在这种背景下,1945 年 7 月 17 日—8 月 2 日,美英苏三国首脑哈里·杜鲁门(Harry Truman,1884—1972)、丘吉尔①、斯大林在柏林附近的波茨坦举行会晤,就战后欧洲安排做出最终决议。会议讨论的主要问题是建立欧洲新秩序和安排战后和平,其中重要问题之一是商定处置被占领德国的政治原则和经济原则。但是,各国领导人参与此次会议的目的是各不相同的,杜鲁门承认他的首要目标就是争取苏联参加对日战争,丘吉尔则急于遏制苏联在中欧和东欧势力的扩张,斯大林强调在保证苏联战后安全的同时,尽可能多的从德国获取战争赔偿。战时建立的反法西斯同盟,此时看起来已不那么牢不可破了。

8 月 2 日,三国首脑签订了《柏林(波茨坦)会议议定书》和《柏林会议公报》,统称《波茨坦协定》(Potsdamer Abkommen)。《波茨坦协定》决定了德国人民今后的命运,也奠定了战后世界结构的基础。需要说明的是,会谈的结果起初没有全部发表,会议结束后盟国管制委员会以公报形式发表了记录摘要。关于德国和欧洲问题,三国首脑在波茨坦会议上未能就共同的政治和经济任务设想达成一致,其决议只是泛泛地重申了合作和谅解的意愿。就此而言,这次会议预示了以后战时同盟的解体,显示了欧洲和德国开始走向分裂。

波茨坦会议对德国的处置是在《雅尔塔协定》(Abkommen von Yalta)的基础上进行的。会议重申要根除德国的军国主义和纳粹主义,采取一切措施使德国永远不再威胁邻邦或世界和平。但是,会议明确宣称:"盟国无意消灭或奴役德国人民。盟国愿意给德国人民在民主及和平的基础上重建其生活的机会。德国人民尚能不懈地努力以实现这一目的,则在适当时期,德国人民将能在世界自由与和平之人民中获得其

---

① 丘吉尔的保守党在战后首次英国大选中失败,从 7 月 28 日起改由新任英国首相克莱门特·艾德礼(Clement Richard Attlee,1883—1967)接替参加波茨坦会议。

地位。"①为此,《柏林会议公报》中发布了"管制初期处置德国的政治及经济原则",为德国未来很长一段时间的政治经济生活确立了指导方针。

波茨坦会议通过的"处置德国的政治原则"涉及军事、党派、教育、司法、行政等多个方面。(1)凡德国一切陆海空军、党卫队、冲锋队、自卫军、秘密警察及其全部机构、参谋部门及各种机关,包括总参谋部、军事团、后备队、军事学校、退伍军人的一切组织及所有其他军事与半军事机构,以及保持德国军事传统的俱乐部和协会等,均应永远废除,以永远防止德国军国主义和纳粹主义的复活或改组。(2)一切武器、军火及战争工具以及一切制造它们的专门设备,均由盟国处置或予以销毁。一切飞机、武器、军火及战争工具,均禁止保留与制造。(3)消灭纳粹党及其附属与监督机构,解散一切纳粹组织,并确保这类机构组织不得以任何形式复活,制止一切纳粹和军国主义的活动或宣传。一切形成希特勒政权基础的或按种族、宗教或政治信仰不同造成歧视的纳粹法律,应予废除。战争罪犯以及参加策划或推行纳粹计划,而造成暴行或战争罪行的人物,必须逮捕法办。纳粹领袖、支持纳粹之有力人物、纳粹机构和组织中的高级官员、其他危害盟国占领及其目的者,均应逮捕和拘留。一切纳粹党徒,除仅在名义上参与该党活动者外,以及其他对盟国目的持敌对态度者,不得担任公职或半公职以及在重要私人企业中的负责职位。(4)对德国的教育必须实行监督,以彻底消灭纳粹和军国主义的理论,并使民主思想的顺利发展成为可能。(5)司法制度应按照民主、法律平等之原则,根据法律以及一切公民不分种族、民族或宗教信仰享有平等权利的原则,予以改组。(6)德国行政事务的管理应以分散行政机构及增强地方责任感为原则。为达到这个目的:德国全国各地应按照民主原则,特别须经过选举委员会,在符合维护军事安全和军事占领目的的情况下,尽速恢复地方自治;整个德国的一切民主政党,应准予存在并得到

---

① Hans-Dieter Kreikamp, *Quellen zur staatlichen Neuordnung Deutschlands 1945—1949*, S. 40-41.

鼓励,给予它们集会及公开讨论的权利;代表与选举的原则,在证明适用于地方自治时,应尽速在区、省和邦政府中推行;目前暂不设立任何德国中央政府。但某些急需的德国中央行政部门,特别是财政、运输、交通、外贸和工业等方面,应予设立,以国务秘书为其首脑。这些部门将在管制委员会的领导下进行工作。(7)在考虑必须维持军事安全的情况下,将允许言论、出版及宗教自由,宗教团体也将受到尊重。同样,在考虑必须维持军事安全的情况下,将允许建立自由职业工会。①

波茨坦会议通过的"处置德国的经济原则"涉及反垄断、金融、对外贸易、赔偿等多个方面。"为消灭德国作战潜力,武器、装备、战争工具以及各种类型的飞机和海船均须禁止和防止其生产。金属、化学产品、机器制造以及其他为作战直接需要的其他产品,其生产将受严格管制,以被核准的德国战后和平时期的需要为限。未被准许的工业部门所不需要的生产能力,将按照盟国赔偿委员会拟定的、并经有关政府批准的赔偿计划,予以拆迁,如不拆迁,则予摧毁。""德国经济应尽可能在最短期间内予以分散,以消灭目前特别是卡特尔、辛迪加、托拉斯及其他垄断协定所形成的经济力量的过分集中。""盟国必须对德国经济实行管制,但以达到下列各项需要的程度为限:(1)实施工业上解除武装与非军事化、赔偿与经核准的进出口计划;(2)保证所需的商品生产,保证服务供应,以满足德国境内占领军和迁入人口的需要,以及在德国保持一个不超过欧洲国家的平均的生活水平(欧洲国家指除英国和苏联以外的所有欧洲国家);(3)根据管制委员会的规定,确保各占领区间主要物品的平均分配,使在全德建立平衡的经济并减少进口的需要;(4)管制德国工业及一切经济和金融的国际转移,包括进出口在内,以防止德国发展战争潜力及达到上述其他各项目的;(5)管制一切与经济活动有关的德国公私科研和实验机关及实验室等。""德国支付赔偿时,应保留足够的资源,以使

① Hans-Dieter Kreikamp, *Quellen zur staatlichen Neuordnung Deutschlands 1945—1949*, S. 41-43.

德国人民不依靠国外的援助而生活。在制订德国的经济计划时,应拨出必要的资金,以偿付经对德管制委员会批准的进口。现产品及储存物品的出口所得首先应用于偿付这种进口。"①

波茨坦会议确立的"占领时期管制德国的政治及经济原则"是美、英、苏三大国就战后德国问题达成的最终协议,体现了将德国变成一个民主、和平国家的愿望。但是,各国都想使最终协议有利于自身利益,分歧在所难免,这导致以上"政治及经济原则"在很大程度上是调和各方利益的抽象方案。例如,允许德国成立"民主的"政党,而对什么是民主的政党又没有说明。强调德国政治结构的分散化,不设立中央政府,却又视德国为一个统一的经济整体,将战后德国推入一个政治与经济相扭曲背离的境地。这种语焉不详的决议,表面是因为各国分歧难以弥合,真正原因在于德国的政治经济已经不可避免地走向分裂。虽然波茨坦会议的各项记录都表明,德国是作为一个整体被看待的,但美、英、苏三国领导人都发现,苏联和美英双方都无法把手伸到对方的势力范围中去。美英无力制止苏联对德国东部领土的瓜分,苏联也休想参加对鲁尔区的管制。各国在自己的占领区内各行其是,建立一套独立的行政机构,推行自己的制度,任何同时指向四个占领区的设想或方案都成了空中楼阁。这也是第二次世界大战后,东西方两种不同国家制度和意识形态碰撞的必然结果,德国无可避免地成为其牺牲品。不仅是德国,整个欧洲都遭遇了这种命运。正如斯大林在 1944 年就预言到:"这次战争非同以往。谁攻占一块地方,就把自己的社会制度加之于它。军队所到之处,各自建立自己的制度。不可能有别的做法。"西方大国对东欧和苏占区的状况无可奈何,美国外交家和历史学家乔治·凯南(George F. Kennan,1904—2005)当时这样评述:"想同俄国人一道统治德国,那是痴心妄想……我们只有把我们这一部分德国,即由我们和英国人负责的那

---

① Hans-Dieter Kreikamp, *Quellen zur staatlichen Neuordnung Deutschlands 1945—1949*, S. 43 - 45.

一部分德国引导成为一种独立的形式，这种形式是如此令人满意，如此有保障和如此优越，以致东方对它无法加以危害。这是美国人的一项艰巨任务。这个任务是不可推脱的。我们应该考虑的是这个问题，而不是成立联合军政府之类实现不了的计划。"①

　　除了"处置德国的政治及经济原则"，波茨坦会议还讨论了德国战争赔偿问题、德国舰艇和商船处置办法、将柯尼斯堡及其附近地区划归苏联、尽快审判纳粹战争罪犯、遣返东部地区德国居民等。在波茨坦会议期间，德国战争赔偿问题争论最为激烈。苏联在战争期间蒙受了巨大损失，战后急需赔偿来恢复经济，索取赔偿在战后苏联对德事务中占有十分重要的地位。在赔偿问题上，苏联比美国要敏感得多。为了打破赔偿问题的僵局及对抗苏联的行为，美国国务卿詹姆斯·F. 贝尔纳斯(James F. Byrnes，1882—1972)在 7 月 23 日与苏联外长维亚切斯拉夫·莫洛托夫(Wjatscheslaw Molotow，1890—1986)的会谈中首次提出了"分区赔偿"(Zonal Reparations)原则。他建议各大国在自己的占领区内索取赔偿，此外苏联还可以从西占区获得一定比例的工业设备作为赔偿。苏联还可以利用本占领区内的食物和煤来换取西占区的工业设备等物资。为了迫使苏联代表接受"分区赔偿"的原则，贝尔纳斯在 7 月 31 日的首脑会议上提出了一个"一揽子计划"，即把赔偿问题、波兰西部边界问题和接纳波兰进入联合国问题放在一起考虑。只有苏联接受美国的赔偿方案(包括"分区赔偿"原则)，美国政府才愿意在苏联关心的波兰西部边界问题和接纳波兰进入联合国问题上作出让步。② 苏联被迫同意了"分区赔偿"的原则。在最终的会议公报中，赔偿问题被列为独立一章做了详细规定。苏联同意由各占领区分别进行赔偿，但苏联仍可参与对西方占领区的索取，美英两国同意把西部拆迁的工业设备的 10％作为赔偿交给苏联，另外的 15％用来换取苏占区的工农业产品。

---

① 卡尔·迪特利希·埃尔德曼：《德意志史》，第四卷下册，第 146—147 页。
② 萨纳柯耶夫、崔布列夫斯基编：《德黑兰、雅尔塔、波茨坦会议文件集》，第 442 页。

第二章　占领期间盟国对德国的改造

二战结束后，盟国并不准备永久性占领德国。当完成对德国的改造、使其不再威胁世界和平后，盟国将结束占领，重新恢复德国的主权。占领的目的在于改造德国，这一点在雅尔塔会议和波茨坦会议上就已达成共识。为此，盟国战后对德国进行了非纳粹化（Denazification）、非军事化（Demilitarization）、非卡特尔化（Decartelization）和民主化（Democratization）的所谓"四化"改造，这四个词在英语中都以字母"D"开头，故又称"四 D"计划。

战后盟国的当务之急是惩治发动第二次世界大战的法西斯战犯，伸张公平和正义，使战争发起者和鼓动者受到应有的惩罚。1945—1946 年的纽伦堡审判惩处了罪大恶极的纳粹头子，但这还不足以彻底洗净整个德意志民族的灵魂。缘于近代以来德国走过的特殊道路，德意志民族长期遭受军国主义、极端民族主义和法西斯主义的毒害，德国人民形成了根深蒂固的崇尚权威、强调秩序、军人至上的观念。这种非理性主义观念不清除，德国就不可能回到正常的和平发展道路上来。为此，同盟国决心从政治和经济上彻底铲除滋生法西斯主义和军国主义的土壤，重建德国的民主政治生活，在帮助德意志民族摆脱非理性思想桎梏的同时，使西占区和东占区德国人民走上民主和平发展的道路。

第一节　纽伦堡审判

纳粹党及其法西斯军队在二战期间犯下的罪行罄竹难书。从大肆掠夺欧洲被占领国财富、迫害被占领国人民,到施行惨绝人寰的种族灭绝政策,屠杀犹太人、波兰人、苏联人等罪行,注定了纳粹德国领导人将会面临严厉的惩罚,为他们背负的血债付出代价。基于这种情况,同盟国领导人在审判纳粹战犯问题上是非常慎重的。他们认为,要想成功改造极富个性的德意志民族,只有通过公开、公平、公正的审判,将纳粹德国犯下的累累罪行大白于天下,才能让德国人民真正折服,起到教育德国人民的作用。简单粗暴的处决报复是无济于事的,反而可能引发德国人的仇恨心理。用法律让罪人服罪、以公正培育正义、以理性巩固和平,或许更为有效。

1943 年 10 月,在莫斯科召开的苏美英三国外长会议上,讨论通过了《关于希特勒分子对其所犯罪行责任问题的宣言》。宣言宣告,战犯"将被解回犯罪地点,由他们所曾迫害的人民予以审判"[1]。1945 年 2 月,同盟国在《雅尔塔会议公报》中重申要公正而迅速地惩办一切战争罪犯的宗旨。1945 年 8 月,《波茨坦会议议定书》要求尽快建立军事法庭审判战犯,尽快公布被告名单。根据波茨坦会议的决定,苏美英法及其他 19 个国家于 1945 年 8 月 8 日在伦敦签订了《关于追究和惩办欧洲轴心国主要战犯的决定》,并通过了《国际军事法庭宪章》,对设置国际军事法庭的目的、任务及法庭的机构、管辖权等一系列问题作出明确规定。苏、美、英、法四国各指派一名法官和一名预备法官组成国际军事法庭。[2] 后来,为了让判决有法可依,盟国管制委员会在 12 月 20 日颁布了《关于惩办犯有战争罪、反对和平罪和反对人道罪的人员》的第 10 号法令。法令规定,战争罪指的是违反战争法规或战争习惯的罪行,包括屠杀、虐待或劫

---

[1] Jürgen Wilke, *Holocaust und NS-Prozesse*, Köln: Böhlau Verlag, 1995, S. 26.

[2] Hans-Dieter Kreikamp, *Quellen zur staatlichen Neuordnung Deutschlands 1945—1949*, S. 64.

走、驱逐占领区的平民,屠杀或虐待战俘或海上人员,杀害人质,掠夺公私财产,恣意破坏城镇乡村,或任何非属军事必要的破坏;破坏和平罪是指策划、准备、发动或进行侵略战争,或参与实施上述罪行的计划或阴谋等;违反人道罪是指战争发生前或战争期间对平民的屠杀、灭绝、奴役、驱逐或其他非人道行为等。[①]

设立国际军事法庭的建议曾在同盟国内部引起激烈的争论。苏联方面认为,所有穿过纳粹制服的德国人都应该枪毙,至少应该让他们到西伯利亚服苦役。甚至连法治传统悠久的英国也建议,把第三帝国的主要战犯不经审判就处死。但是,美国联邦最高法院大法官罗伯特·杰克逊(Robert Houghwout Jackson,1892—1954)力排众议,坚持必须举行一次公开、公平、公正的审判。他尖锐地指出:"如果你们认为在战胜者未经审判的情况下可以任意处死一个人的话,那么,法庭和审判就没有存在的必要,人们将对法律丧失信仰和尊重,因为法庭建立的目的原本就是要让人服罪。"这位雄辩的法官最终胜利了,历史上第一个国际法庭也随之诞生。

1945 年 11 月 20 日,纽伦堡国际军事法庭开庭。纽伦堡地处德国东南部,是德国纳粹党人的精神大本营,也是德国纳粹运动的发源地之一,在此清算纳粹的暴行再合适不过。法庭审判的主要对象是"第三帝国"和纳粹党的高级领导人,其中希特勒、约瑟夫·戈培尔(Joseph Goebbels,1897—1945)、海因里希·希姆莱(Heinrich Himmler,1900—1945)在纽伦堡审判前就已自杀身亡,希特勒的私人秘书、纳粹党办公厅主任马丁·鲍曼(Martin Bormann,1900—1945)神秘失踪(1998 年,德国政府通过 DNA 测验,证实马丁·鲍曼死于 1945 年 5 月柏林的突围中)。同盟国认定了 23 名纳粹战犯,"帝国劳工阵线"领袖罗伯特·莱伊(Robert Ley,1890—1945)在审讯开始前自杀,德国工业界的代表古斯塔夫·克虏伯·冯·波伦·哈尔巴赫(Gustav Krupp von Bohlen Halbach,

---

① Gerd R. Überschär, *Der Nationalsozialismus vor Gericht*, *Die alliierten Prozesse gegen Kriegsverbrecher und Soldaten 1943—1952*, Frankfurt am Main: Fischer Verlag, 1999, S. 35 - 36.

1870—1950)因病重不能受审,最终有 21 名罪犯坐上了纽伦堡法庭的被告席。他们分别是:纳粹党二号人物、空军元帅赫尔曼·戈林(Hermann Göring,1893—1946),纳粹党副元首、1941 年秘密飞往英国的鲁道夫·赫斯(Rudolf Heß, 1894—1987),第三帝国首任外交部长康斯坦丁·冯·牛赖特 (Konstantin Freiherr von Neurath ,1873—1956),继任外交部长约阿希姆·冯·里宾特洛甫(Joachim von Ribbentrop, 1893—1946),纳粹核心理论家、东方占领区部长阿尔弗雷德·罗森堡(Alfred Rosenberg,1893—1946),内政部长威廉·弗里克(Wilhelm Frick ,1877—1946),奥地利党卫队领袖、帝国保安局局长恩斯特·卡尔滕布鲁纳(Ernst Kaltenbrunner , 1903—1946),波兰占领区总督汉斯·弗兰克(Hans Frank , 1900—1946),"头号反犹煽动家"尤利乌斯·施特莱歇尔(Julius Streicher, 1885—1946),德军最高统帅部参谋长威廉·凯特尔元帅(Wilhelm Keitel,1882—1946),最高统帅部作战部部长阿尔弗雷德·约德尔上将(Alfred Jodl,1890—1946),海军元帅埃里希·雷德尔(Erich Raeder, 1876—1960),海军元帅邓尼茨,战前经济部长和国家银行总裁亚尔马·沙赫特(Hjalmar Schacht,1877—1970),继任经济部长和国家银行总裁瓦尔克·冯克(Walther Funk , 1890—1960),前德国总理、驻外大使弗朗兹·冯·巴本(Fronz von Papen, 1879—1969),纳粹党青年领袖巴尔杜·冯·席拉赫(Baldur von Schirach, 1907—1974),纳粹德国战时劳工全权总代表弗里茨·绍克尔(Fritz Sauckel, 1894—1946),军备和战时生产部长阿尔贝特·施佩尔(Albert Speer,1905—1981),纳粹德国宣传部新闻处处长汉斯·弗里契(Hans Fritzsche,1900—1953),奥地利纳粹党魁、驻荷兰总督赛斯·英夸特(Artur Seyss-Inquart, 1892—1946)。同时,还有六个犯罪集团和组织也被起诉,即德国内阁、纳粹党领导集团、党卫队、秘密警察(盖世太保)和保安局、冲锋队、国防军总参谋部和德军最高统帅部。[①]

---

① Jürgen Wilke, *Holocaust und NS-Prozesse*, S. 27.

　　纽伦堡法庭经过 216 次开庭,于 1946 年 10 月 1 日结束。期间一共进行了 403 次公审,独立法庭基于检察官提供的证据,致力于实现公正的审判。检察官提出的大部分证词都取自被告以前指定的文件,例如 1937 年 11 月 5 日的"霍斯巴赫备忘录"(希特勒在当天的秘密会议中强调,德国必须使用武力在欧洲夺取更多的生存空间,并把英、法两国确定为首要的敌人)、1939 年 5 月 23 日的大本营会议(希特勒在当天表示决心发动对波兰的战争)、1939 年 8 月 22 日希特勒对高级军官的讲话等文件。尽管大多数被告都有种种借口极力为自己开脱,但面对这些真实的文件,被告及其辩护人都提不出异议。法庭在定罪过程中还强调,个人要对其作为公职人员所做的事负责,任何法西斯分子都不能以奉命行事为借口逃避惩罚。例如,戈林在审判中狡辩说,他根本无法抵制希特勒,只能听命于专横的元首。法官指出,没有政府和军队主要领导人的合作,希特勒不可能吞并大半个欧洲,把一切推给上司和下属纯属无理狡辩。同盟国还搜集了大量证据,证明纳粹残杀犹太人等受害者的罪行。从盟军获取的德国文件中,有多达 10 万份文件被查看,其中有大约 1 万份文件被挑选出来,作为可能具有证据价值的文件而被重点审查。整个审理过程和记录均同时使用四种语言——英语、法语、德语和俄语,单是英语的诉讼副本就多达 1.7 万页。

　　1946 年 9 月 30 日,长达 248 天的审判进入最高潮,纽伦堡国际军事法庭宣读了长达 250 页的判决书。判决书历数了德国纳粹党产生、夺取政权、巩固政权、重整军备、共同密谋和策划侵略战争、侵占奥地利和捷克斯洛伐克、对波兰的侵略、入侵丹麦和挪威、入侵比利时、荷兰和卢森堡、对南斯拉夫和希腊的侵略战争、对苏联的侵略、对英国的战争、违反国际条约、战争罪和违反人道罪、杀害和虐待战俘及平民、掠夺公私财产、强制劳动的政策、对犹太人的迫害等罪行,以及犯罪组织的罪行,然后是各个被告的罪行。

　　1946 年 10 月 1 日,纽伦堡法庭宣布了对 22 名被告的判决结果:戈林、里宾特洛甫、凯特尔、约德尔、罗森堡、弗里克、卡尔滕布鲁纳、弗兰

克、施特莱歇尔、绍克尔、赛斯·英夸特及缺席审判的马丁·鲍曼共 12
人被判处绞刑;赫斯(1987 年,赫斯在被关押 41 年后,在监狱中自缢身
亡)、冯克和雷德尔被判处无期徒刑;席拉赫和施佩尔被判 20 年徒刑;牛
赖特被判 15 年徒刑;邓尼茨被判 10 年徒刑;沙赫特、巴本和弗里契无罪
释放。纳粹党领导集团、党卫队、秘密警察和保安局被宣判为犯罪组织。
退庭之后,里宾特洛甫、弗兰克、赛斯·英夸特、席拉赫、施佩尔、邓尼茨
六人先后上诉,请求减刑。约德尔和戈林则上诉请求改绞刑为枪决。但
上诉均被驳回,法庭一律维持原判。死刑判决于 1946 年 10 月 16 日执
行,戈林在行刑前一天吞服氰化钾自杀逃脱了绞刑。[①]

　　在完成对主要战犯的判决后,纽伦堡审判并未就此结束。从 1946
年到 1949 年,美国军事法庭在纽伦堡对纳粹德国政治、经济和军事机构
中身居要职的 177 名被告进行了 12 项后续审判,对象是医生、法官、工
业家、外交人员、最高统帅部人员、军事将领和党卫队高级领导,36 人被
判死刑。英占区和法占区都进行了类似审判。在三个西方占领区军事
法庭对纳粹分子的审判中,共判处 5025 名被告,806 名被判死刑,486 名
被执行死刑。在苏占区,除了军事法庭审判外,还通过行政途径不经庭
审就进行判决。苏占区约有 4.5 万人被判刑,其中 1/3 被遣送到苏联强
迫劳动,其余大多关押在集中营,被判死刑者人数不详。德国国内外因
战争罪或反人道罪被判刑的德国人大约有 5 万—6 万人。[②] 这一系列大
规模的审判,可以看作纽伦堡审判的延续,法西斯分子大部分受到了公
正的惩处。

　　纽伦堡审判中,战胜国在德国土地上把统治德国 12 年之久的纳粹
政权判为有罪,这是德国人民在二战后经历的最耻辱的时刻,也是人类
历史上第一次由一个跨国的法庭以法律的名义给战争的密谋者、组织
者、执行者以公开的、公正的审判。纽伦堡审判伸张了正义,但更重要的

---

① Jürgen Wilke, *Holocaust und NS-Prozesse*, S. 27.
② 卡尔·迪特利希·埃尔德曼:《德意志史》,第四卷下册,第 172 页。

作用在于其警示和教育意义。通过纽伦堡审判,德国人民第一次得知纳粹以他们的名义对手无寸铁的犹太人、伤病人、战俘所犯下的滔天罪行。这些揭露出的罪行,以及整整一年关于纽伦堡审判的报道,在全世界引起了强烈的震惊。1946 年 8 月 15 日,美国新闻机构调查发现,约80％的德国人认为纽伦堡审判是公正的,被告的罪行是无可争辩的;近一半被询问的德国人认为被告理应判处死刑,只有 4％的人对审判持否定态度。[1] 纽伦堡审判的进行,也为盟国对德国后续进行的"非纳粹化"改造作好了铺垫。

第二节　对德国的军事和经济改造

在经历过两次世界大战后,人们意识到德国巨大的工业潜力、强大的军事工业和高度集中的垄断经济才是其不断发动战争的经济源泉。为了防止德国再度挑起战争,仅仅从政治和思想领域对德国进行改造是不够的。战胜国在占领期间对德国进行的非军事化和非卡特尔化改造,消灭了德国赖以发动战争的军事工业,拆散德国高度集中的垄断企业,从经济领域彻底消除了德国对世界和平的威胁。

一、德国的非军事化

第一次世界大战后,协约国在《凡尔赛和约》(Versailler Vertrag)中只是削弱和限制了德国的军事力量,结果导致德国在 20 年后卷土重来,给欧洲带来更大的灾难。基于这个沉痛的教训,对战后德国进行彻底的非军事化改造成为同盟国领导人矢志不移的信念。从 1941 年美英首脑会晤后发布的《大西洋宪章》(Atlantik-Charta)到德黑兰会议、雅尔塔会议,同盟国一再宣布要在战后消灭德国的军事力量,保证德国从此不再破坏世界和平。德国战败后,《波茨坦会议公报》宣布:"解除德国全部武

---

[1] 舍霍夫佐夫主编:《第二次世界大战史》,第 10 卷,上海译文出版社 1987 年版,第 853 页。

装,使之完全非军事化,铲除或控制可用作军事生产的一切德国工业。
(1)凡德国一切陆海空军、党卫队、冲锋队、自卫军、秘密警察及其全部机构、参谋部门及各种机关,包括总参谋部、军事团、后备队、军事学校、退伍军人的一切组织及所有其他军事与半军事机构,以及保持德国军事传统的俱乐部和协会等,均应永远废除,以永远防止德国军国主义和纳粹主义的复活或改组。(2)一切武器、军火及战争工具以及一切制造它们的专门设备,均由盟国处置或予以销毁。一切飞机、武器、军火及战争工具,均禁止保留与制造。"①根据波茨坦会议的精神,战胜国在各自占领区内纷纷开展了非军事化运动。

　　事实上,战争结束时德国的非军事化已成为事实。一度横扫欧洲无比强大的德国军事力量已经被摧毁得所剩无几,战争带来的惨重损失已经从物质上和精神上帮助德国实现了非军事化。

　　战争结束时,随着德国武装部队的无条件投降,约 250 万德国士兵被关进了盟国战俘营,他们要等待数年之后才陆续被释放。过去趾高气扬备受尊敬的德国军人全都消失了踪影,取而代之的是挤满了德国大街和医院的残废军人。作为希特勒战争的牺牲品,这些双目失明或四肢不全的伤兵苟延残喘地生活着,无时不在刺痛德国人的神经。德国曾经先进精良的武器装备也消耗殆尽,德国空军的飞机大部分被炸毁在飞机场上,潜艇和军舰也在投降前被德国水兵凿沉。曾经不可一世的"斯图卡"俯冲轰炸机、"虎式"坦克和 V-2 火箭都落入了盟国手中,成为研究学习的对象。仅仅剥夺德国人的军服和武器装备是不够的,同盟国还致力于消除长久以来德国社会对军人的崇拜。自普鲁士时代以来,德国军人就享有崇高的社会地位,军人及其家属有着特殊的荣耀。军人待遇优厚,高于一般社会成员,对平民家庭的孩子来说,参军是他们迅速提高社会地位的捷径。一战结束后,德国退役军人仍享有较好的社会保障,他们

---

① Hans-Dieter Kreikamp, *Quellen zur staatlichen Neuordnung Deutschlands 1945—1949*, S. 41.

推动德国发动了第二次世界大战。有鉴于此,同盟国认为职业军人是德国军国主义得以滋生的温床,必须处以严厉的惩罚。美国军政府规定,严禁被释放战俘成立任何自救、自助组织,取消伤残军人的一切抚恤金、津贴等保险福利政策,只发给他们维持最低食物保障的社会保险金。一份美国军政府的报告认为,"废除战争抚恤金的目的,旨在使德国军人阶层的名声扫地,减少他们对社会的影响,并使公众加深这么一种印象,那就是军人生涯既无荣誉、利益又无安全"①。德国军人的一切特权都被剥夺,他们作为一个特权阶层已不复存在。战后德国军人大多生活穷困潦倒,有些人走投无路甚至自杀。同时,军政府大量宣传揭露德国军人在战争期间犯下的罪行,军人的崇高形象荡然无存。在各种打击下,军人在德国社会的崇高地位被严重动摇,从军已为德国人所厌恶与不屑。

非军事化最重要又最艰巨的部分,当属拆除军工厂或能用于战争目的的工厂,以及超过和平时期生产需要的多余工厂。拆除此类工厂是一项艰巨的任务,因为它同战后德国赔偿问题交织在一起。同盟国决定从德国索取实物形式的赔偿,拆卸工业设备是一个重要手段。1946年3月28日,工业水平委员会公布的"工业水平计划"规定,德国被禁止的工业有14种,包括军备、飞机和航海船舶、合成橡胶等;限制工业有12种,包括钢、基本化学品、重机械工程等。这些工业的全部设备除为达到规定的生产水平所需者外,都要用于赔偿或予以拆除。但是,在实际的拆除过程中,如何恰当地界定"过剩"的生产能力和具有军事潜力的工业设备十分困难。因为在所谓的"和平工厂"和"具有潜力的军事工厂"之间并没有明确的界限,一些生产民用设备的工厂也因具有所谓生产军用品的潜力而被列入拆除黑名单。例如生产发动机的工厂,既可以生产汽车发动机,也可以生产坦克发动机,不加区分一律拆除是不切实际的。在各个占领区,这项计划的执行情况差别很大。苏联和法国急于从德国获取

---

① Jeffry M. Diefendorf, *American Policy and the Reconstruction of West Germany*, 1945—1955, New York: Cambridge University press, 1993, p. 357.

赔偿,因而苏占区和法占区的拆除计划进行最为迅速,与军备有关的工业设备都被拆卸一空。与此相反,工业最为集中、拥有德国最大的重工业中心——鲁尔区的英占区拆除工作最为缓慢。英占区从 1945 年 7 月开始摧毁用于军备生产的工业设备,直到 1947 年 3 月拆除工作仍然进展缓慢。1946 年 8 月,仅有 4 家工厂被拆除,9 月也只有 5 家。1946 年,英占区有 185 家工厂列入拆除计划,却仅有 14 家被执行。[①]　直到 1947 年底英占区的拆除计划才全面展开,到 1949 年英占区和美占区的军备企业拆除全部完成。

二、德国的非卡特尔化

同盟国对德国经济领域改造的另一个重点是非卡特尔化,也称为非垄断化。自 19 世纪末第二次工业革命以来,德国经济快速发展,逐步成长为高度垄断的资本主义国家。德国最普遍的垄断组织形式是卡特尔(Kartell,大量中小企业通过划分销售市场、确定商品产量和规定商品售价等形式联合起来,有别于康采恩、托拉斯等垄断形式),特点是工业资本和金融资本互相渗透,德国政府有支持和鼓励垄断组织发展的传统。在纳粹德国时期,工业和金融领域的垄断程度达到了登峰造极的地步。纳粹政府颁布强制卡特尔化法令,给予卡特尔更大的权力,强迫生产同一产品的所有公司必须加入卡特尔,以控制生产、市场和价格。纳粹政府通过 1934 年 12 月的银行法抛弃了国家控制银行的原则,使德国银行"再私有化"。银行通过大量国债,控制了纳粹德国的经济命脉。[②]　这些高度集中的垄断组织不仅干扰了德国正常的经济秩序,而且在希特勒上台和发动战争的过程中推波助澜。以当时世界上最大的化工企业 IG 法本公司(IG Farben AG,"染料工业利益集团")为例,它在 30 年代曾在 93

①　Alan Kramer, *Die britische Demontagepolitik am Beispiel Hamburgs*, 1945—1950, Hamburg: Verein für Hamburgische Geschichte, 1991, S. 141.

②　张沛:《凤凰涅槃——德国西占区民主化改造研究》,上海世纪出版集团 2007 年版,第 100 页。

个国家拥有约 500 家分公司。1933 年,IG 法本公司向纳粹党资助了 30 万马克帮助其竞选。希特勒上台后,作为回报该公司包揽了几乎所有化工产品类的政府订单。二战期间,该公司大量生产合成汽油和合成橡胶这两种关键性的战略物资,使德国不再依赖从国外进口天然橡胶,大大缓解了德军的燃料短缺。IG 法本公司还为大屠杀提供毒气,几百万人因此丧命。它甚至建立了自己的集中营工厂。

　　针对德国这种"经济权力过分集中"的情况,二战后盟国对德国进行了非卡特尔化改造,力图通过分散德国的经济力量,消灭卡特尔、康采恩等垄断协定,消除德国经济领域过于集中的现象。其目的不仅是瓦解德国发动战争的经济基础,还在于消除垄断对自由竞争和国际贸易的威胁,同时通过拆解德国工厂的设备来赔偿同盟国在二战中的损失。非卡特尔化改造集中在重工业、化学工业和金融领域,具体而言就是鲁尔的大型煤矿和钢铁联合企业、IG 法本化工企业和三家大型商业银行。但是,各个占领国在如何衡量"过分集中"的判断标准上难以达成一致,因而非卡特尔化改造在各个占领区的具体执行情况是不一样的。例如,美占区规定,雇工 3000 人以上、产量占本行业总产量 25% 以上,或每年营业额超过 2500 万帝国马克的企业均被视为过分集中。英占区因为大型企业云集,规定雇工超过 10 万人的企业视为过分集中。1947 年 11 月,盟国国际赔偿总署(Inter Allied Reparations Agency,缩写 IARA)公布了西占区可用于赔偿的工厂数量及估价:英占区 496 家工厂,价值约 5—7 亿马克;美占区 186 家工厂,价值近 3 亿马克;法占区 176 家工厂,价值约 1 亿马克。[1] 截至 1948 年 12 月,西占区总计已有 367 家德国工厂被拆卸并分配,价值约 4.35 亿马克。[2]

---

[1] Inter Allied Reparation Agency,"Report of the Assembly of the Inter-Allied Reparation Agency to its member governments",*International Organization*,Vol. 2,No. 2,(Jun.,1948),p. 397.

[2] Inter Allied Reparation Agency,"Report of the Assembly of the Inter-Allied Reparation Agency to its member governments",*International Organization*,Vol. 3,No. 1,(Feb.,1949),p. 183.

鲁尔地区是欧洲最大的重工业中心,其垄断现象也是最为严重的。六个钢铁公司(分别为联合钢铁公司、克虏伯公司、克吕克内公司、古特霍夫农公司、曼尼斯曼公司和赫施公司)控制了鲁尔 98％以上的生铁和 95％以上的钢产业。这些公司还垄断了鲁尔的煤矿供应,使其他欧洲国家难以获得鲁尔的优质煤炭,造成了不公平竞争。鲁尔的煤钢产业是德国战争机器最重要的支柱,同盟国因此决心加以拆散。英占区军政府在接管鲁尔区后,于 1945 年 11 月宣布没收所有的煤矿,没收克虏伯公司及其所有附属机构的资产。六大钢铁公司被指令放弃在所有钢铁卡特尔中的成员资格,随后自行解散,按照自身经营的产品分门别类进行改组,每个公司只经营如粗钢、轧钢、钢管或锻造产品中的一项。1946 年,英占区掀起了"国有化"的浪潮,强调所有煤矿和钢铁企业都属于全体德国人民。英占区成立"北德钢铁管理局"(North German Coal Control Board),于 1947 年 11 月提出了"分离计划",要求将所有煤矿与钢铁公司分离开,使它们各自进行改组,同时拆散大型钢铁联合企业。到 1948 年,共有 24 家独立公司从 8 家主要的钢铁联合企业中分离出来,相当于西德 4/5 的钢铁工厂。①

IG 法本化工企业因其过于庞大的规模和二战期间的罪行,不可避免遭遇肢解的命运。1945 年 11 月,盟国管制委员会相继出台第 5 号法令——没收 IG 法本公司所有财产,第 9 号法令——摧毁 IG 法本康采恩并将其拆解为若干个小企业、禁止德国化学工业在未来再度参与政治生活。由于 IG 法本公司的工厂遍布各地,各国根据自己的理解在各自占领区执行上述两项法令,结果是 IG 法本公司在东西占区的命运大相径庭。苏占区以及波兰境内的 IG 法本工厂大部分被拆卸作为赔偿物资运往苏联。1947 年以后,苏联将剩余的无法搬迁的 IG 法本公司工厂逐步改造为苏维埃股份公司(Sowjetische Aktiengesellschaft),苏联政府占

---

① Josef Foschepoth, *Britische Deutschland-und Besatzungspolitik 1945—1949*, Paderborn: Schöningh Verlag, 1985, S. 251 - 260.

51%的股权。这些企业的大部分产品都无偿交给苏联作为赔偿。短短两年时间内,IG法本公司在易北河以东的势力已被彻底摧毁。相对而言,IG法本在西德地区的命运要稍好一些。1950年8月17日,盟国高级专员委员会(1949年6月20日波恩《基本法,Grundgesetz für die Bundesrepublik Deutschland/Grundgesetz》)通过后,盟国高级专员委员会成立,代替占领区军政府行使在西德的最高权力发布第35号法令,要求根据IG法本公司下属子公司的业务经营范围,将IG法本公司在西德的工厂拆分为若干家较小的独立公司。每家新公司应能自立,并能与行将从拆分过程中出现的其他化工公司竞争,从而促进德国化学工业的内部竞争。[①] 1952年5月17日,高级专员委员会宣布,将IG法本拆分为12家公司,除巴斯夫(BASF)、赫希斯特(Hoechst)、拜耳(Bayer)3家核心公司外,尚有9家规模较小的公司分离出来独立运作。这三家核心公司后来成长为世界化工行业的三大巨头。

解散德国的大银行、分散其金融势力,是非卡特尔化改造的另一个主要目标。管制委员会于1947年5月颁布第57号法令,将"经济力量过于集中"的3家银行(德意志银行、德累斯顿银行、商业银行)强制解散,分成10家银行,西德9个州每州1家,西柏林1家。每家银行独立运作,不允许彼此之间有任何法律或金融上的联系,只允许它们从事各自区域内的有限营业活动。

第三节 对德国的政治改造

同盟国在波茨坦会议上确定了要对德国进行非纳粹化改造,肃清纳粹主义对德国政治、经济、文化各个领域的影响,惩罚纳粹骨干分子。因此,这项改造也是纽伦堡审判的延续。而稍后进行的政治民主化改造,则是肃清德国的纳粹残余以后,使德国政治走上西方民主政治或苏联社

---

① Eine Dokumentation des Arbeitskreises I. G. Farben der Bundesfachtagung der Chemiefachschaften, *Von Anilin bis Zwangsarbeit*, Berlin: AStA TU, 1994, S. 107.

会主义道路,将德国变成一个真正爱好和平的民主国家。这两种改造没有明确的分界线,也可以说非纳粹化改造是过程,民主化才是目的。非纳粹化和民主化改造在各个占领区执行情况差别很大,东占区(苏占区)和西占区走上了不同的改造道路。

一、东占区的非纳粹化、民主化

苏联政府对非纳粹化和民主化改造非常重视,将其视作改变德国社会结构进程的一部分。苏占区军政府以"肃清法西斯残余"的口号取代了"非纳粹化"概念,其指导思想是通过逐步限制和消灭生产资料私有制使纳粹主义失去经济基础,通过土地改革消除容克地主在政治上的影响力,在公共机构中彻底清除纳粹党及其外围组织成员。1945 年 6 月 10 日,苏联军政府宣布废除一切纳粹法律和决议,"肃清法西斯残余"行动大规模展开。运动初期的肃清对象主要是德国社会上层人物,容克地主、工业家、银行家和大商人纷纷被逮捕和定罪,随即被处决或流放到苏联强迫劳动。1945 年 10 月 30 日,军政府下令将纳粹党在政府各部门中的重要成员和被苏军司令部列入整肃对象的人员的财产予以没收,其管理权、支配权和使用权都归军政府所有,一切无人认领的企业和财产都由军政府临时管理和保护。到 1945 年底,苏占区逮捕、审讯和严惩了一批法西斯战犯,查禁了所有纳粹党组织、军事组织和准军事组织,严禁法西斯组织重新活动。到 1946 年底,苏占区共有 390478 名纳粹分子从各种岗位上被清除出去。萨克森州政府共有 2520 名职员,其中仅有 34 人是前纳粹党成员。[①] 在议会、法院以及高级行政岗位上,已经难觅纳粹分子的踪影。

与西占区将全体居民卷入非纳粹化运动不同的是,苏占区军政府打击的主要对象是纳粹党上层和中层人物。苏联希望实现占领区内德国

---

① Wolfgang Benz, *Potsdam 1945*, *Besatzungsherrschaft und Neuaufbau im Vier-Zonen-Deutschland*, München: deutscher Taschenbuch Verlag, 1986, S. 175.

人民从"反法西斯"到"支持民主党派"的自然转变,因此将非纳粹化运动的覆盖面维持在较小的范围,以免激起德国人的抵触情绪。普通纳粹党员的职业生涯不受影响,他们在官方政策中属于被争取的对象。军政府希望他们,"同过去的政治生涯彻底告别,全身心地投入到重建工作中来。只要具备一定的才能,他们就能在机关和企业中任职"。只要他们表示拥护建设苏占区的政治原则,就算是进行清洗了。如果一个普通纳粹党员在1946年3月31日以前加入一个反法西斯的政党,他就会被认为在政治上恢复了名誉,从而可免于非纳粹化运动的审查和处罚。大部分底层纳粹党员重新获得了完全的公民权,可以从事任何职业。在1946年10月以后,大多数前纳粹党员重新获得了选举权和被选举权,可以参与苏占区的政治生活。苏联这样做的目的,是希望稳固在苏占区的统治,使新成立的社会主义政党得到成年男子中中坚分子的支持。此外,二战期间为纳粹战争服务过的科学家和工程师也得到了赦免,只要他们同意为苏联继续工作和研究,就可以免除政治上的审查,条件是必须在苏联的工厂和实验室工作。1948年2月27日,苏占区军政府宣布已将全部法西斯分子和军国主义积极分子肃清干净,所有非纳粹化委员会于3月10日解散。①

在实行非纳粹化的同时,苏占区开始进行民主化改造,重建东德地区的政治生活,使其走上苏联模式的社会主义道路。1945年6月10日,苏占区军政府发布通告,准许在苏占区建立反法西斯民主政党(Antifaschistisch-demokratische Partei)和群众团体。流亡苏联的德国共产党(Kommunistische Partei Deutschlands,KPD)领导人瓦尔特·乌布利希(Walter Ulbricht,1893—1973)、威廉·皮克(Wilhelm Pieck,1876—1960)等人回到苏占区,重建共产党的组织。他们于6月11日以德国共产党中央委员会的名义发表号召书,呼吁"建立反法西斯民主政

---

① Jan Foitzik, *Sowjetische Militäradministration in Deutschland* (*SMAD*) *1945—1949*, Berlin: Akademie Verlag, 1999, S. 237.

权、建立一个给人民一切民主权利和自由的议会民主制共和国"①。在这份号召书中，德国共产党策略性地放弃了直接宣传苏维埃制度(让刚刚结束纳粹统治的德国人骤然接受苏维埃制度是不现实的)，希望以此在德国人民中赢得更广泛的群众基础。与此同时，苏占区建立了以德国共产党员为核心的自由德国工会联合会(Freie Deutsche Gewerkschaftsbund，FDGB)、德国民主妇女联合会(Deutsche Demokratische Fraubund)和自由德国青年联盟(Freie Deutsche Jugend)等群众团体，为德国共产党建立了一定的群众基础。更重要的是，德国共产党大部分领导人是从苏联流亡回来的，他们得到了苏联当局的鼎力支持。

继德国共产党之后，历史悠久、拥有深厚群众基础的社会民主党(Sozialdemokratische Partei Deutschlands，SPD)也得以重建。社会民主党在占领时期表现出多种政治倾向，以奥托·格罗提渥(Otto Grotewohl,1894—1964)为代表的一部分社会民主党人主张与德国共产党进行组织上的联合，拥护建立反法西斯民主共和国。社会民主党中央委员会在 1945 年 6 月 15 日发表的号召书中，把要求德国工人阶级的统一提上了纲领。德国共产党欢迎两党在苏占区的合并，希望借助社会民主党的影响弥补群众基础的不足，依靠苏联占领当局的支持稳执牛耳。格罗提渥等人则认为，执意反抗苏联当局的意图、同德国共产党竞争是没有希望的，不如通过两党合并为社会民主党保留更多的活动余地。但是，这一主张遭到西占区以库尔特·舒马赫博士(Kurt Schumacher，1895—1952)为代表的社会民主党人的坚决反对，东德和西德的社会民主党人不可避免地走向分裂。同年 6 月底 7 月初，具有资产阶级性质的反法西斯政党基督教民主联盟(Chiristlich Demokratische Union，CDU)和自由民主党(Liberal-Demokratische Partei Deutschlands，LDPD)也相继成立并开展活动。基督教民主联盟是德国政党中一种新的形式。经历过魏玛共和国时期政党的四分五裂和纳粹政权对教会的

---

① 卡尔·迪特利希·埃尔德曼:《德意志史》,第四卷下册,第 193 页。

镇压之后,一些反抗希特勒的积极分子致力于在基督教的旗帜下成立一个包括各个教派和社会阶层的大联合政党,以此争取厌倦了政党意识形态的德国人的支持。后来的事实证明,基督教民主联盟在德国议会政治中取得了巨大成功。自由民主党则标榜所谓的新自由主义,既不愿意在政治上服从于基督教价值观,也拒绝在经济政策上对公共经济或社会主义思想作出让步,强调利用国家来保护个人免受社会集体主义的侵害。1945年7月14日,为了响应苏联占领当局的号召,德国共产党、社会民主党、基督教民主联盟和自由民主党成立了"反法西斯民主党派统一阵线"(Einheitsfront der antifaschistisch-demokratischen Parteien),每个党派五名代表组成最高联合委员会。该阵线体现了苏联政府在东德地区的统治思想:在工人阶级(通过共产党)的领导下,团结一切反法西斯的民主力量,走向社会主义民主。德国农民民主党(Demokratische Bauernpartei Deutschlands,DBD)、德国民族民主党(Nationaldemokratische Partei Deutschland,NPD)也相继成立。

战争结束后,苏占区在1945年逐步恢复了各级行政管理机构和地方自治机构,占领当局大胆起用了一些具有才能的德国人参与地方管理。1945年7月4日,军政府下令成立各州、行政区自治机构,其成员由军政府指定任命。9月13日,军政府决定设立交通运输、电讯、燃料和电力、商业、农业、财政和信贷、劳工和社会福利、教育、司法、卫生等行政机构,这些部门的领导均由军政府任命德国人担任,在军政府指导和监督下行使管理职能。10月22日,授权各州、行政区自治机构在不违反盟国管制委员会和苏占区军政府命令的情况下,"在立法、司法和行政方面颁布具有正式效力的法律和命令"[①]。到1945年底,苏占区自柏林战役结束以来的混乱局面已经消失,苏联较好地恢复了占领区内的行政和司法体系,剩下的工作就是引导东德的议会和政党建设走上苏联模式的社会主义道路。

---

① 吴友法:《德国现当代史》,第279页。

1946 年初,苏占区的政党政治形势微妙。德国共产党得到苏联当局的全力支持,但其党员人数和社会影响力都小于社会民主党。新成立的基督教民主联盟和自由民主党也在群众中得到了一定的支持。为了确保在地方选举中得到多数德国人民的支持,德国共产党积极筹划与社会民主党合并组建新的政党,并得到了苏联占领当局和苏占区社会民主党领导人格罗提渥的支持。1946 年 4 月 21 日—22 日,德国共产党和社会民主党举行了两党合并代表大会,合并成立德国统一社会党(Sozialistische Einheitspartei Deutschlands,SED),共产党领导人威廉·皮克和社会民主党领导人格罗提渥当选为新的统一社会党的主席。在 4 月 22 日发布的统一社会党党纲中,主张通过民主道路走向社会主义,在过渡时期建立反法西斯民主制度。统一社会党在意识形态上的自我认识非常鲜明,在强调阶级斗争和无产阶级专政的前提下,坚定地走社会主义道路。两党合并给统一社会党带来的好处是显而易见的,对苏占区持社会主义思想的选民来说,除了统一社会党之外别无选择。

从 1946 年 9 月开始,苏占区各个地方、州和市陆续举行民主选举。在 1946 年 9 月的地方选举中,统一社会党得票 57.1%,自由民主党 21.1%,基督教民主联盟 18.8%,群众组织 3%。1946 年 10 月的州议会选举中,统一社会党得票 47.8%,自由民主党 22.7%,基督教民主联盟 26.5%,群众组织 3%。① 从选举结果看,统一社会党取得了半数人民的支持,但并不占据压倒性优势。随着苏美关系的恶化和德国分裂局面的加深,统一社会党按照苏联当局的要求,加快了自身的意识形态建设。它逐渐抛弃了德国共产党和社会民主党的传统,有意识、有纲领地按照苏联共产党的模式进行自身建设,并且明确和公开承认苏共的领导地位。苏共党史简明教程成了统一社会党干部培训的必修基础课,对斯大林的个人崇拜与日俱增。有人甚至宣称,对苏联的态度是考验每个社会主义者的试金石。在这种情况下,11 月 27 日,苏占区军政府宣布将地方

① 卡尔·迪特利希·埃尔德曼:《德意志史》,第四卷下册,第 197 页。

权力移交给新选举产生的议会及政府,德国统一社会党成员在地方各级行政机构中逐渐占据了主要领导地位。

在加强对地方政府控制的过程中,苏占区还逐渐确立了德国统一社会党在德国管理机构中的主导地位。1945 年 6 月 10 日,苏联军政府颁布第 2 号法令——《苏占区反法西斯政党和自由工会重建令》(Befehl Nr. 2 des Obersten Chefs der Sowjetischen Militärischen Administration: Erlaubnis zur Bildung und Tätigkeit aller antifaschistischen Parteien und Gewerkschaften)宣布将在军政府的严格监督下允许反法西斯政党的"组建和活动",以便清除法西斯余孽并为德国民主和国内自由奠定基础。[1]

1947 年,"民主反法西斯党派统一阵线"吸收了"自由德国工会联合会""自由德国青年联盟""德国民主妇女联合会""德国文化联盟"等群众组织,从而限制了资产阶级政党在群众中的活动余地,统一社会党在群众中的影响不断增强。把基督教同社会主义结合起来的基督教民主联盟,和强调个人权利维护财产私有制的自由民主党,此时也被迫接受统一社会党的领导,并对原主张加以"改造"。[2] 到 1947 年 3 月,统一社会党党员人数已发展到 170 万人。1948 年 9 月 16 日,统一社会党的中央决议标志着该党意识形态的全面布尔什维克化。至此,在苏联政府看来,统一社会党已具备了充当东德地区执政党并坚持苏联模式社会主义路线的能力,占领时期的政党建设达到了预期的目的。

二、西占区的非纳粹化、民主化

二战期间,西方盟国领导人罗斯福、丘吉尔、戴高乐(Charles De Gaulle,1890—1970)都表示过要根除德国的纳粹主义,从公众生活、私人生活和文化生活中消除一切军国主义的影响。西方国家比苏联更重视

---

[1] Beate Oppen (ed.), *Documents on Germany under Occupation 1945—1954*, pp. 37 - 38.
[2] 丁建弘:《德国通史》,上海社会科学院出版社 2002 年版,第 389 页。

实行广泛的非纳粹化,让具有民主思想的德国精英人物填补各级领导职位,为建立德国的西方式民主扫清障碍。基于这种思路,西占区的非纳粹化运动成了一个宽严不等的大规模人事清洗过程,覆盖了从上到下各个阶层的德国民众。

美国对非纳粹化运动最为积极。早在 1945 年 4 月 26 日,美军总参谋部向美国占领军总司令发出 JCS1067 号指令,认为德国人民集体有罪,占领军不准和德国人"交往"。该指令要求取缔一切法西斯团体或组织,所有不只是名义上参加了党的活动的纳粹党员、纳粹主义和军国主义的积极拥护者、所有对盟国抱有敌意的人,都将被解职并被排除在公职或半公职和私营企业重要领导职位之外。战争结束后,艾森豪威尔将军对战败的德国人发表的第一份公告,就提出了美国和英国武装部队的首要目的:"我们将消灭纳粹主义和德国军国主义。我们将推翻纳粹统治,解散纳粹党,废除纳粹党制订的一切残酷的、压迫人民的和歧视性的法律和机构。"[①]按执行情况来看,西占区的非纳粹化运动可分为三个阶段。

从盟军进入德国到 1946 年 3 月《从纳粹主义和军国主义解脱法》(Gesetz zur Befreiung von Nationalsozialismus und Militarismus)(也称《解脱法》)颁布,可看作是非纳粹化运动的第一阶段。这一阶段对纳粹政权进行了大规模清算,取缔纳粹党及其附属的一切组织,逮捕并惩办纳粹战犯及纳粹组织成员。因此,这一阶段的主要特征是大规模逮捕纳粹分子。美占区的非纳粹化涉及面最广,纳粹首要分子、骨干党员和一般纳粹党员都不加区分地列入了逮捕名单。对所有纳粹党员逐个进行鉴别,以判定其属于名义上的还是积极的纳粹党员。美占区军政府还设计了一种个人问题登记表,要求纳粹分子据实填写,由反间谍部门审查,从而摸清他们在纳粹统治时期的表现和联系交际情况。非纳粹化运动

---

① 埃德温·哈特里奇:《第四帝国的崛起》,第 69 页。

成了一种审查政治信仰的官僚主义宗教裁判。[1] 1945 年 7 月,美占区要求 1937 年 5 月 1 日前加入纳粹党的官员都必须辞职;禁止纳粹党员在私营企业中就业,只允许他们从事一些辅助工作。随后在三个西方占领区展开了大规模的逮捕。截至 1947 年 1 月 1 日,美占区有 92259 人被逮捕,英占区为 6.45 万人,法占区为 18963 人。[2] 经过审查解除嫌疑的人后来被陆续释放。这一阶段的审查工作进展艰难,要对 800 万纳粹党员和 400 万与纳粹党有联系的组织成员逐个甄别,其工作量超出了当局的胜任能力。案件积压数百万计,美国人不得不改变初衷,吸收德国抵抗运动成员、民主人士进行合作,希望使非纳粹化运动走上德国人自我清洗的道路。1946 年 3 月 5 日,美占区颁布了《解脱法》,成立有德国民主人士参加的解脱局负责非纳粹化运动。该法随后被推广到英占区和法占区。

随着《解脱法》的颁布,西占区非纳粹化运动进入第二阶段,改造对象开始转向德国人民,致力于进一步消除纳粹在普通民众中的影响。1946 年 10 月 12 日,盟国管制委员发布第 38 号法令,以法律形式确定对德国的非纳粹化改造,要求所有德国人必须详细供述过去的政治态度和活动情况,供占领当局鉴别。美占区和英占区为此准备了一份多达 133 项问题的调查表,涉及履历、职业和政治历史,所有 18 岁以上的人都要填写,不得以任何借口拒绝回答问题。美占区发出了 1300 万份调查表,360 万德国人被起诉犯有战争罪或政治罪,占美占区人口总数的 20% 以上。调查表交由当地德国法庭审查,占领当局实行监督。被审查人员按情节轻重分为五类:(1) 主犯,即高级纳粹分子;(2) 罪犯,指公开支持希特勒发动战争的纳粹积极分子、军国主义者和投机商,包括从战争中大发横财的实业家;(3) 次犯,指加入过纳粹党的德国青年,但没有犯下严重的政治或战争罪行;(4) 胁从犯,指迫于生计而不得不与纳粹分子发生

---

[1] 卡尔·迪特利希·埃尔德曼:《德意志史》,第四卷下册,第 178 页。

[2] Wolfgang Benz, *Deutschland unter alliierter Besatzung 1945—1949/55*, Berlin: Akademie Verlag, 1999, S. 115.

联系的人;(5)无罪者,指可以证明自己反对过纳粹统治的人。① 根据分类和个别断案,分别判处 10 年或 10 年以下徒刑、强迫劳动、没收财产、开除公职、剥夺选举权、向纳粹受害者赔偿损失等。经过非纳粹化改造后的每个德国人都领到一张身份证,在西占区全境有效。但是,实际操作过程中又出现了诸多困难。美占区起诉了 360 万德国人有罪,按照法庭审理的正常速度,需要八年半的时间才能完成这些案子。无奈之下,美占区军事长官颁发了一系列赦免令,赦免了青年、残疾人和胁从犯,将案件总数减少到 93 万件。美占区为此成立了 545 个法庭,进行了169282 次审判,工作人员达 2.2 万人。整个过程耗费了大量财力人力,德国人民对这种粗暴的做法也产生了抵触情绪。对此,美国当局开始怀疑这项运动的必要性,考虑尽快结束非纳粹化运动。美国占领区最高军事长官卢修斯·D. 克莱将军(Lucius D. Clay,1898—1978)后来表示,"在世界历史上也许从来没有人搞过这样的社会清洗。……回过头来看,如果当时只审判一小批为首的纳粹分子而不搞这种大规模的审判,也许效果会好一些"②。

同一时期,非纳粹化运动在英占区和法占区执行要宽松得多。英占区只对那些在法律上公认的罪犯予以惩罚,被审查的德国人有 90% 被判为"无罪者",而美占区这一比例仅为 1/3。法占区军政府在非纳粹化问题上更注重从实际出发,不信任所有德国人。因而,在法占区,对德国人和纳粹分子则不加以区别对待,也没有十分严肃对待非纳粹化,认为非纳粹化改造徒劳无益,转而把精力集中于教育德国的年轻人,同时清除那些可能有害于对德国人进行"再教育"进程的人。

1947 年夏季以后,非纳粹化运动进入第三阶段。美国政府要求尽快结束非纳粹化运动,避免此项运动阻碍西德经济的恢复,违背美国扶植西德的冷战战略。美国一些国会议员则直接宣称非纳粹化失败了,对该

---

① Wolfgang Benz, *Deutschland unter alliierter Besatzung 1945—1949/55*, S. 115.
② John H. Backer, *Die Deutschen Jahre des Generals Clay. Der Weg zur Bundesrepublik 1945—1949*, München: C. H. Beck Verlag, 1983, S. 183.

运动提出了严厉批评。由于美占区鼓励德国人互相告发在纳粹统治时期的恶行,这增加了人与人之间的不信任感,处在管理岗位上的人时刻担心被人告发而感到恐惧,影响了工作效率。1948年,美占区军政府调查了非纳粹化对当地经济的消极影响,每1万名雇员中有440人因非纳粹化被解职,0.6%的职位空缺是由非纳粹化造成的,在组织企业发展的诸项因素中,非纳粹化影响最大。① 美占区随后大量削减案件数量,减轻对罪犯的处罚。德国检察官将大量"罪犯"转变为"胁从犯",很多被宣布为无罪,或缴纳小额罚款就恢复了名誉。到1948年5月1日,仅剩2806名死硬纳粹分子等待审判。1949年9月联邦德国成立,西占区的非纳粹化任务完全移交给了联邦德国政府,运动规模进一步被压缩。1950年12月15日,联邦议院向各州建议统一结束非纳粹化程序,此后各州纷纷颁布结束,巴伐利亚州最晚,在1954年8月11日才颁布结束法案②,西德地区的非纳粹化改造正式宣告结束。

　　占领时期对纳粹分子和军事罪犯的审判,美占区168282起,英占区22296起,法占区17353起。截至1948年3月,西占区共有520734人在非纳粹化运动中被解职。③ 这场运动肃清了西德地区纳粹思想残余,为现代民主政治的建立奠定了基础。同时,它也是对全体德国人民的一场集体"再教育"。非纳粹化强调德国人的集体责任,使每个德国人都意识到,个人要为民族的命运赎罪。但是,西占区的非纳粹化运动因为覆盖面太广,也产生了一些消极影响。占领期间德国民众人人自危,害怕因陈年往事失去工作,为了证明自己的清白不惜互相诬告,因此产生的心理创伤难以消除。美国政府在非纳粹化运动中展现了传教士般的热情,却又过于理想化,导致美占区的非纳粹化时间太长、规模过大、政策不连贯。由于美国在非纳粹化运动后期连续几次进行削减和大赦,一些纳粹

---

① 张沛:《凤凰涅槃——德国西占区民主化改造研究》,第49页。
② 卡尔·迪特利希·埃尔德曼:《德意志史》,第四卷下册,第180页。
③ Wolfgang Benz, *Potsdam 1945*, *Besatzungsherrschaft und Neuaufbau im Vier-Zonen-Deutschland*, München: deutscher Taschenbuch Verlag, 1986, S. 177.

党骨干分子和支持过希特勒的资本家成了漏网之鱼,继续活跃在德国政治和经济舞台上。1952 年,联邦德国外交部中居然有 2/3 的高级官员是前纳粹党成员,司法系统中曾在第三帝国任职的官员更多。

为了让德国早日走上西方议会民主制政治道路,美英法三国积极重建西占区的政治生活,在非纳粹化的同时实现对德国的民主化改造。在德国历史上,政党政治一直具有明显的缺陷,不具备美英那样成熟的议会政治模式。各个党派坚守自己的利益和主张,导致政党难以凝聚。在魏玛共和国时期,各种小的党派不断涌现,议会政治陷入极度混乱,使希特勒和纳粹党有机可趁,通过议会选举的合法形式夺取了政权。德国原有的政党体制不足以承担战后德国建立西方民主制度的责任。有鉴于此,二战结束后,盟国禁止了德国一切政党活动,希望利用新生的民主力量,重建德国的民主政党。西占区的民主化,其主要特征是建立符合西方观念的资产阶级政党,实现政党之间的良性竞争,向着以美英为模式、以财产私有制为基础、实行议会民主制的联邦制体制发展。

波茨坦会议后,西占区的政党重建工作全面展开。1945 年 11 月,美占区准许在州一级建立政党和工会组织。英占区于 1945 年 9 月解禁政党活动,英占区和美占区还准许超越边界成立全区性联合组织。法占区在 1946 年 1 月准许成立州一级政党,但禁止成立全占领区的联合组织。组织或恢复党派活动必须首先向占领区军政府提出申请,经过审核证明这些党派是反纳粹、反军国主义和民主的,才向他们颁发执照,允许开展活动。各占领区都严格审查政党的纲领、活动经费、领导人履历等,每个党派的组织、领导、成员和章程都要反复斟酌,一切符合军政府规定后才能获得批准。在这种情况下,西占区的社会民主党、基督教民主联盟(Christlich Demokratische Union Deutschlands,简称“基民盟”)和基督教社会联盟(Christlich-Soziale Union in Bayern /CSU,简称基社盟)、自由民主党等党派相继恢复和建立起来。

社会民主党作为历史悠久、群众基础深厚的德国老牌政党,虽然在纳粹德国时期饱受希特勒的摧残打压,但战后的重建工作却非常迅速。

战争结束后,原社会民主党成员自发组成了地方支部,其核心圈子是以库尔特·舒马赫为中心的汉诺威集团。舒马赫在 1930—1933 年曾任国会议员,因为坚决反对纳粹统治而被关进集中营十余年。作为西占区社会民主党的领导人,舒马赫引导该党逐步适应形势的转变,要求摒弃教条主义的马克思主义,强调自由和民主的人权,警告不要把"阶级斗争的思想粗暴地简单化"。社会民主党应该突破作为工人政党的传统框架,争取中产阶层的支持。[①] 1946 年 5 月 11 日,社会民主党在汉诺威举行第一次党代表大会,选举舒马赫为党主席。会议通过的纲领表示,社会主义是当前的任务,主张实行计划指导的社会主义经济,同时声明资本主义社会需要改革、可以改革。舒马赫主张保护中产阶级的利益,分散大土地所有制,把大工业、财团、能源和交通事业国有化。德国应该是中央集权的议会民主制国家,主张将四个占领区合并参加欧洲一体化。此次会议后,社会民主党在西占区的影响日益扩大。

西占区的基督教民主联盟是一个联合了各个教派和社会团体的新政党。1945 年 12 月,一些宗教团体和前中央党、德意志民族人民党、德意志人民党的成员组建了这个新的政党。"基督教民主联盟"这个名称含有将各个教派和各个社会阶层在政治上联合起来的双重意图。该党的组织遍布除巴伐利亚之外的各州,巴伐利亚集团则自称"基督教社会联盟"。康拉德·阿登纳(Konrad Adenauer,1876—1967)是"基民盟"内的灵魂人物。他在魏玛共和国时期曾担任科隆市长,因为反对纳粹统治而在 1933 年和 1944 年两度被捕,是具备亲西方民主思想的代表性人物。1946 年 3 月,阿登纳当选为英占区"基民盟"主席,随后积极筹建全国性的"基民盟"政党。该党主张"把基督教思想与真正民主的崇高理想作为革新的基础"[②],以新自由主义对经济进行间接的调节,避免经济权力的过分集中。1947 年 2 月 3 日,该党通过的《阿伦纲领》(Ahlener

---

① 卡尔·迪特利希·埃尔德曼:《德意志史》,第四卷下册,第 201 页。
② 吴友法:《德国现当代史》,第 284 页。

Programm)指出,资本主义经济制度需要从根本上加以革新,不能解散的垄断企业应当社会化,在保留企业主积极性的同时,让雇员参与企业领导。同时,德国人民应该享有一种经济和社会福利法。1948 年以后,该党又转向社会市场经济原则,得到了大批中产阶级的支持。"基民盟"与"基社盟"从 1947 年起组成工作同盟,1949 年组成联邦议会中的政党同盟。

1948 年 12 月,西占区的老自由民主党和民族自由党联合成立了自由民主党(Freie Demokratische Partei,FDP),特奥多尔·豪斯(Theoder Heuss,1884—1963)当选为党主席。该党秉持经济学家哈耶克的"新自由主义"学说,强调保护个人利益免受集体主义的侵害,寻求在现代工业社会中保证发挥个人力量的道路。德国共产党(Kommunistische Partei Deutschlands,KPD)在西占区也恢复了活动,但处处受到社会民主党的排挤;而且由于宣布无条件支持苏联的德国政策,该党在西占区的活动受到各军政府的压制,影响力日益衰退。

西方盟国在占领期间实行打压德国共产党、抑制社会民主党、扶持基督教民主联盟和基督教社会联盟的政策,最终在西占区形成了基督教联盟和社会民主党两大党派加上自由民主党的格局。这三个党派之间,无论政治经济主张或意识形态都没有根本的冲突,只在施政方针上存在不同。西占区政党建设的最终结果是,相对魏玛共和国时期,政党的数目减少了,政党之间的意识形态冲突淡化了,西德地区已经建立起美英模式的西方民主制度。

西占区民主化改造还强调,未来西德应成为一个联邦制国家。其目的在于削弱德国过分强大的中央权力,提升各州的权力,让民主化的、拥有极大自主权的实体州来平衡未来德国中央政府的权力。美占区在 1945 年 8 月指定产生了州一级的议会,1946 年 6 月各州制宪议会着手起草宪法,并被授予立法权和行政权。军政府将更多的责任交给德国人,以便他们尽快培养起民主意识。各州宪法都体现了人身自由、三权分立、联邦主义等经典原则。1947 年 2 月 25 日,管制委员会发布第 46

号法令,宣布普鲁士是"军国主义和反动的载体",正式宣布解散普鲁士。[1] 在消灭了这个德国最大邦国的基础上,重新划分各州的界限,使这些州成为联邦体制的基本要素。

战后盟国在德国进行的"四化"改造——非军事化、非卡特尔化、非纳粹化和政治民主化,清除了德国政治和文化中专制主义、军国主义的残留,终结了德国自普鲁士王国以来持续两百余年的极权时代,也为1949年以后两个"崭新的德国"的建立作好了铺垫。消灭军事工业,对基础工业进行"非卡特尔"化的改造,这些措施彻底消除了德国对未来欧洲和平的威胁,摧毁了德国自19世纪末以来所固有的"军事垄断资本主义"经济体制,从而断绝了德国军国主义的根源。工业改造还伴随着对占领区工厂设备的大规模拆卸以支付实物赔偿,虽然在短期内使德国的工业水平大幅下降,但在客观上清除了德国陈旧过时的工厂和设备,当德国重建工业复兴经济的时候,反而可以直接使用最现代化、效率最高的机器设备,迅速将战后第三次技术革命的成果转化为生产力,促进了50年代西德经济的起飞。非纳粹化和民主化运动让战后德国社会经历了一次自上而下的清洗,肃清了纳粹残余势力,打碎了纳粹的社会基础和专制政治体制。政治改造一方面迫使德国人民开始反思战争的罪责,重新认识国家的作用和公民的价值;另一方面也为德国民主力量上台扫除了障碍,康拉德·阿登纳、库尔特·舒马赫、瓦尔特·乌布利希等遭到纳粹迫害的政治人物得以重返政治舞台,成为未来联邦德国和民主德国的创立者。

---

[1] Ernst Rudolf Huber, *Quellen zum Staatsrecht der Neuzeit*, Band 2, *Deutsche Verfassungsdokumente der Gegenwart* (1919—1951), Tübingen: Matthiesen Verlag, 1951, S. 648.

第三章　东西方冲突与第一次柏林危机的爆发

　　由于国家利益和意识形态的不同,二战以来盟国所结下的友谊注定不能持久。随着1947年初杜鲁门主义的出台,以美国为首的西方阵营和以苏联为首的社会主义阵营最终走上了冷战对抗的道路,原本决心合作消除德国战争威胁的四大占领国也不得不在东西方分裂的背景下重新审视自己的对德政策。

　　德国问题既是东西方冲突的助推器,也是美苏在欧洲冷战的焦点。自二战末期开始,英美和苏联就在许多有关德国战后安排的问题上存在着巨大的分歧。这种分歧最终导致了1948年柏林危机的发生,并使得在冷战背景下解决德国问题变得遥遥无期。

第一节　美苏在德国问题上的冲突

一、雅尔塔体系与美苏冷战

　　第二次世界大战的结束,标志着以欧洲为中心的国际关系体系进入了美苏竞争与对抗的两极体制。欧洲老牌强国中,英法在战争中被严重削弱,其殖民地纷纷走上独立道路,国际地位一落千丈。意大利虽然逃脱了战败国的命运,但作为二战的元凶之一,也将面临盟国的严厉惩罚。至于德国,则被四大国分区占领,进入了其现代历史上最悲惨的时期。

原先并不处在国际格局核心位置的美国和苏联,却在二战战火的洗礼中一跃成为左右世界的超级强国。战争只夺去了41万美国人的生命,但却给美国带来了短期内经济规模翻倍的机会。据统计,战后初期美国集中了全世界资本总额的3/4和工业生产能力的2/3。[①] 美国的军事实力也变得空前强大,1947年时,美国不仅垄断了核武器,还在全世界共拥有约480个军事基地,可以随时向世界各个角落投放自己的海空军力量。美国总统哈利·杜鲁门曾宣布:"美国今天是一个强大的国家,没有任何一个国家比它更强大了……我们拥有这样的力量,就得挑起领导的担子并承担责任。"[②]经受了战争考验、为世界反法西斯战争的胜利作出了巨大牺牲的苏联,也成为战后首屈一指的军事政治大国。1945年战争结束时,苏军总兵力超过1200万人,年产飞机4万架、坦克3万辆、大炮12万门。与此同时,苏联还趁法西斯崩溃之机,扩大自己的版图,帮助东欧国家建立社会主义制度。二战结束时,苏联不仅成为了联合国常任理事国,还和50多个国家建立了外交关系,极大地提高了自己的国际地位。1946年,苏联外长莫洛托夫宣称:"苏联是现代世界上最强大的国家之一。没有苏联的参与,谁也不可能就国际关系中的任何重大问题作出决定。"[③]在传统的、以欧洲为核心的国际关系格局行将崩溃之际,一个以两极格局为核心的新的世界体系——雅尔塔体系(The Yalta System)逐渐形成。该体系的内容主要包括四个方面:(1) 彻底击败德日,并对两国实行占领和改造,铲除法西斯势力;(2) 重新绘制战后欧亚的政治地图,尤其是要重新划定法西斯国家的疆界,如确定以奥德-尼斯河线为

---

① 霍罗威茨·戴维:《美国冷战时期的外交政策:从雅尔塔到越南》,上海市"五·七"干校六连翻译组译,上海人民出版社1974年版,第54—55页。

② 战后世界历史长编委员会:《战后世界历史长编(第一编第三分册),1947年》,上海人民出版社1977年版,第6—7页。

③ 保罗·肯尼迪:《大国的兴衰》,世界知识出版社1990年版,第410页。

德、波新边界;(3)建立联合国组织,并在其中实行"大国一致"原则;(4)允许被解放的欧洲国家自主选择自己的国家道路,对法西斯国家的殖民地和国联委任统治地实行托管计划,原则上承认被压迫民族独立的权利。

　　不可否认,雅尔塔体系具有反法西斯进步性。但与此同时,它也包含了美苏划分势力范围和共同主宰世界的因素。划分势力范围是冷战分裂的前兆。二战之后,随着东西方对抗的加剧,雅尔塔体系中美苏共同主宰世界的安排很快就为冷战(The Cold War)所代替。实际上,早在二战末期,美苏就在波兰政府组成等许多问题上存在分歧。二战之后,双方的分歧又进一步向欧洲以外的其他地区扩展。1946年初,英国首相温斯顿·丘吉尔在美国密苏里州发表了著名的"铁幕"演说:"从波罗的海的什切青(Stettin)到亚得里亚海边的利亚斯特(Trieste),一条横贯欧洲大陆的"铁幕"已经落下来。在这条线后面,坐落着中欧和东欧古国的都城——华沙(Warschau)、柏林(Berlin)、布拉格(Prag)、维也纳(Wien)、布达佩斯(Budapest)、贝尔格莱德(Belgrade)、布加勒斯特(Bukarest)和索菲亚(Sofia)——所有这些名城及其居民无一不处于苏联势力范围之内,不仅以这种或那种形式屈服于苏联势力的影响,而且还受到莫斯科日益增强的高压控制。"美国对苏联的遏制政策也逐渐走向公开。1947年3月12日,杜鲁门在国会参众两院发表国情咨文,说希腊遭到由共产党人领导的"恐怖主义活动的威胁",一旦其作为独立国家陷落,不但将危及土耳其及整个中东地区,而且将给欧洲一些"力争维持其自由和独立地位"的国家带来灾难性影响。此即宣示对苏冷战决心的"杜鲁门主义(The Truman Doctrine)"。1947年7月,美国外交官乔治·凯南在《外交》季刊发表文章,系统地阐明了美国的对苏"遏制"政策。在西方不断升级反苏反共政策的同时,苏联对美政策也日趋强硬。1946年9月27日,苏联驻美大使尼古拉·诺维科夫(Nikolai Novikov,1903—1989)就战后美国外交政策给外长莫洛托夫发了一封电报,指出战后美国外交政策的核心是谋求世界霸权,为实现这一目标,美国不惜动用一切外交手段及军事、科技力量。① 1947 年 9 月,苏联在"欧洲工人党情报局"(European Information Bureau of the Communist and Workers' Parties)成立大会上作《关于国际形势的宣言》报告,指出战时的合作不再存在,世界已形成两个阵营:一是帝国主义的反民主阵营,另一个是反帝的民主阵营,宣言点明美国是帝国主义阵营的"主导力量",它正在进行"具有特殊侵略性的活动"②。

二、经济统一还是政治统一

美苏在德国统一问题上的斗争既是冷战发生的主要诱因之一,又是冷战在欧洲的主要表现。美苏英在二战期间讨论战后对德国的处置时,都提出过分割、肢解德国的计划。但是,雅尔塔会议后不久,三大国就相继放弃了肢解德国的主张。在 1945 年 7 月 17 日—8 月 2 日的波茨坦会议上,三大国统一明确了将德国视做一个整体的原则,并要求立即建立全德中央管理机关。但是,这一计划因法国的激烈反对而搁浅。

虽然三大国都同意维持德国的统一,但它们对如何实现统一,却存在着截然不同看法。英美主张经济统一,即在实现四大占领区商品、人员和货币的自由流动基础上完成德国统一。而苏联却强调德国的政治统一,即要求先建立全德中央政府再考虑经济统一的问题。

东西方在德国赔偿问题上的分歧是英美提出经济统一德国政策的直接原因。波茨坦会议时,美国提出了德国分区赔偿计划。所谓"分区赔偿",是指各占领国主要只从自己的占领区内取得赔偿,另外,苏联还可通过区际交换获得急需的工业设备。③ 后来,在苏联的要求下,美国又对该计划进行了补充:苏联在从东占区取得赔偿后,尚可从鲁尔获得工

① 刘金质:《冷战史》,世界知识出版社 2003 年版,第 98 页。
② 法学教材编辑部编:《国际关系资料选编》,下册,武汉大学出版社 1983 年版,第 128—131 页。
③ U. S Department of State, *FRUS*, *The Conference of Berlin*(*The Potsdam Conference*), *Volume II*, *1945*, Washington D. C.: GPO, 1960, p. 275.

业设备和原料,这其中一部分是无偿的,另一部分则必须用东占区的粮食进行交换。① 在一番激烈的讨价还价之后,苏联在 7 月 29 日原则上接受了"分区赔偿计划"。根据这一计划,苏联除在苏占区获得赔偿外,尚可自西部占领区工业设备和产品中抽取 25％作为赔偿(其中 10％是无偿的)。然而,在战后初期,西占区经济状况十分恶劣。工厂停产,原料不足,生活品奇缺,需要依靠大量占领国的救济才能度日,同时还要向苏联支付赔偿。另外,英美军队是靠自己养活的,这一点又与法苏有所不同。② 为了尽快摆脱沉重的负担,防止苏联乘虚而入,英美逐渐形成了实现德国经济统一与复兴的政策。

1946 年 4 月 3 日,负责德奥管制事务的英国兰开斯特公爵郡大臣③约翰·海德(John Hyde,1902—1971)在英国外交部会议上建议:"英国应与德国人保持更为密切的合作,应该加强西占区并在英占区建立一个具有经济权力的德国管理机构。"英国工党政府外交大臣欧内斯特·贝文(Ernest Bevin,1881—1951)对海德的建议表示赞同,并且要求其下属"准备研究实现三个西方占领区合并的可能性"④。1946 年 5 月 7 日,贝文向内阁提交了复兴德国经济的备忘录。

美国是战后初期唯一能够完成西德复兴重任的国家。美国军方包括德国军政府、陆军部、海军部等,从一开始就坚持复兴西德应优先于复兴欧洲其他国家。这其中又以军政府军事长官克莱的观点最为激进。"联合参谋部 1067 号指令对占领当局的影响很小,作为一个训练有素的

---

① Bruce Kuklick, *American Polity and the Division of Germany*, *the Clash with Russia over Reparations*, Ithaca and London: Cornell University, 1972, p. 147.

② Charles S. Maier with the assistance of Günter Bishof (ed.), *The Marshall Plan and Germany*, *West German Development within the Framework of the European Recovery Program*, p. 83.

③ "兰开斯特公爵郡大臣是一个低级的大臣,负责盟国对德管制委员会的工作。"参见迈克尔·鲍尔弗、约翰·梅尔:《四国对德国和奥地利的管制(1945—1946)》,安徽大学外语系译,上海译文出版社 1985 年版,第 159—160 页。

④ Ian Turner (ed.), *Reconstruction in Post War Germany*, *British Occupation Policy and the Western Zones*, *1945—55*, Oxford: Berg, 1989, pp. 135 - 136.

工程师,他立即开始着手恢复电力、供水、供气、医疗、交通及桥梁。"在他看来,"美国人民是不会允许美国控制下的地区如此饥饿和混乱的"①。为实现德国经济的统一与复兴,1946 年 5 月时,克莱不仅单方面中止了美占区对外赔偿品的支付,还进一步向美国国务卿贝尔纳斯提出了合并英美占领区的计划。② 1946 年 6 月 10 日,克莱向国务院再次要求:"如果他们在短期内能将更多的煤留在德国,那么从长远来说,他们可以给欧洲其他国家创造更多的产品。"③"他不断宣称自己只严格执行权力和责任明确的路线,他只对德国而不对其他问题负责。"④克莱还表示,必须尽快对德采取统一的经济政策,"否则德国经济就将崩溃,就将出现一种有利于共产主义发展的政治混乱"⑤。

克莱的观点一开始遭到了国务院高层的反对。国务院政策制定者"倾向于压制任何会引起法国仇德情绪的、削弱法国政府并使其落入法共手中的政策"⑥。国务院不断地告诫克莱,要注意其政策对第三国的影响。然而,随着东西方分裂的加剧,美国国务院自己也越来越认识到加快西德复兴的必要性。

1946 年 6 月 5 日,四大国召开了专门讨论德国问题的巴黎外长会议第二阶段会议(6 月 5 日—7 月 12 日)。会上英美与苏联在诸如德波边界、占领区之间的合作等重大问题上的分歧不仅没有能够缩小,反而进

---

① Charles S. Maier with the assistance of Günter Bishof (ed.), *The Marshall Plan and Germany*, *West German Development within the Framework of the European Recovery Program*, p. 173.

② Alan Kramer, *The West German Economy*, *1945—1955*, New York and London, Berg, 1991, p. 64.

③ Charles S. Maier with the assistance of Günter Bishof (ed.), *The Marshall Plan and Germany*, *West German Development within the Framework of the European Recovery Program*, p. 100.

④ Ibid. , p. 102.

⑤ Lucius D. Clay, *Decision in Germany*, Garden City, NY: Doubleday & Company, 1950, pp. 73 - 78.

⑥ Charles S. Maier with the assistance of Günter Bishof (ed.), *The Marshall Plan and Germany*, *West German Development within the Framework of the European Recovery Program*, p. 120.

一步扩大。7 月 10 日,贝文发表声明,正式提出了实现德国经济复兴的政策,要求将德国在经济上视作一个整体,实现德国的经济统一。同日,莫洛托夫也在会上发表声明支持德国统一,但他却更加强调德国的政治统一,即要求先建立全德中央政府再考虑经济统一的问题。第二天,美国代表詹姆斯·贝尔纳斯也发表声明,重申贝文先前所提的经济统一德国的原则。

1946 年 7 月 11 日,贝尔纳斯在巴黎外长会议上正式向其他三国发出了合并占领区的邀请,并得到了向来支持德国经济统一的英国响应。9 月 5 日,英美公布了合并占领区协议,决定要在英美两个占领区内设立八个管理双占区各项经济事务的部(委员会)及各州总理组成的中央委员会。① 合并协议公布的第二天,贝尔纳斯在斯图加特的演讲中公开宣布了美国复兴西德和实现德国经济统一的政策:"德国人不应失去通过辛勤劳动改变命运的可能性,工业增长和进步也不能将他们拒之门外……美国坚定地相信,只要考虑到德国的经济生活和活动,那德国就应作为一个经济整体来管理,区际障碍也应被完全消除。"② 贝尔纳斯的这次讲话被视为美国对德经济复兴政策的形成。不过,美国此时仍然没有确认西德复兴在西欧复兴中的优先地位。

三、东西方在德国问题上分歧的扩大

1947 年 1 月 1 日,英美双占区合并协议生效。然而,双占区的建立并未明显加速德国经济的复兴。1946 年冬席卷西欧的自然灾害进一步加重了德国的苦难。1947 年初,杜鲁门授权前总统胡佛前往中欧对德国、奥地利的经济形势进行调查。在 1947 年 3 月向杜鲁门提交的"胡佛报告"(The President's Economic Mission to German and Austria

---

① 迈克尔·鲍尔弗、约翰·梅尔:《四国对德国和奥地利的管制(1945—1946)》,第 220—221 页。

② Beate Oppen (ed.), *Documents on Germany under Occupation 1945—1954*, London, New York and Toronto: Oxford University Press, 1955, p. 153.

by Herbert Hoover)中，胡佛（Herbert Hoover，1874—1964）详细地表述了德国经济面临崩溃的严峻形势，并认为美国政府只有采取措施全力复兴西德经济，才能实现西欧的复兴。[①]　显然，胡佛报告的精神是与美国至此所持的西欧诸国平衡复兴的政策相悖的。[②]　因此，它在美国政府中引起了相当大的争论。以海军部长等为代表的一方支持胡佛的建议；而国务院一些官员则表示反对。负责对德赔偿事务的官员埃德温·波利（Edwin Pauly，1903—1981）认为，胡佛报告全面推翻了美国的对德政策，如果该报告的建议得到执行，就意味着"以牺牲德国邻国为代价来换取德国的复兴，并且会产生德国统治欧洲大陆的阴影"[③]。

　　进入1947年后，美苏之间的冷战更加激烈。3月10日—4月24日再次召开四大国外长会议，全面讨论德国问题，重点即是德国的统一与政治制度。苏联外长莫洛托夫要求德国应成为一个统一的爱好和平的国家——设有两院国会和全德政府的民主共和国。美国国务卿乔治·马歇尔（George Marshall，1880—1959）则建议实行联邦制，把德国分成10—18个州组成的联邦，并强调德国的经济统一是成立德国政府的基础。莫洛托夫指责双占区违背了德国统一原则，实际上造成了德国的分裂。结果，这次会议在德国统一问题上没能达成任何协议。

　　为了和国内对手协调立场一致应对苏联，美国国务院逐渐形成了新的欧洲重建政策——综合复兴政策（Comprehesive Recovery Programm）。该政策的主要特点是：注重德国复兴在西欧复兴中的作用；顾及其他西欧国家的复兴，实现西欧的整体复兴；西欧一体化。综合复兴政策一方

[①] Dennis Merrill（ed.），*Documentary History of Truman Presidency*，*Volume 13*，*Establishing of Marshall Plan*，*1947—1948*，Bethesda，MD，University Publications of America，1996，pp. 27 - 49，pp. 76 - 94.

[②] Charles S. Maier with the assistance of Günter Bishof（ed.），*The Marshall Plan and Germany*，*West German Development within the Framework of the European Recovery Program*，p. 121.

[③] U. S Department of State，*FRUS*，*1947*，*Volume II*，*Council of Foreign Ministers*，*Germany and Austria*，Washington D. C.，GPO，1972，pp. 394 - 395.

面肯定了德国复兴在西欧复兴中不可替代的作用,将西德的参与看作是"美国援助建议不可缺少的前提条件"[①];另一方面也强调让西德融入西欧,使德国的生产和贸易符合整个欧洲的要求。"这是一种使德国复兴与其邻国的经济安全需求相协调的方法,也是赢得其邻国对一体化及遏制苏联扩张的超国家体系的支持的办法,也是使西欧得以自立的基础。"[②]综合复兴政策的形成,为英美进一步实现德国西占区的经济统一和复兴扫清了障碍。

1947 年 5 月 29 日,英美签订了"改组双占区经济结构的决定",并成立了设有经济委员会、执行委员会和其他管理机构的"联合经济区"。1947 年 6 月 5 日,马歇尔在哈佛大学的演讲中正式提出了著名的"欧洲复兴计划"(European Recovery Plan),亦称"马歇尔计划"。9 月,由英法等 16 个西欧国家组成的欧洲经济合作委员会(Committee of Europe Economic Cooperation)向美国提出了欧洲复兴的四项原则和美国贷款的具体数额。1948 年 4 月 16 日,德国西占区三个军事长官和西欧 16 国一起签订了"欧洲复兴计划",西德从中得到 15.6 亿美元的援助。"马歇尔计划"对西德经济的复兴起到了很大的推动作用。正如路德维希·艾哈德(Ludwig Erhard,1897—1977)在 1950 年 2 月 26 日所说的,"马歇尔计划"的巨大帮助再次让德国经济走上了正途。[③]

1947 年 7 月 11 日,美国制定了联合参谋部 1779 号指令,表明美国政策的基本目标是尽全力实现各占领区之间的经济统一。指令还指出,一个有秩序和繁荣的欧洲,需要一个稳定和富饶的德国作出经济贡献,鼓励德国人民重建一个致力于和平目的的自给自足的国家,并和欧洲经

[①] Hans-Jürgen Schröder (Hrsg.), *Marshallplan und Westdeutschland Wiederaufbau*, *Positionen-Kontroversen*, Stuttgart: Franz Steiner Verlag, 1990, S. 42.

[②] Charles S. Maier with the assistance of Günter Bishof (ed.), *The Marshall Plan and Germany*, *West German Development within the Framework of the European Recovery Program*, pp. 126 – 127.

[③] Hans-Jürgen Schröder (Hrsg.), *Marshallplan und Westdeutschland Wiederaufbau*, *Positionen-Kontroversen*, S. 119.

济实现一体化。

与此同时,对共产主义威胁的恐惧和对美国援助的迫切需要,也促使法国政府在1947年春莫斯科外长会议之后逐渐改变了那种徘徊在东西方之间的外交路线,加速向英美靠拢。1947年5月4日,法国总理保罗·拉马迪埃(Paul Ramadier,1888—1961)将法共赶出了联合政府。在苏联的支持下,强大的法共不断掀起反美反政府的宣传活动,这使法国政府明显地感觉到了来自共产主义的威胁。美驻法大使杰弗逊·加菲利(Jefferson Caffery,1886—1974)1947年7月18日报告说:法共不仅攻击美国要从"经济上殖民法国",还将美国的鲁尔政策斥之为"将鲁尔的经营权送给了曾服务过希特勒的人"。① 法共报纸《人道报》(Humanite)则公开抨击法国政府:如果"多列士(莫里斯·多列士,Maurice Thorez,1900—1964,法共总书记)按人民意愿组阁或只要法共未被赶出政府,现在'走向地狱'的形势便不会发生"②。为了维持政权的稳定,法国政府要求美国加大对法援助。总之,经济和政治上的双重困境加重了法国对美国的依赖,迫使其不得不接受英美的对德复兴政策。

1947年11月25日—12月15日,四大国外长再次在伦敦开会。这次会谈的气氛是"冰冷和紧张的",各方都坚持自己的立场。会上,四大国围绕德国问题展开了激烈的争论。11月27日,莫洛托夫建议会议应首先准备对德和约,而对德和约的首要一条就是要建立全德民主政府。③在12月5日的声明中,马歇尔则针锋相对地表示:"任何有关德国政治组织的决定都必须以建立德国经济统一为前提。"④12月15日,莫洛托夫企图让东德的德国人民代表大会的代表来会议旁听,遭到了英法美的

---

① U. S Department of State,*FRUS*,*1947*,*Volume III*,*British Commonwealth*,*Europe*,p. 724.
② Ibid. , p. 751.
③ Margaret Carlyle(ed.),*Documents on International Affairs1947—1948*,p. 510.
④ Ibid. , p. 511.

一致拒绝。于是,早已决心结束此次会议的马歇尔便突然宣布无限期休会。会议没有任何结果,最终破裂。

伦敦外长会议破裂后,英美决心加快复兴西德和成立西德国家的步伐。1947年12月18日,马歇尔、贝文分别指示克莱和英占区军事长官布赖恩·罗伯逊(Brian Robertson,1896—1974)"要毫不迟疑地改进双占区的政治组织"①。1948年1月7日、8日,克莱、罗伯逊在法兰克福召开会议,确定了双占区机构政府化的具体措施。② 1948年2月5日,双占区经济委员会(Wirtschaftsrat des Vereinigten Wirtschafsgebietes)的权力和人数都得到进一步扩大。但是,英美心中十分清楚,要想在复兴西德的同时加强西方盟国之间的团结,真正使西欧得以复兴,就必须迫使法国转变在德国问题、尤其是在鲁尔问题上的态度。因此,在1947年伦敦外长会议期间,英美继续支持法国在经济上兼并萨尔,以诱使法国改变在德国问题上的强硬立场。

而在伦敦外长会议期间,东西方的矛盾和英美的拉拢也使法国最终下定决心,改变过去那种游离于东西方之间的外交政策,全面投入英美的怀抱。正如美国国务院官员迪安·艾奇逊(Dean Acheson,1893—1971)所说:"到了11月,在伦敦外长会议上,三个盟国终于能够结成一条坚强的阵线来对付俄国人了。"③法国整体对外政策的转变,为其与英美在德国问题上进行协调创造了条件。11月28日,法国外长乔治·皮杜尔(Georges Bidault,1899—1983)重申,一旦此次外长会议未能达成协议,关于合并法占区的讨论将会加快。④ 四国外长会议破裂后,"法国

---

① 战后世界历史长编编委会:《战后世界历史长编(第一编,第五分册),1949年》,上海人民出版社1980年版,第296页。
② U. S. Department of State,*FRUS,1948,Volume II,Germany and Austria*,Wachington D. C.:GPO,1973,pp. 1–5.
③ 战后世界历史长编编委会:《战后世界历史长编(第一编,第五分册),1949年》,第290页。
④ U. S. Department of State,*FRUS,1947,Volume II,Council of Foreign Ministers,Germany and Austria*,p. 738.

即承认四国间的关系不再允许它单独呆在德国,考虑法占区与双占区的合并是时候了,这样,伦敦外长会议就为德国事务中的另一个重要决策——决定建立西德政府铺平了道路"①。

四、鲁尔国际管制问题与《伦敦议定书》的出台

鲁尔(Ruhr)是德国历史上最重要的工业区之一。如何处置鲁尔工业,使之不再为德国的侵略扩张服务,而只为欧洲的持久和平与繁荣作出贡献,这是二战后盟国争论的焦点之一。

在 1945 年 7 月召开的波茨坦会议上,英美苏三大国围绕着鲁尔问题就展开了首次交锋。7 月 20 日,苏联代表迈斯基向英美代表提出四大国共管鲁尔方案。② 苏联提出该方案的主要目的是要更方便地从鲁尔索取赔偿。莫洛托夫在 7 月 30 日的备忘录中明确指出,建立四大国"鲁尔地方管理机构",是为了"让鲁尔工业被应用于赔偿,以符合共同赔偿计划"③。另一方面,苏联急于插手鲁尔,也是为了保证对德安全。迈斯基在提出共管鲁尔方案时明确指出:"鲁尔是德国工业的心脏……将鲁尔及其煤、钢、铁和铁路留在一起是极度危险的。"④

然而,美国却不想让苏联插手鲁尔。杜鲁门上台后,美国政府逐渐改变了罗斯福时期的对苏政策,转而采取一种以经济、军事压力迫使苏联让步,维持美苏合作的政策。美国认为,如果得不到西占区,尤其是鲁尔的赔偿设备,苏联战后重建就会困难重重。一个牢牢掌握在西方手中的鲁尔将是强迫苏联在东欧等问题上让步的重要砝码。因此,贝尔纳斯在波茨坦会议上拒绝讨论苏联四大国共管鲁尔的方案。这一政策后来

---

① Lucius D. Clay, *Decision in Germany*, p. 349.

② Rolf Steininger, *Ein Neues Land an Rhein und Ruhr: die Ruhrfrage 1945/46 und die Entstehung Nordrhein-Westfalen*, S. 67.

③ U. S. Department of State, *FRUS, The Conference of Berlin (The Potsdam Conference)*, Volume II, 1945, p. 1001.

④ Rolf Steininger, *Ein Neues Land an Rhein und Ruhr: die Ruhrfrage 1945/46 und die Entstehung Nordrhein-Westfalen*, S. 66 - 67.

成为美国战后对鲁尔政策的一个基本出发点。它不仅在事实上将苏联排除在鲁尔管制之外，还极大地加速了冷战的出现。有的学者甚至认为，战后欧洲遏制政策在贝尔纳斯、杜鲁门不愿考虑苏联四大国共管鲁尔政策时就已初露端倪，因为"德国工业潜力的心脏将完全被西方所控制，没有苏联的参与"①。

英国也对苏联四大国共管鲁尔的方案顾虑重重。英国外交部官员沃尔特·蒙克顿（Walter Monckton，1891—1965）爵士表示，"苏联的方案虽然具有巨大的经济含义，但其政治含义却更重大"。英国外交部德国处官员康·欧奈尔（Con O'Neil，又译欧念儒，1912—1988）也认为，这一方案使"苏联有可能参与鲁尔的国际管制，在这方面，迈斯基自然没有明确地指出，是否（鲁尔）会出现苏军……事情发生了巨大的变化，我们必须对此作全面的考虑，而考虑的出发点应是，这些地区现在为英国占领区"②。

二战后，由于按照有关协议参加了盟国对德管制委员会，法国成了除英美苏三大国之外在鲁尔问题上最有发言权的又一个国家。法国此时鲁尔政策的核心就是将这一地区从德国分离出来，并成立一个国际共管的独立的鲁尔国。这个国家不仅要有领土、人口，更要有包括设置关税壁垒权在内的国家主权。在坚持分离鲁尔的前提下，法国还计划对鲁尔工业实行国际监督和管制，制定如鲁尔经济非武装化方案、鲁尔工业产权、经营权国际化的方案等。③ 法国认为，这种政策可以最大限度地保

① James McAllister, *No Exit*：*America and the German Problem 1943—1954*，Ithaca and London：Cornell University Press，2002，p. 86.

② Rolf Steininger, *Ein Neues Land an Rhein und Ruhr*：*die Ruhrfrage 1945/46 und die Entstehung Nordrhein-Westfalen*，1990，S. 67.

③ Paul Preston （ed.），*BDFA*，*Part III*，*Volume 8*，*Central Europe October 1945—December1945*，pp. 22 - 24，59 - 60. Dok. Nr. 21，Beate Oppen（ed.），*Documents on Germany under Occupation 1945—1954*，London，New York and Toronto：Oxford University Press，1955，pp. 66 - 68.

证自身的安全。[1] 但是,在巴黎外长会议的第一阶段(4月25日—5月15日),英美苏却将主要精力放在讨论对其他战败国的和约上,并未对德国问题作深入的探讨。在专门讨论德国问题的第二阶段会议(6月5日—7月12日)上,英美和苏联又在德国经济统一与政治统一问题上争执不下。双方的不欢而散使法国在这次会议上实现自己德国政策的愿望落了空。

更为严重的是,不管是英美经济统一德国的政策,还是苏联政治统一德国的目标,都是与法国肢解德国的方案相悖的。得不到三大国的支持,法国不得不在鲁尔问题上降低要价。正如美国国务院一位官员所说的:"既然他们意识到这个问题达成协议的可能性很小,他们可能会不再强调其政治分离鲁尔的方面。不过,他们将对控制鲁尔工业以保证法国和其他欧洲国家产品(供应)的措施极为感兴趣。"[2]

在1947年3—4月举行的莫斯科外长会议上,莫洛托夫再次重申了苏联参加鲁尔管制的要求,"将鲁尔资源置于盟国中任何一个单独的管制之下都是错误的和不允许的","任何将苏联和其他盟国从对鲁尔工业区实质性的管制中排除出来的计划都是不允许的"。[3] 为了实现对鲁尔工业的控制,法国对苏联的这一方案给予了支持。法苏在鲁尔问题上的合作引起了英美的惊恐。为了阻止法苏接近和苏联插手鲁尔,英美一面严词拒绝了经济共管鲁尔的计划,一面又在鲁尔煤炭供应问题和萨尔问题上大力拉拢法国。随着此次外长会议的破裂,在四大国的框架下全面解决鲁尔问题已变得不可能。于是,英美决定撇开苏联,由西方国家单独解决鲁尔问题。

1947年底,四大国伦敦外长会议破裂后,英美决心加快复兴西德和

---

[1] Rolf Steininger, *Ein Neues Land an Rhein und Ruhr: die Ruhrfrage 1945/46 und die Entstehung Nordrhein-Westfalen*, S. 138.

[2] U. S Department of State, *FRUS, 1947, Volume II, Council of Foreign Ministers, Germany and Austria*, p. 209.

[3] Margaret Carlyle (ed.), *Documents on International Affairs 1947—1948*, p. 429.

成立西德国家的步伐。但是,英美十分清楚,要想在复兴西德的同时加强西方盟国之间的团结,真正使西欧得以复兴,就必须迫使法国转变在德国问题、尤其是在鲁尔问题上的态度。

1948 年 2 月 26 日,英法美三国及低地国家在伦敦召开了专门讨论德国问题的"六国伦敦会议"。由于在会议的准备阶段英美已就成立西德国家的问题达成一致,所以这次会上的斗争仍然主要在美法之间进行。1947 年底四大国伦敦外长会议结束时,皮杜尔曾表示,如果对德安全和管制鲁尔这两件事使法国得到满足,成立西德政府等问题当可迎刃而解。因此,鲁尔问题和对德安全问题便成了此次会议的中心议题。

1948 年 2 月 27 日,法国代表勒内·马西格里(Rene Massigli,1888—1988)在六国伦敦会议上提出了法国在对德安全方面的需要,希望盟国能有效监督德国的非军事化。美国代表刘易斯·道格拉斯深知,满足法国在安全方面的要求对法美在鲁尔问题上达成妥协具有十分重要的意义。3 月 2 日,道格拉斯向马歇尔建议,"设立三国军政府管理机构的附属机构军事安全委员会",理由是"如果法国在防范德国侵略方面获得美国的长期防务合作,即在这种情况下我们将在莱茵河作战,法国在德国工业及重建方面的态度就会宽松很多"[1]。3 月 4 日,马歇尔回信道格拉斯,正式授权他向会议提出建立隶属三国军政府的军事安全委员会。[2] 对于这一建议,法国当然是十分欢迎,而英国也没有什么异议。5 月 26 日,六国伦敦会议通过对德安全文件,正式提出建立军事安全委员会。

相对军事安全委员会的谈判来说,西方三国关于鲁尔经济管制的谈判要更为复杂和漫长。早在 1947 年 10 月,皮杜尔就提出了关于国际共管鲁尔经济的详细方案:(1) 在占领期间鲁尔煤钢工业的经营权由英美管制小组负责监督;(2)"为了使鲁尔融入有组织的欧洲,要建立一个永

---

[1] U. S. Department of State, *FRUS, 1948, Volume II, Germany and Austria*, 1973, p. 111.
[2] Ibid., p. 123.

久性的机构(鲁尔国际管制机构),保证鲁尔的煤钢产品在德国和需要它们的欧洲国家之间公平地进行分配";(3)这个永久的机构不仅要有产品分配权,在将来还要拥有必要的来自占领当局或管制小组的管制权,以使该机构能够实现鲁尔的非军事化;(4)该机构不用等占领结束即可建立。[①] 法国在六国伦敦会议上所提的国际管制鲁尔的方案就是在这一方案的基础上形成的。

在一番激烈的讨价还价之后,法美暂时达成妥协,制定了所谓的《鲁尔管制文件》,对鲁尔煤钢工业的产权、经营权、产品分配权和管制权作出了笼统的规定。[②] 与此同时,法国也在原则上接受了英美重建西德国家的计划。

1948 年 6 月 7 日,六国伦敦会议公布了包括《鲁尔管制文件》在内的《伦敦议定书》(Londoner Empfehlungen),对未来西德国家的重建提出以下建议和计划:成立三占区,且三个西方占领区全部参加"马歇尔计划";建立鲁尔国际管制机构,由英法美荷比卢德七国共同负责鲁尔煤钢产品的分配;建议三国占领当局尽早召开西占区各州总理会议,并授权他们召开制宪会议并制定宪法;对未来西德国家结构作出规定等。[③]

然而,《伦敦议定书》中对鲁尔工业的处置依旧不能令法国满意。1948 年 6 月 16 日,法国国民议会以微弱多数通过了《伦敦议定书》。不过,在批准协议的同时,国民议会再次强调,法国希望鲁尔煤矿和基础工业国际化,并寻求通过国际管制机构参与对鲁尔企业的指导,寻求参与控制德国工业潜力的扩张。[④] 但是,克莱与罗伯逊却在 1948 年 11 月 10 日一起制定了德国煤钢工业改组法令——75 号法令(Law No. 75 on the reorganization of German Coal and Steel Industry)。该法令不仅将

① U. S. Department of State, *FRUS*, *1947*, *Volume II*, *Council of Foreign Ministers*, *Germany and Austria*, pp. 684 - 685.

② Margaret Carlyle (ed.), *Documents on International Affairs1947—1948*, pp. 563 - 565.

③ Kurt Wernicke (Hrsg.), *Dokument Nr. 1*, *Die Parlamentarische Rat*, *1948—1949*, *Akten und Protokolle*, *Band 1*, Boppard am Rhein: Harald Boldt Verlag, 1975, S. 1 - 16.

④ U. S. Department of State, *FRUS*, *1948*, *Volume II*, *Germany and Austria*, p. 1512.

德国钢铁工业的产权交由未来的德国政府决定，还将其经营权交给由军政府指定的托管人（这些人多数是原企业的德国老板）组成的托管协会负责。克莱等人的做法引起了法国的强烈不满。① 在此背景下，六国外长于 1948 年 11 月 11 日—12 月 24 日再次在伦敦召开会议，专门讨论鲁尔国际管制问题。

　　会议一开始，法国就重提在鲁尔实现产权与经营权国际化（这时经营权国际化是指将鲁尔企业的日常经营权转交给鲁尔国际管制机构）的要求。但美国方面并不打算作出让步，"美国完全有义务同法国商量（鲁尔问题），但这并不等于美国有义务同意法国的意见，产权国际化不仅会引起复杂的法律问题，而且会破坏西德的经济和政治声誉；经营权的国际化是惩罚性的手段，是不信任西德的表现"②。法美在鲁尔产权和经营权上的分歧使会议陷入了僵局。

　　然而，随着柏林危机中美苏斗争的加剧，美国越来越需要法国在这次斗争中支持自己。国务院官员主张软化美国在 75 号法令中所形成的过激立场，在鲁尔产权和经营权国际化方面给法国回旋的空间。道格拉斯在 1948 年 11 月 19 日给马歇尔的电报中明确反对由军政府决定鲁尔产权的未来。因为：(1) 由军政府决定产权可能危及欧洲和平；(2) 产权问题已不是占领事务，不应由军政府决定。而且"鲁尔工业产权的未来也不应仅由在这一地区进行管制的两国政府决定"③。

　　为了早日解决问题，马歇尔在巴黎召开了由克莱、军政府政治顾问罗伯特·墨菲(Robert Murphy，1894—1978)、国务院官员查尔斯·波伦(Charles Bohlen，1904—1974)、杰弗逊·加菲利等人参加的专门讨论当时西欧局势的会议。身为国务卿的马歇尔在这次会议上宣布，为了争取法国早日在德国问题上与美国协调一致，除不能同意鲁尔产权国际化

---

① Alan S. Milward，*The Reonstruction of Western Europe 1945—1951*，New York and London：Metbuen&·Co. Ltd. ，1984，p. 153.

② U. S. Department of State，*FRUS*，*1948*，*Volume II*，*Germany and Austria*，pp. 512‑514.

③ Ibid. ，p. 515.

外,法国关于国际管制鲁尔经营权的要求可通过让法国参加英美管制小组的方式予以满足。虽然克莱对马歇尔的态度十分失望,却也无可奈何。①

在解决美国政府内部的分歧后,马歇尔在1948年11月19日正式同意法国加入英美煤钢管制小组,打破了美法在六国伦敦会议上的僵局。1948年底,《鲁尔国际管制条约》出台,对鲁尔国际管制机构的具体职能作出以下规定:(1)占领期间占领当局在鲁尔保留一定的管制权;占领结束后这一权力移交给鲁尔国际管制机构和军事安全委员会,或依据盟国协定建立的其他机构;(2)鲁尔国际管制机构的职能主要是根据德国和欧洲国家的需要分配鲁尔煤钢,促进欧洲复兴,但在行使这项权力时,它必须同有关占领当局协议如何使管制机构的决定同需要提交欧洲经济合作组织建议中的规章和计划的准备工作取得协调。② 但是,管制机构不能对这些工业经营的细节加以控制,且不能对正常的经营权进行干涉③;(3)通过法国的参与,原英美煤钢管制小组将改组为联合煤炭、联合钢铁管制小组(Combined Steel Group,简称CSG),负责监督指导鲁尔的煤钢工业,包括生产、投资、开发和其他有关经营权的问题。在适当时候其权力将移交给管制机构、军事安全委员会或其他国际机构。

在满足了法国对安全和鲁尔国际管制方面的要求后,英美建立西德国家的计划才最终得以实现。1949年4月8日,三大占领国在华盛顿签订协议,完成了建立西德国家的最后程序,并将三国军政府缩小为文职的高级专员委员会(Allierte Hoche Kommission),负责对新成立的西德国家进行监督。④ 4月28日,鲁尔国际管制机构也最终得以建立。

---

① U. S. Department of State, *FRUS, 1948, Volume II, Germany and Austria*, p. 528.
② 世界知识出版社编:《国际条约集 1948—1949》,世界知识出版社1959年版,第220页。
③ Alan S. Milward, *The Reonstruction of Western Europe 1945—1951*, p. 161.
④ U. S. Department of State, *FRUS, 1949, Volume III, Germany and Austria*, Wachington D. C.: GPO, 1974, pp. 175 - 186.

第二节　第一次柏林危机

一、第一次柏林危机的爆发

美国单独建立西德国家的举动引起了苏联方面的警惕和不满。苏联外交部在 1947 年 3 月给莫洛托夫的一份报告中指出,美国等西方国家有关分裂德国的言行"已经不是宣传手段或政治讹诈,而是对德国进行政治和经济肢解,把西德及其所拥有的资源并入到美国建立的西方集团中去的实际威胁"①。面对西方重建西德国家的种种举措,苏联一边高举着政治统一德国的大旗,一边准备采取强硬措施予以反击。

苏联选择大柏林区作为其反击美国的突破口。为抗议西方六国伦敦会议,1948 年 2 月,苏联禁止西方代表前往柏林苏管区出席德国人的政治集会。当西方国家提出抗议时,苏联驻德军事长官瓦西里·索科洛夫斯基(Vasili Sokolovski,1897—1968)声明柏林是苏占区的一部分,指出西方国家利用"他们的地位损害了他们留在柏林的权利"。3 月 9 日,索科洛夫斯基奉召回国。1948 年 3 月 25 日和 27 日,索科洛夫斯基先后颁布了《关于加强保护和控制德国苏占区边界线的命令》和《关于加强保护和控制柏林外部边界的命令》,企图把美英法三国军队的交通运输减少到最低程度,并加强对通过柏林外部边界的人员和货物往来的控制。3 月 30 日,索科洛夫斯基通知柏林的美占区军事长官克莱,从 4 月 1 日起,苏方将检查所有通过苏占区的美国人的证件,并检查所有货运和除了私人行李以外的一切物品。② 索科洛夫斯基还在盟国对德管制委员会上指责六国伦敦会议是一次西方国家的"秘密勾结",宣布盟国管制委员会作为德国的最高权力机关已经不复存在,苏联决定撤出这个机构。1948 年 4 月 1 日,苏联开始实施对柏林区的封锁,阻扰西方三国车辆的

① 刘金质:《冷战史》,第 180 页。
② 哈里·杜鲁门:《杜鲁门回忆录》,下卷,李石译,三联书店 1974 年版,第 140 页。

通行。两天后,苏联封锁了从汉堡和巴伐利亚到柏林的交通,西占区和西柏林之间的陆路交通逐渐中断。

　　在此情况下,美国驻德军事当局向苏联提出了强烈抗议,声称苏联违背了 1945 年 6 月 5 日苏美英法四国关于占领德国声明的第二项规定,即"大柏林区"将由四国武装占领、并由四国组成"盟军管制总部"共同管理当地的行政。美国还指责苏联限制柏林和德国西占区之间的交通,破坏了 1945 年 6 月 29 日格奥尔吉·朱可夫、克莱和英占区前军事长官威廉姆·道格拉斯(William Douglas,1893—1969)商定的关于保证美英法三国人员经过苏占区进入柏林的地面通道的协议。但是,除 1945 年 11 月 30 日德国盟军管制委员会第十三次会议关于"规定柏林和西德之间建立三条空间走廊,在这些走廊上飞行可不必事先通知"有正式文件外,有关西方三国进入柏林的地面通道协议根本没有正式文字依据。杜鲁门对此也不否认。①

　　为了试探苏联限制地面交通的决心,克莱故意从西柏林开出一列火车。但是,当列车进入苏占区的铁道后,却被迫在一条支线上停留了几天。最后,克莱没有办法只得把火车退了回去。于是,德国西占区和柏林之间的客运和货运,一时陷于停顿。美英决定利用有法律依据的空中走廊,开始对柏林空运物资。

　　美国的谴责和反击都未能动摇苏联封锁柏林的决心。"六国伦敦会议"后,西方加快了成立西德国家的步伐,并开始统一在西占区进行币制改革。东西方在柏林地区的对峙也变得骤然加剧。1948 年 6 月 11—12 日,苏联切断了柏林同西占区之间的所有铁路交通,还关闭了易北河上的一座公路桥。16 日,苏联代表退出盟国管制委员会。在西方三国正式对外宣布德国西占区币制改革计划之后,苏联于 6 月 19 日发布声明:"大柏林"在苏联占领区内,经济上为苏占区一部分,为了"保护苏占区居民和该地区经济利益,防止对苏占区经济流通的破坏",决定对西方国家

---

① 哈里·杜鲁门:《杜鲁门回忆录》,下卷,第 141 页。

进入柏林的通路实行交通管制：(1) 停止火车客运交通；(2) 禁止西占区汽车和马匹进入苏占区；(3) 水路运输须经过彻底检查后才可放行；(4) 个人通行证无效；(5) 货运列车须经彻底检查后才能通行。① 苏联的封锁政策使柏林成为全球冷战的焦点。

1948 年 6 月币制改革在大柏林受阻后，苏联决定进一步紧缩封锁，企图将西方国家赶出柏林。6 月 24 日，苏联切断了德国西占区到西柏林之间的陆路交通，并停止向柏林供应紧缺的煤和电。30 日，苏联又切断了通往柏林的水路交通。西方国家则开始对苏占区进行封锁。24 日，英国中止鲁尔煤钢对苏占区的供应。25 日，双占区经济委员会决定，进一步限制同苏占区的贸易。但是，这一切并不能迫使苏联解除封锁，西方要想继续留在柏林，就必须进一步采取反击措施。

西方决定利用空中走廊空运食物和其他物资，保证西柏林人民的生活。苏联曾打算限制柏林与西德之间的空运，但由于担心过多干扰空中走廊会引起英美采取护航政策，从而导致双方的军事冲突，因而没有封锁空中走廊。杜鲁门政府决定不惜一切代价留在柏林，以显示美国的决心和实力。6 月 25 日。美国飞机开始向西柏林空运物资。在 26 日的内阁会议上，美国总统杜鲁门要求空运应在"全面组织的基础上进行"。同时，命令美国的欧洲驻军司令部要动员一切可能的飞机参加空运。1948 年 6 月 28 日，杜鲁门再次强调美国留在柏林的决心。根据这一政策，美国一方面在 7 月 17 日、18 日两天把 60 架 B-29 飞机以"远距离飞行训练"为名派往英国，并在英国建立战略空军基地；另一方面则是对苏联制造"柏林危机"的行动开展宣传攻势，声称苏联为达到自己的目的而不惜以西柏林 200 多万居民作为人质。

二、第一次柏林危机的解决

在长达 11 个月的柏林封锁中，以美国为主的西方盟国共实施了 19

① Ferdinand Matthey，*Entwickelung der Berlin Frage*，Berlin：Walter der Gruyetr，1972，S. 35.

万多次空运,共运输货物 140 多万吨。这么大规模的空运,即使是对于超级大国美国来说,也是个不小的负担。但杜鲁门认为,要让西方继续呆在柏林而又不会冒全面战争风险,"空运比陆路武装护送"更稳妥。[1]实际上,杜鲁门虽然决心让西方继续留在柏林,但他也一直不想让这次危机进一步升级。杜鲁门曾明令陆军部"不得发表关于柏林问题有进行战争的可能性的声明"[2]。

英法两国也不想让柏林危机进一步严重化。1948 年 6 月 24 日,法国外交部表示,留在柏林是出于不得不追随美国的考虑。26 日,皮杜尔在法国议会外交委员会表示,愿意与苏联谈判解决柏林危机。英国表示不愿撤出柏林,但也绝对不是不惜以武力来留在柏林,而是主张通过外交途径解决这一危机。

1948 年 7 月 6 日,西方三国分别照会苏联驻本国大使,抗议苏联在柏林危机中的种种行径,并希望通过谈判与苏联解决争端。7 月 14 日,苏联向三国复照,指出这次危机的根源在于西方破坏相关协定。"在柏林造成的现状,是由于美英法三国政府破坏四大国对德国和柏林一致通过的决议而产生的。破坏此种协议的表现于实行单方面的币制改革,表现于对柏林西部区域采取特别的货币,以及表现于分裂德国的政策中。"[3]但另一方面,苏联也同意就包括柏林在内的整个德国问题展开谈判。8 月 2 日,斯大林在会见西方三国代表时再次强调:"只要我们把德国作为一个整体对待,盟国占领军驻扎在首都柏林那就是自然的。但是,柏林在地理位置上却位于苏占区的中心。作为伦敦会议的一个结果,在西德已经建立了一个单独的国家并且以法兰克福为其首都。目前存在两个首都。鉴于最近这些变化……西方的权利失去了合法的基

---

[1] 哈里·杜鲁门:《杜鲁门回忆录》,下卷,第 144 页。

[2] U. S. Department of State, *FRUS*, *1948*, *Volume II*, *Germany and Austria*, p. 928.

[3]《德国问题文件汇编》,人民出版社 1953 年版,第 52 页。

础。"①但是,西方三国代表却声明它们在西德的行动绝不会妨碍德国统一和建立德国中央政府,因此三国拥有继续留在柏林的权利。

1948 年八九月间,四大国代表就如何解决柏林危机一事在莫斯科和柏林举行了多轮会谈。8 月 30 日,四大国莫斯科会谈代表向柏林的四国占领区军事长官发出指示:撤销新近实施的对柏林和西占区之间有关交通、运输和贸易以及往来于德国苏占区货运的限制;苏占区的带有"D"记的马克应成为柏林的唯一货币,收回西占区的"B"记马克,使其不在柏林流通,柏林货币由苏占区德意志银行负责。② 然而,在随后召开的四国军事长官会议上,东西方却对如何落实这些政策展开了激烈的争论。西方代表认为,柏林并不是苏占区一部分,西方在柏林的行动不应受限制,只有解除封锁才能进行有关柏林和德国问题的谈判。苏联则针锋相对地指出,是西方的相关政策才导致柏林危机的发生,要解除封锁,西方国家必须首先中止这些政策的实施。

由于双方分歧太大,美国希望将柏林问题交给联合国安理会解决,并鼓动英法一起行动。但是,英法却不想把问题闹僵,主张再给苏联发照会。在一番争论之后,三国政府于 9 月 22 日分别发给苏联一份内容相同的照会:反对强加的空中交通限制,要求苏占区德意志银行的活动需要受到四大占领国军事长官组成的财政委员会的监督;坚持柏林同西占区和其他国家之间的贸易必须置于四大国监督之下。③ 9 月 25 日,苏联分别回复三国政府,表示飞往柏林的航空线不能继续不受限制,财政委员会也不能拥有控制权,但四大国可以共管柏林同西占区和其他国家之间的贸易。第二天,西方三国外长在巴黎开会时表示,苏联的答复未能满足其要求,决定将柏林问题提交联合国处理。三国外长还照会苏联,说它们这样做的原因是苏联政府的柏林封锁"构成了对国际和平与

---

① U. S. Department of State, *FRUS*, *1948*, *Volume II*, *Germany and Austria*, pp. 999 -
1000.

② W. Davson, *The Berlin Blokade*, New Jersy:Princeton University Press, 1958, p. 161.

③ U. S. Department of State, *FRUS*, *1948*, *Volume II*, *Germany and Austria*, p. 1180.

安全的威胁"①。9月29日,英美法三国向联合国秘书长提交了有关照会,但在10月3日的外交照会中,苏联却否认联合国安理会有权讨论柏林问题,并指出"柏林形势问题"与整个德国问题,以及分裂德国和建立西德政府问题密切相关。根据联合国宪章107条,以上问题应由占领德国的三国政府负责,而无需提交联合国安理会。② 苏联建议根据波茨坦协定召开四大国外长会议讨论柏林问题。

1948年10月4日,柏林问题正式提交联合国安理会。6日,安理会以9:2决定讨论柏林问题。22日,安理会经多次辩论草拟出了一项立即要求撤销所有交通限制、按照1948年8月四国莫斯科协定解决柏林货币统一问题、举行四大国外长会议讨论整个德国前途问题的提案。但是,苏联投反对票否决了这个提案。联合国大会主席和秘书长呼吁四大国尽快召开会议解决柏林危机。

与此同时,西方也加强了空运和经济封锁。1948年10月15日,美国和英国建立了联合空中补给线工作小组,统一指挥大规模空运。这条强大空中走廊为英法美三国占领军和250万西柏林市民继续提供粮食、布匹、药品、煤炭等物资,使苏联将西方赶出柏林的愿望落空。从1949年初起,西方加强了对苏占区和东柏林的经济封锁。2月初,苏占区的车辆被禁止通过柏林英美占领区,从西柏林运往苏占区的货物也受到严格的管制。美国还趁柏林危机,加紧在国内制造战争气氛,加速西德国家的建立。

在西方的顽强抵抗下,苏联决定开始放出让步的信号。1949年初,斯大林表示,如果英美法同意把建立单独的西德国家推迟到研究整个德国问题的外交会议召开的时候,"苏联政府不认为取消运输限制有什么障碍"③。这是苏联第一次没有把柏林问题与币制改革问题联系在一起。

① U. S. Department of State, *FRUS*, *1948*, *Volume II*, *Germany and Austria*, pp. 1192 - 1193.

② Ibid., p. 1210.

③《斯大林文选》,下册,人民出版社1963年版,第514页。

4月27日,苏联政府又宣布,如果西方大国愿意召开四大国外长会议讨论德国重新统一问题的话,苏联可以撤销柏林封锁。在经历了一系列紧张的磋商之后,苏美英法终于在1949年5月5日同时发布如下公告:(1)苏联政府自1948年3月1日起所规定的柏林与德国西部之间交通、运输及贸易的限制于1949年5月12日取消;(2)英法美三国同时或单独自1948年3月1日起所规定的限制柏林与苏占区之间的交通、运输及贸易的限制也将于1949年5月12日取消;(3)在前两项所述限制取消后第十天,即5月23日在巴黎召开四大国外长会议,讨论有关德国的问题及由于柏林形势而发生的各种问题,包括柏林货币问题在内。[①] 5月12日,柏林封锁解除,历时近一年的柏林危机宣告结束。

① Margaret Carlyle(ed.), *Documents on International Affairs*, *1949—1950*, London and Toronto: Oxford University Press, 1953, p. 157.

第四章 德国东、西占领区的不同道路与德国分裂

随着冷战的到来，德国东西占领区被迫走上了不同的发展道路。1948 年六国伦敦会议之后，西方加快了成立西德国家的步伐。在占领区军事长官的授权下，德国西占区议会委员会完成了制订《基本法》（Grundgesetz für die Bundesrepublik Deutschland）的工作，在西德建立了一个三权分立的联邦制的资本主义国家。与此同时，通过"马歇尔计划"、1948 年币制改革、1951 年《工商业经济投资补助法》（Gesetz über die Investitionshilfe der gewerblichen Wirtschaft）、劳资共决制（Mitbestimmung）的重建及完善等，逐步建立了以市场经济为基础的、强调公平与效率、自由与秩序并举的社会市场经济制度。

在西方完成西德国家重建的同时，苏联也在德国东部建立了一个社会主义国家。在政治方面，1946 年成立的苏战区第一大党统一社会党在苏联的支持下逐步取得了占领区的各级领导权，并最终在东德建立了无产阶级专政的政权；在社会经济方面，统一社会党仿照苏联模式在东德建立了高度集中的计划经济体制，并将主要社会团体纳入到自己的领导之下。

随着德意志联邦共和国和德意志民主共和国的先后建立，德意志民族和国家再次陷入了痛苦的分裂境地。

第一节　《基本法》的制定与德意志联邦共和国的建立

一、1948年法兰克福会议

英法美三国按照西方自由、民主的精神对西占区进行了民主化改造,并逐步建立起了地方各级议会和民主政府。在军政府的严格监督下,各州先后制订了以联邦制和分权制为特征的州宪法,从而为后来西德联邦《基本法》的制定和联邦德国的建立奠定了基础。[①]

尽管柏林危机结束了,但德国分裂的局面却是已成定局。1948年7月1日,美英法按照《伦敦议定书》的精神,筹备起草德国宪法和规定占领国与德国之间关系的占领法。在美英法三国军事长官的邀请下,西占区11个州的总理齐聚法兰克福,开始就制宪和建立西德国家问题展开谈判。在此之前的6月14日,美占区军事长官克莱就已经向各州总理通知了《伦敦议定书》的内容。而在这次法兰克福会议上,军事长官们则正式向州总理们散发了《立宪决议》(Verfassungsrechtliche Bestimmungen)、《重划各州》(Ländernneugliederung)和《占领法规基本原则》(Gerundzüge eines Bezatzungstatus)三个文件。其内容主要包括:授权各州总理召开代表会议,为成立联邦式的政府起草宪法;参加联邦的各州通过公民投票以简单多数通过宪法,一旦该宪法为2/3联邦州所通过,宪法即在全联邦生效;各州总理审核各州边界;在授予未来德国国家立法、行政、司法权力的同时,占领当局也将保留必要的权限,以保证实现占领的基本目标;占领国保留的权限包括:领导德国外交;监督外贸;对已达成或即将达成的协议所规定的相关事项,如《鲁尔国际管制条约》,进行监督。[②] 这三个文件合称"法兰克福文件",它对西德政府的成

[①] 参见本卷第一章

[②] Kurt Wernicke (Hrsg.), *Dokument Nr. 4*, *Die Parlamentarische Rat*, *1948—1949*, *Akten und Protokolle*, *Band 1*, S. 30 - 36.

立意义重大。

7月8—10日,西占区州总理在科布伦茨(Koblenz)讨论占领当局发下的三个文件。社会民主党主张加强中央政府权力,基督教民主联盟赞同地方分权,两家都反对占领当局提出的在9月1日制订宪法,认为时机不成熟。社会民主党建议召开包括苏占区在内的制宪会议,成立统一的、主权的德国。基督教民主联盟认为,若外交与外贸控制在占领当局手中,"法兰克福的建议意味着不存在德国的主权"①。

10日,西占区各州总理向克莱汇报讨论情况,并在三个附件中对"法兰克福文件"提出了修改意见:(1)避免将即将制定的法律称之为"宪法",以免将德国的分裂固定化;改宪法为"基本法",据说这是援引1875年法国在普鲁士军事占领下的先例,当时也不称宪法,叫"基本法";"基本法"不必经公民投票,为今后统一德国留下余地,"只有全体德国人民进行自由表决时,才能产生一部德国宪法";(2)先公布占领法的内容,然后再制订"基本法";希望除保证占领军安全、维持德国的民主秩序、非军事化和履行国际协定的义务外,其余行政权、立法权、司法权等均应交德国;(3)外贸应不受占领当局监督、鲁尔国际管制不应列入占领法、德国有权自行管理警察;军事长官应每隔一定时间审查占领国所保留的权限。② 墨菲概括西占区各州总理的意见是,"他们非常希望不要确立'制宪会议''宪法'和'政府'。总之,他们力图避免采取被人看成是成立'国家'的任何措施"③。

7月14日,克莱召见美占区州总理,对西德人的修改意见逐条进行了批评,并明确表示,《伦敦议定书》是一个整体,它要么被全部接受,要么就得由六国重新制定,但重新制定须耗费大量时间,不符合眼下的形

---

① U. S. Department of State, *FRUS*, *1948*, *Volume II*, *Germany and Austria*, Washington D. C.: GPO, 1973, p. 382.

② Kurt Wernicke(Hrsg.), *Dokument Nr. 7*, *Die Parlamentarische Rat*, *1948—1949*, *Akten und Protokolle*, *Band 1*, S. 143-150, U. S. Department of State, *FRUS*, *1948*, *Volume II*, *Germany and Austria*, pp. 385-392.

③ U. S. Department of State, *FRUS*, *1948*, *Volume II*, *Germany and Austria*, p. 394.

势需要。① 但是,墨菲"仔细研究了州总理提出的草案后,发现大都是可接受的,可以作为最终确定占领法的令人满意的谈判基础"②。不过,墨菲也坚决拒绝州总理们将鲁尔排除在占领法之外和限制军事长官在司法方面权限的要求。7 月 15 日,国务卿马歇尔批准了墨菲的意见,贝文也无异议。在经过多轮磋商之后,西占区军事长官和州总理们终于在 7 月 26 日达成协议,决定成立一个所谓的"议会委员会"(Parlamentarische Rat)代替制宪会议制定"基本法"。第二天,州总理会议通过《议会委员会立法的模式与依据》(Model und Begründung eines Gesetzes über den Parlamentarische Rat)文件,对议会委员会的任务、选举方法、工作程序、与各州议会及政府的关系作出了详细的规定。③ 8 月 10 日,各州总理选出一个法律专家组成的"宪法问题专家委员会",在黑伦希姆泽(Herenchimsee)召开会议,为议会委员会准备供讨论用的"基本法"草案。

二、《基本法》的制定

1948 年 9 月 1 日,议会委员会在波恩教育学院举行开幕仪式,盟国高级官员应邀出席。议会委员会由 6 个政党的 65 名代表(按每 75 万居民选 1 名代表,黑森州代表由州议会指定)组成,其中西德两大政党,即由"基民盟"和"基社盟"组成的联盟党和社会民主党各占 27 名,自民党 5 名,德意志党、中央党和德国共产党各 2 名。基督教民主联盟的阿登纳当选为主席。黑森州总理、社会民主党人克里斯蒂安·斯托克(Christian Stock,1884—1967)以州总理联席会议主席身份致开幕词,"他把这次会议称为德国战后史上的新篇章"。之后,阿登纳以议会委员

① Kurt Wernicke（Hrsg.）, *Dokument Nr. 8*, *Die Parlamentarische Rat*, *1948—1949*, *Akten und Protokolle*, *Band 1*, S. 156.
② U. S. Department of State, *FRUS*, *1948*, *Volume II*, *Germany and Austria*, p. 394.
③ Kurt Wernicke（Hrsg.）, *Dokument Nr. 15*, *Die Parlamentarische Rat*, *1948—1949*, *Akten und Protokolle*, *Band 1*, S. 286-287.

会主席身份致答词,开宗明义地提到议会委员会的任务是起草一部《基本法》。他说:"我们鉴于德国的艰难处境和意识到对我国人民所负的责任,聚集一堂来群策群力地起草一部《基本法》。我们议会委员会工作坚定的目标是,要写出这样一部宪法:使全德统一的可能性永久地存在下去,使德国的东部地区在任何时候能在这个新国家里有自己的位置。"①

　　然而,对于希望早日重新恢复德国主权的西德政治家们来说,制定一部过渡时期的《基本法》可绝非易事。一方面,西德各主要政党在建国原则和国家体制方面还存在着重大分歧;另一方面,未来的《基本法》还必须得到占领当局的批准并与占领当局所制定的占领法相符。

　　议会委员会中两大党——联盟党和社民党在未来西德国家的联邦制原则,尤其是在联邦与州财政分权方面存在着不小的分歧。社民党在1947年夏通过了《建立德意志共和国的纽伦堡纲领》,要求赋予未来联邦中央政府强大的行政能力和牢固的财政控制权。"统一的财政政策是非常必要的,这既是因为财政是控制经济的重要手段,也是为了满足重建中巨大的财政支出需要。"但是,联盟党中的绝大多数成员则认为,各州应对中央政府保持独立性,尤其在财政上不应依赖于联邦政府。"联邦与各州的权限应彼此分明。"②在1948年10月13、14、21日进行的三次议会委员会党团内部辩论中,两大党在财政权归属问题上各持己见,冲突激烈。在其他小党中,中央党支持社民党,德意志党等支持联盟党。

　　占领当局对议会委员会在联邦分权问题上的争论也十分关切。其实,在西方盟国内部,也对这一问题有不同看法。法国不希望德国拥有一个强大的中央政府,英国则出于维持西德稳定的考虑,要求在坚持联邦制的原则下,赋予中央政府更多的权力,美国的观点则接近联盟党,希望西德能够成为美国式的分权制联邦国家。最终,还是美国的观点占据

① 康拉德·阿登纳:《阿登纳回忆录》(一),上海外国语学院德法语系德语组译,上海人民出版社1976年版,第163页。.
② Kurt Wernicke (Hrsg.), *Einleitung*, *Die Parlamentarische Rat*, *1948—1949*, *Akten und Protokolle*, *Band 12*, Boppard am Rhein: Harald Boldt Verlag, 1999, S. XIX. - XX.

了上风。1948 年 10 月 19 日，占领当局在给阿登纳的一份文件中指出，他们希望未来联邦政府在财政方面的权力仅限于"征税和为行使宪法所赋予的职责而分配资金"。为谋求整个联邦的统一，联邦政府可以制定税率，并颁布征收其他捐税的整体性规定，但应当由各州来征收和使用这些税款。与此同时，盟国也强调，由于《基本法》尚在讨论中，他们还不可能或者不需要在这一问题上作出正式的判断。①

1948 年 11 月 22 日，西占区军事长官向议会委员会递交一份备忘录，正式对他们所了解到的《基本法》条款提出修改意见。占领当局认为，未来联邦政府的权力"应被明确限制在宪法所规定的范围内"。除财政方面的限制外，联邦政府不应插手以下领域：教育、文化宗教事务；地方政府和公共卫生，"除非其协调政策对几个州居民的健康至关重要"；公共福利方面的职能要限制在社会安全措施的协调方面；在占领时期警察权要特别得到军事长官的批准；对联邦执行和管理机构的建立规定应明确，且这些机构只能是当州政府无法执行相应权力时才能建立。② 阿登纳向议会委员会成员解释说，盟国主要是对《基本法》草案中州与联邦财政分权问题表示不满，希望议会委员会认真考虑盟国的意见。但是，委员会中的社民党党团主席表示，社民党不能接受盟国在备忘录中的修改建议。③ 之后，阿登纳和议会委员会成员多次与占领当局就这一问题进行谈判和交换意见，但始终没有结果。

1949 年 2 月 11 日，议会委员会完成了《基本法》的制定工作，并将其递交占领当局审核。由于这份草案没有按照盟国的要求作出修改，因此很快就遭到了占领当局的否决。3 月 2 日，西占区军事长官向议会委员会递交了关于《基本法》草案修改意见的备忘录，指责的重心依然是联邦和州的分权问题。备忘录指出："现行《基本法》草案第 36 条在规定联邦

① Kurt Wernicke (Hrsg.)，*Dokument Nr. 12*，*Die Parlamentarische Rat*，*1948—1949*，*Akten und Protokolle*，*Band 8*，Boppard am Rhein：Harald Boldt Verlag，1995，S. 19 - 20.

② Ebd.，S. 39 - 40.

③ Ebd.，S. 43 - 45.

政府的权力时没有足够的条款来保证各州在联邦体制中的地位。"备忘录要求议会委员会删除现行《基本法》草案第 36 条,而代之以他们所给出的条款。1949 年 4 月 5 日,三个占领国的外长向三国军事长官发出一份备忘录,拒绝在《基本法》条文方面对西德人作出让步。

阿登纳主张对占领当局实行妥协,在联邦体制的问题上对盟国作出让步,以求西德国家能早日建立。"我并不认为,财政问题是这样一个重要问题,因为它而置整个《基本法》于不顾。如果《基本法》因列入了盟国所希望的财政处理方案而被通过,如果在实施了两三年之后表明,对财政问题所规定的解决办法既无益于联邦,也无益于各州,然后,再作出修改决定,那就可以预料,这个问题完全可能获得盟国同意。"[1]然而,社民党却坚决不想让步。4 月 20 日,社民党主席舒马赫在汉诺威党代表大会结束后宣布,只有在满足联邦政府享有独立财政权等条件下,才能接受《基本法》。

鉴于社民党的强硬态度,盟国决定作出让步。1949 年 4 月 22 日,三国外长将事先准备好的那份措辞缓和的备忘录转交议会委员会,基本同意《基本法》草案中关于联邦与州分权的规定。"在财政方面,议会委员会所建议的每一条规定都得到善意的赞赏,因为它的目的是保证各州政府和联邦政府在财政方面都有独立性,保证它们在各自的主权范围内行使自己的权力时拥有相应的经济力量;关于第 36 条的问题,外长们对每一项条款也表示认同:(1)《伦敦议定书》所明确指出与联邦无关的一切事务,不列入联邦的职权范围之内;(2) 保证各州拥有足够的权力,使它们成为独立的强有力的国家机构;(3) 保证联邦在重大的国家事务方面拥有足够的权力,使它足以有效地处理那些涉及一个州以上的利益的重要任务。"[2]

---

[1] 康拉德·阿登纳:《阿登纳回忆录》(一),第 178 页。

[2] Kurt Wernicke (Hrsg.), *Dokument Nr. 5*, *Die Parlamentarische Rat*, *1948—1949*, *Akten und Protokolle*, *Band 4*, Boppard am Rhein: Harald Boldt Verlag, 1989, S. 54 - 61.

就在占领当局和议会委员会讨论西德国家体制问题的同时,全称《明确占领国所保留之权力的占领法规》(Occupation Statute Defining the Powers to Be Retained by The Occupation Authorities,简称《占领法规》)也在多次协商之后出台了。8月中,美英法成立三方委员会根据5月9日六国伦敦会议通过的军事长官和德国临时政府权限规定的文件,开始起草占领法规。为了使《基本法》不与《占领法规》相冲突,西占区州总理和议会委员会一致要求能尽早看到《占领法规》,或者了解其中的某些重要内容。但是,由于当时西方三国在德国拆迁和建立鲁尔国际管制机构问题上还存在着较大分歧,《占领法规》迟迟未能公布。1949年4月初,三大占领国召开华盛顿外长会议。会上,美国以同意建立鲁尔国际管制机构为筹码,逼迫英法同意修改德国拆迁计划和签署《占领法规》。4月10日,三国外长将《占领法规》草案转交议会委员会,决定一旦德意志联邦共和国建立,三国军政府就将代之以文职的高级专员委员会和占领军最高司令。其中高级专员将负责监督德国当局,而最高司令则主要负责军事工作。[①]

随着盟国在西德国家体制问题上作出让步和《占领法规》的脱稿,《基本法》出台的条件也逐渐成熟。1948年5月8日,议会委员会以53票对12票通过了《基本法》草案。5月12日,占领当局正式批准《基本法》并公布《占领法规》。一周之后,西占区11个州中有10个州议会批准了《基本法》,达到先前所规定的2/3多数。5月23日,《基本法》正式生效,其法律效力将一直延续到德国统一和全德举行自由选举之时。

三、德意志联邦共和国的建立

1949年5月23日,苏美英法四大国外长会议在巴黎召开。会议主要讨论德国问题,包括德国的重新统一、柏林问题、币制改革和对德和约

---

① Beate Oppen (ed.), *Documents on Germany under Occupation 1945—1954*, pp. 375 - 377.

等。在会上,苏联外长安德烈·维辛斯基(Andrey Vyshinsky, 1883—1954)提议恢复破裂一年多的盟国对德管制委员会;缔结对德和约,各自占领军自缔结和约后一年内从德国撤退;建议以苏占区和西占区现有经济机构为基础,建立全德国务会议,并使其具有政府职能。美国国务卿艾奇逊认为,苏联这些建议"就像要求一个已经恢复了3/4的瘫痪病人重新全部瘫痪似的"。5月28日,美国在会上提出反建议,要求将波恩宪法推广到整个德国,实现德国统一。维辛斯基拒绝了美国的建议。6月20日,四大国外长会议无果而终。

1949年8月14日,德国西占区举行第一届联邦议院选举,共选出402名议员,联盟党获139席,为第一大党,社民党131席紧随其后,自民党52席,巴伐利亚党和德意志党各17席,德共12席,经济建设联合会12席,中央党10席,德意志国家党5席,无党派人士3席。9月7日,联邦议院和联邦参议院正式宣告成立。12日,自民党特奥多尔·豪斯当选首任联邦总统。15日,阿登纳以1票的微弱多数被选为联邦政府总理。20日,德意志联邦共和国正式建立,定都波恩(Bonn)。

第二节　战后西德的社会经济制度

一、战后西德市场经济制度的逐步建立

西方占领当局一开始在西占区实行的是严格计划、统一分配的统制经济政策。1946年2月,英国军政府就制定了对英占区生产与消费进行全面计划的"第一斯巴达计划"(First Spartan Plan)。1948年初,双占区经济委员会还分别为七大行业制定了年度发展规划。虽然有沿用纳粹战时经济体制之嫌,但在物资紧缺的战后初期,这种统制经济政策可以保证将有限的资源集中分配到最急需的领域,如食品、住房、煤炭、原材料等,有利于经济的恢复。不过,严格的统制经济政策既不符合西方的自由主义经济理念,也无法保证西占区持续长久的复兴。因此,在西方

确立德国复兴政策之后,它们便开始逐步支持西德进行重建市场经济制度的改革。

战后西德经济改革的主要倡导者和决策人是路德维希·艾哈德。二战之前,他是个自由主义者。二战之后,他先后担任巴伐利亚经济部长和双占区经济委员会主任。正是在他的领导下,社会市场经济逐步在西德由理论变为了现实。艾哈德推行社会市场经济制度的目标是,全面恢复市场经济,促进经济发展,建立正常运转的货币秩序,保证价格稳定,实现社会公平与进步。他将重建西德市场经济的突破口放在了币制改革之上。

美国很早就在酝酿德国的币制改革。1946年,担任克莱首席财政顾问的底特律银行家约瑟夫·道奇(Joseph Dodge,1890—1964)会同一群美国财经专家向占领当局建议,尽快在德国发行新货币。这一建议引起了克莱的高度重视,并"称它为'猎犬行动'"[1]。1947年伦敦四国外长会议破裂后,美国国务卿马歇尔曾和英国外交大臣贝文商讨了有关德国西占区币制改革的问题。鉴于西占区仍旧混乱的经济形势,克莱坚决要求尽快推进币制改革:"钞票已经放在德国,行动即将采取。"[2]

《伦敦议定书》出台后,美英法占领当局于1948年6月18日宣布,自6月21日起在德国西占区实行单独的币制改革。之前,占领当局已通过"猎犬行动"从美国运进500吨总价值约57亿马克的新钞,即"B"记马克。6月19日晚,换钞行动开始,军政府规定10旧马克可兑换1"B"记马克,4"B"记马克可换1美元。西占区债务也被限制在战前水平,超出的负担一概取消。同时,以房地产、厂房设备和存货等为抵押,向在战争中受到损失的人发给抵押债券。在此基础上,取消消费品配给,放开价格,推动西占区经济体制向市场经济过渡。在艾哈德的领导下,双占区经济委员会还通过了《关于币制改革后管制政策与价格政策的指导原

---

① Lucius D. Clay, *Decision in Germany*, p. 209.

② Jean Smith（ed.）, *The Papers of General Lucius D. Clay, Germany 1945—1949*, Bloomington and London, Indiana University Press, 1974, p. 514.

则》,强调:"必须放松整个统制经济体系,让市场在生产与分配的过程中发挥更大的作用。"[1]

6月18日,克莱把币制改革决定通知苏占区军事长官索科洛夫斯基,强调西占区实行单独的币制改革是因为"西占区经济情况恶劣"。西方的这一做法引起了苏联方面的强烈不满。6月23日,苏联召集波兰、阿尔巴尼亚、保加利亚、捷克斯洛伐克、南斯拉夫、罗马尼亚及匈牙利等国在华沙举行外长会议,6月24日发表"八国外长关于伦敦会议中德国问题的决议案的声明",即"华沙声明",猛烈抨击六国伦敦外长会议,尤其是西方推行单独的币制改革加速了德国经济上的分裂。

在币制改革过程中,为了保持经济运行的稳定,煤钢等原材料的价格却依旧受到管制。1950年8月—1951年2月,西德主要食品价格上涨11%,但同期钢铁等工业产品价格仅上涨6%。[2] 随着消费品价格的提高,大量资本流入到消费品工业,而使得原材料工业的投资出现了严重的不足。1951年2月12日,艾哈德提出通过大幅度提高某些消费品的价格,为基础工业的投资筹集必要的资金。价格提高后,个人将不得不为购买消费品支付更多的钱,而国家则可将这部分钱用于对瓶颈工业的投资。[3] 然而,艾哈德一派的观点遭到了广泛的反对。联邦财政部部长弗里茨·舍费尔(Fritz Schäffer,1888—1967)认为,应当加强国家干预,通过税收手段来保持经济的稳定,突破瓶颈。[4] 社民党议员埃里克·诺尔廷(Erik Nölting,1892—1953)则将艾哈德的方案斥之为为投资向大众征税,从工资袋中获取资本。[5] 1951年3月12日,德意志工会联合

---

[1] 晏小宝:《社会市场经济与德国统一》,上海三联书店1993年版,第21页。

[2] Heiner Adamsen, *Investitionshilfe für Ruhr, Wiederaufbau, Verbände und Soziale Marktwirtschaft 1948—1952*, Wuppertal, Peter Hammer Verlag, 1981, S. 106.

[3] Ebd., S. 113 - 114.

[4] Heiner Adamsen, *Investitionshilfe für Ruhr, Wiederaufbau, Verbände und Soziale Marktwirtschaft 1948—1952*, S. 134 - 136.

[5] Ebd., S. 139 - 140.

会也对艾哈德的计划进行了强烈的批判。面对多方的压力,艾哈德的建议最终为阿登纳政府否决。

就在艾哈德的计划陷入困境的同时,德国工业联合会(Bundesverband der Deutschen Industrie,简称 BDI)出于自身利益考虑提出了"联邦德国经济形势备忘录",要求在避免国家干预的前提下,从工商企业界内部自筹资金,完成对基础工业尤其是鲁尔煤钢工业的投资补助。在工商界的积极努力下,德意志工会联合会最终接受了工商界的提案。以该文件为基础,联邦政府制定了《工商业经济投资补助法》草案。在联盟党、自民党及部分社民党议员的支持下,这一草案终于在 1951 年 11 月 13 日为联邦议院通过,成为正式法律。

《工商业经济投资补助法》完善了 1948 年币制改革中所重建的市场经济制度,它的出台对联邦德国社会市场经济制度的形成起到了进一步的推动作用。例如它明确规定,"如果价格变动只是为了消除公众对市场经济的误解,而不对整体价格水平,尤其是生活质量产生不良影响的话",1948 年 4 月 10 日和 1949 年 2 月 3 日所确定的对原材料价格的绑定即不再有效。[1]

二、战后西德重工业产权社会化改革受阻

联邦德国社会市场经济的"基础是坚持生产资料私有制原则"[2]。但在二战之后,包括英法在内的许多欧洲国家都掀起了工业国有化浪潮。英国政府在大刀阔斧地对本国重工业实行国有化改造的同时,有些工党政府成员也提出了对西德煤钢工业产权实行社会化的计划。在这些人看来,私有制是导致德国工业界支持纳粹的主要原因。因此,要想防止这些工业再次成为德国侵略扩张的工具,就必须对它们进行产权社会化

---

[1] Bundesministerium der Justiz(Hrsg.), *Bundesgesetzblatt*(*BGBl*), *Teil I*, 1952, *Nr. 1*, Bonn, 1952, S. 7 - 14.

[2] 吴友法、黄正柏主编:《德国资本主义发展史》,武汉大学出版社 2000 年版,第 471 页。

改造。①

德国80%以上的煤钢重工业都集中在英国占领的鲁尔地区。占领鲁尔后,英国军政府于1945年12月16日和22日先后没收了克虏伯所辖的钢厂和英占区所有的煤矿,为将来这些工业的产权变更作准备。②1946年2月1日,贝文在下院宣布:"鲁尔工业不会返还到私人企业主手中,政府希望对它们实行公有化。"③1946年10月21日,英国内阁正式作出了将英占区重工业产权进行社会化的决定。④ 为了顺利地完成这一计划,贝文还拟定了三个具体的实施步骤:(1)委任德国托管人;(2)北莱茵-威斯特法伦州(Nordrhein-Westfalen,简称北威州)选举后,建立一个组织,接管产权被社会化的企业;(3)再根据具体情况,对这些工业实行某种国际管制。⑤ 实际上,早在贝文拟定这三个步骤之前,英国军政府就已经开始在其没收的钢铁工业中任命德国托管人。1946年11月19日,英国决定全面启动该方案的第一步,到次年2月,英占区各主要工业中都已任命了托管人。

鲁尔产权社会化得到了北威州议会中的各德国政党支持。社民党要求对西德重工业产权实行彻底的社会化改造。早在1945年11月,流亡英国的社民党成员就曾提出过将煤钢等主要工业转交国有的建议。⑥

---

① Dok. Nr. 50, Karl Bracher usw. (Hrsg.), *Quellen zur Geschichte des Parlamentarismus und der politischen Parteien*, *Vierte Reihe*, *Band 4*, *Die Ruhrfrage 1945/46 und die Entstehung des Landes Nordrhein-Westfalen*: *britische*, *französische und amerikanische Akten*, S. 415.

② 参见本卷第三章第一节。

③ James van Hook, "From Socialization to Co-determination: the British, Germany and Public Ownership in Ruhr, 1945—1951", *The Historical Journal*, 45, I (2002), p. 160.

④ "Protokoll of the Meeting of Carbinet, 21.10.1946", in Rolf Steininger (Hrsg.), *Deutsche Geschichte 1945—1961*, *Darstellung und Dokumnete in Zwei Bänder*, *Band 2*, Frankfurt am Mainz: Fischer Taschenbuch Verlag, 1983, S. 335.

⑤ Rolf Steininger, *Ein Neues Land an Rhein und Ruhr*: *die Ruhrfrage 1945/46 und die Entstehung Nordrhein-Westfalen*, S. 265.

⑥ Wolfgang Rudzio, "Die ausgebliebene Sozialisierung an Rhein und Ruhr, zur Sozialisierungspolitik von Labour-Regierung und SPD 1945—1948", *Archiv für Sozialgeschichte*, XVIII Band, S. 16.

后来,英占区社民党领导人维克托·阿加茨(Viktor Agartz,1897—1964)又在党代表大会上公开表示,未来德国"国家将接管投资银行、煤、钢等垄断工业"①。1946 年 12 月 6 日,北威州劳动部长、社民党人奥古斯特·哈尔布费尔(August Halbfell,1889—1965)制定了将煤矿产权转交国家所有的计划。② 以此计划为基础,社民党公有化委员会在 1947 年 2 月 2 日与北威州政府和工业界、工会代表协商后决定,直到德国中央政府建立之前,占领当局所任命的煤炭托管人应将其主要的管制权力移交给由政党、工业界和工会代表组成的"煤炭委员会"(Kohlenrat),而煤炭工业也应被改组为国有控股公司、公司和矿井三级。在政府保留巨大权力的前提下,由煤炭委员会负责日常经营活动。③ 之后,社民党公有化委员会还要求在钢铁工业中也建立类似的组织。

在 1946 年 9—10 月北威州首届议会选举之后,社民党开始集中精力推动州议会通过将鲁尔煤炭工业转交北威州所有的法律。社民党的政策得到了共产党的支持。④ 与基督教工会成员有着密切联系的基督教民主联盟左派,如雅各布·凯泽(Jakob Kaiser,1888—1961)、卡尔·阿诺德(Karl Arnold,1901—1958)等人,都主张在西德工业产权社会化方面与社民党结成广泛的同盟。即使在保守的阿登纳逐渐取得统治地位后,基督教民主联盟仍然主张一种由中央、地方和私人共同参与的混合所有制产权模式。1947 年 2 月 3 日,英占区基督教民主联盟通过了"阿伦纲领",提出了按照混合所有制原则对德国煤钢工业进行产权社会化的方案。方案规定,"公共法人,如国家、州、乡镇、乡镇联合体,进而还有合作社和企业中的实际工作人员,都应分享企业的权力";"煤矿具有绝

---

① James van Hook, "From Socialization to Co-determination: the British, Germany and Public Ownership in Ruhr, 1945—1951", *The Historical Journal*, 45, I (2002), p. 158.

② Wolfgang Rudzio, "Die ausgebliebene Sozialisierung an Rhein und Ruhr, zur Sozialisierungspolitik von Labour-Regierung und SPD 1945—1948", *Archiv für Sozialgeschichte*, *XVIII Band*, S. 19.

③ Ebd., S. 21.

④ Ebd., S. 25 - 26.

对的垄断性地位……应当被公有化"；"大钢铁工业也要走上公有化的道路"。①

为了早日恢复对鲁尔煤炭工业行使主权，北威州议会各党团建立了临时的同盟，于 1947 年 8 月 2 日联合签署了"北威州议会对煤矿产权关系的共同决定"："为了在煤炭经济中建立可靠的法律和经济关系，州议会向军政府请求，取消对煤炭工业的没收，将产权赋予州政府任命的并由州议会监督的德国托管人。"②

1948 年 4 月 7 日，社民党的议案最终被州议会三读通过。然而，这一法案却在 1948 年 8 月 23 日遭到了英国军政府的否决，认为"北威州所处的煤矿是属于国家的财产，因此，所有有着深远影响的政策，只要涉及这些煤矿的产权，也与其他的州相关。所以，军政府支持如下观点，煤炭工业公有化应由德国政府而不是州政府来决定"③。英国此时反对在州一级对鲁尔煤炭工业实行产权社会化改造，要将其产权问题留给未来的德国中央政府来决定是有原因的，因为在这些问题的决定权上受制于美国。

以克莱为首的美国军政府却一直坚决反对将西德主要工业公有化。1946 年，克莱否决了黑森州的经济社会化法案。这一做法得到了美国陆军部的支持。为了和英国达成妥协，军政府经济部部长威廉姆·德雷柏（William Draper，1894—1974）将军在 1947 年夏制定的内部计划中提出，将鲁尔煤炭工业产权"冷冻"五年，等自由选举的德国中央政府成立之后，再由中央政府决定这些工业的归属；在此之前，由军政府任命的托管机构负责煤矿的生产和管理。④ 以此计划为蓝本，克莱制订了内容相

① "Das Ahlener Programm (Programmatische Erklärung des Zonnenausschusses der CDU der britischen Zone auf der Tagung vom 1 und 3 Februar 1947 in Ahlen)", in Rolf Steininger (Hrsg.)，*Deutsche Geschichte 1945—1961*，*Darstellung und Dokumnete in Zwei Bänder*，*Band 2*，S. 117 - 120.

② Wener Abelshauser，*Der Ruhr-kohlebergbau seit 1945*，München：C. H. Beck，1984，S. 26.

③ Ebd.，S. 26 - 27.

④ Ebd.，S. 28.

同的"托管人计划"(Trusteeship Plan)。

"马歇尔计划"出台后,美国迫切地要求提高鲁尔煤炭产量。为了防止产权的变动对煤产量的恢复造成不利影响,美国国务院与军方达成一致,决定迫使英国尽快放弃在州一级的鲁尔煤矿产权的社会化政策。

1947年8月12日—9月10日,英美召开了专门讨论鲁尔煤炭工业问题的华盛顿会议。由于对美国经济上的依赖,英国此时的谈判地位其实是非常虚弱的。1945年12月6日,英国从美国的借款就已经高达37.5亿美元。[①] 到1946年中期,英国的贸易逆差达22.5亿美元,位居西欧各国之首。[②] 双占区的成立也并未改善英国的处境,它依旧不得不把有限的美元储备用于为英占区德国人购买粮食。鲁尔煤炭出口所获的利润,远远抵不上英国的占领成本。它在煤炭工业产权问题上屈从于美国也是必然之势。

实际上,在1947年8—9月的华盛顿会议之前,英国自己的鲁尔工业产权社会化政策也已经发生了改变。当以贝文为首的外交部制定了州一级产权社会化政策后,英国政府内部有许多官员都对这一政策表示了不满。兰开斯特公爵郡大臣约翰·海德就坚持必须由未来德国中央政府来控制鲁尔,并因此与上司贝文发生了冲突。海德的继任者弗朗西斯·帕肯汉姆(Francis Parkenham,1905—2001)勋爵也明确表示,在产权社会化问题上,他反对贝文的观点。[③] 军政府高级执行官迈克尔·贝尔福(Micheal Balfour,1908—1995)少将则指出:"军政府同意公有化政策,绝不是因为他们被这一政策所说服了。"英国军政府是在工党政府上

---

① Wolfgang Rudzio, " Die ausgebliebene Sozialisierung an Rhein und Ruhr, zur Sozialisierungspolitik von Labour-Regierung und SPD 1945—1948 ", *Archiv für Sozialgeschichte*, *XVIII Band*, S. 11.

② U. S Department of State, *FRUS*, *British Commonwealth*, *Europe*, *1947*, *Volume III*, p. 230.

③ Wolfgang Rudzio, " Die ausgebliebene Sozialisierung an Rhein und Ruhr, zur Sozialisierungspolitik von Labour-Regierung und SPD 1945—1948 ", *Archiv für Sozialgeschichte*, *XVIII Band*, S. 6.

台之前就组建完成的，它的主要官员，如罗伯逊中将、两任经济部部长珀西・米尔斯（Percy Mills，1890—1968）爵士和塞西尔・威尔（Cecil Weir，1890—1960）爵士都和工党的经济主张相左。所以，在贝文苦口婆心地劝说美国接受鲁尔产权社会化政策的同时，罗伯逊却在有意地拖延这一政策的执行。[①]

　　除了美国之外，法国、低地国家都反对英国将鲁尔工业交给德国政府所有，苏联也对英国没收鲁尔煤钢工业的做法十分不满。[②] 就连德国社民党内也有一些人对英国人只在州一级对鲁尔工业产权进行社会化改造的真实用意表示怀疑。[③] 处在内外交困中的贝文不得不在1947年春向内阁提议暂缓在州一级上对鲁尔产权进行社会化。[④] 因此，在华盛顿会议上，当美国表示愿意取消煤炭工业五年的冷藏期之后，英国代表便于1947年8月24日接受了美国的"托管人计划"。[⑤]

　　1947年9月10日，英美在华盛顿会谈公报中公布了对鲁尔煤炭工业产权的处置决定：在尽可能早的时间里，通过合法选举建立德国中央政府，再由中央政府决定煤炭工业产权的归属；在此之前，由军政府任命的托管机构负责这些工业的生产和管理。[⑥] 正是在这一背景下，英国军政府于1948年8月拒绝了北威州议会接管鲁尔煤炭工业的要求。1948年11月，英美军政府制定了75号法令，要求在双占区钢铁工业中也建立产权托管制度，并再次强调将鲁尔产权交由未来德国的中央政府决定。联邦德国建立后，美国驻德高级专员约翰・麦克洛伊（John

---

① Wolfgang Rudzio，" Die ausgebliebene Sozialisierung an Rhein und Ruhr，zur Sozialisierungspolitik von Labour-Regierung und SPD 1945—1948 "，*Archiv für Sozialgeschichte*，*XVIII Band*，S. 13.

② Ebd.，S. 14.

③ James van Hook，"From Socialization to Co-determination：the British，Germany and Public Ownership in Ruhr，1945—1951"，*The Historical Journal*，45，I（2002），p. 161.

④ U. S Department of State，*FRUS*，*Council of Foreign Ministers*，*Germany and Austria 1947 Volume II*，p. 998.

⑤ Ibid.，p. 953.

⑥ Margaret Carlyle（ed.，*Documents on International Affairs*，1947—1948，p. 662.

McCloy，1895—1989)于 1949 年 9 月 14 日向国务院建议，保护德国的自由经济，进一步减少西德工业产权社会化的可能。他说："对我而言，德国的自由企业体系是最符合美国的观点和安全需要的，如果德国工业产权的社会化是新议会的意愿的话，我们不应积极地反对它，与此同时，对其倾向于自由经济的所有政策，我们也不能施加任何影响。"[1]因此，在一份旨在取代 75 号法令的草案中，麦克洛依公然要求取消有关"工业产权交由未来德国的中央政府决定"的内容。英国认为，这一做法实际上宣告了鲁尔煤钢工业产权社会化的"死亡"。[2] 实际上，不仅是保守势力（基督教民主联盟右派、自民党和德意志党），以及原先支持产权社会化的左派，此时也对这一政策的实现丧失了信心。罗伯逊在 1950 年 4 月 19 日报告中说，基督教民主联盟左翼已经在产权社会化方面没有了"动力"。社民党也不得不在 1950 年承认，1947 年华盛顿会议之后，鲁尔工业产权的社会化实际上已经失败。"在'马歇尔计划'所决定的自由经济背景下，这一政策已无望成功。"

　　战后鲁尔重工业产权社会化改革的中止，为西德在社会市场经济模式下保证私有产权奠定了坚实的基础。

三、西德劳资"共决制"的重建与发展

　　劳资"共决制"（Mitbestimmung，也译为"参与决定"）是德国的传统，早在 19 世纪就已提出，1920 年魏玛议会通过《企业代表会法》，确立了以企业代表会制为核心的劳资共决合作制度。但是，纳粹上台后，德国的独立工会和企业代表会都被强行纳入专制体系，分别为劳工阵线和"信任者"代表会所取代。二战之后，根据《波茨坦协定》和占领当局的有关规定，德国西占区工会和企业代表会逐步完成了重建工作。

---

[1] James van Hook，"From Socialization to Co-determination: the British, Germany and Public Ownership in Ruhr, 1945—1951"，*The Historical Journal*，45，I (2002)，p. 173.

[2] Ibid.，p. 176.

英美占领区的工会重建工作完成得相对较快。在美占区,由于军政府和美国"劳联"的分歧,各州工会重建模式不尽相同。有自下而上完成的,如巴登-符腾堡;有自上而下完成的,如巴伐利亚。而在英占区,工会则是按照英国工联的模式,采取先建立各行业工会,再建立工会联合会的自下而上的方式完成了重建。通过 10 月份的"工业关系第 16 号令",英国军政府将英占区工会的重建分为三个不同的阶段:(1) 准备阶段:对工会建立者的政治态度进行审查。举行筹建代表大会并选举理事会;(2) 过渡发展阶段:组建相关常设机构并挑选组成人员,制定详细的组织活动章程;(3) 建立阶段:组建大区(Großer Raumen)至占领区级的工会,此后便可参与政治活动。[①] 与英美占领区工会的快速重建不同,法占区独立工会的重建工作一开始就受到了军政府的有意阻扰。直到 1949 年 2 月,还不允许建立占领区一级的工会组织。这钟情况直到法占区并入双占区之后才有所改变。在 1949 年 10 月 12—14 日,三个西方占领区工会代表在慕尼黑召开了德意志工会联合会成立大会,汉斯・博克勒(Hans Böckler,1875—1951)当选为主席,完成了西占区工会的重建工作。[②]

各基层企业的企业代表会是战前德国劳资共决制的主要贯彻机构。1946 年 4 月 10 日,盟国管制委员会发布第 22 号令,即《企业代表会法》,宣布重建企业代表会,并要求企业代表会接受占领当局和工会的领导,参加非纳粹化改造。[③] 22 号法令承认企业劳资共同决定的合法性。有

---

① Industrial Relations Derective, Nr 16, Hartmut Pietsch, *Militärregierung, Bürokratie, und Sozialisierung, zur Entwickelung des politischen Systems in den Städten des Ruhrgebiets, 1945 bis 1948*, Duisburg, Walter Braun Verlag, 1978, S. 97; Jürgen Reulecke, *Arbeitbewegung an Rhein und Ruhr*, Wuppertal: Peter Hammer Verlag GmbH, 1974, S. 409 - 410.

② 当今德国最大的独立工会组织是德意志工会联合会。截至 2006 年底共有会员 660 多万。除此之外,德国还有以下几个规模较大的独立工会组织:德国职员工会(1949 年在斯图加特建立,初始会员 21.5 万人),德国公务员联合会(1949 年建立,2005 年底拥有 127 万会员,是德国第二大工会),基督教工会联合会(1955 年建立全国组织)。

③ Beate Oppen (ed.), *Documents on Germany under Occupation 1945—1954*, pp. 118 - 120.

的州宪法也对此予以肯定。一些历来反对劳资共决的企业家迫于形势，也表示愿意合作。但是，以何种形式、在多大程度上实行"经济民主"和"共同决策"，却存在尖锐斗争。社会民主党的设想包括重工业国有化，在工商会等经济机构中全面确立工人的同等影响，而不仅仅是企业中的"共决"。工会要求与此类似。但是，企业界只在有限的程度上接受企业的共决，反对全面的"经济民主"。

在该法令的鼓励下，西占区各州纷纷公布本州的企业代表会法，迅速开始了企业代表会的重组工作。但是，英美双占区成立后，占领当局却又提出产权和改变企业管理制度的问题必须由全德人民决定，有意搁置企业代表会的发展。直到联邦德国建立后，西德人才在 1952 年由《企业宪章法》完成了企业代表会制的重建和加强工作。

在西占区企业代表会重建的同时，英占区工会还在西德开创了以监事会(Aufsichtsrat)劳资共决为核心的新的劳资共决制。

1946 年底，英占区工会在形成了以劳资共决制为核心的经济民主化政策。这一政策的形成与当时鲁尔工业社会化改革的迟缓有着直接的关系。根据 1920 年《企业代表会法》，企业代表会拥有参与企业监事会的共决权。但是，鲁尔企业代表会浓厚的共产主义倾向引起了英国军政府的担忧。为了阻止德共势力的发展，军政府对企业代表会的共决权作出了严格的限制：它虽然可以在管理层面前代表工人及职员的利益，但也必须支持管理层的工作，以实现企业的生产目标。实际上，新的企业代表会只是一个用来调解劳资关系的工具，并不能对管理层的决定，尤其是有关雇佣和解聘的决定进行否决。1946 年 4 月 10 日，军政府公布了新的《企业代表会法》，正式取消了企业代表会在 1920 年《企业代表会法》第 66 条第 1 款中所拥有的一项重要的共决权——通过建议支持企业领导的权力。[1] 军政府的政策显然不能满足工会在劳资共决方面的要

---

[1] Gesetz Nr. 22, Betriebrät, 10. 04. 1946, *Amtsblatte der Millitäregierung*, *britischen Kontrollgebiet*, *Deutschland*, *Nr. 9*, S. 197 - 199.

求。与此同时,占领当局和工业界对鲁尔工业产权社会化的一再拖延,也进一步促进了工会新劳资共决政策的形成。

在这种情况下,从魏玛共和国的历史中吸取了教训的英占区工会,决心不能再像以前那样轻信资本家和当局,而要在工业界恢复元气并重新控制经济之前,使工会被承认拥有与资方对等的决策权。工会已不满足于只拥有参与制定工资这类的共决权,他们要求的是在各级水平上的对等共决。[1] 1946 年底,英占区工会正式搁置了产权社会化政策,确立了以劳资共决为核心的经济民主化方针,其主要内容除包括恢复和完善企业代表会制外,还包括:(1) 通过工人代表对等参与监事会,并有权在经理委员会中任命一名与其他经理具有同等权力的劳工经理(Arbeitsdirektor),在企业中实现劳资对等共决。工会还保证所选举的监事会代表中至少有两人来自企业代表会[2];(2) 在超企业层次上也要实现共决,在 1946 年 12 月 4 日的会议上,工会领导人就提出,要在被改组的工业部门中建立工人代表对等参与的、负责制定整个工业部门改革方针的协商会议[3];(3) 反对建立混合所有制。[4] 1946 年 10 月 15 日,英占区工会领导人汉斯·博克勒在与占领当局下辖的北德钢铁局(North German Iron and Steel Control,简称 NGISC)的会谈中,首次提出了在钢铁工业中共享权力的要求。他们认为,"最广泛的工人的共决是有必要的。工人是推动经济发展的主

---

[1] Protokoll der ersten Gewerkschaftskonferenz der britischen Zone, Hannover, März, 1946, Ian Turner (ed.), *Reconstruction in Post War Germany : British Occupation Policy and Western Zones*, 1945—55, p. 275.

[2] Dok. Nr. 61, Karl Bracher usw. (Hrsg.), *Quellen zur Geschichte des Parlamentarismus und der politischen Parteien*, Vierte Reihe, Band 6, *Neubeginn bei Essen und Stahl im Ruhrgebiet*, *Die Beziehungen zwischen Arbeitgebern und Arbeiternehmern in der Nordwestfalischen Eisen und Stahlindustrie 1945—1948*, S. 275 - 278.

[3] Dok. Nr. 70, Karl Bracher usw. (Hrsg.), *Quellen zur Geschichte des Parlamentarismus und der politischen Parteien*, Vierte Reihe, Band 6, *Neubeginn bei Essen und Stahl im Ruhrgebiet*, *Die Beziehungen zwischen Arbeitgebern und Arbeiternehmern in der Nordwestfalischen Eisen und Stahlindustrie 1945—1948*, S. 292 - 293.

[4] Zoneausschuss der Gewerkschaften der Britischen Zone, Leitsätz der Gewerkschaften zur Sozialisierung, 27. 01. 1947, Ian Turner (ed.), *Reconstruction in Post War Germany : British Occupation Policy and Western Zones*, 1945—55, p. 285.

要因素。人们迫切地希望能够在各地被邀请参与决策。工人希望在最大程度上参与公司的监事会和领导机构"①。

为了防止共产主义在鲁尔的传播和换取工会对非集中化的支持，1947年初，英国军政府接受了英占区工会的建议，在鲁尔的部分煤钢企业中签订了协议，实行企业最高决策机构——监事会中劳资对等参与的共决制，在鲁尔钢铁工业中开创了一种新的共决模式：在公司监事会中，成员由劳方和资方各五名代表，外加一名托管局代表组成；资方代表由四名股东和一名其他人员、劳方代表也由四名雇员代表和一名其他人员组成；三名经理中也包括一名由工会提名的劳工经理。这种模式超越了"企业代表会"，被称为"鲁尔模式"。

第三节　战后苏占区政治经济重建与德意志民主共和国的成立

一、苏占区社会经济的重建

在德国西占区逐步展开重建工作的同时，苏占区的重建也在积极进行。在进行非纳粹化、民主化改造过程中，逐渐了完成政治重建。与此同时，在军政府的组织下，苏占区也开始了社会经济重建工作。

1945年6月9日，军政府在第5号法令中，将已根据《波茨坦协议》对版图作出相应调整的占领区划分为五个部分，即梅克伦堡、萨克森、图林根三个州和勃兰登堡、萨克森-安尔哈特两个省（原普鲁士州的地方行政单位称为"省"），并决定在这些地方建立军政府的分支机构。军政府还起用德国人组建临时的地方管理机构，甚至还任命了这些管理机构的"主席""副主席"。这些临时性的地方机构后来就逐渐发展为各地方政

---

① Dok. Nr. 63, Karl Bracher usw. (Hrsg.), *Quellen zur Geschichte des Parlamentarismus und der politischen Parteien*, *Vierte Reihe*, *Band 6*, *Neubeginn bei Essen und Stahl im Ruhrgebiet*, *Die Beziehungen zwischen Arbeitgebern und Arbeiternehmern in der Nordwestfalischen Eisen und Stahlindustrie 1945—1948*, S. 279.

府。1947 年 2 月 25 日,盟国管制委员会通过第 25 号令,决定撤销普鲁士州。6 月 21 日,苏联军政府根据这一命令颁布军政府第 180 号令,宣布改勃兰登堡和萨克森-安尔哈特省为州,赋予它们和苏占区其他三州一样的权力和地位。

英美双占区成立后,苏联开始加强苏占区各州和省之间的联系,促进占领区机构的中央集权化。1945 年 9 月 13 日,苏联军政府发布命令,决定在军政府之下设立交通等 11 个中央管理局,对全占领区内的经济、社会事务进行统一管理。1945 年 11 月,苏联军政府在和苏占区德国中央和地方管理机构负责人谈话时曾明确指出,准备让这些机构参与占领区的经济计划与管制。但是,由于战后的经济困难,军政府实际上一直未能将地方管理机构纳入全占领区统一的经济管理之中。直到英美双占区成立之后,苏联军政府才在 1947 年 2 月决定"讨论各州政府、省政府和工业、原材料、能源、贸易等中央管理机构之间的合作问题"。三个月后,军政府正式决定,中央管理机构在执行相关命令时要将各地方纳入考虑之中,这就为苏占区各州的中央集权化铺平了道路。[①] 1952 年时,民主德国取消了五个州一级的国家机构,进一步加强了中央对地方的政治控制。

苏占区是战前德国的东部农业地区,工业尤其是基础工业相对不够发达。1936 年,苏占区各工业产值占全德的比重为:机械制造 31%,造纸及印刷 32%,纺织 37%,而钢铁和煤炭则分别只占 6%和 2%。[②] 二战末期,在盟军的狂轰滥炸和苏军强大的地面攻势之下,苏占区经济遭到了严重的破坏。二战之后,由于苏联企图通过赔偿来削弱德国并恢复本国经济,苏占区被迫要向苏联支付比其他占领区更多的赔偿。这些不利

① Martin Broszat (Hrsg.), *SBZ-Handbuch*, *staatliche Verwaltungen*, *Parteien*, *gesellschaftliche Organisationen und ihre Führungkräfte in der Sowjetischen Betzaungszone Deutschlands 1945—1949*, Müchen: Oldenbourg Verlag, 1990, S. 76 - 77.

② Martin Broszat (Hrsg.), *SBZ-Handbuch*, *staatliche Verwaltungen*, *Parteien*, *gesellschaftliche Organisationen und ihre Führungkräfte in der Sowjetischen Betzaungszone Deutschlands 1945—1949*, S. 253.

因素给战后苏占区的经济和社会重建带来了巨大的困难。

为了加强对苏占区的经济管理,清除纳粹经济的余孽,苏联军政府在占领区实行了一系列经济改革措施。1945 年 7 月 23 日,苏联军政府下令没收占领区的银行,并授权德国地方管理机构组建新的信贷机构。军政府还授权地方管理机构依法接管部分德国企业和进行土地改革。以萨克森-安尔哈特为例,1945 年 6 月该省共有 1861 个企业被没收,其中 1002 个被改组为省政府所有的国营企业。9 月,该省地方政府又下令,凡超过 100 公顷的土地将一律没收分给无地或少地的农民。此外,苏联军政府还将 200 个重要的大企业直接接管在自己手中,并设立 13 个苏联控股公司进行管理。到 1947 年时,国营企业和苏联控股公司共占苏占区工业生产总值的 56%,1949 年时则高达 69%,而且集中在能源、煤炭、机械制造、纺织等关键行业。[①] 苏占区企业的公有化为这些企业将来转交民主德国政府所有奠定了基础。

由于苏占区经济恢复缓慢,1946 年 8 月,苏占区经济财政管理局局长、统一社会党成员布鲁诺·洛伊施纳(Bruno Leuschner,1910—1965)明确要求为苏占区制定统一的经济发展计划。英美双占区成立后,苏联也希望加强对苏占区经济的控制。在统一社会党和苏联军政府的推动下,来自各州和省的经济部门负责人和相关中央管理部门负责人在 1947 年 2 月召开会议,专门就统一苏占区经济计划问题展开讨论。以这次讨论为基础,苏联军政府于 1947 年 6 月 4 日公布第 138 号令,宣布由苏占区工业管理局等五个中央管理部门领导人组成德国经济委员会(Deutsche Wirtschaftskommission),全面审查占领区的经济发展计划并充当各州之间的协调人。军政府还将苏占区自由德意志工会(Freier Deutscher Gewerkschaftsbund)和农民互助联合会(Vereinigung der gegenseitigen Bauernhilfe)也划归经济委员会直接管理。

---

① Martin Broszat (Hrsg.), *SBZ-Handbuch*, *staatliche Verwaltungen*, *Parteien*, *gesellschaftliche Organisationen und ihre Führungskräfte in der Sowjetischen Betzaungszone Deutschlands 1945—1949*, S. 255.

在西方紧锣密鼓的筹建西德国家之时,苏联军政府也决定加快东德国家的重建。1948年2月12日,军政府下令从组织上加强德国经济委员会,同时经济委员对苏占区境内所有具有国家机关性质的德国机构进行指导和监督,尤其是协调各中央经济管理局的工作。[1] 3月8日,这些负责经济事务的苏占区中央管理局正式转变为经济委员会之下的"部"(Hauptverwaltung)。4月14日,经济委员会向军政府报告说,他们已做好准备"为整个苏占区负责"。23日,军政府颁布法令,将各州所有的大型国营企业转交占领区所有,并按行业成立中央国营企业联合会,对其进行领导。剩下的国营企业也将统一划归州国营企业联合会领导。到1948年6月15日,共成立了75个中央国营企业联合会,涵盖1764个单个企业约50万名职工。[2] 在2800个国营企业中,有1800个完全脱离了各州的管辖。同时,经济委员会还下令各州政府新建八个部门,并对其中四个与经济相关的部门给予直接领导。此后不久,经济委员会又先后将信贷和科研部门置于自己的监督之下。1948年11月27日,苏联军政府又下令扩大经济委员会代表性,吸收政党和群众组织参加,人数由36名提高到101名。[3] 在经济委员会组建和发展的过程中,德国统一社会党一直保持着在这一机构中的绝对优势地位,甚至将委员会看成是自己的执行机构。[4]

1948年,苏占区制定了两年经济计划,规定生产水平达到1936年的81%,工资提高12%—15%。1949年初,经济委员会又制定了更为详细的经济发展方案。之后,委员会陆续将农业、铁路、商业等置于自己的管

---

[1] Beate Oppen (ed.), *Documents on Germany under Occupation 1945—1954*, pp. 279-280.

[2] Martin Broszat (Hrsg.), *SBZ-Handbuch, staatliche Verwaltungen, Parteien, gesellschaftliche Organisationen und ihre Führungkräfte in der Sowjetischen Betzaungszone Deutschlands 1945—1949*, S. 266-267.

[3] Beate Oppen (ed.), *Documents on Germany under Occupation 1945—1954*, pp. 345-346.

[4] Martin Broszat (Hrsg.), *SBZ-Handbuch, staatliche Verwaltungen, Parteien, gesellschaftliche Organisationen und ihre Führungkräfte in der Sowjetischen Betzaungszone Deutschlands 1945—1949*, S. 266.

理和监督之下。① 随着经济委员会权力的不断扩大,苏占区逐渐形成了高度集中的斯大林经济模式。而经济委员会也成为了后来东德国家机关的雏形。

在苏占区政治经济权力不断集中的过程中,重建的苏占区各社会团体也逐渐丧失了自己的独立性。1945 年 6 月 10 日,苏联军政府颁布第 2 号令,允许反法西斯社会团体在占领当局的严格监督下实现重建。根据这一命令,一系列苏占区社会团体,如自由工会联合会、农民互助联合会、自由德国青年联盟(die Freie Deutsche Jugend)等先后成立。不过,随着高度集中的斯大林政治经济模式的形成,这些社会组织也难逃被纳入到这一模式的命运。

以苏占区自由工会为例。战前,德国存在多种工会组织,力量分散。这是工人阶级未能在 1933 年阻止纳粹上台的重要原因。二战结束后,苏占区工会也和西占区工会一样,经历了一个自下而上的重建过程。1945 年 6 月 15 日,大柏林自由工会召开“预备工会委员会会议”,明确提出反纳粹主义和军国主义、恢复雇员的共决权、对劳动者进行再教育等任务。7 月 8 日和 8 月 7 日,萨克森州和勃兰登堡省的工人代表和工人政党代表也相继召开了筹备工会重建的会议。1946 年 2 月 9—11 日,自由工会召开第一次代表大会,并选举出了 45 人组成的苏占区区理事会。不过,自由工会内部斗争激烈,德共和社民党都在争夺对工会的控制权。

1947 年 4 月,自由工会召开第二次代表大会。会上,柏林社民党代表要求按照德国传统保持自由工会的独立性,反对参与政治。而统一社会党代表则表示,自由工会必须与国家保持密切联系,必须成为未来德国国家政权的参与者和支持者。在苏联和统一社会党的强大压力下,大会通过了瓦尔特·乌布利希提出的以计划经济体制为核心的纲领,并选

---

① Martin Broszat (Hrsg.), *SBZ-Handbuch*, *staatliche Verwaltungen*, *Parteien*, *gesellschaftliche Organisationen und ihre Führungkräfte in der Sowjetischen Betzaungszone Deutschlands 1945—1949*, S. 272 - 273.

举了自由工会的全国领导机构。正是在这次大会上,自由工会被置于了统一社会党的绝对控制之下。

自由工会重建后,也曾一度主张在苏占区企业中恢复德国传统的企业代表会制。然而,随着 1947 年后苏占区经济的中央集权化和企业改组的展开,企业代表会的存在也逐渐失去了意义。自由工会第二次代表大会召开后决定解散企业代表会,其职能由企业领导机构(BLG)接管。国营企业联合会建立后,基层企业职员和工人在企业中的共决权被进一步缩小,只是在企业领导层还象征性地保留着职工代表。

与自由工会类似,苏占区其他主要社会团体也都被统一社会党吸纳进入"反法西斯同盟",受到了严格监督和控制。社会团体独立性的丧失和共决制的取消,是苏占区走向苏联斯大林模式的一个重要内容。

二、德意志民主共和国的成立

为了对西方筹建西德国家的举动进行反击,苏联加快了东德国家重建的步伐。不过,苏联在筹建东德时,"并没有完全放弃让他们统一的政策。在 1949—1950 年,他们在德国问题上的宣传基调是统一与正义的和平。这一口号被人们解释为,为了建立一个中央集权的德国国家,不惜撤退占领军"[1]。

1948 年 3 月 17 和 18 日,即 1848 年革命 100 周年之际,苏占区在柏林召开第二届德国人民代表大会,讨论德国统一和在德国实现全面和平的问题。大会选出了由 400 人组成的"德国人民委员会"(Deutsche Volkskomitee),作为临时常设代表机构。10 月 22 日,"德国人民委员会"通过统一社会党提出的德意志民主共和国宪法草案。

1949 年 3 月 4 日,苏占区"德国人民委员会"主席团听取了制宪委员会提出的宪法报告。3 月 18—19 日,"德国人民委员会"第六次会议在柏

---

[1] Peter Calvocoressi, *Survey of International affairs*, *1949—1950*, London: Oxford University Press, 1953, p. 187.

林通过了宪法草案,并决定提交第三届德国人民代表大会批准。3月19日,德国人民委员会主席团主席威廉·皮克致函波恩的议会委员会和法兰克福的西占区经济委员会,建议于4月8日召开联席会议,讨论"实现德国统一的方式和手段,讨论早日达成和约与撤出占领军"。但是,这一建议却遭到西方盟国和西德的拒绝。4月20日,威廉·皮克再次向苏占区选民呼吁在德国实现统一与正义的和平。两天之后,西占区三国军事长官发表联合声明,指责苏占区即将举行的选举是不公正的,因为这些选举的"目的是为了使德国沦为共产党的统治"①。5月12日,西占区通过了议会委员会制定的《基本法》,并公布了《占领法规》。

为了反击西方,苏占区根据"德国人民委员会"的建议,于1949年5月15—16日举行第三届德国人民代表大会的选举。苏占区参加选举人数12887234人,占选民人数95.2%。5月29—30日,当四国外长在巴黎开会继续讨论德国重新统一问题时,第三届德国人民代表大会在苏占区柏林国家歌剧院召开,共有2088名代表到会。② 大会批准了3月19日经人民委员会通过的宪法,宣布德国为不可分割的民主共和国。会议发表一项宣言,呼吁以《雅尔塔协议》和《波茨坦协定》为基础缔结和约,通过建立全德临时政府实现德国统一,废除占领区在贸易、货币和运输方面的壁垒。大会还选举出了一个由400名委员组成的新的德国人民委员会,并要求派遣一个代表团列席巴黎外长会议,以便宣示自己的合法地位。提名的列席人选中包括统一社会党领导人威廉·皮克和奥托·格罗提涅。这一建议当然也遭到西方三国外长的拒绝。

1949年9月21日德意志联邦共和国成立后,苏联政府于10月1日照会美英法三国政府,谴责三国占领当局分裂德国的一连串步骤违背了《波茨坦协定》,而西德政府的成立,则"更是美英法三国政府三年来奉行

---

① Peter Calvocoressi, *Survey of International affairs*, *1949—1950*, p. 189.
② Martin Broszat (Hrsg.), *SBZ-Handbuch*, *staatliche Verwaltungen*, *Parteien*, *gesellschaftliche Organisationen und ihre Führungkräfte in der Sowjetischen Betzaungszone Deutschlands 1945—1949*, S. 357.

的分裂德国政策之新的更广泛的表现"。苏联在照会中再次呼吁早日实现德国统一,认为波恩分裂政府"在德国造成了新的情况,这使得实现下列任务特别重要,即恢复德国的统一,使之成为一个民主与和平的国家,并保证德国履行四国波茨坦协定所加诸它的义务"①。

1949年10月7日,"德国人民委员会"作为德国最高权力机关在柏林举行全体会议,一致通过"成立临时议院与组织德意志民主共和国临时政府"的决议,宣布自身为临时人民议院,行使最高立法机关和监督政府的职权。临时人民议院决议在当天成立德意志民主共和国,宣布第三届德国人民代表大会所通过的宪法生效。四天后,临时人民议院授权德国统一社会党的奥托·格罗提涅组织政府,并和州联合议院一起选举威廉·皮克为德意志民主共和国总统。当天,苏联政府就德意志民主共和国成立一事通知临时人民议院主席团和格罗提涅,宣布"苏联政府准备将以前属于苏联军政府的行政权移交给德意志民主共和国临时政府",同时宣布成立苏联管制委员会代替苏联军政府。②

1949年10月12日,格罗提握接受皮克委托组阁,内阁成员包括副总理3人、部长14人。各党派参加组阁的比例为:德国统一社会党8人、基督教民主联盟4人、自由民主党3人、农民民主党1人、德国民族民主党1人和无党派人士1名。担任第一副总理的是兼任统一社会党中央第一书记的瓦尔特·乌布利希。

1949年,德意志联邦共和国和德意志民主共和国在德国的领土上相继成立,并分别被置于西方三国和苏联的监督之下。美苏两国在易北河两侧的德国领土上布下重兵,将两国边界变成了东西方对抗的前沿阵地。超级大国的对德政策不仅加重了德国人民的苦难,也大大加深了欧洲的冷战与分裂。

---

① 《德国问题文件汇编》,第71—73页。
② 同上书,第74页。

第二编

联邦德国与民主德国（1949—1990）

第五章　两个德国的政治经济体制

1949 年德国分裂后,东西两部分分别建立了不同的政治经济体制。德意志联邦共和国①实行西方式的多党议会民主制度,称为"自由与民主的基本秩序",经济上则是基于私有制和市场原则的"社会市场经济"体制。德意志民主共和国则走上社会主义道路,实行共产党领导下多党合作的政治体制和社会主义计划经济体制。

第一节　"西方模式"的联邦德国:"自由与民主的基本秩序"

联邦德国是在冷战背景下,在以美国为首的西方国家帮助下建立的。这是德国历史上继魏玛共和国之后,第二次建立西方式的多党议会民主和市场经济体制。不过它吸收了魏玛共和国的经验教训,其西方式政治和经济体制也有自身的特点,尤其"社会市场经济"体制颇具特色,学术界有时称之为"第三条道路"或"莱茵资本主义"。几十年中,联邦德国政局几经演变,但基本政治与经济体制未变,并长期保持了比较稳定的发展局面。

---

① 德国统一后仍称"德意志联邦共和国",本篇中"德意志联邦共和国"指统一前的西德国家,在文中一般称为"联邦德国"或"联邦共和国"。

一、《基本法》和政治体制

1949 年制定后几经修改的《德意志联邦共和国基本法》(Grundgesetz für die Bundesrepublik Deutschland),简称《基本法》(Grundgesetz),规定了联邦德国基本的政治体制,常被称为"自由与民主的基本秩序"(Freiheitlich-Demokratische Grundordnung)。其基本原则可以归纳为几条,即议会民主制;"法制国家"或"社会的法制国家";权力分割与制衡,包括联邦制度等。①

《基本法》第一章规定了人民的基本自由和民主权利,有 50 余项,包括全面保障人的尊严和人权,人民自由发展其个性,人身自由,在法律面前平等,男女平等,信仰自由,言论、集会、结社自由,迁移自由,择业自由,住宅不受侵犯,保证财产和继承权等,还有个人出于良心的原因而拒服兵役的权利,对于企图废除宪法秩序者的"抵抗权"。这些规定,是"作为直接有效的法律,约束立法、行政和司法"。把公民的基本自由和权利放在第一章,与德国以往的宪法都有所不同。例如 1919 年的《魏玛宪法》中,公民基本权利被列在第二章,同时又允许总统在关键时刻可以拥有特别权力,可以限制或取消公民的权利。这在后来导致了严重的后果。《基本法》的制定者决心吸取教训,把维护人民的基本自由和权利放在更加突出的地位。与此同时,《基本法》也规定个人的自由发展必须"不侵犯他人的权利或危害宪法秩序和道德规范",要受有关法律的限制。人们享有的自由民主权利不能被用来反对"自由民主的基本秩序"。例如个人邮政和通讯的隐私不受侵犯,但可以根据法律加以限制;言论出版自由"应受到一般的法律规定、保护青少年的法律规定和个人名誉权的限制"。1970 年联邦宪法法院的裁决宣称:"联邦共和国及其自由宪政秩序的存在是一种居优先地位的合法利益,为有效地保护它,如属绝

---

① 以下介绍《基本法》的内容,均据《德国统一纵横》(世界知识出版社 1992 年版)所载之《基本法》,以下不另加注。

对必要,可以对基本权利进行限制。""特别重要的是,宪法……支持一种'斗争性的民主/防卫性民主'(Streitbare Demokratie/wehrhafte Demokratie),不许滥用基本权利来攻击自由的国家秩序。""不许宪法的敌人危害、损伤和破坏国家的存在,却又要求保护《基本法》赋予他的基本权利。"①

《基本法》宣称"全部国家权力来自人民。它由人民通过选举和公民投票的方式,以及通过有立法权、行政权和司法权的专门机构行使。"国家立法机构是两院制的议会,即联邦议院(Bundestag)和联邦参议院(Bundesrat)。联邦议院是联邦最高立法机构,它制定和通过法律,包括修改或补充《基本法》(以联邦议院和联邦参议院的 2/3 多数通过),与联邦参议院一起批准涉及州的和联邦性质的法律(包括政府预算),选举和撤换联邦总理,批准对外条约、审查联邦政府的政策、参与选举联邦总统等。联邦议院是立法系统的中心。通常由联邦政府提出立法创议,联邦议院通过立法。联邦议院也有立法创议权。联邦议院议员根据"普遍、自由、平等和秘密选举"的原则,依照法定的程序,选举产生。议员每届任期四年,并按党派组成议会党团(Fraktion)。按规定,议员是"全体人民的代表,不受委托和指令的约束,只服从自己的良心"。但实际上做到这一点并不容易。议员中有 1/3 来自各利益集团,议院的主要职务由职业政治家担任,他们会对议院活动施加影响。议员们往往希望尽量长久地保持自己的地位,或受到其他的诱惑。各党也要约束本党议员,影响其在议院的活动。这些都可能使议员难以"只服从自己的良心"。赫尔穆特·施密特(Helmut Schmidt,1918—2015)曾经长期担任联邦议员,他后来说:"联邦议员受到政党机器的压力而屈从的例子不在少数,这种压力是无形的但却是有效的。"②

---

① C. C. Schweitzer, *et al.* (eds.), *Politics and Government in Germany 1944—1994. Basic Documents.* Berghahn Books, Providence and Oxford,1995, pp. 318 - 319.
② 赫尔穆特·施密特:《行动起来,为了德国》,刘芳本等译,外语教学与研究出版社 1995 年版,第 55 页。

　　联邦参议院由各州的代表组成。参议院议长由各州州长轮流担任。联邦参议员须反映各州政府、执政党或政党联合的主张或要求。一般认为这种模式能制约联邦政府,维护各州的权益。联邦参议院没有单独立法权,但它参与联邦立法,拥有立法创议权和立法审议权。例如,修改《基本法》必须同时得到联邦议会两院的 2/3 多数通过,联邦参议院对某些联邦立法,尤其是涉及联邦财政和各州行政的立法有"绝对否决权",对联邦与各州发生的争端有仲裁权,以及其他一些权力。如果联邦议院的立法遭到联邦参议院否决,通常需要寻求妥协并修改法案,除非联邦议院重新投票,并以绝对多数压倒参议院的否决。若参议院以 2/3 多数反对某项立法,则联邦议院也要 2/3 多数才能重新通过。据统计从建国到 1990 年,联邦参议院曾经 80 多次行使绝对否决权,有近 40 项联邦立法因而未能通过。① 在所谓"立法紧急状态"下,遭联邦议院否决的法案,也可经联邦参议院通过而成为法律。联邦与各州权力互相制约,目的是阻止权力过分向联邦集中,保障各州的权益。在重大问题上争取联邦参议院的同意与合作,成为联邦政府必须考虑的问题。

　　《基本法》规定,联邦政府是全国的最高行政机构,由联邦总理(Bundeskanzler)和各部部长组成。联邦政府的任务是执行联邦议院和联邦参议院通过的立法和决议,处理外交、国防、货币、海关、铁路、航空、邮电等政策事项。经济、环保、住宅建设等由联邦和各州共同管辖。联邦总理是最高行政长官。联邦政府由议会产生,由获得联邦议院多数席位的政党或联党联合组成。联邦总理由联邦总统与联邦议院各议会党团协商后,提出候选人,再由联邦议院选举产生,经联邦总统任命,并组织政府。联邦政府每届任期四年。联邦议院可以通过"建设性不信任投票"(konstruktives Misstrauensvotum)而罢免联邦总理。在新总理获联邦议院同意后,即解散原政府和组织新政府。"建设性不信任投票"曾不

---

① C. C. Schweitzer, *et al.* (eds.), *Politics and Government in Germany 1944—1994. Basic Documents.* pp. 333 - 334, 445, table 17.

止一次导致政府更迭:例如,1972年由联盟党向联邦议院提出,针对勃兰特(Willy Brandt,1913—1992)总理,但未达目的。1982年联盟党又提出针对施密特总理的"建设性不信任投票",结果迫使施密特下台。联邦总理府作为行政部门的核心,对联邦议会负责,拥有广泛的权力。他负责确定政府的施政总纲并加以实施;决定各部的设置,提出部长和高级官员人选;可要求联邦议院提前开会,可提请总统解散联邦议院;裁决内阁中出现的分歧。在"紧急状态"下还可不经联邦议院而颁布法令。《基本法》强化了总理权力,故有"总理民主制"之称。由获得议院多数席位的政党组织内阁,政府的政策或立法建议在议院被否决的可能性较小。行政权力的加强在现代西方是普遍现象,德国人又有偏好强有力国家的传统,同时也吸取了魏玛共和国政府频繁更迭,人们对民主制缺乏信心,结果有利于纳粹上台的教训,认为应该建立一个有力的政府,既能保持法律和秩序,又能提供经济繁荣,才能取得大众的信任。在联邦德国早期,即康拉德·阿登纳时期,"总理民主"体现得最为明显,一是由于阿登纳的巨大威信;二是他带有家长式和威权主义特点的行事风格,较为投合许多尚未习惯西方式民主制度的德国人的偏好;三是因为当时联邦德国的特殊处境和阿登纳政府克服困难取得的内政外交成就,增加了人们的信心。当然总理的权力也是有制约的。他要受制于联邦议会;在联邦制下,联邦的行政权受到限制;由于经常出现联合政府,总理必须善于协商和妥协。到阿登纳之后,"总理民主"的特点就不再那么鲜明了。

在加强总理地位的同时,《基本法》规定联邦总统是国家最高代表。联邦总统任期五年,不由选民直接选举,而是通过联邦议员和各州代表组成的联邦大会选举产生。于是总统的产生既受制于议会和政党,也受制于各州。总统没有行政权力,其职权包括任免联邦总理、各部部长,签署、颁布法律和法令,解散联邦议院,宣布提前大选,任命使节,签署条约等。不过这都是程序性的、象征性的权力。总统不参加政党活动,可以利用相对超脱的地位和有限的职权施加影响,但在国家政治生活中不起关键性作用。总统实际上是个礼仪性的"虚位元首",也是吸取了历史教训。魏玛宪法设立了一个强势的总统,由选民直接选举,而且权力过大,后来在危机时期对魏玛共和国的颠覆起了重要作用。《基本法》把国家权力的重心置于议会和政府,是要防止强势的总统权力构成对议会和政府权力的挑战。

"法制国家"(Rechtsstaat)或"社会的法制国家"(sozialer Rechtsstaat),也是联邦德国的立国原则。"法制国家"强调法律高于一切,国家为政治、经济和社会生活的各个方面提供法律框架,政府、政党团体和个人的一切行为均以法律为准绳,受法制的约束。《基本法》规定:"立法受宪法秩序的限制,行政和司法受法律和正义的限制。""司法权授予法官;司法权由联邦宪法法院、联邦最高法院和本基本法规定的各联邦法院及各州法院分别行使之。"法官独立行使职权,只服从法律,政府机关或任何人不得干预法官事务。法官的地位受《基本法》保护。联邦一级的法院设联邦宪法法院和五大专门高级法院,即联邦普通法院、联邦行政法院、联邦财政法院、联邦社会法院和联邦劳工法院,加上各州和地方的法院,如高级法院、县法院、区法院等,共同构成联邦德国的司法体系。"社会的国家"也被称为"福利国家"。在联邦德国理论界,有"法制国家"与"社会国家"的争论。保守派倾向于强调前者,说国家就是为自由市场社会提供秩序和法律保障,左翼—自由派则重视后者,即福利国家方面。在实践中,不同政党和政府对两者会有不同的侧重,但总体上是兼顾和结合的。

值得提到的是联邦宪法法院(Bundesverfassungsgericht)。它被称为"宪法保卫者"和"联邦体系的仲裁者",其法官半数由联邦议院选任,半数由联邦参议院选任。设立宪法法院的初衷是,鉴于德国的历史,通常的议会和司法制度不足以保护"自由与民主的基本秩序",需要一个机构来负责对《基本法》进行统一的解释,以防止违反、曲解和滥用宪法的行为,维护基本的宪法秩序和公民权利。该法院审理联邦与州之间、各州之间、联邦机构之间有关权力和责任的争执、联邦法律或各州的法律是否符合《基本法》等案情,涵盖相当广泛,包括联邦和州的税收、社会政策、刑事和公安领域、经济与贸易领域等。如果有关立法或条约等被认为不公或不当,可以提请联邦宪法法院裁决。如果某立法或条约等被裁决为"违宪",则不能生效,或须予以废除。这种裁决对联邦和州的政府、法院及各社会团体都有约束力。例如阿登纳政府要求对当时的共产党和纳粹残余组织实行党禁,就是经联邦宪法法院裁决而实施的。20世纪70年代联邦宪法法院曾就禁止激进分子担任公职、妇女堕胎权、高等教育改革等法律法令,与民主德国彼此承认和改善关系的条约是否违宪等,作出裁决。联邦宪法法院就联邦和州的争论作出裁决,则可以在联邦和州之间发挥制衡的作用。个人如果认为其基本权利遭到国家(联邦或州)或任何机构的侵犯,也可以向联邦宪法法院申诉。同时,多数的联邦州也建立了宪法法院,以解决本州的宪法和法律争端。

　　联邦制是联邦德国的一项基本制度。历史上德国曾长期邦国林立,各地有强烈的自主传统。1871年后的第二帝国和后来的魏玛共和国,都是实行联邦制,但集中倾向比较明显。二战后制订《基本法》时,对于实行联邦制还是单一制,以及联邦和州的权限划分上发生过争论。社会民主党曾主张建立强大的中央政府,以利于德国的统一,并希望以其完备的组织和政治影响成为全国的优势力量。基督教联盟党主张联邦制。西方占领国担心中央集权的德国可能再度威胁和平,故而在筹建西德国家时主张建立一个联邦形式的政府,充分保障各州的权利。[①]《基本法》规定各州是相对独立的实体,各有其宪法及立法、行政和司法机构。联邦法律高于州的法律,同时联邦和州权各有范围,实行所谓"辅助性原则"[②]。各州应执行与其自身事务有关的联邦法律,但《基本法》另有规定或允许者除外;在指定由联邦立法的领域之外,由各州行使立法。大体有几种情况:一是联邦"专属立法权"领域,如外交、防务、联邦公民权、护照与移民、货币(后来货币发行权上交欧盟)、关税和货物自由流通、邮政

[①] 科佩尔·平森:《德国近现代史:它的历史和文化》下册,范德一译,商务印书馆1987年版,740页。
[②] 即国家职权首先由较低层级的政府行使,只有在某项事务足够重要而该级政府又力所不及时,才由上级政府处理。

和通信、联邦铁路与航空等。二是联邦和州"并行立法权"领域,包括刑法、民法、结社和集会、公共福利、难民事务、道路交通等,只要联邦没有立法,各州就可立法。三是联邦制定一般框架性立法,各州制定具体实施性立法,如高等教育、公务员管理、新闻出版和电影、土地分配和地区规划等。四是各州"专属立法权"领域,有文化事务(包括教育、广播、影视等)、医疗卫生、警察等。在财政上实行联邦、州和地方分税制,联邦征收的有消费税(不包括啤酒税)、关税和流转税等,州和地方政府征收财产税、汽车税、啤酒税、土地税等。所得税和公司税在联邦和州之间分配。为了缩小各州生活水平差距,较富的州要向较穷的州转移支付部分税收收入。

在联邦德国的发展过程中,存在联邦权力强化的情况。建国几年后,盟国结束占领,联邦德国成为主权国家,得到了外交和防务权,各州则没有获得相应的权力。60年代后强化联邦权力的倾向更加明显。1967年的经济《稳定与增长法》(Stabilitäts- und Wachstumsgesetzes/Stabilitätsgesetz)使联邦获得新的宏观干预经济的权利,并要求联邦、州和地方"协调行动"(Konzertierte Aktion)。1968年联邦议院通过《紧急状态法》(Notstandgesetze/Emergency Acts)使联邦政府可在"非常时期"采取行动,甚至颁布法令。1969年修改《基本法》规定将一些原属州权但具有全局重要性的事项作为联邦和州的"共同任务",如扩建高校、改善区域经济结构、海岸保护等。在这些领域联邦有立法权,联邦和各州分担开支。70年代的《高等教育框架立法》(Hochschulrahmengesetz)强化了联邦在教育领域的权力。据研究,1949—1984年间有35项法律对《基本法》进行修改,其中不下24项直接或间接影响到联邦秩序。在财政上,出现了各州越来越依赖联邦的现象。如联邦政府对高校改革、改善地区经济和农业出资,也越来越多地介入本属州权的事务。[1] 为了处理越来

---

[1] Gordon Smith, et al. (eds.), *Developments in West German Politics*. Mac-Millan Education Ltd. Hampshire and London, 1989, p. 40; H. J. Braun: *The German Economy in the Twentieth Century*. Routledge, London and New York, 2003, p. 198.

越突出的环境问题,1986 年成立联邦环境部,也可能扩大联邦的权力。总之,联邦不仅获得了新的专属权力,还获得了新的共享权力。有学者认为这是"工业社会必然产生的集中化趋势"。各州几乎不可能实现自己独特的发展,其政治职能"已经降低到仅仅在某种程度上限制整个国家权力的地步"[1]。但是,《基本法》规定了联邦制的不可侵犯性。在既要保持州权又要加强全国协调的情况下,则由各州代表开会(如文教部长联席会议),达成"州际协定"(Staatsvertrag),再由各州实施。联邦参议院参与联邦立法,并对直接关系各州利益的立法拥有否决权。各州还有可能不执行联邦的决定。当州与联邦由不同政党执政时,尤其可能如此。70 年代联邦政府对教育提出批评和改进建议,各州文教部长会议通过决议,主张加强教育方面的协调统一,同时强调这不能影响各州的宪法权力,对各州法律没有约束力。联盟党掌权的巴符州等五个州在 1978 年宣布"不赞成联邦政府报告中任何涉及通过修改《基本法》而集中教育权力的结论"[2]。联邦与州的纠纷由联邦宪法法院裁决。

联邦德国将政党的地位宪法化,故有"政党国家"(Parteienstaat)之谓。这与 19 世纪的德国颇为不同。那时的国家理念是黑格尔主义和传统观念的混合物,以国家为高高在上的"自在之物",它决定社会的一般利益。贵族、官僚和军界精英构成权力集团,自成体系。政党只是平民社会多样性的一种体现,政党和议会都遭到轻视。二战以后,旧的权势集团没落了,旧的国家观念受到冲击,议会和政党成为新制度的支柱。获得议院多数席位的政党(或政党联合)组成政府,行使国家权力。按照《基本法》和 1967 年的《政党法》(Parteiengesetz),政党是"自由和民主基

---

① 库特·宗特海默尔:《联邦德国政府与政治》,孙克武等译,复旦大学出版社 1985 年版,171 页。

② "Cultural Federalism on the Defensive (April 20 - 21, 1978)", in: Konrad Jarausch and Helga A. Welsh (eds.), *German History in Documents and Images*, Vol. 9, *Two Germanies*, 1961—1989. http://germanhistorydocs.ghi-dc.org/

本秩序的必要组成部分"。政党具有宪法性的地位和职能,它们"在公共生活的各领域中参与形成国民的政治意志"。政党可以自由建立,其组织必须符合民主原则,要公开其经费来源和使用情况,活动受宪法和法律的保护,同时受其约束。联邦德国努力使各党派,无论朝野,都纳入合法的政治进程,并使寻求妥协和共识成为政治进程的核心和特点。如果有政党旨在推翻"自由和民主基本秩序",则联邦宪法法院可以裁决其"违宪",予以取缔。它曾不止一次地行使这种权力。

为满足政党政治活动的经费需要,联邦德国对政党实行国家补贴。到 80 年代中期,国家给政党的补贴每年达 1.5 亿马克以上,以"促进党的政治教育工作"的名义给予。但是,政党接受私人或公司捐款也持续增长,"权钱交易"时有发生。1975 年一家公司充当资助基民盟的渠道一案,使这种情况曝光。80 年代期间,多位来自联盟党和自民党的前任和在任的部长或议员等,因涉嫌收受贿赂,帮助弗利克康采恩(Flick-Konzern)逃税,受到司法调查。1983 年联邦议院通过法律,对政党财务和捐款予以更严格的规范,要求各党年报不仅要说明资金来源,也要包括具体的开支情况,并对违规捐款行为予以制裁等。尽管如此,政党与经济界"剪不断理还乱"的关系和"权钱交易"并未杜绝。

军队是国家机器的重要组成部分。在德国历史上有军国主义传统,军队在国家生活中地位特殊。二战和战后初期的非军事化,沉重打击了德国旧军队及其价值观。联邦德国建立后,先是建立武装警察,1955 年开始正式建立联邦军队(Bundswehr),随之制定了《义务兵役法》(Wehrpflichtgesetz)。由于反军国主义思潮强大,当权者也不希望旧军队复活,旧的"军队是国家的学校"理念被放弃了。新的理念是,军队不应是一个封闭的团体或"国中之国",而是要纳入国家与社会的民主结构,按照民主精神教育和训练;军人应是"穿制服的公民"(Staatsbürger in Uniform/Citizen in uniform),具有与其他公民同等的权利和义务;军队内部要消除奴隶主义和军事专横,保障军人权利,尊重士兵,鼓励自我思考和主动精神;实行所谓"内部领导"("Innere Führung")原则,要求既保证士兵履行义务,又保障其权利。①《义务兵役法》和《基本法》规定禁止侵略性战争,军队只能在《基本法》允许的范围内才能动用,只有联邦议院在征得联邦参议院同意并以多数通过,才能决定国家处于"防御状态"。1956 年制定的《士兵法》(Sodatengesetz)、《军人申诉法》(Wehrbeschwerdeordnung),还有国防部颁布的《中央兵役条例》(Zentrale Dienstvorschrift)等条例和指令等,对军队和军人的责任、权利、行为规范等作了规定:忠诚为联邦共和国服务和勇敢保卫德国人民的自由;承认并保卫《基本法》规定的"自由民主的基本制度";上下级互相尊重信任等等。联邦议院设有"军事专员"(Wehrbeauftragter),听取士兵申诉,进行相关调查并向联邦议院报告。《基本法》规定"联邦国防部长对武装部队拥有命令权和指挥权"。70 年代初联邦军队总监(Generalinspekteur der Bundeswehr)加入了国防部领导班子,但同时将陆、海、空三兵种皆置于国防部长的领导之下,目的是避免像魏玛共和国时期泽克特将军(Hans von Seeckt,1866—1936)那样军人拥有全面指挥权的情况。② 围绕"穿制服的公民"和"内部领导"原则曾发生争论。1964年有报告说,如不采取补救行动,国防军可能发展成一种拥有现代武器却以过去的精神受训的力量,军官团内存在强烈的反对"内部领导"和"公民军人"观念的情绪。70 年代施密特任国防部长,走马上任就不得不让一位将军退休,因为此人声称"穿制服的公民"是一种伪装,应予推翻。不过人们一般认为,联邦军队已显示了对民主秩序的忠诚,并遵守"穿制服的公民"的概念。

经过了纳粹统治的严冬之后,联邦德国建立了西方式"自由与民主的基本秩序"。长期以来,一些德国文化精英曾认为民主是舶来品,与德

① C. C. Schweitzer, et al.(eds.), Politics and Government in Germany 1944—1994. Basic Documents, pp. 160‑163;赫尔穆特·施密特:《同路人——施密特回忆录》,潘海峰译,世界知识出版社 2002 年版,第 411 页。
② 赫尔穆特·施密特:《同路人——施密特回忆录》第 102—103、399、408—410 页。据施密特回忆,联邦德国在军队指挥权问题上的安排,受到魏玛共和国在军队统帅和指挥方面的教训的启发。

意志精神不符,不会在德国土地上生根。魏玛共和国的覆灭,就与德国人(尤其是"民族保守派")的这种观念有关。所以联邦共和国成立后,能否巩固和发展,人们怀有疑虑。在其早期,反苏反共压倒一切,保守派当道,不少前纳粹分子获得重用。许多德国人怀旧,对新制度只是"容忍"和"默认"。不少人与纳粹及其政权有过"剪不断理还乱"的关系,思想难以一时彻底改变。纳粹残余势力也不时沉渣泛起。所幸西德主流精英吸取了历史教训,而随着经济发展与政治恢复的成就,民众对新制度的信心和认同逐步提升。尽管左翼—自由派与右翼—保守派围绕重大问题争论不休,但都宣称要维护"自由与民主的基本秩序"。1974年,当《基本法》颁布25周年时,有评论指出:"民主制度需要传统,为此25年是太短了一些。但是,已经逝去的时间足以说明,德意志联邦共和国的德国人对他们的宪法是满意的。"70年代晚期有民调表明,民众对现行制度的认同、支持和信心都比较高。70%以上受访者认为现行制度是"最佳的国家形式",且运转良好,有困难可以在现有框架内解决,不必另寻他途。①

二、联邦德国政党体系及其演变

　　联邦德国是多党制的国家。力量较强大的政党有:基督教民主联盟(简称基民盟)、基督教社会联盟(简称基社盟),德国社会民主党(简称社民党)、自由民主党(简称自民党)和较晚建立的绿党(Die Grünen)。力量较小的有:左翼的德国共产党(50年代遭取缔)、60年代重建的"德国的共产党"(Deutsche Kommunistische Partei/DKP),亦称"新德共"。极右的有社会帝国党(Sozialistische Reichs-Partei/SRP)、德国民族民主党、共和党(Republikaner,自称"新右派党")等。此外还有些小党曾经存在过,后来消失或被其他党合并了,如德意志党(Deutsche Partei/

---

① 戈登·A.克莱格:《德国人》,杨立义、钱松英译,上海译文出版社1998年版,第73、400、409、411页。

DP)、巴伐利亚党(Bayern Partei/BP)等。"被驱逐和被剥夺权利者集团"(Block der Heimatvertriebenen und Entrechteten/BHE)在早期曾以"全德集团"名义竞选,后来就只是作为压力集团而存在。

不同党派各有其意识形态、社会基础、纲领和政策主张。基民盟和基社盟在联邦德国政治光谱中属于"中右"的保守派政党,它们是彼此独立的党,但长期合作,故被统称为"联盟党"(Unionspartei)。基民盟是在战前中央党的基础上重建起来的。基社盟则主要活动于巴伐利亚州。两党都持基于基督教信仰的价值观和社会政治理念,并吸收资产阶级自由主义思想,坚决反对马克思主义和共产主义。基社盟领导人弗朗茨·约瑟夫·施特劳斯(Franz Josef Strauss,1915—1988)称他的党"既是一个植根于基督教社会土壤之中的、自由的保守党,又是一个有自由思想的基督教—社会性的保守党"[1]。基民盟也大体如此。不过基社盟在政治和意识形态上更加保守,教权主义色彩相对浓厚。这两个党又都受到"基督教社会主义"的影响,主张必要的"社会性"改革。例如基民盟初建时,曾宣称"支持基督教的社会主义",要走"介于教条式的自由主义和教条式的社会主义之间的中间道路"[2]。1947年在其《阿伦纲领》(Ahlener Program)中,又说要"结束私人资本主义不受限制的统治",建立新的经济结构,分散大联合企业,消除垄断,实行煤钢等重工业国有化,重新定义劳资关系,实行经济计划和指导等。此后,该党转向基于新自由主义的"社会市场经济"(Soziale Marktwirtschaft),亦赞成经济政策的"社会"方面。联盟党是代表资产阶级和企业界的政党,同时也宣称是"全民党"(Volkspartei),其成员和支持者中有工人、职员和家庭妇女,但多数属于大企业家、大农场主、银行家和他们的代理人,以及属于中产阶级的专业人员。例如1973年基民盟成员中,体力劳动者占11%,而白领和文职人员占39%,独立经营者(专业人员、独立业主和农场主)占28%。基社盟

---

[1] 施特劳斯:《施特劳斯回忆录》,苏惠民等译,中国对外翻译出版公司1993年版,第26页。

[2] Alfred C. Mierzejewski: *Ludwig Erhard: A Biography*. Chapel Hill and London: The University of North Carolina Press,2004,pp. 46 - 47.

成员的情况与此相近。1976 年基民盟的支持者中,工人占 23%,"新中产阶级"占 44%,"老中产阶级"占 19%。① 各大企业家团体是联盟党最有力的支持者。在历届联邦议院的选举中,联盟党的得票率一般在 40%—50%之间。只是在 1957 年的选举中得票率超过 50%,独自获得绝对多数。

社会民主党原是信奉马克思主义的工人政党,19 世纪末走上议会道路。第一次世界大战后,对推翻帝制、建立共和(魏玛共和国)起过重要的作用。后来在反法西斯斗争中,又有光荣的奋斗史。战后于 1946 年重建,成为德国最有影响的政党。当时的领导人库特·舒马赫(Kurt Schumacher,1895—1952)是坚定的反法西斯战士,有崇高的威望。该党宣称要为社会主义而斗争,对内实行广泛改革,包括重工业国有化(社会化)、经济计划和"经济民主"等,对外反对加入西方集团和重新武装,坚持德国的统一。但那时许多德国人将社会民主党的经济主张与纳粹统制经济混为一谈,加之冷战激化和西方反苏反共高潮,社会民主党的主张无法实现,并在大选中接连失利。该党迫于形势,调整纲领和主张。在 1959 年通过了新纲领,即《哥德斯贝格纲领》(Godesberg Program)。其中不再以马克思主义为指导思想,而是宣称"植根于基督教伦理、人道主义和古典哲学",是"思想自由的党"和"人民的党",强调"反对任何专政,反对任何极权的和权威的统治",拥护《基本法》,接受"社会市场经济","尽一切可能开展竞争,按一切需要实行计划"。要在宪法范围内争取社会公平,反对经济权力的集中和滥用,实现公正分配,将企业的"共决制"推而广之,加强社会福利制度。② 随后在重建武装力量和加入西方集团的问题上,也不再持反对意见。于是,社会民主党就大大缩小了与联盟党的差别,成了追求现存体制内改革的"中间政党"。主张改革的维

---

① Gordon Smith, *Democracy in Western Germany*, *Parties and Politics in the Federal Republic*. London: Heinemann Educational Books Ltd. , 1979. pp. 129, 123.

② 苏珊·米勒,海因里希·波特霍夫:《德国社会民主党简史 1848—1983》,刘敬钦等译,求实出版社 1984 年版,第 342—367 页。

利·勃兰特曾强调,决不能放弃这个"新中派立场",否则就不能取得政权。另一改革派人士表示:社会民主党不是要反对国家,而是反对错误的政策。党的目的是要"管理这个国家"。这一变化,有利于扩大党的社会基础和争取选民,此后该党在几次联邦议院选举中,得票率持续上升:1961年36.2%,1965年达39.3%。1969为42.7%,到1972年达到45.8%。①该党的党员和支持者成分发生变化,属于"中间阶层"的成员增加。例如在新党员中,职员和公职人员1960年占21.2%,1969年上升到33.6%,1972年则达到34%;独立经营者、自由职业者和脑力劳动者在1960年占7.7%,1969年上升到13.4%,1972年进一步上升。②党员中的体力劳动者在1952年占45%,1973年降至26.4%,1991年又降至25.5%;白领和文职人员在1952年占22%,1973年达到31%,1991年达到37.2%。青年学生加入该党颇为积极,学生党员在1966年仅占党员的1%,1973年达5.7%,1991年达6.6%。③

自由民主党成立于1948年,前身是战前的德国民主党和德国人民党等自由派政党。自由民主党在1949—1990年的12次联邦选举中,得票率常在5%—10%之间,只有四次超过10%。该党称其继承18世纪美国革命和法国革命以及1848年德国革命时的自由派传统,实行"中间路线"。1946年英占区自由民主党纲领强调私人财产、自由企业和市场竞争,维护公民权利,同时实行社会政策,公平分配财富,必要的经济计划与指导,反对滥用经济权力。④该党不赞成联盟党的教权主义倾向,也反对社会主义和任何"极权主义"。对外主张西方联盟和欧洲一体化,反对

① C. C. Schweitzer, *et al.* (eds), *Politics and Government in Germany 1944—1994. Basic Documents*. pp. 442-443, table16.

② 苏姗·米勒、海因里希·波特霍夫:《德国社会民主党简史1848—1983》,第252—253页。

③ Gordon Smith, *Democracy in Western Germany, Parties and Politics in the Federal Republic*, pp. 123-124, 128-129. ;刘成、马约生:《欧洲社会民主主义的缘起与演进》,重庆出版社2006年版,150页。

④ "Programmatic Guidelines for the Free Democratic Party (February 4, 1946)", in Uta Poiger (ed.), *German History in Documents and Images*, Vol. 8, *Occupation and the Emergence of Two Sates, 1945—1961*. http://germanhistorydocs. ghi-dc. org/

苏联的扩张主义。该党的主要支持者是农场主、中小业主、自由职业者、高级白领和官员等,但也非一成不变。1953—1972年,党内的私有者和自由职业者成份由35％下降到11％,而官员和职员成份从34％增加到66％。工人成份从16％上升到21％。在联邦德国早期,自由民主党与联盟党合作。60年代后期党内"左倾"影响上升,转向与社会民主党合作。该党1971年的《弗赖堡纲领》(Freiburger Thesen zur Gesellschaftspolitik)中说,自由主义"不仅是民主的,也是社会的",要搞"社会的民主化","改革资本主义","更平衡地分配财富"等。到70年代末,又回到强调"市场力量"、私人投资和自由企业,主张抑制工资和社会开支增长,制止"社会平均主义趋势"。① 不久与社会民主党决裂,重与联盟党合作。

　　联邦德国建立后,联盟党和社民党获得的选票和议席,长期高居其他各党之上。它们在联邦议院选举中得票之和,1949年占全部选票的60％,1957年高达82％,70年代超过90％,80年代仍保持在80％以上。1990年仍高达77.3％。② 它们交替成为主要执政党,"你方唱罢我登场"。在联邦德国早期,联盟党占优势,并在1957年联邦选举中取得绝对多数。60年代社民党地位上升,60年代末成为联邦主要执政党,在1972年选举中得票超过联盟党。此后社民党现出颓势,联盟党得票重新上升。80年代末还出现联盟党和社民党得票双双下降的形势。尽管这两个党力量强大,但除1957年外,都未单独获得联邦议院的绝对多数,须与其他政党合作组织政府。联盟党与社民党的主张差异较大(尤其在早期),所以通常是联盟党或社民党分别与较小的自民党合作,组成联邦政府,在统一前只有两次例外:一次是1957年联盟党取得绝对多数,与

---

① C. C. Schweitzer, *et al*. (eds.), *Politics and Government in Germany 1944—1994. Basic Documents*. pp. 228‐231;B. H. 舍纳耶夫等:《联邦德国》,裴元伦译,中国社会科学出版社1988年版,第342—346页。

② C. C. Schweitzer, *et al*. (eds.), *Politics and Government in Germany 1944—1994. Basic Documents*, pp. 442‐444, table 16.

一个小党德意志党合作组阁;另一次是 1966—1969 年联盟党和社民党的"大联合"。联合执政使任一党难以我行我素,有利于避免政策走极端,但也常因执政伙伴的分歧而导致政府垮台。1963 年阿登纳辞职和1966 年艾哈德下台,一个重要因素是执政伙伴自民党的不满。1982 年施密特政府下台,也是因为自民党的"转向"。这种情况提升了实力较小的自民党的政坛重要性和影响力。

20 世纪七八十年代,西方环保和反核和平运动高涨。1979 年联邦德国出现"另一种政治联合—绿党"(Die Sontige Politische Vereinigung [SPV]-Die Grünen),翌年改称"绿党"("Die Grünen")。绿党主张反思工业文明,改革现存社会,实行"基层民主"("Basisdemokratie"),社会公正,透明决策,限制和分散权力,保护生态,克服增长至上理念,反对核能和核武,反对冷战等主张。[①] 该党很快就相继在不莱梅州、巴符州超越5%选票门槛,进入州议院,随后又在其他几个州(市)议会选举中获得可观成绩。1983 年更以 5.6%的选票进入联邦议院,1985 年,绿党在五个州议会、1400 个市政议会中有了席位。在黑森州组成了首个社民党和绿党联合政府,绿党人士约施卡·费舍尔(Joschka Fischer,1948—)任州政府环境部长。1987 年,绿党以 8.3%的选票再次进入联邦议院。绿党的成员和支持者中,教育程度高而且年轻的"新中产阶层"较多。例如 1979 年莱茵—美茵地区的绿党支持者中,有高中或大学文化者占43%,而自由民主党支持者中这类人员只占 23%。1987 年联邦选举,绿党支持者中有 80%的人年龄在 40 岁以下。绿党进入议院,带来一股新风。例如 1983—1986 年向联邦议会提出的 887 个小型质询案中,有 732 个由绿党提出,远多于社民党、联盟党和自民党等传统政党。绿党还提出了 79 个大型质询案,也远多于其他各党。[②] 德国统一后,两德

---

① "The Green Party Program at the Federal Level (1981)", in: Konrad Jarausch and Helga A. Welsh (eds.), *German History in Documents and Images*, Vol. 9, *Two Germanies*, 1961—1989. http://germanhistorydocs.ghi-dc.org

② 辛薇:《融入欧洲——二战后德国社会的转向》,上海社会科学院出版社 2005 年版,第 133 页。

的绿党合并成一个党。

联邦德国政党按意识形态和政治、经济主张,有左、中、右之分,各党内也因政见分歧或权力之争而形成派系,如 20 世纪 50 年代社会民主党内勃兰特等人为首的改革派,促使该党修改纲领,淡化工人政党色彩,宣布成为"人民党"。但另一些人希望坚持原有信念。1966 年社民党与联盟党组织"大联合"政府,引起一批年轻党员——"青年社会党人"(Jungsozialist/Jusos)与主流派发生分歧。在 1970 年的党代表大会上,"青年社会党人"批评勃兰特的社会政策,主张"更加社会主义"的政策。后来又有以属于务实保守派的施密特(1974 年起任总理)和勃兰特(时任党主席)的分歧,后者被认为对新入党的受过高等教育的年轻人"让步过多"。1977 年,"青年社会党"领导人克劳斯-乌维·贝内特(Klaus-Uwe Benneter,1947—)表示必要时可以与共产党合作,被开除出党。随后,许多"青年社会党人"支持议外会的反核和平运动。80 年代初又形成以奥斯卡·拉方丹(Oskar Lafontaine,1943—)为首的党内"新左派"。在保守党联盟党内,则有"基督教社会主义"和以基社盟领导人施特劳斯等为首的右翼保守派。80 年代赫尔穆特·科尔(Helmut Kohl,1930—)的联盟党政府上台后,右翼认为其"转向"不到位,要求第二次"转向"。基社盟的部分极右成员分化出来,参与创立了新右派"共和党"。在自由民主党内,50 年代中期左翼—自由派力量加强,曾在北威州与社会民主党联合组成州政府。60 年代自由民主党内的"左翼立场"一派,提出"社会自由主义"和"改革资本主义"。成立较晚的绿党在初建时自称"另一种政治联合""新型的党"和"反政党"的党,甚至不叫"Partei"("党")而称"Die Grünen"(可译作"绿色集团"),声称要为无权者代言,新锐而有左翼特点,故被一些人认为是"红"多于"绿"。但该党内有"基要派"(Fundis,或曰"原教旨派")和"现实派"(Realos,或曰实用派)。前者激进,强调"反体系",要当"彻底的反对派"。后者如费舍尔等人,主张参与议会政治,愿与社民党合作。后来"现实派"逐渐主导。总的来看,在历史演进中,各主要政党之间逐渐不再泾渭分明,主要奉行属于温和中间——"中右"或"中左"——的实用主义。这些党都承认《基本法》的"自由与民主的基本秩序",实际上形成了一种"共识政治"。有论者指出,至少自 70 年代以来,联邦议会各党主张的共同点已相当广泛,竞选纲领的分歧只是涉及不同事项的轻重缓急,很少涉及根本的政治原则问题。各党政策相似,"一般选民几乎看不出究竟是社会民主党,还是基督教民主联盟在执政"[1]。

联邦德国还长期存在一些小党,有的曾在地方和联邦选举中取得短暂和局部成功,但长期未在联邦层面上取得足够选票,也未能在全国掌权。

首先是极右势力,经过二战中的失败和战后的改造,已受到沉重打击。战后多数德国人不愿重蹈历史覆辙,政治家总结了经验教训,主张避免极端主义,走温和的中间道路。随着经济恢复和增长,"社会市场经济"和各种调控政策的实施,人民收入和生活提高,人们关心政治稳定、经济繁荣和福利改善。不论是右派极端主义,还是左派激进的革命要求,都难以获得多数人的响应。即使是大党,若过于偏离中间道路,也可能导致负面的后果。

联邦德国建立后,官方对极右势力(主要是新旧法西斯)实行打压。在阿登纳政府要求下,联邦宪法法院在 1952 年作出裁决,禁止纳粹残余的"社会帝国党"活动。因为该党旨在推翻"自由与民主的基本秩序",根据《基本法》,该党"违宪",必须解散。[2] 该党头目,曾在 1944 年镇压"7·20"密谋有功的奥托·雷默(Otto E. Remer, 1912—1997)逃亡。1964 年纳粹残余又组织"德国国家民主党",鼓吹"结束对二战历史的清理",否认纳粹的罪行。该党于 1966—1968 年间在黑森、巴伐利亚等几个州的选举中获得超过 5% 的选票,引起了人们对极右危险的警惕。不

① C. C. Schweitzer, *et al.* (eds), *Politics and Government in Germany 1944—1994. Basic Documents*, p. 205;库特·宗特海默尔:《联邦德国政府与政治》,第 104 页。

② C. C. Schweitzer, *et al.* (eds), *Politics and Government in Germany 1944—1994. Basic Documents*, pp. 305 - 307.

过该党后来并无大的发展。1971年,出版商格哈德·弗雷(Gerhard Frey,1933—2013)建立极右组织"德国人民联盟"(Deutsche Volksunion/DVU),1987年正式成为政党。1977年,前联邦军队中尉米夏埃尔·库南(Michael Kühnen,1955—1991)拼凑"民族社会主义行动阵线"(Aktionsfront Nationaler Sozialisten/Nationale Aktivisten),鼓吹"唤醒德国","为希特勒恢复公正"等,旋被取缔,库南亦被判刑。80年代库南获释后,又拼凑"自由德国工人党"(Freie Deutsche Arbeiterpartei/FAP)。前"社会帝国党"头目雷默也沉渣泛起,组织"德国自由运动"(Die Deutsche Freiheitsbewegung/DDF)。前纳粹分子弗朗茨·舍恩胡贝尔(Franz Schönhuber,1923—2005)则与从基社盟分化出来的部分右翼成员组成"共和党",要求"放弃历史包袱",恢复"秩序",实行排外政策。不过,这些新老纳粹或极右小党得不到多数人拥护,或遭取缔,或受监控,在政坛上处于边缘化的地位。

以马克思主义为指导,主张根本改变资本主义制度的德国共产党也屡遭打击。德国共产党曾是一支强大的政治力量。战后重建,主张彻底消除法西斯和军国主义,实现人民民主和社会主义。在1949年首届联邦议院选举中,共产党获5.7%的选票、15个议席。但是在冷战背景下,共产主义被视为最主要的危险,在阿登纳政府要求下,1956年联邦宪法法院作出裁决,称德共违反《基本法》,责令解散,并禁止成立替代组织,没收该党财产。① 此后到1968年,共有约20万名共产党人和嫌疑分子遭到起诉。直到60年代后期,在新形势下,官方才取消对德共的禁令。共产党于1968年重建,名为"德国的共产党"("新德共"),表示拥护《基本法》,不再提"无产阶级革命"和"暴力革命",而是要在宪法规定的民主原则和权利的基础上,对国家和社会进行民主革新,实现"具有民族特点

① "Federal Constitutional Court Verdict Banning the Communist Party of Germany (KPD) and the Concluding Justification (August 17, 1956)", in Uta Poiger (ed.): *German History in Documents and Images*, *Vol. 8*, *Occupation and the Emergence of Two Sates*, *1945—1961*. http://germanhistorydocs.ghi-dc.org/

的社会主义社会"。初建的"新德共"有 4 万名党员和 1400 个基层组织。70 年代中期,"新德共"曾在巴符州和黑森州选举中分别获得7.2％和15％的选票,但没有取得全局性的突破。政治经济形势的变化,官方的打压,主流政党拒绝合作等,都对"新德共"不利。如号称"改革党"的社会民主党,愿意与保守的联盟党、自民党联合执政,却拒绝与主张改革的共产党采取任何"联合行动"。苏东剧变后,大部分"新德共"党员退党,使其再受重创。

　　除了实行党禁,官方还以其他方式对激进和极端势力进行限制和打击。建国之初制定的《选举法》规定只有在大选中获得超过 5％选票的党,才能进入议会,这对小党不利。虽然不断有些小党在州和地方的选举中取得成绩,进入一部分州和地方议会,但在联邦层次上一直未能突破 5％的门槛。有的小党难以得势,便分化瓦解,或被大党合并。联邦和各州都制定规则,不许从事"违宪活动"或参加"违宪组织"者加入公务人员的队伍。联邦和各州设立了宪法保卫局(Bundesamt fur Verfassungsschutz)(实即秘密警察机构),其职责是收集激进和极端分子及其组织(无论左、右)企图颠覆"宪法秩序"的资料,对其活动实行监控。监控不仅通过公开的渠道,还采用拆看信件、窃听电话、派遣暗探等秘密手段。1968 年联邦议院通过的《紧急状态法》(Notstandgesetze)允许政府为保护"自由与民主的基本秩序",采取电话窃听和其他干涉私人通信的措施。1972 年又制定《反激进分子令》(Radikalenerlass),加强对激进和极端分子的监控和打击。光是不准敌视《基本法》的组织成员和参与反宪法活动者担任公职,就涉及数百万公职人员,被拒绝录用或开除者不在少数。对于此类立法和措施,各界毁誉不一。保守派认为国家加强法制,维护秩序,实属必要。一些左翼—自由派则批评国家监控无孔不入,可能破坏民主自由而导致权力国家,或称现存体制缺乏宽容,或指其对极右分子宽容而对左翼分子严厉等等。

　　一系列原因,使进入联邦议院的政党数目逐渐减少。1949 年 8 月产生的第一届联邦议院中,有八个党拥有议席并组成议会党团;1953 年第二届联邦议院中,减少到五个;1957 年只有四个党进入第三届联邦议院;1961 年第四届联邦议院中的政党又减少到三个。[①] 这就是基督教联盟党、社会民主党和自由民主党,形成三党主导的格局。[②] 这一格局持续到80 年代初,因绿党的兴起而受到冲击。不过总的来说,联邦德国政党体系在变化中保持了较强的稳定性,联盟党和社会民主党长期居于明显的优势,联邦政府一直是以联盟党或社会民主党为首,州一级也大致如此,激进或极端的力量未能得势。魏玛共和国时期政府频繁更迭,政局不稳的状况得以改变。

三、"社会市场经济"

联邦德国建立了"社会市场经济"体制。这一体制属于私有制基础上的资本主义市场经济,同时有其自身的特点。

在摧毁了法西斯统治之后,德国经济处于崩溃边缘,前途莫测。占领国在德国实行严厉的管制和配给制度,无法刺激生产积极性。当时西欧存在着强大的变革呼声,有些国家实行了国有化、计划化,建立福利制度。在德国也有很多人认为,战前的资本主义导致了经济大萧条,大企业与纳粹合作,造成了空前的灾难。但战后应该实行何种经济体制,意见并不一致。一派主张以私有企业和自由竞争为基础,兼顾社会责任的"社会市场经济";另一派主张以社会主义为取向的广泛改革。后者以社会民主党为代表,主张政治民主和"经济民主",包括重工业社会化(国有化)和经济计划,并得到众多民众的支持。基督教民主党中也有"基督教社会主义"的影响。基民盟在其《阿伦纲领》中宣称:"资本主义不能服务于国家和人民的根本利益",要对经济实行计划和控制等。北莱茵-威斯特法仑和黑森州则通过了包括社会化条款的立法。在占领国中,英国

[①] Hans Ulrich Behen, *Die Bundesrepublik Deutschland*, *Handbuch zur staatsplitischen Landeskunde*, München: Günter Olzog Verlag, 1974, S. 140 - 156.

[②] 也有人称之为"两个半"政党格局,因为自由民主党较小。或是把基民盟和基社盟作为两个政党,称为四党格局。

(当时是工党执政)倾向于社会民主党的主张。

在决定联邦德国经济体制方面,美国举足轻重。美国的目标是要建立一个符合美式政治经济原则的德国,强调西方原则的优越性,谴责东方式计划经济和社会主义,阻止在德国进行"社会主义"色彩的改革。在美国支持下,艾哈德于 1948 年初出任西方占领区的经济管理局局长。他曾在美占区主管经济,后又担任美英双占区的"货币与信贷委员会"主席。艾哈德主管西占区的经济后,直接主持了"社会市场经济"体制的建立。

"社会市场经济"的主要理论来源是德国"弗赖堡学派"(Freiburger Schule),也吸收了古典自由主义、基督教社会理论的要素。资本主义进入现代,西方古典自由主义经济学逐渐不能适应,特别是 1929—1933 年大危机,促进了新经济学的发展。一是凯恩斯主义,主张国家大规模干预以克服危机。二是"新自由主义",在德国的代表是"弗赖堡学派",代表人物有瓦尔特·奥肯(Walter Eucken,1891—1950)等人,阿尔弗雷德·米勒-阿尔马克(Alfred Müller-Armack,1901—1978)和艾哈德等则是其信奉者。其核心主张是"有秩序的自由主义",又称"秩序学派",认为自由放任的资本主义是"非人道的"和"抢劫式的",纳粹的国家统制经济和苏联式计划经济更不行。他们希望走一条"中间道路"或"第三条道路",既维护私人企业和自由市场,又实行必要的国家干预,限制自由市场的弊端。米勒-阿尔马克在 1947 年写道:德国要吸取历史的教训,"现代市场经济必须通过其社会目标使自己与 19 世纪的自由市场经济区别开来","我们今天必须进入一个'社会的市场经济'"①。

"社会市场经济"的建立,始于西占区 1948 年的货币改革。艾哈德主持制定的货币改革后经济管制与价格政策的"指导原则"强调,必须放松经济统制,让市场在生产与分配过程中发挥更大的作用。伴随着货币

---

① 何梦笔主编:《德国秩序政策理论与实践文集》,周健、冯兴元译,上海人民出版社 2000 年版,第 14 页。

改革,数十项关于管制和物价的规定也废除了。艾哈德认为这些措施意义重大:"我们不仅采取了一些经济措施,我们还把政府管制经济转变为市场经济。"[1]1948年8月,他在对西占区经济委员会的讲话中使用了"社会市场经济"的概念,并努力使人们相信他的政策。[2]

此时,基督教民主联盟转向了"社会市场经济",支持艾哈德的主张。1948年夏,阿登纳邀请艾哈德与基民盟合作。1949年初,艾哈德向基民盟阐述了"社会市场经济"。同年,基民盟为准备首届联邦议院选举,在艾哈德参与下制定《杜塞尔多夫纲领》(Düsseldorfer Leitsätz),阐述了"社会市场经济"的基本主张及其16项原则,论述了社会市场经济的优点。[3] 在此次大选中,联盟党决定与自由民主党、德意志党合作,组成首届联邦政府。此后10余年,联盟党连续执政,艾哈德担任经济部长,米勒-阿尔马克等人亦在经济部门担任要职(如米勒-阿尔马克任经济部国务秘书),推行"社会市场经济"的政策。社会民主党则逐步改变态度,在1959年正式接受了"社会市场经济"的原则。

"社会市场经济"的基础是私有制,企业自主,市场竞争。私有制是"社会市场经济"的前提,舍此不可能形成经济发展的动力。《基本法》规定了保护私有制的原则。在联邦德国有私人大资本所有制、国家资本所有制,以及中小资本、合作社和工会所有制等,多种所有制并存,但私人大资本和国家资本占优势。战后初期部分西欧国家出现国有化浪潮时,联邦德国却反其道而行之,不仅不搞大工业国有化,还从原有的国家控制后退,把一些国有企业的股权私有化。例如1959年出售国有普鲁士矿山和冶金股份公司的股份,1961年出售国有大众汽车公司股份,1965年出售国有电力和矿山股份公司的股份。这些称之为"人民资本主义"或

---

[1] 路德维希·艾哈德:《来自竞争的繁荣》,祝世康等译,商务印书馆1983年版,第22页。

[2] Alfred C. Mierzejewski: *Ludwig Erhard: A Biography*, p. 72.

[3] "The CDU's Düsseldorf Guidelines of July,1949", in Uta Poiger (ed.), *German History in Documents and Images*, Vol. 8, *Occupation and the Emergence of Two Sates, 1945—1961*. http://germanhistorydocs.ghi-dc.org/

"大众股份"(Volksaktien)。政府还实行"财产政策"(Vermögenspolitik),制定《财产形成法》(Vermögensbildungsgesetze),通过储蓄利息减税、股份打折出售等方式,鼓励人们形成财产。到 1980 年,先后有 800 多家公司向职工出售股份。80 年代中期,全国有雇员股东 90 余万,约为雇员总数的 5%。如化工巨头"拜耳"有 3 万名职工股东,拥有公司股本的 2.6%;钢铁康采恩"蒂森"有 7 万名职工股东,占公司股本的 1.35%;汽车康采恩"奔驰"有 7.5 万名职工股东,拥有公司股本的 1%;最大的商业银行"德意志银行"则有 4 万名职工股东,占银行股本的 3%。[①] "财产政策"也有政治意义。艾哈德说:"如果能使越来越广泛的阶层变成有产者阶层,那么反对我们制度的人一定会失败。"[②]

"社会市场经济"坚持市场原则,相信唯有市场和竞争才能鼓励积极性,提高效率,从而提供最好的供应,也有助于达致社会的和谐。艾哈德甚至说:"经济越是自由,就越是社会的。""一种竞争的经济制度是所有经济制度中最经济的、同时也是最民主的制度。""社会市场经济"是民主的一部分,也是民主的前提。另一方面他又主张,"国家决不要再仅仅充当守夜人的角色,即使是自由市场经济……也需要一个机构来制定规则并监督其得到遵守。"要解决漫无限制的自由与残酷无情的政府管制之间的矛盾。资本主义总是以种种方式削弱和排除竞争,单靠市场决定是不够的,国家干预是必要的。[③] 米勒-阿尔马克提出,要追求市场、国家和社会的协调,个人自由、经济与社会安全、经济增长(所谓"魔幻三角")相结合相平衡,不让其间的矛盾导致社会冲突。同时,国家干预必须是有限的,是指导性而非控制性的,是间接而非直接的,是根据必要灵活运用,通过市场并"有利于市场"。国家要为市场运转创造适宜的条件和环

---

① 裴元伦:《稳定发展的联邦德国经济》,湖南人民出版社 1988 年版,第 189 页。

② 韦·阿尔贝斯豪泽:《德意志联邦共和国经济史 1945—1980》,张连根等译,商务印书馆 1988 年版,108 页。

③ 路德维希·艾哈德:《来自竞争的繁荣》,第 8、120、162、174 页等;Alfred C. Mierzejewski: *Ludwig Erhard: A Biography*, pp. 20 - 21, 31, 84.

境,即确立经济活动的规则。企业和个人要自己负责,在规则范围内"自由竞争",而不是为所欲为。

为实现有序的市场竞争,要反对滥用经济权力。艾哈德指出:"如果有人组织经济垄断,必须予以解散;否则政府必须出面管制。"[①]1957年联邦议院通过了《反对限制竞争法》(Gesetz gegen Wettbewerbsbeschränkungen)(亦称"反卡特尔法"),被称为"社会市场经济的大宪章"。后来多次修订和补充,有关规定超越了魏玛共和国的相关法律。联邦和各州成立了卡特尔局,负责实施这个法律。《反对限制竞争法》的基本内容,一是一般地禁止卡特尔和类似的安排;二是控制拥有市场优势的大企业滥用经济力量;三是限制大企业的合并。对于违规者,卡特尔局有权加以禁止,或撤销已达成的协议,或处以罚款。另一方面,该法也规定了种种"例外",允许某些合并或卡特尔行为。例如企业合并,若其带来的益处能够抵消个别场合对竞争的限制作用,或被证明将使公众获得显著的利益,则应属于例外。如果能证明合并将改善竞争条件,利大于弊,或有利于企业在经济衰退时生存,降低成本,促进自动化或进出口等,都可以作为合并的"经济理由"。关于卡特尔则有三类情况:一是所谓"申报卡特尔",只需申报就可以存在。二是"异议卡特尔",在申报后三个月内卡特尔局不反对,即可生效。三是"许可卡特尔",须经卡特尔局正式许可。[②] 还有所谓"部长特许",即由经济部长从宏观考虑予以批准。有数据说,联邦卡特尔局从1968—1982年共对违规的卡特尔行为罚款338次,总额达1.49亿马克,平均每年1000万马克。[③]

"社会市场经济"的运行还需要其他的条件,也是重要的原则。首要的是保持货币和物价的稳定。在现代德国历史上,经历过两次恶性的通

---

① 路德维希·艾哈德:《来自竞争的繁荣》,第115页。

② 迪特尔·格罗塞尔等:《德意志联邦共和国经济政策及实践》,晏小宝等译,上海翻译出版公司1992年版,第73—74、77—81、84—86页。

③ 朱正圻、林树众等:《联邦德国的发展道路——社会市场经济的实践》,中国社会科学出版社1988年版,第238页。

货膨胀,人们痛感其恶果。艾哈德的信条是,没有稳定的通货,公平竞争的市场经济就不能正常运行,人们的财富也无法得到保护。在无通胀条件下发展经济,是"经济政策的中心问题",同时稳定的货币也是"一项基本的人权"。① 50 年代的财政部长弗里茨·舍费尔曾声言:"只要我有一口气在,通货膨胀就休想来到德国。"②

　　保持货币和物价的稳定,需要稳健的货币和信贷政策。在这方面,联邦银行起着特殊的作用。1948 年西占区成立的州际银行(Bank Deutscher Länder)在 1957 年改组为德国联邦银行(Deutsche Bundesbank),作为国家的中央银行。同时通过《联邦银行法》(Bundesbankgesetz),规定"联邦银行控制货币和信贷供应,保护货币"。"在行使本法授予之权力时,不接受联邦政府的指示"。③ 联邦政府成员可以参加联邦银行理事会会议,但无表决权。他们只能要求将联邦银行理事会的决定推迟至多两个星期。政府可以要求联邦银行支持其经济政策,但以不损害稳定货币的目标为前提。联邦银行保持较大的独立性,它控制货币和信贷,也约束政府开支。如限制政府借贷,不许用贷款来弥补预算赤字,发行债券须获得联邦银行同意或谅解等。货币—信贷政策也非一成不变。1966 年以前的特点是从紧。1966—1967 年的经济衰退之后,开始根据经济行情,交替使用扩张性和紧缩性的货币—信贷政策。但总的来说,还是具有稳健和从紧的特点。从建国到 20 世纪 80 年代,联邦德国的货币供应量增长大体与经济增长保持相应的水平。其在 1950—1989 年间的货币供应量(M1 和 M2)变化数据与法、英、意三国相比,增加速度明显较慢,而其经济增长率则高于三国。④

---

① Alfred C. Mierzejewski: *Ludwig Erhard*: *A Biography*, p. 36.
② 埃德温·哈特里奇:《第四帝国》,新华出版社 1982 年版,第 251 页。
③ C. C. Schweitzer, *et al*. (eds.), *Politics and Government in Germany 1944—1994*. *Basic Documents*. p. 413.
④ B. R. 米切尔编:《帕尔格雷夫世界历史统计·欧洲卷 1750—1993 年》(第四版),贺力平译,经济科学出版社 2002 年版,第 855—858 页。M1 指流动中的货币加活期存款(不包括中央政府存款)。M2 指 M1 加上定期存款、储蓄存款和本国居民的外币存款。

与此相关,"社会市场经济"主张财政的稳健和平衡,不赞成以赤字财政刺激经济。在艾哈德主管经济期间,基本保持了财政平衡或低赤字水平。1950—1966年间,联邦财政有12年赤字,同时赤字率(赤字占总财政支出的比率)低,最高的1957年也只有8.5%。政府较少举债。从60年代后期开始加强"宏观调控",扩大开支以刺激经济,从1971年起连年财政赤字。从70年代中期起,赤字额和赤字率激增,1975年赤字率高达21%。如果包括州和乡镇的财政赤字,则额度更高。为弥补赤字,就向银行借贷,于是政府债务剧增。80年代科尔政府整顿财政,削减赤字,但效果有限。据统计,联邦和地区及地方政府的债务,1950年为206亿马克,1985年达到7601亿马克。70年代上半期公共债务低于国民生产总值的20%,1981年上升到31%,1985年达到41%。[①] 不过与同期的法、英、意等国横向比较,联邦德国政府财政开支的增长速度还是较慢的。

由于上述政策,联邦德国货币长期比较稳定,并成为"控制物价的优等生"。如国内批发物价指数的变化,以1953年为100,则1989年联邦德国是209,法国是732,意大利高达1033,英国是953。生活费用/消费物价指数变化,20世纪五六十年代以1953年为100,则1965年联邦德国为128,法国为156,意大利156,英国是141;七八十年代以1970年为100,则1989年联邦德国是206,法国是447,意大利是858,英国是608。其他的比较也表明,相对于其他几国和欧洲的平均水平,联邦德国物价上涨是比较慢的。[②] 特别是在70年代普遍经济衰退和通胀严重的情况下,联邦德国在稳定货币和物价方面还是保持了相对较好的纪录。这使居民货币收入的增长不致被恶性的通货膨胀所吞噬。在艾哈德看来,这

---

① H. J. Braun：*The German Economy in the Twentieth Century*. London and New York：Routledge，2003，p. 200.

② B. R. 米切尔编:《帕尔格雷夫世界历史统计·欧洲卷1750—1993年》(第四版),第907—908、913—915页;安格斯·麦迪逊:《世界经济千年史》,伍晓鹰等译,北京大学出版社2003年版,第125页。

是达到"繁荣为大众"的必要条件之一。

按照"社会市场经济"原则,国家的任务是规范竞争秩序,而非干预经济过程,即"少干预,多支持",但并非所有经济部门在任何时候都适合于市场竞争。即使在艾哈德主持经济和担任总理期间,政府干预也以多种形式存在。艾哈德的一些强化市场和减少干预的主张受到制约,总理阿登纳注重实用主义,不相信教条或原则。除了通过财政和货币政策来干预经济外,还有国有企业和国家投资、结构政策和地区政策等重要的干预方式。政府还为建立社会保障体系承担责任。在艾哈德之后,国家干预更为强化和频繁。

联邦德国的国有经济范围和总量相对较小,有时还将一些企业实行"非国有化",但并不拒绝国有企业和国家投资。《基本法》规定国家可以把自然资源、土地和生产资料转为公有。联邦德国没有搞大规模的国有化,但原法西斯国家和纳粹战犯的财产和企业转到了政府手中。关乎国计民生、投资大而获利少的部门,如农林渔业、铁道和交通运输、电力和能源、邮政、住房建设等,被称为"受调控的部门",不实行完全的市场竞争。农业是国家长期保护和补贴的部门。为保护农村"中产阶级"和实现较高程度的农产品自给,50年代实行农产品的最高和最低价格以及进口控制政策,许多国内农产品价格大大高于国际市场。政府还通过立法(如1953年"农地法",1955年"农业法")和年度"绿色计划""绿色报告"等,进行宏观调控。1966—1967年的经济衰退后,联邦和州开始实施中期农业发展计划,以减少农业生产过剩,吸引工业到农村投资等。加入欧共体后,又把农业保护扩大到共同体层次。政府对农业的补贴,1956年是4亿多马克,1960年超过10亿马克,1970年则达到约75亿马克。还有对农业的各种税收减免和财政优惠。[①] 其他方面的干预也可谓司空见惯。例如,1949—1957年间为有利于资本形成而实行税收减免,总额约280亿马克。1952年通过一项投资援助法,由企业界筹集资金,帮助

---

① H. J. Braun, *The German Ecomony in the Twentieth Century*, pp. 227 - 228.

钢铁、电力和铁路等遭遇投资瓶颈的基础部门获得 10 亿马克的支持。1950—1954 年间,联邦和州为住房建设投入公共资金达 123 亿多马克,占同期全国住房建设投入的 39%。整个 50 年代期间共建住房 570 万套,其中有 320 万套是政府为低收入者建造的,租金也受政府控制。当时,国家企业占全国铝产量的 70%、锌产量的几乎 50%,国有的大众汽车占全国汽车产量的 40%。联邦经营着铁路、民航、电话电报系统并对它们提供补助。[①] 在 60 年代末,联邦参与的企业超过 3000 家。1982 年底则有 4070 家"公共企业"。1983 年联邦参股集中的有六大康采恩,其所属企业有员工 42 万多人,销售总额 1100 多亿马克。按部门算,1982 年联邦工业资产占石煤生产的 12.2%,轧钢生产的 10.2%,炼铝的 50.3%,石油生产的 9.9%,电力生产的 28.9%,轿车和客货两用汽车生产的 36.3%,造船的 14.1%,空心玻璃制品的 21.3%。[②] 联邦银行和一批国营或部分国营的银行和信贷机构的货币和信贷政策,在国家干预经济中发挥着重要的作用。

国家还为"社会公正"而干预,主要是建立社会保障网络。艾哈德曾说"繁荣为大众"的最好办法是增加生产,最好的经济政策就是最好的"社会政策",并说"福利国家"是"现代的幻想",但又承认"在现代工业国家中,尽管经济政策很对头,也需要社会政策措施去补充"[③]。属于保守派的联盟党赞成"社会市场经济",左翼—自由派更强调"社会"方面。基于广泛的共识,联邦德国建立了完备而健全的社会保障体系(后面将专节叙述)。

---

① Jeffry M. Diefendorf, *In the Wake of War: The Reconstruction of German Cities after World War II*, New York and Oxford: Oxford University Press, 1993, p. 139, Table 5. 4; H. J. Braun, *The German Economy in the Twentieth Century*, p. 170; Alfred C. Mierzejewski, *Ludwig Erhard: A Biography*, pp. 116 - 117.

② 卡尔·哈达赫:《二十世纪德国经济史》,第 160 页;迪特尔·格罗塞尔等:《德意志联邦共和国经济政策及实践》,第 222、229—231 页。

③ Alfred C. Mierzejewski, *Ludwig Erhard: A Biography*, pp. 37, 139;路德维希·艾哈德:《来自竞争的繁荣》,第 178—179 页。

在不同的经济形势和不同党派执政的情况下,国家干预经济的情况有所不同。一般而言,联盟党和自由民主党更强调市场竞争。从建国到60年代中期,是经济恢复和高速增长期,经济总体向好,有波动但未出现真正的危机。艾哈德任经济部长,强调"市场",用各种手段鼓励私人投资,保护竞争,促进增长。虽有一系列干预措施,但努力将其限制于局部和短期的干预。这是相对"纯正"的"社会市场经济"阶段。60年代经济出现新情况,人们越来越认为需要以一种政府周期政策来加强干预。1963年成立"经济专家委员会",在1964年的报告中提出一些干预建议。政府没有接受其中的主张,但表示对经济实行某种反周期的干预是必要的。

社会民主党原主张大工业国有化和经济计划化,后来接受了"社会市场经济",但对国家干预仍比较积极。该党的经济学家卡尔·席勒(Karl Schiller,1911—1994)相信凯恩斯主义,主张"微观自行调控,宏观总体调控"。《哥德斯贝格纲领》中的"尽可能竞争,有必要就计划",正是出自他的思路。1966年席勒出任联邦经济部长,为应对经济衰退,制定《促进经济稳定和增长法》或称《稳定法》(Gesetz zur Förderung der Stabilistät des Wachstums der Wirtschaft/Stabilitätsgesetz)。它被称为"现代经济干预的大宪章",标志"社会市场经济"中的"艾哈德/米勒-阿尔马克时期"的结束和"席勒时期"的开始。席勒说这是"弗赖堡规则与凯恩斯关于控制有效总需求的要旨进行合理的融合"。政府实行系统的景气政策、反周期的财政政策、更广泛的结构政策和社会保障政策等。1969年社会民主党与自由民主党联合执政后,政府宏观干预的力度更加扩大和强化。

然而,强化和扩大政府干预也有负面效应。从70年代中期起,财政连年赤字,赤字额和赤字率双双上升,公共债务剧增,通胀加剧。于是"钟摆"开始回摆,要求减少政府干预,强化市场作用的呼声逐渐强化。1982年科尔领导的联盟党—自由民主党政府上台后,提出回到比较"纯正"的"社会市场经济",一系列政策措施出台。不过,联邦德国没有出现像"里根经济学"或"撒切尔主义"那样强劲的保守派"新自由主义"浪潮。

"社会市场经济"被视为与美、英自由资本主义不同的"另一种资本主义",有人称之为"莱茵模式",或"第三条道路"。它体现德国既想避免照搬西方传统自由资本主义,又要避免苏联式的社会主义,或如艾哈德所说,要把漫无限制的自由与严厉的政府管制之间长期存在的矛盾予以解决,在绝对自由与集权之间寻找一条"健全的中间道路"。这一经济体制在 60 年代经历了一次较大的调整——即强化宏观干预。在 80 年代的新挑战面前,又进行了新的调整——重新强调自由市场和加强私人资本,但基本的原则和制度框架没有背弃。

第二节 "苏联模式"的民主德国

民主德国建国后,对政治经济体制进行了不断的改革和完善,逐渐形成了以统一社会党为主的、无产阶级专政的社会主义政治体制和以指令性计划为主的高度集中的计划经济管理体制。

一、民主德国的政治体制

民主德国在社会建设过程中,对政治体制进行了不断的改革和完善。在 1945—1952 年的反法西斯民主革命时期,民主德国规定国家性质是无产阶级同其他劳动阶级和非劳动阶级联合执政的政权,但垄断资产阶级、大地主以及军国主义者不能参加联合政权,参加执政的各阶级、阶层及其政党在法律上平等。民主德国的最高权力机关是普选产生的人民议会(Volkskammer),政府是按照政党联盟体制建立,也就是有关政党结成民主政党联盟,联盟内各政党平等,凡在议会拥有 40 个席位的议会党团,均可按其实力参加组织政府。长期以来,德国统一社会党是最大的议会党团,一直占据总理职位。总体而言,这一时期民主德国的政治体制保留了较多的传统因素,有较多的分权制色彩,也采用了某些民主管理形式如延续了传统的两院制,中央一度保留了参议院,参议院有权向人民议会提出立法提案,并可根据宪法对人民议会的立法决定行使否决权。这一时期还比较强调公民表决的作用,人民议会由公民普选产生,法律由人民议会或直接由人民通过公民表决来制定。1946 年 6 月,为了决定对战犯、纳粹分子、垄断集团所拥有的企业是否实行国有化,萨克森州还举行公民投票,其他州也进行了同样的投票。依照公民表决结果,苏联占领当局暂时没收的 9282 家工业企业中有 3834 家企业交给人民,实行了国有化。

在 1952—1963 年的向社会主义过渡时期,民主德国规定国家性质转变为无产阶级专政的社会主义国家,工人阶级是领导阶级,工人阶级的马克思主义政党德国统一社会党是执政党。政府组成不再遵循政党联盟制度,而是由所有政党和群众组织组成的全国阵线负责提出统一的议员候选人名单,各政党和群众组织按照一定比例组成政府。由于群众组织中的统一社会党成员较多,统一社会党在各级政府和议会中开始占有绝对优势。

在 1963—1990 年的社会主义建设时期,民主德国规定国家性质是无产阶级专政国家,如 1968 年宪法第一条规定:"德意志民主共和国是工人阶级和农民的社会主义国家,它是在工人阶级及其马克思列宁主义政党领导下的城乡劳动人民的政治组织。"[1]在认定剥削阶级逐渐被消灭后,民主德国国家政权开始向全民国家转变,也就是认为政府客观上代表的是全体人民的利益。在此情况下,民主德国政治体制的主要发展方向是进一步发展和完善社会主义民主。首先是发展直接民主,1968 年宪法第 21 条详细规定了公民的政治权力,包括:广泛参加社会主义集体和社会主义国家政治、经济、社会和文化生活;民主选举一切权力机关并参与其工作;共同管理、计划和安排社会生活;可要求人民代表大会及其议员、国家机关和经济机关的负责人作工作汇报;利用社会组织的威信表

---

① Hermann Weber（Hrsg.）, *DDR-Dokumente zur Geschichte der Deutschen Demokratischen Republik*, *1945—1985*, München: Deutscher Taschenbuch Verlag, 1986, S. 299.

达愿望和要求;可向社会机关、国家机关和经济机关和组织提出要求和建议;通过人民投票表达意愿。[1] 为了落实直接民主,民主德国让群众参加国家法令、决议的制订并对实施情况进行监督,政府还制订公民呈文法,允许公民提交呈文,有关部门要在四个月内作出答复。

为了发展和完善社会主义民主,民主德国还提高社会团体在民主管理中的地位与作用。民主德国最为重要的社会团体是德国工会联合会(Deutscher Gewerkschaftsbund)、自由德国青年联盟(Freie Deutsche Jugend)、德国民主妇女联合会(Demokratischer Frauenbund Deutschlands)等组织,参政方式主要是参加组成国家机关、参加立法机关的立法工作以及对国家机关的活动进行社会监督。对于社会团体参与立法工作,官方说法是,社会团体有着独特的工作方式和独立任务,不是统一社会党的附属物,而是代表一定的社会集团利益,让社会团体参与国家和社会事务的管理,可以保证和协调全社会的利益和各个社会阶层、集团、集体和居民个人的利益。此外,民主德国政府还注重进一步发展企业内部的民主关系,其理由是企业不是国家政权机构,但属于社会主义政治体系中最重要的组成部分,是社会主义社会的"基本细胞"。总之,社会主义建设时期民主德国对政治体制进行了不同程度的改革和完善,社会主义民主进一步发展。

以上是民主德国政治体制沿革的三个阶段,就具体的国家机构组织原则而言,民主德国实行的是"议行合一"制度,1968年宪法第48条规定人民议会的工作实行决议与执行相统一的原则。[2] 也就是,人民代表机关既行使立法权,又领导和责成国家行政、审判、检察机关执行由人民代表机关制定的法律和通过的决议,从而将立法、作出决议、贯彻决定、监督执行等等活动统一起来。

人民议会是民主德国的最高权力机关,也是唯一的立宪和立法机

---

[1] 木下太郎编:《九国宪法选介》,康树华译,群众出版社1981年版,第242页。

[2] Hermann Weber(Hrsg.),*DDR-Dokumente zur Geschichte der Deutschen Demokratischen Republik*,1945—1985,S. 302.

关,通过全体会议决定国家政策的根本问题。1968 年宪法第 54 条规定,"人民议会由 500 名议员组成。议员通过自由、普遍、平等和秘密的选举产生,任期 5 年。"①包括人民议会在内的各级人民代表机构的代表由各政党和群众组织提名,候选人首先需要所在集体对其本职工作、社会工作和个人品德进行审议。然后,各政党和组织在全国阵线范围内进行广泛协商,最后提出一个包含各政党、各群众组织的代表在内的统一候选人名单。

关于人民议会的工作,1968 年宪法规定,人民议会选举其任期内的主席团,主席团按人民议会议事日程领导人民议会的工作。人民议会成立由议员组成的各委员会,委员会有义务与选民密切合作讨论法律草案,并对法律执行情况进行经常性监督,各委员会可要求有关部长和国家机关其他领导人出席会议,以说明情况,一切国家机关都有义务向各委员会提供必要情况。人民议会最迟于选举后 30 天内举行会议,第一次会议由国务委员会召集。如有半数以上议员出席会议,人民议会就有表决权,表决实行多数表决制,经法定议员 2/3 同意,可以决定修改宪法。只有经人民议会本身作出决定,方得在其任期届满前解散人民议会,该决议须经法定议员 2/3 以上通过。

关于人民议会的职权,1968 年宪法规定:(1)人民议会通过法律和决议,最终地、对每个人都有约束力地确定德意志民主共和国的发展目标。(2)人民议会规定公民、集体和国家机关相互合作的主要原则及其在执行国家的社会发展计划时的任务。(3)人民议会保证其法律和决议的实行,确定国务委员会(Staatsrat)、部长会议(Ministerrat)等机构的工作原则。(4)人民议会选举国务委员会主席和委员、部长会议主席和成员、国防委员会主席、最高法院院长和审判员及总检察长,并随时罢免之。(5)人民议会在不变更法律的前提下,批准德意志民主共和国的国

---

① Hermann Weber（Hrsg.）, *DDR-Dokumente zur Geschichte der Deutschen Demokratischen Republik*, *1945—1985*, S. 303.

际条约和其他国际法方面的条约。人民议会享有解除这些条约的权限。(6)人民议会决定德意志民主共和国的防御状态。在紧急情况下,国务委员会有权决定防御状态,并由国务委员会主席宣布之。(7)人民议会可决定进行人民投票。

民主德国的最高人民代表机构是人民议会,按照行政区划,在专区、市、县、乡镇和联合乡镇设有各级人民代表大会。1968年宪法规定,地方代表机关的工作目的是增加和维护社会主义财产,不断改善公民的劳动条件和生活条件,促进公民及其集体的社会和文化生活;提高公民对国家和法律的社会主义觉悟,维护公共秩序,巩固社会主义法制,维护公民权利。在所辖范围内,地方代表机关制定具有约束力的决议,并拥有归自己所有的固定收入。地方代表大会还选举其政府和各委员会,政府成员尽可能由议员来担任,非议员可以被任命为委员会委员。政府的全部工作对人民代表大会负责,并有义务向其报告工作。政府还要确保人民代表大会工作的开展,并领导组织在其职责范围内的社会发展。

地方代表大会的主要活动形式是举行会议,下设的委员会是其工作实体。委员会组织公民在准备和执行人民代表大会的决议时进行专门性合作,并监督政府及其业务部门执行法律、法令和代表大会的决议。委员会还有权向议会和政府提出提案和建议,有权参加政府涉及其工作范围的会议以及讨论他们的提案或提议的会议。

各级政府是民主德国的行政机关,按照"议行合一"的原则,政府只是人民议会的一个机构,并不是独立于议会体系的政府机构。除了1961年到1970年国务委员会一度行使政府职能外,民主德国的中央政府职能长期由部长会议行使。

国务委员会是由人民议会选举产生的具有国家元首性质的国家机构。1949—1960年民主德国的国家元首是总统,在民主德国第一任总统威廉·皮克于1960年9月7日去世后,人民议会决定不再设立总统,代之以国务委员会。根据1968年宪法,国务委员会是人民议会的机关,向人民议会负责,执行宪法及人民议会法律和决议赋予的任务。国务委员会在国际法上代表德意志民主共和国,批准和废除国家条约及其他按规定需要批准的国际法方面的条约。

国务委员会由人民议会选举产生,实际上是人民议会中各议会党团推举的代表组成。国务委员会由主席一人、副主席若干人、委员若干人、秘书一人组成。国务委员会主席、副主席、委员和秘书在人民议会改选后第一次会议上选举产生,任期五年,选举国务委员会主席的建议由人民议会最强大的议会党团提出。人民议会任期届满后,国务委员会继续工作直至人民议会选出新的国务委员会为止。

国务委员会的主要职能是:(1) 任免德意志民主共和国驻其他国家的全权代表,接受其他国家向其派驻的代表的国书和卸任状;(2) 规定军衔、外交级别和其他专门称号;(3) 宣布进行人民议会和其他人民代表机关的选举;(4) 任命国防委员会委员,就国防和国家安全问题作出原则决议,在国防委员会协助下组织国防;(5) 受人民议会委托,对最高法院和总检察长的工作是否符合宪法和法律进行经常性监督;(6) 行使大赦和特赦权;(7) 设立国家勋章、奖励和荣誉称号,并由其主席授予。实际上,民主德国国务委员会的权力非常有限,不能制定具有法律效力的法令,只是拥有一些特殊权力。

1970 年后民主德国的中央政府是部长会议,1968 年宪法规定,部长会议作为人民议会的机关是德意志民主共和国政府;它受人民议会委托负责统一执行国家政策,组织完成政治、经济、文化、社会任务和委托给它的国防任务;它的工作向人民议会负责,并有义务向人民议会报告工作。

部长会议由部长会议主席团成员组成,包括一个主席、若干副主席和若干部长。部长会议设有外交、国防、内务、国家安全、司法等部委,还有若干直属机构。部长会议主席和成员在人民议会改选后由其选举产生,任期五年。主席由人民议会最强大的议会党团提名,他受人民议会委托组成部长会议,领导部长会议和主席团,代表部长会议和对外代表民主德国。

根据 1968 年宪法,部长会议的主要职能是:(1)管理国民经济和其他社会部门。保证有计划、按比例地发展国民经济,和谐地安排社会部门和布局,实现社会主义经济一体化。(2)根据宪法的原则执行德意志民主共和国的对外政策。(3)根据其主管范围决定缔结和废除国际法方面的协定。(4)拟定国家对内对外政策中有待解决的任务,并向人民议会提交法律和决议草案。(5)领导、协调、监督各部、其他中央国家机关和各专区政府的工作。(6)在人民议会的法律和决议的范围内,颁布法令和作出决议。

民主德国地方政府对各级议会和上级政府负责,并向之报告工作。根据同级议会和上级政府的决议,地方政府领导本地区的政治、经济、社会和文化建设,决定有关本地区及其公民的一切事务。地方政府下设若干专业机构,负责管理地方所属工业企业、农业企业、公共事业等,负责处理居民关注的问题特别是投诉。按照行政级别,民主德国的地方政府分别称为专区委员会、县委员会和乡委员会。各级委员会由同级人民代表大会选举产生,委员基本上是地区人民代表大会议员。

民主德国的司法机关主要包括审判机关和检察机关。民主德国的最高审判机关是最高法院,它根据宪法、法律和其他法规领导各法院的审判工作,并保证各法院统一实施法律。最高法院向人民议会负责,在人民议会休会期间向国务委员会负责。根据宪法,民主德国的审判是由最高法院、专区法院、县法院和社会法庭负责,军事犯罪是由最高法院、高等军事法庭和军事法庭审判。为了保证各阶级和各阶层的男女公民都能行使审判权,民主德国还设有审判员、陪审员和社会法庭成员,这些人员均由民主选举产生,要向选民负责和报告工作,如果违反宪法或法律,或以其他方式严重违反其义务,选民可以罢免他们。检察机关的职能是保障社会主义的社会制度、国家制度及公民权利,根据民主德国法律法规,对社会主义法制的实施和执行进行监督,以保护公民免受违法行为的侵害,领导对犯罪行为的斗争,并保证使违法犯罪分子受到法院审判。检察院由检察长领导,各专区和县的检察员及军事检察员受总检察长领导。检察员由总检察长任免,对总检察长负责并接受其指示。总检察长对人民议会负责,在人民议会休会期间对国务委员会负责。

二、政党结构

民主德国的政党制度是一党领导下的多党制。在民主德国的政党体制中,存在社会基础和党纲党章都不相同的多个政党。同时,德国统一社会党在政党联盟中起着领导作用,并得到 1968 年宪法和其他各党的承认。在这种体制下,其他政党并不是在野党和反对党,而是参与执政的联盟党,联盟的基础是各政党都接受的共同政治目标和政治原则。

民主德国的政党制度是历史发展的产物。在二战结束后建立反法西斯民主政权的过程中,非工人阶级进步力量组成了自己的政党组织,积极参与了新政权的建设工作,并与工人阶级政党密切合作,从而在民主德国形成了多党联盟的格局。1945 年 7 月 14 日,德国统一社会党、基督教民主联盟、德国自由民主党以及德国国家民主党等政党组建了"反法西斯民主政党统一阵线",统一阵线制订了一个共同行动框架,每一个政党派出五名代表组建一个阵线委员会,委员会的所有决定实行协商一致的原则。在政党联盟内部,各党地位平等,任何一党不得凌驾于他党之上。政党联盟中的各政党都参与议会和政府的工作,参与国家政权的行使,还参与非国家形态的社会主义人民运动,即共同组成民主联盟和全国阵线两个人民统一战线组织,以在全国各地团结各党派、群众组织和无党派人士,共同为建设发达社会主义而行动。在向社会主义过渡时期,德国统一社会党在人民议会中一直是最大的议会党团,在社会主义建设中具有越来越重要的作用,民主德国的政党联盟由各党平等转变为一党领导下的多党合作制度,即德国统一社会党是执政党,参与执政的其他政党是德国民主农民党、基督教民主联盟、德国自由民主党以及德国国家民主党四大党派。

德国统一社会党在民主德国长期执政,人数最多,实力也最强,在人民议会内是最大的议会党团,拥有 127 个席位,有权提名其成员担任国务委员会主席和部长会议主席。此外,国务委员会的两名副主席(其中一名由部长会议主席兼任)和若干名委员以及部长会议的多数成员由德国统一社会党党员担任。德国统一社会党"第一次代表会议"规定该党是德国工人阶级和所有劳动者的政治组织,党的一切机关都可以由选举产生,党的最高机关是代表大会,两次代表大会期间的领导机构是党中央执委会,从中选出的中央书记处是直接贯彻党的政策的负责机构。居民区支部和企业支部是党的基层单位,《新德意志报》(Neues Deutschland)是党中央的机关报,迪茨出版社(Dietz Verlag)是党中央的出版社。1950年,统一社会党通过了新的党章,强调党是"德国工人阶级的政党,是工人阶级有觉悟、有组织的先锋队,是其阶级组织的最高形式。它将劳动人民最先进的部分联合在自己的队伍中"①。党章还规定,党的一切行动的指导思想是马克思列宁主义,目标是以建立工人阶级政治统治为前提的社会主义,党的组织建设以民主集中制原则为基础。在1976年修改的新党章中,统一社会党强调党不仅是工人阶级而且也是劳动人民的有觉悟和有组织的先锋队,从而突出了向全民党发展的趋势。

基督教民主联盟成立于1945年6月26日,是德意志民主共和国非工人阶级政党中成立最早、人数最多的政党。盟员主要是农民、手工业者和原中小资产阶级中的基督教徒。1949年10月,基督教民主联盟参加了民主德国政府的成立工作,盟员在政府内部担任了一个副总理和三个部长。基督教民主联盟在人民议会中拥有52个席位,有1.5万名以上的盟员是民主德国各级人民代表机构中的议员或候补议员,在地方国家机构中也有联盟的代表。1948年6月基督教民主联盟有盟员21.2万人,1983年共有成员约12.5万人。1952年10月召开的联盟第六次代表大会规定,联盟的指导方针是根据和平与仁爱的原则、基督教人道主义的进步传统以及社会发展的客观规律进行活动。1977年,联盟十四大

---

① 转引自德国统一社会党中央马列主义研究所编写组:《德国统一社会党简史》,第268—269页。

宣布联盟是一个和平、民主和社会主义的组织,是一个有义务忠于社会主义的政党,从基督教的责任出发争取人和人的共同幸福与繁荣,并以此参与社会主义建设、支持社会主义国家、参与社会主义国家的政策制定与执行、加强社会主义国家共同体以及在欧洲建立持久和平。

德国自由民主党于1945年7月5日成立,最初成员主要是中小资产阶级、公务人员、职员和富裕农民。成立时,该党宗旨是反法西斯和实现民主主义。1949年10月,自由民主党参加了民主德国政府的组建工作,拥护政府的施政纲领,在政府中拥有一个副总理和两个部长职位,在人民议会拥有52个席位,在地方人民代表机构和行政机构中均有代表,该党成员还以各种形式参与各常设的群众组织和其他民主机构的工作。在1950年8月25—26日的全国阵线第一次全国代表大会上,该党承认工人阶级及其政党的统治地位,并表示积极参与社会主义建设。1977年,德国自由民主党召开第十二次代表大会,宣布该党为社会主义而奋斗,将向联邦德国宣传民主德国的政策作为党的一项特殊工作。

德国民主农民党在1948年4月29日成立,主要由合作社农民和农业工人组成,中小农民特别是在土地改革中获益的农民成为主要依靠对象。最初的党章要求全党必须站在工人阶级一边,提出农民与工人的目标和利益是连在一起的。20世纪40年代,该党的主要政治目标是在苏占区彻底执行民主土地改革所规定的各项措施,把土地改革推行到全国,并使劳动人民与工人阶级及其他民主势力团结起来进行建立统一民主德国的斗争。土地改革完成后,该党的主要任务是巩固工农联盟,致力于农业合作化运动以进一步促进农业的社会主义发展,并通过加强在农民中推广工业式的生产方法来发展农业生产,以此促进农村生活城市化。20世纪60年代,该党第七次代表大会提出党的任务是在民主德国全面建设社会主义。该党的中央领导机构是中央理事会和中央检查委员会,下设专区联合会、县联合会以及地方小组。该党在人民议会拥有52个席位,有2.1万名以上的党员是各级人民代表机构的议员或候补议员,该党在各重要的中央和地方国家机关中均有代表。

德国国家民主党于 1948 年 5 月 25 日成立,最初成员主要是手工业者、知识分子、个体商人、小业主以及当年希特勒国防军中没有战争罪行和正确吸取了历史教训的军官和职业士兵。在经历了社会主义改造后,该党成员主要是手工业者、中小商人、文化工作者和职员。成立初期,该党的政治目标是实现德国的统一、保障中间阶层的生存、促进商业和手工业的发展、支持土地改革和没收垄断企业。在 1972 年召开的第十次代表会议上,德国国家民主党支持把私人企业和公私合营企业转化为国营企业,提出党的特殊任务是争取和教育前纳粹党员和希特勒军人。

三、社会主义计划经济

民主德国实行的是社会主义计划经济体系,也就是国家规定生产计划、生产目标以及价格,并根据计划调拨资源。在国家经济生活中,统一社会党拥有最高的领导地位,对国家经济以及社会的各方面进行管理和控制。

建国之初,民主德国是一个私有经济和公有经济并存的"混合经济体系",国家主要是通过经济政策、税收等经济手段管理经济,对经济的管理权有限。随着生产资料所有制的社会主义改造,民主德国经济的公有制成分日益扩大。1950 年社会主义所有制企业的总产值在国民经济总产值中占到 56.8%,其中制造业占 68%,建筑业占 41%,商业占61%。[①] 1955 年公有制经济产值上升为占国民经济总产值的 2/3,其中工业产值占到全国工业总产值的 85%,农用耕地已有 18.4% 属于农业生产合作社,4.4% 属于国营农场。1958 年 7 月,德国统一社会党"五大"提出完善和发展社会主义生产关系,决定对手工业和小型资本主义工商业进行改造,并同时加速发展农业生产合作社。

1955 年以后,民主德国对工业企业的改造没有采取没收的方式,而

---

① C. 布雷德利·沙尔夫:《民主德国的政治与变革》,秦刚等译,春秋出版社 1988 年版,第12 页。

是通过税收、强制性购买和销售债券等手段,对小规模的私营企业不断地加以限制,如限制原料、电力、燃料的供应,禁止新工业设备的购买、切断私人企业和联邦德国企业之间的联系,等等。许多私人企业被迫将其工厂变成合资公司,也就是同意接受国家投资,政府通过入股和参与利润分配来影响企业的生产经营,扩大这些企业与国营企业的合作和分工。以公私合营的形式,民主德国逐步使私营工业企业向社会主义企业转变,使私营企业主向劳动者转变。1972年,这些合资企业大多数被吸收到国营企业中。私人企业的规模不断萎缩,20世纪80年代,所占国民收入比值从40%下降到3.2%,仅雇用了0.07%的劳动力,并主要存在于建筑业、服务业和农业之中。

在商业领域,1945年12月,根据苏联军事管制委员会的命令,消费合作社成立,收回了被法西斯分子掠夺的财产。1948年11月,国家商业组织(简称国营商店)建立,1950年大约占到30%的零售销售额,消费合作社占17%,私营部门占53%。为了把私人零售企业纳入社会主义轨道,民主德国通过合同制使私人零售企业与国营或合作社经营的批发贸易企业建立紧密联系。随着私人零售业的社会主义改造进程加快,1970年国营商店大约占45%的零售销售额,消费合作社占35%,私营部门占10%,而且,私人商店大多数被改造为公私合营的代销店。

在城市改造资本主义工商业的同时,苏联占领当局和后来的德国政府也在农村进行了土地改革运动。德国的大地产主要集中在苏占区,苏联军事管制委员会认为,容克地主在纳粹执政时期既奴役工人又压榨农民,应该被剥夺财产和土地。1945年7月,德国共产党开始组织农业工人和农民参加群众大会,阐述土地改革的任务和目标,提出和宣传"把容克土地变为农民土地"的口号,号召农村居民积极参加土地改革运动。同年9月,苏联军事管制委员会下令无偿剥夺超过100公顷的大土地所有者和现行纳粹分子以及战争罪犯的地产连同牲口、农具,苏占区还设立国家土地基金,把没收的绝大部分土地和财产分配给雇农、移居者、贫农以及小佃农作为他们的个人财产,剩余的大约1/3没收的土地归国家、地方或社会机构所有,这些社会所有土地后来陆续建立了近 500 个国营农场。其他的容克地主土地,则拨给地方行政机关和农民互助联合会。土地改革后,国有化的土地有 330 万公顷,其中的 250 万公顷是大地主所有。苏占区的州、县行政管理委员会还规定,经过土地改革建立的农场不准出卖、租佃、分割或抵押,教堂占有的土地不在土地改革之列。土地改革由民主选举的土地改革委员会负责,该委员会主要从事土地的没收、分配等组织工作,会员包括 5 万名产业工人、农业工人、中农和其他劳动者。

1952—1959 年,民主德国开始逐步进行农村集体化运动,采取农民自愿入社的原则建立多种形式的合作社。第一种类型的合作社是土地联合经营,牲畜仍由社员个体饲养,40％的合作社纯收入按入股土地量分配。第二种类型的合作社与第一种类型合作社基本相同,只是土地分红占 30％。第三种类型的合作社是土地和牲畜均由合作社联合经营(自留地和自留畜除外),20％的收入按入股土地量分配。在 1953 年"东柏林事件"前,民主德国主要建立的是 I 型合作社,合作社经营管理的耕地面积大约只有 12％。"东柏林事件"后,民主德国加速了农业集体化进程,1959 年农业生产合作社所有的耕地面积占到 45％,新建立的合作社大部分是第三种类型的高级合作社。1960 年初,民主德国开展了一次非常强大的集体化运动,使合作社占耕地面积从 45％飞跃到 85％。[1] 至此,农业生产关系的社会主义改造基本完成。

在建立社会主义生产关系的同时,苏联军事管制委员会以及民主德国政府也开始建立和完善社会主义计划经济体制。1948 年 7 月 1 日,民主德国开始实行半年计划,这是第一次由统一社会党建议的国民经济计划。实际上,统一社会党并没有计划经济管理方面的实践经验,这些经济计划是在苏联专家的帮助下制定的。民主德国还以苏联为样板,建立了计划经济体制,该体制的特点是国家主管经济部门下达指令性计划指

---

[1] 卡尔·哈达赫:《二十世纪德国经济史》,杨绪译,商务印书馆 1984 年版,第 123 页。

标,并把它作为考核企业经营成果的标准。通过计划,国家规定企业的生产方向、产量、产品品种、质量和规格、生产工艺以及职工人数和编制;国家控制企业生产所需的一切物资的来源、数量、取得方式、产品销售以及价格;国家统一规定各行各业、各个部门的工资等级和标准、企业的工资基金总额等。中央政府机构直接负责全部重要的经济决策。民主德国的经济管理机构比较庞大和复杂,按照不同的经济部门可以分为二级或三级管理机构。中央直属工业企业采用的是二级管理,由中央部直接管理。地方工业和国营农业企业实行的是三级管理,有关企业由专区或县政府有关部门以及中央部进行管理。

建国初期,民主德国高度集中的计划管理体制发挥了积极作用,有利于克服二战后的经济混乱、建立国民经济新秩序、迅速恢复经济、实现国民经济工业化和农业集体化。但是,随着经济的发展,这种体制在实践中暴露出许多问题,乌布利希政府和昂纳克政府都对高度集中的计划经济体制进行了一定程度的调整与改革。①

---

① 参见第七章第二节。

第六章　两个德国主权地位的恢复

两个德国建立后实行了不同的对外政策。联邦德国实行加入西方集团,抗衡苏联东欧的政策。民主德国曾为实现德国统一与独立进行努力,但东西方冷战的形势使之无法取得进展。结果在两德建立几年后,分别加入欧洲两大军事政治集团——北约和华约,恢复了主权地位,但德国的分裂局面却进一步固定化。

第一节　联邦德国:加入西方集团恢复国家主权

联邦德国建立之初,阿登纳政府把外交重心放在西方,实行"一边倒",坚定地加入以美国为首的西方集团,在其帮助下恢复主权地位,重返国际舞台,并依靠西方集团,抵制"来自东方的威胁",即抗衡苏联东欧集团。同时,实现与宿敌法国的和解与合作,积极加入欧洲一体化,为德国的复兴创造有利的环境。阿登纳政府利用当时国际环境提供的有利条件,取得了重要的外交成就,而它与苏联、东欧的关系则处于敌对和僵持之中。

一、加入西方集团恢复主权地位的基本方针

在美苏英法四大国的分区占领之下,德国丧失了主权国家的地位。

联邦德国建国之后,占领制度仍然保持了一段时间。各国对联邦德国深怀疑惧。民族的分裂更是德国人的心头之痛。联邦德国力量虚弱,百废待兴。阿登纳作为新国家对外政策的奠基者和掌舵人,确立了基本的对外方针,就是坚定不移地加入西方集团,谋求在其支持和帮助下,获得安全,恢复主权与平等,并重返国际社会,为实现国家的巩固、经济的恢复与发展创造条件,并在将来实现德国的统一。

这一基本方针,基于战后的形势和德国的处境,也有深层次和更长远的原因。德国地处中欧,历来被视为欧洲力量平衡的关键。联邦德国在美英扶持下建立,位于美苏两个超级大国对峙的战略前沿,又是欧洲冷战争夺最重要的猎物。在地缘和战略上"首当其冲"的地位,使其安全形势特别脆弱。美国对欧洲战略的关键,是使德国与西方结合,决不允许其摇摆于东西方之间或自行其是。苏联则把德国东部纳入了势力范围,并构成对西欧咄咄进逼的态势。冷峻老练的政治家阿登纳,深知联邦德国就像是"卡在磨盘中",处境险恶,回旋余地十分有限。

经济上,联邦德国地处高度工业化的德国西部,其特点是对外部市场高度依赖。它的工业生产技术领先,竞争力强,出口量大,而农产品和原材料则严重依赖进口。战争的结果、德国的分裂和冷战的形势,大大削弱或阻碍了联邦德国的对外经济联系。所以,重返世界市场,对联邦德国实在是生命攸关。在当时,阿登纳政府认为首先要倒向西方,才能有效地达到这一目标。

联邦德国建立时,除共产党外的主要政党均持反苏反共立场。联盟党是强烈反苏反共的保守派,阿登纳是反共意识强烈的西方派政治家。他认为德国必须始终毫不动摇地皈依西方。"德国是西方的一部分,这符合其精神与社会结构、历史传统和人民意愿。"①而苏联则被认为是基督教文明和西方价值观的敌人,扩张成性。面对这个危险的邻居,德国

---

① C. C. Schweitzer *et al*.（eds.）, *Politics and Government in Germany 1944—1994. Basic Documents*, p. 125.

要维护安全和"自由与民主的基本秩序",维护基督教文明和西方价值观,就必须坚定地与西方结合。否则德国就会孤立,并势必变成苏联的一个卫星国。声称信奉"社会主义"的社会民主党,起初曾反对德国加入西方集团,但在政治和意识形态上也持反苏和反共立场,不久也接受了加入西方集团的政策,并将其作为一项基本的政策。

　　加入西方阵营也是吸取历史教训后的结论。阿登纳和许多联邦德国人,认为欧洲历史上恶性发展的民族主义导致了灾难,而德国尤甚。德国传统中的非西方甚至反西方的观念,如反感西方现代自由平等理念和民主宪政制度,认为德国既不属于西方也不属于东方等观念,均属于祸害之源。与西方结合,有助于克服有害的传统和观念,巩固"自由与民主的基本秩序",避免重蹈历史覆辙。即使一些对阿登纳政府颇多批评的左翼—自由派人士,也主张维护"自由与民主的基本秩序",与西方结合。同时,精明务实的政治家阿登纳等人,也看到冷战的国际局势,有利于德国改善处境,摆脱被大国联手管控的"波茨坦恶梦"。西方帮助建立了联邦共和国,也必然要为它减负松绑,帮助它复兴,使它变成积极有用的伙伴。联邦德国要表明自己愿意充当这样的伙伴,不能三心二意。

　　联邦德国建立之初,仍处于占领制度下。1949年5月美英法驻德军事长官在批准《基本法》的同时,就公布了《占领法规》(Besatzungsstatut)。随之由三国高级专员组成"盟国高级专员委员会"(Allierte Hoche Kommission),负责执行《占领法规》。① 《占领法规》规定:赋予联邦共和国及其各州以立法、行政和司法权,但最高权力由三大国掌握;外交事务由占领国负责,修改《基本法》必须经过占领国同意,签订国际协定须经高级专员同意;三国保留对德国外贸外汇的管制、对鲁尔的管制,以及在德国的赔款、非军事化、非卡特尔化等方面的监督权;"高级专员委员会"可以对联邦和各州发布指令,可以改变它们作出的司法或行政决定;占

---

① 三国高级专员是麦克洛伊(John J. McCloy,1895—1989,代表美国)、罗伯逊(Sir Brian Robertson,1896—1974,代表英国)和弗朗索瓦-庞赛(André François-Poncet,1887—1978,代表法国)。

领国在必要时还可重新全部或部分收回德国政府的权力。对此《占领法规》,有不少德国人表示不满,阿登纳则认为:"占领法规虽非理想,但比没有任何权力是一大进步。对我们德国人来说,除此之外,没有其他重新通向自由、平等的道路可走。唯一的道路就是在盟国最高军事占领长官的许可下,我们努力逐步地去扩大自由和管辖权。"①阿登纳政府成立后的首要之务,就是在接受占领制度的同时,争取三大国放松监管,逐步扩大行动自由,尽快重获主权和平等地位,并重返国际社会。为此,进行了一系列努力。

一是加入"欧洲经济合作组织"(Organizattion for European Economic Cooperation，OEEC)。这个组织是在美国推动下,为接受"马歇尔计划",英法意等国带头成立的。初称"欧洲经济合作委员会",1949 年改称"欧洲经济合作组织",有 16 个成员国。联邦德国希望加入这个组织,以获得经济援助,并改善国际政治地位。这得到美国的支持,但存在一大障碍,即法德之间的萨尔(Saarland)之争。萨尔是重要工业区域,法德久有争夺。战后法国控制着萨尔,企图使之脱离德国,在经济上与法国结合。它支持萨尔"自治政府",主张萨尔作为一个实体加入欧洲经济合作组织。联邦德国认为萨尔属于德国,如果与萨尔一起加入欧洲经济合作组织,就可能导致承认萨尔的国际地位。但阿登纳政府不愿因萨尔问题阻碍其加入国际社会。1949 年 10 月,在萨尔之争未决之际,联邦德国加入了欧洲经济合作组织。这是它加入的第一个欧洲国家间组织,为获得"马歇尔计划"的援助创造了条件,其政治意义也不言而喻。

二是加入"欧洲委员会"(The Council of Europe)和"鲁尔国际管制机构"(Internationale Ruhrbehörde/International Authority for the Ruhr/IAR)。欧洲委员会成立于 1949 年 5 月,首批成员有英法意荷比卢等国,是在"欧洲统一运动"推动下成立的一个政府间的协商机构,成立后不久就邀请联邦德国和萨尔加入。联邦德国要求,如果萨尔加入,

---

① 丁建弘、陆世澄、刘祺宝主编:《战后德国的分裂与统一》,人民出版社 1996 年版,第 116 页。

其席位应包括在德国代表团内。法国却主张萨尔与联邦德国以平等地位加入,遭到德方反对。阿登纳与美英法高级专员交涉,一时无果。1950 年 5 月,法国提出建立"欧洲煤钢共同体"(Europäische Gemeinschaft für Kohle und Stahl/EGKS;European Coal and Steel Community/ECSC)的"舒曼计划"(Schumann Plan),造成了新的形势。阿登纳的基本主张是,联邦德国应该加入欧洲委员会,否则会对欧洲联合产生不利影响,而欧洲联合是他的对外基本方针之一。根据"舒曼计划",萨尔的煤钢工业也将纳入共同体,形势的发展使萨尔不应成为德国加入欧洲委员会的障碍。而且,加入欧洲委员会有助于使盟国放松控制。1950 年 6 月联邦议院通过了相关的议案。1951 年,联邦德国成为欧洲委员会的成员国,尽管萨尔之争仍然未决。

"鲁尔国际管制机构"是战后有关国家为控制德国的重工业资源,保证欧洲安全和经济恢复而采取的措施,由美英法荷比卢六国签署协议,1949 年 4 月建立。盟国要求联邦德国承认对鲁尔的国际管制,但阿登纳政府认为这是对德国的歧视,是德国丧失主权的表现。当时在野的社会民主党更是强烈抨击这一制度。不过,讲究现实的阿登纳还是表示将在"条件适宜"时加入鲁尔国际管制机构。经济部长艾哈德相信,参加该机构会有助于减轻盟国对德国经济的控制,并获得在其中的发言权。阿登纳与美英法专员交涉,了解到三国准备在经济和政治上都放宽限制。1949 年 11 月底,联邦德国加入了鲁尔国际管制机构。

三是签署《彼得斯贝格协定》(Petersberger Abkommen/Petersberg Agreements)。早在联邦政府成立之前,阿登纳就要求占领国尽快放松对德国经济的限制,停止对德国工业的拆卸计划。联邦政府成立后,立即要求盟国减少拆卸,最好是完全停止拆卸。阿登纳向三国专员陈述利害,强调拆卸政策的消极后果,说他担心"拆卸"一词在联邦德国的政治鼓动中可能会起到战前"凡尔赛"一词的作用。在这方面,美国比较好说话,欧洲国家却比较困难。尤其是法国,要求德国在一些重要问题上采取合作态度,作为放松经济限制的条件。阿登纳政府表示,愿意尽一切可能考虑盟国的安全需要,准备与所有旨在控制德国军事潜力的机构进行合作等等。同时,建议召开有德国代表参加的会议,审议有关问题,不过盟国应立即暂停或放慢对德国工业的拆卸。

经过努力,1949 年 11 月 10 日,美英法外长发表公报,宣称在德国遵守《占领法规》的条件下,其行动自由的范围将得到扩大。11 月 22 日,三国专员与阿登纳政府签署了《彼得斯贝格协定》,三国同意中止拆卸鲁尔等地的工业设备,把一大批企业从拆卸目录中勾销,并取消对德国建造远洋船只等方面的限制。同时还声明,应使德国作为热爱和平的成员加入欧洲大家庭,同意德国参加所有的国际组织,可以与外国发展贸易和建立领事级外交关系。同时德国要继续执行非军事化、非纳粹化和非卡特尔化,防止极权主义和军国主义复活,必须以有利于恢复西欧的真正安全感为基础。[1]

《彼得斯贝格协定》没有完全达到联邦德国的要求。社会民主党批评它是"盟国高级专员制造出来的工具",舒马赫甚至攻击阿登纳是"盟国的总理"。但是,对成立刚刚两个月的联邦德国,这个协定具有重要的意义。阿登纳说,德国的愿望和要求没有完全实现,但《彼得斯贝格协定》却是政治上的一大成果。"战败以来,第一次正式承认了我们的平等地位,使我们第一次又重新踏入国际范围中了。"[2]

二、与法国和解,加入欧洲煤钢共同体

实现法德和解与合作,推进欧洲统一,既做"好的德国人",又做"好的欧洲人",做"欧洲的德国",是阿登纳政府与西方结合的总方针的一部分。

实现欧洲统一,并在其中解决"德国问题",这一思潮在战时和战后欧洲有广泛的基础,德国也不例外。在战时反法西斯抵抗运动中,就有

---

[1]《国际条约集(1948—49)》,世界知识出版社 1959 年版,第 517—520 页。
[2] 康拉德·阿登纳:《阿登纳回忆录》(一),第 319 页。

在欧洲统一中复兴德国的思考。1950年,联邦议院通过一项决议,要求缔结欧洲联盟公约,建立"拥有立法、行政和司法职能的超国家联盟机构",以达到欧洲的经济统一、共同的外交政策、各国人民权利平等等目标。阿登纳认为,欧洲联合是绝对和迫切需要的。世界发生了根本性变化,单个的欧洲国家没有前途。欧洲只有联合起来,才能重新在世界上占有一席之地,并在必要时在天平上投下自己的砝码,否则只会沦为超级大国的附庸。欧洲国家要克服为害巨深的极端的、自杀性的民族绝对主义,也必须走联合之路。对德国来说,只有坚定地走欧洲联合之路,才能与各国增信释疑,为实现自己的复兴创造条件。欧洲统一也是最终"在自由中实现德国统一"的前提。欧洲一体化之必要,还特别是因为美国将它作为整个欧洲政策的基本出发点,而美国的帮助对联邦德国来说是"绝对必要的"。许多德国人总结历史教训,主张做"欧洲的德国",而不是"德国的欧洲",也要求走欧洲统一之路。

实现欧洲统一,既以解决法德问题为目标,又以法德和解与合作为前提。建国不久,阿登纳就释放与法国和解的善意。他对法国媒体说:"处在欧洲今天的阶段,'世仇夙怨'已经完全不合时宜,因此我决心要以德法关系作为我政策的一个基点。身为联邦总理,必须既是正直的德国人,也是正直的欧洲人。因为我希望做到一身二任,所以我不能不致力于德法的谅解。"他向美国报纸表示:"决心要以改善与法国的关系作为我的政策的核心。"[1]当时法德关系因萨尔之争而恶化,阿登纳要求人们不要听信民族主义的煽动,不要陷入仇恨的情绪。他建议成立法德联盟,以利解决争端,消除敌对情绪,并为走向"欧洲合众国"打下基础。

阿登纳政府的政策适逢其时。当时,法国肢解和压制德国的政策难以为继,于是寻求新的道路,让·莫内(Jean Monnet,1888—1979)和罗贝尔·舒曼(Robert Schuman,1886—1963)等"欧洲派"影响上升。1950

---

[1] 康拉德·阿登纳:《阿登纳回忆录》(一),第287—288、291页。

年 5 月 9 日,法国提出"舒曼计划",建议成立一个煤炭和钢铁工业的共
同体,以此把法德等国的煤钢工业——战争潜力的重要基础——纳入一
个超国家的共同体机构之下,从而使德法之间的战争"不仅在思想上不
可能,而且在物质上也不可能",并为欧洲统一提供初步的基础。阿登纳
立即看到,这个倡议不仅有助于消除法德争端,而且"建立在平等基础
上"。它将要以一个各方平等参加、共同决策和运作的共同体,来取代歧
视德国的"鲁尔国际管制机构"。于是积极响应"舒曼计划",参加谈判,
促其成功。1951 年 4 月,德法荷比卢意六国签署《欧洲煤钢共同体条约》
(Vertrag über die Europäische Gemeinschaft für Kohle und Stahl/
Montanunion Vertrag)。阿登纳政府还希望以此为契机,结束盟国的管
制,减轻对德国工业的非卡特尔化处置,并解决萨尔之争。阿登纳坚持,
如果离开"平等"原则,就谈不上欧洲煤钢共同体。他说,在"鲁尔国际管
制机构"掌管鲁尔生产的同时,又让煤钢共同体去做同样的工作,那是荒
唐的。换言之,前者应该取消。联邦德国谈判代表瓦尔特·哈尔斯坦
(Walter Peter Hallstein,1901—1982)强调,要"使经济利益服从远大的
政治目标",尊重各国平等原则,经济利益就能得到保证。当然,妥协也
不可避免。例如在法国的要求和美国人的干预下,接受对煤钢工业的分
散化改组。阿登纳事后对联邦议院说,建立煤钢共同体的协议,是欧洲
几百年来首次实行自愿而非强迫地向一个超国家机构转移主权,并将
"给民族主义这个欧洲的痼疾以致命一击"[①]。

在法德和解的背景下,萨尔问题的解决逐渐水到渠成。在谈判中,
联邦德国要求萨尔的煤钢生产纳入煤钢共同体,但法国主张萨尔以第七
个成员国身份加入,德法意见相左,议而未决。煤钢共同体条约签署后,
法德继续就萨尔进行谈判。到 1954 年,法国又以解决萨尔问题作为同
意联邦德国重新武装和恢复主权(当时签署了相关条约)的先决条件,但

---

① C. C. Schweitzer *et al.* (eds.), *Politics and Government in Germany 1944—1994. Basic Documents*, p. 119.

谈判仍旧十分困难。阿登纳回忆："当会谈转到萨尔问题时，气氛恶化了。双方都说明了自己的观点，相互距离很大。对我来说，法国的要求是不能接受的。"①但阿登纳身处两难：是拒绝法国对萨尔的要求，还是实现重新武装和恢复主权？ 出路只能是分清轻重缓急，寻求妥协。阿登纳终于与法国总理皮埃尔·孟戴斯-弗朗斯（Pierre Mendès-France，1907—1982）达成了妥协，于 1954 年 10 月签署了关于萨尔的原则性协定，让萨尔"欧洲化"，成为"西欧联盟"（Westeuropäische Union/WEU）②结构下的一个地区。为此，将制定一项《萨尔法规》（Saarstatut），并由萨尔公民投票后生效。萨尔保持与法国现有的经济联系，联邦德国在一定时期中也与萨尔建立同等的经济联系。萨尔的最终归属，将在正式签订对德和约后，举行公民投票来决定。

阿登纳同意萨尔"欧洲化"，蕴含着巨大的风险，故而遭到强烈的批评。但萨尔的"欧洲化"是有条件的而非最终的，保留了它最终归属德国的可能性。有关安排也使德方有可能对萨尔局势施加影响。据说阿登纳的信念是："萨尔人是优秀的德国人，他们会懂得该投什么票。"而如果萨尔人决定同德国合并，法国将不会不考虑这种愿望。③ 况且他当时也别无良策，因为最迫切的需要是恢复国家主权地位，对萨尔则只能寄希望于形势的发展。不过，阿登纳没有坐等形势发展，而是通过秘密渠道，向萨尔的亲德力量（萨尔的自由民主党）提供经费，支持其争取萨尔归属德国的活动。

到 1955 年，法德和解已走上轨道，联邦德国恢复了主权地位，经济也走上高速增长之路。这年 10 月，萨尔就《萨尔法规》举行公民投票，有 67％的人投了反对票，这意味着反对萨尔的"欧洲化"。亲法的"萨尔自治政府"随之辞职。萨尔新政府宣布将结束与德国的分离。法德再次就

---

① 威廉·格雷韦：《西德外交风云纪实》，梅兆荣等译，世界知识出版社 1984 年版，第 184 页。
② "西欧联盟"是 1948 年英、法、荷、比、卢等国签署条约而建立的，原称"布鲁塞尔条约组织"，1955 年联邦德国和意大利加入，并改称"西欧联盟"。
③ 转引自施特劳斯：《施特劳斯回忆录》，第 191 页。

萨尔展开谈判,于 1956 年 10 月达成协议。法国同意德国于 1957 年 1 月 1 日恢复对萨尔行使主权,三年后萨尔在经济上与德国合并。德方则在经济上满足法国的要求,如保证从萨尔向法国提供大量的煤炭等。萨尔之争解决,既是阿登纳与法国和解政策的一个成果,也为法德关系的进一步发展,搬掉了一块绊脚石。

三、重新武装与主权地位的恢复

联邦德国恢复主权地位,是与加入西方集团和重新武装联系在一起的。德国分裂后,东西方围绕德国的斗争并未结束。当时冷战处于重要时期。1949 年秋,苏联打破了美国的核武器垄断,中华人民共和国成立,形成强大的震荡。美国提出要"建立自由世界的优势力量",以应对新的形势。1950 年 6 月,朝鲜战争爆发,再次对西方造成冲击。美国一边介入朝鲜战争,一边盯住欧洲。加强刚刚建立的北大西洋公约组织(Nordatlantikpakt-Orgnisation/NATO),建立西欧的军事防务,成为"建立自由世界的优势力量"的迫切任务。为此需要使联邦德国重新武装,为西方防务作出贡献。时任美国总统杜鲁门(Harry S. Truman 1884—1972)认为,面对苏联可能的军事进攻,欧洲的防御如果没有德国参加,就只是大西洋岸边的一场后卫战,而不可能有纵深的防御。1950 年 9 月,美、英、法外长会议,提出让联邦德国重新武装加入西方防务的问题。相关的外交紧锣密鼓,就此敲响。

武装力量是国家安全的需要,是国家主权的体现。战后德国被解除了武装,所以重建武装和恢复主权,成为阿登纳政府的重要诉求。建国后不久阿登纳就表示,愿意参加"欧洲联邦军队",说德国面临苏联威胁,不能手无寸铁。朝鲜战争造成了紧张局势,也提供了机会。1950 年 8 月底,阿登纳政府提出备忘录,要求建立武装力量,参加西方防务,并结束占领状态,使德国与三大国的关系建立在新的基础上。9 月,美、英、法外长与阿登纳发表公报,宣布要使德国在平等基础上与欧洲共同体——包括在大西洋共同体内——相结合,并为西方防务作出贡献。三大国宣布承认联邦德国是德国唯一合法的代表,并将随着有关条约和协定的生效而取消《占领法规》和对德国内部事务的干预,只保留某些尚不能放弃的对德权利。随后,修改了《占领法规》,把日常事务的处理权交还联邦德国,许其建立外交部。1951年3月,联邦德国设立外交部,阿登纳亲任首任外交部长。7月,三大国宣布结束对德国的战争状态。

但是,重新武装恢复主权之路却是一波三折。二战结束仅仅数年,人们对德国军国主义和纳粹暴行记忆犹新,多国反对联邦德国重新武装,法国的态度更为坚决。美国人也认识到使联邦德国重新武装起来,是一个棘手的问题。为有利于控制重新武装后的德国,也顾及到欧洲国家的态度,美国考虑在北约组织的架构中解决问题,而不是建立不受制约、自主行事的德国国家军队和总参谋部。1950年9月美英法外长会议的公报宣称,重建一支德国国家军队并不能最好地服务于德国或欧洲的最高利益。

在当时的形势下,法国无法强行阻止联邦德国的重新武装,便提出一套自己的方案,以获得主动。如莫内所说,要按照不久前提出的欧洲煤钢共同体的思路,搞一个"更加广义的舒曼计划",把德国重新武装置于一个欧洲的超国家结构内,建立一支统一组织、统一装备、统一财政的一体化"欧洲军"(Europäische Armee)。[1] 1950年10月,法国总理普利文(René Pleven,1901—1993)提出了建立"欧洲防务共同体"(Europäische Verteidigungsgemeinschaft)(有的文献中译作"欧洲防务集团")的建议,史称"普利文计划"(Pleven-Plan)。人们称此方案是试图"武装德国人而不武装德国",就是让联邦德国武装起来,但其武装力量要纳入欧洲防务共同体结构下的"欧洲军",既为西方防务作贡献,又受一体化机制的控制。美国急于让联邦德国尽快重新武装,担心"普利文计划"另起炉灶会拖延时日,因而起初颇有疑虑。到1951年夏天,美国

---

[1] 当时,西欧一些人已经提出了建立包括德国武装力量在内的"欧洲军"以加强西方防务的思路,这也是欧洲一体化思路在军事方面的具体应用。

终于感到,要使联邦德国对西方的防务计划作出贡献,最好是支持法国提出的建议。

在联邦德国国内,重新武装和加入西方军事集团也遭到了强烈的反对。一是战争结束不久,人们担心德国军国主义借尸还魂。二是许多人不愿重新拿起武器,充当美国为首的西方集团的马前卒。况且一旦发生战争,很可能剑指德国东部同胞,手足相残。三是担心加入西方军事集团,会断送德国统一的前途。社会民主党在1952年发表声明:"联邦政策的首要目标应该是让德国重新统一,而不是要与西方一体化。"①德国共产党谴责重新武装是复活军国主义,为美帝的战争政策效力。许多自由派人士也强烈反对重新武装。联邦内政部长海涅曼(Gustav Heinemann,1899—1976)为抗议重新武装而辞职。1950年12月有民调说,70%的西德人反对重新武装。多地工人举行抗议罢工和游行。年轻人喊出"我不参加",以抵制重新武装。但阿登纳政府坚持重新武装的方针,准备接受"普利文计划"加入"欧洲军";同时向战胜国索取让步,彻底结束占领体制,恢复主权和平等地位。在有关的谈判中,联邦德国方面强调,参加"普利文计划",就应该与其他参与国具有同样义务,享有同样权利。对法国要求约束德国的意见,德方代表的态度是:"很好,但你们也应如此。"1951年9月,美英法提出调整与联邦德国关系的条约草案,阿登纳认为其中没有保持"平等原则",三大国保留的权力过大,如设立"大使委员会",有权以多数决定来干预德国的外交政策等。他声称不会在这样的条约上签字。② 联邦德国谈判代表格雷韦(Wilhelm G. Grewe,1911—2000)回忆说:三大国"企图原则上保留1945年所接管的最高权力",德方则要"争取拔掉盟国草案中的一些'毒牙',使它接近德国的设想"。因此"为每个条文进行了激烈的斗争",历时7个月之久,争得了100多项让步。③ 阿登纳亲自与三国高级专员进行会谈就达30余

---

① 科佩尔·平森:《德国近现代史:它的历史与文化》,下册,第747页。
② 康拉德·阿登纳:《阿登纳回忆录》(一),第437,544—545页。
③ 威廉·格雷韦:《西德外交风云纪实》,第120—123、126—127页。

次。不过阿登纳政府也知道其目标不可能一蹴而就,特别是为了有利于最后实现德国统一,在有些问题上还需要保留三大国的权利和义务,作出一些妥协是必要的。

　　经过艰苦的谈判,1952 年 5 月 26 日在波恩签署了《德意志联邦共和国与三大国关系条约》(Vertrag über die Beziehungen zwischen der Bundesrepublik Deutschland und den drei Mächten)及相关附件,亦称《一般性条约》(Generalvertrag)。第二天即 27 日,法德意荷比卢六国签署了《欧洲防务共同体条约》(Europäische Verteidigungsgemeinschaft Vertrag/EVG-Vertrag)。前一条约写明,承认联邦德国是"国际社会中自由平等的一员",废止《占领法规》,联邦德国恢复主权,并加入欧洲防务共同体,作为大西洋集团的组成部分。三大国将继续保留在德国驻军、恢复德国统一、柏林问题和对德和约等方面的权利和责任,以及必要时在德国宣布紧急状态的权利。后一条约对建立"欧洲防务共同体"和"欧洲军"作了规定:包括联邦德国在内的所有成员国的军队(联邦德国可建立 12 个师),除了有特殊规定如维持海外领地的需要之外,都纳入统一的欧洲军,归欧洲防务共同体管辖。各国不得征召和维持独立和自成体系的国家武装力量。欧洲防务共同体的机构不对各国政府负责,而是对超国家的欧洲政治机构负责。条约设计了欧洲防务共同体的基本机构框架。同时规定,前一条约须在后一条约批准实施后,才能生效,亦即结束占领制度,联邦德国恢复主权,是与它加入欧洲防务共同体捆绑在一起的。

　　苏联和东欧十分警觉西方这一冷战举动和德国军国主义复活的危险,强烈反对联邦德国重新武装和加入西方集团,指出西方的决定违反战时盟国的协议,必将在欧洲造成新的侵略和战争危险。苏联要求重开美苏英法四国会议,讨论按照雅尔塔和波茨坦协议的原则来处理德国问题,建立全德政府,缔结对德和约。但是,美国坚持既定方针。国务卿迪安·艾奇逊(Dean Achison,1893—1971)表示,美国对于四国讨论德国问题已无兴趣,因为那只会把事情弄糟。西方不要受雅尔塔或波茨坦协议的束缚,那两个文件已经过时了。阿登纳担心重现四国共管德国的"波茨坦噩梦",自然不喜欢四大国会议。他向美国人强调,不征求德国的意见,是难以达成有效的协定的。1951年,在巴黎玫瑰宫举行了四国外长会议的筹备会,苏联与美国等国各执一端。这次会议被艾奇逊称为"玫瑰宫里的宣传",根本无法解决问题。

　　1952年苏联再次发动外交攻势,于3月10日提出一项对德和约原则的草案,其中建议恢复德国的统一,统一的德国实行中立,其领土按照波茨坦协议划定,和平经济不受限制,而且"为了自卫可以保有本国的武装部队"和进行有限的军事生产。4月9日苏联进一步提出要"毫不迟疑地讨论举行全德自由选举的问题"①。苏联抛出"以中立换统一"的画饼,对不少德国人颇具诱惑,有助于激发反对重新武装的力量。但阿登纳政府坚持既定方针,决不接受"中立换统一"。美国也认为,苏联的建议不过是又一次破坏活动,是要阻止德国同西方结合。东西方之间经过一番"照会战",联邦德国与西方三国一起,拒绝了苏联的相关建议。

　　但是,这时西方阵营内出了问题。法国提出"普利文计划"后,国内发生了激烈的争论。反对者不愿法国将防务主权纳入超国家机构,并担心重新武装的德国会很快支配欧洲防务共同体。1954年8月底,法国国民议会经过激烈辩论,扼杀了《欧洲防务共同体条约》。这又使结束占领制度的《一般性条约》不能生效。这一变故,被阿登纳称为一场危机。他召开紧急内阁会议,宣布继续致力于欧洲统一,继续同有关国家讨论军事一体化、恢复主权和一视同仁地参加西方防务的问题。他还强调事态堪忧,德国人有可能"转到面向东方的民族主义",必须采取紧急措施加以应对。美英也紧急磋商,甚至考虑哪怕没有法国参加,也要作出必要的安排。美英外长接踵访问波恩。美国国务卿杜勒斯(John F. Dulles,1888—1959)强调"不能让德国人民倒向东方"。英

---

① 人民出版社编:《德国问题文件汇编》,人民出版社1953年版,第159—162、163—165页等。

国外相艾登(Robert Anthony Eden,1897—1977)提出了替代性方案。不久,就联邦德国重新武装和恢复主权,达成了新的协议。

艾登提出的方案,是对1948年英法荷比卢五国签订的《布鲁塞尔条约》(Brüsseler Pakt/Treaty of Brussels)加以修改,吸收联邦德国和意大利加入,同时让联邦德国加入北大西洋公约,实现重新武装。这是一个对德国更为宽松的方案,阿登纳政府自然欢迎。在随后的讨论中,法国仍然要求严格监督联邦德国的军备,阿登纳还是强调权利义务平等和无歧视原则,反对对德国的"歧视"和"不信任"。法德尖锐争论,美英则对法国压、抚并用,促其妥协。德方还要求"根本修改"1952年签署的《一般性条约》,删改一些严重干预德国主权和内政的条款,如盟国保留的"紧急状态权利"条款,并把三大国在德驻军建立在条约基础上。同时提出,即使不能实现重新武装,也应终止占领制度。据格雷韦后来说,达成的新条约与1952年条约相比,有八个方面作了有利于德方的修改。尽管仍有一些很高的期望没有实现,但在战争结束还不到10年,就取得这样的成果,已足以令人惊异和注目了。[1]

1954年10月23日,联邦德国与美英法意等多国签署《巴黎协定》(Pariser Verträg),包括一系列文件:一是恢复联邦德国主权的文件;二是修改《布鲁塞尔条约》使联邦德国和意大利加入的文件;三是联邦德国加入北大西洋公约组织的议定书;四是法德关于萨尔地位问题的文件(即前节提到的萨尔"欧洲化"的协议)。根据《巴黎协定》,德意将作为"独立自主"的平等成员加入西欧联盟(由布鲁塞尔条约组织改组而来)和北大西关公约组织,联邦德国在此框架下重新武装,将建立50万人的军事力量,非经西欧联盟的同意不得超过这一限额。联邦德国承诺,不在其领土上生产"ABC"武器(即原子、生物、化学武器),未经北约最高司令官的要求和西欧联盟理事会2/3多数的同意,不生产远程导弹、感应

---

[1] 威廉·格雷韦:《西德外交风云纪实》,第187页。

水雷、大型军舰和潜艇、战略轰炸机等武器,并受西欧联盟有关机构的监督。[1] 根据修改后的《一般性条约》,三大国结束对德占领制度,但仍保留在德国驻军、德国统一和缔结对德和约以及在柏林问题上的权利与义务。联邦德国声明,遵守联合国宪章的原则和义务,将保证不采取任何与《北大西洋公约》和《布鲁塞尔条约》的严格防御性质不符的行动,决不使用武力来实现重新统一或改变现存边界,要以和平手段解决与他国可能发生的争端。三大国声明,承认联邦德国为德国唯一的自由与合法组成的政府,它有权在国际上代表德国人民;将继续通过和平谈判以求得德国问题的解决,最终以和平途径实现德国的自由与统一;将继续在柏林驻军,以维护柏林的安全与福利及西方在柏林的地位。[2] 此时,联邦德国反对重新武装的呼声仍然强大。1955 年 1 月,数百位知名人士在法兰克福的保罗教堂(Paulskirche)集会,指出重新武装将破坏德国统一的机会,加剧东西方紧张,使德国人面临同室操戈的命运。这些呼吁未能改变政府的政策,联邦议院通过了《巴黎协定》。1955 年 5 月《巴黎协定》经各国批准后生效。美英法结束了对德占领(柏林除外),其驻德高级专员变身为大使。

联邦德国重新武装并加入北约组织,是冷战时期围绕德国的斗争中的一个重要回合。美国由此完成了西方联盟建设的一个重要环节,加强了西方联盟;苏联反对未果,随之组织包括民主德国在内的军事集团,加以抗衡。阿登纳政府以重新武装为契机,恢复了主权(尽管尚不完全),使“雅尔塔和波茨坦两个协定被埋在地下”。1955 年 5 月 5 日《巴黎协定》生效之日,阿登纳在总理府前升起国旗,并宣读一篇恢复主权的声明:“在国家社会主义的军事和政治崩溃后将近 10 年的今天,终于结束

---

[1] "Protocol Modifying and Completing the Brussels Treaty, Paris, October 23, 1954", in: Uta Poiger (ed.), *German History in Documents and Images*, Vol. 8, *Occupation and the Emergence of Two Sates*, *1945—1961*. http://germanhistorydocs.ghi-dc.org/

[2] C. C. Schweitzer *et al*. (eds.), *Politics and Government in Germany 1944—1994. Basic Documents*, pp. 120 - 121.

了对联邦共和国的占领时代。联邦政府可以怀着深为满意的心情宣告：我们是一个自由和独立的国家。"①另一面，联邦德国也更深卷入了冷战体制，两德分别作为两大对立集团的成员而彼此对峙，统一更加困难、更加遥远了。

第二节　民主德国主权地位的恢复

民主德国成立后，积极寻求通过两德谈判来建立统一的全德政府，继而通过与战胜国缔结和约来实现占领国撤军和德国独立。然而，英法美苏四大战胜国在德国问题上分歧重重，导致德国分裂长期化。在英法美三国致力于加快重新武装联邦德国和组建欧洲防务力量的压力下，苏联也开始逐渐恢复民主德国主权并将其纳入华沙条约组织。通过与苏联单独签署和平条约，民主德国成为主权独立的国家，但并没有获得完全主权。

一、民主德国致力于德国统一的努力

建国之初，民主德国积极寻求通过两德谈判来建立统一的全德政府，然后再由统一的德国政府与英法美苏等国缔结和约，实现占领国从德国撤军和德国最终成为一个和平、统一和独立的国家。

从 1949 年建国到 1952 统一社会党二次会议召开，民主德国将国家统一作为主要任务。最初，民主德国主张按照《波茨坦协定》恢复德国统一并作出了一定的努力。在民主德国看来，西方分裂德国是由于他们害怕在一个符合《波茨坦协定》规定的、统一的反法西斯主义的民主国家中，同联合起来的工人阶级和其他进步力量进行公开的政治较量。在西方改变联邦德国的现状时，民主德国是坚持贯彻《波茨坦协定》的。1950

---

① 康拉德·阿登纳：《阿登纳回忆录》(二)，上海外语学院德法语系德语组译，上海人民出版社 1975 年版，第 509 页。

年 8 月 2 日,民主德国大张旗鼓地纪念《波茨坦协定》,宣传民主德国在推行土地改革、消除法西斯意识形态等方面执行了协定,而联邦德国的建立和重新武装是违背协定的。① 民主德国主张按照苏联东欧集团对《波茨坦协定》的理解来改造和统一德国,主张"民族问题是一个阶级问题,只有在工人及其同盟者消灭垄断资产阶级统治的斗争中才能得到解决"②,希望将民主德国的政治经济体制扩大到全德。

为了实现德国的统一,民主德国多次提议举行两德谈判。如 1949年 10 月 4 日,统一社会党中央执行委员会(Zentrale Exekutivkomitee,简称"中委会")建议联邦德国的议会和政府与民主德国的人民议会和政府就相应的步骤举行谈判。同年 10 月 23 日,皮克总统向联邦德国提议谈判完成德国的重新统一,24 日民主德国政府又提出缔结和约的建议。然而,民主德国的统一主张和坚持《波茨坦协定》的立场不可能为反苏反共的阿登纳政府接受。对于民主德国的谈判提议,联邦德国没有直接答复,而是提出了自己的统一主张。1950 年 3 月 22 日,阿登纳政府提出通过全德选举产生全德立宪议会的建议,英法美三国表示支持。③ 5 月 25日,美国出面向苏联提交了联邦德国的建议,但苏联没有答复。

除了提出谈判提议外,民主德国还发动群众运动来争取德国统一。1950 年 5 月 24 日,民主德国在柏林召开了 50 万人参加的世界青年会议,其中 5 万人来自联邦德国。在会上,乌布利希强调会议的民族意义和宣传民主德国的政策主张。④ 利用联邦德国人民对物价高涨的不满,民主德国还进行了反美宣传,提出"德国人的德国"口号⑤,煽动联邦德国

---

① Jochen Meiners, *Die doppelte Deutschlandpolitik : zur nationalen Politik der SED im Spiegel ihres Zentralorgans "Neues Deutschland" 1946 bis 1952*, Frankfurt am Main, New York: P. Lang, 1987, S. 301 - 309.

② 德国统一社会党中央马列主义研究所编写组编:《德国统一社会党简史》,第 256—257 页。

③ United States Department of State, *Documents on Germany*, *1944—1985*, Washington, D. C. , 1985, pp. 313 - 314.

④ *Neues Deutschland*, 15 April 1950.

⑤ *Neues Deutschland*, 1 July 1950.

群众对英法美三国以及与它们密切合作的阿登纳政府的不满。

尽管将争取国家统一规定为主要任务,但民主德国最初的德国政策表现比较消极,主要是进行政策宣传,并没有制定和实行切实有效的措施。因为建国后的经济困难使民主德国无暇外顾,统一社会党首先重视的是作为统一斗争基础的国内建设。

然而,由于美国将联邦德国纳入西方军事体系的政策危及了民主德国及其苏联东欧盟国的安全形势,民主德国不得不加大了统一努力的力度。1950年10月22日,针对英法美三国的纽约外长会议,包括民主德国在内的苏东八国外交部长在布拉格集会。与会国反对西方三国单方面决定结束对德战争、制定对德和约以及重新武装联邦德国等政策,提出按照《波茨坦协定》签订和约和最终从德国撤军。会议还建议由德国两部分谈判建立协商和约与筹备全德临时政府的全德立宪会议。[①]

为了实现布拉格决议,苏联和民主德国分兵作战,前者呼吁召开四国会议,后者则是努力争取与联邦德国开启谈判。但是,苏联的谈判努力毫无结果,民主德国的谈判政策也同样以失败告终。从布拉格会议结束到统一社会党第二次代表会议召开前夕,民主德国多次向联邦德国和西方建议谈判解决德国问题。但是,联邦德国拒绝承认民主德国的国家地位,使有关谈判从未举行,双方只是在建立全德政府的方式和步骤等问题上争执不休,主要涉及全德立宪议会产生方式、自由选举的举行以及对德和约等问题。在向联邦德国政府提出谈判提议的同时,民主德国还继续动员群众特别是争取工人阶级及其组织,以建立广泛的反对联邦德国重新武装的统一战线。由于阿登纳不理会格罗提渥的提议,民主德国通过各种渠道在两德展开统一宣传,指责联邦德国不愿解决德国统一问题,并号召工人阶级及其政党统一行动。[②] 1950年12月30日,民主

---

① 世界知识社辑:《欧洲安全和德国问题文件汇编》第一集(1945—1953),世界知识社1956年版,第153—154页。

② Jochen Meiners, *Die doppelte Deutschlandpolitik*: *zur nationalen Politik der SED im Spiegel ihres Zentralorgans "Neues Deutschland" 1946 bis 1952*, S. 351 - 358.

德国人民议会主席还致信联邦议院议长,再次提出举行两德会谈。然而,对于民主德国开展两德统一谈判的各种提议,联邦德国各部门都拒绝理会。

　　在直接争取两德谈判失败后,1952年2月13日,民主德国致函英法美苏四国政府,要求按照《波茨坦协定》从速缔结对德和约。[①] 2月20日,苏联回信表示支持,拒绝承认民主德国的英法美三国则没有理会。3月10日,在对民主德国的建议稍加修改后,苏联向英法美三国政府发出缔结对德和约的外交照会,并附加了和约草案。在外交照会中,苏联建议四国召开会议,讨论缔结对德和约以及研究建立一个全德政府来签订和约等问题。在和约草案中,苏联提出建立一个统一、独立和军事中立的德国,统一后的德国在一定程度上可以拥有保卫安全的武装部队和生产军需物资,还可以加入联合国。[②] 3月14日,民主德国总理格罗提渥发表了表示支持苏联照会的声明。

　　实际上,在建立中立、统一德国的过程中,民主德国也有被实力较强的联邦德国吞并的危险,皮克和格罗提渥曾向来访的意大利社会党人抱怨,"斯大林要把我们放到一个新的环境中去,但我们不知道怎样从那里走出来"[③]。让民主德国觉得有惊无险的是,联邦德国毫不犹豫地拒绝了苏联的和约草案。西方国家和阿登纳的主张不谋而合,英法美三国驻德高级专员向阿登纳声明:"我们将继续进行我们的有关欧洲防务集团与德国条约谈判,只当没有那份照会一样。"[④]1952年5月26日和27日,联邦德国和英法美等国先后草签了关于结束德国占领状态和组建欧洲防务集团的《波恩条约》和《巴黎条约》。两个条约的签订表明,民主德国以谈判德国统一来阻止联邦德国重新武装的德国政策没有奏效。西方

---

① 世界知识社辑:《欧洲安全和德国问题文件汇编》第一集(1945—1953),第259—260页。
② 同上书,第262—265页。
③ Rolf Steininger, *Eine Chance Zur Wiedervereinigung? Die Stalin-Note vom 10. maerz 1952*, Bonn: Neue Gesellshaft, 1985, S. 20.
④ 康拉德·阿登纳:《阿登纳回忆录》(二),第67页。

学者普洛克认为,建国后民主德国存在"保持东德内部稳定和寻求对其主权地位的外交承认"及"建立东德的全德信誉和作为全德模式的先进政治体制"两个目标。[①]　在实现德国统一的希望渺茫以及西方的威胁加剧后,保持政权的稳定甚至是寻求单独的主权地位成为民主德国的主要目标。

二、从争取统一转向恢复主权

随着国内社会主义建设的发展,在 1952 年统一社会党第二次代表会议后,民主德国日益注重维护自身存在并走向了恢复主权的道路。

在 1952 年 7 月的统一社会党第二次会议上,党的总书记乌布利希作了《目前形势和德国统一社会党的新任务》的报告。报告显示,民主德国仍然将国家统一作为主要任务,但利用西方强硬的冷战政策和斯大林的以中立换统一的德国政策的失败,使乌布利希将国内的工作重心转向了进行社会主义建设。在德国统一与民主德国社会主义建设的关系问题上,乌布利希的看法是,民族问题现在是、将来还是中心问题,这个问题具有深刻的社会内容。德意志民主共和国和柏林的社会主义建设,对于为争取统一、民主、爱好和平和独立的德国的斗争来说,只会起好的作用。[②]　也就是说,乌布利希认为统一问题依旧是未来的主要任务,但他希望的是社会主义制度下的统一。因而,在他看来,发展社会主义事业与追求德国的统一是一致的。

会后,民主德国没有终止争取统一谈判的努力。9 月 5 日,人民议会致信联邦议院,建议两德派代表参加四国会议和组成一个调查两德举行自由选举可能性的德国调查团。[③]　由于联邦德国一直拒绝谈判,民主德国采取了不请自到的主动措施,人民议会派出一个代表团前往联邦德

---

① Ernest D. Plock. *East German-West German relations and the fall of the GDR*, Boulder: Westview Press, 1993, p. 10.

② 乌布利希:《目前形势和德国统一社会党的新任务》,第 47 页。

③ 世界知识社辑:《欧洲安全和德国问题文件汇编》第一集(1945—1953)),第 300—303 页。

国,试图与联邦议院进行接触。9 月 19 日,民主德国代表团到达波恩,但联邦德国官方拒绝与之接触。民主德国还积极争取国际和平力量的支持,同年 11 月 8—10 日,民主德国在柏林举办了争取和平解决德国问题的国际会议,两德代表在会后发表了联合宣言。然而,民主德国以统一换中立的努力还是没有奏效。

西方联盟组建取得进展使民主德国的外部局势进一步恶化,但让民主德国更为不安的是内部社会主义建设问题及其引发的国内民众抗议运动。1953 年发生在柏林的"6·17 事件"显示,民主德国政权极不稳定,西方国家则认为这是进行有关德国问题谈判的有利时机。1953 年 7 月 15 日,西方三国照会苏联,建议在 9 月底举行一次四国会议,讨论德国统一、对德和约以及对奥和约等事务。最后,四大国决定于 1954 年 1 月初在柏林召开四国会议。

国内动乱刚刚平息,民主德国明白谈判时机对自己不利。为了避免四国牺牲民主德国的利益,在 8 月 17 日的广播演说中,皮克要求"在准备和约的各阶段以及在和会上,必须保证德国有代表参加",他还建议由两德组成临时全德政府准备全德自由选举。[①] 但是,阿登纳坚决反对两德参加柏林会议,他认为,"要是这样做,那就意味着事实上承认德意志民主共和国"[②]。为了维护自身利益,民主德国还努力影响苏联的谈判立场。8 月 22 日,民主德国和苏联代表会晤,双方在德国问题上取得了一些共识:必须在最近召开和会;必须有德国代表参加和会的各阶段准备工作以及参加和会;必须通过两德的直接协商来成立负责筹备自由选举的临时全德政府;选举以后德国人民建立政府不受外国干涉。为了稳定民主德国政权并消除其对苏联背叛的担忧,苏联免除了民主德国由于战争而负担的财政和经济义务,两国签署了一系列合作协议,苏联还将两国关系提升到大使级别。[③]

---

① 世界知识社辑:《欧洲安全和德国问题文件汇编》第一集(1945—1953),第 360—362 页。
② 康拉德·阿登纳:《阿登纳回忆录》(二),第 279 页。
③ 世界知识社辑:《欧洲安全和德国问题文件汇编》第一集(1945—1953),第 363—365 页。

1954年1月25日—2月18日,四国外长会议在东、西柏林轮流召开。会议前夕,民主德国仍然要求两德代表参加会议,但支持阿登纳政府的西方三国予以拒绝。在会上,西方还是坚持以自由选举作为德国统一的第一步,不过在联合国监督自由选举方面作出了妥协,同意苏联曾主张的由四国代表加上或不加上中立国的代表组成选举监督委员会。西方还坚持建立欧洲防务集团,并要求全德政府应该有权继承联邦共和国和苏占区所承担的条约权利和义务,这意味着西方主张统一的德国可以加入北约。民主德国坚决反对西方的立场,1月30日向四国外长会议提交了一份备忘录,反对《波恩条约》和《巴黎条约》,主张德国统一的第一步是建立一个由东西德代表组成的全德临时政府,要求对德和约包括外国占领军撤出、不参加旨在反对任何一个曾参加对德作战的国家的联盟或军事同盟等原则。① 民主德国的新立场显示,为了维护自身存在,乌布利希政府在自由选举问题上,主张两个德国代表组成一个临时全国政府。

2月1日,莫洛托夫提出了一个与民主德国主张一致的和约草案。10日,苏联还提出了一个安全计划,即实行四国管制德国的安全模式。最终,因为分歧太大,东西方未能在德国问题上达成协议。

柏林会议后不久,苏联进一步提升民主德国主权地位,取消了对其国家机关的监督,授权民主德国自行决定它的包括两德关系在内的国内外事务。在主权地位日益提升后,民主德国更加强调自身的安全与存在。在1954年3月30日的统一社会党"四大"上,该执政党表示不要求简单地把民主德国的成果搬到联邦德国,同时开始坚持民主德国的现状,即要求新的德国没有垄断资本统治、没有失业、爱好和平、独立并与苏联团结与友好。② 在大会的总结报告中,乌布利希反对联邦德国的统

① 德意志民主共和国外交部编:《关于德意志联邦共和国政府侵略政策的白皮书》,第116—117页。
② 维纳·洛赫:《德国史》,北京大学历史系世界近代现代教研室译,三联书店1959年版,第1232页。

一立场和安全政策,继续坚持民主德国的统一立场,即:"恢复德国的统一首先要靠德国自己,恢复德国统一只有在德国东西两部分代表之间达成协议,只有在拒绝'欧洲防务集团'条约和波恩'一般性条约'的情况下才有可能。"①也就是,民主德国的统一目标或条件是,两德对等组成全德政府和联邦德国拒绝倒向西方阵营,这些主张是不可能获得联邦德国以及英法美等国同意的。此后,民主德国的谈判提议没有现实可能性,只存在着反对阿登纳政府政策的宣传意义。以新闻发布会、政府声明的方式,民主德国政府表示愿意谈判统一问题,这也是自 1952 年第二次代表会议以来统一社会党争取谈判最为积极的阶段。1955 年 1 月 15 日,苏联再次让步,同意西方主张的国际监督下的自由选举,民主德国的政策活动空间增大。民主德国及时调整了自己的政策,格罗提渥政府发表一份声明,表示如果联邦德国改变加入北约的政策,两德可以在 1955 年举行全德自由选举。② 2 月 24 日,民主德国人民议会派全权代表前往联邦德国联邦议院,说明民主德国关于全德选举、选举法以及国际监督的基本思想。同时,邀请联邦议院代表团到人民议会来发表他们的意见。③但是,联邦议院拒绝对话,并于 2 月 27 日批准了《巴黎协定》。民主德国对此作出了激烈的反应,指责阿登纳的政策是出卖民族利益和要以武力统一德国,号召工人阶级统一行动,并要求对《巴黎协定》进行全民公投。民主德国还声明,其主张的德国统一之路是反对《巴黎协定》和要求实现两德和解,并表示不反对对自由选举的国际监督。5 月 5 日,格罗提渥还呼吁联邦议院废除允许联邦德国加入北约的《巴黎协定》,建议两德立即就消除军国主义、准备产生全德国民议会的自由选举、联合要求所有占领军队撤出德国和缔结和平条约等达成谅解。④ 但是,《波恩条约》和《巴

---

① 乌布利希:《德国统一社会党第四次代表大会文件选辑:一九五四年三月三十日至四月六日》,纪年译,世界知识出版社 1956 年版,第 15 页。

② W. Haenisch (Hrsg.), *Geschichte der Aussenpolitik der DDR: Abriss*, S. 98 - 99.

③ 德意志民主共和国外交部编:《关于德意志联邦共和国政府侵略政策的白皮书》,第 122 页。

④ Lawrence L. Whetten, *Germany East and West: conflicts, collaboration, and confrontation*, New York: New York University Press, 1980, p. 14.

黎协定》在同天生效,联邦德国获得了国家主权并被纳入了北约军事集团,德国的分裂局面进一步巩固,民主德国争取德国统一和独立的努力完全失败。实际上,在联邦德国公开、高调地走向通过倒向西方阵营换取主权地位之时,民主德国一方面通过各种方式反对联邦德国重新武装和加入西方集团,另一方面也积极发展国内社会主义建设和与苏联东欧国家的关系,以此维护政权稳定和寻求主权地位。最终,通过与苏联单独媾和,民主德国也走上了恢复主权地位的道路。

三、主权地位部分恢复和加入华沙条约组织

在激烈的冷战对抗之下,民主德国通过和平谈判方式实现国家统一和恢复主权的努力不断遭遇挫折。在这种情况下,民主德国和苏联日益注重保持民主德国内部稳定及与联邦德国平起平坐的地位。在联邦德国通过加入西方阵营获得国家主权后,民主德国也通过与苏联单独签署和平条约和加入华沙条约组织,恢复了民主德国国家主权地位。

二战结束后,斯大林政府在德国的主要目标是落实通过《波茨坦协定》获得的权益和保障自身安全。二战后真正能威胁到苏联国家安全的只有美国,因而,斯大林竭力阻止美国力量停留在欧洲和反对美国主导的西方联盟的建立,采取了以谈判方式解决德国问题的新策略。但是,苏联和民主德国关于德国统一的努力鲜有进展。在德国统一问题陷入僵局的情况下,苏联开始着力于巩固民主德国政权。1953 年 8 月,苏联免除了民主德国由于战争而负担的财政和经济义务,将两国关系提升到大使级别,两国还签署了一系列合作协议。1954 年 3 月,苏联还取消了对民主德国国家机关的监督,并授权民主德国自行决定它的包括两德关系在内的国内外事务。

在美国加紧恢复联邦德国主权并将其纳入北大西洋公约组织的情况下,苏联也加紧了恢复民主德国主权的进程。1955 年 1 月 25 日,苏联发布《关于结束苏联同民主德国之间的战争状态的命令》,决定结束两国之间的战争状态并废除由战争引起的将德国公民当作敌国公民的一切

法律限制。1955 年 9 月 20 日,苏联政府与民主德国政府签订了《关于苏维埃社会主义共和国联盟和德意志民主共和国之间的关系的条约》。条约的主要内容是:(1) 关于恢复民主德国的规定。条约表示两国之间关系将建立在完全平等、互相尊重主权和互不干涉内政的基础上,民主德国可以自由地解决它的内政和外交政策问题,包括同联邦德国的关系以及发展同其他国家的关系问题。(2) 关于两国合作的规定。条约指出两国"将就一切有关两国利益的重大国际问题互相进行磋商,并且采取它们力所能及的一切措施来防止和平遭到破坏"。双方同意和加强两国之间"现有的经济、科学技术和文化关系,相互给予一切可能的任何援助,并实行必要的经济和科学技术的合作"。(3) 苏联在民主德国领土上驻军。在民主德国的同意下,苏联根据两国之间协议将暂时继续在民主德国驻军。条约签署后,苏联部长会议宣布,撤销苏联驻德高级专员一职,对德管制的各种条例在民主德国停止生效。从此,民主德国成为主权独立的国家,在国际法上不再处于苏联的占领状态之下。

在努力阻止西方国家通过《欧洲防务共同体条约》的同时,苏联东欧国家也作了两手准备,加紧筹建社会主义军事同盟。1954 年 11 月底 12 月初,苏东集团国家在莫斯科(Moskau)召开了欧洲安全会议,会议通过宣言声称:如西方国家批准《巴黎协定》,苏联和东欧国家将在组织武装力量和联合司令部方面采取共同措施。1955 年 3 月,苏东八国又就缔结集体友好互助条约的原则、组建联合武装力量及其统帅部等问题进行了协商,并取得一致意见。1955 年 5 月 14 日,阿尔巴尼亚(Albanien)、保加利亚(Bulgarien)、捷克、民主德国、波兰、罗马尼亚(Rumänien)、苏联和匈牙利(Ungarn)八国在华沙签订《阿尔巴尼亚人民共和国、保加利亚人民共和国、匈牙利人民共和国、德意志民主共和国、波兰人民共和国、罗马尼亚人民共和国、苏维埃社会主义共和国联盟、捷克斯洛伐克共和国友好合作互助条约》,简称《华沙条约》(Warschauer Pakt)。条约有效期为 20 年,到期可顺延 10 年。条约的主要内容是:(1) 缔约国继续发展和加强在政治、经济、军事和文化领域的合作;(2) 缔约国采取共同和协商一致的政策,以保证和平与欧洲安全,实现普遍裁军和禁止核武器和其他大规模杀伤性武器。(3)华沙条约组织的宗旨,即:如果在欧洲发生了任何国家或国家集团对一个或几个缔约国的进攻,每一缔约国应根据联合国宪章第51条行使单独或集体自卫的权利,个别地或通过同其他缔约国的协议,以一切它认为必要的方式,包括使用武装部队,立即对遭受这种进攻的某一个国家或几个国家给予援助。

1956年6月4日,根据《华沙条约》第6条规定,华沙条约组织这一军事、政治同盟正式成立。华沙条约组织总部设在莫斯科,俄语、德语、波兰语、捷克语为官方用语。"华约"还建立了联合武装部队和一体化部队等两支军队,两种部队都由缔约国军队组成,不同的是后者由联合武装部队司令部指挥,前者平时由各国国防部领导,战时才由联合武装部队司令部指挥。

民主德国被苏联东欧国家纳入了华约组织,虽然这既意味着民主德国正式加入社会主义阵营,也表示民主德国在社会主义阵营中获得平等的国际地位,但民主德国并没有获得与其他缔约国完全平等的地位,如一旦发生武装冲突,其他缔约国可以自行决定如何作出反应,而民主德国的反应程度要由整个华约组织决定。按照苏联和华约的安排,1956年民主德国开始重建军队,但军队人数较少,只占整个华约组织的3.3%,而其人口大约占到华约组织的4.5%。[1] 而且,民主德国的军队随时都受控于华约组织的联合武装部队司令部。当然,民主德国位于冷战前沿,加入华约组织以及苏联、华约在其领土上驻有大量军队,有利于民主德国的国防和国内安全。此外,民主德国还一再利用华约组织作为向联邦德国施加压力和阻止苏联东欧国家接近联邦德国的政治工具,这在1967年阻止罗马尼亚等国与联邦德国建交时尤为明显。然而,华约组织很明显是苏联在政治上进一步控制民主德国的政策工具,民主德国并没有获得完全的主权和完全平等的国际地位。

---

[1] C.布雷德利·沙尔夫:《民主德国的政治与变革》,第191页。

第七章　两个德国政府的演变

　　两个德意志国家的政局发展和政府演变各有特点。联邦德国在多党议会制度下,执政力量多次变换,但主要是基督教联盟党和社会民主党交替保持主导。重大政策时有改革和调整,但坚持了"自由与民主的基本秩序",基本政策具有连续性。民主德国坚持统一社会党的领导,在此前提下进行政治经济体制的调整改革,促进了国家的发展。但是,改革反复较大,未能克服体制僵化、缺乏活力的弊端,未能实现社会主义体制的自我完善。

第一节　联邦德国政府演变:从阿登纳到科尔

　　联邦德国从建国到 1990 年统一,经历了两次较大的政局变化。从建国到 60 年代初,联盟党占据政坛优势,领导联邦政府,阿登纳长期担任总理,政治上保守倾向比较浓厚。此后变革呼声强化,中经"大联合政府"的过渡,到 60 年代末开始社会民主党与自由民主党十余年的联合执政,推行社会民主主义色彩的改革。而后保守主义回潮,80 年代联盟党重新上台,执政直到统一之后。历届政府的政治倾向有异,政策时有变化,但总的来说是走了一条温和的"中间"道路,或属中右,或属中左。激进左翼和极端右翼的主张,都遭到拒斥。

一、阿登纳和艾哈德领导的联盟党政府

从 1949 年联邦德国成立起,基督教民主联盟和基督教社会联盟(合称"联盟党")就在联邦层次上执掌权柄。50 年代至 60 年代初的历次大选,联盟党都取得优势。特别是在 1957 年联邦议院选举中,联盟党获得过半数的选票和议席,达到高峰。阿登纳连任总理,直到 1963 年。他是一位兼具基督教传统和自由主义的保守政治家,注重实际,强烈反共,也反对右翼极端主义和狭隘民族主义。他那种家长式的、具有权威主义特点的执政风格,遭到左翼-自由派的批评。但在一个缺乏稳定和安全的国家,对于习惯于强势政府,尚未完全摆脱迷茫的民众,这种执政风格和权威又有产生的条件,甚至有某种必要性。

这是联邦德国内政外交的创制和奠基时期。当时百废待兴,复兴之路正长。人们对新的共和国能否巩固,疑虑颇深。联邦德国又背负历史重负,处在冷战夹缝中,没有国际地位,缺乏国际信任。在困难的条件下,阿登纳政府以非凡的努力,初步稳定和巩固了国内基本制度,重返了国际社会,造就了"经济奇迹",为后来的发展奠定了基础。

阿登纳以艾哈德主管经济,建立起"社会市场经济"体制。其政策实行之初,批评不绝于耳。1948 年取消价格管制放开市场后,物价上涨,失业上升。工会举行罢工,社会民主党强烈抨击,美国占领当局责怪艾哈德改变盟国关于价格管制的指令。艾哈德坚持信念,认为如果后退,就会"再度恢复计划经济,通过国家管制和官僚主义的干预,把我们逐步导向极权主义"[①]。不久,物价趋于平稳,市场初现繁荣,生产开始恢复和增长。然而直到 1950 年初,失业仍然严重。美国高级专员对艾哈德的政策表示强烈保留,阿登纳也疑虑重重。社会民主党要求艾哈德辞职。艾哈德仍是拒绝采取可能危及货币和物价稳定的干预措施。不久朝鲜战

---

① 路德维希·艾哈德:《来自竞争的繁荣》,第 24、26、82—92 页。

争爆发,联邦德国经济受到刺激,帮了艾哈德的忙。然而又出现原料和能源进口大增,外贸逆差和煤炭供应紧张。如何应对?阿登纳主张限制进口。财政部建议征收特别消费税,以济投资之需。美国则要求采取管制措施,来保证军需生产。但艾哈德坚持只能用"符合市场"的方式干预,决不能让管制经济从后门溜进来。他主张逐步放开物价,控制货币与信贷,降低税收,并扩大对外贸易。不久,经济形势好转。1952年恢复贸易的自由化。1953年工业生产达到1936年水平的160%。失业下降了。外贸转亏为盈,结余逐渐积累。1958年实现了马克的国际自由兑换。"社会市场经济"逐渐得到广泛认可。50年代后期,新的问题出现了。工人加强了斗争,要求实行再分配。米勒-阿尔马克认为,应该进入"社会市场经济"的第二阶段,实行"制度化的国内和国际景气政策以便从制度上保证充分就业和持续扩展"。但艾哈德仍然强调应坚持市场原则,反对政府广泛干预经济。

制定反对限制竞争的立法,是当时一项重要工作,也是西方盟国的要求。艾哈德在主持双占区经济工作时,就着手制订相关的法案。最初的法案要求建立反卡特尔制度,禁止一切形态的"经济强权",即所谓"禁止原则"(Verbotsprinzip)。阿登纳也赞成制订法律,实行反卡特尔政策。但是争论很大。德国经济界有建立卡特尔的传统,经济学界、政府一般也不特别排斥经济的集中和建立卡特尔。工业界以种种理由阻止反卡特尔法,至多只接受较为宽松的"滥用原则"(Missbrauchsprinzip)。鲁尔工业权势集团批评"美国佬指手划脚"。德国工业联合会(Bundesverband der Deutschen Industrie/BDI)通过决议,说反卡特尔法会削弱企业的首创精神,威胁社会市场经济等等。德国劳工组织负责人也认为,应当依法惩处滥用卡特尔的行径,而不应该禁止卡特尔。艾哈德也表示"不是要根本禁止卡特尔,在对政治经济全局有用和必要的情况下,将允许组成某些卡特尔"。反卡特尔法案起草后,反复修改,直到1957年才在联邦议院通过,名为《反对限制竞争法》。其基本内容是一般地禁止卡特尔和类似安排,监督大企业滥用经济力量的行为。它在形式上保留了"禁止原则",内容上则更多依据"滥用原则",规定了不少的例外。所以被比作"瑞士干酪",意即漏洞百出,不能真正阻止经济力量的集中和限制竞争的行为。

阿登纳政府的另一项重要工作,是制定了 1951 年的《煤钢工业共同决定法》(Montan-Mitbestimmungsgesetz)和 1952 年的《企业组织法》(Betriebsverfassungsgesetz/BetrVG,又称《企业委员会法》),为建立企业的"共同决定"制度,并形成劳资"社会伙伴"关系,奠定了重要的法律基础。

《基本法》规定联邦共和国是"社会的国家",意味着国家要承担"社会责任",建立福利制度。阿登纳政府时期,在 1950 年恢复了养老保险制度。1952 年制定法律(《均衡负担法》),向战争中未受损失者和在战后重建中致富者征收特别捐税,作为"均衡负担金",救助战争受害者和来自东部的难民和被驱逐者。为此,政府投入大量资金,资助住宅建设,实行儿童补助、孕产妇保护、失业和事故保险等。1957 年实行养老金改革,使之与职工收入的增长挂钩,被认为是联邦德国社会和财政政策史上的一个转折点。

阿登纳时期,德国不少人对新制度还只是消极接受,许多人与纳粹有"剪不断理还乱"的联系,加之冷战激化,使得非纳粹化、非军事化、再教育等让位于现实政治的需要。阿登纳的"历史政策"(Vergangenheitspolitik)是宽容与和解,对重要的纳粹分子要予以惩办,但对愿意接受新制度者,则给予出路,使其为新国家服务,况且各领域确实需要人才。1949 年和 1951 年通过了赦免前纳粹分子的一般性罪行,允许其重新任职的法律。一批已被判刑的纳粹罪犯被减刑或提前释放。不少前纳粹官员和专业人士重新起用,甚至位居要津。如 1950—1953 年间新任命的部门领导成员中有 60％曾是纳粹党员。外交部建立后,49 名高级成员中有 39 名前纳粹党员。曾参与纳粹制定臭名昭著的 1938 年"纽伦堡法",后被盟国列为战犯的汉斯·格洛布克(Hans Globke,1898—1973)自 1953 年起担任总理府国务秘书达 10 年之久,成了阿登纳的得力助手。在重新武装的过程中,一批前国防军将校被重新起用。

不过,非纳粹化的成果并未被否定或取消。阿登纳是反法西斯的,他曾宣称决不允许以取消民主秩序为目标的极端现象抬头,决不允许以任何形式重演 1933 年的旧剧。他起用前纳粹分子,有过于宽容之嫌,但前提是这些人不得违反《基本法》,否则就可能重新面对整肃。在阿登纳政府的要求下,1952 年联邦宪法法院取缔了纳粹残余组织"社会帝国党"。在建立联邦军队时,设立了由反纳粹人士组成的专门委员会,对上校及以上级别的军官在民主问题上的可靠性进行甄别,并否定了其中一部分人。在多种因素的推动下,1957 年联邦德国司法机关开始加强对战时纳粹罪行的追诉和审判。影响较大的如 1958 年在乌尔姆市(Ulm)进行的"行动队审判"(Einsatzgruppenproze)和 1963—1965 年在美因河畔法兰克福进行的"奥斯威辛审判"(Auschwitzprozess)等。① 1958 年,最高法院在巴符州路德维希堡(Ludwigsburg)设立纳粹罪行侦查中心,该中心后来收集了逾百万件纳粹罪行的资料,对系统持续地调查清算纳粹罪行,发挥了有力的作用。从 1960 年起,联邦议院通过辩论,一再延长对纳粹罪行追诉的时效,直到 1979 年决定取消追诉时效的限制。这意味着对纳粹罪行可以永久追诉,直到罪行得到惩处,正义得到伸张。同时,阿登纳政府奉行强烈反共的政策。在政府要求下,联邦宪法法院于 1956 年裁决德国共产党"违宪",加以取缔。内政部长格哈德·施罗德(Gerhard Schröder,1910—1989)声称:对极右和极左的组织都要按《基本法》规定,同样对待,不能对右派采取措施,却给共产党留有余地。②

阿登纳通过对西方"一边倒",于 1955 年恢复了主权,加入了北约。随后开始重建武装力量。由"总理特别代表"特奥多·布兰克(Theodor Anton Blank,1905—1972)领导的负责军事事务的"布兰克办公室"(Amt Blank)改组成国防部,负责建军工作。1956 年 10 月改由基社盟

---

① 此后联邦德国法庭还陆续进行了一系列纳粹罪行审判,持续多年。

② Nick Thomas: *Protest Movement in 1960s West Germany: A Social History of Dissent and Democracy*. Oxford and N. Y.: Berg, 2003, p. 23.

的弗朗茨·约瑟夫·施特劳斯任国防部长,调整建军计划,稳步推进工作。在欧洲推进法德和解,积极参加欧洲一体化,并在1963年与法国签署友好合作条约。对苏联和东欧则奉行"实力政策",极力孤立和打压民主德国。

　　阿登纳政府在内政外交上都取得巨大成功,但其浓厚的保守主义特点,宽容和重用前纳粹分子,压制反对派意见,均遭到左翼—自由派的诟病,认为温和的右派(联盟党和阿登纳政府)与极右派有着千丝万缕的联系,联邦共和国还可能"再纳粹化"。其对外政策向西方一边倒,对苏联东欧(包括民主德国)除了强硬,无所作为。阿登纳久任总理,家长式作风也逐渐令人不满。阿登纳所在的党内,矛盾也发展起来了。1961年夏天柏林危机,阿登纳政府面对柏林墙,无所作为,受到批评。时任国防部长施特劳斯回忆:"柏林墙的修筑,对阿登纳的德国政策不仅是一个打击,而且是一个根本的转折点。气候突变:反对阿登纳,反对联邦政府,反对联盟党。"[1]在1961年9月的联邦大选中,联盟党得票比1957年下降近5个百分点,而社会民主党和自由民主党的得票率均显著上升。联盟党拒绝社会民主党的合作意向,仍与自由民主党联合组阁,但后者提出条件,要求放弃对苏东的僵硬政策,并由艾哈德出任总理。最后,阿登纳仍然担任总理,但1962年10月发生《明镜》(Der Spiegel)事件[2],再次冲击阿登纳政府。舆论和反对党抨击政府滥用权力,触犯新闻自由。执政党内也传出批评之声。国防部长施特劳斯与事件有关,被迫辞职。执政伙伴自由民主党不满,宣布退出政府。阿登纳只好重组政府,最后在1963年10月辞去总理职务,由艾哈德继任。艾哈德在声明中宣称,将实行"中庸和谅解的政策"。1965年9月联邦大选后,联盟党仍与自由民主党联合组阁,艾哈德继续担任联邦总理。

　　艾哈德任总理期间,根据其一贯信念,在经济和社会政策上着力减

---

[1] 施特劳斯:《施特劳斯回忆录》,第339—340,349页。

[2] 1962年10月,《明镜》周刊披露了联邦德国防务方面的一些问题,被官方指为泄露国家机密,警方逮捕了该刊出版人和编辑,查封其办公室,国防部长施特劳斯据认为是逮捕行动的指使者。

少政府干预,强调自由意味着责任,社会立法应使人们免于风险,但不应使他们免于竞争。他反对由政府出钱搞更多的社会项目,而是搞私有化,让更多人拥有财产。但他的构想受到工业界、工会、各利益集团等方方面面的掣肘。在他总理任期内唯一重要的私有化是 1965 年分散了大公司"费巴"(Veba)的股份,同年通过了鼓励低收入者持有股份和积累资金的法律。1963 年经济向好,不少人(包括联盟党内)主张扩大福利,得到艾哈德支持。1965 年是大选年,政府又为大选"送礼",为退休人员、农民、母亲、儿童等开支数十亿马克。1965 年上半年联邦议院通过了 56 项开支法案,其中 3/4 由政府提出,又对中低收入家庭减税。一增一减,联邦预算出现赤字。而经济增长却在 1965 年下半年放缓。1966 年工业生产仅增长 1.2％,为货币改革以来最低。通货膨胀有所加剧,1965 年和1966 年的通胀率分别为 3.1％和 3.7％。实际上,此次经济衰退并不严重,在所谓的危机高峰期,工业销售总额还比上一年增加 3％,出口也比上一年增加 12.6％。1966 年 10 月底失业人数 14.6 万,而空置的就业岗位却有 43.6 万个。但是,在"经济奇迹"之后出现衰退和通货膨胀,却构成一种心理冲击,人们担心重演 1920 年代的恶性通胀或 1930 年代的大衰退。许多人主张加强政府干预来促进增长和就业。但艾哈德还是老办法:从紧的财政和货币政策,削减开支,限制福利和补助,发挥市场作用。于是有了"艾哈德衰退"之说。艾哈德和联盟党的民众支持率迅速跌落,1966 年联盟党在北威州的竞选中失利。执政伙伴自由民主党也开始转向。10 月间,政府内部围绕 1967 年预算和长期财政措施发生分歧。艾哈德主张减支增税,平衡预算,遭到反对。自由民主党退出政府。联盟党内的政见和权力斗争也加剧起来。12 月,艾哈德下台。

二、联盟党—社民党的"大联合政府"

联盟党支持率的下降和政府的危机,为社会民主党提供了机遇。该党自 1959 年宣布成为"人民党"以后,选举成就逐步上升。艾哈德下台后,联盟党推出库特-格奥尔格·基辛格(Kurt-Georg Kiesinger,1904—

1988)出任总理,同时希望与社会民主党合作。于是,组成了联盟党和社会民主党的"大联合政府"(Große Koalition),社会民主党的勃兰特任副总理兼外交部长。基辛格称"大联合"的组成是"联邦共和国历史上的一个里程碑"。这是联盟党首次与社会民主党联合执政,也是后者自战后以来——实际上是自1930年以来——首次参加中央政府执政。但社会民主党与联盟党,尤其是与一位前纳粹官员(指基辛格)合作,两党联合又使朝野力量严重失衡,故而遭到强烈的质疑和批评。有人说纳粹垮台仅20余年,一名前纳粹官员竟成了联邦总理,这是"一种侮辱","大联合"是"灾难性的婚姻"。没有了真正的反对派,非常可能走向专制国家。卡尔·雅斯贝尔斯(Karl Jaspers,1883—1969)在联邦德国报刊上撰文,质疑"联邦共和国滑向何处"? 面对质疑,基辛格声明:"大联合"在联邦议会拥有超过2/3多数的席位,人们对它抱有期待,希望它能够处理困难的任务。鉴于人们担心反对党太小可能蕴含的危险,他承诺将以一切努力,防止那种危险,保证让反对党有一切机会表达意见。为防止权力的滥用,"大联合"将只维持到本届任期结束时为止。①

　　经济问题,即克服"艾哈德衰退",成为"大联合政府"的首要课题。基辛格在政策声明中提出要整顿财政秩序,平衡预算,确保经济增长和货币稳定。"大联合政府"的经济部长、社民党人席勒与财政部长、基社盟的施特劳斯合作,采取措施减少国家消费和增加收入,设法填补1967年预算的缺口。增加对铁路、公路建设等方面的投入,以刺激增长。最重要的措施是1967年6月通过《促进经济稳定和增长法》,提出经济的四大目标,所谓"魔法四角"("Magisches Viereck"),即促进价格稳定(通胀率不超过1%)、较高水平的就业(失业率不超过0.8%)、对外经济平衡和稳定而足够的经济增长(年增长4%)。具体措施有四:(1)联邦政府每年提出报告,在多年度(五年)经济目标范围内确定下一年度的经济

---

① C. C. Schweitzer, *et al.* (eds.), *Politics and Government in Germany 1944—1994. Basic Documents*, p. 249.

和财政目标和政策,每两年提出一次补充报告,为中央和地方以及劳资的"协调行动"制定目标数据。(2)联邦和各州要编制前瞻性的多年度财政收支计划。(3)加强联邦、州和地方当局的相关政策协调。(4)采取新的短期措施,以影响私人需求和公共投资。① 这些措施,加强了联邦在财政方面进行协调和干预的权力,以改变各级政府各自为政的状况。为此建立"协调行动"机制,由政府、联邦银行、工会和企业主组织的代表以及经济专家组成,定期在经济部主持下召开"协调行动会议",提出"带有方向性的数据",理性磋商,并转化为各方的"协调行动"。此后,经济状况得到改善。1968 年和 1969 年经济增长率达到 6%—8%,失业率下降到 1%以下。通货膨胀率在 1968 年降低到 1.5%。

　　大联合政府面对的另一大问题是"新左派"(Die Neue Linke)的抗议浪潮。联邦德国建国以来保守派当权,政治社会生活比较沉闷,受到左翼—自由派的批评。进入 60 年代,在战后环境下成长的年轻人开始登上舞台,形成了新的所谓"青年文化",并走向"政治化"。一系列事件推动了这种变化:1962 年 6 月在慕尼黑的施瓦宾(Schwabing)骚乱中警察的行动②,同年 10 月的《明镜》事件,大学现行体制弊端的暴露,美国在越南的战争,美国等国家"新左派"的兴起等。联邦德国不时出现抗议美国侵越战争、要求国内改革的学生运动。"大联合"政府成立和前纳粹官员基辛格成为总理,政府积极制定《紧急状态法》(Notstandgesetze)③,极右的"国家民主党"抬头等,推动抗议运动走向高潮。人们认为,联邦共和国面临着危险,有效的反对派只能来自议会外,即"议会外反对派"(Außerparlamentarische

---

① C. C. Schweitzer, *et al*. (eds.), *Politics and Government in Germany 1944—1994. Basic Documents*, pp. 411-412;卡尔·哈达赫:《二十世纪德国经济史》,第 213—214 页。

② 施瓦宾是慕尼黑的大学区。1962 年 6 月那里的警察阻止年轻人违反宵禁举行爵士音乐会,引起抗议和骚乱。最后当局以"扰乱公共秩序"对两名青年判刑。此事引起学生的不满。Nick Thomas:*Protest Movement in 1960s West Germany:A Social History of Dissent and Democracy*, pp. 40-42.

③ 制定《紧急状态法》的建议以前曾一再提出,但均未获通过,一个重要原因是社会民主党的反对。"大联合政府"的组成,大大增加了联邦议院通过《紧急状态法》的可能性。

Opposition/APO)。它来自不同党派和信仰、不同职业和阶层,以年轻人居多。激进的"德国社会主义学生联合会"(Sozialistischer Deutscher Studentenbund/SDS)成为抗议运动的先锋。抗议者在各地举行集会游行,宣称"民主面临紧急状态",抨击美国在越南的侵略战争,也抗议"一切反动派",包括本国的当权者和政府。官方采取警察行动,更激化了矛盾。1967 年 6 月伊朗巴列维国王(Shah Mohammad Reza Pahlavi,1919—1980)访问西柏林,遭到大规模的抗议。其间大学生奥内索格(Benno Ohnesorg,1940—1967)被警察枪杀,更加激怒了学生。他们得出了最极端的结论:国家正在向右转,是专制主义,甚至是法西斯在掌权。1968 年 4 月,SDS 的学生领袖杜奇克(Rudi Dutschke,1940—1979)遭右翼青年枪击受伤,再次激起抗议狂潮。接着,反对《紧急状态法》的斗争形成高潮,该法被认为是要反对"劳动人民的社会利益"和"压制一切形式的政治反对派",它"把《基本法》扔进了垃圾堆",将导致独裁专制。[①] 总理基辛格更是饱受攻击。学生抗议活动得到一些左翼—自由派人士的同情或声援,如阿多诺(Theodor W. Adorno,1903—1969)、哈贝马斯(Jürgen Habermas,1929—)、伯尔(Heinrich Böll,1917—1985)、格拉斯(Günter Grass,1927—)等学者、作家。激进作家恩岑斯贝格(Hans Magnus Enzensberger,1929—)抨击《紧急状态法》就像威廉四世"士兵是对付民主派的唯一方法"的话一样,而这是因为"少数人的统治,资本的统治,再也不能用其他方法维持了"。他号召人们"在德国造成法国那样的形势"。[②] 这场强大的议会外抗议运动,后来被称为

---

① Nick Thomas: *Protest Movement in 1960s West Germany: A Social History of Dissent and Democracy*, pp. 172 - 173,193 - 195.

② "Fourteen Intellectuals Condemn the Dutschke Assassination Attempt (April 19, 1969), Protest against the State of Emergency Constitution (May 28, 1968)", in: Konrad Jarausch and Helga A. Welsh (eds.): *German History in Documents and Images*, Vol. 9, *Two Germanies*, *1961—1989*. http://germanhistorydocs. ghi-dc. org/. 威廉四世即 19 世纪的普鲁士国王腓特烈·威廉四世,曾镇压 1848 年革命。所谓"在德国造成法国的形势",是指 1968 年法国的"五月风暴"。

"68 年运动"。

不过"议会外反对派"过激的主张和行为,并没有得到多数人,包括一些对他们有所同情的左翼—自由派人士的支持。如哈贝马斯告诫他们应限于"抗议权"范围,不要变成"左派法西斯主义"。保守派包括保守的媒体,则对抗议运动多加指责。总理基辛格指责"极左势力""旨在破坏议会民主秩序"。内政部长本达(Ernst Benda,1925—2009)主张对SDS 加以取缔。警方加强对抗议活动的监控和镇压。仅 1968 年 4 月的"复活节示威"期间,就动用警力 2 万余人,包括警察、抗议者和旁观者在内逾 400 人受伤,2 人死亡。事后内政部长证实正在对 827 人进行调查。仅柏林就有 389 人被捕,多数是年轻人。[1] 联邦议院不顾议会外的抗议,于 1968 年 5 月通过了《紧急状态法》,授权政府在自然灾害、国内动乱或战争情况下,为保护"自由民主的基本秩序",可以限制基本的宪法权利。联盟党和保守派认为这是必要的。社会民主党也支持了该法(有少数社会民主党议员投了反对票),同时勃兰特宣布将反对任何滥用这个法律的企图。随着反对《紧急状态法》的斗争失败,随后社会民主党上台,许诺进行改革,"议会外反对派"分化瓦解,德国社会主义学生联合会不久解散。

三、社会民主党—自由民主党"小联合政府"

"新左派"的抗议运动很快退潮,但冲击了保守的政治和思想氛围,形成了有利于社会民主党的"反保守的气氛"。不少年轻人和左翼—自由派人士支持社会民主党执政,推行改革。自由民主党也开始转向,在1969 年 3 月支持海涅曼(曾任阿登纳的内政部长,后加入社会民主党)当选联邦总统。社会民主党打出扩大民主,推行改革的旗帜,吸引选民。在 1969 年 9 月的联邦大选中,获得 42.7%的选票。尽管党内有人仍主

---

[1] Nick Thomas: *Protest Movement in 1960s West Germany: A Social History of Dissent and Democracy*, pp. 176 – 178,74 – 75.

张与联盟党搞"大联合",但以勃兰特为首的领导层已提升了对"执政能力"的信心,同时也担心重新引发抗议浪潮。于是决定与自由民主党合作,组成联合政府,被称为"小联合"。勃兰特任总理,自由民主党的瓦尔特·谢尔(Walter Scheel,1919——　)任副总理兼外长。1972年社会民主党在选举中获得45.9%的选票,再度组阁。但不久,勃兰特的秘书冈特·纪尧姆(Günter Guillaume,1927—1995)被发现是民主德国特工,于1974年4月被捕。此事引起轰动,反对派乘机攻击,勃兰特于5月辞去总理职务。社会民主党人赫尔穆特·施密特继任总理,副总理兼外长则换成自由民主党的汉斯-迪特里希·根舍(Hans-Dietrich Genscher,1927—2016)。到1976年联邦大选时,社会民主党列举其改革的成就,提出"继续创建德国模式",获42.6%的选票。1980年又在选举中获得42.9%的选票。施密特蝉联总理,根舍继续任外长。

社会民主党以"改革党"面貌执政。勃兰特宣称将秉持"连续性和革新"的精神,"敢于尝试更多的民主"。他认为年轻人抗议运动中提出的一些批评并非纯属无稽之谈,而是反映了现实中的一些问题。勃兰特政府上台后,密集出台措施,开始了一个社会民主取向的"改革时期"。

在政治上把选举权的年龄由21岁降低到18岁,使更多人获得了通过选举参与政治的权利。这是对战后成长的年轻人广泛参与政治要求的回应,也有利于扩大社会民主党的支持率。

改革高等教育。勃兰特曾说,他的政府把教育的规划放在"改革的首位",要求根据《基本法》,给予一切公民以发挥其个性的同样机会。1969—1970年修改《基本法》,将高等教育列为联邦与州的"共同任务",加强统一和协调。1976年的《高教框架立法》规定高等教育改革的目标,就大学结构、招生、教学和研究单位的机制改革、教学大纲、综合大学规划等制定了具体方针和措施。这类改革部分地回应了学生运动的要求,扩大了教育与学术领域的自由讨论空间,扩充了高等教育体系,增加了教育投入,加强了对寒门学子的资助。

修订了关于婚姻和家庭的法律,更好地保障妇女的财产权和其他权利,取消了一些不利于女性的规定(如废除妻子不经丈夫许可不得外出就业的法律)。其间也有尖锐的争论,涉及未婚同居、堕胎权、同性恋权利等。当时妇女争取堕胎自由的斗争高涨,1974 年联邦议会通过法案,修改刑法第 218 条,允许妇女在妊娠 12 周内,根据有资质的医生建议,可以堕胎。但新法案遭到天主教会、联盟党和巴伐利亚等州的强烈反对,并被宪法法院裁决为"违宪"。此后又经过修改,于 1976 年通过,规定除特殊情况(医疗、伦理和社会原因)外,不许堕胎。要求堕胎者,必须经过严格而复杂的程序。[①]

加强了社会福利网的建设。1969—1975 年,福利开支占国内生产总值的比率从 24% 上升到 33%。[②] 1972—1974 年三年中,养老金提高了44%,扣除物价因素,其实际购买力提升了 19%。[③] 对贫困学生提供资助。为职业培训和再培训提供补助。1974 年政府提出"劳动人道主义化行动纲领",加强对劳工的保护。1976 年竞选时,社会民主党列举其改善社会保障方面的成就:实行弹性退休年龄、企业养老金的保障、独立经营者的养老保险、农民法定的医疗保险、新的青年劳动保护法、子女补助金的新调整、提高战争受害者的抚恤金、帮助残疾人的新措施等。1976 年编制了《社会法典》(Sozialgesetzbuch),指出社会立法的目的是"实现社会公正和社会安全",系统阐述了"社会权利"和社会保障的主要内容,明确相关权利、义务和责任。[④] 一系列立法和措施出台,社会保障体系进一步扩大,水平进一步提高。

---

① Nick Thomas：*Protest Movement in 1960s West Germany：A Social History of Dissent and Democracy*. pp. 234 - 236；C. C. Schweitzer, *et al.* (eds.), *Politics and Government in Germany 1944—1994. Basic Documents*, pp. 312 - 314.

② Gordon Smith, et al. (eds.), *Developments in West German Politics*, p. 168.

③ 1974 年 5 月施密特在联邦议院的声明。"Taking Stock of the Federal Government's Social Policy (May 17, 1974)", in：Konrad Jarausch and Helga A. Welsh (eds.)：*German History in Documents and Images*, Vol. 9, *Two Germanies*, *1961—1989*. http:// germanhistorydocs. ghi-dc. org/

④ C. C. Schweitzer, *et al.* (eds.), *Politics and Government in Germany 1944—1994. Basic Documents*, pp. 414 - 416.

　　在经济领域,一是修订 1957 年通过的《反对限制竞争法》。修订该法的准备工作开始于"大联合政府"时期。到 1973 年,联邦议院通过了修订后的法案。1976 年和 1980 年又进行了新的修订。主要是补充了某些新的规定,把一些条款明晰化,完善相关制度和手段。如 1980 年的修订,绝对禁止某些特别大型的合并(各方销售总额超过 120 亿马克,或参与兼并的部分销售总额超过 20 亿马克)。二是制定新的《企业组织法》(1972 年)和新的《共同决定法》(1976 年),将"共决"制度推行到更多的企业。三是开始重视环境保护。60 年代社会民主党曾提出"鲁尔的蓝天"口号以争取选民,但环保真正引起重视是在 70 年代。1970 年联邦政府发布了环境保护紧急纲领,1971 年制定第一个环境计划,并制定一批环保立法,如 1972 年《废物处理法》(Abfallbeseitigungsgesetz)和《联邦排放保护法》(Bundesimissionsschutzgesetz),1976 年《废水法》(Abwasserabgabengesetz)和《联邦自然保护法》(Bundesnaturschutzgesetz)等,并将"环境污染"列入刑法。在机构方面,1972 年成立环境问题专家委员会(Sachverständigenrat für Umweltfragen),1974 年又成立联邦环保局(Umweltbundesamt)。增加了对环境保护的投入。按当年价格计算,1975 年用于环境保护的开支(包括经常性开支和投资)总额为 134.2 亿马克,其中国家开支 77.4 亿马克;1982 年总额达到 220 亿马克,其中国家开支 118.39 亿马克。[1] 政府为应对能源危机,还开始大力发展核能发电[2],但其伴随的环境风险却引起了争论和批评。

　　社会民主党—自由民主党联合执政之际,"68 年运动"走向衰退。社会民主党许诺改革,使许多抗议运动的同情者转向了社会民主党。参加或经历过学生运动的人(后来称为"68 一代")开始走上社会,进入职场,

---

[1] Stastistisches Bundesamt: *Statistisches Jahrbuch 1989 für die Bundesrepublik Deutschland*. Stuttgart: Metzler-Poeschel Verlag, S. 586.

[2] 联邦德国的核电从 70 年代后期起快速发展。当时预计第一次能源消费中核能将由 1975 年占 2% 提升到 1990 年的 15.7%。Karl Römer: *Tatsachen über Deutschland: Die Bundesrepublik Deutschland*. Gütersloh: Bertelsmann Lexikon-Verlag, 1978. S. 172.

也发生了分化。有的进行所谓"通过体制的长征",即进入政府机关或教育、社会、法律等机构,或现存政党,表达诉求和施加影响。一些人进行了反思,转变观点,融入现实。但激进左派仍然存在,据内政部 1971 年报告,有约 250 个激进左派团体(毛主义、托洛茨基主义和无政府主义等)以及约 130 个"正统的"共产党团体,两者共有约 16 万名成员。[①] 更严重的问题,是极端左派的武装暴恐活动。巴德尔(Andreas Bernd Baader,1943—1977)、恩斯林(Gudrun Ensslin,1940—1977)、迈因霍夫(Ulrik Meinhof,1934—1976)等一批人("巴德尔—迈因霍夫帮"),决心武装起来进行"城市游击战",在资本主义心脏取得"革命的突破"。他(她)们于 1970 年宣布成立"红军",故称为"红军派"(Rote Armee Fraktion/RAF)。他们抢劫银行、袭击警局、进行爆炸、绑架和暗杀等,矛头指向政、经界的头面人物和驻德美军基地。据统计,1970—1978 年,发生了 10 起纵火案,25 起爆炸袭击,35 家银行遭劫,导致 28 人身亡,107人死里逃生,93 人受伤,162 人被扣为人质。[②] 1977 年其暴恐活动达到高峰,在几个月中,相继有联邦大检察官布巴克(Sigfried Buback,1920—1977)、德累斯顿银行总裁庞托(Jürgen Ponto,1923—1977)、雇主联合会主席施莱尔(Hans-Martin Schleyer,1915—1977)等高层人物及其随员遭到"红军派"的绑架和杀害。10 月,一批暴恐分子把汉莎航空公司的"兰茨胡特"(Landshut)号飞机劫持到非洲的摩加迪沙(Mogadischu),以要挟政府释放在狱中的"红军派"头目。一时人心惶惶,形成所谓"德国之秋"。如何对待激进和极端力量,成了一个严重的课题。

社会民主党主张改革,但反对激进和极端的主张和行为。同时为应对保守派对"新东方政策"(Neue Ostpolitik)的攻击(他们说"社会主义

[①] Nick Thomas, *Protest Movement in 1960s West Germany*: *A Social History of Dissent and Democracy*. pp. 142 - 143.

[②] 戈登·A. 克莱格:《德国人》,第 291 页。另据柏林司法当局 1972 年估计,1969 年 7 月到 1972 年 5 月,仅在柏林就发生了 115 起恐怖袭击,包括 49 起纵火,16 起炸弹袭击。Nick Thomas: *Protest Movement in 1960s West Germany*: *A Social History of Dissent and Democracy*, p. 203.

者"与苏联勾结),也需要表现出对激进和极端分子的坚定态度。勃兰特告诉内阁,要采取强硬政策来反对左的和右的激进分子。政府加强了对激进活动的监控打压。1972 年勃兰特和各州总理签署《反激进分子令》,不许参加旨在反对《基本法》的组织或活动的人担任公职。此法涉及约 350 万公职人员,上百万人受到忠诚审查。许多申请者被拒绝录用,或在职者被解职或纪律处分。在联盟党执政的州更为严厉。1975 年宪法法院的一项裁决指出,必须确保公务员申请人在任何时候都支持"自由民主的基本秩序",是否具有这种忠诚"可以取决于其以前的活动"。这使得不仅参加"违宪的"(verfassungswidrig)组织,而且即使参加仍然合法但被认为是"反宪法的"(verfassungsfeindlich)的组织,也可能作为不得担任公职的理由。① 例如"新德共"本是合法政党,其成员却被视为"激进分子",或在申请加入公务员队伍时遭到拒绝,或被取消已有的公务员资格。

对武装的暴恐活动则严加镇压。1971 年内政部宣布"红军派"为"头号公敌",对其进行大搜捕。1972 年逮捕了巴德尔、恩斯林、迈因霍夫等"红军派"头目,后来又对他们进行了审判。但是"红军派"活动仍在继续。1977 年秋绑架施莱尔和劫持"兰茨胡特号"发生后,警方采取了史无前例的通缉行动。施密特政府果断派出武装突击队,成功解救了被劫持的飞机及人质。巴德尔、恩斯林等人获救无望,在狱中自杀。为防范暴恐活动,政府制定了更严厉的法律,采取了更周密的措施,如 1974 年允许法官如果怀疑辩护律师参加或帮助正在受调查的犯罪行动,则可禁止该律师出庭。1976 年允许警察没收"颠覆性"书籍,逮捕激进的书店老板,取消电视台的"煽动性"节目等。1977 年禁止在狱中的"红军派"首领彼此间的任何接触,也不许与律师交谈,以防其串通遥控狱外的恐怖分子。1978 年授权警察在一些公共场合进行盘查和监控,对不能证实身份

---

① C. C. Schweitzer, *et al*. (eds.), *Politics and Government in Germany 1944—1994. Basic Documents*, pp. 316 - 318; Gordon Smith: *Democracy in Western Germany: Parties and Politics in the Federal Repubilc*, p. 208.

者可临时拘押。

暴恐活动的频繁,法律条款的加重,反恐行动中出现过火行为等,一度造成近乎美国"麦卡锡时代"的氛围,也引起激烈的辩论。左翼—自由派担心过火的镇压不仅不能保障"自由与民主的基本秩序",反而可能适得其反。有人批评《反激进分子令》以反激进分子之名,行打压左派之实。1973年一批知识界人士签署声明,说对"议会外反对派"的压制"已发展成对整个左派的政治追捕体系"。对高校的监管愈加严厉,书籍和杂志被没收,左翼出版社受到干扰,记者和编辑遭到处罚。著名作家伯尔批评《反激进分子令》是"可耻和伪善",是民主社会"有意识的自杀",呼吁将"红军派"纳入政治进程。1975年发生对核科学家特劳贝(Klaus Traube,1928—　)进行非法窃听的事件,因为警方怀疑他与恐怖分子有染,但结果证实他是无辜的。此事被《明镜》披露,一时哗然。1978年,《明星》(Der Stern)杂志发表一系列关于安全措施危害公民自由的文章。而保守派则主张严厉政策,批评政府心慈手软,并说这是"无政府状态与秩序""社会主义与自由"和"基督教与无神论"的斗争。到70年代末,人们感到对颠覆活动的恐惧言过其实了,相反有一股保守主义正借口国家安全而回潮。而力主严打政策的巴符州州长菲尔宾格(Hans Filbinger,1913—2007)①的纳粹历史被揭露,也使主张严打和批评"同情者"调门最高的人声誉扫地。官方在一些方面的措施有所缓和。

在官方严打"左"的极端分子之际,极右分子和新纳粹却沉渣泛起。70年代联邦德国曾出现两次所谓"希特勒浪潮",如美化希特勒等。新纳粹等极右团体在经济衰退的情况下,宣传种族主义和排外。1979年总理府授权慕尼黑的一个研究所进行调查,发现"德国在希特勒统治下日子更好过"的说法时有所闻。1980年在慕尼黑"10月节"(Oktoberfest,通称啤酒节)期间,右翼极端分子制造爆炸事件,致13人死亡,约200人受

---

① 汉斯·菲尔宾格当时是巴符州州长、基民盟的巴符州主席和联邦副主席。70年代他被揭露出战时作为海军法官,曾在1945年德国投降之后仍不服从命令的士兵判刑。他为自己辩护,但他"可怕的法官"的名声却不胫而走,他不得不于1978年辞职。

伤。这类极右势力的活动也遭到官方的监控和打压。

社民党—自民党联合执政,是经济方面的多事之秋:布雷顿森林体系瓦解,货币汇率动荡,能源危机,经济"滞胀"。政府在1970年和1973年实行了两个"稳定计划",应对"滞胀",效果有限。许多改革都以增加开支为前提,但经济衰退使政府在财政方面力不从心。勃兰特承认,当时没有弄清楚改革与财政政策之间的相互依赖性。1973年施密特任财政部长,发现许多改革对国民经济的承受能力"全无概念"。到他在1974年任总理时,"改革欣快情绪"已经退潮。施密特作为务实派,其政策基调是"连续性和集中力量",即选择那些特别重要的、政府有能力提供资金的改革项目。有人批评他"向右转",他的态度是关心所面对的危机,不要沉溺于"未来主义的幻想"。他面对的是经济衰退,1974—1975年间,工业生产缩减了12.3%,固定资本投资不振,出口减少了9%,失业率从1%上升到5.2%,1975年经济出现负增长。为克服衰退,1974年12月联邦政府拟定一项反周期计划,准备斥资100亿马克,其中约70亿—80亿用于支持私人投资,约6亿用于减少失业,约11亿用于公共合同。财政部长阿佩尔(Hans Apel,1932—)表示,财政政策要有"负债的勇气",为推动经济复苏作出贡献。① 此后陆续出台措施,如1975年1月的综合财政改革(减税和增加家庭补助)、1975年8月为补偿需求疲软的追加支持计划等。1977年联邦政府通过总额为160亿马克的"未来投资计划"(Zukunftsinvestitionsprogramm/ZIP)(后增至200亿马克),着眼于为期四年(1977—1980)的长远规划,以改善运输系统、提供高效和生态的能源、供水、环境保护以及职业培训。此外还实行各种税收优惠等措施。从总体上看,70年代晚期的政府调控越来越侧重于供应方面,如降低税收和利率,控制社会开支和工资成本,以促进投资,增加生产和就业。然而,1980—1982年又出现经济衰退,1982年再次出现负增长。

---

① "The Federal Government's Counter-Cyclical Spending Programm(December 20, 1974)", in: Konrad Jarausch and Helga A. Welsh(eds.), *German History in Documents and Images*, Vol. 9, *Two Germanies*, 1961—1989. http://germanhistorydocs. ghi-dc. org/

社会民主党的改革许诺,吸引了要求改革的年轻人,其党员人数由1968 年 73 万人增加到 1974 年的 99 万人,"青年社会党人"则由 15 万增加到 35 万。1972 年社会民主党在联邦选举中的得票率首次超过了联盟党。但是不久,一些改革遭遇阻力,一些政策和措施(如《反激进分子令》等)引起争论,社会民主党人气下降。其在 1976 年联邦选举中的得票率下降,在 1980 年选举中得票率只略有上升。此时政府又遭到新的批评。1979 年北约的"双轨决议"(Doppelbeschluss/Two-Track Decision)在联邦德国激起强大的反核和平运动。1980 年,反核和平运动发表《克雷费尔德呼吁书》(Krefelder Appell),说"双轨决议"将欧洲置于"无法承受的危险之中",要求政府拒绝在中欧部署新的美国中程导弹。在呼吁书上签名者在半年内达到 80 万。一批社会民主党人则签署《比勒费尔德呼吁书》(Bielefeld Appell)与之呼应。1981 年 10 月"向波恩进军"的反核示威有近 30 万人参加。

最终导致施密特政府下台的,是经济—财政与社会政策问题。经济衰退,政府政策陷入两难。"敢于负债"的反周期政策,使财政赤字剧增,债台高筑。据官方数据,国家(联邦、州和乡镇)每年预算赤字率在1962—1969 年间一般不到 10%(唯 1967 年为 12%);70 年代迅速上升,从 1975 年起历年都超过 30%,其中 1975 年高达 63.8%,1981 年更高达75%。国家年度债务总额到 1969 年时,最高年份为 1179 亿马克;但1975 年达到 2520 亿马克,1981 年达 5406 亿马克。[①] 1970—1974 年,政府预算赤字相当于国民生产总值的 1.7%,1981 年则高达4.9%。同样年份中公共债务与国民生产总值的比率,则由 18.8%上升到 35.3%。投资不振是一大问题。联邦德国的投资年均增长率在 50 年代上半期是12.8%,此后逐渐下降,1974—1983 年私营部门的投资年均增长率不到2%。[②] 失业人数在 70 年代中期(1975—1976)连破百万。1981 年失业

---

① B. H. 舍纳耶夫等:《联邦德国》,第 142、180 页。

② H. J. Braun: *The German Economy in the Twentieth Century*, pp. 200, 208; Gordon Smith, et al. (eds.), *Developments in West German Politics*, p. 157.

者达 127 万,1982 年达到 183 万,连创建国以来的新高。[①] 施密特曾在 1982 年承认经济方面的困难:福利开支剧增,导致税负大增。税收不敷使用就靠借贷,联邦、州和市镇的借贷占社会生产总值的比例飚升。福利开支占用了资金,加剧了投资的困难,也无助于增加就业。

于是,围绕经济—财政及社会政策的分歧激化起来。自由民主党主张减税以鼓励投资,促进增长和就业,减少福利以削减赤字,反对在增长疲软之际继续实行再分配和改革政策。副总理根舍提出:"国家正处在十字路口",需要展开原则争论,实行"转向"。1982 年 9 月,经济部长拉姆斯多夫(Otto Graf Lambsdorff,1926—2009)提出基于市场原则的应对财政、经济和失业问题的方案,并说如果坚持那些国家负担不起的计划,会进一步恶化经济,并鼓励以占有为目的的再分配,"最终酿成政治制度的危机"。这一方案遭到施密特的拒绝。于是,自由民主党宣布退出政府。联盟党乘机与自由民主党达成协议,在联邦议院提出对施密特的"建设性不信任案",迫使施密特下台。

四、科尔的"中间派联合政府"

施密特下台后,1982 年 10 月基民盟的赫尔穆特·科尔就任总理,组成了联盟党和自由民主党的联合政府,根舍仍为副总理兼外交部长。1983 年 1 月联邦议院解散,提前举行第 10 届大选。联盟党获得 48.8% 的选票,自由民主党获 7% 的选票。科尔继续担任联邦总理,仍由根舍任副总理兼外交部长。科尔政府上台之初,正值司法机关调查大公司向政党非法捐款事件("弗利克丑闻"),一批高官涉嫌卷入,其中有科尔政府的经济部长、自由民主党人拉姆斯多夫,联邦议院议长、基民盟的雷纳·巴泽尔(Rainer Barzel,1924—2006)等。科尔本人也涉嫌在接受调查时说谎。1987 年,拉姆斯多夫等人被法院宣布无罪,但被处罚款。科尔政

---

① B. R. 米切尔编:《帕尔格雷夫世界历史统计·欧洲卷 1750—1993 年》(第四版),第 175、177 页。

府经受了这场冲击。1987 年 1 月联邦议院大选,联盟党再次获胜,仍与自由民主党合作,科尔蝉联总理。

科尔称其政府为"中间派联合"(Koalition der Mitte),作为基民盟的总理,要奉行阿登纳、艾哈德和基辛格三位总理所主张的方针。1982 年 10 月科尔就任伊始,在施政演说中宣布了四点紧急纲领:创造新的就业机会;确保社会福利制度;对外国人实行人道政策;更新外交和安全政策的基础。特别要创造和保护就业,首先要鼓励投资。要使经济摆脱由国家造成的不必要负担或官僚干预,公共预算要把重心由消费转向长远的用途。[①] 他在 1983 年的基民盟党代会上指出:"我国人民不希望更多的国家干预,而是希望一个更好的国家。我们要把这个由官僚主义者统治的国家重新变为依靠公民的国家。"[②]科尔政府政策的基本取向,是强化市场力量,削减公共开支,加强私人资本,回到更为正统的"社会市场经济"。科尔政府实行了"新经济政策",以求达到经济持续适度增长、物价稳定、国际收支平衡和充分就业等四大目标。具体的措施有:(1) 大力整顿财政,削减赤字,压缩政府开支。(2) 鼓励私人和公共投资的积极性,改革税收(减税),调整国家提供补贴等政策,改善企业赢利机会,遏制企业倒闭浪潮,鼓励和支持建立中小企业,推动传统工业的技术改造,促进产业结构调整和新技术的发展。(3) 调整社会福利政策,把公共预算的重心从消费转向面向未来的用途,既要保持社会安全网络,又要限制社会开支的增长。(4) 同失业作斗争,除鼓励投资以创造就业外,还要加强就业培训,鼓励提前退休等。

经过努力,财政状况得到改善:1982 年赤字 750 亿马克,占国民生产总值的 4.4%,1984 年下降到 338 亿马克,占 GNP 的1.9%,1985 年又下降到 200 亿马克,占 GNP 的 1%。从 1986 年起再次上升,1987 年达到

---

① "Coalition of the Center(October 13, 1982)", in: Konrad Jarausch and Helga A. Welsh (eds.), *German History in Documents and Images*, Vol. 9, *Two Germanies*, 1961—1989. http://germanhistorydocs.ghi-dc.org/

② 维尔纳·马泽尔:《联邦德国总理科尔传》,第 204 页。

380 亿马克,占 GNP 的 2％,但财政赤字迅猛上升的势头有所遏制。为鼓励投资,1984 年公布《减税法》,1986 年开始第一阶段,减税 110 亿马克;1988 年进入第二阶段,减税 140 亿马克;到 1990 年减税总额达 250 亿马克。此外,政府还增加对中小企业的资助。为了既鼓励投资又兼顾物价,联邦银行降低贴现率和利率,同时控制货币量的增长。1982 年联邦银行的货币增长量约 6％,1985—1986 年则为 3％—5％。在遏制福利开支增长方面也采取了措施。1983 年还暂停增加工资。经过努力,经济出现"低速、稳定和持续的增长"。1988 年、1989 年和 1990 年的增长率分别达到 3.7％、4.2％和 5.5％。[1] 而消费物价上涨率则由 1982 年 5.2％,逐年下降到 1985—1990 年间的 2.8％以下,其中 1986 年为—0.1％,1987 年为 0.2％。在此期间,联邦德国的出口额超过美国,跃居世界榜首。国际收支扭转了施密特政府末期的逆差状态。1982 年实现全年顺差 86.6 亿马克。其后连年增加,1989 年高达 1346.9 亿马克。[2] 黄金外汇储备也继续增加。经济领域的成效,提高了科尔本人的声誉和人们对科尔政府的信心。

科尔政府期间,严重的环境和核安全问题接连发生,如酸雨导致森林枯死[3]、莱茵河和美因河化学污染、苏联切尔诺贝利核电站事故等,引起民众的关切和恐慌。反核和平运动正掀起高潮。绿党在 1983 年和 1987 年的选举中都进入联邦议院,反映了人们对环境安全的关注。特别是切尔诺贝利事件后,人们批评科尔政府信息不灵,行动不力。许多人反对建设新的核电站,并要求关闭已有的核电站。因此,尽管环境保护与促进增长存在矛盾,科尔政府还是在以前社会民主党政府政策的基础上,进一步强化环保工作。制定联邦排放法,加强对环境的监测,建立了联邦环境部——全称"环境、自然保护和核电站安全部"(Ministerium für Umwelt, Naturschutz und Reaktorensicherheit)。用于环境保护的开支

---

① 海尔曼·亚当:《德意志联邦共和国的经济政策和政治体制》,第 61 页。
② 朱忠武:《联邦德国总理科尔》,四川人民出版社 1997 年版,第 92—93 页。
③ 因为酸雨之故,到 1983 年联邦德国 740 万公顷森林有 34％染上枯死病。

(包括经常性开支和环境保护投资)继续增加,1983 年为 222.6 亿马克,1988 年达到 322.5 亿马克。其中,国家承担的部分保持在一半左右。[1]通过努力,二氧化硫的排放量由 1982 年 200 万吨,减少到 1988 年的 70 万吨;铅排放量由 1982 年约 7000 吨,减少到 1988 年的 2000 吨;从 1982 年到 1988 年,轻燃油和柴油的含硫量降低了 1/3。由洗涤剂流入表面水体的磷大幅度减少。全国用于早期发现放射性射线的测量站由 1982 年的 50 个增加到 1989 年的 1800 个。[2]

　　不过,科尔政府面临的挑战仍然严峻。如煤钢工业结构性调整仍然任重道远;通讯和信息技术投资仍然与美、日相形见绌;劳动成本高居世界第二(仅次于瑞士);能源、通讯和交通运输费用较高。1985 年财政部的材料指出,快速上升的国债是近年来经济发展不利的主要原因,1983—1987 年,仅联邦债务就增加了 29%。这与国家继续以大量补贴来帮助经济调整,又要维持庞大的社会保障体系有关。尤其是“同失业作斗争”的一系列措施,未能达到目标。“青年失业”成为 1983 年 5 月基民盟大会的中心议题。政府扶持中小企业,以创造就业岗位。政府还向公司提供财政援助,以保住工作岗位。1984 年制定法律,允许 30 万老年职工提前在 58 岁退休,条件是必须补充新职工。用于资助失业培训和再就业的开支增加。年轻人的失业率在一段时期中有所下降。然而每年的总失业人数仍超过 200 万。1985 年高达 230 万,失业率在 9% 左右,创历史新高。[3] 这与周期性危机、新技术革命、结构调整和转型有关。从 1978 年到 1985 年,仅萨尔钢铁工业雇用人数就由 2.2 万人减少到 1.25 万人。1987 年工会同意煤炭和钢铁业未来几年内再裁减几万个工

---

[1] Stastistisches Bundesamt: *Statistisches Jahrbuch 1989 für die Bundesrepublik Deutschland*, S. 586.

[2] 维尔纳·马泽尔:《联邦德国总理科尔传》,第 203 页。

[3] 同上书,第 197、203—204 页;朱忠武:《联邦德国总理科尔》,第 94—95 页;海尔曼·亚当:《德意志联邦共和国的经济政策和政治体制》,第 152—153、169、175—176 页。

作岗位。[1] 1974—1984 年,纺织机器制造业经改造和"合理化",就业人员由约 6 万减少到 3.8 万。1976—1982 年,纺织工业削减了 7 万工人。[2]

同时,科尔政府改革福利制度,增加某些方面的福利开支,如国家用于职业培训和恢复工作能力,用于就业措施和老年雇员工资税补贴的开支 1982 年为 69 亿马克,1988 年达到 153 亿马克。1982 年失业者可领取 12 个月失业金,1988 年则最多可领取 32 个月失业金。但总的福利开支增长速度则有所遏制。如福利预算由 1982 年的 5250 亿马克增至 1988 年的 6600 亿马克,每人每年享受的福利 1982 年为 8524 马克,1988 年达到 10740 马克。增长速度显然低于 70 年代。[3] 同时,尽管雇员的实际收入在某些年份有所增长(与通货膨胀降低有关),但社会贫富差别总体有所加剧。全国雇员人数由 1982 年的 2240 万增加到 1989 年的 2310 万,其工资收入在国民收入中的份额却从 1982 年的 73.8% 下降到 1989 年的 67.1%。与前一时期明显不同的是,雇员实际收入的增长明显低于企业家收入的增长,两者间形成逐渐扩大的"剪刀差"。[4]

科尔政府的政策受到不同方面的批评。左翼—自由派(包括社会民主党)批评政府强调市场和限制福利开支,没有保障工人的工作岗位,雇员实际收入下降,出现了"新的贫困""社会冷酷"和"强权社会"等。另一派意见则认为"转向"还不到位,如批评科尔政府的社会政策没有改变基本结构,"不相信市场力量",不能真正解决问题。大公司和银行要求进一步解除管控,大力削减公司税,以促进投资和增长。有人甚至提出所谓"第二次转向"。科尔政府面对复杂形势,需要兼顾各方利益,其政策"转向"没有形成像英国"撒切尔主义"和美国"里根经济学"那样强劲的"新自由主义"回潮。

科尔政府时期,极端分子的活动并未绝迹。极右派如以库南为首的

---

① Gordon Smith, et al. (eds.), *Developments in West German Politics*, p. 161.
② 朱正圻、林树众等:《联邦德国的发展道路——社会市场经济的实践》,第 335—336 页。
③ 维尔纳·马泽尔:《联邦德国总理科尔传》,第 204、220 页。
④ 海尔曼·亚当:《德意志联邦共和国的经济政策和政治体制》,第 142、154—155 页。

"民族社会主义行动阵线"改头换面进行活动,原"社会帝国党"头目雷默拼凑起"德国自由运动"。极右的"德国国家民主党"、自称"新右派"的"共和党"也利用民众的不满情绪,来争取选票。1989 年"共和党"在柏林市议院选举中获得 7.5% 的选票。主要由第三代"红军派"分子进行的暴恐活动仍不时发生,针对政治、经济界要人、驻德美军基地和北约机构和人员,在 80 年代中期形成一个小高潮。官方对"红军派"的追捕一直未停。直到 1990 年,内政部长朔伊布勒(Wolfgang Schäuble,1942—　)仍然宣称"红军派"是最大的恐怖主义威胁。

第二节　民主德国:从皮克到昂纳克

民主德国建立后,德国统一社会党加紧建设社会主义国家。但是,在农业集体化、工商业国有化中出现了政策失误,导致了新的问题,并引发 1953 年"东柏林事件"。这次事件平息后,政府注意避免过于激进的工作方式,并根据现实情况对政治经济体制进行调整与改革。但是,改革有很大的局限性,一直是成就与问题并存。到昂纳克时期,体制趋于僵化,经济发展逐渐失去活力。

一、民主德国的国家重建及其问题

1949 年 10 月,民主德国宣布建国,但国家建设并非易事,更何况处于两大阵营激烈对抗的前沿阵地。首先面临的是恢复经济难题,一是历史形成的经济畸形发展问题,长期以来德国垄断资产阶级追逐利润和扩张,加上希特勒德国的扩军和侵略,破坏了德国正常的经济结构。二是德国分裂给民主德国经济恢复与发展造成了巨大障碍,二战后德国被分区占领使历史上形成的、统一的的德国经济结构遭到破坏,最高管制委员会协调下的四国合作只是书面文章,占领当局各自为政严重阻碍了德国经济的正常联系,影响了德国的经济恢复,也给民主德国的经济制造了严重困难。三是联邦德国和英法美等国的敌视和破坏,严重危害了民主德国的经济建设。建国后,民主德国严重依赖从联邦德国进口原材料、机械设备和零配件,为了在政治上讹诈和经济上扼杀民主德国,英法美以及联邦德国经常将两德经济关系政治化,对民主德国实行经济封锁,并一再中断两德贸易。西方阵营还竭力在民主德国进行经济破坏,如向民主德国派往大量经济间谍,不断进行煽动性宣传,有目的地破坏生产尤其是破坏建设中的原材料工业和重工业企业,争夺民主德国众多的专业人员、各种专家和科学家,进行货币投机,等等。

其次,民主德国的国家建设所处的安全环境也比较恶劣。一是民主德国处于东西方阵营冷战敌对的前沿阵地,国家建设缺乏稳定的外部环境。二是开放边界使民主德国很容易遭受西方阵营的敌视和破坏。在德国一分为二后,位于民主德国境内的柏林也被一分为二,西柏林地区成为一块飞地,利用西柏林的地理位置和西方的占领权利,西方将之作为国中之国和自由世界的橱窗,在民主德国大肆进行间谍活动、破坏活动以及干扰活动,以破坏民主德国经济发展、政治稳定和吸引民主德国居民出逃,"开放边界给民主德国带来的损失达 1,000 亿至 1,300 亿马克,约相当于第一次世界大战后德国向战胜国支付的赔偿"①。

面对严峻的国内外形势,德国统一社会党加紧在政治、经济以及思想文化等领域确立其领导地位,以建立无产阶级专政和建设社会主义国家。在政治领域,德国统一社会党致力于建立无产阶级专政的社会主义国家政权。1945 年 7 月 14 日,各民主党派和群众组织成立了反法西斯联盟,在联盟内部,各政党一律平等。1949 年 8 月,各党派一致通过了联盟政策的基本原则。同年 10 月,民主德国按照政党联盟体制建立政府,颁布共同施政纲领,并将垄断资产阶级、大地主以及军国主义者排斥在联合政权之外。最初,在基督教民主联盟和德国自由民主党内部,有不少党员公开拒绝联盟政策和联合政府,希望单独参加选

---

① 埃贡·克伦茨:《大墙倾倒之际——克伦茨回忆录》,沈隆光等译,世界知识出版社 1991 年版,第 151 页。

举并在选举中击败统一社会党。为了制衡自由民主党和基督教民主联盟的影响力,农民民主党和国家民主党两个民主政党相继建立。在统一社会党的压力下,基督教民主联盟和德国自由民主党内支持联盟政府和统一社会党的力量在激烈的内部斗争中取得了胜利,1951年两党都承认工人阶级的领导地位。1949年10月的民主德国宪法明确规定,民主德国是无产阶级同其他劳动阶级和非劳动阶级联合执政的政权。

随着统治地位日益巩固,德国统一社会党将民主德国的国家性质规定为无产阶级专政的社会主义国家,工人阶级是领导阶级,工人阶级的马克思主义政党德国统一社会党是执政党。民主德国政府的组成也不再遵循政党联盟制度,而是由所有政党和群众组织组成的全国阵线负责提出统一的议员候选人名单。1950年2月,全国阵线(Nationale Front)的中央机关德意志全国委员会建立,在州、县、市、乡等地也很快成立了全国阵线委员会,成员往往产生于人民代表大会运动的人民委员会。在德国统一社会党的领导下,全国阵线从政治上和组织上发展成为民主德国社会生活中的一支举足轻重的力量,其主要作用是阻止德国统一社会党的竞争对手出现。由于群众组织中的统一社会党成员较多,德国统一社会党在各级政府中开始占有绝对优势,在人民议会的500个席位中占据127席。为了建立无产阶级专政,统一社会党还十分注重民主德国的中央国家机关的建设,在各机关建立基层党组织,并规定"所有在国家机关中工作的德国统一社会党党员必须服从党的纪律,并且有义务贯彻党的决议。在新的国家机关中要建立德国统一社会党的党组织"①。

通过不断打击党内外反对派,乌布利希还确立了个人的绝对领导地位。1946年,为了争取社会民主党的合作,共产党曾许诺不再坚持马列主义意识形态基础、同意以"党员民主决定"代替"民主集中制",并实行

---

① 德国统一社会党中央马列主义研究所编写组:《德国统一社会党简史》,第249页。

各级机构领导职位分配平等的原则。1948年苏南冲突后东方阵营进行了几次清洗运动,乌布利希借机在党内清洗原社会民主党和二战时期留在德国国内的老共产党员,一些民主党派领导人也遭到打击。他还仿照苏联体制改组了统一社会党领导体制,1949年1月第一次代表会议建立了中央政治局(Politbüro)取代原来的中央书记处,原社会民主党人在中央领导机构中的地位大为削弱,原中央书记处9人中有原社会民主党4人,而1950年中央政治局的14名委员和候补委员中,原社会民主党只有3人。1950年7月,乌布利希当选为中央委员会总书记(Generalekretär),确立了其在党内的最高政治地位。

通过建立政党联盟、全国阵线、颁布法令以及加强党的纪律等,乌布利希及统一社会党在民主德国确立了领导地位。然而,民主德国国家体制具有中央集权和个人专制的色彩。在政权建设过程中,民主德国的地方职权日益削弱,州政府和州议会被取消。统一社会党还用阶级斗争方式来打击其他政治力量,加强对社会生活的全面控制。民主德国92％的居民是教徒,教会影响力相当大。为了巩固执政地位,统一社会党实行压制教会的政策,将马克思列宁主义作为政治思想教育的基础,禁止学校进行宗教教学,许多加入基督教青年组织的学生还被学校开除,政治上活跃的神职人员则被解除职务。

为了巩固统治,统一社会党还十分注重思想文化领域的宣传教育工作,特别是重视加强党员的思想教育。如借鉴苏联的经验,德国统一社会党大量出版统一的计划和教材供学习班领导人和参加者使用,由党校培养大量的学习班领导人。1950年,德国统一社会党还要求,国家管理机构和人民教育机构的全体工作人员以及国营企业、国有商业组织的职员都必须在本单位内进行定期学习,学习的重点是德国统一社会党的政策的基本问题。1951年,结合更换党证活动,德国统一社会党对党员和预备党员进行了审查,最后只有92.7％的党员和96.6％的预备党员得到了新党证。

在经济领域,德国统一社会党的措施是加紧对经济体制进行社会主义改造,即实行土地改革、农业集体化运动以及工商业国有化运动(具体内容见第一章第二节)。与此同时,民主德国政府也实施了经济建设的两年计划和五年计划。经济计划最初由部长会议制订,1950 年 11 月后由国家计划委员会负责,并在整个国民经济和其他所有社会生活领域都推行中央计划。为了完成计划,民主德国以群众动员的方式提高劳动生产率,陆续发动了积极分子运动和劳动竞赛运动,在企业建立创全优突击队,动员劳动群众克服各种困难完成经济计划。1950 年,两年计划提前半年完成,1951 年民主德国开始实行第一个五年计划。为了完成新计划,民主德国注重发展重工业,在企业中运用经济核算的原则,实行企业签署集体合同的普遍合同制,并制定更加切合实际的生产计划和监督生产计划,以对生产进行监督和管理。

然而,民主德国的经济建设存在不少问题,如:陈旧的生产设备没有得到更新;严重破坏的城市没有重建;交通运输恢复缓慢;一些工业部门的劳动生产率还低于战前;工业发展的比例失调问题仍然存在;经济发展依靠原料进口;基本建设资金匮乏限制出口增长;大力发展重工业使问题更加恶化;居民商品需求得不到满足;消费品质量不佳;民众生活得不到根本改善。此外,计划经济体制建立引发了新问题,如中央过多干预容易造成物资不平衡,工厂领导在执行经济计划时往往只求完成计划而不计后果,导致设备利用率低,库存积压和生产成本较高。总之,民主德国在经济领域的农业集体化、工商业国有化、经济管理计划化以及强制劳动,导致了新的经济问题和困难,并最终引发了 1953 年"东柏林事件"。

二、社会主义建设的开启和"东柏林事件"

对于民主德国的问题特别是经济问题,统一社会党领导人明显认识不足。总书记乌布利希认为,经过多年的社会主义改造和建设,民主德国已经具备了建立社会主义社会的国内外条件,他将苏联奉为样板,急于在民主德国进行全面的社会主义建设。在 1952 年 7 月召开的德国统一社会党第二次代表会议上,乌布利希提出党的新任务是:"使争取签订和约及恢复民主德国统一的斗争成为全体人民的事业,巩固德意志民主共和国——为和平及德国的统一而斗争的基础——的政权,并胜利地完成全国在实现五年计划中的巨大建设工作。"①这是将建立统一、和平、民主的德国与进行社会主义建设规定为民主德国的两大主要任务。会议通过的决议对未来工作的部署是:(1)当前任务是反对英法美占领者和打倒波恩政府;(2)首要任务是组成工人阶级与劳动农民的同盟以及团结所有的爱国人士;(3)加强与联邦德国的德国共产党的团结;(4)加强边境的保卫工作,加强人民民主政权、民主秩序和法律,并组成武装力量;(5)巩固与苏联及人民民主国家的友好关系;(6)社会主义建设成为基本任务;(7)不断巩固国家政权的人民民主基础;(8)进行社会主义建设的具体任务;(9)进行社会主义建设的意义;(10)改善党的工作以执行党的总路线;(11)提高工人阶级及劳动群众的社会主义觉悟,同时并经常对资产阶级思想进行坚决的斗争。② 报告确定的(1)到(3)项工作涉及德国统一问题,(4)到(11)项内容都是涉及民主德国社会主义事业的建设。可见,乌布利希将国内的工作重心转向了进行社会主义建设。大会还规定,国家政权的主要任务包括粉碎资本主义势力的反抗和复辟资本主义的一切反革命企图,领导社会各个领域的社会主义改造,反对外部敌人,确保革命成果和社会主义建设。③ 在经济方面,大会认为需要通过继续完成五年计划和对农业的社会主义改造来创立社会主义的经济基础,未来首要任务是对钢铁工业、矿业、重型机械工业和能源经济等重工业部门进行改造,并要大力发展与苏联和其他社会主义国家的经济关系。

然而,民主德国争取国家统一的努力毫无成效,建设社会主义社会

① 乌布利希:《目前形势和德国统一社会党的新任务》,第1页。
② 《德国统一社会党第二次党代表会议关于目前形势与为和平、统一、民主及社会主义而斗争的决议》,载乌布利希:《目前形势和德国统一社会党的新任务》,第179—186页。
③ 德国统一社会党中央马列主义研究所编写组编:《德国统一社会党简史》,第304页。

的工作更是问题重重。在工业方面,虽然缺乏煤铁资源,民主德国却仿效苏联模式,片面发展重工业;在农业方面,集体化运动使农民逃亡西方并引发了食物短缺;发展军事力量以及对苏联的赔偿负担进一步加剧了民主德国的经济困难,生产下降和供应不足在劳动群众中引起了不满和怨气。统一社会党采取的措施是一方面以说服工作争取劳动群众一起克服这些困难,另一方面是为了解决财政负担沉重问题采取了削减社会福利的政策,如取消铁路通行证等工人的优惠待遇,取消疗养院附加疗养时间,削减妇女工伤保险金,取消私人资本家和自由职业者的粮食配给卡及知识分子的额外配给卡,这些措施更加大了民众的不满情绪。而阶级斗争的加强使社会关系更为紧张,大批公民外逃西方,出逃人数 1951 年是 165648 人,1952 年增加为 182393 人,1953 年攀升到 331390 人。①

面对国内严峻的形势,1953 年初民主德国采取了新措施,如修改1952 年秋被拔高的重工业发展计划,纠正了前几个月中作出的有关决议,决定迅速提高消费品以及食品的生产,并注意吸收劳动群众的创造性倡议,采取改善劳动群众生活状况的措施。1952 年秋,苏联驻德管制委员会对民主德国的情况进行调研,次年 3 月得出结论认为:"只能在短期内保持现在的政策","民主德国人民身上的压力已经突破了极限"。②6 月 2—4 日,统一社会党领导人在莫斯科接受了关于"新路线"的指示③,不久,统一社会党中央政治局通过了"新路线",并于 11 日在中央党报《新德意志》上刊发了新政策的内容。新政策主要是放缓了社会主义建设的步伐,但并没有降低让工人们不满的工作量规定。与此同时,统一社会党内出现了反对乌布利希的权力斗争。6 月 16 日,统一社会党中央委会通过了《新德意志》总编鲁道夫·赫尔恩斯塔特(Rudolf

---

① Bundesministerium für gesamtdeutsche Fragen, *SBZ von A bis Z*, Bonn, 1966, S. 145.
② Rolf Stoeckigt, "Ein forcierter stalinistischer Kurs führte 1953 in die Krise", *Berliner Zeitung*, 8 March 1990.
③ 戴维·墨菲等著:《柏林墙下的较量:冷战中的中央情报局与克格勃》,第 165—166 页。

Herrnstadt)起草的"新方针",内容之一是要求为建立包括东西德在内的统一祖国采取措施,其他的措施要服务于这一伟大目标。新方针还反对照搬苏联的模式和制度,要求改善党的工作方式。[1]

民主德国采取的纠正措施和路线调整并没有让民众满意。1953年在许多地方发生小型罢工斗争。首先站起来直接向德国统一社会党和政府表示抗议的是柏林建筑工人。建筑工作是季节性工作。由于柏林的冬天非常寒冷,无法进行户外建筑工作,所以工人需要通过夏天的劳动来获得足够的资金过冬。他们对10%强制性义务劳动定额的反应最为强烈,但其反对意见没有得到德国统一社会党和政府领导人的积极回应。1953年6月16日,柏林建筑工人高举"我们要降低劳动定额"的横幅开始游行,他们先到达了德国工会联盟总部,但那里已经空无一人。建筑工人又向民主德国政府办公大楼行进,沿途许多工人加入抗议队伍,包括民主德国指责的西方煽动分子和破坏分子。在政府大楼前,大量抗议人群聚集,并出现了要求自由选举的政治口号。民主德国政治局很快决定接受工人降低劳动定额的要求,并让相关负责官员向罢工群众传达,但工人们对德国统一社会党的长期空口许诺反感,要求最高领导人乌布利希和格罗提渥出来对话。因两位领导人拒绝出面,抗议队伍提出"解散政府""进行自由选举"等政治要求,并再次冒雨举行游行和决定第二天进行总罢工。17日,8万人参加的总罢工在民主德国首都东柏林出现,工人们除了提出经济要求外,还明确提出了众多的政治要求,如反对苏德友谊、举行自由选举、要求政府下台、收回给予波兰的领土、在战前边界内恢复一个统一的德国,等等。群众抗议很快失控,他们向警察投掷石块,攻击民主德国统一社会党中央委员会大楼、柏林警察局、电报局、柏林市工会行政楼以及其他建筑。抗议人群还掀翻政府车辆,毁坏政府宣传栏,毁坏统一社会党宣传海报和领导人画像,焚毁百货商场,甚

---

[1] Wilfried Loth, *Stalin's unwanted child: the Soviet Union, the German question, and the founding of the GDR*, p. 158.

至还出现了抢夺警察武器、与警察进行枪战和烧死警察的情况。柏林工人罢工和起义还在其他地区蔓延，民主德国完全处于失控状态。因民主德国警察无力控制国内动乱局势，苏联军队开始介入，大批苏联军队进入东柏林，主要行动是保护民主德国重要建筑，封锁东西柏林之间的交通，以武力驱散抗议工人，宣布对东柏林实行军管和宵禁，等等。很快，大规模起义被苏军镇压下去。

工人的抗议被镇压，乌布利希的地位得以保全。对于东柏林事件，民主德国官方文献虽然极力指责帝国主义消灭民主德国的政策和利用斯大林逝世破坏民主德国稳定的企图，但也承认自身的经济决策存在问题，如实行较高的积累，特别是提高重工业投资，致使轻工业和消费品工业的发展更加缓慢，一些日用品和火车票价包括上下班交通费都上涨，征税办法更加严厉，更加错误的是行政规定劳动定额至少提高 10%，有些部门甚至提高 30%。在东柏林事件后，苏联选择继续支持乌布利希。因为在苏联看来，"虽然他有很多缺点，但他们可以依靠他收拾民主德国的混乱局面"①。利用有利形势，乌布利希否决了中央 1952 年 6 月 16 日通过的"新方针"，并借苏联贝利亚倒台事件，清除了威廉·蔡塞尔（Wilhelm Zaisser，1893—1958）、鲁道夫·赫尔恩斯塔特等党内反对派。在 1953 年 7 月 24—26 日召开的中委会第 15 次全体会议上，统一社会党通过了乌布利希提出的"新路线"。新决议充分肯定了民主德国民族政策和社会主义建设总方针的正确性，问题只不过是在工作方法上存在失误。此后，乌布利希坚持在民主德国进行社会主义建设，但总结了教训，不再采用 1952 年的激进工作方式，注重加快经济建设和改善领导方式，并根据现实情况对民主德国的政治经济体制进行了调整与改革。

三、乌布利希时期的政治经济体制改革

东柏林事件后，民主德国政府坚持进行社会主义建设，如加速了农

---

① 戴维·墨菲等：《柏林墙下的较量：冷战中的中央情报局与克格勃》，第 178 页。

业集体化进程,1958 年 6 月农村合作社占地面积只有 29%,1959 年 6 月达到 40%,1960 年农业集体化任务基本完成。在工作方式上,统一社会党避免采用过激措施,如对工业企业的改造不再采取没收的方式,而是通过税收、强制性购买和销售债券等手段,并对小规模的私营企业不断地加以限制。对于社会主义经济部门,以苏联为样板,民主德国建立了高度集中的计划管理体制。而且,十分强调德国统一社会党的经济领导作用,1954 年新党章规定,要加强党在物质生产领域的领导作用,有权对企业领导工作进行监督。然而,随着经济的发展,以行政手段领导和管理企业的高度集中的计划经济管理体制的弊端日益凸显,如企业领导只关注中央计划的完成,为了完成计划往往不计后果,机器设备负荷过重,不愿采用新工艺,不关心研发和生产新产品,忽视产品质量,忽视产品服务对象,最后导致生产成本较高、物资浪费严重、生产效益低下等问题。为了促进国民经济收入的快速增长,民主德国政府不得不对国家体制进行了调整和改革。

早在 1952 年,民主德国就进行了第一次政治经济体制改革。在行政管理方面,1952 年 7 月 23 日,民主德国实行行政区划管理改革,取消了州的建制,代之以 14 个专区,将县的数目从 132 个增加到 217 个,在专区和县的新国家机关中,党组织建立并立即展开工作。民主德国形成中央、专区、区三级行政划分,专区书记的职务完全由统一社会党垄断,州议会和州政府也随之取消。中央和地方之间按照"民主集中制"原则进行管理,中央机关的一切决议地方机关都必须遵守,地方政府没有制定政策的权力,其开支都通过统一的中央预算渠道,地方官员名义上对地方人民代表大会和行政部门负责,实际上由于上级主管拥有人事决定权,地方官员主要是服从于上级机关。从此,地方政府的权力大为削减,原来的联邦制成分完全消失。

在经济管理方面,主要是将经营管理权下放,扩大企业和工业部门的经济活动自主权,运用经济核算,有效利用价值规律,以在总的方面使企业经济活动集中于提高劳动效率、降低成本和改进赢利。不仅在国营企业中普遍实行经济合同制和经济核算制,企业领导和工会组织之间也签订了企业集体合同。这些措施使国营企业成为经济上自负盈亏的独立单位,原来对企业进行直接领导和生产管理的联合公司成为管理机构,对同一行业的企业进行指导和监督。

1958 年,民主德国进行了第二次体制改革,在政治领域是加强工人阶级及其政党在国家和所有社会领域中的领导作用,改进国家机关的工作方式和广泛开展社会主义民主,并将决策、执行和监督等密切结合起来,支持国家和地方机关更好地合作。如要求所有议员和国家机关工作人员同工人和其他劳动者经常保持密切的联系,同时也要与合作社农民、个体劳动农民、知识分子、手工业者、小业主和私人企业家进行更密切的合作。为了改进工作方式,1958 年 2 月 6 日,统一社会党中央委员会通过《关于改进党的工作作风的准则》和《精简企业、管理部门和机关中党的机构》两个决议,要求党的领导机关和所有党员都要完善他们的能力,与劳动人民一起解决发展中的困难和问题。

在经济领域,由于按照部门原则开展的工业管理体制导致了本位主义、生产分散以及效率低下等问题,民主德国学习苏联经济改革经验,再次加强对国民经济的计划管理。如以国家计划委员会取代原来的 7 个工业部,建立州经济委员会和 70 个工业协会,并将联合公司管理权限予以一定程度的恢复,归属国家计委专业局领导。但是,联合公司不再对企业进行直接的经济领导,只对所属企业进行战略和生产指导。在新体制之下,主要负责计划工作的国家计划委员会成为部长会议负责整个国民经济管理和规划工作的中央机关,国营企业联合公司是中央管理的社会主义企业的经济领导机关,非中央管理的企业分别隶属于专区和县的国家机关。

然而,这些调整与改革都没有从根本上触及高度集中的计划管理体制,国民收入的增长依旧十分缓慢。1959 年 11 月,在苏联的影响下,民主德国政府宣布停止执行第二个五年计划,改行赶超联邦德国的"七年计划",但与预期相反的是,国民收入增长率不升反降。

　　面对新的经济困难与问题,1961年民主德国决定逐步调整部长会议、国家计委和国家经济委员会的责任范围和工作方式,以将中央经济管理机关的工作集中到国民经济发展的重点上去。部长会议接受提高劳动生产率和促进科学技术进步的任务,许诺确保提高积累和集中使用资金。国家计委的工作则主要集中于准备国民经济发展远景规划,负责为国民经济发展的年度计划制订方向性指标,完善国民经济计划工作的方法以及分析计划完成情况。1961年建立的国民经济委员会的任务是为工业制订年度计划并监督这些计划的执行,以及在国营企业联合公司和专区经济委员会中贯彻党的经济政策。为了保证社会主义农业的统一领导,建立了隶属于各级政府的农业委员会。此外,为了加强群众对国民经济管理与计划的参与和监督,成立了工农监察委员会,提倡在企业中建立经济代表会议,定期开展生产讨论会。然而,民主德国国民收入增长依旧迟滞不前,经济计划一再不能完成,1962年夏被迫宣布放弃七年计划。1963年,德国统一社会党不得不再次进行经济体制改革,重心是扩大企业管理权和采取经济刺激手段,这被称为"新经济体制"(Neues Ökonomisches System)。新一轮改革的主要内容是:在经济组织体系方面,改进中央国家经济机关的领导工作,更加准确地确定国营联合公司和专区经济委员会的职责,扩大企业和联合公司在科研、生产计划、产品销售、资金支配等方面的经济自主权。中央国家机关将许多权力下放给联合公司、国营企业和地方经济管理机关,中央一级平衡表的数量从1963年的1208项减少到1967年的305项,同期国营企业联合公司平衡的项目从540项增加到5528项。[①] 联合公司的经济领导权力大为增长,管辖范围包括与中央平行的国营企业、中央领导的国营企业、公私合营企业以及私人企业,管辖权包括对所属企业进行控制、协调和监督,并掌握企业的产销情况。1966年,民主德国还对经济组织体系进

[①] H. 哈麦尔、R. 克脑夫:《西德和东德的经济体制——社会主义市场经济和社会主义计划经济的体制比较》,景林译,中国社会科学出版社1980年版,第30页。

行了更大的调整,如将国营企业联合公司由行政管理机构改编为本工业部门的经济领导机构,国民经济委员会被解散,代之以各种工业部。统一社会党政治局还决定逐步建立全民所有的联合企业,以使企业的生产实行普遍的合理化、专业化和集中化,以便集中力量和资金从事研究和发展。为了发展工业企业之间各种形式的协作,民主德国还成立了各种各样的协作联合会。

在计划制度方面,主要是提高计划的权威和改进计划工作的内容和方法。部长会议主要着重解决全社会发展的主要问题,以更加有效地协调国家和经济机构的工作。国家计委的任务则是集中抓经济的基本问题,抓国民经济的长远规划,使中央计划任务更紧密地同国营联合公司和国营企业自主负责的计划结合起来。也就是,国家计委对地方和企业不再规定生产细节,只是通过远景规划对国民经济主要部门下达方向性指标,其中最重要的是利润指标,但质量、赢利、数量等方面的指标以及总产值也要求得到同样的重视。国营企业和联合公司根据中央计划制订自己的年度计划,由国家计委负责协调。

"新经济体制"有利于把中央经济管理和计划工作同企业的责任及劳动者的自觉行动紧密地联系起来,在一定程度上调动了企业积极性,有利于降低成本,也有利于更好地利用生产基金,节约原材料和物资,提高产品质量。采用按劳取酬的新工资形式和发放年终奖金,也促进了劳动者的积极性。总之,新经济体制促进了经济发展,20 世纪 60 年代后期,国民收入年均增长率由 3.4% 提高到 5.2%。

四、昂纳克时期的经济和社会政策

新经济体制改革使民主德国经济在 1965 年迎来一个发展高潮。然而,新经济体制实质上还是计划经济体制,并不能有效解决民主德国的经济体制和经济发展问题。美国学者认为,民主德国依旧存在结构性经济问题,主要表现为计划不精确性、缺乏短缺价格、原材料的浪费、人力的浪费、资本生产率低、增长的不平衡、不明确的权力划分以及组织上的不稳定等。[①] 1969 年特别是 1970 年,民主德国的经济问题日益明显,气候条件使 1969—1971 年的农业收成欠佳,原料和能源严重短缺,原材料、交通和建筑等行业发展落后于加工工业的发展,国民经济比例失调问题十分突出,甚至出现了财政基金(货币资金)与物质基金(商品供应量)比例失调问题。在企业自主权扩大后,企业投资与国家发展目标偏离,投资领域出现失控现象。

在经济管理方面,民主德国主要实行中央—联合公司—企业三级管理体系,联合公司管理存在组织机构重叠、管理机构臃肿、科研与生产脱离、生产与销售脱节等问题。总之,新经济体制改革的目标是减少集中管理和运用经济管理,这与集中管理的中央计划体制存在矛盾,现实中的企业领导人对利润的追求、不断变化的价格、商业银行的主动信贷政策等都难以与中央计划有效结合,在权力分散和经济手段不足的情况下,某些经济部门制订的政策甚至与有计划按比例地发展国民经济的原则相对立,国家计划被削弱。而且,民主德国整个国民经济的发展严重地遭受影响,再次出现了中央计划难以按时完成的情况。新经济体制改革及其问题还引发了政治矛盾,苏联指责民主德国新经济体制是主观主义,破坏了国民经济有计划按比例发展的规律,乌布利希被否定市场经济机制措施的昂纳克取代。

20 世纪 70 年代,昂纳克政府主要是致力于恢复传统的集中计划。1971 年 3 月 31 日,民主德国取消了一些重要改革措施,重新实行集中的计划管理体制。1973 年 5 月 1 日,民主德国颁布的对所有社会主义企业都适用的管理条例正式生效,取消了过去所有的法律和条例。新条例规定,中央计划对社会主义企业的活动是"有约束力的基础",联合公司接受中央机关的指示并向下属的国营企业和联合企业下达,并要求贯彻中央的经济政策和平衡协调国家计划和企业计划,保证企业计划的权威性和稳定性,监督企业完成国家计划。显然,通过颁布一系列法令和条例,

---

[①] C. 布雷德利·沙尔夫:《民主德国的政治与变革》,第 73—82 页。

中央计划不再只起指导性作用,中央集权的计划经济管理体制重新恢复。把企业和地方的一部分经营权重新收归中央后,国家计委和中央各部的集中统一领导加强,重要工业部门的投资、物资供应和产品销售统一由国家掌握。同年,民主德国还重新恢复严格的物资平衡体系,以加强计划的统一管理。民主德国还开始实行集中管理的货币制度和信贷制度,商业银行按照部长会议的信贷计划系统地分配信贷,1974 年将工商银行合并到国家银行,银行控制权再次集中。为了控制计划的制订和执行,1971 年实行固定的工业品价格管理体制,1975 年代之以固定计划价格,以此作为制订计划和进行结算的基础。与恢复中央集权的计划经济管理体制相适应,1972 年民主德国开始新一轮的国有化运动,把私人企业、公私合营企业和合作企业进一步国有化,1971—1975 年社会主义企业所占比例从 85.7% 增长到 95.8%。

70 年代中期以后,为了实现国民收入的快速增长,民主德国政府取消中间一层管理机构——联合公司,实行以联合企业为中心的管理体制,以较好地兼顾国家、企业以及职工的利益。在经济组织体系方面,联合企业分属各专业部领导,从中央主管部门接受国家计划任务并向所属企业下达中央计划,协调企业计划和中央计划,并监督企业完成国家计划和贯彻国家其他经济政策。从 1984 年起,中央对联合企业进行评价的主要指标是净产值、纯盈利、居民生产消费品以及出口等四项标准,并要参考提高劳动生产率、每百马克商品产值基本材料费用、优质产品所占比重以及新产品等。联合企业实行一长制,最高领导人总经理由主管部长任免,有义务接受中央领导部门下达的指示,并负责向主管部报告工作。总经理是中央主管部门的全权代表,有权任免副总经理、专业经理和各企业经理,总经理还是管理生产的企业家,对企业的科研、投资、生产、销售、职工福利等担负责任。可见,联合企业既是经济实体,也是经济管理机构,具有一定的国家经济管理职能。在联合企业之间,按照经济合同制进行管理,只有签定了合同才能进行经济交往。联合企业的形式多种多样,有按照原料加工顺序进行的纵向联合,也有按照原料各种不同的加工过程进行的横向联合,有主产品和副产品生产的联合,也有技术上相同产品的联合。联合企业最初只管理生产和科研,后来兼管销售,实行科研设计、生产和销售一体化。70年代初,联合企业先是进行试点,然后逐步推广,不断进行新建或扩建。70年代末,民主德国实现了联合企业化,联合企业成为工业管理体系中的支柱和主要组织形式。1979年,民主德国还颁布联合企业组织法,对联合企业的管理规范化。

20世纪80年代,民主德国的经济调整与改革主要是强调集约化、合理化和进一步改组联合企业。由于缺乏劳动力、原料和能源,民主德国一直十分强调提高劳动生产率和发展科技,1955年就提出"现代化、机械化、自动化"的口号,并强调要将科技进步置于经济活动的中心地位。1971年统一社会党第八次全国代表大会提出,要通过生产集约化和提高劳动生产率来达到计划的增长。1981年统一社会党第十次代表大会制订的《80年代经济战略》明确提出,要依靠科技革命新成果来加速生产的发展,走集约化的道路。经济集约化的途径主要是推动科技革命、加强科技和生产的结合、发展现有工艺、实行生产设备现代化、降低生产耗比、合理化投入劳动和科学技术来提高生产率,等等。为了改变粗放式经营,在制定计划时民主德国利用电子计算机进行精确统计,在此基础上编制各种平衡表,努力实现宏观经济平衡,把国家长期计划与企业计划结合起来。

在昂纳克时期,民主德国还提出实现经济政策和社会政策的统一。在1971年的统一社会党第八次全国代表大会上,昂纳克指出,民主德国正处在建设发达社会主义社会的历史阶段,这需要一个长期的历史过程,这一时期的指导思想是"一切为了人民福利、人民的幸福、工人阶级和全体劳动者的利益",基本方针是经济政策与社会政策统一,也就是将国民经济建设与改善人民生活相结合。民主德国政府还将"争取美好的明天"的发展口号修改为"谁工作得越好,生活就越好",强调社会主义工农政权要保障公民享有劳动权、教育权、住房权、修养和体育锻炼权、卫生保健和救济权等基本权利。

　　昂纳克政府的社会政策主要集中在三个方面：一是大力发展住房建设，这也是社会福利政策的核心，主要途径是扩大国家住房建设投资，同时发展多种形式的住房建设，包括国家统建、住房合作社建、私人投资自建等形式。二是加强公共交通等城乡基本基础设施建设，改善煤、气、电的供应，改善通讯、公共交通、服务质量，等等。三是大力发展文化、卫生、体育等事业的设施。此外，民主德国政府还注重通过国家财政补贴保持食品和基本消费品的价格稳定，加速发展消费品生产以在数量上和质量上使消费品生产满足人们的需要，缩短劳动时间，延长休假日期，等等。

　　民主德国政治经济体制的调整和改革，促进了国家的发展，在社会主义阵营中的经济地位和国际地位也不断提高。但是，与联邦德国相比，民主德国在经济发展速度、劳动生产率、消费水平等等方面处于劣势，高度集中的经济管理和计划制约了民主德国经济的进一步高速发展。虽然经过多次调整和精简，民主德国的国家经济管理机构依然比较庞大，并存在官僚主义、机构重叠和办事效率低下等问题。民主德国的指导思想是经济组织职能是社会主义国家的一个重要职能，因而始终坚持国家机关是国民经济管理的主体，国家直接承担着国民经济的组织、管理及协调工作。由于政治经济体制没有发生实质性变化，民主德国的经济发展一直是成就与问题并存。昂纳克政府重新恢复高度集中的计划管理体制，80年代中后期还拒绝进行大的调整和改革，使得经济计划管理体制日益僵化和失去活力，这也是民主德国最终消亡的主要原因。

第八章　两个德国的经济成就

　　两个德意志国家建立后,经过数十年的努力,各自都在经济领域取得了不俗的成就。联邦德国的经济在经过一段恢复期后,就出现了快速发展,重新成为资本主义世界的经济大国,被视为西方经济发展中的佼佼者。民主德国在 20 世纪 60 年代进入全面的社会主义建设时期,不久就发展成为东欧的经济强国,并跻身于世界十大工业国之列。但是,由于多种原因,两个德国的经济发展也一直存在差距。

第一节　联邦德国:一个经济大国的崛起

　　联邦德国建立后,很快实现了经济的恢复,而后进入了一个快速增长期,并在 60 年代重新成为经济大国。60 年代中期以后增长放缓,70 年代又出现经济"滞胀",但其经济总体表现要好于其他发达大国。另一方面,经济力量的集中重新发展,经济结构则经历了调整、转型和升级而趋于高端化。但是,资本主义制度下的弊病并未消除。

一、"经济奇迹"

　　1948 年西占区货币改革后,西德经济走上稳定和恢复的道路。西方三国放宽对西德经济的限制,同时提供种种帮助,有助于其经济的恢复。从 1948 年年中到 1952 年年中,工业生产增长了 110%,国内生产总值名义增加了 80% 以上,实际增加了 67%。[①] 在短短几年中取得这样的成就,远远超过人们之前的预期。

随后联邦德国进入经济增长的快车道,持续到 60 年代中期,出现所谓"经济奇迹"。在此期间,其实际国民生产总值的年均增长率是:1951—1955 年 9.16%,1956—1960 年 6.76%,1961—1965 年 4.78%。其中,50 年代的增长速度最快,1955 年的增长率高达 11.8%。这种速度在同期发达国家中名列前茅,也超过德国历史上增长最快的时期。[②] 如果仅计算其工业生产的年均增长率,则 1952—1959 年是 8.9%,1960—1965 年是 4.9%。[③] 这个时期的特点是,增长比较稳定,周期性波动较小,通胀率低。第一个周期是朝鲜战争刺激下的出口引导性繁荣,到 1951 年因煤炭、钢铁、电力的瓶颈而受到制约。第二个周期随着 1954 年取消多种进口限制和美国经济的高涨而开始,而后由限制性的货币政策而放慢。不久由于美国经济新高涨和 1958 年取消对资本流动的限制而再度繁荣,持续到 1961 年。此时,联邦德国经济总量已相继超过法、英,跃居西欧各国之首。几年后超过日本,成为西方第二大经济体。1968 年重新被日本超过,此后长期居西方第三大经济体地位。

同时,联邦德国成为世界贸易大国。战后初期,德国在世界贸易中的地位曾下降到微不足道。联邦德国深知加入世界市场的重要性。艾哈德相信,不管作为原料的买主或者作为制成品的卖主,德国都有赖于世界市场。所以,联邦德国鼓吹国际"自由贸易",积极加入各种国际经济、贸易协定以及区域性组织。政府大力鼓励对外贸易。其对外贸易额

---

① 卡尔·哈达赫:《二十世纪德国经济史》,167 页。

② 海尔曼·亚当:《德意志联邦共和国的经济政策和政治体制》,第 60 页表 1;Andrea Boltho (ed.), *The European Economy: Growth & Crisis*, Oxford: Oxford University Press, 1982, Reprinted 1985. pp. 471 - 474.

③ 朱正圻、林树众等:《联邦德国的发展道路——社会市场经济的实践》,第 64—65、67 页。

1950 年在资本主义世界居第五位,1962 年就超过法国、加拿大和英国,仅次于美国而居世界第二。尤其是出口十分强劲,从 1950 年到欧共体成立时的 1957 年、1958 年,其出口以每年 20.4% 的速度增长,此后有所放慢,但增速仍然可观。① 按当时价格计算,其出口贸易额 1950 年为 84 亿马克,1960 年达到 479 亿马克。从 1951 年起,其国际有形贸易出现赢余,此后便连年顺差。② 联邦德国经济具有"出口引导"或"出口依赖"的特点。其产出中出口的份额,1950 年为 8.5%,1960 年为 14.6%,1970 年高达 18.8%。③ 战后初期曾以出口原料和煤炭为主,从 1948 年起转向制成品为主。此后制成品出口的份额越来越高,如钢铁、化工、机械、车辆、电气产品等,以质量性能和价格优势、交货及时等原因,极具竞争力。强劲的出口,弥补了大量进口原料、能源和无形贸易的逆差,积累了黄金外汇储备。1965 年,其黄金外汇储备超过英、法、日,仅次于美国。

战后初期,德国资本输出陷于停顿。在经济恢复的情况下,1952 年解除了资本输出的禁令。50 年代中期,联邦德国重工业界就在政府支持下,筹资在发展中国家进行一批重大工业项目建设。1960 年私人资本输出总额为 14 亿马克,1966 年超过 26 亿马克。其中私人对外直接投资的增长更快。另一类资本输出是"官方发展援助"。60 年代初成立了对外经济合作部,实施对外援助与合作计划,带动了资本输出。另一方面,也大量输入国外资本。自 1955 年以后,联邦德国在大部分年份的长期资本输出净额都是负数。在 60 年代中期以前,私人资本对外投资积极性不高,当时经济高涨,国内投资机会多,劳动力充足,工资水平较低,又有政府鼓励,投资赢利前景看好。这种情况,有利于国内投资的增长,是"经济奇迹"的重要条件之一。

联邦德国建立之初,失业人数和失业率(失业人数占劳动力的百分

---

① H. J. Braun: *The German Economy in the Twentieth Century*, pp. 238 - 239.
② B. R. 米切尔编:《帕尔格雷夫世界历史统计·欧洲卷 1750—1993 年》(第四版),第 616、1000 页。
③ H. J. Braun, *The German Economy in the Twentieth Century*, p. 237.

比)都比较高。随着经济的恢复和快速增长,失业逐渐下降,到 60 年代实现了充分就业。据统计,1950—1954 年每年的失业人数均超过 120万,失业率在 7%—10%之间;1955—1959 年每年的失业人数在 50 万—100 万之间,失业率在 2.6%—5%之间;60 年代每年失业人数降到 50 万以下,除 1960 年、1967 年、1968 年外,其他年份的失业率皆低于 1%。①实际上,为满足经济增长对劳动力的需求,联邦德国从 50 年代中期开始招募"外籍劳工"(Gastarbeiter),与意大利、西班牙、希腊、土耳其、南斯拉夫等国签署招工协议。1955 年有"外籍劳工"8 万人,1961 年达到 68 万人。到 1970 年,登记的"外籍劳工"约 200 万人。

经济学家以各种"模式"来解释联邦德国的"经济奇迹"。大体而言,以下因素具有重要作用。首先,纳粹德国在战争中失败,盟国对德国的改造,对战犯的惩治,使旧的统治集团和旧的社会秩序以及德国人曾经深信的一些信条,都受到沉重的打击。这些因素以特殊的方式,实施了一场德国历史上未能完成的资产阶级民主革命。德国的资产阶级—自由派在新的条件下,在西方帮助下掌握了权力,建立起"自由与民主的基本秩序",抛弃了极端民族主义、军事工业化和武力扩张的道路,奉行一种"经济政治"原则,把主要精力和资源用于经济的重建和发展。

其次,近代以来德国的工业化打下了基础,西部的工业基础尤其雄厚。战后初期人们对德国工业状况估计曾十分悲观,实际情况并不尽然。纳粹统治和战争造成浩劫,但其推行的军事工业化却扩大了工业生产能力。经过战争(包括盟国的轰炸)的破坏,1945 年战争结束时,德国工业设备资产的总值仍然比 1936 年高出 20%。纳粹时期为战争的目的,进行了大规模的科技及其应用(如现代武器、通讯技术、合成材料等)的研究。战后初期生产停顿,但扩大了的工业能力和科研成果仍然存在,可资利用。

再次,从经济发展的人力资本角度看,德国人总体上有较高的文化

---

① B. R. 米切尔编:《帕尔格雷夫世界历史统计·欧洲卷 1750—1993 年》(第四版),第 175 页。

教育基础,有较多高素质的人才和熟练的劳动力,以及重秩序,讲效率,敬业勤勉的精神。战后初期近千万来自东部的难民和被驱逐者以及此后不断来自民主德国的人员中,有相当多熟练工和技术人员,也是一种优质的人力资本补充。仅 1952—1963 年来自民主德国的人员中,就有工程技术人员两万多人,医生 4500 人,高校教师上万人。据估计,12 年间这类人才资本转移总共约值 300 亿马克。[1] 大量的"外籍工人"也功不可没。1964 年 9 月,联邦劳动部长称"外籍工人"是"德国经济成功不可缺少的条件",德国还将继续依赖"外籍工人"。[2]

　　在联邦德国形成了一种共识,把发展经济置于首要地位。执政者相信"社会市场经济",认为首先要把"蛋糕"做大,才能逐步提高生活水平,并解决其他问题。所以,实行"供应优先的增长政策",发挥企业和个人的主动性,同时适当发挥政府功能,为经济增长创造条件。为了经济增长,这一时期联邦德国保持着很高的积累率(净投资在国民收入中的比率)和投资率(国民经济总投资占国民生产总值的比率)。1950 年到 1966 年间,积累率最低的年份为 13.5%,最高的年份达到 22.3%。投资率最低的年份超过 20%,最高的年份高达 27%。[3] 50 年代上半期,投资的年均增长率为 12.9%,超过同期的经济增长率;1955—1965 年有所放缓,但投资的年均增长率仍然达到 6.9%。[4] 另一面是控制工资和消费的增长,从而将国民收入的较大份额变成积累和投资。同时,建立起一套制度(如企业"共决制"等),促进劳资合作,以利于经济发展。工会吸取了历史教训,提出了较为温和的目标,追求"劳资共决"等"经济民主",而不以最大限度地增加工资为首要诉求。劳资关系较为平稳,罢工较少,有利于企业降低成本,扩大生产。50 年代期间,联邦德国的单位劳动

① 韦·阿贝尔斯豪泽:《德意志联邦共和国经济史 1945—1980》,第 71—73 页。
② "The Labor Minister Welcomes the Millionth Guest Worker"(October 30, 1964), in: Konrad Jarausch and Helga A. Welsh(eds.), *German History in Documents and Images*, *Vol. 9*, *Two Germanies*, *1961—1989*. http://germanhistorydocs.ghi-dc.org/
③ 裴元伦:《稳定发展的联邦德国经济》,第 113 页。
④ H. J. Braun: *The German Economy in the Twentieth Century*, p. 208.

成本几乎没有上升(按马克计算每年上升约 2.2%,而实际单位劳动成本每年下降 0.9%)。同一时期,英国的单位劳动成本却上升了约 50%。[1]

从国际条件看,以美国为首的西方大国不仅帮助建立了联邦德国,而且很快取消对其经济的限制,并提供援助(如"马歇尔计划")。到 1954 年 10 月,联邦德国获得西方援助约为 44 亿美元。在经济发展资金不足之际,这些援助的意义不言而喻。美国和北约组织提供的安全保障,有利于联邦德国节约防务开支,增加外汇收入(盟国驻德军事力量的开支用美元和英镑支付)。从更广阔的背景来看,战后资本主义世界出现约 20 年的发展"黄金时期"。这一时期先后建立了欧洲经济合作组织、欧洲煤钢共同体、欧洲经济共同体,及以布雷顿森林体系、关税与贸易总协定等,有助于建立一个开放和相对有序的世界经济体系。联邦德国利用了国际环境中有利的一面,积极加入世界经济体系,搭上了西方经济恢复和增长的快车,造就了自身的"经济奇迹"。

二、温和通胀下的中低速增长

从 20 世纪 60 年代中期开始,国际宏观经济环境趋于恶化,联邦德国经济中的问题也积累起来,经济增长速度放缓,通胀和失业加剧。多种因素使得"经济奇迹"时期的高速增长已不可持续。1966—1967 年发生衰退。此后直到统一之前,在这 20 多年中,经济环境和发展形势复杂多变,联邦德国政府的经济政策总体上经历了两大阶段:一是 60 年代后期到 70 年代期间加强宏观调控的阶段,二是 80 年代联盟党科尔政府强化市场和减少政府干预的阶段。从经济运行状态的角度来看,"经济奇迹"阶段结束了,总体上出现一种温和通胀下的中低速增长的状态,可以称为一种"新的常态"。从 1966 年到 1990 年,经济年增长率超过 5%的

---

[1] Barry Eichengreen，*The European Economy since 1945*，Princeton and Oxford：Princeton University Press，2007，p. 96.

只有五年,最高为 1969 年的 7.5％,还有三年出现负增长。① 不过,这一时期联邦德国经济的总体表现,仍算得上发达国家中的佼佼者,为世人称道。

1966 年上台的联盟党—社会民主党"大联合政府"为克服衰退,在 1967 年制定《促进经济稳定和增长法》,体现了兼顾稳定和增长的思路,扩大了政府对经济的干预,并要求有关各方"协调行动"。以该法为标志,强化了反周期性的经济宏观调控,收到了一定效果。1968—1969 年出现了比较快速的增长。1970—1973 年间仍然实现了中速增长,年增长率在 3％—5％之间。在此期间,联邦德国经济总量被日本超过,由资本主义世界第二大经济体变成了第三大经济体,但其工业品的出口和黄金外汇储备额则跃居西方各国的首位。不过,政府干预的扩大和其他的改革措施(如扩大福利和教育经费等),都增加了政府的开支,致使财政赤字和通货膨胀问题逐渐加剧。

1974 年和 1975 年,联邦德国经济再次衰退,原因之一是石油价格暴涨的冲击。西方经济普遍出现"滞胀"病,联邦德国也未能幸免。1974 年上台的施密特政府一方面试图遏制财政开支增长过快的势头,另一方面又不得不实行赤字财政以刺激经济增长,而控制通胀则效果不明显。在 70 年代末伊朗的"伊斯兰革命"和第二次石油危机的冲击下,联邦德国经济在 80 年代初又陷入一轮衰退。1974—1981 年,国民生产总值年平均增长率为 2％。其中 1974 年为 0.2％,1981 年仅为 0.1％,1975 和 1982 年还出现了负增长。而财政赤字、国家债务、通货膨胀和失业加剧,均创其建国以来的新纪录。据官方统计,1975 年国债(联邦、州、地方政府债务)是 2560 亿马克,1980 年达到 4690 亿马克。其中联邦政府的债务由 1976 的 1333 亿马克上升到 1980 年的 2323 亿马克。② 而失业自 70 年代中期起就连破百万大关,80 年代更趋严重,1982 年达到 183 万,也创造

① 海尔曼·亚当:《德意志联邦共和国的经济政策和政治体制》,第 60—61 页表。
② 同上书,第 61、175—176 页。

了建国以来的历史纪录。增长乏力,投资不振,通货膨胀,失业剧增,几大问题彼此纠缠,成为 70 年代中期以来经济中的难解之结。

1982 年后,科尔领导的联盟党—自由民主党政府执政,着力缩减财政赤字和国家债务,降低通胀,并重新强调"市场",鼓励私人资本的积极性。经过努力,财政赤字得到一定程度的控制,国家债务增速放慢,物价重新趋于平稳,经济出现较低通胀之下的低速增长。1987 年的生活费用物价指数比五年前(即 1982 年)高出约 8.1%(而 1975—1980 年的五年中物价却上升了 29.1%),1986 年的物价甚至比上一年有所降低。1983 年到 1990 年间的经济年均增长率在 1.5%—5.5%之间。其中 1990 年增长率为 5.5%,已达到中等增速。但是,财政赤字并未消除,国家债务仍在增长,1983—1987 年五年间联邦债务增加了 29%,只是净债务有所下降。尤其是失业问题没有减轻,反而再创历史新高。

在 70 年代和 80 年代西方经济不振、世界贸易下降期间,联邦德国的对外贸易逆势增长,不仅保持而且加强了贸易大国的地位。1973 年它的进出口贸易总值为 3266.5 亿马克,1980 年上升到 7080.4 亿马克,1988 年达到 10285.6 亿马克,稳居世界第二贸易大国地位。其出口则在 1986 和 1987 年上升到世界首位。其 1973 年的出口额是 1796.75 亿马克,1980 年为 3574.5 亿马克,1988 年进一步达到 5789.7 亿马克。其对外贸易继续连年顺差。[①] 1987 年联邦德国在西方各国出口商品总额中占 17.4%,在工业制造品出口总额中占 19.3%,两项指标均超过美国和日本;同年联邦德国有 14 种产品,美、日只有 6 种产品的出口占世界贸易首位。[②] 联邦德国与欧共体的贸易占有特殊地位。1970 年其进口的 44%、出口的 40%是在欧共体中进行的,到 1977 年这两个比例分别提升到 48%和 45%。1988 年,联邦德国向欧共体国家的出口更占到总出口

[①] Stastistisches Bundesamt: *Statistisches Jahrbuch 1989 für die Bundesrepublik Deutschland*, S. 265; H. J. Braun, *The German Economy in the Twentieth Century*, p. 248;并参见 B. R. 米切尔编:《帕尔格雷夫世界历史统计·欧洲卷 1750—1993 年》(第四版),第 616 页。

[②] 海尔曼·亚当:《德意志联邦共和国的经济政策和政治体制》,第 185 页。

的 50.8％。[1] 联邦德国经济依旧具有"出口依赖"的特点,程度有增无减。其出口占整个产出中的份额由 1970 年的 18.8％上升到 1980 年的 23％和 1985 年的 27.6％。[2] 在对外贸易中,工业制成品的比例进一步提高。1973 年到 1988 年,其进口中制成品的比例(按贸易总价值计算)从占 52％上升到 68％,而出口中制成品的比例,则从 85％上升到 87.5％。[3]其黄金外汇储备(包括外汇、特别提款权、黄金和欧洲货币单位)继续增加,1972 年的总额约 730 亿马克,1978 年达到 1028 亿马克。1979 年底超过美、日、英、法等国。80 年代上半期其外汇储备有所下降,但仍居前列。马克一路走强,其对美元的汇率 1950 年为 4.2∶1,1973 年升至 2.7∶1,1989 年再升至 1.9∶1。仅 1972—1979 年几年间,马克对美元的汇率提高了 85.8％,对法郎的汇率提高了 47.7％,对英镑提高了 98.2％,对里拉提高了 159.3％,对日元提高了 44.8％。[4] 马克成了世界最坚挺的货币之一,也是仅次于美元的国际结算与储备货币。

从 70 年代开始,联邦德国的资本输出强劲增长。一系列因素(国际竞争激化、大量的贸易结余、马克升值、国内工资成本增加等)促使资本投向国外。80 年代联邦银行总裁珀尔(Karl Otto Pöhl,1929—2014)坦言:"我们必须用资本出口平衡商品和劳务过剩,包括直接在国外投资。"[5]60 年代联邦德国的资本输出总额仅为 656 亿马克,70 年代超过 1445 亿马克,而仅仅 1980—1981 年就超过了 580 亿马克。尤其是私人资本的输出激增,资本雄厚的大康采恩充当了主力。资本输出的增长比商品输出的增长更快,1971—1979 年联邦德国商品输出年增长率为

[1] Karl Römer:*Tatsachen über Deutschland*:*Die Bundesrepublik Deutschland*,S. 191,194—195;H. J. Braun,*The German Economy in the Twentieth Century*,p. 244.

[2] H. J. Braun,*The German Economy in the Twentieth Century*,p. 237.

[3] Stastistisches Bundesamt:*Statistisches Jahrbuch 1989 für die Bundesrepublik Deutschland*,S. 265.

[4] B. H. 舍纳耶夫等:《联邦德国》,第 12、182、136 页;安格斯·麦迪逊:《世界经济千年史》,第 132 页;H. J. Braun:*The German Economy in the Twentieth Century*,p. 241.

[5] 海尔曼·亚当:《德意志联邦共和国的经济政策和政治体制》,第 122、188 页。

11％,资本输出每年增长 14％。1952 年到 1981 年的 30 年中,私人在国外长期投资总额达 2311 亿马克。在国外办企业是资本输出的主要形式。1979 年联邦德国在国外的企业有 10937 家,资产 4460 亿马克,年营业额 2721 亿马克,就业人员 160 余万。长期以来,联邦德国资本输出大部分投向西欧和美国,投向亚非拉的份额较小,但数额还是增加不少,如 1970 年为 62 亿马克,1980 年达到了 191 亿马克。[①] 联邦德国作为长期资本净输出国的年份,在 1955—1969 年的 15 年中有四年,净输出最多的 1963 年也仅为 3.9 亿马克;而 1970—1989 年的 20 年中则有九年,净输出较多的是:1972 年 45.6 亿马克,1973 年 52.4 亿马克,1979 年 66.3 亿马克,1986 年高达 146.6 亿马克。[②] 到 80 年代,联邦德国成为排在美、英之后的重要资本输出国。

在数十年中,联邦德国经济经历过多次周期波动甚至衰退,年增长率总体呈递减趋势。但在主要工业化国家中,其经济指标总体上是相当好的。它在 60 年代重新成为经济大国,其 GDP 按现价(市场价)计算,1950 年为 978 亿马克,1989 年达到 22490 亿马克,相当于 1950 年的 23 倍。[③] 据 1982 年联合国资料,按当年美元计算人均可支配国民收入,1960 年联邦德国是 1186 美元,1970 年 2701 美元,1979 年 10837 美元。在美、英、德、法、意五国中,1960 年联邦德国已高于法、意,1970 年超过英国,1979 年超过美国。[④] 其货币和物价相对稳定,居民的收入和财富较少因严重的通胀而缩水,从而能够从经济增长中获益,并有利于社会的稳定。在七八十年代,苦于"滞胀"的西方各国看好联邦德国经济,美国并一再要求其充当拉动西方经济走出衰退的引擎。

---

① B. H. 舍纳耶夫等:《联邦德国》,240 页;复旦大学世界经济研究所德意志联邦共和国经济研究室:《德意志联邦共和国经济》,人民出版社 1984 年版,第 239—242 页。

② B. R. 米切尔编:《帕尔格雷夫世界历史统计·欧洲卷 1750—1993 年》(第四版),第 1000 页。

③ 同上书,第 966、972 页。

④ J. Robert Wegs: *Europe since 1945：A Concise History*, London：Macmillan Publishers Ltd. 1984，p. 161.

三、经济力量的集中与垄断的发展

经济力量的集中,是现代资本主义发展的最大特点之一。德国在 20 世纪初就是一个经济力量高度集中、垄断组织发达的国家。二战以后,新的科技革命,增长条件的变化,经济结构的变革,更加激烈的市场竞争等,使资本主义经济的集中有增无减。联邦德国也不例外。

联邦德国建立后,制定《反对限制竞争法》,对卡特尔的成立与活动、企业的合并进行限制。但是,这未能阻止经济界重新走向集中,其理由是"合理化"。一些大企业被拆散后的后继公司纷纷重新集结。1957 年有媒体指出:鲁尔区所有的大康采恩,除联合钢铁公司之外,"几乎都达到了使战胜国所实施的非卡特尔化完全化作乌有"的程度。到 60 年代初,无论是主要的工业部门还是银行领域,都恢复了康采恩的传统结构。到 70 年代,增长率降低,竞争激化。1973 年修订《反对限制竞争法》,加强了对企业合并的限制,但合并势头不减反增。据联邦卡特尔局的资料,注册的企业合并,1958—1967 年间平均每年有 34 起,1968—1972 年间每年 205 起,1973—1978 年间每年多达 429 起。另据统计,在 1973 年后的五年中,收买和合并公司的件数达到 2015 起,比 1967—1970 年间 (646 起)多出两倍以上。[①] 又有报道说,从 1974 年到 1985 年,提出的合并申请共 6430 件,被否决的仅有 65 件。[②] 大企业是合并的主力。例如 1973 到 1982 年,蒂森公司进行了 69 次合并,莱茵—威斯特法伦电力股份公司进行了 122 次合并,"费巴"公司进行了 215 次合并,鲁尔煤矿公司进行了 69 次合并,等等。[③] 从 1949 年到 1988 年,耕地在 10 公顷以下的农业企业由 126 万家减少到 31.7 万家,耕地 50 公顷—100 公顷的大型农业企业由 1.26 万家增加到 3.68 万家,耕地面积 100 公顷以上的农

---

① 卡尔·哈达赫:《二十世纪德国经济史》,第 152 页;В. Н. 舍纳耶夫等:《联邦德国》,第 70— 71、74—75、77 页。
② 裘元伦:《稳定发展的联邦德国经济》,第 43 页。
③ 迪特尔·格罗塞尔等:《德意志联邦共和国经济政策及实践》,第 240 页。

业企业则由近 3000 家增加到近 6000 家。[1] 这也是农业现代化、规模化和合理化经营发展的结果。

以下事例也可反映经济力量集中之一斑。杜伊斯堡的克吕克内公司,是战前鲁尔大钢铁公司中最先被开刀分割的。到 1954 年,它刊登广告,号召《重新一起回来》。它的女儿公司,即其分散后的继承单位,以不同方式重新加入了母公司。战后初期曾被强行分散的克虏伯等巨型公司,50 年代也重振旗鼓,并进行了新的联合或合并。蒂森钢铁公司是战前联合钢铁公司拆散后的一家后继公司,但不久以后就实行了一系列的合并。按销售额,1978 年蒂森、曼内斯曼和克虏伯分别在世界冶金工业公司中居第三、第四和第六位。在化学工业中,原法本康采恩在战后被拆散成五家公司。50 年代初,其中的三家成为赫希斯特公司、拜耳公司和巴斯夫公司(巴登苯胺苏打公司),1978 年分别成为资本主义世界销售额居前三位的巨型化工企业。1957 年,在资本主义世界销售额最大的50 家公司中没有一家德国公司;到 1962 年就有三家联邦德国公司跻身其中;1981 年这一数字增加到七家,它们是化学工业的拜耳、赫希斯特和巴斯夫公司,汽车制造业的大众和奔驰,电器—电子生产的西门子公司和钢铁—机器制造巨头蒂森。[2] 在欧洲范围内,1976 年列前 15 位的最大公司中,有 7 家是联邦德国的,它们是赫希斯特、巴斯夫、戴姆勒—奔驰、大众、拜耳、西门子和蒂森。按年销售额,最少的蒂森为 79 亿美元,最高的赫希斯特和巴斯夫分别为 93 亿美元和 92 亿美元。每家公司员工在 10 余万至 20 万以上不等。如果要算欧洲前 25 家最大的公司,则还要增加三家德国公司,即通用电气—德律风根、鲁尔煤炭和曼内斯曼公司。[3]

在有些情况下,官方为经济调整和"合理化"等目标,充当了合并的

---

[1] Stastistisches Bundesamt, *Statistisches Jahrbuch 1989 für die Bundesrepublik Deutschland*, S. 132.

[2] B. H. 舍纳耶夫等:《联邦德国》,第 101 页。

[3] Karl Römer, *Tatsachen über Deutschland: Die Bundesrepublik Deutschland*, S. 166.

推动者。例如,1966 年官方曾进行积极活动,促成两家造船厂的合并,成为联邦德国最大的造船业巨头——霍华德集团德意志造船厂。1969 年政府又在两家飞机制造厂合并的过程中起了促进作用,提出这些企业合并,作为得到新的大笔军事订货的条件。1969 年政府推动 25 个煤炭企业合并成鲁尔煤炭股份公司,其采煤量占整个鲁尔区的 94%。后又签订一系列协议,所产生的合并企业的采煤量约占全国的 80%。80 年代初,政府又以鲁尔钢铁企业的联合,作为提供补贴的条件。尽管未能成立单一公司,但经过调整,鲁尔钢铁业的集中程度进一步提高。80 年代后期,戴姆勒-奔驰集团收购几家公司组建"戴姆勒-奔驰航空股份公司",曾被卡特尔局否决,但由"部长特批"得以实施,目的是支持本国的"空客"开发与企业做强。[①]

在联邦德国,一直都大量存在着中小企业。例如 1981 年,工业中职工人数在 500 人以下、营业额不超过 1 亿马克的企业和商业、服务业中职工人数 50 人以下、营业额不超过 200 万马克的企业,共占全国企业总数的 99%,全部营业额的 51%。80 年代上半期,每年净增加中小企业数万家。[②] 另据统计,1950 年全国共有小企业 88 万余家,1982 年减少到 49 万余家,同期这类企业雇佣的人数由 331 万余人增加到 397 万余人,总营业额由 270 亿马克上升到 3682 亿马克。[③] 中小企业是整体经济中不可或缺的部分,有利于增加生产和扩大就业,在经济衰退时期更有意义。政府对中小企业实行保护政策,包括减轻税收,提供财政援助、培训等。《反对限制竞争法》对中小企业建立卡特尔网开一面。70 年代一些州制定了专门的《中小企业促进法》。80 年代科尔政府加强对中小企业的扶持。中小企业大量存在,也与经济结构的变化有关。在工业企业数

---

① B. H. 舍纳耶夫等:《联邦德国》,第 75 页;迪特尔·格罗塞尔等:《德意志联邦共和国经济政策及实践》,第 210—211 页;刘立群、连玉如主编:《德国·欧盟·世界》,社会科学文献出版社 2009 年版,第 303—305、314 页。
② 朱正圻、林树众等:《联邦德国的发展道路——社会市场经济的实践》,第 242、245 页。
③ H. J. Braun: *The German Economy in the Twentieth Century*, p. 233.

量减少的同时,在第三产业中企业大量增加,其中大部分都是中小型企业。

不过,朝生暮死仍然是许多中小企业尤其是小企业的命运。1972年《明镜》曾报道说,在过去20年内,约有20万名企业家破产,或是被垄断资本并吞或控制。从上节所引数据可以看到,从1950年到1982年,小企业的总数减少了近40万家,即减少了近45%。单就工业而言,企业总数在1970—1980年间由9.53万家下降为4.87万家,其中雇用1—99人的小企业在1970年占全部企业数的84.5%,1980年下降到占72.5%。在经济危机下,1974—1977年企业破产数比1970—1973年增加近一倍。1981年破产企业超过万家(11653起),主要是中小企业。[①]

中小企业的存在,没有改变经济力量集中的基本格局。中小企业数量众多,其营业额却较小。形成强烈反差的是,为数不多的大企业占营业额的比例很大。如1973年在工业中,头三家大企业的营业总额一般占本部门的1/3以上,有些占一半以上,个别行业竟超过80%。如拜耳公司、巴斯夫公司和赫希斯特公司控制化学工业营业总额近70%。蒂森等六家钢铁公司控制着钢铁工业股份公司资本总额的82.4%。大众等四家汽车公司占全国汽车工业营业额的88.9%。西门子等七家公司控制了电气工业总营业额的71%。80年代中期各行业市场中,本行业六家最大企业占据的份额分别为:烟草业94%,航空航天机械90%,采矿80%,矿物油80%,办公设备、电子数据处理机78%,公路运输工具69%,造船56%,钢铁54%,橡胶制品48%,电子工业41%,化工40%,玻璃工业39%,精密机械和光学设施26%。[②] 许多中小企业成了大公司的协作和供货企业,受制于巨头们。60年代中期,通用电气公司和西门子公司分别拥有3万家供货工厂,化工企业拜耳和戴姆勒-奔驰汽车公司有大约1.7万家供货或协作工厂。许多大公司通过合并和吞并,成为

---

① B. H. 舍纳耶夫等:《联邦德国》,第265—269页
② 《世界经济》编写组:《世界经济》第一册,人民出版社1980年版,第204—206页;海尔曼·亚当:《德意志联邦共和国的经济政策和政治体制》,第41页。

跨部门的巨型混合型企业和跨国公司。

除了实力强大的企业巨头,还有各种卡特尔。德国曾被称为"正统的卡特尔之国"。虽然经过了战后初期的"非卡特尔化",又有《反对限制竞争法》,各种卡特尔仍以不同理由建立起来。如1959年煤炭业和石油进口商达成卡特尔协定,以帮助德国煤炭业应对进口石油和煤炭的压力。石油公司承诺不以低于世界市场的价格销售石油,不扩大市场份额,直到煤炭囤积减少一半。此事遭到艾哈德反对,但得到阿登纳支持。70年代初期,北部地区约350家建筑公司加入了建筑价格卡特尔。据当时联邦卡特尔局确认,化纤工业的所有企业都参加了本国、西欧或其他的国际卡特尔。1958年到1978年提出申请的620个卡特尔协议中,有389个被卡特尔局裁决为合法。1978年仍然有效的卡特尔协议为266个,包括中小企业卡特尔63个,贸易卡特尔51个,专业化卡特尔63个,合理化卡特尔21个。此外,还有各种改头换面的"非正式和不公布协议"的卡特尔。70年代修订《反对限制竞争法》,把"君子协定"或所谓"早餐卡特尔"之类列入禁止范围。但由于它们是"非正式的",要加以监督或禁止,实施起来很难,因为取证很难。①

为数不多的巨型企业控制着经济,站在它们背后的是银行。战后初期,盟国认为德国大银行过分集中,要加以解散。战前德国最大的三大银行,德意志银行被分成10家,德累斯顿银行被分散成11家,商业银行被分成9家,且不许其后继银行彼此建立法律和金融上的联系。但经济建设需要银行发挥作用,银行界极力在幕后酝酿重新集结。为冷战的需要,西方盟国也对联邦德国银行重新集中开绿灯。1952年3月,盟国高级专员批准了联邦德国的一项法律,德意志银行的10家后继银行改组为3家,即汉堡的北德银行、杜塞尔多夫的西德银行和法兰克福的南德银行。德累斯顿银行和商业银行的后继银行也各改组成3家银行。这成为恢复三大银行的序幕。1957年,北德银行、西德银行和南德银行正

---

① 迪特尔·格罗塞尔等:《德意志联邦共和国经济政策及实践》,第80、81页。

式重新合并为德意志银行。德累斯顿银行的 3 家后继机构也正式再次联合。商业银行也宣布了类似的重组。不仅三大银行起死回生，一些主要为地区性的大银行如巴伐利亚联合银行等，也迅速加强了实力。大银行还积极进行国际性拓展，在 70 年代迅速发展。到 1980 年，德意志银行已在 50 多个国家拥有 80 个分支机构，其中 40 个在外国银行中参与了资本；德累斯顿银行在外国有 51 个分支行、子银行等，商业银行在国外的分支机构则为 67 个。[①]

　　大银行与大公司通过资本交织、金融联系和人事结合，形成巨大的财团。到 1960 年，德意志银行等三大银行已控制了联邦德国工业股份的大约 56%。[②] 它们各自都持有数十家公司的股份。1964 年政府对 425 家大公司的调查表明，它们的总资本相当于全国股票市场上所有证券的票面价值的 3/4，而其中有 70% 是受银行控制的。[③] 在人事方面，1960 年三大银行控制了代表 400 家大企业资本 70% 的股东大会。1964 年一份官方报告开列了 318 家公司，它们的董事会里共有 537 名银行家。1978 年，全国的大银行和保险公司在 90 家大股份公司的监事会中有 195 名代表，包括任名誉主席、主席和副主席的 76 个席位。仅德意志银行就在西门子等 36 家大公司监事会派有代表，占据主要席位 51 个；德累斯顿银行在通用电气等 23 家大公司监事会中占据主要席位 24 个；商业银行在拜耳公司等 14 家大企业监事会派有代表，占据主要席位 14 个。在最重要的国营企业的监事会中，也几乎无例外地坐着大银行的代表。反过来，许多大企业也是银行的大股东，在银行监事会中有固定代表，有的兼任重要职务。[④]

　　银行与企业结合，形成巨大的财团。它们有以银行为中心形成的，

---

① B. H. 舍纳耶夫等：《联邦德国》，第 218—219 页。

② J. Robert Wegs, *Europe since 1945：A Concise History*, p. 75.

③ 埃德温·哈特里奇：《第四帝国》，第 347 页。

④ 卡尔·哈达赫：《二十世纪德国经济史》，第 158 页；埃德温·哈特里奇：《第四帝国》，第 350—351 页；孙奎贞：《西德垄断财团》，时事出版社 1983 年版，第 30—31 页。

如德意志银行财团、德累斯顿银行财团、商业银行财团；有以工业垄断组织为中心的，如蒂森财团、法本财团、弗利克财团、克万特财团；还有地方性的，如巴伐利亚联合银行财团等。德意志银行财团、德累斯顿银行财团和商业银行财团实力最为雄厚。1978年属于这三大财团的康采恩和大企业的营业额约为4500亿马克，雇用的员工总数超过300万。这三大财团同几个工业资本财团一起，几乎控制了化学、钢铁、商业、电子、电气和金融等重要经济部门。[1] 它们是联邦德国经济权力的真正中心和主宰者。

早在20世纪初列宁就曾指出，德国在垄断资本主义变为国家垄断资本主义方面，甚至高于美国。在法西斯统治和二战期间，德国的国家垄断资本主义发展到新高度。联邦德国实行"社会市场经济"，强调私有企业和市场竞争。五六十年代经济发展比较顺利，国家干预程度较低，但是必要的干预一直存在。联邦德国国有经济成份较小，却一直存在。战前纳粹政府的一些企业战后被改组，成为国有企业。联邦和地方政府又投资新建或参与一些企业。与国计民生有重大关系的基础部门或传统部门，通常是国家参与和控制最多的部门。国家参与和控制的主要方式是持股。如60年代，联邦政府在约3000家企业中拥有股份。[2] 联邦拥有全部或部分股份的主要有六大企业：费巴公司（联邦股份占43.8%），大众汽车（联邦股份占20%），萨尔茨吉特公司（联邦股份占100%），联合工业企业股份公司（联邦股份占87.2%），工业管理有限公司（联邦股份占100%），萨尔煤矿公司（联邦股份占74%）。这些大企业还不断合并或兼并其他企业，扩大地盘。[3]

联邦、州和地方各级政府通过财政政策、税收政策、货币和信贷政策、经济结构政策、地区政策等，对经济实行调控。1966—1967年后，"社会市场经济"进入了兼采凯恩斯主义，实行"宏观调控"的阶段。后来科

---

① 孙奎贞：《西德垄断财团》，第35—36页。

② Carlo M. Cipolla（ed.），*The Fontana Economic History of Europe：Contemporary Economies - 1*，Glasgow：William Collins Sons & Co. Ltd.，1976，p. 220.

③ 迪特尔·格罗塞尔等：《德意志联邦共和国经济政策及实践》，第223、229—231、240页。

尔政府的"转向",也只是局部调整。这类政策措施前文已多有述及,体现了联邦德国国家作为"理想的总资本家"对整个经济的干预和调控。

四、经济结构的转型和升级

二战的结果曾使德国工业水平大为下降。1939 年德国西部工业核心地区(战后的英占区)的经济中,工业成分占 45.5%,农业部分占 9.6%。到 1947 年,这一组数字分别变成了 40.7%和 23.6%。[①] 但随后不久,联邦德国踏上和平的工业化—现代化征途,并很快重新进入世界领先的工业大国地位,其经济结构则经历了调整、转型升级和高端化。

按通常的第一、二、三产业的划分,联邦德国第一产业(农、林、渔业)在几十年中有了巨大的发展,但在国民经济整体中的比重却持续下降:1950 年是 10.7%,1980 年下降到占 2.2%,1985 年进一步下降到只占 1.7%。第二产业即工业(包括采掘、动力、加工和建筑业)发展迅速,其在国民经济产值中的比重,则先升后降:1950 年为 49.7%,60 年代初上升到 53.2%,70 代年后开始下降,失去了自 19 世纪末以来一直在三次产业中领先的地位。1980 年已下降到占 44.8%,1985 年又下降到占 42.8%。与此同时,第三产业(商业、交通和服务行业)呈现持续增加的势头:1950 年占国民经济产值的 39.6%,1970 年占 45%,1980 年达到 53%,1985 年更达到 55.5%。巨大的变化发生在 70 年代,第三产业首次超过了第二产业。[②] 联邦德国开始进入一个与传统或古典的工业化不同的新阶段。联邦德国学者说,70 年代开始了从工业社会向"服务社会"的过渡,也有人称为"后工业社会"。不过,以制造业为主体的实体经济强大,仍是联邦德国的一大特点。但也有人认为这是"过度工业化",并造成高度依赖出口和加剧环境问题等负面效应。

---

① 韦·阿贝尔斯豪泽:《德意志联邦共和国经济史 1945—1980》,第 90 页。

② 裴元伦:《稳定发展的联邦德国经济》,第 156—157 页;并参见 B. R. 米切尔编:《帕尔格雷夫世界历史统计·欧洲卷:1750—1993 年》(第四版),第 982 页;韦·阿贝尔斯豪泽:《德意志联邦共和国经济史 1945—1980》,第 94—98 页。

经济转型和升级还体现在科技水平提高,资本、技术密集型的部门增长迅速,劳动力密集和资源消耗型部门的比例下降,产业结构向高端化转变。首先,各经济部门经历了技术改造和升级。农业实现了现代化。1950年到1975年,农业中使用的氮磷钾肥从243.2万吨增加到410.7万吨,拖拉机由13.9万台增加到144.4万台。60年代中期基本实现机械化、科学种田和生产的社会化,农业产量和产品自给率大为提高。例如小麦、大麦、燕麦、黑麦、马铃薯、甜菜六种主要农产品的总产量,1950年为1942万吨,1989年达到5279万吨,同期它们的总种植面积则减少了数十万公顷。[1] 包括农业在内的整个第一产业对GDP的货币贡献,从1950年约100亿马克增加到1985年的380亿马克,但同期就业人数则由481.9万下降到136万,劳动生产率由20提高到230(以1970年为100)。[2] 在工业中,采矿、冶金、纺织等传统工业积极实现技术升级。如钢铁企业在60年代采用先进的吹氧金属冶炼法,70年代开始采取钢铁连铸法等新技术。蒂森、克虏伯、曼内斯曼、鲁尔煤炭等老牌企业加强研发和应用新技术。80年代在全球新的技术革命背景下,加强了传统工业的技术改造,加速了微电子、数据处理、自动控制等新技术的应用。通过大量购买和自主研发,在冶金、机床与汽车制造、化学、核电等部门以及电器工业的一些次级部门中,80年代已赶上美国的科技水平,在研制、生产和运用微电子产品方面,接近美国和日本。例如联邦德国于20世纪70年代开始工业机器人的应用,1983年达到4880个,名列西欧国家第一。其于1989年通过试验的磁悬浮高速列车,集成了大量的高新技术。

其次,工业的内部结构发生巨大变化,采矿、钢铁、建筑、纺织、食品等传统工业的比重下降,与现代科技密切联系的机器制造、石油化工、汽

---

[1] Stastistisches Bundesamt: *Statistisches Jahrbuch 1989 für die Bundesrepublik Deutschland*, S. 132；B. R. 米切尔编:《帕尔格雷夫世界历史统计·欧洲卷1750—1993年》(第四版),第233、290—291页;复旦大学世界经济研究所德意志联邦共和国经济研究室:《德意志联邦共和国经济》,第112页、116页表。

[2] H. J. Braun, *The German Ecomony in the Twentieth Century*, pp. 224, 227.

车、航空航天、电气、精密机械和光学仪器等,发展迅速。化学工业一直举足轻重。石油化工的发展,高分子合成技术的突破,各种特殊材料、复合材料的生产等,促进了化学工业的迅速增长。联邦德国从 20 世纪 50 年代开始核能技术引进和研发,70 年代成为世界主要核电设备和技术出口国之一。从数据看,从 1950 年到 1979 年,联邦德国工业整体(不包括建筑业)净产值年均增长 5.8%,但其中技术含量高的部门年均增长率远高于此,如石油加工业 10.4%,化纤工业 10.6%,车辆制造业 9.4%,电气电子工业 8.8%,塑料品生产 16.8%。[①] 1960—1980 年 20 年间,化工、石油提炼和塑料部门对工业总增加值中的贡献率由 9.2%提高到16.4%,电力机械部门的这个数据从 7.4%上升到 11.5%,精密仪器和光学产品则由 1.7%上升到 2.3%,商用机器和计算计机制造由0.3%上升到 1.4%,车辆制造业由 7%上升到 10.6%,而钢铁、建筑、玻璃、木材、造纸、印刷、纺织和服装、食品等部门的贡献率都下降了。[②]

其三,劳动生产率的增长、先进技术产品的供货能力等方面,进入了世界领先地位。从 1962 年到 1981 年,联邦德国无论是整个生产还是加工业的工人都减少了约 10%,但工业净产值却增加了 91.6%,按工时计算的产值(劳动生产率)则增加了 189.3%。其每个工时创造的 GDP(按1990 年国际元/小时计算),1950 年是 3.99,1973 年是 14.76,1990 年是21.94。其 1950 年的劳动生产率是西欧平均水平的 72%,美国的 32%,1990 年达到西欧平均水平的 91%,美国的 73%。[③] 1970 年德法意英美日六国制造业劳动生产率的排名中,联邦德国居第二,仅次于美国,1980年更跃居首位。而其制造业的"全要素生产率"(Total Factor Productivity)在 1952 年只相当于美国的一半,1980 年达到 90%。在市场上对技术密集型产品的供货能力,是衡量国家技术水平的重要指标。

---

① 朱正圻、林树众等:《联邦德国的发展道路——社会市场经济的实践》,第 316—318 页。

② H. J. Braun, *The German Ecomony in the Twentieth Century*, p. 229.

③ B. H. 舍纳耶夫等:《联邦德国》,第 296—298 页;安格斯·麦迪逊:《世界经济千年史》,第348 页。

1972年联邦德国技术密集型产品、先进技术产品和高技术产品出口在经济合作与发展组织(Organization of Economic Cooperation and Development/OECD)国家同类产品出口中的比例,分列第一、二位;1981年位次有所下降,仍居前三(美、日、德)。1986年在世界九个"未来工业"领域中,联邦德国在五个领域居世界市场的领先地位。20世纪80年代,国际上曾将联邦德国的"竞争力指标"评定为世界第四位(排在日本、美国和瑞士之后)。① 尽管联邦德国在科技方面,主要在高新技术领域,仍存在"短板",但总体上无疑处于国际先进行列。

其四,经济的地区结构发生了新变化。以往德国工业集中于北部和西部,特别是莱茵-威斯特法伦地区。鲁尔长期是德国工业的象征,也是西欧最大的工业中心。但随着传统工业的重要性削弱,老工业地区的经济增长相形见绌,而新工业中心则在发展中形成。例如,巴伐利亚以前主要生产消费品、食品和嗜好品,到80年代成了重要的新兴工业区域,聚集了一批重要的科技水平较高的企业,首府慕尼黑成为最有前途的高科技工业中心之一。基于工业的强劲发展,巴州执政的基督教社会联盟甚至底气十足地声称"进步是讲巴伐利亚语的"("Der Fortschritt spricht bayrisch")。到80年代,全国大体形成几大工业区域:以鲁尔为中心的莱茵-威斯特法伦工业区(西部工业区),以汉堡-不莱梅为中心的工业区(北部),以巴伐利亚(慕尼黑)为中心的工业区(东南),以法兰克福、斯图加特等为中心的工业区(西南)和萨尔区。这些区域各有特点,整体格局比战后初期已颇为不同,甚至出现了新的不平衡——联邦德国的"南北问题"。南部巴伐利亚、黑森和巴符州的增长速度快于北部的石荷州、下萨克森州、北莱茵-威斯特法伦和汉堡等州。在全国GDP中的比例,

---

① Karl Römer, *Tatsachen über Deutschland*: *Die Bundesrepublik Deutschland*, S. 193; Gordon Smith, et al. (eds.), *Developments in West German Politics*, pp. 154 - 155; H. J. Braun: *The German Ecomony in the Twentieth Century*, p. 249;朱正圻、林树众等:《联邦德国的发展道路——社会市场经济的实践》,第266—273页;海尔曼·亚当:《德意志联邦共和国的经济政策和政治体制》,第184、186页。

1960 年北部约占 52％,南部占 48％;到 1982 年北部下降为46.6％,南部却上升到 53.4％。可谓"三十年河东,三十年河西"。巴伐利亚、巴符州成为新的产业和研发中心的集中地,基本能达到充分就业。传统老工业区如鲁尔和萨尔等地,则受到结构性危机的困扰。煤炭业从 50 年代起就相继受到进口煤炭、石油、天然气的竞争,后来又受到核能的竞争。钢铁业因需求下降,以及日本等国钢铁企业的竞争,也陷入困境。这类传统工业区不得不进行艰苦的调整、转型和改造,失业问题也相对严重。直到 80 年代,问题依然严峻。例如,由于北莱茵-威斯特法伦和萨尔受煤钢工业危机的打击特别严重,政府不得不出手相救,在 1978 年到 1985 年间提供了 26 亿马克的补贴,萨尔钢铁业的就业人数减少了约 40％。1985 年,一家萨尔钢铁厂面临破产,州政府收购这家钢厂 76％的资产,设立专项基金等,加以救助。不断上升的救助费用,加剧了北部各州的财政困难。这种"南北"差异,导致 80 年代下萨克森、北莱茵-威斯特法伦、汉堡等州发起"穷州联盟",要求联邦发挥作用,提供资助。老工业区的调整,有时激化矛盾。1987 年鲁尔地区一家大型钢铁厂关闭的计划透露后,工会强烈抗议。联邦政府不得不提出一项五年计划,追加 5 亿马克资金,帮助鲁尔建设基础设施和大型研究中心。

五、发达经济大国的富裕与贫困

在劳动生产率提高、社会财富快速增长的前提下,联邦德国居民的收入和生活水平提高了。工业中的每周货币工资呈现稳步增长:50—60 年代,以 1955 年为 100,则 1970 年达到 300;70—80 年代以 1975 年为 100,则 1990 年达到 207。换言之,1970 年比 15 年前(1955 年)增加了两倍,1990 年比 15 年前(1975 年)增加一倍。农业中的每周货币工资的增长情况,与工业中基本相同。[①] 从绝对数来看,1960 年工业工人每周总

[①] B. R. 米切尔编:《帕尔格雷夫世界历史统计·欧洲卷 1750——1993 年》(第四版),第 198、200、207、209 页。

收入不到 150 马克,1988 年每周超过 700 马克。① 横向比较,1960 年联邦德国制造业中每小时平均工资不及美国的一半,到 1980 年已接近美国,高于英法意。在社会民主党执政的 60 年代末至 70 年代前半期,联邦德国工资的增长甚至快于经济增长。70 年代工资在整个国民收入中的比重提升到 70% 以上,1981 年接近 75%。广泛的福利,相对稳定的货币,较低的通胀,有利于收入的实际增长。在居民收入增长的基础上,人均私人开支也增长了。经合组织的数据显示,联邦德国人均私人开支,在 1973 年是 3000 美元,1980 年达到 7340 美元。② 70 年代有社会学家指出,随着经济增长,联邦德国开始进入"富裕社会"。在 1969—1972 年间的民意调查中,有 60%—70% 的人认为其经济状况是"好的",只有 10% 的人认为自己处于贫困状态。除了少数的边缘人群之外,贫困不再是某一社会阶级的整体命运。③

人们的生活方式也发生了变化。表现之一,私人电话、电视机、电冰箱、洗衣机、私人汽车等耐用消费品,广泛进入寻常人家。联邦德国电话装机总数是:1950 年 239.3 万,1989 年达 4309.5 万。电视接收许可证的数量,1953 年仅微不足道的 0.2 万,1989 年为 2414.2 万。全国的私人汽车拥有量,1950 年是 51.6 万辆,1988 年是 2887 万辆。每千人拥有量在 1988 年达到 470 辆。④

其二,收入提高,工作时间缩短,带薪假期增加,普通人有了金钱和时间去度假和休闲,追求更丰富的生活。建国早期,雇员平均每周工作

---

① Stastistisches Bundesamt, *Statistisches Jahrbuch 1989 für die Bundesrepublik Deutschland*, S. 485.

② J. Robert Wegs, *Europe since 1945: A Concise History*. pp. 167 - 169; H. J. Braun: *The German Ecomony in the Twentieth Century*. p. 216;裘元伦:《稳定发展的联邦德国经济》,第 201—202 页;海尔曼·亚当:《德意志联邦共和国的经济政策和政治体制》,第 142 页。

③ "A Sociological Analysis of the Spread of Affluence(1974)", in: Konrad Jarausch and Helga A. Welsh(eds.), *German History in Documents and Images*, Vol. 9, *Two Germanies*, *1961—1989*. http://germanhistorydocs. ghi-dc. org/

④ B. R. 米切尔编:《帕尔格雷夫世界历史统计·欧洲卷:1750—1993 年》(第四版),第 817、821、811、781 页。每千人拥有私车的数字据第 90 和 93 页的年中估计人口计算。

48 小时,1956—1957 年间缩短到 45 小时,1965 年开始实行每周 40 小时工作制。70 年代末,大部分雇员已实行每周 40 小时工作制。据联邦统计局数据,1990 年联邦德国的实际每周工作时间 38 小时。工薪阶层每年享受 6 周或更长带薪假期者达 70%,享受 5—6 周的占 25%,享受 3—5 周的占 5%。[①] 1965 年到 1982 年,中等收入雇员的四口之家,每月消费开支平均由 881 马克上升到 2691 马克,即增加了两倍。同期用于休闲的开支则增加了两倍半。休闲开支中最大的份额是度假和休闲旅行。1965 年每个家庭用于度假的开支占 24.6%。1982 年则占 28.8%;1965 年用于小汽车和摩托车的开支占 12.4%,1982 年达 14.7%。[②] 由于联邦德国人到国外旅游度假大增,1978 年联邦新闻署特地制作一套图文宣传资料,发行数百万份,要求德国旅游者在国外注意行为举止,据认为是要避免激起人们对德国人的成见,并"把德国旅游者变成亲善大使"。

联邦德国的发展成就举世公认。1974 年联邦总统发表声明称:经过 25 年的努力,联邦德国已成为"能够向公民提供高度自由、经济福利和社会安全的国家"。但是,在所谓"趋平的中产阶级社会"里,贫富差距并未克服,离社会"公正"或"平等"还有距离。不同年代都有数据表明这一点。据统计,60 年代在农、工、商业中,"自主经营者"(Selbständige,或译"独立经营者",包括企业主、农场主、独立手工业者等)家庭约占全部家庭的 16%,拥有全部私有财富的 47%;工人阶级家庭占 33.7%,只拥有全部私有财产的 17%。[③] 从 1950 年到 1970 年,全国雇员拥有的财富占全部实际财富的份额,由 30% 下降到 15%。1967 年纳税人中 3% 的最富有者,控制着全部可纳税财富的 42%。一项题为《德国的富豪和超级富

---

① C. C. Schweitzer, *et al*. (eds.), *Politics and Government in Germany 1944—1994. Basic Documents*. p. 436.

② "Changes in Western German Leisure-Time Habits (1983)", in: Konrad Jarausch and Helga A. Welsh (eds.), *German History in Documents and Images*, Vol. 9, *Two Germanies*, *1961—1989*. http://germanhistorydocs.ghi-dc.org/

③ V. R. Berghahn, *Modern Germany: Society, Economy and Politics in the 20ᵗʰ Century*, pp. 236—237.

豪》的研究指出,1960 年包括约 5 万个家庭的"财富寡头",每家拥有超过 1000 万马克的财富。70 年代的情况也没有改善多少。1973 年有统计说,联邦德国最富有的 25％的家庭掌握全部私有财产的 80％,而最贫穷的 30％的家庭只拥有全部私有财产的 1.5％。70 年代末的一项研究估计,全部财富的 28％控制在全国 1％的人手中。[①] 政府采取旨在使收入和财产分配变得平等一些的政策措施,成效有限。从建国直到 70 年代,占总数一半的家庭只支配着全部国民收入的约 1/4,这种情况几乎没有变化。自主经营者家庭的收入比其他群体的收入增加速度要快得多。[②] 1976 年一位基民盟的社会政策专家说,联邦德国存在"新的贫困",有 220 万家庭共 580 万人口的收入低于社会救助线,其中包括 110 万领养老金家庭,60 万工人家庭,30 万薪金阶层家庭。[③] 而数百万外籍工人及其家庭,多数从事繁重而收入偏低的工作,生活条件恶劣者不在少数。80 年代初的《德意志联邦共和国经济史,1945—1980》中认为,联邦共和国在 80 年代已不同于其早期,但收入分配和资产分配的发展,并未证实所谓"趋向平等的中产阶层社会"的观点。[④] 1983 年出版的《德国社会民主党简史,1848—1983》将社会民主党执政期间福利的扩大引为自豪,同时指出"各个阶层在收入和生活水平上的差别依然悬殊,因而社会公正依旧是一个遥远的理想"[⑤]。

1982 年科尔的联盟党—自民党政府执政后,情况如何呢? 科尔宣称要多一些市场,反对太多的人长期依赖他人生活,要鼓励个人的积极性

---

① J. Robert Wegs, *Europe since 1945*：*A Concise History*, pp. 192 - 193;韦·阿贝尔斯豪泽:《德意志联邦共和国经济史 1945—1980》,第 109 页。

② "A Sociological Analysis of the Spread of Affluence (1974)", in: Konrad Jarausch and Helga A. Welsh (ed.), *German History in Documents and Images*, Vol. 9, *Two Germanies*, *1961—1989*. http://germanhistorydocs. ghi-dc. org/

③ "New Poverty in the Federal Republic (1976)", in: Konrad Jarausch and Helga A. Welsh (ed.), *German History in Documents and Images*, Vol. 9, *Two Germanies*, *1961—1989*. http://germanhistorydocs. ghi-dc. org/

④ 韦·阿贝尔斯豪泽:《德意志联邦共和国经济史 1945—1980》,第 103、113—114 页。

⑤ 苏珊·米勒、海因里希·波特霍夫:《德国社会民主党简史 1848—1983》,第 304 页。

等,其政策带有经济"新自由主义"的特点,如侧重鼓励私人资本积极性,控制社会福利开支等,对普通劳动者和弱势群体是不利的。官方统计,科尔上台后的几年中,雇员实际收入下降的速度放慢了,个别年份还有所提高,但不同群体收入的差距却扩大了。例如,80年代全国雇员的人数增加了,雇员的工资收入占国民收入的比例却下降了好几个百分点,雇员实际收入的增长明显低于企业家收入的增长,形成逐渐扩大的剪刀差。在社会福利方面,加强一些重点领域,总体上开支的增长则大为放慢。这无助于缩小贫富差距。据统计,1988年全国有贫困家庭210万户,人均收入不足全国人均水平的一半;较贫困的1070万户,人均收入为平均水平的50%—90%(低于平均水平);中等家庭有450万户,人均收入为平均水平的90%—100%(接近和相当于平均收入);富裕家庭710万户,人均收入为平均水平的110%—200%(高于平均水平);极富家庭180万户,人均收入在平均水平两倍以上。中高收入者占了不小比例,大体呈"两头小中间大",但进一步细究,贫困和较贫困的人口有3280万,比富裕和极富裕的人口多出了1000多万。[①] 换言之,"下头"比"上头"大得多。

第二节　民主德国:东欧经济强国

民主德国的领土面积10.8万平方公里,人口约1700万,矿产资源缺乏,只有褐煤、钾盐、铀矿以及少量的有色金属,二战还使民主德国所在地区经济遭受重大打击。但在统一社会党的领导之下,民主德国实行了一系列有效政策和利用外部有利条件,实现了农业现代化,拥有了先进的工业和技术,逐步提高了人民的生活水平和国际经济地位,成为东欧经济强国。

---

① 海尔曼·亚当:《德意志联邦共和国的经济政策和政治体制》,第270页。人均收入是将家庭成员换算成"成年人"来计算的,1988年成年人人均月收入为2079马克。

一、经济现代化进程

　　民主德国的经济现代化进程可以分为经济恢复时期(1949—1950年)、建立社会主义基础时期(1951—1960年)和社会主义建设时期(1961—1990年)。

　　二战结束之初,苏占区经济重建一方面是按照苏联模式建立现代化结构,主要是建立社会主义公有制和中央集权的计划经济管理体制;另一方面是实行中央下达的经济计划,以恢复苏占区经济,建国后民主德国的经济恢复工作也主要是从这两个方面着手。1948年下半年,苏占区就已实行计划经济的半年计划。1949年又开始实行恢复经济的两年计划,目的是偿还战争赔款和恢复经济,使工业生产达到1936年工业生产的81%。一年半内,民主德国的工农业基本上恢复到战争爆发前水平,两年计划提前完成。

　　1951年,民主德国开始进入建立社会主义基础时期,第一个五年计划开启,目标是使国民收入提高到1950年的160%。在"一五"期间,民主德国集中力量发展重工业,优先发展冶金、机器制造、化学、能源经济等重工业部门,农业领域最重要的环节是扩大国营机器出租站和将每公顷单位面积产量提高25%。与此同时,民主德国也继续建设国家机关和建立社会主义生产关系的工作,对资本主义工商业进行社会主义国有化运动,实行农业集体化,建立众多的农业合作社。第一个五年计划顺利完成,1955年的工业生产与1936年相比翻了一番,社会主义经济成分在国民经济中占到71.7%。劳动群众的生活状况也得到了明显改善,1955年职工月工资从1950年的311马克提高到432马克,同期零售价格、劳务价格和交通费的指数从189.8%下降到110.4%(以1960年为100),生活费指数从1950年的100%下降到62.2%。[①] 国家在社会保险、养老金、卫生事业、社会事业以及教育事业方面的支出都明显增加,国民教

---

① 德国统一社会党中央马列主义研究所编写组:《德国统一社会党简史》,第349页。

育、科学以及技术方面获得极大的进步。

但是,"一五"期间民主德国政府采用行政手段进行社会主义改造,并在本国缺乏资源的情况下优先发展重工业和开展延长工时的社会主义劳动竞赛,忽视了改善劳动者的劳动条件和满足人民对消费品的需求,也引发了人民的不满,最终导致大规模的工人起义。因而,在 1956 年启动的第二个五年计划期间,民主德国没有停止对工农业进行社会主义改造的计划,但不再采取行政没收的方式,而是利用税收、强制性购买和销售债券等手段。民主德国政府还强调,要改进国家机关的工作方式和广泛开展社会主义民主。50 年代末 60 年代初,民主德国建立了本国的冶金基础,机器制造、化学、电力工业等工业部门均扩大,造船业、石油化学工业、塑料和橡胶加工机械制造业等工业部门建立,能源基础也有所扩大。据统计,从 1950 年到 1960 年,民主德国经济增长率大体稳定在 5%—10% 之间,工业总产值指数增长了近两倍。1960 年,民主德国工商业领域的社会主义改造最终完成,社会主义企业在社会总产值中的比重从 1950 年的 61.8% 上升为 86.8%,公私合营企业只占到 5.5%,私人企业生产占到 10.1%,社会主义公有制经济成分在国民经济中占据主导地位。[1] 在农业部门,1960 年初民主德国开展了强大的集体化运动,使合作社所占耕地面积从 45% 飞跃到 85%,农业生产关系的社会主义改造基本完成。

在完成社会主义改造和通过建立柏林墙实现国家稳定后,民主德国开始进入全面建设社会主义时期。在经济方面,由于主客观因素,民主德国的经济计划不能按期完成,经济发展速度不断下降,1962 年夏被迫宣布放弃七年计划。从 1963 年到 1970 年,民主德国实行新经济体制改革,经济获得较快发展,国民收入年均增长率由 3.4% 提高到 5.2%。但在 1969 年特别是 1970 年,民主德国再次出现严重的经济问题,昂纳克

---

[1] H. 哈麦尔、R. 克脑夫:《西德和东德的经济体制》,景林译,中国社会科学出版社 1980 年版,第 17 页。

政府的应对政策是恢复传统的集中计划和改善物质生活条件，民主德国的经济发展状况和人民生活水平都有了显著改善。1975 年，民主德国超额完成 1970—1975 年的五年计划，生产性国民收入提高了 31.1％，工业商品生产增长了 37％，平均年增长 6.5％，投资增加了 21％，建筑业产值增长了 28.2％，固定资产从 4670 亿马克增长到 5770 亿马克。农业领域也获得快速增长，牛奶增长 18％，鸡蛋增长 23％，居民的基本食品实现自给。①

　　然而，民主德国缺乏资源，所需原料、燃料的 60％依靠进口，此外还存在劳动力不足、资金短缺和价格补贴、各种福利开支及国防费用逐年增加等问题，20 世纪 80 年代世界性经济衰退使经济发展环境更加恶化。为了促进经济继续发展，1981 年统一社会党第十次代表大会提出"80 年代经济战略"，目的是发挥科技优势，充分利用最新科技成果，使现有原料和燃料发挥最大效益，并有效地组织生产和管理，以提高劳动效能和劳动生产率，实现经济持续发展。

　　但是，日益僵化的计划经济体制限制了生产力的发展，民主德国国内消费增长比生产增长要快，而政府继续维持不切实际的社会福利政策，再加上 80 年代原料价格上涨、西方的高利息政策和信贷封锁政策等因素的影响，民主德国出现了债务问题。从 1981 年到 1985 年，民主德国的出口创汇政策使其外债从 100 亿美元下降到 70 亿美元。但从 1985 年起，民主德国的外债又逐年上升，1987 年恢复至 101 亿美元，1989 年则达到 110 亿美元。② 民主德国在外贸上日益依赖发达资本主义国家，从联邦德国进口的产品量在民主德国进口总量中所占的比率从 1988 年的 18％上升到 1989 年的 20％，1989 年民主德国与发达资本主义国家的贸易额甚至占到其对外贸易总额的 50％。③ 民主德国经济发展出现迟缓的 10 年，1989 年经济增长率仅为 2.7％。

---

① 德国统一社会党中央马列主义研究所编写组编：《德国统一社会党简史》，第 680—681 页。
② 本·福凯斯：《东欧共产主义的兴衰》，张金鉴译，中央编译出版社 1998 版，第 268—269 页。
③ 同上书，第 268、255 页。

二、经济成就

民主德国的经济成就首先表现为经济发展速度较快,国民收入得到大幅度增长。其经济增长速度既快于苏联和东欧其他国家,也快于许多发达资本主义国家,从 1949 年到 1989 年,工业生产增长了 18 倍,农业生产增长了 1 倍,畜牧业生产增长了 8 倍。1985 年的工业发展比 1970 年翻了一番多,交通运输和国内贸易也增长了近一倍。由于缺乏劳动力和投资资金,民主德国的经济增长依靠的主要是提高劳动生产率,从 1980 年到 1987 年,劳动生产率提高了 60%,每年递增 4.4%,1989 年的劳动生产率比 1949 年提高了 9.5 倍,占世界第六位。民主德国与联邦德国的劳动生产率差距也不断缩小,1950 年的劳动生产率水平仅相当于联邦德国的 45%,1988 年已达 70%左右,跟英国的劳动生产率水平大致相等,在苏联东欧国家中是最高的。[①]

40 多年来,民主德国国民收入不断增长,建国之初只有 249 亿马克,1989 年达到 2790 亿马克,比 1949 年增长了 11 倍以上,年均增长率为 4%。昂纳克上台后,民主德国进入一个新的发展时期,1971—1975 年的国民收入为 7030 亿马克,平均增长 5.4%,1976—1981 年的国民收入达 8820 亿马克,平均增长 4.1%,1981—1985 年的国民收入为 10870 亿马克,平均增长为 4.4%。[②] 从人均国民收入看,1980 年为 7180 美元,1988 年达到大约 8000 美元,在东欧国家中位居前列。

统一社会党及其政府非常重视工业的发展,民主德国的工业发展较快,水平也比较高。工业是民主德国最重要的产业部门,1949 年的工业产值是 1.28 亿马克,1989 年提高到 23.1 亿马克,工业创造的收入占到整个国民收入的 2/3 以上,工业产值占国民收入的 65%。[③] 建国之初,

---

① 魏斯:《民主德国光辉的 40 年》,《人民日报》1989 年 10 月 7 日第 7 版。
② 施向:《对民主德国经济发展若干问题的初步思考(一)》,《当代世界社会主义问题》1987 年第 10 期,第 22—23 页。
③ 弗兰茨·柯尼平:《建国 40 年来的民主德国》,《人民日报》1989 年 10 月 17 日第 7 版。

民主德国的工业基础较好,但存在国民经济结构不平衡的问题,统一社会党及其政府决定优先发展冶金工业、化学工业以及扩大褐煤开采,以形成本国的钢铁和煤炭生产基地。民主德国的重工业发展较快,1950年工业就恢复到战前水平,化学工业的总产量在1958年就占世界第七位,如按人口平均计算已居世界第二位。民主德国重视通过先进科技提高劳动生产率和提高工业产值,一直注重发展重型机器制造、农业机械制造和造船工业。经过多年的发展,民主德国的工业在世界占据领先水平,是世界第十大工业国,是较少的系统掌握微电子研究、生产和使用的发达工业国家之一。

民主德国完成了农业现代化,种植业和畜牧业都比较发达。建国后,民主德国的农业取得了巨大成就,在人均只有0.37公顷的可耕地上,实现了粮食、肉、蛋、奶、黄油在高消费水平上的自给。民主德国的种植业比较发达,1979年以来粮食生产节节上升,产量由870万吨增加到1983年的1000万吨,1984年更创下建国以来的最高纪录,年产量达到1300万吨。民主德国的畜牧业上升也比较快,在农业总产值中约占2/3。民主德国农业的劳动生产效率很高,80年代从事农业的劳动力大约80万人,占全国总劳动力的1/10,仅占1950年的农业劳动力的1/3。民主德国农业发展主要依靠的是机械化和应用现代科学技术,机械化生产广泛应用于畜牧和家禽业。为了提高农业社员和农场工人的农业科技知识水平,民主德国政府给全国县立农业学校配备了750多名专职教员和大约1.6万名兼职教员。每年11月至第二年3月,农业学校利用冬闲时间开办冬季班,向校外农业社员和农场工人讲授有关农业生产的最新知识。随着农业生产的发展,农村面貌也发生巨大变化,20世纪70年代以来,农业生产合作社跟国营农场一样实行工资制,农民的收入和福利与城市工人差不多,城乡差别较小。

民主德国经济发展依靠的是先进科技,科技水平较高也是其经济成就的表现之一。由于缺乏资源和劳动力,20世纪70年代以来民主德国十分强调通过发展科技力量来发展经济,并注重将科技与生产密切结合,把研究与应用放到同等重要的地位。为了促进科研工作,政府加大科技领域的经费投入,20 世纪 60 年代的科研经费约占国民收入的 3%,80 年代增加为 4%,达到了世界先进国家水平。在政府的推动下,民主德国科学技术得到了快速发展,科研成果层出不穷,从申请专利的科技发明看,1970 年仅有 4500 项,1980 年增加到 26741 项,1971—1975 年的专利总量是 22971 项,1981—1985 年猛增到 49780 项。

民主德国的经济成就还体现在劳动人民的生活水平明显提高。1971 年后统一社会党实行经济政策与社会政策相统一的方针,政府每年投入 30%—40% 的国民收入发展福利事业,主要是用于进行财政补贴、提高工资和改善社会保障和加大住房建设。民主德国实行基本消费品价格稳定政策,对于粮食、牛奶、肉、蛋、蔬菜、房租、水电、燃料、交通服务等,实行中央控价和价格补贴,价格长期稳定不变,这保证了居民生活水平的提高。与此同时,劳动人民的实际收入和职工工资不断提高,1950 年职工平均月工资为 311 马克,1960 年为 550 马克,1970 年为 755 马克,1980 年为 1030 马克,1987 年增加到 1233 马克,从 1980 年到 1987 年,居民现金收入增加了 29%,1988 年的人均实际收入为 1949 年的 8.4 倍。[1]民主德国社会福利政策的核心是住房建设,从 1971 年起每年投入 10% 的国民收入用于改善居住条件,住房条件大为改善,1949 年仅有 510 万套住房,即每千人平均拥有住房 270 套,人均住房面积仅为 12 平方米,1989 年共有住房 700 多万套,每千人平均拥有住房增加到 422 套,人均住房面积为 27 平方米。此外,民主德国人民还享受免费教育、免费医疗等多种福利,每千人拥有医生数占世界第 12 位,病床数占世界第 11 位。政府还采取旨在帮助年轻家庭、抚养孩子的在职女工、青年和退休工人的一系列福利措施。民主德国人民的消费水平也不断提高,1987 年每人平均消费肉和肉制品 99.4 公斤,鱼和鱼制品 7.9 公斤,蛋和蛋制品 303

---

① 冯绍雷:《民主德国经济发展新成就及其原因分析》,载《俄罗斯研究》1988 年第 Z1 期,第 26 页。

个,黄油 15.5 公斤,人造黄油 10.3 公斤,牛奶 108.3 公升。猪肉的人均
消费量居世界第 14 位,蔬菜消费量居第 9 位。居民的食品结构发生了
巨大变化,肉、奶、蛋和黄油等畜产品在食品中所占比重约为 40%,在国
际上也属于高水平。家用高档消费品占的比例较高,1987 年每百户家庭
中,有小汽车 52.6 辆,冰箱 152.1 台,洗衣机 104.6 台,电视机 121.6 台,
其中彩电 47.1 台。1967 年开始实行 5 天工作周,1976 年又改为工人每
周工作 42 小时(轮班工人为 40 小时),1979 年职工每年休假日期增加为
21 天。①

三、经济成就取得的原因

经过 40 多年的建设,民主德国经济取得了巨大的成就,除继承了德
国较好的工业基础和劳动力素质外,也与民主德国政府和人民的努力分
不开。

首先,民主德国党和政府高度重视经济的发展。民主德国处于东西
方阵营冷战对抗的前沿阵地,在与资本主义世界进行竞赛时,民主德国
党和政府把经济建设作为党和国家的首要工作,同时他们也认识到要依
靠雄厚的物质基础来保障社会制度的稳定。从 50 年代起,民主德国就
把经济建设作为党的首要任务和指导方针,将掌握社会主义经济管理的
知识和经验,并在实际中加以运用,作为统一社会党政治思想工作的中
心内容。②

其次,民主德国党和政府根据实际情况不断调整和改革政治经济体
制。如前面提到的 1952 年的实行行政区划管理改革,在经济领域推行
经济合同制和经济核算制;1958 年的强调在政治领域改进国家机关的工
作方式和广泛开展社会主义民主、经济方面再次加强对国民经济的计划
管理的改革;1963—1970 年再次进行的新经济体制改革;1971 年昂纳克

---

① 魏斯:《民主德国光辉的 40 年》。
② 德国统一社会党中央马列主义研究所编写组:《德国统一社会党简史》,第 345 页。

上台后再次强化中央集权的计划管理体制的改革。尽管这些政治经济体制改革没有从根本上触及高度集权的管理方式,但不断提高企业自主权也有利于提高企业和职工的生产积极性,促进经济的发展。

　　第三,民主德国党和政府重视智力开发和人才培养。民主德国政府十分重视教育,从托儿所到成人教育一率实行免费,教育支出在财政支出中也占有很大比重,教育投资约占国民收入的6%—7%,1988年的教育投资高达154亿马克。1971年以来,全国新建5.2万幢教学楼、学生宿舍和2400座学生体育馆。① 民主德国全国普遍实行十年制义务教育,所有儿童都可以接受教育。十年制普通综合技术学校毕业后,大部分学生继续接受免费职业教育,25%的学生可以升入大学进一步深造,1987年全国居民中每万人有174.9名大专院校学生。民主德国职工的科学文化水平较高,1987年企业中大专院校毕业生占21.6%,技术工人占60.7%。② 1949年只有25%的职工接受过系统的职业培训,1989年达到90%。③ 不断发展的教育事业为民主德国经济的稳步增长提供了后劲,重视教育是民主德国经济保持增长的决定性因素。

　　第四,民主德国党和政府大力发展科技,并强调科技与生产结合。民主德国经济发展缺乏劳动力和资金,主要是通过提高劳动生产率来发展生产力,而劳动生产率的提高主要是通过运用科学技术成果来取得。民主德国党和政府认为,国民经济的发展及生产水平提高越来越取决于科学技术进步,政府用于科学技术与开发的经费不断增加,60年代每年约占当年国民收入的3%,70年代以来增加为4%左右,1971—1975年科研经费每年平均支出50亿马克,约占国民收入的3.9%,1976—1980年增加为平均每年支出63亿马克,约占国民收入的4%,1987年的科研经费投入攀升到120亿马克,与60年代年均经费相比增长了3倍。民主

① 胡锡进:《治国以教育为本——战后迅速发展的民主德国教育事业》,载《人民日报》1989年7月26日。
② 魏斯:《民主德国光辉的40年》。
③ 弗兰茨·柯尼平:《建国40年来的民主德国》。

德国政府还注意将科技与生产结合,通过与企业签订合同,新技术新发明很快投入生产,迅速转化为生产力。1971—1980年的国民经济增长部分有90%是通过劳动生产率的提高实现的,1981—1985年上升为95%,1986—1989年达到100%。通过将科技转化为生产力,民主德国的关键工艺和尖端技术渗透到国民经济的重要领域,53%的工业企业实现了自动化与半自动化,国民经济部门产品更新率年均达到30%,消费品更新率达到40%。采用最新科学技术和不断更新工业设备,极大地节约了工时和劳动力,提高了劳动生产效率和促进了经济发展。

此外,民主德国经济发展也受益于某些有利的外部环境。首先,民主德国可以从两德贸易中获得贷款、资金、市场以及先进工业设备和技术等好处。为了避免从国际法上承认民主德国的主权国家地位,联邦德国一直将两德之间的经济往来作为国内地区间经济关系来处理,这使民主德国商品可以享受低税进入联邦德国和欧洲共同体市场的待遇。两德的贸易方式也比较特殊,双方是按照协商的物品清单进行交换,在结算方式上不使用现金,而是先记账后由两国中央银行统一结算。为了解决短期支付的困难,两德还采取了无息透支贷款的结算方式,实际上几乎是民主德国单方面使用这种贷款。其次,民主德国还可以从经济互助委员会中得到很多好处,如获得苏联价格低廉的原料与能源,进入巨大的经济互助委员会成员国市场,通过科技合作获得苏联东欧国家先进的科学技术。

四、民主德国与"经互会"

民主德国经济成就的取得,与经济互助委员会国家的经济合作密不可分。二战结束后,美国提出"马歇尔计划",目的是帮助其欧洲盟国恢复经济,以抗衡苏联共产主义势力在欧洲的进一步渗透和扩张。苏联针锋相对地提出了"莫洛托夫计划",通过对东欧社会主义国家进行经济援助和促进苏东贸易关系的发展,苏联希望防止"马歇尔计划"实施可能导致的东欧离心倾向和经济损失。"莫洛托夫计划"的实施使苏东经济关系日益密切,面对西欧国家政治经济一体化的挑战,苏联政府还决定成立一个国际组织将苏联和东欧国家的经济结合起来,通过经济集团化来对抗西方阵营。1949 年 1 月 5—8 日,苏联、保加利亚、匈牙利、波兰、罗马尼亚、捷克斯洛伐克等六国政府代表在莫斯科召开会议,与会国家宣布成立经济互助委员会(Rat für gegenseitige Wirtschaftshilfe,简称经互会)。同年 4 月,经互会在莫斯科召开了第一届会议,正式宣布经互会成立,并规定经互会的宗旨是在各人民民主国家和苏联之间建立密切的经济关系,以促进各人民民主国家实行工业化和胜利地建设社会主义,促进整个民主大家庭的巩固。[①]经互会的最高权力机构是经济互助委员会会议,后来逐渐建立了执行委员会、合作委员会、常设委员会、秘书处、研究所、部门代表会议等机构。经互会正式语言是所有成员国的语言,会议工作语言是俄语。经互会的主要活动是协调国民经济计划、国际生产专业化和协作、共同投资建设联合项目、对外贸易以及科学技术合作。但在不同的阶段,经互会的宗旨、职能以及权限有所侧重,如建立之初的主要任务是在平等互利的基础上进行经济互助、技术合作和交流经验,成员国在双边基础上曾签订了一系列贸易和科技合作协定。

1950 年 9 月,民主德国加入经济互助委员会。民主德国将与苏联和其他社会主义国家的贸易作为整个国家外贸的基础,大力发展与经互会国家的经济关系,与匈牙利、保加利亚、罗马利亚等国纷纷签署了商品和支付往来协定、科技合作协定等协议。通过加入经互会,民主德国与经互会国家特别是苏联的商品交换迅速发展,这有利于其摆脱对联邦德国的依赖,顶住西方阵营的经济压力和实现国民经济的恢复与发展。

50 年代中期,经互会合作从流通领域扩大到生产领域,赫鲁晓夫提出实行生产专业化和协作,各国开始协调经济计划,经济合作由双边关系扩大到多边经济关系。1956 年,经互会成立了成员国在各个领域进行

[①] H. 法捷耶夫:《经济互助委员会》,北京对外贸易学院国际贸易问题研究所译,中国财政经济出版社 1977 年版,第 43 页。

合作的第一批常务委员会。民主德国不仅与经互会国家扩大贸易,还按照 1958 年的经互会决议,与经互会国家协调国民经济计划、实行生产的专业化和协作以及进一步密切经济和科技合作,并以之为建设社会主义经济基础的一个根本性前提。经互会国家十分重视运输和交通业,1958 年决定铺设横贯大陆的"友谊"石油管道并于 1963 年投入使用,1959 年开始创立"和平"国际能源联合体制,稳定的苏联石油供应使民主德国得以建立现代化的石油化学工业,有力地促进了缺乏资源的民主德国的经济发展。

20 世纪 60 年代后,经互会致力于促进社会主义经济一体化,成立了使用转账卢布进行多边结算的"国际经济合作银行"(Internationale Bank für wirtschaftliche Zusammenarbeit)以及专门负责协调各国计划的"计划合作委员会"(Plan und zusammenarbeit Komission),以逐步实现生产、科技、外贸和货币金融一体化。民主德国在经互会国家中工业化程度较高,经互会国家经济一体化有利于其获得更多的合同和降低生产成本。因而,对于经互会的经济一体化倡议,民主德国作出积极回应,很快确定了实现这些协议的措施,甚至还将把与经互会国家实行更加紧密的专业化和协作作为经济持续增长的重要条件。如民主德国与苏联在 1962 年缔结了关于 1962 年互相供货和向民主德国提供 13 亿外汇马克的商品贷款的协定,两国还决定大幅提高换货额和扩大经济、科技合作。1966 年,民主德国与苏联建立了对等的经济和科技合作政府委员会(Regierung Komitee für wirtschaftliche und technologische Zusammenarbeit),主要任务是为实现两国在生产和研究方面的协作和专业化协定制订实际措施并监督执行。1968 年,民主德国与苏联就经济和科技合作的新形式达成一致协议,包括制订预测、规划、协调五年计划的实际步骤、建立电子数据加工处理设施的统一体制、在工业和建筑业就共同采用先进工艺进行经验交流。同年,两国还就苏联天然气、合作建造天然气管道、电子、电机等方面的研究、发展和生产协作签署了协议,苏联还同意为民主德国培养更多的科级干部。1973 年,两国开始协调国民经济的长期发展,确定了今后几年更广泛地发展生产和研究方面的协作和专业化,并签订了处理消费品生产、电器零配件工业和改造方面的合作协议,同意共同为整个工业部门制定共同发展方针。

民主德国与其他经互会国家也采取了类似形式的经济和科技合作,如与波兰签定了一系列合作协议,涉及波兰人在民主德国的工厂就业、两国共同利用波罗的海港口以及联合经营波兰的纺织厂。民主德国也与匈牙利、保加利亚、罗马尼亚、古巴、蒙古等国签署了经济和科技合作协议,与捷克、匈牙利、波兰等国还签订了一体化的生产协议。1974 年民主德国与波兰合办的"友谊棉纺厂"在波兰正式投产,与捷克共同修建的连接两国企业的乙烯管道也投入使用,还与古巴、捷克分别签署了加强友好与合作的联合声明。

民主德国与经互会国家经济联系日益密切,人员往来十分频繁。民主德国与经互会国家专业化产品的进出口从 1971 年的 25 亿提高到 1975 年的 60 亿外汇马克以上。[①] 民主德国与苏联的嗜好品交换从 1966—1970 年期间的 66 亿增加到 1971—1975 年期间的 990 亿外汇马克,分工生产部分在外贸总额中的比重从 1970 年的 0.7% 增长到 1975 年的 27%。[②] 1971 年,民主德国和波兰、捷克分别达成了 1972 年 1 月起两国来往旅行免验护照和签证的协议,同年民主德国公民访问波兰的人数就增加到 1240 万,波兰和捷克也一共有 1120 多万公民访问民主德国,1971—1975 年有 4720 万民主德国公民到社会主义国家旅行,同时有 4270 万社会主义国家公民到民主德国访问,人员往来日益频繁。

20 世纪 80 年代初,经互会强调科技合作和协调经济发展战略。民主德国与经互会国家在科学研究和生产方面签订了 500 多项协议和合作合同。20 世纪 80 年代中后期,经互会推行"长期专项合作项目",由成员国共同集资在苏联和其他国家建设一些大型工矿企业和能源项目,发

---

① 德国统一社会党中央马列主义研究所编写组:《德国统一社会党简史》,第 661 页。
② 同上书,第 662 页。

展各国企业和科研组织之间的直接联系,并建立合营企业。经互会国家间的专业化协作从产品分工走向零部件交换,成员国签定了1000个以上的双边协议和120多个多边协议,按照协定进行生产分工。民主德国企业还积极参与苏联轧钢产品和能源开发的基本建设项目,以满足本国对原料和能源的长期需求。民主德国生产和科研部门与波兰、捷克以及其他国家也开始建立直接联系。联合投资也有利于民主德国获得稳定而廉价的资源,如从1986—1990年,民主德国从苏联进口8450万吨石油,360亿立方米天然气,1600万吨钢材,65万吨铝和其他原料,民主德国向苏联支付的石油价格只有国际市场的一半。

然而,由于经互会国家发展水平和国家利益各不相同,发展程度高的民主德国和苏联极力支持专业化生产,但罗马尼亚等国认为这只会导致现存发展水平差别的永久化,竭力反对,这导致经互会一体化程度远远不如欧共体。而且,封闭的经济集团使经互会国家的科技水平和产品竞争力远远落后于资本主义国家,这也是民主德国和苏东国家在1989年发生巨变的经济根源。德国统一后,民主德国并入联邦德国,退出经互会,成为欧共体的一部分。

总体而言,在民主德国建国初期,加入经互会有利于其进入苏联东欧3亿多人口的巨大市场,并获得廉价而稳定的能源和原料,这对民主德国经济恢复和发展起到了一定的推动作用。但是,经互会是一个封闭的经济集团,尽管民主德国产品在经互会有很强的竞争力,但在国际上竞争力较差。民主德国长期实行重点发展与经互会国家间经济合作的战略,这导致其经济、科技发展脚步落后于世界先进水平。经互会市场是低水平的,又缺少竞争机制,这使得民主德国没有进一步提升产品竞争力和大力发展科技水平的压力。此外,随着经互会经济一体化的发展,民主德国与苏联经济联系日益密切,对苏联经济特别是原料和能源的依赖性不断增长,这导致民主德国的经济不能独立自主地发展。20世纪80年代中后期,欧洲冷战再次加剧,陷入经济困境的民主德国需要保持和扩大与联邦德国的特殊经贸关系,但苏联限制两德过于接近,昂纳克政府在权衡利弊后不得不屈服于苏联的压力。严重依赖苏联经济的结果是,民主德国经济是随着苏联的兴盛而兴盛,随着苏联的衰落而衰落。80年代中后期,苏联东欧社会主义国家经济发展停滞不前,民主德国经济发展也是困难重重,经济发展落后是苏联东欧剧变和民主德国消亡的根本原因之一。

第九章　两德的社会政策与社会福利

国家承担"社会"责任，建立社会保障体制，是现代国家的一大特点。两德在社会政策领域的发展各有其特点。联邦德国在承认社会利益多元的同时，提倡"社会伙伴关系"，建立起完备的社会福利保障体系。民主德国根据社会主义的原则，在建立社会福利保障方面取得了重要的成就。但是，在社会福利保障制度的发展中，也面临着不同的困难和挑战。

第一节　联邦德国的利益多元主义与福利制度

联邦德国实行西方式的利益多元主义，同时促进不同阶级、阶层，特别是劳资之间的合作，努力建构"社会伙伴关系"，以调节社会的矛盾。根据《基本法》和"社会市场经济"的原则，加上执政党争取民心的政治需要等因素，从建国初期就开始建立社会保障体系，并随着经济的发展而扩大和完善。在不同的形势下或不同执政者，具体政策有调整，但基本政策没有改变。

一、利益多元主义与"压力集团"

现代社会的一大特点是承认社会阶级、阶层、行业和群体利益的多元性。利益的多元性既体现为各党派及其活动,也体现为各种民间社团(协会、联合会等)及其活动。后者不是政治组织,但以各种方式影响官方的政策,故又称为"压力集团"。但德国传统国家理念有其特点,强调国家至上,个人、阶级、党派或集团利益均处于从属地位。纳粹统治时期,对纳粹以外的各党派横加打击,并迫使工会和企业家组织解散或改组,使其与纳粹政权结合,实行"领袖原则"。战后盟国在德国推行西方民主原则,《基本法》规定德国人有权组织联合会和协会,这是利益集团(压力集团)组织合法性的基础。在理论上,传统的国家学说受到了冲击,有组织的利益多元主义得到承认。有研究者在 70 年代指出,利益多元主义在联邦德国已经确立。尽管由于传统,在人们的观念和国家机构的政治意识中,对利益集团对政治决策施加压力,仍然有所保留或不安,但强大的压力集团存在,却是不争的事实。①

联邦德国的利益(压力)集团或以行业和部门为基础,或以企业、地区、宗教信仰或经济或社会主张为基础(如环保、人权等),多种多样。政府在制定政策时,通常要听取它们的意见,受其影响。政府经常与利益集团的代表座谈磋商。例如 60 年代,经济部长席勒倡议的"协调行动",就是政府、企业界和工会组织协商。70 年代,施密特总理每年都邀请企业、工会和银行界领导人举行几次座谈会。据统计,80 年代初在首都波恩有数百个利益集团的机构和数千名代表,经济界组织的代表阵营最强大。在议院最重要的委员会和联邦各部,都有利益集团的代表。各部设有数十个专业委员会,其成员大部分来自大企业和企业家联合会。有政府官员承认,没有各联合会的合作,政府各部就一筹莫展。

联邦德国最强大的利益(压力)集团,是各种企业家(雇主)的组织。德国企业家组织早已出现。在纳粹时期被纳入所谓"德意志劳动阵线"。战后,企业家组织在各占领区重建。德意志联邦共和国成立后,三大最

① 库特·宗特海默尔:《联邦德国政府与政治》,第 108、118 页。

重要的企业家组织也随之正式成立,分别是"德国雇主协会联合会"
(Bundesvereinigung der Deutschen Arbeitgeberverbände/BDA,或译"德
国企业家协会联合会")、"德国工业联合会"(Bundesverband der
Deutschen Industrie/BDI)和"德国工商大会"(Deutscher Industrie-und
Handelstag/DIHT)。它们代表"经济界"的利益,只是各自的组成和工
作重心有所不同。

"德国雇主协会联合会"成立于1949年。先是双占区成立的企业
家团体更名为"企业家协会联合会",法占区企业家联合会随后加入,
正式定名为"德国雇主协会联合会",联合了工业、商业、手工业、银行
和保险业、农业、交通运输等行业的雇主组织。80年代,其团体成员包
括44个专业联合会,十几个州级联合会以及数百个经济部门联合会。
全国的企业家约有70%参加其中。该组织的主要任务是代表雇主,对
政府的政策施加影响。它派代表参加联邦劳动研究所、劳动法庭、社
会法庭等有关机构,在联邦议院和政府机关派有代表或顾问,还设有
基金会,创办研究机构。它在1951年与德国工业联合会合作建立"德
国工业研究所",后来改名为"德国经济研究所",通过分析经济形势和
走向、培训企业经营管理人员、争取舆论和影响政界等办法,对经济政
策施加影响。

"德国工业联合会"也是成立于1949年,前身是战前的"德国工业家
全国联合会"(Reichsverband Deutscher Industrieller/RDI),其主要任务
是"最强有力地代表工业企业家的经济和政治利益"。80年代,德国工业
联合会下属有39个部门联合会和207个地区性组织,囊括各工业部门,
代表9万多家企业。它把工业界对政治、经济方面的要求集中起来,转
达给政府各机构,甚至被称为"政府中的政府"。德国工业联合会曾强烈
反对制定《反对限制竞争法》。该联合会主席弗里茨·贝格(Fritz Berg,
1901—1979)直接找到阿登纳,要他出来反对该法。结果该法多次修改,
历时八年才在联邦议院通过。据统计,仅1972、1973年到1977、1978年
的五年间,德国工业联合会向联邦总理、各部和其他国家机构、联邦议院

和参议院、各州机构、欧洲共同体委员会等提出的重要提案就超过千件。[1] 90 年代初,德国工业联合会在题为《良好的关系》的文件中说:该联合会代表工业界利益,与政府、议会及各官方机构建立了良好的关系,它"不断向决策者提供信息。……参加各部的重要咨询机构和专家委员会,并参加各议会委员会的听证会"。"通过确定和集中各成员的利益并将其条理化,提交给决策机构,有助于在决策中权衡各方主张。"[2]

"德国工商大会"的前身是战前的德国工商会(Industrie-und Handelskammern/IHK)。它是工商界进行"自治"的组织,是在地方性工商会的基础上联合起来的全国组织。到 80 年代,德国工商大会属下有 80 多个州级的和地方性的工商会,登记为会员的企业有 47.8 万个。该组织总部设在波恩,设置有对外经济部等机构,在几十个国家设有办事处。其主要任务是协调各地方工商会的利益并努力使政府重视其利益。与前述的工业界联合会不同的是,加入德国工商会是工商企业法定的义务,其领导权则掌握在大企业之手。

工会组织是另一大利益(压力)集团。德国早在 19 世纪就建立了工会组织。魏玛共和国时期工会更加活跃。在纳粹统治时期,工会组织统统被迫纳入"德国劳动阵线"。战后工会组织纷纷重建。先是在地区和州的基础上建立,而后实现联合。1949 年 10 月,西德各工会在慕尼黑成立"德国工会联盟"(Deutscher Gewerkschaftsbund/DGB,或译"德国工会联合会"),成为联邦德国最大的工会组织,首任主席是汉斯·伯克勒尔(Hans Bökler,1875—1951)。德国工会联盟起初包括五金、公共服务与运输、化工、建筑、邮政工、商业、银行和保险、矿业、铁路、纺织等 16 个行业工会,70 年代增加到 17 个(1978 年警察工会加入)。其中,冶金、化工、工业电子等行业工人参加工会的比例较高,达 60%—90%。在早期,德国工会联盟的会员有 600 多万,到 1979 年达到 780 余万。80 年代仍

---

① 孙奎贞:《西德垄断财团》,第 205 页。
② C. C. Schweitzer, et al. (eds.), Politics and Government in Germany 1944—1994. Basic Documents, pp. 377-378.

有 770 余万。在各行业工会中,实力最强的是五金工会(IG-Metall,下属汽车、机械等工会)和公共服务与交通运输工会(Gewerkschaft Öffentliche Dienste,Transport und Verkehr)。在理论上,各行业工会是独立和自治的,但作为德国工会联盟的成员,要服从工会联盟的指示。在德国工会联盟及其下属工会之外,还有几个比较重要的工会组织。一是德国雇员工会(Deutsche Angestellten-Gewerkschaft/DAG),是公共服务部门雇员的组织,有数十万名会员。二是德国公务员联合会(Deutscher Beamtenbund/DBB),有约 80 万会员。三是基督教工会联盟(Christlicher Gewerkschaftsbund Deutschlands/CGD),由一些在"基督教社会主义"影响下的工会组织于 50 年代中期组成,也有数十万会员。除公务员联合会外,其他工会都有权参加与资方的集体工资谈判,有权在一定条件下组织罢工。

与战前相比,战后工会组织的政治和意识形态色彩大为淡化。德国工会联盟 1949 年成立时的纲领宣布,其目标是实现一种新的经济秩序,主要包括:全民就业,使用所有生产能力满足全民的经济需求;工会在人事、经济和社会问题上,拥有共同决定权;关键工业转为全民所有制;劳动者参加国民经济的整体规划,实现社会公正。[1] 其首任主席伯克勒尔主张,工会运动应争取经济权力而非政治权力,避免卷入政党斗争。60年代,工会依然宣传全面平等地参与经济计划与控制,不允许经济"仅仅取决于赢利的动机",要"使每个工人……获得解放和自我完善"等等。[2] 但实际上只是要对现存制度纠偏,充当多元社会中利益集团的角色。70年代社会民主党执政时,工会联盟主席表示:"工会不再是国家的对立面,而已成为国家的主人。"[3]1981 年德国工会联盟章程中说,它在组织上"独立于政府、政党、宗教团体、行政机构和雇主",但这"并不意味着政

---

[1] 孟钟捷:《寻求黄金分割点:联邦德国社会伙伴关系研究》,上海辞书出版社 2010 年版,66 页。

[2] Aidan Crawly,*The Rise of Western Germany 1945—1972*,London:William Sons & Co Ltd. Collins,1973,p. 210.

[3] 孙奎贞:《西德垄断财团》,第 163 页。

治上无所作为"。工会"除了努力保证和扩大基于法治的社会的国家并实现经济民主化的一般目标外,还要对任何推翻宪法秩序的企图行使抵抗权"①。这表明了两点:一是工会对政治问题不是漠不关心的,二是工会维护现存宪法秩序——"自由与民主的基本秩序",而不是现存秩序的反对者或挑战者。

工会不仅关心政治,而且有倾向性。德国工会联盟接近社会民主党,其领导人多是该党的成员,社民党及其执政时的政府高官中,担任工会职务者不乏其人。在重大问题上,德国工会联盟经常与社会民主党相呼应,并合作展开斗争,工会联盟的会员在选举中多支持社会民主党。还有的工会(如冶金行业工会)受到左翼力量(甚至共产党)的影响,显示出更强的斗争性。基督教工会则比较接近联盟党,其会员在选举中也较多支持联盟党。在维护现存基本秩序的范围内,工会常常就重要的政治问题表态。例如50年代,一些工会曾反对阿登纳政府的重新武装和装备核武器的政策。60年代工会曾参加反对制定《紧急状态法》的抗议活动。1978年工会联合会作出决议,要求官方采取一切法律手段,反对新法西斯主义的组织与活动,并采取必要措施使年轻人了解法西斯主义的危险等。

如伯克勒尔所说,工会的目标是争取经济权力。工会为了实现劳资"共决制"进行了坚决的斗争。尽管工会和工人并未掌握实质性的经济权力,但它认为这种"经济民主"就是一种新的经济制度的开始。实际上,工会与资方和政府形成了既矛盾和斗争,又协商、妥协与合作的关系。即使在困难时期,或者说恰恰是在困难时期,工会顾全大局,愿意妥协。这与历史上经济困难时期工会斗争也强烈的情形,颇为不同。如在"大联合政府"时期,提出政府、工会和企业界的"协调行动",以利于克服衰退,工会将此视为在宏观层次实现共同参与的一步。在70年代经济

---

① C. C. Schweitzer, *et al.* (eds.), *Politics and Government in Germany* 1944—1994. *Basic Documents*, pp. 380 - 381.

衰退时期,工会同意在厂主把利润投入企业发展的情况下,在工资要求方面采取温和态度。80年代为了经济结构调整,一些工会与官方政策进行一定的配合,如同意裁减工人的计划。70年代任总理的施密特在回忆录中,称赞一些工会领导人与政府合作的精神,说他们是"不受意识形态约束的务实派和可靠的朋友"①。

随着工会运动的发展,工会本身也发生了巨大的变化。工会成了企业型的组织,经营着报刊、研究机构,还有各种公司(建筑、百货、出版、银行和保险等),拥有上百亿的资产。工会领导层贵族化和官僚化,许多人成为企业领导和决策层的负责人或成员("共决制"),收入超过一般工人许多倍。美国学者哈特里奇说,工会领导必须既考虑为会员增加工资和缩短每周工作时间,又考虑其拥有数十亿马克资金的联合企业的盈亏。工会"已把它们的积蓄和储备以及它们的前途都投入到一个资本主义的自由市场经济制度的健康运转了"②。德国学者宗特海默尔说:"德国工会现已成了庞大的官僚政治的权力机构,而不是民主政治的动力。"③工会也出现了腐败问题,例如80年代初揭露出工会企业"新家乡"(Neue Heimat)建筑公司的经理们通过黑市等办法大发横财,工会领导人领取额外收入并设法少纳税金之类情况。工会运动还受多种因素影响。如不同行业情况不同,行业工会主张有异,或较为激进,或相对温和,即所谓"积极派"与"调和派"。"积极派"有时主张超越集体协议、经济政策问题而展开活动,与其他的社会运动(如70年代的女权运动、环保运动和反核和平运动等)一起,推动改革。"调和派"主要关注改善成员的福利,更愿意与现存秩序相适应,更接近传统政党(如社会民主党)。

"德国农场主联合会"(Deutscher Bauern-Verband/DBV)是农场主的组织,致力于维护农场主的利益,被认为是"最有影响和最成功的压力集团之一"。60年代它曾强烈反对欧共体的共同农业政策,因为它可能

---

① 赫尔穆特·施密特:《同路人——施密特回忆录》,第172—175页。
② 埃德温·哈特里奇:《第四帝国》,第292—294页。
③ 库特·宗特海默尔:《联邦德国政府与政治》,第114页。

损害德国农场主的利益。1969 年联邦德国面临马克升值的压力,但推迟升值,原因之一是升值不利于农产品的出口。传统农业受到工业化的冲击,中小农户往往陷入困境。1980 年,德国农场主联合会在其文件中强调,要"保证一种农业体制继续存在,其中家庭农场要发挥重要作用,并保持无可否认的经济和生态优越性"。"家庭农场制度并不只是为自身利益服务,也有利于整体的长远利益"。与工业化大农场相比,家庭农场显示了灵活性和生产力,并构成许多农村地区的经济基础。没有家庭农场制度,许多地方就不能保持最低限度的人口。它还有利于在危机时期保证供给,保持民主与社会稳定,具有政治与社会意义。所以,"保持与发展家庭农场制度必须继续是欧洲共同体最重要的农业政策"[①]。

在联邦德国数十年中,有的压力集团曾经强大,后来蜕变或衰落了。如"被驱逐者协会"(全称"被驱逐者和被剥夺权利者集团"),由来自东欧的德意志人和难民等组成。它曾以"全德集团"(Gesamt-deutscher Block)名称参加竞选,1953 年曾进入联邦议院。其主要诉求是"故土权利"(Recht auf Heimat),鼓吹一种进攻性的东方政策,收回所谓属于德意志帝国的地区,所以被苏东国家抨击为"复仇主义的急先锋"。但它并未得到广泛支持,在 1957 年联邦选举中未能进入联邦议院。此后就从政党名单中消失,而只作为压力集团存在。随着时间推移,难民和被驱逐者逐步融入联邦德国社会,其后代的"故土"观念趋于淡薄。"解放"东方土地的主张日益不合时宜。60 年代以后,该集团影响力趋于式微。

另一种情况是 70 年代出现的"环境保护公民行动联盟"(Bundesverband Bürgerinitiativen Umweltschutz/BBU)。"公民行动"(Bürgerinitiative)是工业化—现代化与资源、环境的矛盾突出和社会变化的产物。"68 年运动"衰退后,"公民行动"在 70 年代广泛出现。公民自行组织起来,对政府关注不足或措置不当的问题提出草根方案,涉及

---

① C. C. Schweitzer, *et al.* (eds.), *Politics and Government in Germany 1944—1994. Basic Documents*, pp. 383 - 384.

公交资费、建筑选址、道路建设、城市规划、机场噪音、森林死亡、家庭暴力等方方面面,常采取散发传单、征集签名、集会抗议等行动方式。各公民行动团体旨趣不尽相同,参加者不以党派划线,而以共同关切的议题为集结点,年轻人和"白领"较多。1972年,一批地方性的公民行动团体联合组成"环境保护公民行动联盟"。1977年"环境保护公民行动联盟"约有950个成员组织,共30万人。而全部的公民行动团体和参加者数量,更在此之上。"环境保护公民行动联盟"以"环境保护"命名,但其诉求超越单纯的环境问题,还要求实现"更公正、更自由和更人道的社会秩序"。1977年"环境保护公民行动联盟"的"指导文件"说:要扭转社会各领域的权力、资本和知识日益集中的趋势。"我们不要一个侵吞和被侵吞,非此即彼,赢家通吃的社会,而是要一个缩小了权力与无权、财富与贫困对立的社会,一个人们彼此善待、也善待自然的社会。"文件提出要用"建设性的工作和非暴力的行动"来达到目的,包括"公民参与和共同决定与其有关的各项计划","参与各级政治和共同决定","在州宪法或基本法中扩大或引入公民投票的内容"等。①

"公民行动"本属议会外的民间压力集团,但在发展中逐渐与议会内活动结合起来,从而向政党蜕变。1977年,公民行动团体组成"环境保护党"(Umweltschutzpartei/USP),参加下萨克森州议会选举。其他一些州、市,公民团体也提出名单,参加选举。纲领大同小异:草根民主、非集中的治理、环境保护和替代能源、妇女权利等。1978年,在"公民行动团体"基础上组成"绿色集团"(Die Grünen),参加巴伐利亚州选举。1979年,又以"替代性政治联盟:绿色集团"(Die Sonstige Politische Vereinigung /SPV:Die Grünen)名义,参加欧洲议会选举。到1980年,正式建立绿党(Die Grünen),参加州和联邦议院的选举,并很快取得不俗成绩,进入联邦议院。"环境保护公民行动联盟"则因内部分歧等原因

---

① C. C. Schweitzer, *et al.* (eds.), *Politics and Government in Germany 1944—1994. Basic Documents*, pp. 384 - 387.

而削弱,绿党成为环境问题上新的引力中心和政治代言人。

教会实际上也是一种压力集团。在联邦德国,主要的教会是天主教会(Kartholische Kirche)和新教福音教会(Evangelische Kirche)。居民约85％属于这两大教派。还有信众较少的希腊正教、犹太教和伊斯兰教等教会。纳粹统治时期,教会曾受到强行干预和管制,战后,一方面教会希望更大的自主和自治,另一方面多数人不主张教会直接介入政治或支持某政党。联邦德国没有国家教会,国家对宗教事务保持中立,但基督教伦理被视为最重要的价值,《基本法》规定国家和教会都服从"上帝"。在各政党中,联盟党与基督教关系比较密切,仅从其名称上就不难看出。社民党在《哥德斯贝格纲领》中也宣称其思想植根于"基督教伦理"。根据法律,宗教团体享有"公法团体"地位,在不违反法律的情况下享有充分的自主。理论上,教会在政治上是中立的,实际上是有倾向性的。战后初期,基督教会在建立基督教联盟党方面进行合作,该党后来长期执政,把政治上反共与维护"基督教传统和生活方式"相联系。该党也利用宗教情绪为政治服务,如在50年代曾宣传选举是基督教与无神论的竞争。有的教会重要人士曾公开表示,联邦德国的主要危险在于"无神论的唯物主义世界观的阵营"。总的来说,天主教会更具保守倾向,暗中鼓励信徒支持基督教的候选人,实即支持联盟党。而联盟党(尤其是巴伐利亚的基社盟)则更具教权主义倾向,认为教会可以在政治与社会生活中发挥更大的作用。新教教会则在政治上较为倾向于左翼—自由派,并成立了各种与社会及政治问题有关的委员会。

各教会经常就重要的政治、经济与社会问题表明看法,影响官方的政策。例如1965年秋,新教福音教会在题为《难民的苦难和德国人民与东方邻居的关系》的备忘录中,呼吁对此前的东方政策进行批判性的审视,主张"以和解来代替完全分离、彼此恐惧和仇视的现状","有关各国人民有义务尽最大努力,来讨论和解决有关问题,并应适当考虑到双方的观点"。领土问题只有通过真正的对话,表达和解的愿望,才能解决。重要的是开始创造一种气氛,以便有可能采取具体步骤,走向与东部邻居的和解。① 当时,执政者在东方政策问题上存在争论,难以迈出大步。福音教会的这个备忘录批评了无视战后的变化而单方面教条式地坚持"故土权利"的要求,接近社会民主党和一些自由派的主张。1981年,新教福音教会发表《和平备忘录》,要求建立国际和平秩序,实行防御性的军备政策和有效的裁军,呼应了当时的反核和平运动。天主教会也常就重大问题表态,但偏于保守。1972年,德国天主教中央执行局发表声明,反对修改刑法第218条允许妇女自由堕胎,批评国家对"堕落倾向"斗争不力。在经济上,天主教会批评社民党政府搞"管制经济"和"供给者国家"(意指国家对经济干预过分了,福利政策过头了)。这与保守思潮相呼应,遭到社民党批评,说它干预政治,是要在选举中帮助联盟党。此外,教会有时也联合起来对重要问题发表意见。1980年德国新教教会、德国希腊正教会和德国主教大会外国人事务局的代表组成的泛基督教"外国人节"规划委员会(Ecumenical Planning Committee for Foreigner Day),提出"不同的文化,同样的权利:走向共同的未来",主张德国人适应新的多元文化合作的环境,促进不同文化的人们共处、沟通、理解和宽容,赋予少数族裔和文化群体以平等的政治权利。②

在联邦德国,教会与国家和政治的关系也受到一些批评。例如,自由民主党不喜欢联盟党的教权主义倾向,并在1974年提出"自由的国家,自由的教会",主张"公法团体"地位不适用于教会,要划清教会与国家的界限,终止教会的某些特权,消除宗教在学校的影响等等。③ 教会的代表则认为,教会对政党政治保持中立,但教会也对世界负有责任,应该凭良心对政治和社会重要问题表态。不过,工业化和社会世俗化的发

---

① "The Protestant Church and Eastern Europe (October 15, 1965)", in: Konrad Jarausch and Helga A. Welsh (ed.), *German History in Documents and Images*, Vol. 9, *Two Germanies*, *1961—1989*. http://germanhistorydocs.ghi-dc.org/

② Deniz Göktürk, *et al.* (eds.), *Germany in Transit: Nation and Migration 1955—2005*, Los Angeles and London: University of California Press, 2007, pp. 198, 249 - 251.

③ C. C. Schweitzer, *et al.* (eds.), *Politics and Government in Germany 1944—1994. Basic Documents*, pp. 310 - 312, 387 - 389.

展,居民宗教信仰淡化,虔诚教徒的人数下降。特别是年轻人受各种思潮的影响,对虔信宗教之事兴趣不大。这些变化不利于教会在政治、经济和社会生活领域和相关政策方面保持有效的影响力。

二、联邦德国的"社会伙伴关系"

联邦德国建立了独具特色的劳资关系,称为"社会伙伴关系"(Sozialpartner),并成为法定的制度。"社会伙伴关系"的主要内容有企业"共决制"、劳资协议制(工资集体合同制)等。

在经济中实行劳资"共决",是德国工人运动中很早的一项要求,有其历史和思想渊源,如德国历史上的"社会连带主义"(Solidarismus)和"阶级合作主义"(Korporatismus)传统,"有组织的资本主义"和"经济民主"思想,基督教的社会理论等。在魏玛共和国时期,就曾在企业中建立工人委员会,参与讨论与决定企业中的有关问题,实行某种程度的"共决"。

在战后初期经济重建的过程中,实行"共决制"也被提了出来。共产党主张在所有企业和机构中自由、民主地选举产生工人、职员与公务员的代表组织。社会民主党要求"建立在计划指导和集体决策基础上的社会主义经济"。基民盟在《阿伦纲领》中曾提出重新定义雇员和雇主的关系,实行劳资"共同决定"。后来的《杜塞尔多夫纲领》中也有建立劳资集体协议制的主张。1949 年秋德国天主教大会的声明中说,"全体工人在社会、人事和经济问题上的共同决定,乃上帝所赋之天然权利"。德国工会联合会 1949 年成立时的纲领,要求在经济领导与经济规划中实现共决权,这也是约束大企业,防止其像以前支持希特勒那样重走危险道路的必要条件。其首任主席伯克勒尔把实现"共决制"作为主要目标。战后初期鲁尔地区的一些企业为克服重建时期的困难,在工人阶级斗争之下,自行开始实行"劳资共决"。

联邦共和国成立后,即开始讨论和起草劳资共决制的法律。但此事并不容易。工会要求把"鲁尔模式"推而广之,还要求成立联邦经济议院

(Bundeswirtschaftsrat)和各中间层的经济院(Wirtschaftskammer),都要包括劳资双方同等的代表,实际是要建立一种全面的经济共决体制。阿登纳承诺要使劳资关系建立在一个现代基础之上,但不赞成建立全面的共决制。艾哈德则认为共决制与自由市场不相容,只有财产所有者才能评估风险,承担其决定的后果。执政伙伴自由民主党和德意志党反对共决制。企业界组织多方抵制,并且指责工会想把社会主义偷运进来。时任雇主协会联合会主席瓦尔特·雷蒙德(Walter Reymond,1886—1972)虽然承认劳资合作,但不接受"鲁尔模式"。有关共决制的谈判几度破裂。1950年4月,工会公布改组德国经济的主张,要求实现企业内外的平等共决权。阿登纳出面干预,与各方(劳动部、经济部和劳资双方)代表开会,强调在冷战情况下,需要达成"社会和平"。工会强调,只有在经济中注入基于劳资平等的责任感,才可以筑起对付东方的精神防线。谈判仍然无果。工会宣布要举行罢工,阿登纳则宣称工会"无权通过罢工来使经济瘫痪和强迫通过某一立法",同时继续敦促双方妥协。终于,联邦议院于1951年4月通过了《煤钢工业共同决定法》(Montan-Mitbestimmungsgesetz)。它基本是"鲁尔模式"的翻版,规定在有职工1000人以上的煤钢企业中,成立劳资双方对等参加的监事会(Aufsichtsrat/Supervisory Board),实行人事、劳动条件和福利等类问题的"共同决定"。在表决时,联盟党和社会民主党支持,自由民主党反对,德国共产党弃权。此后,又在1956年通过法案,把更多的企业——煤钢销售额超过一半的非专营煤钢的重工业公司,也纳入煤钢共决法的适用范围。

　　《煤钢工业共同决定法》通过后,工会要求推而广之。经过斗争,联邦议院在1952年7月通过了《企业组织法》(Betriebsverfassungsgesetz/BetrVG),又称《企业委员会法》,把共决制以另一形式加以推广,规定凡雇员在20人以上的企业要成立雇员代表占一定比例的企业委员会(Betriebsrat,又译企业代表会或职工委员会),就企业的劳动条件、福利等进行"共决"。于是形成了两种"共决"制,一种是煤钢工业的模式,劳资双方在企业决策机构监事会中按对等原则组成,称为"对等共决"。另一种是《企业组织法》的模式,对资方更加有利。

对社会民主党和工会来说,《煤钢工业共同决定法》和《企业组织法》还是不够的。社会民主党在《哥德斯贝格纲领》中,说共决制是"新的经济制度的开端",要求把它推广到所有经济部门。工会也有类似的要求。20 世纪 60 年代,在改革呼声高涨的背景下,成立了一个以经济学家比登科普夫(Kurt Hans Biedenkopf,1930—)为首的专家委员会,就扩大共决制的问题进行研究。该委员会在 1970 年提出报告,建议扩大共决制的范围。1972 年,新的《企业组织法》在联邦议院获得通过,它将企业委员会制度推广至有雇员五人及以上的所有企业。企业委员会在企业运行和雇员行为、工作时间、酬金、休假等 12 个方面有共同决定权。如达不成协议,则由协调委员会裁定。新法比原《企业组织法》有了改进,但还不是劳资对等原则。该委员会的报告还肯定 1951 年的煤钢共同决定法,建议在更大的范围内实行"对等共决"。结果产生了 1976 年新的《共同决定法》,把企业监事会"共决制"由煤钢企业推行到所有的雇员超过2000 人的企业。新的《共同决定法》还规定,企业监事会的劳方成员中,要包括一名高级职员,以反映他们的利益与诉求。围绕新的《共同决定法》,工会要捍卫和扩大"共决制",对法案中仍然有利于资方的规定不满,企业界还是抵制共决制的扩大。有 29 个雇主组织和一些大公司向宪法法院告状,称该法多方面违反《基本法》,损害了企业的自由,雇员的权利过大等等。[1] 1979 年,宪法法院裁定《共同决定法》符合宪法,争执才算尘埃落定。

企业共决制使雇员代表与雇主一起参与讨论企业的方针大计,在企业人事、劳动流程、岗位安排、企业管理、劳动保护、工作时间、报酬原则、休假等方面"共同决定"。据统计,70 年代后期,适用不同形式的共决制

---

[1] C. C. Schweitzer, *et al.* (eds.), *Politics and Government in Germany 1944—1994. Basic Documents*, p. 418.

的大股份公司共有员工 450 万,矿冶企业有员工 60 万,小股份公司有员工 60 万,其他企业员工 930 万,公共服务部门有员工 360 万。到 80 年代初,有 3.6 万多个企业建立了企业委员会,这些企业共有雇员 930 万人,约占全国雇员总数的 40%。[1]　不过,共决制是在保证雇主根本权益的前提下实行的,"共决"的外表掩盖着雇主的优势,在关键问题上占主导的通常是资方意见。例如 1976 年的共决法规定,企业监事会中劳资对等,但监事会的选举程序使资方代表更可能占据主席的位置。在表决时一般成员只有一个投票权,在出现僵局时主席可以有两个投票权。70 年代任总理的施密特在回忆录中说,该法"在两个方面低于雇主与雇员完全平等的原则。雇员方面虽在监事会成员中占半数,但一方面数量上的均等可能被居于领导地位的职员的代表所削弱;另一方面监事会主席在双方票数相等的情况下有权以自己的一票做出决定"[2]。

　　劳资谈判达成集体合同,是"社会伙伴关系"的另一重要内容。在德国,劳资集体合同制不是始于战后,但在战后得到充分发展。纳粹垮台后,工人运动把集体合同制作为实现"经济民主"的重要内容。1949 年 4 月,双占区制定了《集体合同法》(Tarisvertragesgesetz/Collective Bargaining Law),标志着集体合同制在战后的重建。在集体合同的谈判中,代表资方的是德国雇主协会联合会。它对谈判提出框架性要求,协调谈判策略,具体谈判由各行业的雇主协会进行。代表工人的是工会组织。集体合同中最重要的是工资协议,工资谈判一般每年进行一次,其他方面协议则适用时间较长,一般为五年。劳资协议有的适用于全国范围的某个行业,有的只适用于某地区或某企业。协议的双方要承担所谓"和平义务",如工会在协议适用期间不进行"劳工斗争"。据统计,1949 年到 1978 年,经登记的农业部门工资协议有 1767 项,采掘工业部门 4331 项,商业部门 11369 项,工业部门 95560 项,公职部门有 21951 项,

---

[1] Karl Römer, *Tatsachen über Deutschland*; *Die Bundesrepublik Deutschland*, S. 235;裴元伦:《稳定发展的联邦德国经济》,第 189 页。
[2] 赫尔穆特·施密特:《同路人——施密特回忆录》,第 172 页。

其他部门 23410 项,总共 158388 项。其中,有 13.8％是全国有效的,有 11.4％在几个州内有效,绝大部分只在一个州或更小的范围有效。80 年代中期,每年谈判签订的工资合同约 6000 个。[①] 如谈判达不成协议,工会有权举行罢工,但 1955 年联邦劳动法院规定,罢工应遵循"社会适当性原则",必须是合法的行为。雇主也可以组织封厂(歇业)来与工会对抗。不过,联邦劳动法院规定,大范围的封厂是非法的。种种规定使罢工或封厂都不能随便进行,只能是不得已情况下的选择。

从建国到 60 年代中期,是劳资协议制的初建阶段,劳资斗争比较激烈,工会发动罢工较多。1950—1959 年间,平均每年发生罢工超过1000次,每年因罢工损失工作日 98 万多个。尤其是 50 年代上半期,罢工发生的频度相当高。[②] 在斗争中,双方的立场都有调整。政府也进行干预,促使劳资妥协。工会适应保守的"时代精神",放弃了全面"经济民主"的要求。资方也作出一定让步。60 年代末期到 70 年代初期,工资增长速度加快。1973—1975 年后,经济形势恶化,失业增加,劳方不仅关注工资增长,而且要求保障工作岗位,更安全的工作条件,但也体现出妥协与合作的精神。如 1975 年工会联盟同意压低工资要求,以便工业有机会投资,从而创造新的就业机会。时任雇主联合会主席施莱尔颇为满意地说:"工会在近些年中表现出非常负责的态度,从而对经济的稳定和健康作出了贡献。"[③]80 年代出现新一轮经济危机,失业更趋严重。执政的联盟党—自由民主党强调"市场",采取加强资方地位的政策(如加强资方在雇用和解雇方面的权力等)。工会面对严重的压力,劳资谈判依然充满争议。80 年代,职工的工资在整个国民收入中所占的份额出现下降趋势。不过,双方还是努力达成妥协,工会不得不接受较低的工资增长。

共同决定制、集体协议制等,对资本的专横和贪婪,有一定的制约作用,同时使对抗性的劳资关系转化成谈判、协商、妥协与合作。劳资在创

---

① 裘元伦:《稳定发展的联邦德国经济》,第 195、188 页。
② B. R. 米切尔编:《帕尔格雷夫世界历史统计·欧洲卷 1750—1993 年》(第四版),第 186 页。
③ 埃德温·哈特里奇:《第四帝国》,第 290—291 页。

造就业、提高生产、提高生活水平的共同目标的推动下,形成了一种"伙伴关系",比较愿意作出妥协。劳资关系比较平稳,罢工次数和因罢工而造成的工作日损失较少(部分年份较多),成为联邦德国的一个特点。进入 60 年代后,罢工就比较少了。1970—1990 年,工业中每 1000 个雇员因罢工损失的工作日,在美国是 225,英国是 435,爱尔兰是 579,西班牙是 708,意大利是 1042,联邦德国仅为 40。[①] 联邦德国形成了"社会和平"的局面,是它的一个优势。可以说,没有这种局面,令人瞩目的经济成就将难以实现。它也有重要的政治意义,成为"自由与民主的基本秩序"的一个稳定因素。

三、联邦德国社会保障体系的建立、发展与调整

在资本主义条件下,社会分化经常发生,经济发达并不能自动达到社会公平。市场竞争与风险如影随形,弱势群体更是如此。由社会(国家)为人们的生老病死提供必要的、基本的安全保障,就成为一种必要。德意志第二帝国时期,俾斯麦对工人运动实行"鞭子加蜜糖"政策,制定了医疗、事故和残疾等保障立法。魏玛共和国时期,社会保障有进一步发展。联邦共和国的《基本法》规定了国家的"社会"责任。在各政党中,社会民主党一贯鼓吹实现社会公正和劳动者福利,联盟党内有"基督教社会主义"的影响。各党为争取民心的政治需要,不能无视政策的"社会"方面。"经济奇迹之父"艾哈德也承认在现代国家,成功的经济政策还需要以"社会政策"来补充。

联邦德国建立之初,百废待兴,重点是保证经济的发展,艾哈德说"最好的经济政策就是最好的社会政策"。即使如此,还是早在 1950 年就恢复了养老保险制度。随着经济的繁荣,"蛋糕"逐渐变大,民众要求共享成果的呼声高涨,一系列社会保障立法和措施相继出台。60 年代初

---

① C. C. Schweitzer, *et al*. (eds.), *Politics and Government in Germany 1944—1994. Basic Documents*, p. 437, table 9.

米勒-阿尔马克提出,随着社会市场经济进入第二阶段,要更多地关注社会政策。此后到 70 年代,社会保障体系逐步发展扩大。特别是社会民主党执政期间,进一步加强社会保障体系建设的力度,使之变得更加广泛而完备。

联邦德国以大量的法规、制度和措施,建构起完备的社会保障体系。兹仅列举若干:1950 年恢复养老保险制度;1951 年制定解雇保险制度;1952 年制定战争损失补偿法和孕产妇保护法;1953 年制定严重丧失劳动力者保障办法;1954 年制定儿童金法(多子女家庭可每月领取儿童金);1956 年制定士兵供给法,修订失业保险法;1957 年将养老金与工资增长挂钩,并把养老金制度推广到农村;1960 年制定联邦住宅补贴法;1961 年制定联邦社会救济法(后一再修改);1963 年出台事故保险新条例,实施联邦休假法(所有职工均可享受带薪休假);1964 年实施联邦儿童补贴法;1969 年颁布联邦教育法、劳工促进法、职业培训法等;1971 年制定联邦教育促进法、联邦流行病法;1974 年颁布失业救济条例,实行对破产无力偿付职工的损失费补偿法;1975 年规定子女补贴不受家庭收入的限制;1976 年颁布暴力行为受害者赔偿法;1978—1980 年间调整养老金制度,提高儿童补助金;1984 年通过提前退休法;1985 年实施子女抚养假制度,并发放抚养费;1986 年起降低有子女家庭的税负;如此等等,远非全部,但覆盖面之广却可见一斑,包括人们生、老、病、残、死、伤、失业、就学、住房等各个方面,可谓庞大、完备而致密。从总体上,可分为社会保险、社会救济和社会照顾三大类。社会保险是最重要的部分,有养老保险、疾病医疗保险、失业保险、工伤及事故保险等。在各种保险没有涵盖的情况下,则有各种社会救济和社会照顾。有时作为特殊的临时性措施,还要求富人对于救助弱势群体作出贡献。例如 1952 年的《均衡负担法》,向战争中未受损失者和在重建中致富者征收特别捐税,救助战争受害者和来自东部的难民和被驱逐者。又如 80 年代科尔政府对部分高收入者实行强制性无息借款,总额约 25 亿马克,用来扩大住房建设,以帮助解决缺房者的需求。

在社会保障的立法、执行和管理方面,不同层级和机构各有分工,又构成完整体系。联邦是社会保障体制的监督者,立法制定者,费用提供者,也承担一些具体的职能。州一级是社会政策的主要制定者,主要资金提供者和许多具体职能的执行者。自 60 年代起,强调"协调的联邦主义",通过各州负责社会政策的部长会议,促进有关规定和政策的统一。职能机构除了联邦和州劳动局及有关机构外,还有地方的、行业的、企业的机构,各有其作用范围。民间组织如慈善机构、自愿机构等,也发挥其特有的作用。社会保障方面的法律问题,由有专门的法院法庭,主要是联邦、州和地方的社会法院和行政法院加以处理。

用于社会保障的开支持续和快速增长。据统计,社会开支在 1950 年是 168 亿马克,1960 年增长到 628 亿马克,1970 年达到 1801 亿马克,1984 年 5331 亿马克;其占 GDP 的比重 1950 年为 17.1%,1960 年为 20.7%,1970 年是 26.7%,1984 年为 31.5%。如按人平均,1950 年为 333 马克,1960 年达 1109 马克,1970 年达 2970 马克,1984 年达到 9053 马克。[1] 其中,相当部分由官方预算承担。官方预算的社会保险开支,1950 年会计年度是 76 亿多马克,1970 年将近 404 亿马克,1986 年达到 4434 亿马克。[2] 60 年代末期到 70 年代前期,社会开支增长快于经济增长。此后由于经济"滞胀",施密特政府不得不实行节约政策,80 年代科尔政府更是试图控制社会开支的增长,但都没有逆转社会开支继续增长的趋势。例如,仅联邦劳动局用于失业津贴的开支,就由 1970 年的 7 亿马克,上升到 1977 年的 76 亿马克;上述项目加上其他各类补贴的总开支,则由 1970 年的 39 亿马克,上升到 1977 年的近 151 亿马克。[3] 法定的疾病保险开支,由 1970 年约 250 亿马克,上升到 1975 年约 600 亿马克

---

[1] 裘元伦:《稳定发展的联邦德国经济》,第 208 页。

[2] Stastistisches Bundesamt, *Statistisches Jahrbuch 1989 für die Bundesrepublik Deutschland*, S. 429.

[3] Karl Römer, *Tatsachen über Deutschland: Die Bundesrepublik Deutschland*. s. 148; H. J. Braun, *The German Economy in the Twentieth Century*, pp. 204 - 205.

和 1980 年约 900 亿马克。科尔政府时期增长速度有所放慢,1983 年约为 1000 亿马克,1987 年达到 1250 亿马克。各类社会救济开支也在持续增长。[①] 1990 年,联邦政府、州和地方政府的公共开支总额达到 11500 亿马克,其中社会安全开支占 47.8%。[②]

　　联邦德国的社会保障政策有一项原则,即"援助自助者",避免不加区分、包罗万象的福利和造成人们对国家的依赖。艾哈德强调,人们首先必须自己努力获得安全,只有个人负责仍然不足时,国家才有义务介入。社会保障费用实行个人、雇主和国家分担。参加者平时按收入的一定比例交纳费用,雇主则为雇员交纳相应的数额,再加上国家补助,构成社会保障的经费来源。国家补贴占社会政策开支总额约 1/3,有时达40%。当然,"羊毛出在羊身上"。企业(雇主)为社会保障费用出资,等于把企业一部分可分配收入变成职工将来的收入。国家补贴的经费则来自税收。国家实行累进所得税制。80 年代中期,年收入 1 万马克者纳税率为 22%,而年收入 5 万马克者纳税率为 48.1%,年收入 10 万马克者纳税率为 55%。年收入低于一定水平者,免征所得税。还有各种公司税、地方工商税、土地税、财产税、消费税等。这些税收进入国库后,一部分作为社会保障的开支,为人们所享用。

　　完备的社会保障使人们能够获得基本的安全感,有利于社会的稳定。不过,社会保障开支庞大也成为财政赤字和公共债务增长的原因之一。兼顾社会保障与经济效率,逐渐成了突出的难题。在理论界则有"法制国家"还是"社会(福利)国家"的争论。70 年代社会民主党政府加强福利制度,开支剧增,就有人提出"社会福利国家的限度"问题。随后经济出现"滞胀",而需要救助的失业者却增加了,加之人口出生率下降

---

① Stastistisches Bundesamt, *Statistisches Jahrbuch 1989 für die Bundesrepublik Deutschland*, S. 409.

② C. C. Schweitzer, *et al.* (eds.), *Politics and Government in Germany 1944—1994. Basic Documents*, p. 438, table 11.

和老龄化加速①,社会保障与促进增长的矛盾突出。1982 年,施密特曾坦陈福利开支过大影响了投资和增长。科尔上台后,批评福利制度搞过头了,使过多的人长期依赖他人生活,所以要"把自由、能动性和自我责任重新释放出来"。于是,社会保障制度进入了调整改革期。基本思路是既要保持社会福利网,又要用较少的钱办更好的福利。科尔政府加强社会开支的选择性,突出重点,推迟养老金随工资增长提高的时间,严格申请养老金的条件,增加私人交纳额度,减少国家补贴等,试图遏制过于庞大的福利开支。但是,社会保障制度的调整关系到千家万户,各种力量意见纷纭。联盟党主张限制福利开支,实行"责任共担"原则,同时又要确保社会安全体系。自由民主党主张"新自由主义",鼓吹更多的个人负责,减少对集体福利的依赖。社会民主党不愿因赞成保守派的福利制度改革方案而疏远工人选民,败坏本党的声誉。绿党强调福利不应以环境为代价,技术和社会变化的牺牲者应得到补偿,促进妇女和儿童的利益等。80 年代初社会民主党和自由民主党"离婚",原因之一就是在社会政策上的分歧。科尔政府为改革福利制度,也是左右为难。有人批评科尔政府的改革只是修修补补,没有改变国家调控的、不成功的福利体系。而有关部门为压缩开支的医疗服务改革方案和在养老金方面的措施,又被批评为"谎言和背信弃义"。1988 年基民盟公布其福利制度改革建议。科尔在基民盟的会议上说,有些措施可能不得人心,但有必要。然而习惯了高福利的人们,难以接受福利的削减。执政者受到多种制约,要保证"社会和平"和自身地位,投鼠忌器,慎之又慎。自 70 年代以来,社会福利制度改革就像一个"鱼与熊掌"式的问题,困扰着联邦德国历届政府。

---

① 1950—60 年代联邦德国人口出生率历年在 1.5% 以上,有几年达 1.8%,1973 年起降到 1% 左右或更低,1988 年回升到 1.1%。1961—1967 年每年出生人口超过 100 万,1978 年出生人口仅 57.65 万。B. R. 米切尔编:《帕尔格雷夫世界历史统计·欧洲卷 1750—1993 年》(第四版),第 116 页;H. J. Braun, *The German Economy in the Twentieth Century*, p. 210.

第二节 民主德国的社会保障体系

民主德国建国之初,主要任务是巩固和发展社会主义国家,国家投入集中于工业部门,人民的生活和工作条件未能及时得到改善,并成为1953年东柏林动荡的原因之一。此后,统一社会党和政府开始注重改善群众生活。1971年昂纳克上台后,强调社会主义建设的目的是要提高劳动人民的生活水平,强调"经济政策和社会政策统一"。70年代中后期以来,民主德国逐渐建立并不断完善主要包括住房建设、社会保险、国民教育、卫生保健、家庭补助等内容的社会保障体系,取得不菲的成就。不过,民主德国未能解决消费品短缺问题,在住房、工资、消费水平等方面与西方发达国家存在较大差距。

一、住房建设

住房建设是民主德国社会保障体系的核心部分。建国初期,民主德国政府重视发展工业和农业,住房建设发展缓慢,1946—1970年一共建造了120万套住宅。在统一社会党八大后,民主德国政府开始重视提高人民群众的社会福利,核心是进行住宅建设。1973年,民主德国提出要在1990年前基本解决住宅问题,达到人均住房面积28平方米。首先要改善工人、农业合作社社员和多子女家庭的住房条件,以使每个家庭享有与其人数相应的一套住房。中央委员会制定了1976—1990年全面的住宅建设发展规划,决定要新建或改建280万—300万套住宅,同时办起必需的托儿所、幼儿园、学校、商店和服务行业、保健及包括体育运动在内的业余活动设施。民主德国的住宅建设主要有三种途径,即:国家建房、集体建房以及私人建房。国家建房指国家投资并负责设计、施工、分配和管理的住宅,国家建房在民主德国占到一半左右。集体建房指由企业和个人合资组成建房合作社,参与者要分期缴纳一定的股金和参加一些施工工作,未来的住房所有者可以得到补贴或优惠贷款。私人建房也得到国家鼓励,不再看作是资本主义的尾巴。在私人建房时,个人只需缴纳 10％现金,政府补贴住房造价的 20％—50％,银行提供长期贷款,贷款额可以占到住房核算价值的 50％—70％。民主德国的房租低廉,一般只占纯收入的 3％左右,电、煤气和暖气费用占家庭收入的1.5％,住房建设和维修还由社会基金补贴,这对老年人和低收入者十分有利。1971年以来,民主德国在住宅建设方面的投入占到国民收入的 10％,计划到1990 年一共要投入 2000 亿马克。

在国家住房政策的作用下,民主德国住宅建设快速发展,住宅建造数量不断增长,1970 是 76088 套,1971 年是 86777 套,1972 年是 117026套,1973 年是 124769 套,1974 年是 138301 套,1975 年是 140793 套,1976 年是 150617 套,1977 年是 162745 套,1978 年是 167799 套。新建住宅配备的供水、供暖、浴缸设备情况也不断得到改善,1965 年后的新房都装配有浴缸或淋浴设备,拥有中心供暖设备的住房从 1960 年的 9％增长到 1979 年的 97％,拥有暖水设备的住房从 1960 年的 17％增长到 100％。

除了新建住宅,民主德国还对大量的旧房进行了翻新和改造,国家提供主要的资金,私人房主翻修住房也可以申请国家贷款。民主德国重视住房建设,较以前大大改善了居民的住房条件,提高了居民的生活质量。

二、社会保险与社会福利

在社会保障方面,民主德国实行社会基金付费制度,也就是国家提供社会保险和社会福利方面的开支约占 75％,其余的 25％由生产企业和社会组织提供。民主德国实行义务性和普遍性的社会保险制度。社会主义企业中的职工参加职工社会保险,由工会负责,实行自治管理。义务保险费为职工工资的 10％,最多不超过 60 马克。职工所在单位也要给职工缴纳保险补助,金额为该单位参加社会保险职工工资总额的12.5％。此外,职工还可以自愿参加附加养老金保险,退休后就可以领取附加保险金。自谋职业和集体企业中的人参加的是国家社会保险,自谋职业者需缴纳的保险费是其月平均收入的 20%,农业合作社社员需缴纳月收入的 10%。参加社会保险的公民,可以享受养老金、病假工资、免费医疗、意外伤害与残疾、失业补助等等社会福利。如退休金方面,男性公民年满 65 岁、妇女年满 60 岁,退休后每月可以领取国家发给的养老金。退休人士的平均月收入在 1970 年是 199 马克,1984 年是 448 马克。民主德国的失业补助很少,只占最低工资的 10%,因劳动力日益缺乏,失业现象稀少,1977 年还取消了失业保险金。

民主德国还在全国实行免费教育和免费医疗,基本普及了 10 年制义务教育,公民看病不用自己掏腰包支付治疗费和药费。1973 年政治局、部长会议和工会决定改善公民医疗保健以及从事卫生和社会福利事业的工作人员的工作与生活条件,新建和改建了许多医院、综合门诊医院、诊疗所以及养老院。民主德国医疗服务网发展较快,门诊部从 1970 年的 452 个发展到 1982 年的 577 个,诊疗所从 1970 年的 828 个增加到 1982 年的 971 个,全国每 1 万名居民拥有 21 名以上的医生、2 名药剂师以及 6 名口腔医生。良好的卫生保健政策和医疗条件大大提高了人口平均寿命,1984 年人口平均寿命是 72.4 岁,其中男性为 69.6 岁,女性为 75.4 岁。人口死亡率由 1970 年的 14.1% 下降为 1985 年的 13.5%,婴儿死亡率由 1970 年的 18.5‰ 下降为 1985 年的 9.6‰。

面对日益减少的劳动力和不断下降的人口出生率,民主德国政府十分重视妇女的社会福利,实行了世界上最全面的家庭资助制度。民主德国妇女享有带薪产假,生育第一个孩子可以享受照付全薪的产假 26 周,如果生育二胎或二胎以上,产假可以延长到一年,前六周照付全薪,从第七周起工资照付 75%,丈夫也可以申请工资照付 75% 的假期。为了鼓励生育,每生一个孩子,家庭可以获得 1000 马克生育补助,小孩可以领取一次性的补助金,第一个孩子是 20 马克,子女越多补助的数额越高,到第五个孩子就可以领取 70 马克,每个孩子每年还有服装补助金 25 马克。

　　为了鼓励妇女就业,民主德国政府重视发展幼儿园和托儿所机构,1984年全国有大约1.3万所免费的日托幼儿园,进入幼儿园的孩子占到全国孩子的91％。政府还为小学儿童提供放学后的照顾,为在校学生免费供应午餐。有多个不满16岁子女的妇女,每周工作五天,每天八小时,每年还有休假。母亲们还可以申请扣发工资的假期来照顾生病的孩子,每个工作日还可以减少工作45分钟,并不减少工资。政府还十分照顾年轻家庭,新建的每五套住房中有一套要分配给新婚夫妇。年轻夫妇还可以享受为期八年的政府无息贷款,用于购买家庭用品,如果购买或修建住房,还可以申请第二批贷款。如果生育孩子,这些贷款还可以适当减免,如果八年中生育三个小孩,所有贷款可以全部免除。

　　为了提高职工的生产积极性,民主德国政府还不断改善职工的生活条件和劳动条件。从1967年8月27日起,大多数企业实行每周五天工作制,每周劳动时间缩短到43小时45分钟。一些从事重体力工作的工矿企业职工和有两个或两个以上孩子的母亲,每周工作40小时。政府还不断增加休假时间,最低休假日从12天改为15天,最后规定是所有工人每年可以有照付全薪的21天假期。此外,上百万人的最低工资得到提高,养老金最低额也得到提高,并实行自愿的附加养老金保险。

　　民主德国人口老龄化十分严重,领取养老金的人口占到总人口的17％,政府还比较重视老年人的关怀工作。达到退休年龄的职工有继续工作五年的权利,退休后领取养老金者可以享受众多的社会福利,如免费医疗、以优惠价格购买车船票和火车票、免费或以优惠价格购买图片展览或其他文化活动的入场券、到工会休假中心休养,等等。为了改善退休者的生活条件,政府还不断提高退休金,修建众多的敬老院和疗养院,在公寓中为老年人设计的房间从1970年的2800个增加到3.03万个,并每年免费为领取养老金者翻修成千上万套住房。政府还设立了专门组织,负责照顾退休职工、组织俱乐部、安排聚会等工作,在全国拥有1.43万多个分支机构。退休职工还得到所在单位工会的照顾。

三、价格补贴政策和工资政策

民主德国的社会保障体系还包括政府实行稳定物价的价格补贴政策。民主德国许多商品价格 30 年基本不变,为了稳定消费品物价,政府进行了大量的价格补贴,这也是社会基金最大的单项支出。与正常价格相比,民主德国对面包和土豆的补贴占到正常价格的 23%,对房租补贴了 60%,取暖费补贴了 50%,地方交通费用补贴了 60%。1986 年,民主德国的物价补贴是 460 亿马克,占财政支出的 19%。

在建立和完善社会保障体系时,民主德国政府还十分注重调整工资制度和不断增加职工收入。民主德国企业职工工资收入由基本工资、活工资、奖励以及津贴组成。基本工资是由国家统一规定,在劳动岗位或工资标准改变后才可以出现变化。活工资是根据个人完成工作任务情况给予的多劳多得的工资,奖励工资是企业完成计划情况获得的提成,多以年终奖金的形式发放,津贴是给予在非常劳动条件下从事劳动的职工的补偿。从 1963 实行新经济体制改革后,民主德国开始采用了以利润为中心的经济杠杆制度,将企业职工的奖金、社会福利与企业利润挂钩,职工可以多劳多得。1971 年,统一社会党八大要求整顿工资制度,把工资收入与生产合理化密切结合,大多数工业企业按照最终产品多少实行计件工资,规定企业 75% 的职工要按照劳动定额进行工作,每年要制定新的定额以适应新技术和新工艺的需要。1976 年和 1986 年,民主德国两次调整和提高工资标准,1976 年将最低工资从 300 马克提高到 400马克,1986 年再次提高到 500 马克。

尽管民主德国逐渐建立了社会保障体系,在住房建设、卫生保健等方面均取得巨大成就,但这一体系存在众多问题,如住房问题并没有得到完全解决,1945 年后修建的新建住房相对较少,不少住房已有 60 年房龄,很多旧房的住宿条件较差,没有浴缸和淋浴设备,拥有中央供暖设备的更少。此外,还存在住房使用分配不合理和地区分布不合理等问题,年轻人、城市居民以及南方地区比年老独居者、乡村以及柏林和北方居住条件差。在卫生保健方面,也存在医疗条件地区不平衡、医生和医疗设施分配不合理以及医院服务质量较差等问题。更为糟糕的是,民主德国一直没有解决消费品短缺的问题,与联邦德国等资本主义国家相比,民主德国在住房条件、工资收入、消费水平等方面都存在较大的差距,这也使群众对政府有着不满情绪。

第十章　两德的对外关系和两德关系的发展

20 世纪 50 年代中期两德分别加入北约、华约并恢复主权之后,联邦德国继续坚持西方联盟政策,并在一段时期中继续与苏联东欧(包括民主德国)僵硬对抗。民主德国则在与苏联东欧结盟的同时,争取国际承认和两德共处,实际上放弃了德国统一的诉求。70 年代,联邦德国实施"新东方政策",改善了与苏联东欧的关系。两德关系也得到缓和,并各自逐步展开更加广泛的对外关系。然而,两德在民族统一等重大问题上的分歧长期未能弥合。

第一节　联邦德国对外政策和"德国政策"的演进

联邦德国加入西方集团恢复主权之后,在继续坚持西方联盟、法德和解和欧洲一体化的同时,与西方盟国的关系也逐渐出现新的特点,显示出更大的自主倾向。其与苏联东欧(包括民主德国)的关系,则由紧张僵硬的对峙,走向有条件地承认战后的现状,实现缓和与共处。其对亚非拉的外交也逐渐展开。通过努力,联邦德国突破了在夹缝中求生存的困境,扩大了国际行动空间,走向了全方位的外交,并依托强大的经济实力,提升了在国际事务中的影响力。

一、对西方联盟政策的演变

（一）继续依偎美欧抗衡苏联，阻止西方对苏妥协

1955 年《巴黎协定》生效，联邦德国成为北约第 15 个成员国。1957 年，第一批联邦德国军队纳入北约机制。此后联邦军队成为北约最重要的一支常规武装力量。联邦德国军官担任了北约重要军事职务，如斯派德尔（Hans Speidel，1897—1984）将军担任了北约的中欧战区司令，1961 年豪辛格（Adolf Heusinger，1897—1982）将军又担任了北约军事委员会的主席。在核安全方面，则仍然依靠美国的保护。强调西方联盟和美欧安全相互依赖，作为一项基本对外方针，为历届联邦政府所坚持。

但是，联邦德国的西方联盟外交也面临越来越复杂的形势和挑战。从两德分别加入两大集团之时起，苏联与西方开始了对话，希望缓和对抗和走向合作。1955 年，美英法苏在日内瓦举行了战后 10 年来的首次四大国首脑会议。1959 年，苏联领导人赫鲁晓夫（Nikita S. Khrushchev，1894—1971）访问美国，与美国总统艾森豪威尔（Dcoight D. Eisenhower，1890—1969）在戴维营举行了会谈。1961 年赫鲁晓夫又与美国新总统肯尼迪（John F. Kennedy，1917—1963）在维也纳举行了会晤。东西方就德国问题、欧洲安全与裁军和其他问题进行对话，出现所谓"日内瓦精神""戴维营精神""维也纳精神"。一种新的趋势渐露端倪，西方大国逐渐倾向于就重要问题与苏联达成妥协，而将德国问题搁置起来。如 1955 年英国提出所谓"艾登计划"，建议四大国就驻在欧洲的军事力量达成协议，并在中欧建立"视察区"，以创造"信任"。之后，英国又建议分阶段实现欧洲安全，为此可能在德国统一之前采取某些步骤。1956 年苏共二十大后，美国"遏制理论之父"凯南（George F. Kennan，1904—2005）提出乘苏联"方针性转变"之机，促进缓和，东西方在中欧"脱离接触"。1958 年苏联要求承认两德并结束柏林占领制度，导致第二次柏林危机。美国言辞强硬，但行动谨慎。"冷战斗士"国务卿杜勒斯也赞成与苏联谈判。1959 年新任国务卿赫脱（Christian A. Herter，1895—1966）提出所谓

"赫脱计划",建议"分阶段"解决德国统一,可以先成立"全德委员会",而将"全德自由选举"放到了较后阶段。1961年肯尼迪总统在国情咨文中大讲亚非拉是决定性的舞台,却没有强调德国和柏林问题。随后柏林的局势再度紧张,而美英依然是言辞强硬而行动谨慎。随着美苏核僵持局面逐渐形成,在核武器问题上也走向既争夺又合作。1963年美英苏签署《禁止在大气层、外空和水下进行核试验的条约》(Vertrag über das Verbot von Kernwaffenversuchen in der Atmosphäre, im Weltraum und unter Wasser)(简称"部分禁止核试验条约"),确切地表明了美苏既要进行冷战和争夺,又要谋求合作的基本趋势。

面对这些新发展和新趋势,联邦德国心态复杂。它在安全问题上需要美国的核保护,统一问题上依赖西方的支持,生怕西方联盟失去抗苏的坚定性,或进行"越顶外交",为实现缓和而牺牲德国的利益。阿登纳表示担心,危险不仅来自莫斯科,而且来自伦敦甚至华盛顿,那里有人想通过首脑会议解决问题。他深感欧洲不能永远指望美国。60年代初的驻美大使格雷韦回忆说,当时西方盟国明显地决心退到一条守势路线,接受柏林、德国和欧洲分裂的现状。美国正在把同盟义务缩小为保障现状,迎合苏联的愿望。① 因此,阿登纳政府的西方联盟外交中,一项重要工作就是阻止对苏政策中的"危险倾向"和"软弱立场",促使西方联盟保持团结,坚定地面对苏联的外交攻势,坚持对德国问题承担的义务,不要牺牲德国的利益。

1955年美苏英法在日内瓦举行四国首脑会议,吹起一股"缓和"之风,引起阿登纳的"极大疑虑",担心西方陶醉于所谓"日内瓦精神",忽视苏联的扩张本质。他强调西方面临着危险,应该继续把解决德国问题放在首位,不要软化,不要妥协。好在杜勒斯表示,"日内瓦精神"并不意味着同意维持现状,或同意德国的永久分裂。艾森豪威尔也声称,"在现在

---

① 威廉·格雷韦:《西德外交风云纪实》,第472—476、516—517页。

的基础上是不可能有真正和平的"，"德国的分裂是没有理由的"。① 1955年10月东西方四大国外长会议时，西方提出通过"全德自由选举"来解决德国问题，遭到苏联拒绝。联邦德国则指出，在德国统一和欧洲安全问题陷于僵局之时，继续讨论其他议程，会模糊会议失败的责任。当1956—1957年国际上热议裁军和中欧"中立化"时，阿登纳反复要求西方重申其过去的保证，没有联邦德国同意，不得商定与德国政治、军事和领土有关的问题。在达成裁军协议之前，必须先解决德国问题。

　　1957年7月，西方三国与联邦德国专门发表一项声明，重申对德国统一的责任，德国统一必须以全德自由选举为第一步，欧洲安全必须与德国统一相联系。② 1959年，阿登纳政府对西方的"赫脱计划"提出批评，说它太过软弱，并强调计划中所提的"全德委员会"不能搞两德对等，其任务只限于为"全德选举"作准备，并且要与走向两德"邦联"（"邦联"是民德主张）的准备阶段区别开来。1960年5月的巴黎四大国首脑会议因为美苏"U-2飞机事件"而流产，冷战对抗再次趋紧，阿登纳却认为"我们又交了一次好运"。1961年肯尼迪总统就职后，阿登纳再度访美，婉转地批评北约军事上的脆弱和政治上的不团结，美国未能充分发挥领导作用，要求美国保持坚定政策。阿登纳政府还担心美国酝酿的军事战略调整，由"大规模报复"转向"灵活反应"，想减少使用核武器的必要性，会危及德国的安全。时任国防部长的施特劳斯就此向美方探询，美方作了说明，但未能消除他的担心。他的"基本情绪是不信任"③。1961年柏林危机期间，阿登纳要求美国不要在压力下与苏联谈判，强调欧洲安全不能在德国分裂的基础上解决，给予东德事实上的承认也是不行的。由于美英都坚持与苏联谈判，阿登纳只好

---

① 康拉德·阿登纳：《阿登纳回忆录》（二），上海外语学院德法语系德语组译，上海人民出版社1975年版，第554—575页。

② "Berlin Declaration by the Three Western Powers and the German Federal Republic on Reunification (July 29, 1957)", in Uta Poiger (ed.), *German History in Documents and Images*, *vol. 8. Occupation and the Emergence of Two States*, *1945—1961*. http://germanhistorydocs.ghi-dc.org/

③ 施特劳斯：《施特劳斯回忆录》，第321页。

要求谈判只能限于西柏林通道的安排,并且必须"事先商定谈判的目的和范围",一系列问题是不能谈判的。阿登纳还在 11 月再次访美,与肯尼迪会晤,要防止美国在其他问题上对苏联让步。同时由副总理艾哈德代表阿登纳发表声明,强调西方必须坚持联邦共和国的安全,坚持共同的德国政策,欧洲安全必须与恢复德国统一相联系。①

于是,联邦德国日益难以与西方盟国的政策相协调,龃龉逐渐增加。1962 年,美英建立西柏林通道国际管理机制的方案被透露,据信是联邦德国所为,导致德美关系中的一场风波。1963 年艾哈德任总理,采取行动加强德美关系,但一系列分歧却难以消除。此后几年,发生了美国扩大侵越战争,1967 年中东战争和 1968 年苏联出兵捷克斯洛伐克等事件,均导致美苏关系的紧张,但美国还是实行与苏联对话,争取缓和与合作的政策。美国提出对苏联东欧"架桥",与苏联就不扩散核武器问题达成协议,都导致美德利益的分歧和政策之不协调。

(二)在核政策上与美国的合作与分歧

此时,联邦德国西方外交中的一个重要问题与核武器有关。联邦德国加入北约并重新武装时,承诺不生产、不拥有核武器,所以安全上依靠美国的核保护。1957 年苏联获得洲际导弹能力后,美国加强发展战略核武器,阿登纳则担心常规力量的重要性下降,也削弱联邦德国的地位。他希望联邦军队也能装备核武器。1957 年 12 月,根据美国建议,北约决定给欧洲盟国(包括联邦德国)军队装备核武器。阿登纳政府对此持积极态度。但这一政策激起了强烈反对,国内出现"反对核死亡"(Kampf dem Atomtod/KdA)运动,多地举行示威抗议。1957 年,维尔纳·海森堡(Werner Heisenberg,1901—1976)等 18 位著名科学家联名向政府呼吁,要求自愿宣布弃绝任何核武器。面对批评,国防部长施特劳斯辩护说,在北约管辖下的盟国军队配备核武器,与联邦共和国或联邦军队自行拥有核武器不同。不应该因拒绝核武器而削弱西方联盟,这也是德国

---

① 威廉·格雷韦:《西德外交风云纪实》,第 493—494、498—507 页。

的安全所系。阿登纳顾及 1957 年选举,担心授人以柄,但基本方针不变。1958 年 3 月,联邦议院同意在北约框架内为联邦军队装备战术核武器。不过,这些核武器实行"两把钥匙"制度,即运载工具由德国部队掌握,核弹头由美国人控制,非经双方同意不能发射。在北约机制下,联邦德国"有枪无弹",不能实际拥有也不能自行决定使用核武器。但阿登纳政府认为,为了强化美国对欧洲承担核保护的义务,这样做是必要的。

不久,又来了"多边核力量"(Multilateral Force/MLF)问题。由于核武器的战略和政治意义,西欧国家不甘心处于无核地位或全靠美国保护,而 60 年代初美国酝酿从"大规模报复"向"灵活反应"战略转变,则使西欧担心其核保护的可靠性。英法相继研发了核武器,而联邦德国是无核武国家,尤其难免担心。美国则从来不希望多国拥核,哪怕盟国也罢。它还担心出现了"经济奇迹"的联邦德国,是否会继续安于无核武器地位呢? 为应对这种局面,美国提出在北约建设一支共同拥有、集体决策,实际受控于美国的"多边核力量"。1960 年,美国表示将向北约转让 5 艘核潜艇,各装备 16 枚"北极星"导弹,并向盟国出售 100—120 枚"北极星"导弹。这些将构成"多边核力量"的核心。1961 年,肯尼迪宣布"希望最终建立一支北约的海上核力量,确实由多国所有,多国控制"。1962 年底,肯尼迪和英国首相麦克米伦(Maurice Harold Macmillan,1894—1986)达成"拿骚协议"(Nassau Agreement),美国同意向英国提供北极星导弹,英国则将这些武器纳入"多边核力量"(但有一定保留)。美国还希望更多的北约成员国参加。国务卿腊斯克(David Dean Rusk,1909—1994)谈到其目的时说,这将是"一条不可解开的核纽带,把美国和欧洲联结在一起,从而加强大西洋伙伴关系"。"它还给目前的无核国家提供机会,像这支核力量的其他成员国一样,在同样的基础上参与一支打击力强大的核力量的所有权、人事权和控制权,从而加强欧洲的团结。"[1]他

---

[1] 库尔特·比伦巴赫:《我的特殊使命》,潘琪昌、马灿荣译,上海译文出版社 1988 年版,第 155、157、163—169 页;麦乔治·邦迪:《美国核战略》,褚广友等译,世界知识出版社 1991 年版,第 660、670—671 页;威廉·格雷韦:《西德外交风云纪实》,第 597—599 页。

说的"无核国家",主要指联邦德国。

联邦德国为北约提供常规力量,但不能拥核,其中还蕴含着地位上的不平等。美国提出"多边核力量",将有利于参加国参与西方联盟的核战略,变相获得核武器的控制权或"共享",也将有助于西欧(包括联邦德国)的安全。阿登纳认为,加强西方联盟的一体化,对联邦德国有利。这种一体化也应该延伸到核政策方面。国防部长施特劳斯回忆说,鉴于美国战略的变化,联邦德国"想对所谓核战略这个大问题附加点德国否决权"。"我们完全有权参与决定核武器使用。否则,我们就把德国人的生死……交给了别国的政治家和军人。"[1]1963年在北约渥太华会议上,联邦德国同意为"多边核力量"承担35%—40%的费用。

然而,"多边核力量"遇到了阻力,阻力首先来自英法。它们都在发展自己的核武器,却反对"更多的手指放在核扳机上"。戴高乐坚持法国的独立核力量,拒绝受制于人的"拿骚协议"式安排,同时反对德国人插手核武器。1964年,法国表示"多边核力量"将破坏法德合作。外长德姆维尔(Maurice Couve de Murville,1907—1999)对美国人说,"多边核力量"会增加德国人对核武器的胃口,人们对此存在着"真实的恐惧"。英国首相麦克米伦在与肯尼迪达成"拿骚协议"时,对加入"多边核力量"作了保留。之后的道格拉斯-霍姆(Sir Alec Douglas-Home,1903—1995)和威尔逊(James Harold Wilson,1916—1995)两位首相都反对"多边核力量",担心德国借机染指核武器。威尔逊比喻说:"如果你有一个男孩并希望他不生淫逸之心,带他去看脱衣舞表演将是不明智的。"[2]1964年底,威尔逊提出一项"大西洋核力量"(Atlantic Nuclear Force/ANF)的建议,按其计划对英法更为有利,而将限制联邦德国的影响,同时表示对"多边核力量"持"完全保留"态度。其次是苏联强烈抨击联邦德国染指核武器的企图,不断施加压力。它在与美国讨论不扩散核武器条约时,

---

[1] 施特劳斯:《施特劳斯回忆录》,第321页。

[2] Scott Erb, *German Foreign Policy*: *Navigating a New Era*, London: Lynne Rienner Publishers, 2003, p. 40.

特别强调必须堵死联邦德国染指核武器的任何后门,就是针对"多边核力量"计划。其三但更重要的是,美国国内对"多边核力量"存在分歧,反对意见首先来自国防部。国防部长麦克纳马拉(Robert Strange McNamara,1916—2009)表示,让联盟伙伴参与核决策是不可能的,这一权力只能由美国总统掌握。他告诉德国人,任何"多边化"都被看成对此种垄断地位的削弱,将受到五角大楼的批判。

然而,艾哈德政府继续努力。1965 年 11 月,基民盟议会党团成员比伦巴赫(Kurt Birrenbach,1907—1987)奉命访美,向美国人强调联邦德国面临最大的威胁,其领土部署了大量核武器,需要在核决策中发挥更大影响,并结束所受到的歧视。他提出一项所谓"硬件"方案,即建立一支由欧洲盟军最高司令部指挥、共同管理的混合部队,参加国共同所有的战略武器体系构成一体,英法德意享有同等权利,美国可以在一定时期中保留否决权。但是,美国对此持保留态度。麦克纳马拉表示,在军事上无需一个共同的武器体系,美国拥有完整的威慑力量就够了。① 实际上,此时美国已放弃"多边核力量"计划,建议设立一个北约核协商机构。结果是北约成立了一个"核计划小组",由美英德意等七成员组成,主要事务是通报有关的情况。它被戏称为"安慰奖"。对这场历时数年的"多边核力量"外交,格雷韦回忆道:"德国外交政策想通过参加一支集体的北约核力量,来补偿本国放弃占有核武器并防止欧洲共同体及其成员国(从方针上来说,它们必须是平等的、具有同等地位的)分裂成有核国家和无核国家两个集团,或至少是缓和这种分裂局面,为此所作的一切努力都归于失败了。"②其遗憾和失望,可谓溢于言表。

当联邦德国支持"多边核力量"之际,美苏正在设法防止无核国家获得核武器。1963 年美苏英"部分禁止核试验条约"签署后,美苏又进行不扩散核武器的磋商,最后达成协议。1968 年 7 月,以美苏为首的一批国

---

① 库尔特·比伦巴赫:《我的特殊使命》,第 182—197 页。
② 威廉·格雷韦:《西德外交风云纪实》,第 596 页。

家签署了《不扩散核武器条约》(Vertrag über die Nichtverbreitung von Kernwaffen/Treaty on the Non-Proliferation of Nuclear Weapons)。它们要求联邦德国也参加条约,特别是苏联,极力把联邦德国描绘成在此问题上的主要麻烦制造者。联邦德国对美苏这种"越顶外交"既担心,又不满。艾哈德政府试图把放弃寻求核武器与在德国统一方面的进展联系起来,并试图说服美国在谈判不扩散核武器时,保留北约的"多边核武器"方案。1966 年上台的"大联合政府"总理基辛格甚至认为,《不扩散核武器条约》是美苏间的"核共谋"。基社盟领导人施特劳斯指责该条约是一个"宇宙规模的凡尔赛"。前总理阿登纳认为这是美苏合谋损害德国利益的又一例证,一个"比摩根索更摩根索的计划"①。参加裁军会议的联邦德国代表指出,该条约是一个危险的工具,是要限制德国许多方面的发展。他建议政府不要签署这个条约。但是联盟党内的多数人和执政伙伴社会民主党,都主张签署。由于存在着争论,"大联合政府"没有在《不扩散核武器条约》上签字。直到 1969 年勃兰特的社会民主党—自由民主党政府上台后,才于 1969 年 11 月签署了这个条约。

需要指出,联邦德国对美国有不满,有分歧,但它不能脱离美国和大西洋联盟。阿登纳在批评美国时,总是强调不能削弱而是要强化西方联盟。艾哈德政府和"大联合政府"也都重视德美关系和西方联盟。当法国在北约中闹独立,挑战美国领导权的时候,联邦德国一直强调欧美依赖,北约组织不能削弱,而是应该加强。1968 年苏联出兵捷克斯洛伐克之时,"大联合政府"要求美国作出保证,增加驻欧军力。60 年代联邦德国一再为驻德美军的开支提供补偿,以帮助美国减轻财政困难。为维系西方的团结,联邦德国还支持美国在越南的侵略战争,这种政策成为国内"新左派"抗议运动高涨的一大催化剂。所有这些,是联邦德国在安全上依赖美国的保护所不得不付出的代价。

---

① 摩根索计划(Morgenthau Plan)是美国财政部部长亨利·摩根索(Henry Morgenthau,1891—1967)提出的二战后处置德国的计划。这一计划主张在最大范围内拆卸德国的工业设备作为赔偿,使德国彻底非工业化和重新农业化。

(三)"缓和"背景下在西方联盟内的合作与分歧

20世纪七八十年代,联邦德国已成为经济大国,又改善了与苏联东欧的关系,并积极展开全方位外交,大大拓展了国际活动空间。在东西方关系上,联邦德国不再反对,而是欢迎美苏谈判,并积极参与和推动东西方缓和的进程。70年代期间,美苏英法达成关于柏林问题的"四方协定",美苏签署限制战略核武器协议,美苏与一批东西欧国家召开欧洲安全与合作会议(简称"欧安会",Konferenz für Sicherheit und Zusammenarbeit in Europa/KSZE),达成了重要的协议。这些都是冷战缓和的成果,符合联邦德国的利益,有利于它扩大国际空间,增加自主性。同时,联邦德国对美苏在缓和背景下进行"越顶外交",损害德国利益的可能性,仍然敏感而警觉。西方国家则担心联邦德国的"新东方政策"(Die Neue Ostpolitik)会导致脱离西方联盟,出现"新的罗加诺"。所以,联邦德国的政策是,积极展开与苏联东欧的关系,不让缓和成为超级大国的专利,同时保证忠于西方联盟,消除盟国的疑虑,还要防止西方联盟特别是美国的政策可能对德国利益的损害。在关于柏林问题的四大国谈判期间,在欧安会期间,联邦德国都努力施加影响,防止西方对苏联让步过多,如在西柏林的地位、战后边界问题上等。

另一方面,联邦德国将欧洲东西方均势视为外交与安全政策的基础。70年代苏联一边推动缓和,一边在欧洲部署新的中程导弹,对西欧造成压力,引起联邦德国极大的担心。1977年施密特总理在伦敦发表讲话,指出"一种仅限于美苏两个超级大国的战略军备限制必将损害西欧联盟伙伴的安全需要。只要欧洲的不均衡状态尚未消除,我们就必须坚持威慑战略各个部分的平衡"[1]。他主张,美苏军控谈判不应只限于洲际导弹,应该把中程导弹也包括进去。在施密特讲话推动下,美英法(西)德领导人于1979年初在法属瓜德罗普岛(Guadeloupe)会晤,达成共识。

---

[1] 威廉·冯·施特恩堡主编:《从俾斯麦到科尔——德国政府首脑列传》,许右军等译,当代世界出版社1997年版,第477页。

北约组织于同年 12 月通过一项"双轨决议"(Doppelbeschluss/Two-Track Decision),要求就消除中程导弹问题举行美苏谈判。如果谈判达不成协议,北约将在西欧部署新的导弹,包括 572 枚美国"潘兴- II"中程导弹和巡航导弹,以建立针对苏联的军事战略平衡。

然而,联邦德国仍是处境两难。在美苏缓和与合作的时候,它担心美苏"越顶外交"损害德国利益,担心苏联乘机改变东西方均势,所以希望美国能够抗衡苏联。但它又担心对抗过于激烈或者失控,会殃及西欧安全,而德国将首当其冲。因此当美国重新加强抗苏时,它又强调"缓和符合德国的利益"。1974 年,美国国会通过《杰克逊-瓦尼克修正案》(Jackson-Vanik Amendments),以苏联移民政策为由,限制美苏贸易,对刚刚缓和的美苏关系不利,联邦德国就不予认同。不久,吉米·卡特(Jimmy Carter,1924—)任美国总统,推行所谓"人权外交",鼓励苏联东欧的异见分子,又遭到施密特的批评,说这样做会"危害缓和进程"。1979 年苏联入侵阿富汗后,联邦德国表示强烈谴责,却不肯与美国一起制裁苏联,而是继续与苏联对话,做生意。在"双轨决议"问题上,施密特推动了北约通过这个决议,但态度与美国有别。美国倾向于部署新的导弹,以实力压苏联让步,德方则主张谈判优先,争取达成裁军协议,实现"低水平均势"。原因一是担心美苏核对抗失控,危及安全;二是受到国内反核和平运动的强大压力。施密特甚至质疑美国:"是否真的愿意与苏联人谈判!"到 1981 年,波兰因团结工会问题,实行军管,美国发起对苏、波的制裁,再次引起德美分歧。施密特主张继续实行与东方对话、交往与合作的政策,这关乎欧洲的和平和德意志民族的前途。

1982 年秋,科尔政府上台,修补德美关系,并顶住强大的反核和平运动压力,在 1983 年同意根据"双轨决议"在德国领土上部署"潘兴- II"导弹和巡航导弹。科尔说,这是因为欧洲的均势已被打破了。于是,美苏谈判破裂,对抗再度激化。不过,科尔与施密特也有共同之处。科尔强调,不用武器缔造和平,是一种危险的幻想;用尽量少的武器缔造和平,才是时代的任务。部署导弹不是目的,而是手段。在同意部署新导弹之后,科尔政府又敦促美苏回到谈判桌前,两大集团削减军备,实现尽可能低水平的平衡。1985年美苏重开谈判,科尔政府赞成所谓"双零点方案",即美苏同时撤除中程和中短程导弹。为了有利于美苏达成协议,科尔政府还同意撤除联邦德国的72枚"潘兴IA"导弹,以消除障碍,尽管它起初认为,这些导弹不属于美苏谈判的范围。

1987年12月,美苏达成"中导协议",同意撤消中程和中短程导弹,但美国又准备对部署在欧洲的短程导弹进行更新,以利于抗衡苏联。科尔政府仍然是"用尽量少的武器缔造和平"的方针,主张先与苏联谈判,削减短程导弹。如果谈判不成功,再进行更新。联盟党议会党团主席德雷格(Alfred Dregger,1920—2002)说,中程导弹的"零点"并未使削减短程导弹成为多余,而是使之更加迫切了。应该把短程导弹也削减到"必要的最低水平"。不过,联邦德国不主张所谓"第三个零点"即短程导弹也完全取消。它认为西方在欧洲保持必要的核力量,仍然是必要的。德美就此进行了多次磋商。在1989年5月北约首脑会议上,同意先争取与苏联达成常规裁军协议,再举行短程导弹的谈判。短导现代化的计划,则加以推迟。

(四)德国是美国的盟友,但不是附庸

七八十年代联邦德国的西方外交中,与美国既合作又争论,除涉及东西方关系和战略及安全领域外,也涉及其他领域。国际经济领域是联邦德国西方外交的重要课题之一。这一时期,西方经济普遍衰退,美国经济困难,美元地位不稳,而联邦德国经济状况相对较好,出口强劲,马克坚挺。故而美国一再要求德国马克升值,实际上是要为挽救美元地位和帮助美国经济复苏作出贡献。1971年,勃兰特政府实行了马克浮动,实为变相的升值。到卡特政府时期,又要求联邦德国实行膨胀性的政策,充当西方经济走出"滞胀"的引擎。联邦德国对历史上的恶性通胀心有余悸,重视维护货币稳定,自身的经济也有不少麻烦,因而担心照美国的要求办,会导致"输入性通胀",破坏马克的稳定,加剧自身困难。施密特反过来批评美国的经济政策,说如果按华盛顿的要求办,将导致世界范围的通货膨胀,并加剧失业问题。1979年,美国要求联邦德国收购美元,帮助稳定美元汇率。施密特又表示不满,并说美国也应该"收拾一下自己的屋子"。80年代初西方经济又陷入一轮衰退,美国再次要求联邦德国采取扩张性的政策,充当西方经济的"火车头"。联邦德国则反过来批评美国的高预算赤字和高利率政策,说美国通过高利率吸收外来(包括欧洲的)资金,不仅延缓了其自身的经济改革,也延缓了德国的经济恢复。德美这些争论,有其经济学上的理由,况且联邦德国经济也面临着困难,无非略为好一些而已。但它们也源自利益和政策理念的差别,并体现了美德力量对比和关系的变化。在施密特看来,美国已没有能力领导世界,美国试图推行"经济霸权",应该进行批评和抵制。

施密特政府时期的德美关系变化,还有其他的表现。当时美国再次要求联邦德国补偿驻德美军的开支,以帮助美国外汇平衡。以前在60年代,德美曾就驻德美军开支等问题达成协议,照顾了美国的要求。但此时施密特却认为,美国并非只是在德国驻军,驻军也并非只是为了德国利益,而德国却是唯一要付钱的国家。这不仅是预算支付问题,而是出于心理和政治上的动机。他的想法是"不允许悄悄地在德美之间隐藏一种附庸关系的想法"。1976年,双方达成新的协议。施密特致信美国总统福特(Gerald R. Ford,1913—2006),说通常意义上的支付平衡已不复存在,德国将继续向美国购买武器,并将对增派到北德的一个美军作战旅支付一笔资金,但这种一次性财政捐助并不表明德国有义务支付美国驻军的费用。①

科尔政府重新加强德美合作,但也并非言听计从。在中程导弹问题上科尔政府与美国的合作与差异,已如前述。其他方面也是如此。如1985年科尔政府宣布支持里根提出的"战略防御计划",但联邦政府不参加,由公司和研究机构参加合作。科尔认为,作为盟国,应与美国协调政

---

① 赫尔穆特·施密特:《伟人与大国——施密特回忆录》,梅兆荣等译,世界知识出版社1991年版,第166—167页。

策。参加合作也有利于提高自身高科技领域的水平,并有可能对美国的政策施加某种影响。德美着眼点有所不同的是,美国希望突出政治与军事性质,德方更重视经济与技术意义,并强调公平分享研究成果。美国提出所有研究成果无论美方还是德方做出,美国都有使用和转让权,同时要求签署一项有约束力的保密协定。最后德方同意签署保密协议,美方同意分享技术,并将通报"战略防御计划"的进展情况。1986年3月,联邦德国经济部长班格曼(Martin Bangemann,1934—　)与美国国防部长温伯格(Caspar Weinberger,1917—2006)签署了相关的协议。又如1987年,苦于经济衰退的美国又要求德方放松银根,刺激需求,以帮助西方克服经济衰退。有人甚至说联邦德国搞新的"重商主义",只顾自己而不愿进行"国际合作"。似乎美国的经济衰退,账要算到德国人和日本人的头上。但联邦德国正在努力控制通胀,稳定通货。故而宣称,不会在美国压力下降低利率,并说美国经济的问题,如国际收支和预算赤字过大,原因在美国自己,怪不得别人。科尔表示,德国不能充当西方经济的"火车头",不能过高估计自己的能力,要顶住合作伙伴提出的过分要求。

　　总之,此时联邦德国的西方外交,体现了更大的自信心和自主性。它已改变了凡重大事务皆依赖美国和西方联盟代言,并不断请求它们支持和保护的可怜地位。联邦德国人对德美关系的定位有了变化。施密特曾在1980年谈到:"美国与联邦德国之间的关系今天与15年前或20年前不同。那时候,我们是依附的被保护人。今天,我们在许多方面已成为美国有分量的伙伴。随着我们实力的提升,我们已经不必在任何问题上都认为,凡美国认为适宜的原则总是正确的。"[1]1984年,当一位美国军官指责联邦德国的反核和平示威者是"无政府主义者和罪犯"时,一位黑森州的高官说了一句颇具意味的话:我们是美国的盟友,但不是附庸。

　　联邦德国的一些政策和行动引起了美国和西方的猜疑和担心。70

---

① B. H. 舍纳耶夫等:《联邦德国》,第20页。

年代勃兰特政府推行"新东方政策"时,美国人就担心它走向"古典德意志民族主义",脱离西方联盟,或者在东西方之间纵横捭阖。80年代初联邦德国反核和平主义高涨,施密特政府对美国的政策颇多批评,又一次强化了美国的这种担心,怕联邦德国走向"中立化"。这类担心虽不无理由,却是过分了。联邦德国的西方政策在变化中保持着连续性,阿登纳以来与西方结合的政策,得到坚持。这是其基本的国家战略,也是根本利益所在。勃兰特在推行"新东方政策"之际,强调大西洋联盟是其安全的基础,德国不是"两个世界之间的徘徊者","大西洋联盟和西欧伙伴关系是我们同东方取得和解成果的根本前提"。[①] 他的后任施密特曾著有《均势战略》,坚信没有东西方均势,就不可能有东西方的缓和,也没有欧洲的和平与安全;而没有西方联盟(这首先是与美国的结盟),就不可能有东西方均势。施密特任总理时,对美国批评颇多,但他强调德国"扎根于西方",德美争吵是"家庭内部的争吵",与美国分道扬镳是不可能的。他对所谓美国的"经济霸权",也是既批评又合作,愿意作些让步来帮助美国。科尔任总理后重申其外交与安全政策奠基于北约联盟和与美国的友谊,必须消除对德美关系的任何疑虑。科尔政府顶住强大的压力,赞成在德国领土上部署美国的"潘兴-Ⅱ"中程导弹,表明其坚持和加强德美合作的方针。在其他问题上,联邦德国与美国既有矛盾分歧,又坚持合作的例子,无须一一枚举。

二、推进德法和解,促进欧洲一体化

联邦德国加入西方恢复主权后,继续做"好的欧洲人",推进法德和解与欧洲一体化。1955年,比荷卢三国倡议实行交通运输和原子能部门的一体化,建立各国彼此开放的共同市场。联邦德国积极响应这一倡议。1955年6月,它与法意比荷卢一起,达成《墨西拿协议》(Die Absprachen von Messina),决定从经济领域着手,"重新发起"欧洲建设。

---

① 维利·勃兰特:《会见与思考》,第303、399、443页。

随后开始建立经济共同体和原子能共同体的谈判。当时,法德存在分歧。对于共同市场,法国要求实行共同对外关税,并照顾其特殊利益(如允许其海外领地参加共同市场等),但联邦德国主张国际自由贸易。尤其是经济部长艾哈德,担心共同市场会造成贸易保护主义和建立官僚式的超国家干预,结果将不是一个自由竞争的市场,而是成为一个经济负担。所以,他更倾向于英国主张的欧洲自由贸易区方案。另一方面,法国不仅对部门一体化的原子能共同体感兴趣,还要求在其中给法国发展核武器留下空间;而联邦德国则倾向于认为原子能共同体是对其核工业的一种监控,甚至是"歧视"。阿登纳统揽全局,重视从政治上考虑。他在 1956 年 1 月对联邦各部发出信件,要求对欧洲一体化采取积极的态度,要特别重视《墨西拿协议》的政治实质。它不是从具体考虑出发的技术合作,而是要建设一个共同体,这将保证政治目标和行动的协调,并有利于德国的重新统一。他要求坚定而真诚地执行《墨西拿协议》,包括在建立原子能共同体方面,消除任何怀疑。这也是政治上绝对必要的。[①]
经谈判,法德意比荷卢六国于 1957 年 3 月签署《罗马条约》(Römiche Verträge/Vertrag von Rom),它包括《欧洲经济共同体条约》(Vertrag zur Gründung der Europäischen Wirtschaftsgeimeinschaft/EWG-Vertrag)和《欧洲原子能共同体条约》(Vertrag zur Gründung der Europäischen Atomgemeinschaft/EAG-Vertrag/EURATOM-Vertrag)。《罗马条约》经各国批准后于 1958 年生效,欧洲经济共同体和欧洲原子能共同体的建设正式启动。联邦德国高级外交官瓦尔特·哈尔斯坦担任了欧洲经济共同体委员会的首任主席。此后,他为推动欧洲一体化建设,作出了积极的贡献。然而,经济部长艾哈德仍然主张要理解英国的立场,赞成建立欧洲自由贸易区。1960 年阿登纳向艾哈德强调说,应该与法国合作推进欧共体的建设,"这不是一个经济问题,而是一个头等重

---

① C. C. Schweitzer *et al*. (eds.), *Politics and Government in Germany 1944—1994. Basic Documents*. pp. 125 - 126.

要的政治问题"①。

　　从 50 年代后期起,美英逐渐表现出在维持现状基础上与苏联和解的倾向。面对变化的新形势,阿登纳政府一边努力影响美英,以防其追求缓和而损及德国的利益,一边寻求新的对外政策支撑,因此大力加强对法关系。1958 年戴高乐在法国重新掌权,谋求重振法国的大国地位,正需要借力自重。当年 9 月,阿登纳访问法国,与戴高乐举行会晤,就一些重大问题取得广泛的共识。从此两人频繁联系,多次互访,建立了亲密的关系。到 1961 年柏林危机期间,美英都赞成与苏联进行谈判,戴高乐则表示德国在柏林问题上可以指望法国的支持。这种情况,更促使阿登纳决心强化对法关系。他在 1962 年提出,德法关系是"欧洲一切发展的支柱",应将其赋予条约的形式,确定两国奉行一项共同的政策,并对双方都具有约束力。这一建议得到法方积极回应。1963 年 1 月阿登纳访法,与戴高乐签署了《德法合作条约》(Vertrag über deutsche-französische Zusammenarbeit)。其中宣布双方"对一切重要的外交政策问题,首先是有关共同利益的问题作出任何决定之前,应进行协商,以期尽可能采取相似的立场"。双方要在情报、援助发展中国家、经济政策的重要方面进行合作;在防务领域使双方战略和战术方面的主张接近,以期达成"共同的概念",并展开军事人员交流和军工方面的合作等;设立专门机构和基金以促进双方的教育和青年交流与合作;定期举行两国首脑、外长、防长、教育部长会晤(首脑会晤原则上至少每年两次)。② 这个条约体现了德国与法国和解与合作关系的新发展,并为进一步发展合作奠定了基础。于是,有人认为阿登纳是一个"戴高乐派"。

　　但是,联邦德国并不认同戴高乐在北约内闹独立性,挑战美国和反对英国加入欧共体等政策。阿登纳在国内遭到了批评,说他过于亲法,《德法合作条约》是"屈就"戴高乐,可能会牺牲欧洲统一,损害大西洋联

---

① Alfred C. Mierzejewski, *Ludwig Erhard: A Biography.* pp. 168 – 169.
② 世界知识出版社编:《国际条约集(1963—1965)》,世界知识出版社 1976 年版,第 8—12 页。

盟,从而削弱国家安全与外交政策的基石。争论的结果是,在该条约的
"前言"中强调条约不得触动缔约方在既有多边条约中的权利和义务,重
申加强大西洋联盟和欧美伙伴关系,促进欧洲一体化的政策。这样就把
条约纳入了联邦德国对外政策的总体结构,避免其可能的负面后果。不
过,阿登纳作为老练的政治家,并非不知美法孰重孰轻,特别是联邦德国
在安全方面对美国的依赖。阿登纳之后的艾哈德总理则是旗帜鲜明的
"大西洋派",不赞成阿登纳那样"亲法",认为《德法合作条约》体现了六
国"小欧洲"精神(实即戴高乐的主张),不符合德国利益。他甚至在内部
场合说,戴高乐就像希特勒那样想控制欧洲。[①] 艾哈德担心在对外政策
上过度依赖法国,所以拒绝戴高乐加强德法"双强联盟"来决定欧洲进程
的想法,同时一如既往地主张欧共体开放,欢迎英国和其他国家加入。
1964年艾哈德访问巴黎,没有赞成戴高乐关于法德在财政、社会和税收
政策上协调的建议。随后,戴高乐访问波恩,说欧洲应该推行一项独立
的但并不反美的政策,艾哈德则强调维持与美国的紧密关系是最有利
的。这使戴高乐不快。他批评联邦德国没有下决心奉行一项欧洲人自
己的、独立的政策,法德在许多领域,特别是在防务问题和北约改革方
面,缺乏共同的政策。1965年两人再次互访,对欧美关系还是各说各话。
戴高乐强调美国不会保护欧洲,艾哈德还是强调欧美合作,不赞成与美
国拉开距离。在欧共体的建设上,德法也产生严重的分歧。随着欧共体
建设按照《罗马条约》即将向第二阶段过渡,将强化超国家机制,但戴高
乐坚持"祖国的欧洲"和主权不可让渡,要阻止这种发展进程。1965年,
法国为坚持己见,在共同体内实行"空椅子政策"。联邦德国对此不能认
同。1963年和1967年,戴高乐两次否决英国加入欧共体,联邦德国也不
能认同。在对苏政策上,1964年戴高乐带头缓和了对苏关系,又在1966
年访问了苏联,鼓吹"从大西洋到乌拉尔的欧洲",还说冷战是"愚蠢的",
冷战的集团"已经模糊"了。艾哈德对此观点均不表示赞成。时任法国

---

① Alfred C. Mierzejewski, *Ludwig Erhard: A Biography*, p. 171.

外长德姆维尔曾说,在艾哈德总理任期内,法德条约规定的定期会晤并没有奠定建设性对话的基础,更谈不上制定共同的政策。两国在处境、愿望和政策手段方面都相去甚远。[①]

此时联邦德国的西方外交中有两个难题:一是在戴高乐与美国闹矛盾的情况下,如何权衡和兼顾对法和对美关系;二是在欧洲政策上,如何处理好对英关系和对法关系。大体说来,在法美之间,联邦德国重视美国,重视西方联盟的团结,不愿附和戴高乐的对美政策;而在英法之间,则更重视对法关系。阿登纳认为,欧洲联合暂时没有英国还可以,没有法国就决然不行;而且英国人"总不像欧洲人,而像美国人",其对于欧洲事务的感受和想法,往往与欧洲大陆不同。1963年初,紧接着戴高乐否决英国加入共同体的申请,阿登纳仍然访问巴黎,签署《德法合作条约》,表明他重视法德合作更甚于让英国加入共同体。1965年法国在欧共体中搞"空椅子政策",艾哈德政府最后还是与各成员国一起,达成1966年1月的"卢森堡妥协",对法国的主张作了让步,使欧共体建设得以继续。1966年"大联合政府"总理基辛格强调,德法关系是外交政策的"核心",要"利用德法条约所创造的一切可能性",使之"重获活力"。[②] 时任外长勃兰特表示,要实行更加积极、更富想象力的对法政策,对法政策是与大西洋联盟和德美关系并列的"另一同样重要的重点"。1967年法国再次反对英国加入共同体,勃兰特与法国外长发生一番激烈争论,但还是采取"尽力当好掮客,两边都不得罪"的方针。时任总理基辛格事后表示,他不愿因为英国加入共同体的问题而危及德法之间的友谊。

从60年代末开始,联邦德国在新的国际环境下,调整对外政策,改善了与苏联东欧的关系,扩大了国际活动空间,但这引起了法国的猜疑,担心其脱离西方联盟和欧洲一体化,或走向中立化。联邦德国还对欧洲一体化的某些方面提出了批评,如1973年,财政部长施密特批评共同体

---

① 张锡昌、周剑卿:《战后法国外交史》,世界知识出版社1993年版,199页。
② F. Roy Willis, *France, Germany and the New Europe*, London: Oxford University Press, 1968, p. 359.

农业政策,要求加以改革。因为德方对欧共体的预算出资最多,而共同体开支大部分(约 2/3 以上)用于农业政策,法国等农业大国获得较多,德方则充当了"出纳员"。1973 年中东"十月战争"后,在如何对待产油国的问题上,联邦德国不愿与美国政策对立,曾批评法国搞"欧阿对话"是"双边主义",使法国不满。不过,联邦德国坚持了德法合作和欧洲一体化的大方向。勃兰特认为,德国人要做"好的欧洲人","不能放弃走向欧洲的决定"。为消除西方对"新东方政策"的疑虑,也需要坚持德法合作,推动欧洲一体化。另一方面,在东西方缓和的背景下,德法都担心美苏会以欧洲利益为代价来做交易,都要加强欧共体的发言权。所以,都不希望欧洲一体化停滞、松散甚至瘫痪。勃兰特强调,要巩固德法合作,扩大欧共体(让英国等国加入),并进一步建立经济与货币联盟,改革共同体的机制,促进更紧密的政治合作。1974 年担任总理的施密特,更是决心优先考虑德法友谊和各领域的合作。他称自己变成了"亲法派",与法国总统德斯坦(Valéry Giscard d'Estaing,1926—1981)建立了密切的私人关系,推动两国关系进入一个"蜜月期",共同推动了欧洲一体化的发展。

在德法合作推动下,70 年代欧洲一体化取得几项重要进展。一是实现了欧共体的首次扩大。欧共体扩大是联邦德国长期的主张。1969 年末,勃兰特在欧共体海牙会议上强烈主张接受英国加入。他说,德国议会和公众不希望他在共同体扩大问题上空手而归,那些担心德国的经济份量会不利于共同体内平衡的人们,应该支持共同体的扩大。[1] 此时戴高乐已经辞职,法国不再反对英国加入欧共体,而是希望英国加入,以平衡日益加强的德国力量。于是,六国确定了共同体"完成、深化、扩大"的三大任务。随后达成英国、丹麦和爱尔兰等国加入共同体的协议。二是德法共同推动了欧共体在货币领域的合作。当时美元危机,国际货币汇

---

[1] C. C. Schweitzer *et al*. (eds.), *Politics and Government in Germany 1944—1994. Basic Documents*, p. 137.

率动荡,欧共体受到不利影响。欧共体提出要建立经济与货币联盟,并希望在 70 年代末以前实现。联邦德国是贸易大国,一贯重视维护货币稳定,支持建立经济与货币联盟。在实现这一目标之前,则采取措施稳定货币的汇率。在德法合作基础上,1972 年建立了欧共体国家货币的"蛇形浮动"("Snake in the Tunnel")机制,确定各国货币汇率波动的幅度,实行联合浮动。不久"蛇形浮动"趋于瓦解,1977—1978 年出现新一波美元危机冲击。又在德法联合推动下,共同体于 1978 年建立"欧洲货币体系"(European Monetary System/EMS)。它以"欧洲汇率机制"(European Exchange Rate Mechanism/ERM)为核心,设立欧洲货币单位"埃居"(ECU),各国货币与"埃居"挂钩,确定基点市价;如果货币汇率在基点上下波动超过一定幅度,则进行干预;设立"欧洲货币基金"(European Monetary Cooperation Fund/EMCF),以利于共同干预。"欧洲货币体系"是欧洲一体化中的重大举措,德国马克作为最强势和相对稳定的货币,起着所谓"锚定货币"的作用。联邦德国还积极参加了推动欧洲一体化的其他举措:一是参与 1973 年开始的"欧洲政治合作"(European Political Cooperation),这意味着欧共体国家要在国际重大问题上加强协商,协调行动,"用一个声音说话";二是与法国配合,于 1974 年实现了欧共体国家首脑会晤机制的正式制度化,成立欧洲理事会(European Council),强化了欧共体的顶层设计和决策能力;三是积极推动,并在 1979 年实现了欧洲议会(European Parliament)的首次直接选举。此外,1981 年联邦德国外长根舍与意大利外长科隆博(Emilio Colombo,1920—　)发出所谓"根舍—科隆博倡议",主张建立欧洲联盟,改革共同体的机构和机制,扩大合作的领域,进一步推进欧洲一体化发展。

1982 年联盟党重新执政,科尔总理与法国总统密特朗(François Mitterrand,1906—1996)的政治和经济理念都有所不同,科尔属中右保守派,密特朗则是社会党人,但同样坚持德法合作,推进欧洲一体化。科尔说:"德国是我们的祖国,统一欧洲是我们的未来。"面对波谲云诡的国际形势,以及日益加强的新技术革命和综合国力竞争,德法有着共同的利益和担心,需要加强大西洋联盟的"欧洲支柱",亦即加强欧共体。联邦德国外长根舍说,我们靠自己难以与美日竞争,我们需要欧洲。科尔政府与密特朗政府联手推进,使欧洲一体化的"双缸发动机"焕发出新的活力。

80年代德法合作的一个新发展是在防务领域。1982年,施密特曾提出德法在安全与防务领域合作。科尔上台后,在首次与密特朗的会晤中,就讨论了这一问题。他们商定两国在防务领域就长期战略进行协调,并成立专门委员会,使战略磋商制度化。这是首次使1963年《德法合作条约》的有关内容具体化。科尔政府还主张加强欧共体层面的安全合作,发展欧共体的"防务特性"。1984年,科尔和密特朗同意激活成立于50年代,但后来一直没有发挥实际作用的"西欧联盟",并建立一支快速反应部队,协调成员国的军工生产,在西方战略、军控和欧洲安全等问题上确定共同立场。1987年,科尔又提出成立德法混合旅的建议,得到法国的赞成。

在经济一体化领域,当时欧共体正为英国财政贡献问题吵得不可开交。英国长期对共同体的财政贡献大而回收少,英国首相撒切尔夫人(Margaret H. Thatcher,1925—2013)要求解决这个问题,要回"我们的钱",态度强硬,使共同体建设几乎陷于停顿。科尔与密特朗合作推动,争取达成协议。1984年,欧共体国家终于在枫丹白露(Fontainebleau)会议上就英国的要求达成妥协,搬掉了欧共体发展中的一块绊脚石。但是,欧共体如何进一步发展,分歧仍然严重。撒切尔夫人主张"最低限度主义",坚持"主权国家自愿合作"原则,抵制欧洲联邦主义和超国家主义,反对全面改革欧共体机制和全面推进一体化。面对阻力,科尔表示要坚定地与法国一起,推动一体化前进,并说共同体建设"按队伍中最慢的国家的速度前进,这种原则是不好的"。不过,英国建议消除共同体内部的贸易、资金、劳务等流通的障碍,建立一个真正统一的大自由市场,却得到联邦德国的认同和支持。经过耐心的谈判,寻求共同点,达成妥协,欧共体在 1986 年 2 月签署了《单一欧洲文件》(Einheitliche Europäische Akte/Single European Act),规定要在 1992 年建成一个统一的、"没有内部边界"的共同体大市场,并进行相应的共同体机制改革。欧洲一体化再次迈步,科尔政府的推动,功不可没。

《单一欧洲文件》生效后,建立货币联盟,统一货币的问题提了出来。这一建议曾在 70 年代提出,现在随着统一大市场建设的启动,显得更加必要了。而 70 年代欧洲货币体系建立后,法、意等弱势货币国家希望以一种超国家货币机制,将联邦德国的主导权"欧洲化",以便施加影响和加以制约。欧洲货币统一对联邦德国是有利的,但许多德国人难以割舍坚挺强势、被引为骄傲的马克,还担心单一货币会带来通胀等不利后果。然而,即使没有经济利弊的权衡,单是为表明做"欧洲的德国"的诚意,也不能拒绝这一建议。科尔政府的方针是,支持建立单一货币,但提出几项条件,以趋利避害:实行欧洲央行独立和反通货膨胀的原则,各国须实行经济政策趋同,在控制通胀、削减赤字和稳定货币方面达到规定的从紧标准,才能加入单一货币。1989 年,欧共体委员会主席德洛尔(Jacques Delors,1925—　　)主持制定的报告("德洛尔报告")完成,规定将分三步走,建立欧洲经济与货币联盟。后来达成建立货币联盟的协议,基本满足了德方的原则和条件。联邦德国同意向货币联盟"上交"货币主权,但在另一种意义上,它凭借经济实力,特别是货币领域的强势地位,将自己的经济与货币政策原则"欧洲化",推而广之,成为欧元区的国家需要共同遵守的规则。当然,协议是妥协的结果,也考虑到其他国家的一些要求。

正当此时,苏东发生剧变,科尔政府把德国统一提上了日程,并把德国统一置于欧洲一体化之中。当时有关各国,尤其法国对德国统一怀有疑虑,认为应该由统一的欧洲来接纳统一的德国。科尔为消除邻国的疑虑和阻挠,特别重视与密特朗交换意见,商定采取新的行动,来推进欧洲一体化。1990 年 4 月,科尔与密特朗发出联名信,指出"鉴于欧洲发生的深远变化,单一市场的完成和经济与货币联盟的实现,我们认为有必要加速 12 国欧洲的政治建设"。"按照《单一欧洲文件》的预期,'把成员国间的关系整体转变成一个欧洲联盟……',此其时矣。"①在科尔的努力和德法的联合推动之下,在德国统一后的 1991 年 12 月,将欧洲一体化由一个共同市场推进到包括经济与货币联盟和政治联盟的"欧洲联盟"阶段,欧洲统一又向前迈进了一步。

三、从"哈尔斯坦主义"到"新东方政策"

联邦德国对苏联和东欧的政策,称为"东方政策"(Ostpolitik)。对民主德国的政策则称为"德国政策"(Deutschlandpolitik),以表示其不属于"对外政策"。但"东方政策"和"德国政策"是紧密相关的,故此处将它们放在一起叙述。

在联邦德国的早期,坚定不移地加入西方集团,而以苏联为主要的外来威胁,依托西方进行强硬抗衡。在德国问题上坚持单独代表全德人民("单独代表权"),称民主德国为"苏占区"或"所谓的德意志民主共和国";东西德关系隶属"全德事务部"而不是外交部;东西德贸易作为"区间贸易"(国内贸易),作出特殊的安排。同时坚持德国统一必须通过"全德自由选举",统一的德国必须加入西方。任何其他方案如"中立换统一"等,一概拒绝。1958 年国防部长施特劳斯宣称:"如果必须在联邦德国的自由与共产党统治下的德国统一之间作选择的话,回答只能是选择自由。"②阿登纳政府还坚持,尚处在占领下的西柏林是联邦德国的一部分,战后形成的东部边界(包括奥得-尼斯河边界)不是最终的边界。只有统一的德国签订和约,才能最终决定德国边界问题。

阿登纳的思路十分现实:苏联控制东欧(包括东德)和东西方的冷战对峙,决定了在德国统一问题上的僵局;只有力量对比转向对西方有利,

---

① Trever Salman and Sir. William Nicoll (eds.), *Building European Union:A Documentary History and Analysis*, Manchester:Manchester University Press, 1997, p. 233.
② 施特劳斯:《施特劳斯回忆录》,第 160、162 页。

迫使苏联妥协,才能解决德国问题。因此联邦德国首先要巩固和发展自己,加强"实力地位"。阿登纳把外交重点放在西方,在 1955 年加入西方联盟,恢复主权后,才开始转向对苏关系。他对苏联绝无好感,但懂得必须与苏联打交道。外交国务秘书格雷韦拟定的报告说:(1)联邦德国理所当然有兴趣同无可争辩的世界大国之一、而且地理上更接近的苏联建立外交关系。(2)苏联是四个战胜国和占领国之一,苏联的同意对于德国重新统一和最后缔结和约都是不可或缺的。(3)为使苏联释放德国战俘和被扣留者,也要与其建立直接关系。(4)同苏联建交有助于提升在国际上的政治分量。[①] 苏联此时也在调整政策,谋求与西方改善关系,于 1955 年 6 月提出阿登纳访苏的建议。9 月上旬,阿登纳应邀访问苏联,与苏联领导人会谈。阿登纳强调,要解决德国统一和遣返被苏联扣留的德国人员(战俘和被扣留者)两大问题,否则很难想像能够建立正常的关系。苏联则主张两国先行建交,再讨论悬而未决的其他问题,还主张承认民主德国。双方激烈争论,几近破裂,直到 9 月 13 日,才终于签署了建立外交关系的换文。阿登纳未能争得苏联在德国统一问题上的让步,只好接受以遣返被扣留的德国人来换取建交的方案,同时在换文中指出:"两国人民的建交将促进整个德国问题的解决,从而有助于解决德国人民全民族的主要问题——恢复德意志民族国家的统一。"阿登纳还致信苏联领导人,强调与苏联建交并非承认领土和边界的现状,也没有改变"关于在国际事务中有权代表德国人民以及关于在那些目前尚处于联邦政府有效统治权之外的德国地区政治状态的法律观点"[②]。建交后,苏联遣返了部分德国战俘和被扣留人员。此后,德苏在 1958 年和 1960 年签订了政府间贸易协定,相互贸易有了增长。但是在德国统一、柏林、边界等问题上,仍是各执己见。阿登纳政府坚持不对苏联示弱和让步。

阿登纳与苏联达成建交协议后,为防止其他国家援例与民主德国发

---

① 威廉·格雷韦:《西德外交风云纪实》,第 229—230 页。
② 康拉德·阿登纳:《阿登纳回忆录》(二),第 652—653 页。

展关系(当时确有一些国家已经承认民主德国或正在改善与它的关系),造成承认两个德国的后果,于是制定了应对之策。9 月 22 日阿登纳宣布:"联邦政府今后将把与它保持正式关系的第三国同德意志民主共和国建立外交关系视作不友好的行动,因为这种行动适合于加深德国的分裂。"①此后阿登纳政府反复申明这一立场。外交部的勃伦塔诺(部长)和哈尔斯坦(国务秘书)主张强硬,要以断交来报复那些与联邦德国建交而又要承认民主德国的国家,只有四大国之一的苏联,作为例外。1956 年6 月,哈尔斯坦重申决不承认东德国家,将把既与联邦德国又与民主德国建交的行为,视为加深德国分裂的"不友好行为",并将"重新考虑与这类国家的关系"。② 后来,这一政策被冠以"哈尔斯坦主义"(Hallstein-Doktrin)。

据此原则,阿登纳政府拒绝了当时波捷匈罗等国家愿意建交的表示,因为它们都承认了民主德国。1956 年"波兰的十月"以后,阿登纳政府与波兰签署了贸易协定,但没有进一步建立外交或领事关系。阿登纳不相信一些人希望分化苏东的所谓楔子战略,不相信苏联会放松对卫星国的控制。美国也主张谨慎。1957 年 3 月杜勒斯说,联邦德国与波兰建交为时尚早。到 1957 年南斯拉夫承认民主德国时,阿登纳政府竟宣布与南斯拉夫断交,以报复其"不友好行为"。这种基于"哈尔斯坦主义"的政策,自然遭到苏联东欧不断的抨击。

不过,当时围绕着对苏联东欧的政策,联邦德国内部并非铁板一块。尤其苏共二十大后,联邦德国不少人认为东欧正在发生变化,与之改善关系有利于分化苏东集团。有人提出"天然缺陷论",说东欧受苏联控制,在德国问题上缺乏自主性。对东欧国家应当具体分析,适当灵活处理,可以进行经济文化往来而不建立外交关系。1956 年与波兰签订了贸易协定,就与这种主张有关。自由民主党主张对东欧采取灵活政策。60 年

---

① 威廉·格雷韦:《西德外交风云纪实》,第 231 页。
② C. C. Schweitzer *et al.* (eds.), *Politics and Government in Germany 1944—1994. Basic Documents*, p. 127.

代形势变化,越来越多的人认为强硬僵化的东方政策不合时宜。1961 年,新任外长格哈德·施罗德(Gerhard Schroeder)(属基民盟)表示,不应把苏东集团看成铁板一块,应该打破"僵化"和"凝固",实行"松动政策"(Bewegungspolitik)。同年,联邦议院通过决议,要求在不放弃重大原则利益的前提下,同东欧国家关系正常化,可以"通过贸易使团推行东方政策"。1963—1964 年间,联邦德国先后与波兰、罗马尼亚、匈牙利、保加利亚签订了贸易协定,并互设贸易代表机构。1964 年,艾哈德总理向苏联领导人赫鲁晓夫发出访问波恩的邀请。后因赫鲁晓夫下台而未果。到1966 年 3 月,艾哈德政府发表"和平照会",宣称"德国人民愿意与所有的国家和睦相处,包括其东欧的邻居",以便"在欧洲建立基于和平协议的、公正合理的秩序,使各国可以自由生活,睦邻相处"。联邦德国愿意与苏波捷等国彼此承诺不以武力解决争端。[①] 在与东欧建交的问题上几经争论,艾哈德终于在 1966 年 10 月决定,准备与罗马尼亚建立外交关系。这是在对东欧的政策中修改"哈尔斯坦主义"的初始。

联邦德国也逐渐寻求改变与民主德国的紧张和隔绝状态。1958 年阿登纳向苏联大使试探,是否可以考虑让"苏占区"像奥地利那样,在承担中立义务的条件下,自由安排其内部事务。1959—1960 年间,阿登纳授意制定"格洛布克计划"(由国务秘书格洛布克起草,故名),1962 年又提出所谓"境内和平"(城堡和平)的设想。其基本精神是使德国两部分缓和关系,发展彼此联系,在 5 年或 10 年以后,再就统一问题举行公民投票。不过,其基础是不承认民主德国,以及通过"公民投票"统一德国,并使苏联放松控制,实现所谓"改善东部人民的处境"。自民党和社民党都主张增加两德人民的接触。1963—1964 年的冬天,柏林市长勃兰特与东德方面达成一项圣诞节允许跨越柏林墙人员互访的安排,这一协议要求在西柏林驻有东德的签证官员。艾哈德在联盟党内为此事进行辩护

---

① C. C. Schweitzer, *et al.* (eds.), *Politics and Government in Germany 1944—1994. Basic Documents*, pp. 128 - 129.

说,圣诞节期间 120 万人访问东柏林,向"世界证明了德国人的共同归属感"。但外交部为避免这类事情的负面影响,对下一轮访问提出了不同条件。结果东德拒绝了谈判。同时,艾哈德政府重申,决不接受任何使分裂固定化并导致承认"苏占区政权"的措施。其在 1966 年 3 月的"和平照会"并不包括民主德国政府,并继续坚持"单独代表权"和在全德政府承认边界之前,德国仍然存在于"1937 年 12 月的边界内"①。此时,联邦德国政府试图改善与东欧的关系,一个重要目的是孤立民主德国政权,并推动其内部发生"积极变化"。

社会民主党主张大幅度地调整东方政策。1963 年,西柏林市长勃兰特的发言人埃贡·巴尔(Egon Karl-Heinz Bahr,1922—　)指出,"要么全部,要么全无"的政策已经破产,坐等奇迹出现是不行的,需要"以接近求变化"(Wandel durch Annäherung),改善与苏联东欧(包括东德)的关系,消除敌对,增加往来,以期为最终统一创造条件。1966 年联盟党与社会民主党组成"大联合政府"后,基辛格总理在 12 月的政府声明中说,德国几百年来一直是东西欧之间的桥梁,现在形势已经变化,应该根据具体情况与东欧发展关系。他重提艾哈德政府"和平照会"中的建议,表示愿意与波、捷达成和解,理解波兰人民在安全的边界内生活的愿望,同意1938 年的《慕尼黑协定》已不再有效。②"大联合政府"采取了新的行动:1967 年与罗马尼亚正式建交,并签署经济和文化交流的协议,不久与捷克斯洛伐克签署了贸易协定。1968 年与南斯拉夫恢复了中断 11 年的外交关系,与波保捷开始建交谈判。同时,提出了缓和"德意志内部关系"的建议,包括发展经济与贸易,扩大人员往来自由等。1967 年6 月,基辛格回应民主德国总理斯多夫(Willi Stoph,1914—1999)关于举行会谈的建议,同意就改善双方关系"有关的实际措施"开展讨论,并提出 16 条具体建议。在此期间,联邦德国取消了自 1961 年柏林危

---

① C. C. Schweitzer, *et al*. (eds.), *Politics and Government in Germany 1944—1994. Basic Documents*, p. 128.

② Ibid. , pp. 129 - 130.

机以来对"区间贸易"(即两德贸易)的禁令,并向民主德国方面提供贷款,以利于发展贸易关系。此外,用"德国的另一部分"来代替"苏占区"一词,来指称民主德国。但是,基辛格政府仍然坚持"单独代表权",强调对话不带任何"政治先决条件"。面对朝野主张承认民主德国的声音,基辛格告诫说,不要"侈谈承认"。他反对采用"德意志民主共和国"一词,还说民主德国过去和现在都是一种"异常现象"。对边界问题的态度也依然如故。

"大联合政府"改善与东欧的关系,却拒绝承认民主德国和边界现状,这与苏东集团的要求相差甚远。1967—1968 年,苏联东欧掀起抨击基辛格政府的高潮,指责其处在前纳粹分子控制下,实行"军国主义和复仇主义","孤立民主德国,离间社会主义国家"。1967 年,华约国家(罗马尼亚除外)明确要求:联邦德国必须承认两个德国,承认领土和边界现状,放弃染指核武器的野心,放弃西柏林是西德一部分的要求。① 苏联还在照会中,提到联合宪章中允许二战的战胜国干涉战败国的条款,以施加压力。同时,苏东国家采取具体措施,强化与民主德国的关系。1968 年 8 月,苏联与部分华约国家(包括东德)出兵捷克斯洛伐克,扼杀"布拉格之春"(Prager Frühling),也给基辛格政府的东方政策沉重一击。尽管事后基辛格仍然表示,将始终不渝地继续执行这项东方政策,但现行政策已无法进一步推进了。

1969 年 9 月,勃兰特的社会民主党—自由民主党政府上台。两党都主张大幅度调整对外政策,放弃哈尔斯坦主义。此时美国尼克松(Richard Milhouse Nixon,1913—1994)政府也在调整对外政策,要"以谈判代替对抗",而苏联也加紧推行缓和攻势,东西方冷战加速走向缓和,也形成对联邦德国的一种压力或曰推动。勃兰特认识到,要使东西方关系的改善取决于德国的统一,要实现与东欧关系正常化却不承认民

---

① 有人称此为"乌布利希主义"。

主德国并在新的基础上调整关系,都是不现实的。[1] 他上台伊始,在
1969 年 10 月的政府声明中宣布,将继续实行 1966 年"和平照会"的政
策,但这次使用了"一个民族,两个国家"的概念和"德意志民主共和国"
的名称。他说,在国际法上承认民主德国是不可能的,但为了阻止德国
两部分的进一步分离,就必须正式达成一项权宜安排,并走向合作。与
东欧相互承诺放弃以武力相威胁的政策,也适用于德意志民主共和国。[2]
于是"新东方政策"开始全面推行。

　　1969 年 11 月,勃兰特的外交政策顾问巴尔拟定了下一步的行动计
划。年底,勃兰特政府与苏联正式开始互相放弃使用武力的谈判,与波、
捷等国也相继开始谈判。不久取得结果,几个条约先后签署:1970 年 8
月与苏联签署《莫斯科条约》(Moskauer Vertrag/Treaty of Moscow),
1970 年 12 月与波兰签署《华沙条约》(Warschauer Vertrag /Treaty of
Warsaw),1973 年 12 月与捷克斯洛伐克签署《布拉格条约》(Prager
Vertrag/Treaty of Prague)。这些条约的主要内容包括:签约方要发展
和平关系,在相互关系中不使用武力或以武力相威胁;尊重各国的领土
完整,现在和将来都不对任何国家提出领土要求,承认现有的边界(包括
奥得-尼斯河边界和两德边界)是"不可侵犯的";加强经济技术和文化的
交流与合作等等。《布拉格条约》还承认 1938 年的《慕尼黑协定》
(Münchner Abkommen/Munich Agreement)无效。1970 年 12 月勃兰
特访问波兰时,还作出一项戏剧性的举动,在华沙被害犹太人纪念碑前
突然下跪,表明反省德国侵略历史的诚意。由此,联邦德国与苏联东欧
的关系迅速改善,也推动了欧洲的东西方缓和。

　　在此期间,美苏英法四国关于柏林的谈判也取得进展。为了促使苏
联在柏林问题上让步,不要动辄利用柏林的特殊形势来制造麻烦(如干
扰西柏林通道来施加压力等),联邦德国强调,只有就柏林问题达成一

---

① 维利·勃兰特:《会见与思考》,第 471 页。
② C. C. Schweitzer *et al.* (eds.), *Politics and Government in Germany 1944—1994. Basic
　Documents*, p. 130.

致,德苏的《莫斯科条约》才能得到联邦议院的批准。经过谈判,1971 年
9 月签署了《关于柏林的四方协定》(Viermächte-Abkommen über
Berlin/Quatripartite Agreement on Berlin)。协定载明,四大国同意不在
"相关地区"使用武力或以武力相威胁,尊重各自的和共同的权利和责
任,不得单方面改变"相关地区"已形成和经协议规定的局面,要保持联
邦德国与西柏林的交通畅通,保持和发展联邦德国与西柏林的"联系",
同时要考虑到西柏林不是联邦德国的一部分,且不受联邦德国管辖。①
四方协定是妥协的结果,意味着苏联承诺不再利用柏林来施加压力,西
方也对苏联有所让步,联邦德国应该是默认这种妥协的。同时分歧依然
存在,如联邦德国把西柏林与它的"联系",解释为一种有机性质的、不可
割断的"纽带",苏联主张那只是一般性的"关系"或"联系"。

　　两德也开始高层会谈。1970 年 3 月和 5 月,勃兰特和斯多夫先后在
埃尔福特(Erfurt)和卡塞尔(Kassel)举行了会谈。在卡塞尔,勃兰特提
出对于两德关系的"20 点建议",包括签订条约以调整彼此关系、人权和
不歧视原则、不使用武力、彼此尊重在内政上的独立、每一方都不代表对
方行动、不许在德意志领土上再次发生战争、承认德国人生活在两个国
家但同属一个民族、双方承认对二战战胜国的义务、四大国对柏林的责
任、两德彼此放宽旅行限制等具体领域的交流与合作等。② 斯多夫则强
调,谈论德国的统一已无基础,双方应在国际法原则和准则的基础上,达
成尊重主权平等、领土完整和边界不可侵犯、互不干涉内政的"平等关系
条约"。此后,两德于 1972 年展开正式谈判,并于同年 12 月 21 日签署
《两德关系基础条约》(简称《基础条约》)(Vertrag über die Grundlagen
der Beziehungen zwischen BRD und DDR/Grundlagenvertrag)。条约规
定:在"不损害双方对原则问题,包括民族问题的不同看法"的情况下,在
平等的基础上发展彼此间正常的睦邻关系,用和平手段解决争端,放弃

---

① 国际问题研究所编译:《国际条约集(1969—1971)》,商务印书馆 1980 年版,第 549—550 页。
② 维利·勃兰特:《会见与思考》,第 249 页;C. C. Schweitzer *et al* (ed.), *Politics and
　Government in Germany 1944—1994. Basic Documents*, p. 62.

使用武力或以武力威胁,彼此尊重独立,承认边界"不可侵犯",促进经济、科技、文化等领域的合作。[1] 联邦德国不再坚持"单独代表权",实际上承认了民主德国,同时又坚持不是国际法上的承认,东西德不是互为外国,而是"特殊关系";双方互派全权代表不称"大使";只有一种"德意志国籍"而无"德意志民主共和国国籍";等等。同时,还发出关于统一的信件,重申德国"仍然要在自由的自决中实现统一"。在联邦德国内部,《基础条约》遭到了联盟党批评,说它违反《基本法》,会损害德国统一的目标。基社盟掌权的巴伐利亚州就此上诉到联邦宪法法院。但在联邦议院表决《基础条约》时,联盟党并没有投否决票。宪法法院的裁决也没有否定《基础条约》,而只是强调任何条约都不得损害《基本法》规定的德国统一目标。

勃兰特政府实行"新东方政策",改善了与苏东的关系和两德关系,顺应了国际缓和的大势,改善了自身的国际形象,也使它不再单方面依赖西方的支撑和保护,拓宽了国际空间,增加了外交主动权。1973 年 9 月两德都成为联合国的成员国。1976 年联邦德国当选为安理会的非常任理事国。勃兰特本人则因推行"新东方政策"而获得诺贝尔和平奖。

勃兰特之后的施密特总理也是"新东方政策"的积极拥护和实施者。1975 年他在联邦议院说,与东方的条约"把我国从不停地乞求保护国再作一次保证的角色中解放出来"[2]。他的方针是"持续不断地推行并扩大新东方政策",特别是在经济领域里充实这个政策。联邦德国与苏联的贸易迅速增长,1967—1973 年间仅为 215 亿马克,1974—1984 年达到 1673 亿马克。它成了苏联在西方最重要的贸易伙伴,先进技术和设备的主要供应者,又是苏联的石油和天然气的大买家,先后签订几个巨额的"天然气—管道交易"合同。1978 年又签订为期 25 年的长期经济与工业

---

[1] 龚荷花等译:《联邦德国东方政策文件集》,中国对外翻译出版公司 1987 年版,第 179—181 页。

[2] 罗伯特·A.帕斯特编:《世纪之旅——七大国百年外交风云》,胡利平等译,上海人民出版社 2001 年版,第 127 页。

合作协定。为扩大贸易,联邦德国向苏联提供巨额长期信贷。与波、捷等东欧国家的关系也进一步发展。1974 年与波兰签署为期 10 年的经济、工业和技术合作协定,将向波兰提供 10 亿马克政府贴息贷款(20 年偿还)。随后,又与捷、匈、保等国签订了经济、工业和技术合作协定。当时西方经济"滞胀",加强与苏东的经济关系具有重要的意义。经济上,联邦德国官方承认,与东方的贸易可以帮助解决国内约 30 万人的就业。同时也有政治和战略的考量。施密特说,1978 年德苏长期经济合作协定,其意义"远远超出经济事务的范畴",它"为总的政治关系发展提供了方向"。[①] 他还认为,欧洲不能把争取缓和之事都让超级大国去干。联邦德国可以在东西方之间充当桥梁和媒介,它有这方面的经验和优势。当 70 年代末 80 年代初美苏冷战重趋激化之际,施密特政府维护缓和,努力在东西方之间充当"西方政策诚实的诠释者"。1980 年 6 月施密特访问了苏联,1981 年他又接待了勃列日涅夫(Leonid I. Brezhnev,1906—1982)回访。1981 年波兰实行军管后,施密特政府拒绝与美国一致行动来制裁苏联和波兰,其理由是:制裁的作用不大,反而会破坏德波和解的政策。在此期间,联邦德国与苏联又达成了新的"天然气—管道协议"。

施密特政府坚持"新东方政策",主张维护缓和成果,也是出于两德关系的考虑,即保证"以接近求改变"的有利环境。两德签署《基础条约》之后,又作出了一系列具体安排,使双方关系的发展落到实处,涉及人员往来、家庭团聚以及科技、交通、司法、邮电、卫生、环保、文化、体育等多领域的交流与合作。从联邦德国地区(包括西柏林)前往民主德国和东柏林访问的人数迅速增加,1970 年为 250 万人次,1978 年达到 800 万人次;从民主德国到联邦德国和西柏林访问者,1978 年达到 138 万人次,比 1970 年增加了 1/3。1970 年两德间的贸易额为 44 亿结算单位

---

① Angela Stent, *From Embargo to Ostpolitik*: *The Political Economy of West Germany-Soviet Relations 1955—1980*, Cmbridge: Cambridge University Press, 1981, p. 205.

(Verrechnungseinheit/VE,两德贸易的结算单位,简称"VE"),1977 年达到 107 亿结算单位。[①] 而两德间累计的贸易额,则从 1951—1965 年 15 年间的 220 亿结算单位,增加到 1966—1980 年 15 年间的 950 亿结算单位。[②] 为扩大经贸往来,联邦德国每年向民主德国提供数亿马克的无息贷款。两德还合作从事多项工程项目的建设。80 年代初冷战重新激化,施密特政府仍按《基础条约》继续发展两德关系,避免出现严重倒退。一方面不放弃在事关统一的"原则问题"上的立场,另一方面也不幻想在短期内实现统一。他在 1979 年对议会说,不能患上"政治上的精神分裂症",既奉行和平的现实政策,又幻想式地讨论统一问题,需要的是愿意接受现实。施密特与民主德国领导人昂纳克保持非正式的对话,并于 1981 年 12 月,即波兰宣布军管的前夕,举行了会晤。但 1982 年在谈判向民主德国提供无息贷款时,提出了政治的和人道主义的条件。因一些条件被对方拒绝,就一度减少了无息贷款。

　　1982 年,联盟党政府上台。联盟党以前曾批评"新东方政策",加之科尔政府同意在联邦德国领土部署中程导弹,冲击到与苏联东欧的关系(包括两德关系)。于是苏联再次指责联邦德国有"军国主义"和"复仇主义"倾向。不过,科尔政府没有放弃"新东方政策"。科尔等人在反思在野时的教训时,认为在东方政策上的僵硬是在竞选中失分的原因之一。科尔政府同样知道,东西方对抗太过激化或者失控,会损害德国的利益,况且苏联掌握着德国统一的钥匙。所以继续实行"新东方政策",维护和扩大欧洲缓和的成果,是有益而必要的。外长根舍继续任职,也主张保持对外政策的连续性,通过接受现状以换取东欧的自由化,而不是恢复僵硬的冷战对抗。所以科尔政府主张,北约部署新的中程导弹不应成为"新的实力政策"的工具,而是应该坚持同苏联东欧的对话,开辟新的谈判途径。

---

① Karl Römer, *Tatsachen über Deutschland : Die Bundesrepublik Deutschland*, S. 190.
② H. J. Braun, *The German Economy in the Twentieth Century*, p. 244.

因此,在中程导弹之争最激烈的 1983 年 7 月,科尔访问了莫斯科。在中程导弹问题上未能取得进展,在经济关系方面却达成不少共识。北约部署中程导弹后,科尔政府又主动对苏联示好,呼吁建立"新的、更良好的关系"。随着戈尔巴乔夫(Mikhail Sergeyevich Gorbachev, 1931—)成为苏联新领导人,提出"新思维"和"全欧大厦"设想,大幅度调整政策,美苏开始走向新一轮缓和。科尔政府决心抓住机会,使对苏关系翻开新的一页。科尔认为,西方应该在苏联东欧发生重要变化之时,顺势而为,加以推动。1987 年科尔再度当选总理后就发表声明,希望加强与苏联和东欧的合作。于是,德苏间高层互动出现高潮。1987 年 7 月,联邦总统魏茨泽克(Richard von Weizsäcker, 1920—2015)访问了苏联。1988 年 10 月,科尔本人再度访苏。他说要把对苏关系放在"优先地位",翻开新的一页,注入具体的内容。苏联的高层人士也相继来访,最重要的是 1989 年戈尔巴乔夫的访问。科尔与戈尔巴乔夫进行了内容广泛的会谈,发表联合声明,表示要为克服欧洲的分裂,建立欧洲的和平秩序而努力。德苏经贸关系得到新的发展。仅 1988 年科尔访苏时,双方就签署了 7 个协议,涵盖环保、宇航、核安全、海上安全、文化和食品等领域,双方经济界则签署了 30 项经济合同。1989 年戈尔巴乔夫来访期间,双方签署了 11 项协定,包括相互保护和促进投资,在专业和管理人才培训方面加深合作等内容。

与东欧的关系也取得新的发展。1987 年,保加利亚和匈牙利的领导人访问了联邦德国。科尔政府同意为 10 亿马克的银行贷款担保,以支持匈牙利的经济开放。1988 年,外长根舍访问了波兰。科尔则访问了捷克斯洛伐克。德捷就简化边境手续、活跃青年交流等达成协议。科尔还前往二战期间惨遭纳粹荼毒的一个捷克小村,向殉难者致哀。事后科尔在联邦议院阐述东方政策,表示要在所缔结的协定和文件的基础上,面向未来,与东面和东南面的邻居合作,为克服欧洲的和德国的分裂,创造一个和平秩序而作出贡献。

在两德关系方面,科尔表示不会放弃前任确定的基本方针。不同的是,科尔政府更加突出了民族统一的诉求。科尔政府发表"关于被分裂的民族状态的报告",强调《基本法》关于统一的规定是"我们民族自我信念的核心",德国历史和德意志民族一样,都是不可分割的。德国的分裂不可能持久,德国人民要求走到一起来,因为他们本属一体。[①] 民主德国也希望保持对话,发展两德关系,共同维护和平。于是,正当美苏陷入"第二次冷战"时,两德关系却出现了另类情景。1983—1984 年间,联邦德国政要如过江之鲫,接踵前往前民主德国,为两德关系加温,其中包括联盟党议会党团主席德雷格(Alfred Dregger,1920—2002)、联邦财政部长斯托尔滕贝格(Gerhard Stoltenberg,1928—2001)、社会民主党联邦议院领袖福格尔(Hans-Jochen Vogel,1926—)等人。1983 年科尔重申前总理施密特向昂纳克发出的访问邀请,双方并拟定访问于 1984 年 9 月进行。由于苏联正掀起谴责联邦德国的浪潮,指其"复仇主义政策"和"干涉民主德国内政",民主德国内部也产生分歧,访问被取消了。但科尔重申仍然欢迎昂纳来访,并利用参加苏联已故领导人的葬礼之机,与昂纳克进行了非正式的会晤。更具意义的是,长期对两德关系持强硬立场,被苏东视为"复仇主义幽灵"的基社盟领导人施特劳斯,也表示应该遵守两德协议。他在 1983 年接待了昂纳克的特使,自己也前往民主德国,就欧洲中程导弹、两德关系等问题交换意见。他还在私下推动,由联邦政府担保,巴伐利亚州银行牵头,向民主德国提供 10 亿马克的贷款。科尔言明:联邦政府批准这 10 亿马克贷款,发出了明确信号,我们维护安全和联盟的利益,但也愿意在"德意志内部关系"上进行合作。[②] 参与其事的国务部长耶宁格(Phillipp Jenninger,1932—)事后解释:政府对贷款提供担保,不是通常的商业交易,而是要推动和激活"德意志内部

---

① 维尔纳·马泽尔:《联邦德国总理科尔传》,第 226、242 页;"Chancellor Kohl Justifies the Creation of a German Historical Museum as a Contribution to National Unity (Oct. 28, 1987)", in: Konrad Jarausch and Helga A. Welsh (ed.), *German History in Documents and Images*, Vol. 9, *Two Germanies*, 1961—1989. http://germanhistorydocs.ghi-dc.org/
② 朱忠武:《联邦德国总理科尔》,第 128 页。

关系"。联邦政府将继续实行现行的方针。[①] 1984 年 7 月,联邦政府又批准向民主德国提供 9.5 亿马克贷款,并提供担保。这次由德意志银行与民主德国银行签约,条件更为宽松。在工业、文化、科技交流和合作方面,两德签署了新的协议。经济往来得到新的发展,贸易继续增长。民主德国还作出所谓"人道主义让步",即放松对两德居民旅行、探亲访友和定居的限制。两德间的人员往来又出现高潮。

戈尔巴乔夫上台后,美苏重开谈判,国际大气候有利于两德关系。1986 年 2 月,民主德国人民议院主席辛德曼(Horst Sindermann,1915—1990)访问了联邦德国。1987 年 9 月,昂纳克对联邦德国的访问几经周折后,终于成行。科尔与昂纳克进行了会谈。双方对"原则问题"(主要是"民族问题")仍是各执一词。科尔强调,《基本法》"要求全体德国人民在自由自决中完成德国的统一","我们坚持宪法赋予的这项任务"。他说,德国人正在遭受分裂之苦,为一道墙所苦,应该"拆除使人们分离的东西"。民主德国方面则称,昂纳克受到了"按照国际惯例"(奏国歌、升国旗等)的接待,证明在两德关系上"现实主义"取得了胜利,"重新统一"的梦想已成泡影。[②] 不过双方同意,鉴于由共同的历史所产生的责任,必须为维护欧洲的和平进行特殊的努力,在德意志领土上决不应再次发生战争。同时,双方仍将根据《基础条约》,在"地位平等的基础上发展正常的睦邻关系",在"现实主义和相互理解的原则指导下",发展建设性的和卓有成效的合作。[③] 随后,民主德国放松了对两德边界的管制。1987 年从东部到西部旅游的人数比 1986 年增加了 100 万,达到 1961 年建墙以来的最高峰。双方建立友好城市的申请超过 500 份,已建立这种关系的

---

① "Billion Mark Loans and Humanitarian Concessions (July 25, 1984)", in: Konrad Jarausch and Helga A. Welsh (eds.): *German History in Documents and Images*, *Vol. 9*, *Two Germanies*, *1961—1989*. http://germanhistorydocs.ghi-dc.org/

② 维尔纳·马泽尔:《联邦德国总理科尔传》,第 232—234 页;凯·迪珂曼和拉尔夫·洛约特:《我要的是德国统一——科尔自述》,葛放主译,辽宁人民出版社 1999 年版,第 19 页。

③ C. C. Schweitzer *et al.* (eds.), *Politics and Government in Germany 1944—1994. Basic Documents*, pp. 69 - 71.

城市达 35 对。双方商定了有关体育、青年和文化交流的近百项措施。

四、逐步展开全方位外交

现代史时期,德国与亚非拉的关系几经波折。一战德国战败,其殖民地和势力范围被剥夺,其与亚非拉的联系被削弱。二战德国再败,与亚非拉的关系又受重创。联邦德国早期,外交重点在西方联盟、欧共体方面,还要应对围绕德国和柏林问题的危机,与亚非拉的关系提不上首要议程。但是联邦德国对于世界市场、原料和能源的高度依赖,离不开亚非拉。联邦德国也需要在亚非拉扩大其国际活动空间,并坚持其在德国问题上的"单独代表权",与民主德国竞争。随着民族运动的高涨和亚非拉地位的提升,联邦德更需要重视与亚非拉的关系。

联邦德国发展与亚非拉国家的关系,有有利的条件,也有不利的因素。由于德国早就失去了殖民地,战后民族解放运动一般不直接针对德国,对德国人较少恶感,甚至有所欢迎,这使联邦德国可以轻装上阵。1956 年阿登纳曾向美国人说,联邦德国可以在发展中世界对抗共产主义方面作特殊贡献,因为德国人在那里受到尊重。[1] 而前殖民地独立后,发展本国经济,实行工业化,很需要资金、设备和技术,联邦德国具有这方面的优势。联邦德国还可以利用欧共体的"联系国"制度,发展与前殖民地的联系。联邦德国不是政治大国,一般不卷入频发的地区冲突,不承担调停冲突或内争的责任,也较少导致有关国家的恶感。不利的方面是由于早就失去了殖民地,在发展与前殖民地的关系时,常常要新起炉灶,不像前殖民国家那样有现成可用的资源。联邦德国在外交上入盟西方集团,在冷战条件下,其与亚非拉的关系难免受联盟战略的约束或"盟主"的干预。德国的分裂状态和联邦德国在不短的时期中奉行"哈尔斯坦主义",对发展与亚非拉的关系也是一种制约。

---

① William Glenn Gray, *Germany's Cold War*: *The Global Campaign to Isolate East Germany 1949—1969*, Chapel &. London: The University of Carolina Press, 2003, p. 68.

经济贸易和对外援助,是联邦德国推进与亚非拉关系的开路先锋。经济界成为这方面的积极力量。他们看到,亚非拉国家企图大步进入 20 世纪,建设现代国家,这提供了巨大的机会。1949 年美国总统杜鲁门提出"技术援助不发达国家"的"第四点计划"之后,联邦德国经济界就显示了兴趣。1955 年,埃森的克虏伯公司开始实行其"援助"亚非国家发展工业的计划,被戏称为"克虏伯第四点半计划"。所谓"援助",实即通过援建一些建设项目,来带动工业品、设备和技术出口。联邦政府则看到,援助不仅有助于打开巨大的市场,还可以宣传联邦德国的形象,扩大国际空间。所以政府很快进入了对外援助领域,名为"发展援助"。1958 年阿登纳说,联邦德国还是比英法穷的国家,对外援助是有限的,以取得政治上的信誉为目的。[1] 联邦德国官方对外援助,一是向其参加的国际多边机构出资,如国际货币基金和世界银行、联合国儿童基金、欧共体海外发展基金等,这种援助不需直接出面,也较少独自承担风险。二是双边援助,包括资金和技术援助。在早期,联邦德国本身资金并不充裕,所以主要是技术援助,帮助发展中国家进行各类人员培训等(如建立培训机构、提供来德国学习培训的奖学金等)。用于技术援助的预算每年为数千万马克。到 60 年代中期,联邦德国在发展中国家的 31 个城市开办了贸易学校或工作间。从 50 年代后期起,政府开始直接对外提供双边的资本援助。三是一种公私混合的形式,政府提供财政补贴(如退税和其他形式的补贴)和投资保证,使大公司能够在海外执行大规模的工业发展计划,包括对外提供信贷。如 1955—1960 年,联邦政府斥资约 4 亿美元,帮助鲁尔的大公司(包括克虏伯公司)在亚非国家建设 18 个大型工业发展项目,在拉美建设 1 个项目。这是政府为德国工业开辟海外市场,作出的第一个重大努力。[2] 当外国公司无法履行对联邦德国公司的义务时,政府则直接出面提供援助。伴随这些援助而来的,是联邦德国制造

---

① William Glenn Gray, *Germany's Cold War : The Global Campaign to Isolate East Germany 1949—1969*, p. 117.

② 埃德温·哈特里奇:《第四帝国》,第 408 页。

的设备和相关技术的出口。

以"援助"带动经济关系,并扩大政治影响,此后愈加受到重视。美国也要求联邦德国向发展中世界提供更多的援助。阿登纳政府相信美国的观点,即冷战的结局很可能取决于发展中国家,发展中国家的贫困会有利于苏联扩张。随着非洲独立出现高潮,联邦德国抓紧与新独立国家建交,同时提供援助。1960 年 6 月,经济部长艾哈德在联邦议院关于发展援助的辩论中,宣布将向发展中国家提供更加优惠的援助:双边的资金援助。① 1960 年底,阿登纳政府批准了数十亿马克的援助计划,还成立一个部际委员会来进行指导,并兼管技术和其他援助。1961 年联邦政府设立经济合作部,以实施援助计划。首任部长是自由民主党的瓦尔特·谢尔。新的部门制定了一些政策,以便更好地利用援助经费。例如不再为发展项目提供完全的赠款,贷款不得用来支付接受国的国际收支赤字或转用于其他目的,在提供援助时事先不作任何政治承诺或提出政治要求等。谢尔强调:"发展政策对我们来说是极为重要的,因为这个国家的经济发展今后将更加依靠发展对外贸易……还因为我们的海外伙伴只有取得了经济上的发展,才能成为更好和更稳定的伙伴。"②阿登纳政府有意不以政治或意识形态来划分受援国。外长勃伦塔诺声称,对外援助是不带政治条件的。所以其援助对象国既有激进的加纳、几内亚和马里,也有温和的突尼斯和泰国等国。仅 1960—1962 年间,联邦德国就向亚非国家承诺了数十亿马克援助,与 30 多个国家签署了援助协定。联邦德国要人接连出访东南亚、南亚、非洲和中东。不过,不带政治条件不是没有政治目的。联邦德国认为,援助会使受援国产生好感,在发展中世界有一批不结盟的非共产党国家,对西方有利。拒绝援助就会把它们推到苏联方面去。在相当一个时期,其发展援助主要集中于与西方结盟的国家和地区,如韩国、中国台湾、南越、巴基斯坦、伊朗、土耳其以及

---

① William Glenn Gray, *Germany's Cold War: The Global Campaign to Isolate East Germany 1949—1969*, pp. 104, 118 - 120.

② 埃德温·哈特里奇:《第四帝国》,第 410 页。

一些宣称不结盟的国家,如印度、印尼、埃及、加纳等,具有适应美国冷战时期全球战略的意义。

20世纪五六十年代,联邦德国与亚非拉的关系受到一个重要因素的制约,就是"哈尔斯坦主义",而对外援助常常服从于这种政策,甚至被用作工具。1961年9月外交部发言人宣称,如果一个国家承认民主德国,联邦德国肯定要切断发展援助。有人主张重新分配对在德国问题上支持苏联的国家的援助。① 这个时期联邦德国对亚非拉的关系中,常常可以看到以下情况:一旦某国要与东德发展关系或提升既有关系,联邦德国就会用召回大使、威胁断交、中止援助等手段,加以反对,或采取事后报复或鼓励的措施。实在不得已时,则接受有关国家与东德建立非政府的经济、文化关系,但最高不超过领事级关系。在中东、非洲、南亚、东南亚等地,这类场景都有上演。联邦德国与民主德国相比,拥有若干优势,一些国家也对这种软硬兼施,作出妥协,达成谅解,与民主德国的关系一般只保持在贸易代表(可有非正式的领事权)层次,最高也只是领事级别。到1963年,联邦德国与90多个国家建立了外交关系,民主德国只与13个社会主义国家有外交关系,与30多个非共产党国家有不同形式的贸易或领事级关系。不过60年代期间,这种政策出现了日渐明显的"效应递减"。1966年一位外交部官高承认,几乎每天都有民主德国旗帜在某处升起或民主德国代表团在不结盟国家受到友好接待。尽管联邦共和国在某些方面成就可观,并收回了某些阵地,但"苏占区在第三国或国际组织中逐步前进"却是不可避免的。② 亚非拉国家提升与民主德国关系的压力日增,如何应对,常常引起联邦政府内的分歧和争论。

中东是联邦德国外交的重要地区。相对英法而言,联邦德国是这里更受欢迎的伙伴和援助来源国。50年代中期阿登纳曾说,从土耳其到印

---

① William Glenn Gray, *Germany's Cold War : The Global Campaign to Isolate East Germany 1949—1969* , pp. 129 - 130.

② Ibid. , p. 191.

度的地区是"我们对外政策力量的未来"。① 苏伊士运河战争后,阿登纳政府加强了中东外交,决心与美国联手激活对中东的经济政策,以期中东成为西方的伙伴。埃及在阿拉伯世界和不结盟国家中都有重要影响,故而受到特殊的重视。1958 年联邦德国向埃及提供了约 4 亿马克,以便后者购买工业设备。1961 年又与阿联(当时埃及与叙利亚联合,称为阿拉伯联合共和国,简称阿联)签署条约,提供总额超过 10 亿马克的信贷。此外还准备帮助叙利亚在幼发拉底河上建设大坝。

　　联邦德国的中东外交不仅受"哈尔斯坦主义"制约,还受阿以关系影响。由于历史与现实的原因,阿登纳将"调整同犹太民族的关系"列为一项重要任务。他在 1951 年秘密会见了以色列的代表,表示要为纳粹对犹太人犯下的罪行进行补偿。1952 年 9 月,阿登纳政府与以色列和"世界犹太人大会"(Jüdischer Weltkongress/The World Jewish Congress/WJC)达成协议,同意向以色列和世界犹太人"索赔联合会"支付赔偿。此事引起阿拉伯国家不满。另一方面,埃及在 1953 年接受了民主德国的贸易代表,则引起阿登纳政府的干预。此后,联邦德国向埃及提供可观的援助,埃及则使其与民主德国的关系不超过领事水平。同时,考虑阿拉伯国家的感受,联邦德国不得不与以色列保持距离,没有建交。这种状态维持到 1964 年秋,联邦德国秘密向以色列供应军火之事被披露出来,激怒了阿拉伯国家。艾哈德政府提出缓和关系的方案:停止向以色列输送军火,向阿拉伯国家提供新的援助,限制对以关系的级别。但其政府内部意见不一,未能立即停止向以色列输送军火。在此背景下,埃及在 1965 年 2 月接待了民主德国领导人乌布利希来访,并签署一系列协议。埃及总统纳赛尔还声称,如果波恩不停止对以色列军援,他将最终承认民主德国。艾哈德政府面对这种情势,一派主张强硬反制,不惜与埃及断交;另一派担心会进一步激怒阿拉伯国家,导致外交挫败。

---

① William Glenn Gray, *Germany's Cold War*: *The Global Campaign to Isolate East Germany 1949—1969*, p. 68.

最后决定,继续履行已有的对以军援协定(但不再签署新协定),并与以色列互换大使。结果,埃及等十个阿拉伯国家宣布与联邦德国断交。尽管这些国家并未立即承认民主德国,这次变故仍然是联邦德国遭到的一次重大外交挫折,推动了对"哈尔斯坦主义"的反思。

此后的"大联合政府",在与亚非拉关系中涉及"哈尔斯坦主义"时,试图采取灵活有度的做法。1969年伊拉克和柬埔寨相继宣布将与民主德国建交。伊拉克在1965年已与联邦德国断交,联邦德国又不想停止从伊拉克进口石油,于是"大联合政府"把注意力放在柬埔寨。自1962年以来,由于联邦德国的干预,柬埔寨在与两德保持领事关系的同时,给联邦德国以略高的地位。1967年柬埔寨提升了与民主德国的关系,随后即与波恩建立外交关系,仍高于与民主德国关系的级别。到1969年,柬埔寨决定与民主德国也建立外交关系。面对此种情势,基辛格总理主张采取有力行动,勃兰特外长则反对采取断交办法,认为坚守阵地比一走了之更有意义,如果形成在另一国首都只有民主德国代表的情况,反而不利。经过激烈争论,最后决定"冻结"与金边的关系:召回大使,停止使馆外交活动,不再签署新的经济合作协议。对于非洲,勃兰特说,他把非洲看成欧洲的"补充大陆",非洲对于联邦德国具有重要的地位,要加强对非洲的关系,同时"不要留下可能使另一个德国突入的'空白点'"。1968年他在象牙海岸的一次讲话中,表示谅解非洲国家与民主德国发展文化交流和贸易的意愿,但警告非洲国家不要"滥用我们的谅解"。[①] 可以看到,联邦德国越来越希望在第三世界的外交中超越僵硬的"哈尔斯坦主义",但是内部分歧很大,未能彻底改弦易辙。

20世纪70年代,联邦德国放弃了"哈尔斯坦主义",也使其发展与亚非拉关系减少了许多纠葛。此时联邦德国已成经济大国,又遭遇石油危机和经济滞胀,更加体会到南北相互依赖,展开对话与合作的重要性和迫切性。1976年,经济合作部长埃贡·巴尔提出,在富国与穷国之间实

---

① 维利·勃兰特:《会见与思考》,第204页。

行"新的经济缓和",并说"在今后 10 年中,第三世界的问题将压倒其他一切重要的政治问题"。联邦德国对第三世界为建立国际经济新秩序所提出的要求,作出较为积极的回应。经济合作部制定"发展政策方案",提出与发展中国家的关系不是施舍关系,而是"伙伴合作关系",要在长期发展中,实现彼此利益的平衡。同时要使对外援助更加务实,"建立在更讲生意经的基础上"。新的援助方针包括下列要点:拥有联邦德国工业所需的重要原料的发展中国家,必须同德国公司"积极合作",否则就可能失去援助;德方参与第三世界工业发展的活动,将集中在那些具有"光明前景"的国家,也就是能提供越来越大市场的国家;只对存在"相互信任"和对合伙关系提供"长期法律保护"的国家承担提供贷款和出口补贴等义务;不同意把原料价格与德国国内的工业指数升降联系在一起的要求;等等。[1] 1975 年,联邦德国制定了"同发展中国家合作政策的 25 点纲要",再次对发展援助政策进行调整,也表明对与发展中国家关系的重视。

从 70 年代起,联邦德国的对外援助迅速增加,特别以援助非洲和亚洲贫困地区发展农业、开发能源、保护自然资源、训练人员等为重点。据统计,联邦德国对发展中国家的官方发展援助,在 1950—1969 年的总额约 255 亿马克,平均每年约 10 余亿马克,而 1970 年超过 22 亿马克。此后继续增加,1977 年超过 32 亿马克。1950—1977 年间,以不同途径向发展中国家提供官方援助的总额约 451 亿马克。[2] 1976 年,联邦德国对发展中国家提供援助的金额仅次于美国,居西方国家第二位。非洲是联邦德国发展援助的重点地区,在 70 年代中期成了接受联邦德国发展援助最多的地区。到 1980 年,联邦德国与几乎所有的非洲国家都订有合作发展计划。其次是亚洲和加勒比地区。联邦德国经济部长在 1981 年称,克服第三世界的群众性的贫困,是联邦德国发展政策的首

---

[1] 埃德温·哈特里奇:《第四帝国》,第 414—415 页。
[2] Karl Römer, *Tatsachen über Deutschland:Die Bundesrepublik Deutschland*,S. 199 - 200.

要目的。

80 年代的科尔政府宣称继续致力于与第三世界合作,特别重视发展贸易往来,提出"公正的利益均衡",对第三世界政策的基本原则是在"相互依存"和"平等基础"上建立"伙伴合作关系",并强调帮助第三世界发展的道义准则,增加向最不发达国家援助的比重,把一部分贷款改为救济,并免除一部分国家的债务。1986 年,联邦德国率先免除 24 个极不发达国家积欠的 42 亿马克债务,占当时世界债务免除额的 60%。1988 年又免除一批不发达国家的 22 亿马克债务。

70 年代,联邦德国在亚非拉外交中的一项重要工作,是修复和发展与阿拉伯国家的关系。1973 年中东战争时,联邦德国的政策与美国一味偏袒以色列有所区别,随后又参加法国倡议的欧—阿对话,这有利于与阿拉伯国家和解。联邦德国特别重视获得阿拉伯世界的石油,后者则看好前者的工业和技术。在德—阿和解背景下,联邦德国企业家纷纷奔向中东,获取商机,人们戏称为"东方快车",与阿拉伯国家的贸易大增。到 1976 年,联邦德国向"欧佩克"(OPEC,即石油输出国组织)成员国(多数是阿拉伯国家)出售的货物比 1972 年增加了 4 倍多。1974 年,它与"欧佩克"成员的贸易逆差曾高达 107 亿马克,到 1977 年实现了大体平衡。当时在主要工业国家中,只有联邦德国与石油输出国组织国家的贸易没有逆差。

联邦德国还与欧共体国家一起,先后与非洲、加勒比和太平洋地区的发展中国家达成了几个"洛美协定",在与这些国家的经济关系中,实行某些单向优惠政策,受到欢迎,也有利于扩大与这些国家的贸易。统计表明,联邦德国与工业化国家的贸易 1977 年比 1970 年增加了一倍;其对发展中国家(不包括"东方集团"国家)的贸易总额虽然较小,但增加速度快得多,1970 年为 326 亿马克,1977 年为 948 亿马克,比 1970 年增加近两倍。①

---

① Karl Römer, *Tatsachen über Deutschland：Die Bundesrepublik Deutschland*, S. 192.

联邦德国对外援助中,有一部分是军事"援助"。联邦德国保证不生产"ABC 武器",但其常规军备的生产却相当先进。一些亚非拉国家要发展军事与防务,联邦德国没有坐失良机。早在 60 年代,其对外军事"援助"就涉及一些亚非拉国家,名为"装备援助",亦即为一些国家的军队、警察配备运输、通讯、侦破设备等。按照 1976—1978 年对发展中国家军事"援助"的三年计划,有 20 个国家得到"装备援助"。1979—1981 年的新的三年援助计划,则包括 30 多个国家,其中伊朗、突尼斯、苏丹、索马里、摩洛哥等几个国家占了计划的近一半。印度尼西亚、赞比亚、扎伊尔也进入了接受联邦德国军事"援助"的国家之列。[①] 军事"援助"扩大了联邦德国工业品的出口,提升了政治影响,也与西方的战略相配合。例如 70 年代期间,埃塞俄比亚和阿富汗先后发生亲苏的"革命",联邦德国就曾停止对它们的军事供货。

联邦德国对华关系曾历经曲折。在其建国初期,与新中国分属冷战中的两大阵营,未能建交。朝鲜战争爆发后它追随美国,加入对社会主义国家实行贸易禁运的"巴黎统筹委员会"。1955 年中国宣布结束对德战争状态,并表示愿意与联邦德国建交,却遭到冷遇,还宣称"哈尔斯坦主义"适用于中国。不过,它也避免与台湾当局建交。经济部长艾哈德主张保持同中国的贸易关系,但受到政治因素的制约。1953 年,对外贸易组织"德国经济东方委员会"(Ost-Ausschuss der Deutschen Wirtschaft)试图与中国举行贸易会谈,遭到外交部的阻挠。此后几年该委员会断断续续与中方商谈,但阿登纳政府担心发展对华贸易会损害与西方伙伴的政治关系。直到 1957 年,"东方委员会"主席阿梅龙根(Otto Wolff von Amerongen,1918—2007)才得以率团访华,同中国国际贸易促进会签署了第一个民间贸易协议,为期一年。但是,德方拒绝签署政府间协定和互设贸易代表处。1958 年两国互设了常驻新闻机构,成为有用的联系渠道。进入 60 年代,联邦德国积极发展对华关系的呼声加强

---

① B. H. 舍纳耶夫等:《联邦德国》,第 202—204 页。

了,经济界希望发展贸易,政界有人希望利用中苏矛盾,孤立苏联和民主德国。1963 年 10 月,联邦总统吕布克(Karl Heinrich Lübke,1894—1972)和外长施罗德访问亚洲时,施罗德表示打算重新审视亚洲政策,并且要特别关注对华政策。1964 年初中法建交,造成冲击。中方也表达了发展与联邦德国关系的积极态度。在此背景下,双方于 1964 年 5 月就贸易问题在瑞士进行了首次官方会晤。然而,德方还是不愿签署政府间的贸易协定,只打算签署一项易货协定,并且要求写入"柏林条款"(要求协定适用于西柏林)。这是变相要中国承认其在柏林问题上的主张,势将恶化中国与民主德国的关系。同时,艾哈德政府也未敢违背美国的意志。艾哈德总理 1964 年 6 月访美时,试图表白其发展对华关系的意图,并说这样做对西方无害而有利。但约翰逊(Lyndon B. Johnson,1908—1973)政府正把中国当作比苏联更危险的敌人。艾哈德未能说服美国,只好表示不打算同中国建立外交关系和签订贸易条约,只想加强与中国的贸易。而正当中德会谈之际,联盟党议会党团副主席、基民盟领导人施特劳斯跑到台湾去访问。结果中德两国的贸易谈判到 1965 年宣告失败。

不过,中德在民间层次上的贸易还是得到较大发展,联邦德国成为西方集团中仅次于日本的最大对华贸易伙伴。1966 年,联邦政府决定提供担保,由德马克公司对华出口价值 2.8 亿马克的先进轧钢设备。但这笔巨额交易由于多种原因(如美国阻挠),没有实现。到"大联合政府"时期,"东方政策"有所调整。1968—1969 年间,勃兰特外长表示,德中贸易关系不应始终处于"非正规化"的状态,希望与中国关系正常化。然而,1969 年基辛格总理在对记者表示愿与一切国家,包括人民中国建立正常外交关系时,又说发展对华关系"尚待制定具体的方案"[1]。勃兰特后来在回忆录中坦承,当时对华关系没有实质性进展,一是要避免干扰与美国的关系;二是当时正在努力改善同东欧的关系,不能造成一种想利用

---

[1] 陈锋、殷寿征:《德国宰相与总理评传》,时事出版社 1995 年版,第 311 页。

中苏矛盾的印象。① 简言之,首先要顾及与两个超级大国的关系。

进入70年代,联邦德国对华关系终于实现突破,并获得较快的发展。国际大环境的变化,中美关系的解冻,有利于双方关系的发展。勃兰特政府上台不久,就在1969年12月通过非正式渠道表示:如中方愿意,德方愿意在任何时间、任何地点谈任何问题。在野的联盟党批评"新东方政策"对苏联让步太多,同时强调"新东方政策"应"延伸到北京",而不应"止于莫斯科"。该党的对苏强硬派主张发展对华关系,制约苏联,说德中"受同一势力的威胁",是"天然同盟者"。但勃兰特政府的当务之急还是与苏联东欧的关系,说发展对华关系有个时间和次序的问题,"在长城上找不到德国统一的钥匙"。1972年,中美发表了《上海公报》,勃兰特政府在改善与苏东关系方面已取得实质性进展,于是在对华关系上迈开大步。这年7月,联邦议院外交委员会主席、前外长施罗德访华,表明了欢迎对华建交的态度。随后双方开始建交谈判。到10月,谢尔外长访华,双方宣布正式建交。1973年两国签署了第一个政府间的贸易和支付协定,规定相互提供最惠国待遇。1975年施密特总理对中国进行了国事访问,签署了海运协定、民航协定,决定成立两国经济贸易混合委员会。1978年两国签订科学技术合作协定;1979年又签订文化合作协定。两国贸易稳步增长,科技、文化交流与合作逐步发展。两国高层互访也多次进行。

尽管如此,联邦德国在战略问题上与中国还是缺乏协调。中国根据"三个世界"的理论和"一条线、一大片"的战略,努力联合一切可以联合的力量,反对苏联的威胁,提醒西欧要警惕苏联的野心,不要沉迷于虚假的"缓和"而"养虎贻患"。联邦德国不赞成中国的反霸统一战线观点,以"不刺激苏联"为发展对华关系的一项原则,并强调其与苏联缓和的必要性和重要性。根舍外长说,在欧洲除了缓和别无选择。德国处于分裂状态,又有柏林问题,只有在缓和中才能解决。施密特解释说,不应把德国

---

① 维利・勃兰特:《会见与思考》,第119—120页。

的和平意愿与软弱、绥靖、甚至屈服于苏联混为一谈。西方的政策是既要抗衡苏联的扩张,又要争取与苏联的缓和与合作。[①] 他在 1978 年对记者说,"我看不出来,为什么中华人民共和国走进世界政治和世界经济要引起德国外交政策改变方向",德国的对美关系和对苏关系都不应该因对华关系而改变。[②]

80 年代国际形势发生了新的变化。科尔政府上台后,强化西方联盟和对苏抗衡,重视中国对于抗苏的重要性。中国实行改革开放,则使联邦德国看到了新的机遇。1984 年和 1987 年,科尔总理两次访华,表明其重视发展对华关系。他在 1987 年提出,政治上"相互磋商",经济上"密切合作"和文化上"相互交流"应成为德中长期稳定合作的"三大支柱"。他决心加强这"三大支柱",把合作的前景扩展到 21 世纪。中国高层领导赵紫阳、胡耀邦等先后访问联邦德国。两国进一步拓宽了合作项目,增设了新的合作机构,建立起多层次的官方磋商机制,增加了各层次互访交流的频次和范围。双方的贸易额 1981 年为 23.4 亿美元,1988 年达到 49.18 亿美元,翻了一番以上。科技合作不断向广度和深度发展,并扩大到包括核能、航天等敏感技术在内的多个领域。文化交流也更加活跃。

不过中德关系也并非总是晴空万里。一是涉藏问题。联邦德国承认西藏是中国的一部分,但有时却在西藏问题上采取损害中国利益的举动,如高层官方人士会见达赖。1987 年 10 月,联邦议院通过一项"西藏提案",攻击中国在西藏"侵犯人权"。二是 1989 年 6 月中国发生政治风波后,联邦议院通过对华"制裁"措施,直接恶化了两国关系。直到 1991 年,两国政治对话才得以恢复,1992 年联邦议院决定取消对华制裁,两国关系才排除干扰,重新走上正常发展的大道。

---

① 赫尔穆特·施密特:《伟人与大国——施密特回忆录》,第 278—284 页;王殊:《中德建交亲历记》,世界知识出版社 2002 年版,第 158—159 页。
② 潘琪昌主编:《百年中德关系》,世界知识出版社 2006 年版,第 211 页。

第二节　民主德国的外交政策

在外交上,民主德国取得了明显的成绩,获得 133 个国家的外交承认,雄厚的工业、发达的科技、先进的教育文化以及良好的体育竞赛成绩等使其在国际上具有一定的地位和影响力。建国初期,民主德国外交上实行"一边倒",与社会主义国家的友好合作成为其对外政策的基础,同时积极争取国家统一。1955 年后,民主德国开始努力寻求国际社会对其主权国家身份的承认,并力争实现两德和平共处。70 年代,东西方关系走向缓和,民主德国参与了缓和进程,并建立了两德共处与合作的关系。80 年代,东西方关系重新恶化,但民主德国继续维系和发展两德关系;80年代后期,因改革问题、德国问题等原因,民主德国与苏联发生分歧;在苏东政治剧变过程中,民主德国政局急剧动荡并最终消亡。

一、发展与社会主义国家的关系

建国之初,民主德国的外交环境十分复杂,也比较困难。从国际环境看,以美苏为首的两大阵营在欧洲开始了激烈的争夺,而民主德国处于冷战对抗的前沿阵地,直接承受着资本主义国家巨大的政治、经济、军事以及文化压力,特别是两大军事集团之间可能爆发战争的压力。从地区环境看,两个德国先后建立,联邦德国坚决要求以资本主义制度统一德国,民主德国政府一直面临着占据优势地位的联邦德国的竞争和挑战。从内部环境看,统一社会党主张建立一个社会主义社会的新德国,建立社会主义政治经济体制,发展对外贸易,促进经济增长,改善人民生活,也是该党进行外交决策时必须考虑的因素。此外,成立初期的民主德国在外交上还没有获得独立权,活动空间不大,在经济和安全方面严重依赖苏联。

立足国内外形势,民主德国最初实行向苏联东欧社会主义阵营一边倒的政策。在 1949 年的政府施政纲领中,民主德国部长会议主席格罗提渥强调,与苏联、人民民主国家及一切爱好和平的人保持友好是民主德国对外政策的基础。他还说:"对苏联的和平与友好是我们兴旺发达,德国人民和国家乃至民族生存的先决条件。同苏联的友谊给了我们力量去完成政府提出的伟大民族任务。"①民主德国的外交权力有限,面临的任务却十分艰巨,解决德国问题和加强与社会主义国家的合作是最主要的两大任务。

加强与苏联东欧社会主义国家的友好合作关系,是民主德国的一项基本对外方针。民主德国宪法第六条规定:"德意志民主共和国永远地、坚定不移地同苏维埃社会主义共和国联盟结成联盟。同苏联的紧密的、兄弟般的联盟,保障德意志民主共和国人们在社会主义与和平道路上继续前进。德意志民主共和国是社会主义国家大家庭不可分割的组成部分。它忠于社会主义国际主义,促进社会主义国家大家庭的加强,维护和发展同社会主义大家庭各国的友谊、全面合作和互助。"②民主德国倒向社会主义阵营,有意识形态因素的作用,也是政治、经济以及安全方面的需要,因为联邦德国和英法美等西方大国一直拒绝承认民主德国,并采取了包括外交封锁在内的种种措施,力图搞垮民主德国。为了国家的生存和发展,民主德国需要苏联和社会主义国家的支持和帮助。

民主德国与社会主义国家发展联盟关系的第一步是建立正式的外交关系。1949年10月15日,苏联作为第一个社会主义国家承认了民主德国,并与之建立了外交关系。随后,保加利亚、波兰、捷克斯洛伐克、匈牙利、罗马尼亚、中国、朝鲜、阿尔巴尼亚、蒙古、越南等国,也与民主德国建立了外交关系,民主德国成为世界社会主义体系的一部分。1953年8月22日,苏联免除民主德国由于战争而负担的财政和经济义务,并将两国关系提升到大使级别。1955年1月25日,苏联发布《关于结束苏联同民主德国之间战争状态的命令》,宣布结束两国之间的战争状态。同年,

① 德国统一社会党中央马列主义研究所编写组编:《德国统一社会党简史》,第242页。
② 木下太郎编:《九国宪法选介》,第236页。

中国等社会主义国家也宣布结束对德国的战争状态。9 月,苏联在与联邦德国达成建交协议之后,即与民主德国签订友好互助条约,并承认民主德国"拥有充分主权"。

在此期间,民主德国还与社会主义国家签署了众多的经济、科技以及文化方面的合作协议。1950 年 6 月 6 日,民主德国与波兰签署了承认奥得-尼斯河边界(Oder-Neisse Linie)的联合声明,一个月后签署了一个相应的协定。同年 6 月,民主德国与捷克斯洛伐克发表了联合声明,妥善解决了两国之间的德意志移民迁出问题。民主德国还与匈牙利、罗马尼亚、保加利亚等国发表联合声明和签署在经济、科技以及文化等方面开展合作的众多协定。

为了巩固社会主义联盟关系,民主德国还加入了社会主义国家组成的国际组织,与社会主义国家走向经济、政治以及军事一体化。1950 年 9 月,民主德国被接纳为经济互助合作成员国,这有利于民主德国经济的恢复和发展,也使其与社会主义国家经济关系日益紧密。民主德国还将与苏联和其他社会主义国家的贸易作为整个国家外贸的基础,依托经互会组织,民主德国与社会主义国家间的合作从双边走向多边,从流通领域扩大到生产领域,最终目标是实现生产、科技、外贸和货币金融一体化。1955 年 5 月,民主德国又被华沙条约组织接纳,与社会主义国家间的军事团结和外交协调进一步加强。

民主德国还积极与社会主义盟友协调立场和密切合作。如为了争取社会主义国家对其国家统一政策的支持,1950 年 10 月,民主德国与苏东国家的外交部长在布拉格会晤,最终达成一致,反对西方三国单方面决定结束对德战争、制定对德和约以及重新武装联邦德国等政策,要求按照《波茨坦协定》签订和约和最终从德国撤军,并建议由德国两部分谈判建立协商和约与筹备全德临时政府的全德立宪会议。民主德国还与其他社会主义国家一起反对帝国主义侵略政策,致力于为社会主义国际事业作出贡献。如 1950 年 2 月,民主德国发表了关于法国帝国主义对越南人民罪恶的殖民战争的声明,谴责殖民战争,表达其对人民民族解放运动的立场。

为了与社会主义国家建立稳定的同盟关系,民主德国还在国内进行思想教育。建国初期,"德意志人优于其他国家人民"等种族优越论在民主德国还有市场,也有人反苏和敌视共产主义,要求"全体德国人必须团结起来一致对外",还有不少人对奥得-尼斯河边界持怀疑或否定态度。统一社会党及其政府对这些错误思想进行各种形式的教育,反对国内涌现的"中立主义"和"资产阶级民族主义"等主张,提出要培育国际主义精神。[1]

民主德国倒向苏联和社会主义阵营,是当时历史条件下的产物。这种政策使之获得经济援助和安全支持,有利于其恢复经济、巩固政权,并奠定社会主义的基础。然而,尽管1955年苏联已承认民主德国的主权地位,但民主德国在外交上独立自主活动的空间还是有限的,总体上还是依赖并服从于苏联。

二、寻求两德和平共处和国际社会外交承认的努力

20世纪50年代中后期,两德分别加入华约和北约两大对立军事集团后,两国关系十分紧张,德国问题的解决更加困难。在国际上,核军备竞赛使东西方关系再次陷入危机。在地区,联邦德国不仅开始实施重新武装计划,还乘机提出发展核力量的要求。为了孤立民主德国,阿登纳政府还在外交领域推行"哈尔斯坦主义"。东西方局势和联邦德国的政策都危害了民主德国的生存、安全和发展。在新的形势下,民主德国一方面继续加强社会主义同盟,另一方面实行现实主义的外交政策,寻求国际社会对其主权国家身份的承认,努力实现两德和平共处。为此,民主德国先是提出了邦联计划,继而支持赫鲁晓夫的缔结和约和解决西柏林问题的主张,最后是直接向联邦德国提出从国际法上承认其主权国家地位的要求。

---

[1] 德国统一社会党中央马列主义研究所编写组编:《德国统一社会党简史》,第261页。

首先,反对联邦德国的核武装和提出两德邦联计划。1955—1957年,民主德国把反对联邦德国核要求的斗争提到了对外政策中特别重要的地位。统一社会党和政府提出了裁减军备和缓和关系的诸多建议。1956年1月18日,民主德国部长会议主席格罗提渥建议,两德发表互不使用武力、支持欧洲集体安全条约、寻求有关核武器的共同立场以及两德关系正常化的共同声明。5月29日,民主德国发表了一份政府声明,全面提出了民主德国缓和紧张局势和解决德国问题的主张。在德国问题上,民主德国强调自身的存在,建议两国政府促进两德的商业、文化、科技交流和鼓励个人和团体之间的来往。民主德国还重申,愿意实现两德关系的正常化,但只有通过两德的谈判才能实现关系的接近。[1] 为了表示缓和的诚意,民主德国还单方面将军队从12万削减到9万。[2]

在反对联邦德国核要求的斗争中,民主德国提出了实现两德和平共存并为将来统一创造条件的邦联计划。1956年12月30日,乌布利希在《新德意志报》发表《我们应该做什么以及不应该做什么》(Wir tun soll und was nicht zu tun)一文,他的主要意图是指责联邦德国政府的重新武装政策阻碍了德国统一,号召联邦德国青年、工人阶级以及社会民主党努力在选举中挫败阿登纳及其政党。在文章最后,他指出,"在两个德国建立不同的社会制度后,首先必须是两个德国的接近,然后是建立邦联或联邦的一种形式,直到德国重新统一和建立国民大会的民主选举成为可能"[3]。这是民主德国官方第一次公开提出一种过渡统一方案,但对统一后的国家组织形式的看法还不明确。1957年1月15日,统一社会党中央委员会第30次会议召开,乌布利希在大会报告中详细谈到邦联计划。他指出,德国统一的组织形式是邦联性质的全德议会,它由两德

---

① A. C. 阿尼金等编:《外交史》,第五卷(下),大连外国语学院俄语系翻译组译,三联书店1979年版,第596—598页。

② W. Haenisch (Hrsg), *Geschichte der Aussenpolitik der DDR：Abriss*, S. 126.

③ Jürgen Hofman, *Es ging um Deutschland：Vorschlage der DDR zur Konfronderation zwischen beiden deutschen Staaten, 1956 bis 1967*, Berlin：Dietz, 1990, S. 16.

分别依据各自的选举法进行选举组成,该组织有邦联政府的职能,负责准备统一协议、协商民族工业、银行、军队、交通等的统一,以后的工作还有按照平等协商的原则来举行自由选举,建立负责立宪和组织统一政府的国民大会,等等。民主德国认为,邦联比由外国和德国垄断资产阶级控制的选举更有民主特征,并强调只有在外国军队撤出、外国军事控制结束后,自由选举才有可能。① 在报告中,乌布利希还指出,民主德国的邦联计划针对的是工人阶级,但不以联邦德国社会主义化为建立邦联的前提条件。至于邦联计划的目标,民主德国认为是:(1)制止德国民族分裂的加剧以及为恢复民族国家的统一创造机会;(2)成为两德开始关系正常化的道路;(3)停止军事对抗和制止在德国土地上开始的扩张军备。这些表明,民主德国试图在两德之间建立一种特殊的和平共存关系。

但是,联邦德国拒绝接受两德邦联计划,1957 年 5 月,阿登纳政府在给苏联的备忘录中指出:邦联建议只会使统一问题变得更为复杂和困难;在德国历史上,1815 年的邦联到 1871 年才成立联邦,何况民主德国还有前提条件,其目的不过是想建立共产主义在全德的领导,联邦德国是不能接受的。② 联邦德国还担心邦联计划会导致两德建立对等的国与国之间的关系,而这是坚持"单独代表权"的阿登纳政府决然不能接受的。此外,两德邦联计划正好是在联邦德国的大选前夕提出,基督教民主联盟怀疑其目的是要在选举中造成不利于阿登纳及其政党的影响。1958 年 1 月 20 日,阿登纳明确表示:德国统一不是两个政府的事,而是全体德国人的事。③

其次,支持赫鲁晓夫的缔结和约和解决西柏林问题的新主张。1957秋,东西方之间核军备竞赛升级使联邦德国核扩军的危险加剧。1958 年

---

① Jügen Hofman, *Es ging um Deutschland*: *Vorschlage der DDR zur Konfronderation zwischen beiden deutschen Staaten*, *1956 bis 1967*, S. 17 - 22.

② 张亚中:《德国问题:国际法与宪法的争议》,扬智文化事业公司 1999 年版,第 79 页。

③ J. k. Sowden, *The German question*, *1945—1973*: *continuity in change*, New York: St. Martin's Pr. , 1975, p. 187.

3月25日,联邦德国的联邦议院以一票的多数通过了支持北约在其领土上装备核武器的决定。[1] 为了反对联邦德国的核要求,民主德国提出了种种建议。除了继续宣传邦联计划和向联邦德国发出裁军呼吁外,它还与东方阵营一起提出了一些新的主张和要求。主要有:(1)支持波兰的非核区建议;(2)呼吁签订互不侵犯条约;(3)提出缔结对德和约的要求并和邦联计划相结合。然而,联邦德国仍然反对邦联道路,坚持德国统一是四国的责任。在西方拒绝谈判和约后,苏联和民主德国决定对西柏林施加压力,以迫使西方同意召开和会。11月27日,苏联照会英法美三国,宣布解除四国占领柏林现状,要求在6个月内就柏林的自由城市地位达成协议,否则苏联将与民主德国单独缔结和约,这就是赫鲁晓夫的"最后通牒"。尽管西柏林中立化的主张意味着民主德国将要放弃对西柏林的主权要求,但乌布利希主要关注的是西柏林不再威胁民主德国的安全,也就是西方不再以西柏林为据点来开展针对民主德国的敌对宣传、进行货币投机以及支持策划民主德国人员的外逃,等等。因而,民主德国积极支持赫鲁晓夫的最后通牒。

西方三国都坚持在柏林的权利并拒绝苏联的最后通牒,但英美两国愿意与苏联谈判以缓和局势,联邦德国和法国则坚决反对向苏联让步,最后东西方还是在召开外长会议和首脑会议上问题上达成了一致。1959年5月—8月,东西方在日内瓦召开了四国外长会议,东西德被允许列席会议。由于在德国问题和柏林问题上的立场难以弥合,会议毫无结果。不久,由于发生美国U-2飞机入侵苏联领空事件,苏联取消预定在巴黎召开的四大国首脑会议。在美国新总统肯尼迪上台后,美苏首脑会谈才再次开启,但也没有达成任何协议。

在谈判道路受阻后,苏东集团决定采取单边行动,来维护民主德国的稳定。1961年8月13日深夜,民主德国突然用铁丝网将西柏林围住,

---

[1] Frank A. Ninkovich, *Germany and the United States: the transformation of the German question since 1945*, New York: Twayne Publishers, 1995, p. 112.

后来又修建起一道高大的围墙——"柏林墙"。西方国家虽然表示反对，但也没有采取激烈的措施，而是逐渐默认了"柏林墙"的存在，第二次柏林危机拉上了帷幕。

再次，寻求国际社会的正式外交承认。建国以来，民主德国一直希望获得国际社会的承认。在社会主义国家的范围内，这一目标顺利实现，但西方集团(包括联邦德国)一直拒绝承认民主德国。在 1954 年统一社会党的"四大"上，乌布利希指出，不需多长时间西方国家就会承认民主德国。[①] 50 年代中期以后，民主德国主要努力方向是争取西方国家的正式外交承认，也就是国际法承认。1961 年"柏林墙"修建后，乌布利希借机强调民主德国的主权国家地位，他说，"……8 月 13 日及此后的措施表明了工农国家的决心，即成功达成任何谈判结果的前提是尊重民主德国及其首都的主权"，"8 月 13 日的保护措施是加强民主德国主权的重要象征"。[②]"柏林墙"修建后，民主德国的政局趋于稳定，从 1961 年 8 月 14 日到 1977 年，民主德国外逃人员总数仅 177204 人。[③] 在安定的环境下，民主德国的经济取得了战后以来的最好成就，1965 年工业生产总值超出 1958 年水平的 43%，居民生活也得到了很大的改善。[④] 随着实力的增长，民主德国对建立两德正常关系充满信心。

为了获取联邦德国的外交承认，民主德国建议两德协商关系正常化。1961 年 11 月 30 日，格罗提渥致信阿登纳，表示如果不能在所有问题上达成共识，两德至少在保卫和平、和平共处与发展正常关系上达成最低程度的一致。在有关两德协商内容的建议中，他提出双方互相保证

---

① 《德国统一社会党第四次代表大会文件选辑：1954 年 3 月 30 日至 4 月 6 日》，纪年译，第 23 页。

② *Neues Deutschland*，26，November 1961 and 28 March，1962.

③ David Childs，*The GDR：Moscow's German ally*，London；Boston：G. Allen & Unwin，1983，p. 64.

④ Ibid.，p. 70.

主权平等和尊重领土完整。① 乌布利希宣称,取得外交承认的短期目标
和争取统一的长远目标并不矛盾,"……承认是和平共处的前提,它将有
利于合作,一旦西德发生民主变革,它将导致最终的统一"②。但是,阿登
纳政府强硬地坚持不承认政策,民主德国的谈判提议依旧泥牛入海。
1963 年 1 月,统一社会党"六大"召开,民主德国确立了 10 年外交计划,
提出要与不同制度的国家在和平共处原则上建立和平共存关系,这也适
用于民主德国同联邦德国、西柏林之间的关系。③ 民主德国继续坚持建
立两德邦联的计划,主张西柏林作为不属于联邦德国的一方参加邦联,
并建议德国三部分在最低程度上建立适当的和平共处关系并达成谅解。
此外,还继续提出签订对德和约的要求,并提出了加入联合国的目标。④

联邦德国继续拒绝承认民主德国,但不再排斥与承认民主德国的东
欧社会主义国家发展关系。1961 年 11 月 29 日联邦德国开始与波兰进
行签订长期贸易协定的外交谈判,次年 3 月 7 日两国签署了一个为期三
年的贸易协定,联邦德国与其他东欧国家接触并签署了贸易协定。1962
年 6 月 4 日,联邦德国外长施罗德还提出消除与东欧国家隔阂的"架桥
政策",其方式是建立文化联系、增加人员来往以及开展经济交流。但施
罗德并不与东欧国家建立外交关系,民主德国仍被排斥于缓和范围之
外。此后的艾哈德政府和基辛格政府在东方政策上的步伐逐渐迈开,但
也没有从根本上突破拒绝承认民主德国的"哈尔斯坦主义"。

对于联邦德国的新政策,乌布利希的反应是一面在内政上加紧发展
自身的经济和军事实力,一面在外交上强调社会主义阵营国家的团结,

① Jürgen Hofman, *Es ging um Deutschland：Vorschlage der DDR zur Konfronderation zwischen beiden deutschen Staaten*, 1956 bis 1967, S. 55 - 57.
② Joanna McKay, *The official concept of the nation in the former GDR：theory, pragmatism, and the search for legitimacy*, Aldershot, Hants, UK；Brookfield, Vt.：Ashgate, 1998, p. 39.
③ W. Haenisch (Hrsg.), *Geschichte der Aussenpolitik der DDR：Abriss*, S189.
④ Jürgen Hofman, *Es ging um Deutschland：Vorschlage der DDR zur Konfronderation zwischen beiden deutschen Staaten*, 1956 bis 1967, S. 63 - 64.

反对联邦德国绕过自己与苏联、东欧国家发展关系,坚持联邦德国从国际法上承认其主权国家地位是社会主义阵营与之交往的前提。为了抑制联邦德国在东欧外交行动的消极作用,民主德国还努力扩大自己在国内外的影响力。1965年,乌布利希成功访问了埃及,这是他第一次出访没有建交的非社会主义国家。民主德国还派代表团前往东欧各国,同时还以与西方发展经济关系来进行反击。在国内,民主德国极力宣扬自己的经济成就①,甚至是将自己打扮成社会主义国家的典范,以激起国人的国家自豪感。此外,民主德国还刻意突出自己的国家地位,如通过加强对西柏林过境交通的管制来显示其对交通的控制权,通过反对两德运动员以一个德国代表团的形式参加1968年的奥运会来与联邦德国划分界限。精明强干的乌布利希也企图从联邦德国政策的松动中寻找机会②,以从两德对话和交往中获得联邦德国的外交承认以及经济贸易等方面的好处。1963年7月2日,乌布利希再次向联邦德国提议,两国就建立邦联、发展正常和平关系和准备友好合作进行谈判。③ 与此同时,民主德国还努力与联邦德国的在野党和社会团体进行接触。

民主德国尽管没有取得联邦德国的外交承认,但也挫败了后者在东欧推行的外交包围政策。由于苏联的外交限制和联邦德国的让步有限,东欧国家没有背叛民主德国的利益。1964年与苏联签署的友好合作互助条约提高了民主德国在社会主义阵营的地位,60年代的"经济奇迹"进一步巩固了民主德国的国家地位。随着政权的巩固和经济实力的增强,民主德国的国际地位和影响也随之提高,许多第三世界国家甚至连西方资本主义国家都愿意与其发展关系。然而,在勃兰特上台后,民主德国再也无法阻止苏东盟国与联邦德国改善关系的步伐。

---

① A. James Mcadams, *East Germany and detente*: *building authority after the wall*, pp. 57 - 59.

② 汉斯·莫德罗:《起点与终点: 前民主德国总理莫德罗回忆录》,王建政译,军事科学出版社2002年版,第84页。

③ Jürgen Hofman, *Es ging um Deutschland*: *Vorschlage der DDR zur Konfronderation zwischen beiden deutschen Staaten*, *1956 bis 1967*, S. 66 - 67.

　　在无法阻止苏东盟国与联邦德国进行无条件谈判以及东西方缓和关系后,民主德国着力于通过内部政策调整来维护国家的存在和安全。1967 年 12 月政治局成员阿尔伯特·诺登(Arbert Norden,1904—1982)指出,联邦德国加入北约使民族联系永远终结,联邦德国再提一个民族不过是用来反对民主德国的政府主权和合法性要求。① 但在 1968 年的新宪法第一条中,民主德国仍然将自己定位为"德意志民族的社会主义国家",并在第八条中保留了民族统一目标。这表明,民主德国官方的立场仍然是"一个民族,两个国家",并没有放弃一个民族理论。然而,1969 年 10 月 28 日,联邦德国总理勃兰特在施政纲领中也提出"一个民族,两个国家"的说法,不过他是从共同的语言、文化、习俗等方面来定义民族,目的是通过加强民族联系来实现最终的民族统一和国家统一。乌布利希反对联邦德国利用德意志民族情感和两德特殊关系来寻求德国的统一,极力强调两德的差异:"两个德国有着不同的社会组织,有自己的国界、自己的教育体制和自己的文化。"②为了规避被联邦德国吞并的危险,民主德国开始在民族问题上与其划分界限,如在机构名称上实行"去德意志化",加强对西柏林过境交通的管理以限制两德人员来往,等等。乌布利希还开始否定一个民族理论,1970 年 1 月 15 日,以两德不再属于一个民族共同体为由,他要求建立国际法中的两德关系,并以民主德国是社会主义民族来拒绝两德统一。③ 1971 年 1 月 19 日,乌布利希又以百万富翁和工人阶级没有共同点为由,来反对一个民族理论。④ 可见,在保持民主德国政权稳定和实现德意志民族统一两个目标发生冲突时,乌布利希选择了前者。

　　在昂纳克上台后,两德关系正常化势在必行,这不仅对民主德国政

---

① *Neues Deutschland*,19 December 1967.

② Gebhard Ludwig Schweigler, *National Consciousness in Divided Germany*,London:SAGE Publications,1975,p.102.

③ 张五岳:《分裂国家互动模式与统一政策之比较研究》,台北:业强出版社 1992 年版,第 175 页。

④ Eberhard Schulz(ed.),*GDR foreign policy*,Armonk,N. Y.:M. E. Sharpe,1982,p. 57.

权的存在和稳定构成新的挑战,联邦德国影响的再次进入还使民主德国面临着保持独特和清晰的民族国家身份的问题。在 1971 年 7 月的统一社会党"八大"上,昂纳克对民主德国的民族政策作了大的调整,他指出,"历史已经对民族问题作出决定。社会发展的规律,社会主义和帝国主义不可调和的对立,客观地导致了在一切社会领域中严格划清社会主义的民主德国和帝国主义的联邦德国之间的界限。建立工人阶级政权和建设社会主义在民主德国导致了社会主义德意志民族的形成。在联邦德国则相反,在那里,帝国主义政权在右翼社会民主党领导人的积极支持下已经复辟,由阶级对立所造成的旧的资产阶级民族继续存在。"[1]这样,为了防范和反对勃兰特政府"以接近求转变"的企图,昂纳克政府提出了"两个民族理论"。

三、与联邦德国关系的改善和发展

在苏联东欧国家对与联邦德国勃兰特政府举行缓和谈判十分积极后,为了避免陷入外交孤立,民主德国不得不开启两德谈判之门,不再坚持以获得联邦德国的外交承认作为谈判前提。由于立场相差甚远,两德谈判毫无结果,但勃兰特政府与苏联、波兰两国的双边谈判取得了进展。勃兰特政府向苏联施加压力,要求将《柏林协定》和《莫斯科条约》捆绑在一起。为了促成两德谈判,苏联通过双边接触和多边协商的多种渠道向民主德国施加压力,在内外逼迫之下,乌布利希被迫辞职,开始了昂纳克统治的新时代。事实上,在争取联邦德国的外交承认和保护民主德国在柏林的权益等问题上,昂纳克与前任毫无二致。与乌布利希不同的是,昂纳克更为务实和灵活,在无法抗拒苏联的压力后,他积极参与缓和进程,以尽可能地维护民主德国的国家利益。

在一系列条约网络的基础上,两德合作关系逐步建立。从 1949—1969 年的 20 年间,两德仅签订了 16 项条约,而从 1969—1979 年的 10

---

① 德国统一社会党中央马列主义研究所编写组:《德国统一社会党简史》,第 600—601 页。

年时间内,两德签订的条约数达到 57 个。① 其中,最为重要的是 1972 年
12 月签订的两德《基础条约》,在条约中民主德国获得了联邦德国对其主
权国家地位的现实承认,联邦德国则使民主德国同意发展和促进两德在
经济、科学技术、交通等等方面的合作,但两德在民族、统一、国籍、民主
德国主权国家地位、两德以及欧洲的现存边界等基本问题上的分歧依旧
存在。两德条约涉及的主要是经济和社会领域,有关政治方面的比较
少,双方主要是进行功能主义合作,但条约的签订为两德合作关系的建
立和稳步发展奠定了基础。

　　20 世纪 70 年代,两德合作关系主要体现在人员来往和经贸关系的
发展方面:(1) 两国人员来往不断扩大。关系解冻后,两德人员来往明显
增多,1979 年联邦德国公布的数据显示,联邦德国前往民主德国旅游的
人数(不包括由第三国入境者)从 1967 年的 1423738 人攀升到 1975 年
3123941 人,民主德国前往联邦德国旅游的人数(地域不包括西柏林,人
员不包括退休者)在 20 世纪 70 年代也稳定地保持在 4 万人左右,退休人
员则保持在 10 万—14 万人左右。② 除了直接的人员来往外,两德人民
通过电话和邮件进行的交往也大大增多。(2) 两德贸易额大幅度提高。
联邦德国官方公布的两德贸易数据显示,1955 年联邦德国与民主德国之
间的购买额仅 5.88 亿联邦马克,销售额是 5.63 亿联邦马克,成交额是
11.51 亿联邦马克;1971 年分别攀升到 23.19 亿联邦马克、24.99 亿联邦
马克和 48.17 亿联邦马克;1976 年又快速上升为 38.77 亿联邦马克、
42.69 亿联邦马克和 81.46 亿联邦马克。此外,按照《基础条约》特别是
《欧洲安全和合作最后文件》(Schlussdokument für Sicherheit und
Zusammenarbeit in Europa)的规定,两德还在公共卫生、交通、环境、科
学技术以及文化等领域开展了广泛的交流与合作。

---

① Lawrence L. Whetten, *Germany East and West: Conflicts, Collaboration, and
　　Confrontation*, pp. 169 - 175.
② Ibid., pp. 94 - 101.

20世纪80年代,东西方关系再次恶化,但两德之间的关系继续维系和发展,这主要表现在:(1)两德致力于保持两国之间的和平共处。受东西方关系的影响,民主德国对联邦德国实行了一些强硬政策,但直到1986年4月的统一社会党"十一大",昂纳克还强调在两德关系中维护和平始终是最重要的问题。科尔上台后突出统一意图,两德关系一度恶化,但两国领导人在会晤中一致同意避免两德战争。(2)两德高层领导人之间的政治对话继续开展。在《基础条约》签署后,两德政治交往逐渐增多,甚至在美苏关系逐步恶化之时,两德的政治关系仍然继续发展,如1980年、1981年两德最高领导人昂纳克和施密特两次会晤;利用1982年、1984年和1985年参加苏联首脑葬礼的三次机会,昂纳克和科尔进行了会谈。(3)两德的人员交往和各领域合作一直存在并不断发展。如两德的贸易继续保持增长,1984年上半年民主德国向联邦德国出口的产品高达45亿马克的,比上年同期增长12%。联邦德国继续向民主德国提供贷款,后者则继续放宽对两德人员来往的限制。1987年9月,昂纳克对联邦德国的成功访问促进了两德关系的发展,两国人员来往继续增长,许多城镇还结为姐妹市。

然而,两德关系的发展也存在众多的问题和障碍。就外部障碍而言,两德分别隶属于政治、经济和军事上敌对的两大阵营,两国关系的发展必然会受到冷战格局的影响。尽管政治、经济实力不凡,但两个德国不可能脱离东西方关系的大框架来发展两德关系,更不可能分别离开各自的冷战阵营或者是改变美苏对峙的冷战国际格局。就内部障碍而言,两德敌对竞争关系的遗存也限制了两国关系的深入发展。尽管两德走向了关系正常化,但双方在国家地位、民族统一等基本问题上的分歧依然存在,联邦德国还拒绝从国际法上承认民主德国。因而,昂纳克政府对两德交往一直保持警惕并施加种种限制。在合作和交流中,两德的摩擦和冲突也是不断出现。在敌对与竞争关系继续存在的情况下,两德实力和地位的巨大差距也限制了双边合作的发展,如在贸易方面,与联邦德国的贸易量占民主德国外贸总量的7.1%,而与民主德国的贸易量在联邦德国的贸易总量中只占微不足道的 1.5%。① 为了避免形成对联邦德国的经济依赖,昂纳克政府大幅度降低无息透支贷款的利用率,1983年为 71%,1988 年降为 31%,1986 年更是低至 22%。②

　　总之,在与联邦德国的发展竞争中,民主德国明显处于下风,这使其在外交方面一直处于被动防御的局面,深受国家安全和政局稳定等问题的困扰,两德和平共处及国际社会的承认也没有使之获得真正的安全感。而且,战时盟国对德国和约悬而未决使民主德国没有获得完全的主权,欧洲的冷战也使其难以通过自身力量来获得真正的安全。缺乏完全主权和对苏东集团军事保护的依赖,使民主德国在决策上不能完全地独立自主,深受苏联、东西方关系以及联邦德国等因素的影响。此外,在冷战时期,国际交往中普遍带有浓厚的意识形态色彩,处于冷战前沿的民主德国政府在处理两德关系时更是将意识形态利益置于突出地位。为了维护国家的安全和发展,统一社会党及其政府先是放弃了积极的统一政策,继而放弃统一目标,最后还走向了民族分离主义道路,民主德国领导人埃贡·克伦茨认为"这是民主德国近期历史的最大错误之一"③。

四、与苏联的分歧和关系恶化

　　长期以来,建立、发展和巩固与苏联东欧等社会主义国家的兄弟联盟关系是民主德国外交政策的基本路线之一。④ 然而,到了 20 世纪 80年代初,由于对联邦德国政策的不一致,民主德国和苏联的友好关系蒙上了一层阴影。在苏联与联邦德国的关系中,安全问题一直起着决定性的作用。出于安全考虑,苏联在 20 世纪 50 年代主张两个德国的存在。在东西方关系缓和时期,苏联一直企图通过拉拢联邦德国、法国等西欧

---

① Ernest D. Plock, *East German-West German relations and the fall of the GDR*, Boulder: Westview Press, 1993, p. 48.
② 克利斯塔·卢夫特:《最后的华尔兹:德国统一的回顾与反思》,第 62 页。
③ 埃贡·克伦茨:《大墙倾倒之际:克伦茨回忆录》,第 106 页。
④ W. Haenisch, *Geschichte der Aussenpolitik der DDR: Abriss*, p. 26.

大国来离间欧美关系,从而削弱北大西洋联盟。在 1984 年阻止联邦议院通过安置潘兴- II 导弹(Pershing-II-Rakete)失败后,苏联的德国政策是惩罚支持美国安全政策的联邦德国。但是,为了自身的经济利益和安全利益,民主德国不愿破坏两德关系。迫于苏联的压力,昂纳克访问联邦德国的日程多次被迫延期,依赖苏联的保护使民主德国不得不将社会主义阵营的团结置于维持两德关系之上。

因改革问题方面的矛盾与分歧,80 年代后期民主德国与苏联的关系还是走向恶化。1985 年 3 月,戈尔巴乔夫(Michail Gorbatschow,1931—　)担任苏联共产党总书记,当时的苏联面临着严重的内外交困的局面,长期以来经济体制僵化、经济结构失调以及牺牲经济发展扩充军备等使国家陷入经济危机,这也使苏联在全球争霸斗争中力不从心。戈尔巴乔夫决定进行加快经济发展和完善社会主义的改革,并陆续提出了一些新设想和新措施,主要是在经济领域允许多种经济所有制存在、采取经济方法管理经济、给予企业更大的经营自主权和重点发展重工业。然而,苏联的经济改革极不顺利,成效不彰并阻力重重,戈尔巴乔夫转而推行政治自由化、民主化改革,并日益以政治改革为主。在苏联国内推行改革的同时,戈尔巴乔夫也敦促东欧社会主义国家进行改革,允许这些国家探索自己的发展道路。

对昂纳克来说,在改革问题上处理与苏联关系是一个两难问题,一方面民主德国十分依赖苏联,需要与戈尔巴乔夫政府搞好关系;另一方面他不理解也不接受戈尔巴乔夫的新道路。埃贡·克伦茨后来指出,"对于德国统一社会党而言,要想同时做到一方面与苏联保持这样清晰的关系,即民主德国的存在最终有赖于它;一方面又要对戈尔巴乔夫的政策保持批判性距离,兼顾两者是很困难的。然而这种距离并未促成民主德国形成一种可行的方案,以实现连续性与创新之间的平衡"[①]。昂纳

[①] 埃贡·克伦茨:《民主德国的终结与苏联解体的因果关系》,李红霞译,《红旗文稿》,2011 年第 17 期,第 35 页。

克最后选择的是一种表面逢迎暗中抵制的政策,他没有公开反对苏联改革,一度还派亲信埃贡·克伦茨研究苏联的改革政策和措施,但最终他对戈尔巴乔夫改革采取抗拒立场,但又不得不采取一种间接方式,通过强调民主德国成就来抵制苏联改革,他说:"世界上哪个社会主义国家搞得比我们好? 你们要改革和公开性还是要充足的货架?"①在1988年中委会第七次会议上,昂纳克首先肯定苏联改革的作用,宣扬"苏联的改革进程对加强世界社会主义进程和保卫和平具有重大意义",接着他又表示要警惕资产阶级化的影响,不能依据"庸俗市侩的喋喋不休,那些人想用资产阶级思想来改写苏共党史和苏联历史"。他还强调没有对所有社会主义国家都适用的模式,照搬不能代替必要的独立思考,民主德国要建设具有自身特色的社会主义。② 实际上,昂纳克日益保守和僵化,他抵制戈尔巴乔夫式改革,也拒绝根据民主德国情况进行必要的改革和调整,将克伦茨的改革提议锁进保险柜,导致后者认为:"昂纳克并不拒绝与苏联保持良好的关系,但却对那里的发展抱怀疑态度。他认为他们头脑中的社会主义不是多而是少了。他感到自己更加倾向于苏联社会中的保守势力。"③为了限制戈尔巴乔夫新思维及其改革对民主德国的影响,昂纳克政府还禁止发行苏联的《伴侣》(Partner)杂志。从1985年起,戈尔巴乔夫在与昂纳克的多次会晤中均敦促他实行改革,但昂纳克不为所动,戈尔巴乔夫事后承认:"我现在只想说,为了说服他切不可拖延国内和党内改革的时间,我做了小心翼翼的尝试,但没有收到任何实际效果。"④昂纳克抵制改革使民主德国与苏联的关系日益冷淡,克伦茨在布加勒斯特(Bukarest)会议上还觉察到,因抵制改革,民主德国遭受到社会主义盟国的孤立。

---

① 埃贡·克伦茨:《大墙倾倒之际:克伦茨回忆录》,第107页。
② 同上书,第17页。
③ 同上书,第55页。
④ 米·谢·戈尔巴乔夫:《"真相"与自白:戈尔巴乔夫回忆录》,述弢等译,社会科学文献出版社2002年版,第294页。

在民主德国与苏联的关系走向疏远的同时,联邦德国与苏联关系逐渐缓解,为了在改革中获得西方的资金和技术,戈尔巴乔夫大力改善与联邦德国的关系。对于苏联与联邦德国政治关系的改善,昂纳克十分不安,担心会损害民主德国的外交战略地位和国内统治合法性。因而,他决定在1987年完成因苏联阻止而延期的对联邦德国的访问,目的是想以促进两德关系来平衡苏联与联邦德国的接近。毫无疑问,昂纳克更加重视的是维持与苏联的特殊关系,在与苏联争相向联邦德国示好的同时,民主德国也不断向苏联强调保持两国政府和政党之间联系的重要性。然而,民主德国的"德国牌"未能改变苏联的重视联邦德国政策,戈尔巴乔夫还不顾民主德国的利益主动向联邦德国总理科尔提出德国统一问题,甚至还发出了不排斥德国最终统一的信号。苏联的德国政策的松动会导致两德人民民族感情的增长,这自然会危及民主德国政权的稳定,昂纳克对苏联的做法十分恼火。他说:"现在我不知道是否是100年后的事情都会发生变化。"①这是含蓄地反对戈尔巴乔夫的历史会回答100年以后事情的说法。

随着苏东国家改革陷入困境和苏联在德国统一问题的立场出现松动,欧洲形势对民主德国十分不利。一方面,整个社会主义阵营在80年代末处于困难和动荡的局面,为了解决经济危机,苏东国家先是进行经济领域的变革继而进行政治自由化改革,但过急过快的改革带来的是更大的困局和动荡。作为社会主义阵营位于前沿阵地的成员国,民主德国面临着巨大的压力和挑战。另一方面,戈尔巴乔夫实行外交新思维,提倡全人类利益高于一切原则和实行核裁军,主张社会主义国家与资本主义国家之间的关系能够并应当控制在以合作为前提的和平竞赛范围内,放松对东欧国家的控制,并提出建立"欧洲大厦"的设想。西方人士指出,戈尔巴乔夫提倡建立欧洲大厦的"新思维"有利于两德的人员来往,从而使联邦德国民族政策的成功存在相当大的希

---

① *Neues Deutschland*, 29 September, 1987.

望;对联邦德国来说,苏联压力下民主德国的经济、政治改革是最理想的结果。[①] 东欧社会主义国家外交自主性加强后,在动乱局势下为了自身利益不再延续传统的支持民主德国的政策,民主德国陷入空前的孤立无援的境地。

---

① Ernest D. Plock, *East German-West German relations and the fall of the GDR*, 1993, p. 150.

第十一章　两德的教育与科技事业的发展

德国以重视教育与科技而著称。近代以来,特别是 19 世纪初以来,德国通过现代化教育改革,成为世界教育和科技领先国家。此后,纳粹的文化独裁统治和第二次世界大战,一度对德国的教育和科技发展造成了极大伤害。战后,两个德国发扬德国重视教育和科技的传统,在教育和科技的发展中成就斐然,双双重新进入了世界领先的行列。

第一节　联邦德国的教育和科技事业

联邦德国成立后,为发展教育与科技事业,制定了强有力的政策,加大投入,取得了卓越的成就,成为世界领先的教育与科技强国。联邦德国重新崛起为世界经济大国的一个重要原因,是得益于其教育和科技发展的作用。

一、联邦德国教育的发展与改革

在两次世界大战期间,德国教育事业曾受到严重的损害。1963 年联邦德国出版了一本《德育的危机》一书,指出德国高校因第一次世界大战造成巨大损失,牺牲了不少年富力强的教育和学术精英。一战后又因赔款和大萧条的重压,没有足够财力来扩大高等教育。接着是纳粹的统治,大批高等教育机构的教师被解职、调走或被迫退休。在国家地位越来越依靠科学潜力的时代,德国的学术却遭到削弱,被意识形态毒化。二战又造成新的牺牲,许多学术机构和图书馆遭到破坏,一些重要的高校蒙受损失。老一代学人或移民出走,或因战争而无法从事学术,重建时期又不得不把大量精力投入无关学术的工作。书中强调,一个国家经济和政治上的生存取决于其拥有的科学家和学者的数量和地位,要大力扩充教育体系,因为一个社会的生产能力取决于其教育体系的状况。[①]

联邦德国建国后,为发展教育事业采取了有力的政策和措施。在联邦制度下,教育和文化事务属州权范围。各州教育体制差别较大,为加强协调,在 1948 年成立了文教部长常设会议(Ständige Konferenz der Kultusminister),简称"文教部长会议"(Kultusministerkonferenz),由各州(包括西柏林)和中央主管教育、科学和文化事务的部长组成。其职能是进行协商,互通信息,展开讨论,处理"具有超越地区重要性的文化政策问题,以形成共同的意见和目标"。下设学校委员会、高等教育委员会等四个委员会。[②] 1955 年,州总理们签署协定,统一各类学校的名称、学级的划分、学期的长短、考试的认可和分数的等级。1959 年,"文教部长会议"和内政部共同成立"德国教育委员会"(Deutscher Bildungsrat),进行全国教育事业的统一筹划。1964 年,州总理们又在汉堡签署关于实行教育统一的协议,进一步确立了全国统一的学校教育制度。

随着经济与社会的发展,教育事业也出现快速发展,特别是高等教育。从 1952 年到 1964 年,注册大学生的人数翻了一番。为教育机会平等,增加工人子弟上大学的机会,制定了全国性的政策,加强对学生的财

---

① "The German Education Crisis(1963)", in: Konrad Jarausch and Helga A. Welsh(eds.), *German History in Documents and Images*, Vol. 9, *Two Germanies*, 1961—1989. http://germanhistorydocs.ghi-dc.org/

② C. C. Schweitzer, *et al.* (eds.), *Politics and Government in Germany 1944—1994. Basic Documents*, pp. 363 - 364.

政资助。在扩大原有大学的同时,建立一批新的大学。为加强对教育特别是高校的管理,1969—1970 年间制定了《大学法》(Hochschulgesetz),还对《基本法》进行修改,授权联邦就高等教育的"一般原则"制定框架立法,将扩建高校列入联邦和州的"共同任务"之一,联邦和州要在教育方面加强合作,并对教育的财政投入等作出规定。设立了新的联邦教育和科学部,以形成更为完整和统一的教育管理体制。1970 年,"德国教育委员会"提出,要尽可能消除现存教育机会的不平等,消除因地区、社会或个人条件不同而导致的不利地位,调整学校结构和课程设置,向农村提供特殊的财政开支以改善教育设施。[①] 1971 年出台法律,实行对贫困学生的资助。后来逐步提高资助额度和扩大覆盖面。

此时,大学改革问题也被提了出来。德国一些大学历史悠久,传统的大学管理体制一直延续到战后。德国大学还以专注学术而著称,但有脱离现实的倾向。战后初期盟国曾要求重视培养青年人对社会的关注和参与,打破德国大学的一些陈规旧套(包括管理体制),并帮助建立了柏林自由大学作为试验。但是成效有限。一位美国人甚至批评德国大学"又回到了威廉二世时代"。1968 年《明镜》周刊说,在大学里教授高居金字塔的顶峰,统治着教学、教辅、管理,规定所教课程和研究课题以及学习和考试方式,决定谁该授课和研究,而且墨守成规,反对改革创新。[②] 在政治思想领域,保守和反共成为占优势的政治规范,以反对"大学政治化"之名,严防学生中的左翼思潮。1965 年柏林自由大学学生会邀请记者兼作家库比(Erich Kuby,1910—2005)参加纪念二战结束 20 周年活动,并发表"复旧还是开新"的演讲,被校方禁止(直到 11 月才允许他前来演讲)。一些学生举行活动抗议美国侵越战争,也被校方视为利用学

---

① "Civic Right to Education(February 13, 1970)", in: Konrad Jarausch and Helga A. Welsh (ed.), *German History in Documents and Images*, *Vol. 9*, *Two Germanies*, *1961—1989*. http://germanhistorydocs.ghi-dc.org/

② 戈登·A. 克莱格:《德国人》,第 231—233 页;汉斯·萨尼尔:《雅斯贝尔斯》,张继武、倪康梁译,三联书店 1988 年版,第 70—71 页。

校搞政治活动。1965 年 7 月弗赖堡大学发生学生抗议活动,并得到全国性的"德国学生社团联盟"(Verband Deutscher Studentenschaften/VDS)的支持。抗议者要求实现教育机会平等和大学"民主化",改变传统管理体制,实行教授、一般教学人员和学生共同决策,改革课程体系和教学方法,根据"防务、经济、外交和社会政策的需要"重新评估教育政策等。1967—1968 年间,抗议活动达到高潮,出现占领教室,攻击教授,破坏教学和研究秩序等激进的无政府行为。一些大学开始实行"民主化",如柏林自由大学首先建立教授、低级教职员和学生平等参加的决策体制。官方在 1969 年 7 月的《大学法》中规定进行改革,建立教授、低级教职员和学生代表各 1/3 的管理体制,大学校长的称呼由"Rektor"改为"Präsident";同时要求加强对学生的纪律约束。[1]

勃兰特政府执政后,把教育改革作为一项重要工作。但是,不少教育和学术界人士或反对大学"民主化",或赞成改革但批评过激行为。1968 年 1 月,25 所大学的代表(校长)发表声明,要求限制学生和政府对学术特权的入侵,保持研究与教学的自由和大学的自主权。1970 年 11 月,一批教育和学术人士组成"学术自由联盟"(Bund Freiheit der Wissenchaft/BFW),要求保障学术自由,加强学校秩序,反对大学搞"民主化"。1973 年,宪法法院宣布大学里"三方平等"的管理方案违宪。大学需要改革,但要保障学术自由,要保证教授团在决策中"广泛和决定性的影响",要"排除非学术人员一律参与决定所有研究和教学问题的做法"。[2] 1976 年通过的《高等教育框架立法》规定,高校和政府要共同推

---

[1] Nick Thomas: *Protest Movements in 1960s Germany*: *A Social History of Dissent and Democracy*, pp. 128 - 130, 142; Jan-Werner Müller(ed.), *Gernan Ideologies since 1945*: *Studies in the Political Thought and Culture of the Bonn Republic*, New York and London: Palgrave Macmillan TM., 2003. p. 167.

[2] Jan-Werner Müller(ed.), *Gernan Ideologies since 1945*: *Studies in the Political Thought and Culture of the Bonn Republic*, pp. 166 - 167; "The Struggle for Participation and the Group University(May 29, 1973)", in: Konrad Jarausch and Helga A. Welsh(eds.), *German History in Documents and Images*, Vol. 9, *Two Germanies*, *1961—1989*. http://germanhistorydocs.ghi-dc.org/

进改革,要使理论与实践相联系,并就高校内部结构、招生、考试和学分、各类成员对教学与研究的参与、教学大纲与课程、综合性大学的规划、校际合作等方面规定了指导性原则。一些高校要通过联合或扩建,办成综合性大学(Gesamthochschule,也称"新型综合大学",区别于"Universität")。指导性原则规定,要使学生掌握必要的知识、技能和方法,能够胜任一个领域的专业工作,并在一个自由民主和社会的法治国家里负责任地行动;要根据学术的发展、职业的要求和各专业中的变化,改革课程的内容和形式。高校和院系由教授、一般教研人员、学生和其他人员的代表组成决策机构,以多数票作出决定。但重要的决定必须有教授的多数票。如果经第二轮投票仍不能作出决定,则只要教授的多数票就可决定。①

围绕大学改革的争论产生的影响是,大学不得不讨论其对社会的作用,不能只是一座"象牙塔",既要保持学术自由,也要进行改革。50 年代大学中那种以保守和反民主为特点的单行道式的政治氛围被打破了,教育与学术领域的民主和自由讨论空间扩大了。大学的课程设置等方面发生了一些新变化,与经济、社会发展现实需要的联系和适应得到加强。

经过教育改革和实践,联邦德国建立了完整的教育体系,包括早期教育、初等和中等教育、高等教育、职业技术教育和成人教育等不同层次和类型。早期教育即学前教育,绝大多数由教会和慈善机构举办。60 年代末在女权运动的推动下,各州相继资助建立一批幼儿园,被认为是"议会外反对派"带来的最有能见度和持久性的斗争成果。适龄儿童的入园率大幅度提升,从 1971 年约为 1/3,到 1975 年达到约 60%,1980 年这一比例达 80%。

基础教育阶段,小学(Grundschule)学制一般为四年,学生毕业后根

---

① C. C. Schweitzer, *et al.* (eds), *Politics and Government in Germany 1944—1994. Basic Documents*, pp. 342 - 345;"Wrangling for Authority(January 26, 1976)", in: Konrad Jarausch and Helga A. Welsh(eds.), *German History in Documents and Images*, Vol. 9, *Two Germanies*, *1961—1989*. at http://germanhistorydocs.ghi-dc.org/

据不同情况分别进入三类中等学校：文科中学(Gymnasium)、实科学校(Realschule)和普通中学(Hauptschule)。文科中学学制九年，入学条件较严，学费较高。实科学校学制六年，重点学习实用学科的课程。普通中学的学制则是五年。学生中学毕业后开始分流，可以根据志向和爱好，选择与今后职业发展相应的学校。文科中学的毕业生较多进入高校深造。实科学校和普通中学的毕业生大部分进入专科高级中学或职业高级中学，接受职业技术教育，到18岁完成义务教育。此后再次分流，或进入高等专科院校进一步学习，或进入职场。60年代，还设立了一种综合中学(Gesamtschule)，学制六年。它试图将普通中学、文科中学和实科学校这三类学校综合起来，目的是避免过早分科。此外，还有各种特殊教育学校。

高等学校分为学术性和非学术性两大类。学术性的有传统综合性大学(Universität)、理工大学(Technische Universität 或 Technische Hochschule)、新型综合性大学和一些专门性大学如医学院、神学院等。传统综合性大学多数历史悠久，少数是战后建立的。从60年代起，联邦德国高等教育经历了一个快速发展期。原有大学的招生人数迅速增长，一批新的综合性大学建立，它们或完全新建，或由原有高校扩大、发展或合并而成。非学术性的有师范学院(Pädagogische Hochschule)和音乐艺术类学院以及高等专科院校等。还有一类特殊的高校如国防大学等。国防大学建立于70年代，直属联邦政府，旨在提升军队的文化教育素质，也为军人将来复员转业作好科学和文化的准备。在统一前的1988—1989年冬季学期，联邦德国共有各类高等院校约240所。

教学与研究的结合，是联邦德国大学的一个特点。尤其是综合性大学，学科专业比较齐全，设有各种研究机构，与政府职能部门、大中型企业建立了合作关系，或自主研发新技术，或受托进行研制与开发。1975年，联邦德国从事研发的科学家约有6万名，其中约1/3是在高校。同时，大学实行教学与研究自主原则(学术自由原则)，保持宽松的学术环境。许多高水平的科研成果是来自高校及其研究机构，诺贝尔科学奖获得者中,不乏联邦德国大学的教授、研究人员或校友。联邦德国的大学也是人文与社科领域各种思想和学说的孕育产生地,大学教师中不乏著名的理论思潮(包括马克思主义研究)的代表人物。"西方马克思主义"中的一个重要流派"法兰克福学派"(Frankfurter Schule),就是由法兰克福大学社会研究所(与法兰克福大学关系密切,但相对独立)的一批学者创立和发展,并产生重要影响的理论思潮之一。

在联邦德国,职业技术教育被视为教育体系的"第二支柱"。除了九年制文科中学的毕业生一般升入大学学习外,六年制实科学校和五年制的普通中学毕业生,再经各类专业或职业高中学习后,大部分走上社会就业。在职进修和培训受到重视。制定了多种关于职业培训和进修的法规。如1969年6月通过《劳工促进法》,1969年公布《职业教育法》,1972年的《企业法》和《联邦促进培训特别法》,1976年的《青年劳动保护法》等,使职业教育和培训得到法律的保障。70年代初经济部的一份报告强调:"职业培训、进修和可能的改行培训,一方面对人们在技术迅速发展的年代里保证就业能力具有决定意义,同时对培养能够承担并促进技术进步的劳动力也具有决定意义。"据统计,1957年全国2100万就业者中,有300万左右受过职业学校和专科学校教育;而1978年的2602万就业者中,则有1558万受过职业培训。其比例由1957年的14.3%提升到1978年的58.9%。[1]

教育的发展得益于增加投入。建国之初财力贫乏,对教育与培训的投入受到限制,其在公共支出和国民产值中的比例较低。随着经济的发展,教育和培训的经费也逐步增加。1951年人均教育经费为51马克,1980年达到1185马克,高于同期的国民生产总值年增长速度。[2] 另据统计,联邦、地区及地方当局用于研究和教育(包括普通和高等教育)的开支,1950年为21亿马克,占总开支的7.5%;1985年为949亿马克,占

---

[1] 朱正圻、林树众等:《联邦德国的发展道路——社会市场经济的实践》,第285、287、291页。
[2] 同上书,第292—293页。

总开支的 16.5%。[1] 1969 年 9 月,联邦政府成立一个专门委员会来调查大学扩容问题。结果在 1970 年产生了一项增加大学生人数和大学资源的十年计划,为此将由州和中央政府拨款 1000 亿马克。而联邦和各州拨出的成人高等教育费用,也由 1970 年的 4900 多万马克,增加到 1974 年的 1 亿马克以上,四年中增加了一倍多。勃兰特说当时"几乎像爆炸式地增加教育经费"。随后出现经济衰退,但对教育投入的绝对数、在国民生产总值中的比例和人均数,仍然在稳步上升。

　　教育的发展还体现为在校学生数量和结构的变化。如在校的中学生 1950 年只有 80.1 万,1970 年达到 224.3 万,1980 年是 347 万,1989 年 240.3 万。在校大学生数则是 1950 年 11.7 万,1970 年 41.2 万,1980 年 81.8 万,1989 年 139.9 万。[2] 学生结构发生了明显变化。在 1952—1953 年高校新生中,工人子女(父亲为工人者)仅占 4%,1974—1975 年则达到 18%;同一时期,父亲是职员的学生的比例由 23%增加到 35%。女性受教育的机会增加了。据统计,1987 年各类普通教育学校(小学、实科和文科中学等)在校学生中,有男生 347 万人,女生 330 万人,女生约占总数的 49%。在各类职业学校中,有男生 137.6 万人,女生 113.2 万人,女生约占总数的 45%。在各类高校学生中,1957—1958 年冬季学期,女生占 22.7%;20 年后,在 1977—1978 年的冬季学期中,女生比例上升到 34.4%。而在 1988—1989 年冬季学期,在 138.4 万多德籍大学生中,女生有 53.2 万人,比例约 38.4%。[3] 这些情况表明,整个社会的教育程度提高了,高等教育趋向大众化,更多出自普通家庭的年轻人和更多的女性有了接受高等教育的机会,在走向教育机会平等方面,有了明显的改进。

---

[1] H. J. Braun, *The German Ecomomy in the Twentieth Century*, p. 199.

[2] B. R. 米切尔编:《帕尔格雷夫世界历史统计·欧洲卷 1750—1993 年》(第四版),第 932、938、948、950 页。

[3] Karl Römer, *Tatsachen über Deutschland: Die Bundesrepublik Deutschland*, Gütersloth: Bertelsmann Lexikon-Verlag, 1978, S. 317, 260; Stastistisches Bundesamt, *Statistisches Jahrbuch 1989 für die Bundesrepublik Deutschland*, S. 341, 343, 350 – 351.

不过,对联邦德国教育的看法,也是见仁见智。曾任总理的施密特在回忆录中作出的评论,或可作一家之言:"在国际对比中,德国大学的质量属于中等。"原因是政府干预过多,浪费了时间和资金,教育管理权过分集中统一,大学缺乏自主权,学校对学生的管理松弛,大学之间缺乏竞争等。[①]

二、联邦德国科学技术发展的成就

近代德国已是科学技术领先的国家。由于战争和纳粹统治的影响,德国不少科技人才流失,一些领域的优势遭到削弱甚至丧失。联邦德国建立后,一直想恢复德国在科技领域的先进水平。《基本法》中规定科学研究的自由权利,政府则实行鼓励科学研究的政策,并将自主研究与引进相结合,使联邦德国重回科学技术领先的国家行列。

从建国(甚至早在建国之前)到50年代中期,是研究机构和大学的重建时期。此时主要任务是恢复经济,技术进步主要是购买和运用既有成果,特别是输入美国的科技成果。同时也开始重视对本国科学研究的支持。1949年3月,就由各州代表缔结协定,承诺共同筹资,来扶持超出单个州的范围和财力的科研机构。这一协定后来几次延期。[②] 这是早期各州官方为推进科技事业而进行合作的一例。

此后进入研究与发展的领导体制、职能和研究机构的建立、调整和完善时期。对研究与开发的促进,则主要集中对一些经选择的部门,如核能、航空等,重点支持。据德国科学委员会的统计,到1963年已成立3278个科研机构,大部分在高等院校。除高校和独立研究机构之外,许多企业也设有研发机构,从事应用型研究。各研究机构既独立运作,自主研究,又组成一些大的协会,进行协调与合作。最著名的研究机构协

---

① 赫尔穆特·施密特:《同路人——施密特回忆录》,第112—114页。
② C. C. Schweitzer, *et al*. (eds), *Politics and Government in Germany 1944—1994. Basic Documents*, pp. 362 - 363.

会,一个是马克斯-普朗克学会(Max-Planck-Gesellschaft zur Förderung der Wissenschaften/MPG),另一个是弗劳恩霍费尔协会(Fraunhofer-Gesellschaft)。前者原为成立于 1911 年的威廉皇帝学会,战后于 1948 年改为现名,以纪念著名的德国科学家马克斯·普朗克(Max Karl Ernst Ludwig Planck,1858—1947)。这是一个非政府的科学研究组织,但得到联邦和州政府的资助。其旗下有数十个研究所,大部分是自然科学类研究所,涵盖几乎所有的基础研究领域。后者成立于 1949 年,以德国科学家约瑟夫·冯·弗劳恩霍费尔(Joseph von Fraunhofer,1787—1826)命名,旗下也有数十个研究所,主要从事和推进应用型研究。官方逐步建立了系统的科研与开发领导、组织、咨询和协调机构。1955 年成立了联邦原子能技术部和原子能技术委员会,设立了研究专利局;1957 年成立了科学顾问委员会,以提供科技政策方面的咨询;1962 年原子能部改组为科学研究部,加强对一般科研和航天、原子能及军事科研的支持。

　　20 世纪 60 年代可以视为在科学研究和开发领域追赶以美国为代表的先进国家的时期。政府和企业界在这方面的投入以高于其他发达国家的速度增长,科研与开发的领导、管理和协调机构进行了新的调整和完善。1969 年将科学研究部改组为教育和科学部。1974 年成立新的联邦研究和技术部,加强对科研和发展政策的制定、实施方面的领导和管理,进行协调和提供咨询。联邦和各州共同制定科研与发展政策。联邦教育和科学部、联邦研究和技术部在政策方面承担部级管理权。不过,政府的管理是一种宏观的政策指导和协调,大学和研究机构在科学研究与技术开发工作中是自主的。

　　70 年代的世界经济危机,世界科学技术的新发展,促使联邦德国重新考虑其科研政策的优先次序,不同的优先领域的占比有所调整,一些新的领域或方向得到加强。如电子领域更加集中研究微处理技术,更加重视使生产设备和整个经济现代化,并在“关键技术”的大题目下进行综合研究。现代通讯和信息系统以及与海底资源开发有关的研究受到特别重视。对研究与开发的资助中,用于动力、电器和电子方面的比重提高了。80年代世界新一波科技革命受到关注。科尔总理指出在新技术突飞猛进之际,德国必须迎头赶上。1988年联邦政府提出报告,阐述科学研究政策,提出将各大型研究机构列为资助的重点,重点领域包括基础理论研究、与基础研究有关的工业方面的"关键技术"、生态环境、健康及气候、生物工程、信息与通讯技术等,进一步强化和协调大型科研机构、高等院校和企业的科研合作,并就现代技术对社会生活的影响开展调查。

官方对科学研究和开发的支持,首先在经费和政策方面。大体可分两大类:一类是间接的支持,如补贴和税收优惠等,如1965年起对用于科研的固定资产实行"特别折旧",1969年规定对为研究与发展服务的投资津贴实行10％的免税优惠。此外,对旨在促进科学事业的捐赠、直接为促进科学研究服务的法人、科学活动带来的收入等,实行税收优惠等政策。

另一类是直接经费支持,即通过财政拨款等方式提供资金:一是联邦研究与技术部的专门计划,给企业、研究机构和国际合作研究提供促进资金。各级政府向承担重点领域研究的各大研究中心和马克斯-普朗克协会等,提供大量的经费。二是通过经济部支持经济部门的技术革新。三是对有特殊革新风险的企业进行有限期的资本参与。对于投资大、风险高但有发展前景的高新技术;如微电子、生物工程、新材料、新能源、海洋及空间技术等,均投入巨资。原子能技术的研发可为一例。50年代中期,人们预计工业发展使能源消耗剧增,于是重视开发利用原子能。1955年联邦政府成立原子能技术部,首任部长施特劳斯和总理阿登纳强调:"我们必须在科学研究领域,包括原子科学领域占有一席之地,必须弥补差距,与其他国家并驾齐驱。"在原子能技术部领导下,1956年成立"核反应堆建造和运营股份有限公司",联邦政府和巴符州分别是最大和第二大的股东,第三大股东是一个工业和银行财团。结果,联邦德国很快建立起核能工业。施特劳斯强调,这是"国家迅速增长的预算给予扶持"的结果。[1] 到 70 年代为应对能源危机,联邦德国不仅自身加速发展核电(以其为安全清洁的替代能源),而且成为核电技术的主要出口国之一。

联邦德国对科研与开发的投入金额巨大,增长迅速。50 年代财力有限,对这方面投入的增加比较缓慢。60 年代后快速增长,速度超过其他工业化国家。据统计,其年度研究与开发开支,70 年代上半期每年超过200 亿马克,80 年代初每年超过 400 亿马克,1985 年达到 500 亿马克。研究与开发开支与国民生产总值的比率,50 年代基本在 1‰ 上下,60 年代后半期超过 2‰,1971 年达到 2.4‰,80 年代前半期约为 2.7‰—2.8‰。[2]联邦德国研究与开发总开支占国民生产总值的比重,在经济合作与发展组织成员国中始终居于前列。在联邦一级,获得官方研究与发展预算最多的是联邦研究与技术部、国防部、经济部和教育与科学部,其中研究与技术部又占最大份额。基础研究受到重视。1988 年联邦政府的科研工作报告指出:"基础研究的重要性是不容争议的,即使在政府财政紧张的时候,它的经费也仍然保持高水平,甚至还有增加,这正是我们科学促进体制的优越性所在。"企业界是研究与开发投入的重要来源,增长迅速,在 70 年代超过了政府投入。1971 年的研究与开发总开支为172 亿马克,其中经济部门 107 亿;1981 年是 378 亿马克,其中经济部门262 亿。1985 年的研究与开发总开支约 500 亿马克,其中企业界的开支超过 360 亿马克。[3] 70 年代,政府加强了对中小公司的研究和开发投入。1978 年,联邦政府通过了所谓"总设想",规定了向中小企业提供技术援助的条件、形式和机构。

联邦德国重视国际科技合作和引进先进成果。在 20 世纪五六十年

---

① 施特劳斯:《施特劳斯回忆录》,第 200—207 页。

② H. J. Braun, *The German Economy in the Twentieth Century*, pp. 231 - 232, Figure 3. 2.

③ Presse-und informationsamt der Bundesregierung, *Tatsachen über Deutschland*, Frankfurt/Main: Societäts-Verlag, 1998. S. 299; H. J. Braun, *The German Economy in the Twentieth Century*, pp. 231 - 232, Figure 3. 2.

代,它大量购买技术和专利,主要从美国购买。在许多方面赶上了先进水平的 70 年代及以后,仍然是国外技术与专利的大买家。1951 年,联邦德国从外国引入的专利达 9757 项。而 1969 年多达 33532 项。购买专利和许可证的支出总额,1950 年为 2200 万马克,1960 年达到 5.1 亿马克,1969 年更超过了 10 亿马克。1976 年到 1981 年,在购买专利、发明、工艺和版权方面的开支,每年超过 20 亿马克。它与国外的技术贸易不断增长,且长期是逆差。在大部分年份,其技术引进远多于技术出口。[①] 联邦德国非常重视国际科技合作,重点在欧共体,几乎遍及所有学科领域。它参加了欧洲科学技术委员会、欧洲空间机构、欧洲核研究委员会、欧洲天文台等多边科技合作组织和多项欧洲跨国合作研发生产项目,在许多项目中居于重要的地位。例如 70 年代与英法合作研发"空中客车"飞机,80 年代参加法国发起的"尤里卡"计划的高科技合作。到 1989 年 6 月,"尤里卡"计划有 300 多个项目,联邦德国参加了 105 项。在欧洲以外则以与美国的科技合作最重要,包括航天、核能、能源、医学、生态与生物学、交通与通讯等研究领域。80 年代中期参加美国"战略防御倡议"的合作,主要着眼于分享科研成果。与加、日的科技合作也相当广泛,涵盖能源、航天、生态、生物技术、海洋等领域。70 年代与苏东在科技领域的交流合作也得以展开。联邦政府 1988 年的研究报告统计,已与 50 个国家和地区签订了近 300 个政府间的、部门间的或研究机构间的科技合作协定或专业合作协定。

联邦德国形成了宏大的、高素质的科技队伍。1965 年经济部门的研究开发人员为 14.2 万人,到 1981 年已达到 24.3 万人。经济部门每1000名就业者中的研发人员,1965 年为 5.3 人,1981 年增加到 9.3 人。1977 年全国有研发人员约 32 万,1981 年超过 37 万。1981 年联邦德国每千名就业者中有研究人员(不包括开发人员)4.7 人,在西欧名列前茅。[②]

---

① 马桂琪、黎家勇:《德国社会发展研究》,中山大学出版社 2002 年版,第 313 页;朱正圻、林树众等:《联邦德国的发展道路——社会市场经济的实践》,第 268—270 页。
② 朱正圻、林树众等:《联邦德国的发展道路——社会市场经济的实践》,第 282—284 页。

战后诺贝尔科学奖得主中,联邦德国科学家(和德裔外籍科学家)不在少数。

科技进步及其应用,促进了劳动生产率的提高。联邦德国工业劳动生产率的年平均增长速度在 1951—1965 年为 4.5%,1966—1979 年仍保持为 4.5%,在前一时期高于美国,后一时期则不仅高于美国,也高于法国和意大利,更一直高于英国。[①] 旧经济部门的技术改造,农业机械化和现代化,技术密集型产业的比重增加,都得益于科技的进步和应用。20 世纪 60 年代以来,联邦德国成为世界上技术密集型产品的主要供应国之一,其自动控制技术、配电设备、光学仪器、核反应堆、医药、有机化学品等,在世界上极具竞争力。例如其核电设备和技术出口在 1970 年不足国际市场的 5%,1980 年上升到占 11%。仅 1975 年与巴西的一项合同,价值就达 160 亿马克,它规定将在 20 年内帮助巴西建立先进的核电工业,提供核材料及相关的设备和技术等。有所不足的是,联邦德国在计算机技术和通讯技术方面的竞争力,在 80 年代仍逊于美、日。

第二节　民主德国的科技与教育事业

建国以来,民主德国的统一社会党及其政府高度重视科技和教育事业的发展,强调"科技进步是发展国民经济的主要源泉","是建设发达社会主义国家的决定性因素"。经过 30 多年的努力,民主德国科技达到了较高水平,20 世纪 80 年代曾跻身于世界十大科技强国之列。科技的发展与教育的发展密不可分。民主德国视高水平的教育为社会主义的基本特征,建立了完备的国民教育体系,大大提高了民众的文化教育水平。

一、民主德国的科技力量与成就

民主德国一直非常重视科学技术在经济发展和国家建设中的作用,

---

① 李琮主编:《西欧经济与政治概论》,高等教育出版社 1988 年版,第 46 页。

投入了大量的经费支持。1966—1970 年年均科研经费支出是 30 亿马克,1971—1975 年年均科研经费支出是 50 亿马克,约占国民收入的 3.9%,1976—1980 年年均科研经费支出增长到 63 亿马克,约占国民收入的 4%,接近了世界发达国家的水平。1980 年民主德国用于科技发展的资金仅为 70 亿马克,1986 年的科研投入经费增长到 130 亿马克,占国民收入的 5%,1988 年科研经费投入继续增长为 135 亿马克,占国民收入的 5%,达到了先进国家水平,其中 34 亿马克为国家预算资金,其余为联合企业自筹资金。

经过长期的发展,民主德国建立了一支科学技术素质较高的劳动队伍,20 世纪 80 年代,民主德国职工总数是 878 万,86% 的劳动者接受过各种职业培训,170 万是高等学校或专科学校的毕业生,500 多万拥有技师技工文凭。民主德国的科研力量实力雄厚,全国总人口不到 1700 万,科研人员高达 20 万人,还有 10 万工程技术人员和 200 万提出合理化革新建议的革新家。全国科研力量主要集中于联合企业,在全国联合企业的 13.5 万劳动者中,研究人员就有 9 万人。高素质的劳动者队伍还不断壮大,如 1984 年一年,民主德国就在 1000 个职工中增加了 73.5 个高校毕业生和 131.6 个专科毕业生。

依靠充足的科研经费和雄厚的科研实力,民主德国科研人员取得了众多的科研成果。以发明专利为例,1970 年仅有 4500 项,1980 年则有 26741 项,1971—1975 年发明专利为 22971 项,而 1981—1985 年猛增到 49780 项。80 年代,民主德国步入世界发明七强之列,在大气外层物理学的某些领域、固体物理理论和方法论、高沸点碳氢化合物高温分解反应、地震学、矿业安全技术设备、借助航空宇航手段远距探测地球等等领域,达到了世界先进水平。

民主德国十分注重科学技术的推广和应用。1971—1980 年的国民经济增长部分有 90% 是通过劳动生产率的提高实现的,1986—1989 年比重达到了 100%。1988 年,国家科技计划中有 780 项研究开发课题转入生产。以微电子技术为例,该项技术得到了广泛应用,如用于光纤工业中生产过程的运算线路、电子工业中的工业准备、机器制造企业中的材料消耗计算、大商业联合企业中的商品加速运转等。民主德国大力发展"卡特-卡姆"工作台,即计算机辅助设备和生产工作台,1987年底达到4.37万台。在农业领域,民主德国也大力发展和应用先进科学技术,广泛使用计算机技术对植物病虫害进行预测预报、改善土壤、施肥、人工喷灌、饲养奶牛和挤奶,还利用生物工程技术进行植物育种和牲畜育种繁殖。为提高劳动生产率,民主德国非常重视更新设备,将发展科学技术作为提高劳动生产率、产品质量以及不断改善投入与产品比例的决定性前提。80年代以来,民主德国将关键工艺和尖端技术运用到国民经济的重要领域,53%的工业企业实现了自动化与半自动化,产品平均更新率是30%,民用高档产品的更新率是30%—40%,工业产品的更新率是29%。通过更新工业设备,每年节约5.5亿个工时,这有利于节约劳动力,同时也减轻了工作岗位的劳动强度。以1981—1984年为例,通过应用科学技术,民主德国节省了22亿工时,相当于节约了140万个劳动力,以28%的比率对生产工艺进行改造,又降低了单位国民收入生产消耗的2.2%。

政府实行积极的科技政策,是科学技术发展的重要推动力和保障。民主德国一直注重通过发展科技来提高劳动生产率,乌布利希时期采取的主要途径是推行生产的标准化、专业化和集中化,扩大与社会主义国家的科技合作以及在生产中采取社会主义合理化措施。1956年2月,统一社会党第三次全国代表会议指出,科技进步在社会主义和帝国主义之间的国际阶级斗争中愈益起着重要的作用,要在各工业部门中采用新工艺,并必须利用苏联和其他社会主义国家业已取得的重大科技成果,扩大同社会主义国家的经济和科技合作。1956年开始的第二个五年计划强调,要用最新技术改造国民经济,优先发展重工业,以确保技术革新。1958年7月,统一社会党第五次代表会议提出生产的集中化、专业化和标准化政策,并指出政策关键是提高劳动生产率,迅速发展生产力需要把技术提高到最新水平。

在实行新经济体制改革时期,民主德国对科研体制进行了改造,如提出完善对经济、科学和文化的管理。在 1963 年 1 月统一社会党第六次全国代表会议上,决定把在高度科学技术水平基础上建设民主德国国民经济作为经济领域的中心任务。1966 年,中央委员会和部长会议在莱比锡召开了关于合理化和标准化的会议,宣布党和政府把社会主义合理化作为其经济政策的主要方向。为了实现合理化,国营企业联合公司成立了工程师合理化办公室,国营企业成立了工程师合理化科。中央要求国民经济各个部门的企业和国营企业联合公司的领导人着手筹措额外的合理化资金,党组织还把社会主义竞赛和革新运动引导到执行社会主义合理化方面。1967 年 4 月,统一社会党第七次代表大会决定继续贯彻社会主义的综合合理化、标准化、专业化以及生产的协作和集中,指出要研究和发展集中解决促进生产和劳动生产率快速增长的方案,要将科学技术的新知识尽快地运用到生产中。

昂纳克时期,面对世界科技快速发展和国际市场的激烈竞争,民主德国意识到仅仅依靠社会主义合理化措施来提升科技水平是不够的,还需要进一步重视科技进步在社会生产中的地位,也就是要把研究与应用放到同等重要的地位,要将科研与生产密切结合。为此,昂纳克政府调整了科研机构和管理体系,增加科研经费,并注意培养新生科技力量。80 年代以来,民主德国劳动力进一步减少,缺乏能源、原材料及资源的困境难以解除,国民经济的发展日益依赖科技进步。为了将科学与生产更有效地结合,民主德国制订了长期的发展方案,科技发展重点是加速发展微电子技术、计算机、新材料、生物工程、核能等高科技,大力推广节省人力的自动化设备和电子计算机技术。1981 年,统一社会党召开第十次代表大会,制定了以依靠科技、提高劳动生产率为中心内容的 80 年代经济发展战略,目标是要实现"集约化的扩大再生产",也就是通过科技进步全面提高效率和质量。1986 年,民主德国确定了科技发展的六个重点,即微电子技术、现代计算机技术、软性自动化生产方式、新能源和节能技术的开发利用、新材料研究与应用以及生物工程。在同年的统一社会党第十一次代表会议上,民主德国又提出将科技革命与社会主义优越性结合,将科技成果更快地运用于生产。会议还指出,为了完成经济计划,需要把科技放在发展国民经济的首位,在较短时间内在某些领域要达到或超越现有的国际先进水平,主要途径是在经济合同的基础上建立科研单位、企业和经济体的直接联系,并与社会主义国家发展双边和多边合作,将科研、技术开发和成果使用结合。

经过多年的发展与改革,民主德国建立了完整的科研机构和管理体系。民主德国的科研机构大致分为科学院系统的研究所、高等院校系统的研究机构和工业部门的科研机构等三大类别。科学院是民主德国最为重要的科研部门,有 145 名院士和 51 名通讯院士,有物理学、核物理学、数学和控制论、宇宙研究和遗传学、化学、分子学和医学、社会科学等六大部门,下设 45 个研究所,工作人员有 2 万多名。长期以来,从事基础研究的科学院和高校系统科研机构是科研重点部门,这不利于科学技术的快速推广和应用。从 20 世纪 60 年代末 70 年代开始,民主德国开始广泛建立实行科技、生产和销售一体化的联合企业,甚至还加速将科研力量向联合企业转移,改变过去密集于专门科研机构的科研体系布局。80 年代,全国 20 万科技人员只有 30％在专门科研机构和大专院校工作,其余的 70％基本上集中于 150 多个中央领导的联合企业和 120 多个专区领导的联合企业。此外,民主德国还促使企业与科学院和高校等系统的科研机构加强联系,通过签订科研合同的方式进行密切的合作,建立科学院—工业、高等院校—工业的科研协作体。通过科研部门与生产企业的密切合作,科技人员置身生产、销售环境,面对生产与市场,不仅能集中力量研究关键技术,还能根据市场需求变化采用新工艺,开发新产品。

民主德国还建立了完善的科研管理系统。最高科研管理机构是国家科技部(Ministerium für Wissenschaft und Technologie),主要工作是拟订科研计划和检查计划的落实,此外还负责组织和协同科技合作,使不同方面的科研力量结成网络。从国家到各个企业或科研组织都建立了科技进步管理系统,工业联合企业中还成立了科研中心,以确保科技成果的应用和提高生产的科技水平、工艺水平和产品质量。民主德国还建立了从事科技咨询工作的机构,由 100 名科学家组成的全国科学研究委员会(Nationales Wissenschaftliches Komitee)是最高科技咨询机构,还有 700 名教授、学者、工程师组成的 60 个中央科技工作小组以及各地的科技顾问。1981 年,民主德国又成立技术许可局(Technologie Lizenz Büro),是一个独立进行技术进出口咨询服务的机构,设有咨询部、国际市场部、计划经济和统计部,协助科技部、外贸部等部门,主要工作是对技术进出口项目进行可行性研究,对联合企业的技术进出口提供市场调查、法律帮助和业务指导。

民主德国对科研过程、人员、经费和成果转移等环节都进行了有效管理。首先是制定科研发展战略和发展计划,分为五年计划和年度计划,主要是依据有关部门对科技、工艺、市场行情等发展趋势进行分析,了解发展需要和劳力、资源情况,预测 15—20 年内科学技术和科技潜力发展的长期趋势,客观地评价新技术的优劣,确定可以取得超世界先进水平的领域。国家级科研计划由国家科技部负责编制,计划内容主要包括科研任务和科研项目;联合企业级科研计划由联合企业制定,指令性指标较少。

其次是科研经费的管理,这也是科研管理工作的重点之一。民主德国的科研经费主要来源于国家拨款、联合企业提供以及科研项目合同经费。按照经费性质不同,可以分为国家拨款经费、国家订货经费、联合企业自筹经费、银行贷款经费以及社会筹集经费。国家拨款经费指国家直接拨款支持一些国家级项目和科学院研究所的项目。国家订货经费是在企业接受国家订货后,由国家布置安排科研项目和给予的经费。联合企业项目由联合企业自筹经费或向银行贷款。此外,民主德国还有从社会筹集资金组织的一些基金会。科技合同还可以获得 70% 的社会保险,对于因课题难度大而未能完成的项目,可以从社会保险中获得一定的补偿。

　　为了鼓励发明创造,民主德国还采取了一系列的科研奖励制度和措施。除通过利润、税收制度和价格实行集体奖励的形式外,还采取专项附加工资、国家科技奖、计划项目奖、科技成果奖、专利实施奖、特别目的奖等办法实行个人奖励。在工资政策上,民主德国的基本工资分为固定部分和可变部分,可变部分占科研人员工资的 30%,主要取决于具体科研任务的完成情况。民主德国还专门设立了众多的科研奖项,主要有:国家科技奖、计划项目奖、科技成果奖、专利实施奖、特别目的奖等。这些奖励政策大大激励了科技发明创造,群众性科研活动也蓬勃发展,1980 年约占职工总人数 1/3 的人员在全国群众性发明创造和技术革新运动取得了成果,被采用的成果有 50 多万次,获得经济效益 45 亿马克。

　　民主德国还注意对科研人员进行管理和培训,鼓励人员流动,改善科研条件,注重培养青年科技人才。在民主德国,各种科技发明展览会经常举办,要求组织青年参加。在全国设立 4000 多个青年科技小组,国家向这些小组下达科研任务,科技部和联合企业给予经费支持。完成任务比较好的小组还给予奖励,授予"人民有功发明家"的光荣称号和 7000 马克奖金。

二、民主德国教育事业的发展

　　民主德国统一社会党和政府非常重视发展教育,在教育发展方面投入了大量的资金,教育经费在国家预算中的比例,50 年代就是 5%,60 年代增加到 7.3%,70 年代一度高达 8.3%,80 年代是 6% 左右。具体而言,1950 年的教育投资为 11 亿马克,1987 年增至 135 亿马克,教育投资占国家总支出的 5.3%,比建国初期增加了 10 多倍。1988 年,国家在教育方面的投资达 154 亿马克。[①] 1951—1955 年,普通教育学校的数量从10245 所增加到 11007 所,大专院校从 21 所增加到 46 所。民主德国也

[①] 忻福良:《保证全民族教育的高水平——民主德国的教育事业》,《人民日报》1989 年 10 月 12日第 7 版;许宏治:《民主德国经济长期稳定发展》,《人民日报》1989 年 7 月 13 日第 7 版。

将发达的教育事业视为社会主义建设最显著的成就之一,在全国 800 万职工中,高校毕业生有 160 万,占职工总数的 20％左右,职业学校毕业生占到 65％,职工队伍中大中专毕业生比例高于一些发达国家。经过 40 年的建设,民主德国有 5200 多所十年制综合技术学校,980 所职业学校,239 所中专和 54 所高校,所有学龄前儿童可以入托入园,200 多万青少年可以接受义务教育,40 万青年接受职业培训,30 万青年在中专和高校中深造。建国后,教育系统向国家输送了 560 万技术工人、120 万中专生和 70 万大学生。①

其实,民主德国教育事业的起点并不高,1945 年苏占区德国民主政权建立时,教育形势十分严峻:25％的校舍被彻底摧毁,其他大部分校舍也遭到不同程度的破坏,40％的农村学校只有一名教师,实行复式教学,也就是不同年龄的学生在一个班级里上课。一般认为,民主德国的教育事业发展可以分为三个阶段:

第一个阶段是从第二次世界大战结束到建国,教育事业建设主要是进行民主改革,以清除法西斯流毒和建立民主学校。在教师队伍建设方面,民主政权撤换了教师中的法西斯党徒,这一度导致师资紧张,但通过各种形式的短期集训,民主政权很快在劳动群众中培训了 4 万名具有民主思想的教师。在教材建设方面,民主政权废除了法西斯教材,选择一些魏玛共和国时期的较为开明、进步的教材作临时替代课本。1945 年底,出版界赶印出 400 万册宣扬民主思想的新教材,1949 年建国时绝大多数中、小学生用上了新教材。在校园建设方面,民主政权加紧修复校舍,重点是发展农村学校,建立联合学校和中心学校,逐步废除复式教学,实行八年制义务教育。此外,民主政权还采取了一系列民主改造措施,1946 年颁行教育法规,实行学校国家化和非宗教性原则,禁止设立私立学校,学校也不得进行宗教教育。

第二阶段是从 1949 年 10 月—1963 年 1 月,民主德国开始了教育事

---

① 王德锋:《发达的民主德国教育》,载《瞭望》1989 年第 16 期,第 41 页。

业的社会主义改造和向社会主义过渡时期。在对教育进行社会主义改造时,民主德国要求所有课程都要在马克思列宁主义的基础上讲授科学的进步成果,学校要大力帮助提高劳动人民教育程度和精神文化水平,与资产阶级思想进行不妥协的斗争。民主德国注重对教师的社会主义改造,强调教师在思想问题上认识正确是保证教学质量的重要前提,高度重视在政治思想上、业务上培训并从工人阶级队伍中选拔新教师。统一社会党及其政府还十分重视加强劳动群众对学校的影响,采取了众多措施,如废除教育特权,所有学校向工农子弟开放,并注重工农子弟学习成绩的提高,对农民子弟进行有力支持;加强工厂与学校的联系,组织工厂代表和工人中的家长代表参加家长委员会;大幅度提升农村教育,基本上消除农村学校的复式班级,致力于改善农村教师住房,以让教师在农村扎根,不再频繁调动;在工农业重点地区建立第一批十年制学校,等等。1958年,民主德国还开始在学校进行综合技术训练,强调教育与生产劳动相结合。1959年12月,颁行新法律,决定在1964年前普及实施综合技术教育的十年制综合技术中学。

　　第三阶段是从1963年1月德国统一社会党第六次代表大会召开后,民主德国的教育事业开始迈向全面的社会主义建设时期。首先是建立统一的社会主义教育制度。1965年2月颁行新的教育制度法,核心是规定十年制综合技术中学为义务教育,教育目的是培养全面和谐发展的社会主义人才,以社会主义、爱国主义和无产阶级国际主义精神把青年一代教育成为自觉的社会主义建设者;在教学中实行科学教育与社会主义德育相结合,教学、生产劳动和体育相结合以及理论与实践相结合。在1971年德国统一社会党第八次代表大会决定实行经济政策和生活政策相统一后,民主德国进一步改善办学条件和提高学生福利,在校学生都享有奖学金,继续免交学费,还可以免费享有学校的各种设施、社会保险、公费医疗,看电影、体育比赛等也是半价,政府还对膳食实行补贴,学生房租也比较低廉。根据现实需求,民主德国还不断对教育事业进行完善和变革。如为了使教学内容适应科学、技术和文化的最新知识,60年代开始调整教学计划、教材、课堂材料和课堂辅导,将综合技术教学改造成为就业作准备的教学,将培养专业工人的接班人作为职业教育的目的。为了适应科学技术革命的需求,民主德国还实行范围广泛的教育进修制度,以进一步完善教育制度。

在民主德国,德国统一社会党中央主管部对教育事业实行政治领导和监督,部长会议是最高国家领导机关和规划机关,但教育事业的具体管理部门比较分散。卫生保健部(Ministerium für Gesundheit)管理托儿所;国民教育部(Ministerium für Nationale Bildung)管理幼儿园、十年制综合技术学校、心身缺陷儿童特殊教育设施、教师培训机构、夜校(民众高等学校);青年问题管理局(Jugendamt)负责青年教育问题;综合性大学、大部分专科大学和工业专门学校隶属于高等教育部(Ministerium für Höhere Bildung)。另外,有一些专业性较强的大学和专科学校是接受文化部(Ministerium für Kultur)、交通部(Ministerium für Verkehr)、建设部(Ministerium für Bauabteilung)等有关部委的领导。在职业教育领域,相应的工业部与全国职业教育书记处共同担负实现规划和监督职能。在学校管理方面,校长负责学校的政治、教育和学校组织工作,学校还设有教育委员会、家长委员会以及班级家长会,前者由全体教师、家长委员会主席、专职的少年先锋队大队辅导员和一名与学校挂钩的监护企业的代表组成。

民主德国的教育体系主要包括学前教育机构、普通十年制综合技术中学、职业学校、职业高中、扩展高中、专科学校、高等院校、成人教育机构以及专门教育机构等。

学前教育。为了方便妇女的生产和生活,民主德国很重视幼儿教育,开办了许多托儿所和幼儿园。托儿所接收 5 个月—3 岁的儿童,实行自愿入学和免费保育,托儿所儿童每天只交 0.3 马克的按成本计算的伙食费,保育时间是从星期一到星期六的 6:00 至 18:00,托儿所保育员由医学专科学校训练。3—6 岁的儿童可以进入幼儿园,在兴建了大量的学前机构后,80 年代全国儿童都可以进入幼儿园,幼儿园教师和辅助人员毕业于三年制师范学校。

普通十年制综合技术中学。民主德国实行十年制义务教育,所有儿童都要求进入十年制综合技术中学,1—4年级教师毕业于四年制师范学院,5—10年级教师毕业于师范大学或五年制大学。全国建有5900所十年制普通学校,实际教育普及率达到95%。十年制综合技术中学的教育宗旨是扎实地对青少年实施德、智、体、美、劳动和综合技术教育,以使学生同时掌握文化知识、政治知识以及多方面的职业知识和熟练技能。在十年制中学,注重劳动教育和综合技术教育是民主德国基础教育的一大特点。学校不仅设有特定的技术科目,在其他科目中也贯彻技术教育,还在工厂和农场进行综合技术教育和生产劳动,以培育学生对劳动的尊重和具有一定的劳动能力。毕业前,十年制中学学生要参加一次全国统一的毕业会考,根据成绩、品德表现和本人志向实行分流。据1984年统计,77%的毕业生进两年制职业学校,10%进扩展高中,8%左右直接升入师范和卫生专科学校,5%进三年制职业学校。

职业学校。民主德国职业学校的学制分为两种,大多数是两年制,少数是三年制。两年制职业学校主要有两类:第一类是大企业和联合企业主办的企业职业学校,这类学校是职业学校的主要部分,学生人数占到职业学校总人数的2/3,训练条件优越,实行理论教学和实际训练相结合;第二类是县属地方性职业学校,专为无力办学的小企业培养职工,只进行理论教学,实际训练由企业承办。此外,还设一类只收零星职业学徒的中心职业学校。职业学校教育包括理论课和实践课,因学校重点在于职业培训,实践课占总学时的70%—75%,理论课只占25%—30%。毕业后,职业学校学生获得技工证书,可以在企业中工作,也可以进入专科学校。为了帮助学生就业,全国设立了219个职业顾问处(Berufsberater Büro)。三年制职业学校既要完成文化课,又要达到职业训练程度,除了不上音乐课和艺术课,职业高中的文化课与两年制高中相同,但还有职业技术培训课程。学生毕业后取得技工证书和高中毕业文凭,可以升入大学或专科学校,也可以直接参加工作。

扩展中学(大学预科)。为了取得高等学校入学资格(即中学毕业证书),十年制中学毕业生还需要继续学习两年,扩大的普通教育综合技术中学包括 11、12 两个年级,办学宗旨是向高等学校输送合格的人才。十年制中学中,德智体全面发展的毕业生才能进入扩展中学,入学还需经过学校推荐、家长委员会审议以及教育部门批准。扩展中学的教学计划、教学内容、毕业考试和升入高等学校的办法由国家教育部统一规定。教学内容主要是文化课,据教育部规定设有必修课和选修课。扩展中学的毕业考试由教育部统一命题和举行,分为笔试和口试,通过考试者发给高中毕业文凭,从而具备了大学入学资格。在民主德国,没有大学入学考试,扩展中学毕业生进入高等院校需要综合参考在校学习成绩、学校意见以及个人志愿,因而毕业时学校还要对学生的各方面表现进行评定。扩展高中生源较好,95%的学生能够进入高等院校。

专科学校。专科学校学制三年,办学宗旨是培养中等专业技术人材。专科学校招生一般不实行考试,采取有关方面推荐和校长批准的办法,从完成了专业工人训练的十年制中学毕业生中招生或直接招收十年制中学毕业生,但后者修业期稍长。学习结束时,学生要参加一场国家承认的毕业考试,通过者颁发职业证书,但没有学位,直接课程、函授课程和夜校课程修满后都可以获得毕业文凭。

高等院校。民主德国高等院校一般学制 4—5 年(医学类是 6 年),办学宗旨是为社会培养科学家,为社会各部门提供高水平的人才,以满足社会主义建设和科技革命的需要。高等院校入学没有入学考试,入学资格是要求获得中学毕业证书,招生则根据成绩、纪律指标、参加社会工作等综合评估结果,招生对象包括扩展中学毕业生、三年制职业学校毕业生、专科学校毕业生以及通过民众高等学校等途径获得中学毕业证书者,工、农、医和经济类大学申请者需要一年工作经历,有的特殊专业在入学前需要进行测试。高等院校教学内容包括基础理论知识和专业知识,注重将教学与科研、生产紧密结合,科研以基础科研为主。1980 年 3 月,第五次全国高教会议还决定所有大学生均需参加科研项目。为了鼓励学生积极进行科研,高校经常举办学生科研成果展览会。为了鼓励大学生学习,高校设立了多种奖学金,分为三个等级,60%的学生可以受惠。此外,特别优秀的学生还可以获得卡尔·马克思奖学金和威廉·皮克奖学金等特别奖学金。高校毕业生需要完成一篇科学论文并进行答辩,通过答辩者颁发学位证书。民主德国还颁发初级博士学位和高级博士学位,获得博士学位的途径是当科学助教、研究生以及参加研究班学习的在职研究生,所有学位申请者都要向拥有博士学位授予权的高等院校设立的学术委员会提交博士学位论文,高级博士学位申请者要求具有更高的科学技能和成绩。

成人教育。民主德国的成人教育机构自成体系,训练机构有企业学院、民众高等学校、函授机关等,全国大约有 1000 个企业研究所、500 个企业学校培训班、220 个民众高等学院和不计其数的"技术之家"式的速成班为成人教育服务。训练人员来自科学研究、生产等领域,其中很多是兼职人员。在信息、微电子技术、计算机辅助设计等高科技和先进工艺领域,正规高等学院也承担对成人的培训与教育。职工培训由所在企业负责,一般在企业学校或企业研究所里进行。民众高等学校又被称为人民大学,我国习惯称之为夜校。80 年代,民主德国每年有 34 万人入学。70 年代以来,民主德国加强了在职干部的教育与培训,具有高等教育水平的专业干部需要在相关的高等院校进行再学习,在职领导干部主要是在中央研究学院及下属的 14 个研究学院和进修院进行学习。如党和政府经济部门的部长、副部长,专区党委主管经济工作的书记、联合企业的总经理等,每隔五年必须到直属党中央的中央社会主义经济管理学院学习,以获得关于党的战略方针和经济管理、科学技术、思想政治工作等方面的最新知识。

心身残缺儿童和青年专门学校。民主德国也为残疾儿童和青年提供保育和教育,设有专门的机构,根据各自的情况,还进行不同程度的劳动技能训练,并进行适当的工作安置。

民主德国非常重视培养师资力量。教师培养机构主要有培养托儿所保育员的医学专科学校,培养幼儿园教师的三年制师范学校,培养十年制中学 1—4 年级教师的四年制师范专科学校,培养 5—12 年级的中学教师的师范大学(学院)或设有师范专业的综合性大学。师范学院的教学内容包括教学理论课和教学实践课,两者所占课时比例是 4：1,教学原则是将文化教育与思想教育、理论与实践以及教学与科研密切结合。民主德国十分尊重教师,宣传教师是"知识分子的中坚力量",是"联系群众的重要纽带和桥梁",并注重提高教师地位,1951 年就确定每年 6 月 12 日为教师日。在教师日,每名教师获得一年一次的附加津贴,政府向教龄长、贡献大的教师颁发 J. H. 裴斯泰洛齐勋章,向社会主义教育工作有杰出贡献者授予洪堡奖章和荣誉纪念章,最高奖励是授予人民教师称号。从工资待遇看,教师工资高于平均工资大约两级,每年多领 1 个月工资,教师收入的 30％免交所得税,退休金也高于其他行业,住房分配也有优待。

第十二章　两德的思想文化与社会生活

　　由于政治和社会体制不同,两个德国的思想文化和社会生活也呈现出不同的特点和取向。联邦德国在思想文化领域中呈现多元演进的面貌,不同的理论与思潮交迭登场,令人目不暇接。民主德国则强调社会主义的原则,在这一前提下,文化事业也取得了快速的发展和繁荣。

第一节　变化中的联邦德国社会与思想文化

　　在数十年的发展中,联邦德国社会发生了重要的变化,居民的就业结构、阶级和阶层结构、族群结构、生活方式等都产生了新的特点,在政治、思想和文化领域,则形成一种多元演进的格局,左、中、右,现代与传统,进步与保守同在,既有产生重大影响的思想和理论,也有不绝如缕的极端思潮。文学艺术在重铸辉煌的同时,高雅与低俗并存,精品与糟粕同在。

一、联邦德国社会的变化

　　联邦德国的社会变化,发生在若干方面。首先,随着经济现代化和经济结构的变化,居民的就业或职业结构发生了变化。按通常的三大产业划分,从业者(包括"独立经营者"和"非独立经营者"即雇佣劳动者)的结构变化如下:第一产业(农林渔业)中从业的人口在 1950 年是 413.4 万,占全部经济从业人员的 18.7%;1961 年 358.4 万,占全部从业人员的 13.6%;1970 年 199.1 万,占全部从业人员的 7.5%;1980 年 152.8 万,占全部从业人员的 5.9%。第二产业(采掘、制造、建筑)从业者人数 1950 年是 991.2 万,占从业人员的 44.9%;1961 年是 1262.5 万,占 47.8%;1970 年为 1275 万,占 47.9%;1980 年是 1156 万,占全部从业人员的44.4%。第三产业(商业、金融、交通通讯、服务)从业者 1950 年是 752.7 万,占全部从业人员的 34.1%;1961 年是 1039.6 万,占全部从业人员的 39.3%;1970 年为 1055.2 万,占全部从业人员的 44.3%;1980 年是 1277.9 万,占全部从业人员的 49.1%。[①] 若只看雇佣劳动者,则 1960 年第一产业(农林渔业)中的雇员占全部雇员总数的 2.4%,1980 年为 1.1%,1990 年仅为 0.9%;第二产业(工业,包括能源和供水、采矿、加工、建筑)中的雇员占全部雇员的比重 1960 年占 57.3%,1970 年占 55.2%,1980 年占 47.8%,1990 年只占 42.3%;而第三产业(商业和交通、通讯、信贷、保险及其他服务业)中的雇员在 1960 年占全部雇员的 40.3%,1980 年达到 51.1%,1990 年进一步达到占 56%。[②] 可见,第一产业从业人数及其占全部从业人口的比例都是持续下降,第二产业的情况是先升后降;第三产业中的情况是持续增加,到 80 年代已占全部从业者的半壁江山。就业结构的变化,也与城市化有关。在 50 年代,联邦德国选民约有 1/3 是生活在居民不足 5000 人的村庄里;到 80 年代末,生活

---

① B. R. 米切尔编:《帕尔格雷夫世界历史统计·欧洲卷 1750—1993 年》(第四版),第 158 页(相关的百分比是根据本页的数字计算得出)。不同文献中具体数字不尽相同,反映的趋势是一致的,如 Karl Römer, *Tatsachen über Deutschland：Die Bundesrepublik Deutschland*，S. 147；Hans Ulrich Behen, *Die Bundesrepublik Deutschland*，*Handbuch zur staatsplitischen Landeskunde*，S. 33；V. B. Berghahn：*Modern Germany：Society, Ecomony and Politics in the 20ᵀᴴ Century*，p. 263，table 15；裴元伦:《稳定发展的联邦德国经济》,第 156—157 页。

② 海尔曼·亚当:《德意志联邦共和国的经济政策和政治体制》,薛福庭等译,辽宁人民出版社 1998 年版,第 178—179 页;不同文献中的数字有所不同,反映的变化趋势是一致的,例如 Karl Römer, *Tatsachen über Deutschland：Die Bundesrepublik Deutschland*，S. 147.

在这类村庄里的选民已经只占全部选民的 1/10 了。[1] 同属一大产业部门的不同行业,情况也不同。如第二产业中的钢铁业工人人数,自 1973 年到 1990 年间从 17 万多人减少到 8.6 万余人,即减少了约一半。[2] 但第二产业中也有一些部门的从业人数增加了。

第二,经济从业人员总数及其在人口中的比重出现了变化。从业人数在 1950 年为 2207.8 万人,1970 年为 2661 万人,1980 年又减少到 2601.4 万人。1950—1970 年代初一直呈增长趋势,但 70 年代后期开始下降,1980 年比 1970 年少了约 60 万人。而 1970 年到 1980 年,联邦德国(含西柏林)的人口则增加了近 100 万。[3] 从业人口占总人口的比例下降,与 70 年代起出生率明显下降,人口结构老龄化加速有关。

第三,从业人员身份结构的变化。属于雇员身份的"非独立经营者"的人数和占全部从业人员的比例上升。"独立经营者"的人数和在从业人员中的比例,则持续下降。例如,1960 年到 1977 年,独立经营者由 328 万下降到 242 万,减少了 80 余万;而非独立就业者由 2033 万上升到 2131 万,即增加了 98 万多;家庭辅助工由 263 万减少到 128 万,即减少了约 135 万;如果把"非独立经营者"和"家庭辅助工"都作为雇员来看待,则这两类从业者总数由 1960 年的 2296 万减少到 1977 年的 2260 万。从占比的情况看,同期独立经营者的比例由 12.5% 下降到 9.6%;非独立经营者的比例由 77.5% 上升到 85.2%。家庭辅助工的比例由 10% 下降到 5.2%,但后两者占比相加则由 87.5% 上升到 90.4%。[4] 这意味着更多的从业人口成了"非独立就业者"即雇佣劳动者;也意味着独立经营

[1] Gordon Smith, *et al.* (eds.), *Developments in West German Politics*, p. 102.

[2] 唐纳德·萨松:《欧洲社会主义百年史》,姜辉等译,社会科学文献出版社 2007 年版,第 479 页表。

[3] B. R. 米切尔编:《帕尔格雷夫世界历史统计欧洲卷 1750—1993 年》(第四版),第 158 页,第 4 页;不同文献的数据有所不同,反映的变化趋势是一致的,例如 Karl Römer: *Tatsachen über Deutschland: Die Bundesrepublik Deutschland*, s. 147;B. H. 舍纳耶夫等:《联邦德国》,第 260—262 页。

[4] Karl Römer, *Tatsachen über Deutschland: Die Bundesrepublik Deutschland*, S. 147.

的经济单位减少了(独立的中小企业、中小农场等被兼并或破产),传统的城乡小资产阶级削弱了。有人研究,"蓝领"工作者、"老中产阶级"(企业所有者和自主经营者)和农场主等德国传统的三大阶级在 50 年代占全部户主的 75%,到了 80 年代,这三类户主的家庭已不足全部家庭的一半。①

　　第四,所谓"新中产阶级"(neuer Mittelstand,neue Mittelklasse,或译"新中间阶层")的人群大为增加。经济产业和部门结构的变化,科技进步等因素,使传统以体力工作为主的非熟练工人("蓝领")人数和比例下降,属于"白领"的各类从事非体力劳动、领薪水的职员(Angestellte)和公务员(Beamte)大大增加。例如 1950 年工人(Arbeiter)人数为 1199万,1960 年增加到 1290 万,1971 年减少到 1237 万;相应年份占就业人员的比例,则由 51%下降到 48%,再降到 46%。家庭辅助工在同样的年份由 325 万减少到 266 万,再减少到 165 万,占就业者的比例则由 14%下降到 10%,再降到 6%。而职员和公务员的人数和占比则双双上升,在同样的年份,他们的人数从 484 万增加到 803 万,再到 1012 万,占比由21%上升到 30%,再到 38%。② 此后这种变化仍在继续。据 1980 年《时代》(Die Zeit)的数据,1950 年到 1979 年联邦德国体力劳动者的占比由49%下降到 42%,白领工作者和公务员由 20%上升到 44%,自主经营者由 16%下降到 10%,家庭辅助工由 15%下降到 4%。③ 1960 年到 1970年 10 年间,全国有约 230 万人离开工农业劳动,成为管理者或职员即"白领",而空出来的位置则由外来的"临时"工人接替。④ 1970—1988 年不到 20 年,采矿和加工制造业工人由 661 万减少到 477 万,业主和职员

① Gordon Smith, *et al*. (eds.), *Developments in West German Politic*, p. 101.

② Hans Ulrich Behen, *Die Bundesrepublik Deutschland*, *Handbuch zur staatsplitischen Landeskunde*, S. 33

③ V. B. Berghahn, *Morern Gerrmany : Society*, *Ecomony and Politics in the 20TH Century*, p. 263.

④ Deniz Göktürk, *et al*. (eds.), *Germany in Transit : Nation and Migration 1955—2005*, p. 10.

则由 228 万减少到 227 万。即工人减少近 184 万,业主和职员(白领)只减少了 1 万余人。[①] 职员和公务员多属雇员身份而非自主经营者,主要靠工资或薪金收入,但因其知识、技能、在生产或管理中的地位等,收入比较丰厚,有较好的居住条件、较稳定的职位,或者还持有一定的股份。中高层管理者还在实际上进行着企业资本的运营。这些人的财富来源、收入水平、工作状态和生活方式不同于"蓝领",也有别于传统意义的中产阶级,因此被称为"新中产阶级"。

还要提到,联邦德国居民的族群结构也发生了不小的变化。德国是欧洲中部辐辏之地,移民出入史不绝书,但德国并不认为自己是移民国家。战后初期,曾有数百万"被驱逐者和无家可归者"进入西德,多为德意志族裔,可获得德国国籍。所以当时居民中无德国国籍者很少(仅约 1%)。但后来大量招聘"外籍劳工",其中不少人又携家带口。这些人加上因其他原因(如政治避难等)而来的人,逐步形成一个庞大的"外国人"群体。到 1971 年,这类"外国人"已达到 340 余万,1989 年更达到 480 余万。[②] 他们大部分来自南欧、东南欧和土耳其,宗教、文化与生活方式与德国本土有相当大的差异。尤其来自土耳其等国的穆斯林,约占"外籍劳工"的 1/3。这就增加了联邦德国宗教和文化上的多样性。

社会的变化有其后果和影响。生活处于中间状态者(尤其是"新中产阶级")即使对社会不满,也一般倾向于在没有巨大震荡的前提下的调整与改革,不易受到激进或极端思潮的影响,有助于"自由民主基本秩序"的稳定。联盟党、社民党均宣称走"中间道路",也是要吸引这类选民。"68 年运动"中许多人的出发点,是认为现存制度不完善或面临威

[①] Stastistisches Bundesamt: *Statistisches Jahrbuch 1989 für die Bundesrepublik Deutschland*, S. 170.

[②] "Statistics on Foreigners in Germany(1950—2001)", in: Konrad Jarausch and Helga A. Welsh(eds.), *German History in Documents and Images*, Vol. 9, *Two Germanies*, *1961—1989*. http://german-historydocs.ghi-dc.org

胁,而不是要推翻现存制度。激进或极端的要求得不到多数人的支持。在"公民行动"基础上形成的绿党,也逐渐转向现实的政策。变化也体现在联邦议院成员的社会—职业结构上。在 1983—1987 和 1987—1990 的两届联邦议员中,政府成员占 13％—14％,公务员占 31％—32％,工业中的"自主经营者"和专业人员占 25％以上,政党和社会组织的雇员占 13％—14％,其他如公共和私营部门的雇员以及其他工资劳动者占比很小。[①] 中产阶级特别是"新中产阶级"的人员占重要份量,表明了他们政治上的影响。

政治生活的阶级特点有所弱化或模糊。近代以来西方国家的政治具有突出的阶级政治特点。不同政党的社会基础、意识形态和政纲都有明显的阶级倾向,选民的政党倾向较为稳定,不同阶级之间则有比较明显的差异。工人大量地支持社会民主党,资产阶级(中产阶级)则倾向于联盟党。1957 年联邦议院选举,社民党获得工人票的 61％,但只获得中产阶级票的 24％,两者相差达 37％。在 1976 年选举中,自主就业者中的 65％、白领工作者的 47％偏向联盟党,而工人只有 41％倾向于联盟党。但在 80 年代两次联邦大选中,工人选民和中产阶级选民中,支持社会民主党的比例,仅相差约 10％。而"新中产阶级"的选票,则几乎被社民党和联盟党平分。据调查,在 1972 年大选中,选民感到有"强烈"和"非常强烈"的党派联系者占 55％。1987 年这类选民下降到只占 41％。非党派的选民比例则从 1972 年的 20％上升到 1987 年的 25％。在 1957 年和 1961 年的两次选举之间,改变投票偏好的积极选民不足 10％。而 80 年代的两次选举中,这个比例增加了一倍以上。[②] 建国初期的选民大部分经历过危机、战争和战后匮乏年代,其政

① C. C. Schweitzer, *et al.* (eds.), *Politics and Government in Germany 1944—1994. Basic Dcuments*, p. 441.

② Gordon Smith, *et al.* (eds.), *Developments in West German Politics*, pp. 105 - 106,109 - 111,115 - 117; V. B. Berghahn, *Modern Gerrmany: Society, Ecomony and Politics in the 20ᵀᴴ Century*, pp. 244 - 245.

治认同,把阶级、宗教等作为重要参照。到80年代,这类人已不足选民的1/5。出生或成长于战后时期较为年轻的人们,在社会多样性和流动性增加、传统纽带削弱、新观念迭出的时代,价值准则和政治关切等,与其祖、父辈有所不同,也没有那样稳定的政治或党派认同、忠诚或偏好以及投票时的选择。

社会变化也导致政治议程的一些变化。物质需求得到满足,便要寻求更高的生活质量、更加宜居的环境、更加多样性和个性化的生活方式、更大的自由空间等。在生活状态属于"新中产阶级"者(尤其是大专学生、年轻白领等)中,一些要求具有"后现代"和"后物质"甚至浪漫—乌托邦主义和非理性的特点。20世纪60年代学生运动中的一些要求,后来又在"公民行动"等"新社会运动"中得到表达,如"绿色"理念(包括反核主张),限制权力骄横,扩大基层民主和直接参与,个性自由和两性平等之类。20世纪80年代初有调查说,有"后物质主义"价值观的年轻人倾向于"新社会运动",政治上的自我定位是中左,多数人倾向于所谓后工业社会的左派政党或绿党。80年代的两次联邦议院选举,绿党得票率均不到10%,但所谓"后物质主义者"却有约1/3投票给绿党。1987年选举中,绿党的支持者约有80%年龄不到40岁。[1] 传统老党也作出回应,使纲领、政策"绿化"。社会民主党在80年代修改党纲时,强化了绿色议题,接受"生态现代化"概念。[2] 联盟党在80年代执政时,也在"绿色"方面采取了一系列政策和措施。

变化还发生在生活方式和道德规范中。例如妇女地位和两性关系方面,战后初期,德国女性参加公共和职业生活比较常见(因大量男子在战争中伤亡),《基本法》规定了男女平等。但建国之后,女性角色和两性关系的传统观念重新得到强调。执政的联盟党持保守主张。1953年设

---

[1] 辛蕾:《融入欧洲——二战后德国社会的转向》,第126、130、133页;Gordon Smith, *at el.* (eds.), *Developments in West German Politics*, pp. 113-114.

[2] 苏姗·米勒、海因里希·波特霍夫:《德国社会民主党简史1848—1983》,第305—306页;郇庆治:《欧洲绿党研究》,山东人民出版社2000年版,第172—173页。

立家庭事务部,部长是一位保守人士,反对动摇父权制这个"基督教的基础"。这种主张得到天主教会的支持。直到 60 年代,仍有调查表明,75％的男性和 72％的女性都认为女性的位置是在家中。1933 年德国已婚妇女有近 30％参加工作,1950 年联邦德国这一比例只有 25％,1961 年才达到 32％。[1] 男性仍是天然的家长,妻子未经丈夫同意不能外出就业的规定仍然有效。已婚妇女即使外出工作,仍然要承担全部家务。1961 年联邦家庭和青年部长说,女性作为家庭主妇和母亲,远比参加工作挣钱更重要。越来越多的妇女参加工作和孩子的减少,造成了负面影响,并构成对"基督教世界观"的挑战。[2] 同时,两性关系的"男女大防"也相当严格。到 60 年代,传统的观念和规范遇到强大的挑战。年轻一代受到较好教育,受新思潮影响的女性,不像其母亲或祖母那样甘当贤妻良母而在政治生活中处于"后座"。她们要求冲破传统约束,实现男女平等、自主生活和个人发展。一些激进的"新左派"甚至提出"摧毁资产阶级核心家庭","性解放",并将其与反法西斯和批判资本主义相联系,并形成新一波女性解放运动。1968 年,一批女权主义者成立"妇女解放行动委员会"(Aktionsrat zur Befreiung der Frauen),要求两性关系"民主化",建设适合女性价值的社会和新型的男女关系,吸引了不少女性参加。1972 年在法兰克福举行了联邦妇女大会(Bundesfrauenkongress),讨论了堕胎权、同工同酬、产假等女性权利问题。在此期间,官方通过了婚姻、家庭、两性关系和就业等方面有利于女性的新法律。妇女的自我意识、生活态度和社会地位等方面,都有新的变化。女性的教育程度和专业资质提高了,一些传统戒律被打破,结婚年龄推迟,生育率下降了,

---

[1] Nick Thomas, *Protest Movement in 1960s West Germany: A Social History of Dissent and Democracy*, pp. 222 - 225; Geoff Eley, *Forging Democracy: The History of the Left in Europe, 1850—2000*, Oxford and New York: Oxford University Press, 2002, p. 322.

[2] "Family, Child-Rearing, and the Role of Women(December 3, 1961)", in: Konrad Jarausch and Helga A. Welsh (eds.), *German History in Documents and Images*, Vol. 9, *Two Germanies, 1961—1989*. http://germanhistorydocs.ghi-dc.org/

家庭的束缚减少了,生活和职业的选择自由更大了。在经济从业人员中,女性从1950年737万上升到1980年的1003万;在整个经济从业人员中的占比由1950年的33％,上升到1980年的39％。在商业、金融和服务业中,女性从业人数甚至超过男性。① 女性更多地进入了原属男性领地的职业。1980年女律师的人数十倍于1925年,三倍于1933年。女医师也增加了。女性参与政治和公共事务的积极性提高了。如在70年代,主要政党中女党员约占20％或更低(1978年社民党的女成员略高于21％,基民盟和自民党的女成员不足20％,基社盟约为12％),但80年代的新党员中,女性达到40％。80年代中期到末期,社会民主党议员中的女性增加了30％。该党还开始考虑到90年代中期使该党在议会中的代表和党的机关中的女性比例不少于40％。联盟党和自民党也慢慢增加其机关人员和议员中的女性比例。② 在联邦议院,1957年女议员占9.2％,低于1919年国民议会中女性的比例。1980年联邦议院女议员比例降至7％。1987年上升到16％。在较低级的机构中,女性当选代表比例1975年为5.6％,1990年达到20.5％,社会民主党中这个比例则高达27.2％。③ 在绿党中女性的作用尤其突出。80年代在议会、党的组织和管理机构中任职的绿党成员中,约有一半是妇女。联邦议院的绿党党团一度由一个全部由女性组成的团队领导。1989年,汉堡州议会中的绿党议员全是女性。④

　　不过,联邦德国工作年龄段妇女的就业率仍然低于英国和法国,更低于东欧的水平。如1988年,联邦德国的这个比率是55％,而英国是68％,法国是59％,民主德国是83％。在专业工作领域,女性(如女律师

---

① 据B. R. 米切尔编《帕尔格雷夫世界历史统计欧洲卷1750—1993年》(第四版)第158页数据计算。

② Karl Römer, *Tatsachen über Deutschland : Die Bundesrepublik Deutschland*, S. 262; Gordon Smith, *et al.* (eds.), *Developments in West German Politics*, pp. 261 - 262,265.

③ 唐纳德·萨松:《欧洲社会主义百年史》下册,姜辉等译,社会科学文献出版社2008年版,第786页。

④ Gordon Smith, *et al.* (eds.), *Developments in West German Politics*, p. 265.

和女医生)增加了,但占比还是偏低。1980年,民主德国律师中有30%是妇女,女医生占比达到52%,而联邦德国的占比分别是14%和23%。① 职场上的不平等或歧视仍然存在,尤其是在专业工作领域。女性常常被认为缺乏"适当的资质"。多数妇女仍然只能从事技术程度较低的岗位,报酬较低,易受各种"合理化"措施的排挤。20世纪七八十年代,妇女仍然主要是在纺织、服装、服务和护理行业就业。女性的失业率通常高于男性。例如1978年,妇女构成全部劳动力的40%,失业者中却有54%是妇女。在受教育方面,男女差别大有缩小,但在高等教育中仍有较大落差。在各类高校学生中,女生的比例到80年代末达到38%,男生比例却是62%。女性地位的改善受到若干制约:首先是始终存在左翼—自由派与传统—保守派(包括天主教会)的分歧。如70年代围绕妇女堕胎权发生争论,修改相关法律的努力颇为曲折,最后仍然严格限制堕胎权。其次,传统观念的障碍。例如对许多中产阶级男性而言,妻子"无须外出工作"仍然被当作一种地位的象征。1980年汉堡上议院妇女平等办公室的一位官员说道:"我认为我们还须等上几百年,然后才能通过男子的觉悟而改善妇女的情况。"②其三,妇女运动本身的问题。70年代的女权运动在法兰克福举行全国妇女代表大会之后不久,就四分五裂。"新左派"女权主义者的一些极端要求也并非是理性或现实的,得不到多数人的认可。

　　社会世俗化,宗教影响力下降,是工业化和现代化发展的后果之一,联邦德国也是如此。首先是教徒人数总体呈下降趋势。如天主教徒在1960年有2471万,1970年增加到2719万,1989年又减少到2674万多人,呈先升后降的变化。新教徒的人数则一直下降,1963年约2880万,1970年为2848万,1989年降到2513万。其次是参加宗教仪式或教堂活动的人数减少了。天主教和新教两大教派中举行宗教洗礼、宗教婚礼

---

① Geoff Eley, *Forging Democracy : The History of the Left in Europe*, 1850—2000, p. 324.
② 戈登・A. 克莱格:《德国人》,第228页。

的人数均大幅度下降;参加周日圣餐式的人数,总体上也下降不少。① 又据统计,20世纪50年代选民中有40％的人每周都上教堂,1987年这个比例已不足25％。在天主教徒中,经常上教堂者从1953年占50％下降到1987年的不足30％。② 诚然,相当多的居民仍然留在宗教网络之中,但宗教影响总体呈削弱的态势。50年代,保守派曾把选举形容为基督教与无神论的竞争。但世俗化倾向使更多的选民不再依据宗教因素来决定党派和政治偏好,战后成长起来的几代人更是如此。

居民族群结构的变化更是带来复杂的问题。"外籍劳工"在联邦德国起初是受欢迎的,但七八十年代经济衰退,他们就被一些德国人视为负担和竞争者。不同宗教、文化的差异也是一个问题。官方自1973年起,明令限制"外籍劳工"进入,并鼓励他们返回其本国,同时促进留下的"外国人"融入德国社会。1978年,联邦成立专门机构(外国人事务署),其负责人屈恩(Heinz Kühn,1912—1992)说,德国已成了非通常意义上的"移民国家","必须对愿意留下来的人开放",防止出现新的"种族傲慢"和"双层社会"。一些机构宣传"不同的文化,相同的权利:走向共同的未来","德国人要适应这种新的多元文化合作的环境和形势","彼此共处","共同生活",相互了解等等。③ 然而,"多元文化社会"实行起来并非容易。联邦德国一直以种族和血缘为国籍的基础,改革国籍法困难多多④,"外国人"入籍都很难,更遑论融入。极右势力(如新纳粹)

① "Decline in Religious Observance among Catholics and Protestants(1960—1989)", in: Konrad Jarausch and Helga A. Welsh(eds.), *German History in Documents and Images*, Vol. 9, *Two Germanies*, *1961—1989*. http://german-historydocs. ghi-dc. org/

② Gordon Smith, *et al*. (eds.), *Developments in West German Politics*, p. 103;海尔曼·亚当:《德意志联邦共和国的经济政策和政治体制》,第24页。

③ Deniz Göktürk, *et al*. (eds.), *Germany in Transit : Nation and Migration 1955—2005*. pp. 246‐252; "The Government Warns of New Racial Arrogance(December 12, 1979)", in: Konrad Jarausch and Helga A. Welsh(eds.), *German History in Documents and Images*, Vol. 9, *Two Germanies*, *1961—1989*. http://germanhistorydocs. ghi-dc. org/

④ 新的《国籍法》2000年通过,在外籍人的子女获得德国国籍的条件方面有所变化,兼顾了出生地原则,但仍然非常严格。

则鼓动种族主义,指责外籍人的融入是"对我们民族特性的粗暴进攻"。1982 年,一批教授签署《海德堡宣言》(Heidelberger Manifest),说大批"外籍劳工"及其家属的到来可能威胁到德国的民族、语言、文化和宗教。他们要求保持德国的民族(Volk)特性,阻止移民潮。① 左翼—自由派的态度比较开放,支持"多元文化主义",提出"宪法爱国主义"作为居民新的认同基础。但这实际上是要认同于其中体现的西方价值观,与多数"外籍劳工"或移民的非西方文化和价值的差异,不言而喻。因此,问题解决仍然并不轻松。

二、多元演进的社会与文化思潮

(一)面对现实的存在主义和保守思潮

第二次世界大战后,对大多数德国人而言,纳粹意识形态已经破灭,德国的命运掌握在别人手中,许多人陷入失望、惶惑和悲观之中。不久冷战发生,苏联和共产主义被渲染成主要威胁。联邦共和国作为冷战堡垒,保守派的基督教联盟党持续执政,对内致力于巩固既定秩序,对外向西方集团一边倒,思想和文化领域亦受此影响。

在战后最初的年代,德国思想文化领域呈现复杂景象。海德格尔(Martin Heidegger,1889—1976)、萨特(Jean-Paul Sartre,1905—1980)等人的存在主义(Existentialismus),或称生存哲学(Existenzphilosophie),颇有市场。存在主义创立于二战前,源于现代社会及其悖论。人类取得了空前的成就,却感到孤独、恐惧和空虚,缺乏归属感。存在主义主张关注人"存在"的本质和意义,有对现实的批判,也有文化上的悲观主义,同时"把消极的思想和积极行动的可能性"联系起来,适应了不少信念破灭,惶然四顾,探求出路的人们的心理需求。存在主义影响反映在不少文学作品中,甚至影响到一些人的外表举止和服装发型。有人说当时是"存

---

① Deniz Göktürk, *et al.* (eds.), *Germany in Transit: Nation and Migration 1955—2005*, pp. 111 - 113.

在主义时代"。不过,这并非当时德国思想和文化领域的全部情景。战后德国出现一种"文化热"。人们探讨灾难的根源,寻求复兴之路。当时思想和文化领域有几个关键词:"罪责""精神""欧洲"和"人道主义"。纳粹主义破灭了,战前的"民族保守主义"名誉扫地,一些人相信前途在于"德国精神"与文化传统的复兴,即歌德(Johann Wolfgang Goethe,1749—1832)时代"自由主义的人道主义文化"。文学家托马斯·曼(Thomas Mann,1875—1955)、史学家梅尼克(Fridrich Meinecke,1862—1954)等人,在反思历史和思考未来时,皆不同程度有此主张。以弘扬德国文化为宗旨的"歌德社团"(Goethegessellschaft)广泛建立。1949 年是歌德诞辰 200 周年,魏玛歌德协会宣称,德国复兴"将伴随着歌德的人道理念由一种个人教育理想发展成我们时代的社会规范性法则"①。

但是不久,一种冷静而现实的保守主义代替了"人道主义"的高谈阔论。在冷战背景下,"经济奇迹"成果被归功于新的自由民主制度,并形成保守主义占优势的"共识政治"。其突出的特点是"反极权主义",既反纳粹主义又反共产主义,认为联邦德国是建立于宪法和道义基础上的国家。人们躲进精明的现实主义和政治冷淡中,关注物质安全,走向崇尚消费和个人主义。于是有人用"麻木""非政治化""逃避现实"和"沉寂的50 年代"来描述人们的精神状态。作家伯尔在 1960 年曾感慨:"我们成了消费者的国度。""生命之要旨变成:掏钱消费。至于衬衣品位或思想倾向,反倒成了次要的。"②1961 年一些学者在调查后得出结论:大多数学生政治意识淡薄,安于现状。据说当时某学生被问到什么东西对他影响最大时,回答是:"老爸的支票本和老妈的烹调书。"

实际上,恢复德国传统文化的条件已不存在,保守主义也不是德国传

---

① Jan-Werner Müller(ed.), *German Ideologies since 1945: Studies in the Political Thought and Culture of the Bonn Republic*, pp. 36 - 37.
② 布衣:《罪孽的报应:日本和德国的战争记忆与反思 1945—1993》,戴晴译,社会科学文献出版社 2006 年版,第 58—59 页。

统的保守主义(如战前"保守主义革命"的保守主义)了。纳粹统治和战争的教训,西方特别是美国的文化输出,知识精英的流亡和重返,政府与西方结合的政策等因素,导致了思想文化领域的西方化过程。尽管一些保守派曾对盟国输出西方文化冷嘲热讽,一些有战前"保守革命"背景,支持过纳粹政权的理论家,其主张仍然具有增强国家和权威主义的特点,主张社会应该由精英来管理和规划,民众政治参与可以降到最低,但战前保守主义对西方现代理性和议会民主的怀疑,主张民族主义、"血缘和土地"和德国既不属于西方也不属于东方的观念,被逐渐放弃或淡化了。保守主义接受了现代工业社会和西方式民主即《基本法》规定的"自由与民主的基本秩序",蜕变成一种新的、西方式的保守主义。它不再为传统而传统,而是希望传统可以在工业文明所造成的异化和不稳定面前,提供方向感和情感慰藉。① 阿登纳就是一位西方派的保守主义者。他的执政颇有德国保守主义主张的权威主义的特点,但他坚持西方化的政策,也不反对"社会国家"或"福利国家",甚至为政治需要而赞成扩大社会福利。

(二) 左翼—自由派思潮和"68年运动"

无论保守主义或政治冷淡,均未能在思想领域一统天下。还有一股左翼—自由派的思潮,一直存在。左翼—自由派思潮(除属于左派的德国共产党之外)拥护"自由民主基本秩序",反对主张国家高高在上的德国传统观点,承认有组织的利益多元主义,并研究当代历史,希望汲取适当的教训。其中一些人认为,联邦德国的问题在于《基本法》尚未能真正落到实处,新的国家仍然存在着"复辟倾向"和"民主缺失"。民主宪政制度能否稳固持久,值得怀疑。他们批评阿登纳政府的保守和反共主义以及一系列政策,例如宽容前纳粹分子,压制反对派,重新武装政策等。他们质疑人们对历史缺乏反省和"集体自我合理化",在繁荣之下理想缺乏,物质主义和市侩气息流行,主张培养人们的民主意识,打破"非政治

---

① 当时的保守理论家主要有福斯特霍夫(Ernst Forsthoff,1902—1974)、盖伦(Arnold Gehlen,1904—1976)、舍尔斯基(Helmut Schelsky,1912—1984)等人。

化"的沉闷局面,促进改革,防止德国重走旧路。法兰克福学派的"批判理论"(Kritische Theorie)是这种思潮在理论上的代表,其主要学者有霍克海默(Max Horkheimer,1893—1973)、阿多诺、马尔库塞(Herbert Marcuse,1898—1979)和哈贝马斯等。他们兼采各家(包括马克思主义),对资本主义进行文化批判,指出近代西方的启蒙理性已经堕落,导致"技术统治的极权社会"。人不是在走向"自由王国",而是走向"被管理的世界"。因此要批判"工具理性",揭露资本主义对人的压制,达到人性的解放。尽管战后这一学派已变得比战前温和,认同和维护"自由与民主的基本秩序",如霍克海默所说"不再为革命而斗争",但它仍然是左翼—自由派批判思潮中最具影响的理论。

到60年代,这种思潮成为"68年运动"的思想工具。当时"大联合政府"的组成,前纳粹官员基辛格成为总理,政府制定《紧急状态法》,纳粹残余的抬头等,似乎证实了左翼—自由派的种种批评。更重要的是年轻一代登上了舞台,对现实不满的反叛情绪与"批判理论"及其他激进思潮结合,形成造反的"新左派"。他们反感前纳粹分子位居要津,认为联邦共和国是保守和权威主义的,甚至是法西斯的。从文化角度上,他们反对传统的社会和道德观念,认为在经历了纳粹时代之后,"德意志特性"已经腐朽,应该以另一种东西取而代之。而这只有革命才能达到,革命的先锋将由青年学生担当。影响他们的有种种理论和思潮:法兰克福学派和其他"西方马克思主义"理论①,也有民主社会主义、毛泽东思想、卡斯特罗—格瓦拉主义、托洛茨基主义、无政府主义等。其具体要求有在"自由民主基本秩序"内改革的主张,也有彻底"离经叛道"的激进要求:反叛现存秩序、权威和规范,消除一切"不平等"、权威和压制,实现更加

---

① 包括赖希(Wilhelm Reich,1897—1957)和阿格诺里(Johannes Agnoli,1926—2003)的理论。赖希是奥地利心理学家,早年曾参加共产党,后被开除。1939年到美国,后加入美籍。他说马克思主义的革命论必须与"性革命"结合。阿格诺里是德籍意大利学者,他在1967年出版《民主制的转变》,认为代议制已变成了权威统治。Jan-Werner Müller(ed.), *German Ideologies since 1945 : Studies in the Political Thought and Culture of the Bonn Republic*, pp. 106 - 107, 126 - 130.

宽容、更加多样化的"社会空间"和"自主"生活,包括直接民主、自我管理、个性解放和"爱欲"解放等。少数离经叛道者组成共同生活的小集体,取消私人财产和私人领域,打扮另类,行为出格。有些激进分子还干出扔燃烧瓶、纵火之类的举动。

"68年运动"泥沙俱下。在与国家权力的对抗中,有些激进分子走向极端和暴力解决方案,并称之为"革命"。但是,激进主张与暴力行动遭到了批评和抵制,既来自保守派,也来自左翼—自由派。一些左翼—自由派对学生运动有所同情,认为它可以打破保守气氛下人们对政治冷漠的沉闷局面,但反对破坏"自由与民主的基本秩序",反对激进的"浪漫主义旧病复发",反对用暴力达到改造现状的目的。如霍克海默在1968年对学生们说,不要用反对民主来建立公正的社会,这种民主带有种种缺陷,但终究要比推翻民主而可能导致的独裁好得多。哈贝马斯则要求激进的学生不要陷入"左派法西斯主义"。

"68年运动"不久退潮,"新左派"的"革命"没有造成他们要求的新社会,但对联邦德国的发展产生了重要的影响。有研究者认为,60年代后期是联邦德国"学习过程"中的重要阶段。当初法西斯主义的崩溃并未对德国的社会政治文化造成太大的影响,学生运动通过激起批判性的思考和强迫人们审视既定的观念,使僵化的德意志特性在一些方面得以松动,促进了政治文化的变化,使社会更加开放、更加多元,并有了更多的参与。这样就推动了"民主制度的民主化"。对保守派而言,1968年是国家有能力遏制一种新的政治极端主义的证明,但越来越多的共识是,"68年运动"构成了联邦德国的"再造",具有特殊意义,因为第一次缔造是由别人(意指战胜国)替德国人进行的。①

---

① Jan-Werner Müller(ed.), *German Ideologies since 1945 : Studies in the Political Thought and Culture of the Bonn Republic*, pp. 11 - 12, 123, 147; Paul Hokenos: *Joschka Fischer and the Making of the Berlin Republic*. pp. 6, 93 - 94; Nick Thomas, *Protest Movements in 1960s West Germany : A Social History of Dissent and Democracy*, p. 247.

(三)七八十年代的反思和新方向

"68 年运动"后,参与者发生分化,少数人走上"城市游击战"的暴恐道路。许多人进入职场或加入主流政党,进行"经由体制的长征",不再激进,但批判精神的影响犹在。有些人陷入迷茫和悲观,或组成"亚文化"的小群体,试图过一种"反文化"或"另类"的生活。有些人在经历彷徨后,重新定位。1975 年,政治学家古根贝格(Bernd Gugenburger, 1949—)在《回到现实》一文中写道:革命冷却了,革命者疲倦了,悲观失望了。政治上出现了新的"克制状态":关注与当前生活直接有关、政治上看来可行之事。疲惫怀疑、独善其身等倾向到处可见,可能出现一个"新的毕德迈耶尔(Biedermeier)时代"。① 有人套用《共产党宣言》的话:"一个幽灵在德国徘徊:无聊的幽灵。"出现了崇尚自然和怀乡思旧情绪,以及与保守主义相适应的"发现历史"以自我安慰的尝试。那种历史进步主义的乐观情绪不再,而是感到人类面临危机,或到了一个停滞状态。各种观念、思潮和理论纷然杂陈:保守主义、"后现代主义"、"后工业主义"、具有乌托邦特点的反现代和反理性主义,以及反核和平主义、生态与环保主义等等。

在种种思潮和理论中,一种保守取向的"倾向转变"(Tendentzwende)逐渐凸显。保守派反对"新左派"的主张和左翼—自由派对"技术理性"和"工具理性"的批判,为现存体制和秩序辩护,为管理者、技术专家、现存政党体系和"理性运作的国家"辩护,主张资本主义才是真正的进步。他们批评某些人想用"文化革命"和"再意识形态化"把政治话语推向极端,破坏基督教传统,使国家受到左翼思想的威胁。他们强调历史的连

---

① "The Ostensible End of the Protest Movement(March 15, 1975)", in: Konrad Jarausch and Helga A. Welsh (eds.), *German History in Documents and Images*, *Vol. 9*, *Two Germanies*, *1961—1989*, http://germanhistorydocs. Ghi-dc. org/ "毕德迈耶尔"是德国 19 世纪上半期的一种文学艺术风格,也反映一种脱离政治而转向保守,关注私人生活,关注田园和家乡的态度。

续性和传统的意义、价值和认同，以避免人们失去方向或受到乌托邦式社会理论的指引。1974 年还召开了一次"倾向转变"为主题的会议。在这股保守主义回潮中，有传统保守派、右派或民族主义派、保守的基督教批评家，还有些原属左翼—自由派，但因不赞成"新左派"的激进要求而转向的人士，被称为"新保守主义"(Neuer Konservatismus/neo-conservatism)。"新保守主义"的核心主张和标志是所谓"现代化传统主义"(Modernisierungstraditionalismus)——拥抱现代自由资本主义民主制度并为之辩护，同时又肯定现代或前现代的忠诚和认同资源的现实意义。① 属于保守思潮的，还有以更年轻的知识分子为主力，将战前的"保守主义革命"奉为思想先驱的所谓"新右派"(Die Neue Rechte)。② 80 年代科尔的基民盟—自民党政府上台，更使保守主义重获信心。

左翼—自由派思潮没有消失，但法兰克福学派受到攻击，发生分化。1969 年阿多诺去世，该学派的晚期代表哈贝马斯反思 60 年代，寻求一种更适合时代的新的批判理论。在他看来，70 年代有两种反理性主义思潮，一是后现代主义，将经济增长置于福利之上，将资本主义的工具合理性视为合理性的全部内容，在社会政治经济领域则体现为新保守主义。二是反现代主义，以反对技术至上和增长第一的心态，否定现代科学理性和启蒙精神，表现出意义虚无主义。他主张既反对"返回尼采"或"复兴初期保守主义崇拜"，也反对"新保守主义和审美感召的无政府主义，仅仅以向现代性告别的名义再度对抗现代性"。他认为以前的批判理论走向了乌托邦式的幻想。现代性有其弊端，但毕竟意味着理性化和个人

---

① 哲学家吕贝(Hermann Lübbe,1926—　)被认为是"新保守派"的代表人物。他曾是"学术自由联盟"的重要成员，并在 1974 年主持召开过"倾向转变"会议。Jan-Werner Müller(ed.), *Gernan Ideologies since 1945: Studies in the Political Thought and Culture of the Bonn Republic*, pp. 161 - 165,170 - 172.

② 新右派大多成长于 70 年代"倾向转变"时期，后来自称为"年轻的"和"89 年一代"。Reger Woods(ed.), *Germany's New Right as Culture and Politics*. Palgrave Macmillan, New York, 2007, pp. 7 - 8; Jan-Werner Müller,(ed.), *Gernan Ideologies since 1945: Studies in the Political Thought and Culture of the Bonn Republic*, pp. 188 - 190.

自主方面的成就,所以是一个"未完成的方案"。他提出"交往行为理论",希望以此克服理性的独断,推进现代化。[1]

与此同时,兴起了对于人、技术与自然关系的哲学思考和绿色思潮。它源于对现代性和技术理性的反思,更与能源与环境危机相关。一些学者论述技术发展的伦理问题,探讨人、社会、自然和技术的关系和人类社会的持续发展。70年代,物理学家魏茨泽克(Carl Friedrich von Weizsäcker,1912—2007)主持的"马克斯-普朗克科学技术世界生存条件研究所",进行了"科学技术世界上的生存条件"的研究,包括核战危险、世界冲突和环境恶化及其后果等。哲学家汉斯·萨克塞(Hans Sachsse,1906—1992)突破以启蒙文化为核心和人与自然二元对立的方法论,论述人类与环境的互动和"人与自然和谐"原则。社会学家约瑟夫·胡贝尔(Joseph Huber,1948—　)提出"环境社会学"和"生态现代化",主张改变传统的生产方式。社民党理论家艾哈德·埃普勒(Erhard Eppler,1926—　)指出,经济发展可以使生活变得美好,也可能使生活变得难以忍受:空气日益污浊,垃圾和噪音不断增加,清洁水源日渐缺乏,人们越来越烦躁易怒等等。因此,必须改弦更张,在观念上从经济转向生态,为此不能不触动社会制度。[2]广泛兴起的"公民行动"把"绿色"主张与政治和社会改革要求相结合,要求实现"人们彼此善待,也善待自然"的社会。一些在"68年运动"衰退后消沉、迷茫的人们,经过反思,转向关注生态、环境和核战风险,实现所谓从"红"到"绿"的转变。如属于"68一代"的约施卡·费舍尔成为绿党活动家,他在80年代撰文提出,把生态学纳入"国家理性"。生态价值的至高无上应该写入法律,变成政策,加以

---

[1] 罗尔夫·魏格豪斯:《法兰克福学派:历史、理论及政治影响》,第834、856—857页等;扬-维尔纳·米勒:《另一个国度:德国知识分子、两德统一及民族认同》,第132—135页;余灵灵:《哈贝马斯传》,河北人民出版社1998年版,第205—208页等。

[2] "Social Demoratic Reflections on 'Economic Growth or Quality of Life?'(April 11, 1972)", in: Konrad Jarausch and Helga A. Welsh(eds.), *German History in Documents and Images*, Vol. 9, *Two Germanies*, *1961—1989*. http://germanhistorydocs.ghi-dc.org/

推行。①

　　(四)"克服过去",反思历史

　　在联邦德国,"克服过去"(Vergangenheitsbewältigung)尤其是第三帝国那段"过去",是一个无法回避的课题。如何"克服过去",是真诚反思,承担责任,还是回避和遗忘纳粹的罪行,甚至进行辩护? 左翼一自由派主张德国人要有反省意识,不要忘记纳粹的罪行和德国应承担的责任,唯此才能维护"自由与民主的基本秩序",防止重蹈历史覆辙。例如,社会民主党人舒马赫从德国投降之日起,就不断敦促德国人直面历史。他说纳粹主义不是一小撮人的阴谋。德国人曾相信独裁和暴力,曾目睹纳粹暴行却保持沉默,曾为希特勒战斗到最后。只有这样的认识,才是"精神、心智和道德上的忏悔和变革的前提"②。1946 年哲学家雅斯贝尔斯写了《德国的罪责问题》的专文,力图说明不同性质的罪责,指出多数人也许没有直接参与纳粹的罪行,但"以有罪过的被动性"忍受了事情的发生,害怕牺牲而不进行反抗,也是负有责任的。他与一些学者创办杂志《转变》(Die Wandlung),讨论德国的道德和政治复兴问题。该杂志公布了许多关于纳粹罪行的文献,指出"我们牢记历史,哪怕最苦痛的历史,决不要忘记,这样我们才不会忘记自己。"③

　　但是,深刻反省纳粹罪行并深挖其根源,并未很快成为广泛的共识。尽管盟国在德国推行了"再教育",但深刻感到对纳粹罪行负有责任的德国人不多。许多人辩解说,他们并不了解纳粹政权之所为,责任在于希特勒和纳粹领袖们。保守派(一些人曾追随过纳粹统治)反感"集体罪责"的讨论,对历史和责任问题保持沉默。一些人力图淡化德国在二战

---

① Paul Hockenos, *Joschka Fischer and the Making of the Berlin Republic*, p. 216.

② Paul Hockenos, *Joschka Fischer and the Making of the Berlin Republic*, p. 30; Jan-Werner Müller(eds.), *Memory and Power in Post-War Europe: Studies in the Presence of the Past*, Cambridge: Cambridge University Press, 2004, p. 187.

③ 汉斯·萨尼尔:《雅斯贝尔斯》,张继武、倪康梁译,三联书店 1988 年版,第 71—73 页;Jan-Werner Müller(ed.), *German Ideologies since 1945: Studies in the Political Thought and Culture of the Bonn Republic*, p. 27.

期间的罪行,或者把纳粹的罪行消解在西方文明堕落的普遍语境之中。环境也很快变得不利于促使德国人反思。美国转变对德政策,冷战发生,政府宽容和重用前纳粹人员,使得对纳粹历史保持沉默、掩盖或辩护的态度仿佛是理所当然;而正视历史,承担责任的主张,则受到曲解和攻击。如有人指责雅斯贝尔斯主张"集体罪责"而损害了"德国精神",使德国人"只能怀着内疚而生活"。① 有人提出应该丢弃"旧账单",获得自信。有人把纳粹主义重塑成希特勒主义(罪责集中于希特勒),或把纳粹德国进攻苏联说成是保卫"欧洲文明"。有人说纳粹主义和共产主义皆源于基督教传统的破坏,源于马克思主义的唯物主义。不少人仍然把第三帝国与"好日子"相联系。在史学研究中,梅尼克的《德国的浩劫》和里特尔(Gerhard Ritter,1888—1967)的《德国与欧洲问题》等著作曾被视为德国思想反省的代表。他们批判纳粹主义、权力国家、极端民族主义和军国主义,但认为纳粹主义是德国历史文化发展的断裂,一种偶然性,其根源在于现代西方文明的普遍性危机。此即纳粹主义"非德国"和"德国历史非连续性"的假定。

尽管如此,无论是在私人领域还是公共领域,这个历史的话题从未销声匿迹。左翼—自由派坚持批判纳粹主义和第三帝国,要求反省历史和承担责任。除了舒马赫、雅斯贝尔斯等人外,还有其他左翼—自由派和部分温和的保守派。哲学家阿多诺批评德国人在历史问题上的"集体自我合理化",主张通过历史的启蒙来进行民主的"疫苗接种"。不少文学作品揭露联邦共和国与纳粹主义的牵连,批评其对历史缺乏审视。史学界也逐渐发生变化。从 50 年代后期到 60 年代,布拉赫(Karl Dietrich Bracher,1922—)在其著作中分析魏玛共和国民主制的缺陷,认为希特勒迎合了德国人的情绪,纳粹的根源可追溯到 19 世纪德国的民族观念

① Jan-Werner Müller(ed.), *German Ideologies since 1945 : Studies in the Political Thought and Culture of the Bonn Republic*, pp. 33 - 34;汉斯·萨尼尔:《雅斯贝尔斯》,第 78、83、65—86 页;沃尔夫·勒佩尼斯:《德国历史中的文化诱惑》,刘春芳、高新华译,译林出版社 2010 年版,第 52—53、172—174 页。

(völkisch ideology)。战前关于德国"特殊道路"("Sonderweg")和 19 世纪社会结构、经济与政治互动导致第三帝国的著作,重新发表。随后,历史学家费舍尔(Fritz Fischer,1908—1999)在其著作《争雄世界:德意志帝国 1914—1918 年战争目标政策》中,认为德国走上战争之路不是"偶然失足",德国历史存在着连续性,从而挑战了史学界的主流观点,激发起争论和思考。从 50 年代末起,联邦德国进行了一系列对纳粹罪行的审判,揭露大量事实,使得为纳粹辩护的种种托辞日益难以成立,尤其是使年轻一代感到震惊:那些看来平常的公民怎么会犯下如此野蛮的罪行,又如何能在战后重新融入社会,成为无害的小市民? 父母或老师为何没有提出这些问题? 于是他们与前辈之间形成了鸿沟。① 以前关于历史记忆的少数派(即左翼—自由派)主张,开始获得广泛响应,将第三帝国历史封存起来的企图日益遭到质疑。于是,60 年代在德国土地上首次爆发对纳粹时期的群众性抗议,并促成了一种新的共识,那就是德国历史不存在零点或断裂,纳粹主义不是既往的一页,而仍然是德国现实中的危险要素。史学界出现了"批判的社会史学",汉斯-乌尔里希·韦勒(Hans-Ulrich Wehler,1931—2014)和科卡(Jürgen Kocka,1941—　)等较年轻的学者,考察德国资本主义现代化发展的特点和环境,认为纳粹主义和第三帝国不是偶然发生的事情,而是德国"特殊道路"的产物,应该到俾斯麦帝国去追问"德国浩劫"的原因。到 70 年代,这种对德国历史的解读得到广泛的认同。60 年代以后,在政治和学术讨论中还发生了由反"极权主义"向反"法西斯主义"的转变。"新左派"强调纳粹主义与资本主义的联系,并把反纳粹主义与批判联邦德国的现状结合起来。人们对纳粹主义的看法发生了变化。有民调说,认为纳粹政权有罪的人从 1964 年的 54% 上升到 1979 年的 71%。1975—1979 年间,表示赞成纳粹

---

① 有人回忆,1963 年当他还是学生时听到集中营之事,与父亲谈及,父亲"干脆拒绝谈论纳粹历史,意谓往事已矣,现在问题是在东边。""我很不以为然,于是我们之间出现了裂痕,后来导致我和弟弟与其他家人间的鸿沟。"Geoff Eley:*Forging Democracy:The History of the Left in Europe*,*1850—2000*,p. 418.

(除迫害犹太人和战争以外)政策的人占 32%,而不赞成纳粹主义的人占
42%。[①] 一位研究法西斯主义的学者在 80 年代总结道:"种种反法西斯
主义的思想自 60 年代末以来得到了广泛的传播并在人们心中深深地扎
下了根。对工会和部分文化精英来说是这样,在历史学家和社会学家内
部亦然,对较年轻的一代来说也普遍如此。"[②]对纳粹和第三帝国的研究
得到拓展和深化,"日常生活史"(Alltagsgeschichte)受到重视,即研究第
三帝国时期普通人的日常生活与经历。新的视角也伴随着地方历史研
究,人们试图揭示第三帝国时期某工厂曾发生怎样的压制工会和言论自
由的事,或者当纳粹暴徒烧毁犹太教堂、商店,残害犹太人时,邻居如何
胆小观望。对保守史学家视为禁忌的问题也不回避。如一位女民间历
史学者不顾当局、教会上层的阻挠,获得纳粹时期的秘密纪录,揭露其所
在地区人们试图掩盖或希望忘记的事实,发现一些一直被认为是反纳粹
的人,甚至"抵抗战士",却是纳粹同情者甚至纳粹军官。又如汉堡和不
莱梅曾认为纳粹主义在自己的城市里受到了具有自由精神的公民的拒
绝,未能扎根。但新的研究打破了这种长期的神话。研究发现,汉堡虽
不是纳粹的"模范区",也不是对希特勒冷眼相向的"温和的"汉萨城市。
在慕尼黑、沃尔弗斯堡、埃森、纽伦堡等地,七八十年代也开始揭露当地
在纳粹时期的历史,并以不同方式保持历史的记忆,如举办纳粹时期历
史文献和实物展览,把纳粹遗址(建筑物、迫害犹太人的场所等)改造成
陈列馆或纪念地等。有的研究揭露一些大企业与纳粹的关系和使用强
迫劳动的历史,促使其承担责任。如 80 年代期间,沃尔弗斯堡市(大众
公司所在地)的档案馆出版了揭露大众汽车厂在战时进行军工生产和
使用强迫劳动的著作,筹办"纳粹暴政牺牲者文献展"。大众公司受到
震动,委托专业史学家来研究和撰写有关著作,成果后来于 90 年代正

---

① Nick Thomas, *Protest Movement in 1960s West Germany: A Social History of Dissent and Democracy*, p. 28.
② 莱茵哈德·屈恩尔:《法西斯主义剖析》,邸文等译,军事科学出版社 1992 年版,第 129 页。

式出版。① 总之,到七八十年代,联邦德国形成了广泛的反省历史和清算纳粹罪行的意识,并将其视为一种政治和道德的义务。这种变化,应视为一项重要政治与思想成就。

不过,也有对"批判史学"和"过分聚焦于"纳粹时期的质疑。有人担心,一味否定和批判性地检讨历史,会"面临成为一个没有历史的国家的危险"。保守派主张,不要认为德国历史"仿佛只有希特勒的 12 年",德国人需要"从希特勒的阴影里走出来",并"再次成为一个正常的民族"。1982 年科尔领导的联盟党政府上台,也带来了思想领域氛围的转变。1983 年联盟党召开一次关于"德国个性"的会议,主张"克服所有成见",不应继续用罪恶感折磨国民自觉性等。作为历史学博士的科尔,认为德国处在"历史的转折点",需要"精神上的更新"。他也主张摆脱对纳粹时期的过分聚焦,赞成从历史的阴影中"解放"出来,关注德国历史的积极面,引导年轻人以国家为荣。在史学界出现了"新修正派",他们或否认有所谓"特殊道路",说反犹主义、帝国主义等乃时代现象,非德国所独有;或强调德国传统中有黑暗面,也有光明面,不能把德意志帝国说成仿佛是纳粹德国的前史;或试图将纳粹罪行"相对化"和淡化,主张讲清第三帝国的积极面和"功绩";等等。在此背景下,80 年代中期出现了一场"史学家论战"(Historikerstreit)。"新修正派"反对过份关注"区区 12 年",认为重新解释历史关系到民族重新"直起腰来走路",否则会出现精神真空,迷失方向。"新修正派"史学家诺尔特(Ernst Nolte, 1923—2016)在 1986 年发表文章,说二战结束已 40 年,却还未能对其划一条终结线,历史成了"不愿过去的过去"。他甚至说,希特勒起到了保卫欧洲,抵制斯大林"亚洲野蛮主义"的作用,纳粹的大屠杀源于斯大林的恶劣榜样,与战时盟国对德累斯顿和广岛的空袭、美国在越南的战争等亦可相

---

① 后来大众公司开办了有关展览,并设立专项基金,向仍生活在 22 个国家的以前的强迫劳工支付赔偿。Gevriel D. Rosenfeld and Paul B. Jaskot(eds.), *Beyond Berlin: Twelve German Cities Confront the Nazi Past*, Ann Arbor: The University of Michigan Press, 2008, pp. 168 - 172, 180 - 181, 99 - 101.

提并论。① 左翼—自由派则驳斥这类观点,强调保持历史记忆并为纳粹罪行承担责任,应该代代相传。他们指出,纳粹进行的大屠杀是历史上独有的,它利用工厂化的方式对一个种族进行整体性灭绝。即使能找到与其他事件的"可比性",也不能成为德国降低道德标准为自己辩护的理由。这种争论有着深刻的现实关切。左翼—自由派怀疑保守派在用每一个机会将战争抹干净,保守派则怀疑左翼—自由派用"奥斯威辛"来揭德国的短。一方希望德国经过新生,变得正常和优雅起来,不再有罪孽感;另一方则把"奥斯威辛"当成德国自我界定的一部分。不过在坦诚面对纳粹暴行及其根源的氛围中,为纳粹辩解的取向在很大程度上只是少数人的立场。② 直面纳粹历史这个保守派试图边缘化的主题,到80年代末已成联邦德国政治文化中占优势的主张和最重要的基石之一。③

形成直面历史的反省意识,官方和政界主流(包括左翼—自由派和自由—保守派)的作用非常重要。联邦德国政界高层人士经常表态,正视纳粹罪行,承担历史责任。在阿登纳时期,官方在反省历史方面存在不足,但还是将其作为联邦共和国自我定义的一个关键要素。联邦首任总统豪斯明确表示:"纳粹的侵略罪行是集体的耻辱。"阿登纳对纳粹的德国社会历史根源也有深刻的认识(不过具有保守主义的特点),主张德国人克服极端的、自杀性的民族主义,决不允许纳粹历史重演。他出于现实政治需要而起用前纳粹分子,也是有条件的。他把与犹太民族和解

---

① "The Revisionist Scholar Ernst Nolte Provokes the Historikerstreit ('Quarrel of the Historians')", in: Konrad Jarausch and Helga A. Welsh(eds.), *German History in Documents and Images*, Vol. 9, *Two Germanies*, 1961—1989. http://germanhistorydocs. ghi-dc. org/

② 布衣:《罪孽的报应:日本和德国的战争记忆与反思》,第189—190、211、223、249—253页等;格奥尔格・G.伊格尔斯:《德国的历史观》,彭刚、顾杭译,译林出版社2006年版,第6页。

③ 在德国,围绕历史的争论并未结束。随着德国统一,自称为"89一代"的"新右派"要求德国摆脱"失常状态",克服"对权力的恐惧",也试图把纳粹历史"正常化",使其罪行"相对化"。——Jan-Werner Müller(ed.), *German Ideologies since 1945: Studies in the Political Thought and Culture of the Bonn Republic*, pp. 189-190;扬-维尔纳・米勒:《另一个国度:德国知识分子、两德统一及民族认同》,第255—270、286—290页。

当作一项基本政策,与以色列和世界犹太人大会达成赔偿协议,也是承担历史责任的体现。社会民主党人勃兰特战时就是坚定的反法西斯主义者,在 60 年代担任外长时提出外交四点方针,就包括摒弃历史上包括纳粹时代在内的错误传统,划清界线,并认为"新纳粹主义和民族主义是对国家和人民的背叛"[1]。他曾在波兰华沙犹太人受害纪念碑前下跪,表达反省和谢罪的诚意,令全世界动容。1985 年纪念二战结束 40 周年时,联邦总统魏茨泽克就历史问题表态,明确指出"5 月 8 日是解放日,它使我们从民族社会主义的非人道和暴政下解放出来"。今天的多数人未曾经历纳粹时代,但前辈留下了沉重的遗产,"我们大家无论有无罪过,无论老幼,都必须承认这个过去"[2]。科尔总理的历史观具有保守的特点,但他也强调德国不走"民族的特殊道路"。他在 1987 年发表讲话,要求正确对待历史(这符合其保守主义信念),同时强调"决不要忘记民族社会主义独裁的经历,它给别国人民和我们自己都带来无法衡量的灾难。它告诫我们要吸取教训"[3]。为了有利于清算纳粹的罪行,联邦议院从上世纪 60 年代开始,先是延长最后取消了对追诉纳粹罪行的时效限制。1979 年对"言论自由"作出严格界定,宣传纳粹思想被视为"言论自由"的例外事项,不允许否认纳粹屠杀犹太人的历史。1986 年的一项立法将否定"奥斯威辛罪行"的行为入罪,指出在讨论历史问题时,某些"不能允许的谎言"是必须禁止的。

联邦德国重视关于第三帝国和纳粹罪行的历史教育。战后初期在盟国要求下,西部各州颁布法律,要求培养学生抵制纳粹思想和专制主义灌输的能力,不得用历史教育来进行煽动性的政治宣传,要删除颂扬

---

① 维利·勃兰特:《会见与思考》,第 176 页。

② C. C. Schweitzer, *et al.* (eds.), *Politics and Government in Germany 1944—1994. Basic Documents*, pp. 266 - 268.

③ "Chancellor Kohl Justifies the Creation of a German Historical Museum as a Contribution to National Unity (October 28, 1987)", in: Konrad Jarausch and Helga A. Welsh (eds.), *German History in Documents and Images*, Vol. 9, *Two Germanies*, 1961—1989. http://germanhistorydocs.ghi-dc.org/

战争、种族主义、军国主义的内容。但此后一段时期,由于缺乏合适的教科书和不少教师的认识问题,历史课程只讲遥远的过去,或到俾斯麦为止。60年代开始改变这种状况。1962年各州文教部长会议发出指示,要求如实讲授第三帝国的政治和行政制度、反犹主义和大屠杀、希特勒外交和战争责任等内容。"新左派"运动推动了对历史的反思和学校政治教育的"左"转。文教部长联席会议在1978年和1980年先后发布《对纳粹主义的处置》和《对纳粹时代抵抗运动的处置》的文件,要求加强学生对纳粹统治与罪行的认识,抵制对第三帝国或其代表人物历史的回避和美化。1979年,美国电视剧《大屠杀》在联邦德国放映,激起强烈反响,许多学校就相关的历史进行了讨论。官方作出积极反应。例如中央政治教育办公厅(设在杜塞尔多夫)给北莱茵-威斯特法伦州的教师赠送10多万套情况资料,包括56页关于"最后解决"的小册子。巴符州的高中教师手册里规定,要使学生了解希特勒的外交政策,纳粹专制如何建立,纳粹系统的非人道性,第三帝国的集权特性,并且要了解自由民主秩序如何运作。手册还推荐老师带学生到集中营去看看。[1] 80年代有人对联邦德国、美国和以色列的历史教材进行比较认为,联邦德国历史教材已表现出事实的准确性和内容的平衡性,不足的是未能将历史与现实相联系,没有指出导致纳粹时代的某些文化传统是否仍然潜在地存在。此外,1972年联邦德国开始与波兰联合讨论历史教科书的编撰问题,旨在删去或至少缓和教科书中彼此关于对方的陈词滥调、歪曲和带有敌意的文字。这也不失为真诚希望"克服过去"的一种努力。

(五)对"认同"的探讨和"宪法爱国主义"

历史问题与一个重要问题——认同有关,即"我们要成为谁?"曾经凝聚德国人认同的民族主义,战后已声名狼藉,德意志民族陷于分裂。主流精英主张摒弃民族主义和"特殊道路",做"欧洲的德国"和"西方的

---

[1] 戈登·A.克莱格:《德国人》,第93—97、196页等;布衣:《罪孽的报应:日本和德国的战争记忆与反思》,第187—189、91—94页。

德国"。阿登纳强调德国人必须克服民族主义痼疾。舒马赫曾坚持民族
统一诉求,同时主张"不是为了民族主义",而是一种与"民族主义"相区
别的"世界公民式的爱国主义"。① 此后在联邦德国,民族主义通常是与
极右派相联系的。然而抛弃了民族主义,失去了国家的统一,加入了西
方,联邦德国人的身份认同应该是什么？ 联邦共和国的合法性基础是什
么？ 如何造就社会的凝聚力和居民的效忠感？ 于是有了"认同焦虑"。
起初,人们对联邦德国自我形象的估计,主要基于对经济成就的自豪。
但许多人认为,这样以马克为中心、以物质为取向来建构民众认同,是不
够的,不可取的,甚至是危险的。左翼—自由派希望建构一种以《基本
法》所体现的制度和价值观为基础,更具包容性和普世性的爱国理念和
认同。人们提出了"后民族民主"等概念,希望构建一种新的认同基础。
政治学家斯坦贝格(Dolf Sternberger,1907—1989)主张联邦德国公民认
同于宪政民主国家,提出了"宪法爱国主义"(Verfassungspatriotismus)
的概念。他在1979年(联邦德国建立30周年)撰文说:在联邦德国,一
种新的"奠基于宪法之上"的爱国主义已悄然形成。"民族感情依然遭受
着创伤,我们不是生活在一个完整的德国。但我们生活在一部完整的宪
法、一个完全立宪的国家里,这本身就是一个祖国。"②哈贝马斯也积极主
张并论述了"宪法爱国主义"。他说德国人由于灾难性的历史,必须构建
一种新型的爱国主义和认同感,与那种传统的、基于族群同质性的民族
主义和国家膜拜划清界线。这种认同感不是聚焦于历史,而是一种基于
宪法的、以法治和民主等普世原则为中心的"后民族认同",即"宪法爱国
主义"。纳粹主义的经历必须作为德国宪法爱国主义的一个隐含的参照
点。在德国,只有"由克服法西斯主义而形成特有的历史观,才能理解以

---

① 辛薔:《融入欧洲——二战后德国社会的转向》,第108—109页。

② Jan-Werner Müller, *Constitutional Patriotism*, Princeton and Oxford: Princeton University
Press, 2007, pp. 21 - 22; "Dolf Sternberger Describes the Term 'Constitutional Patriotism'
(1979)", in: Konrad Jarausch and Helga A. Welsh(eds.), *German History in Documents
and Images*, Vol. 9, *Two Germanies*, 1961—1989. http://germanhistory docs. ghi-dc. org/

法治和民主的普遍性原则为中心的后民族认同"①。不少"68一代"支持"宪法爱国主义",认为传统的民族国家不适应于全球化时代,它压制多样性,并具有侵略潜质,反对民族主义是反对纳粹主义和保证"不再犯"的必要条件。而且,在不同文化和族裔居民大量增加的情况下,能否创造一种更宽松的政治归属形式,一种以某种新的文化为核心或崇拜对象的公民认同? 人们转向了"宪法爱国主义",希望通过共享宪法载明的、被认为是普世意义的价值,以实现社会的团结和整合。到80年代末,在左翼—自由派中,存在一种关于"后民族民主"和"宪法爱国主义"的共识。

但是,围绕"宪法爱国主义",自始就有争论:它能否或应否取代历史形成的民族和文化的认同呢? 一方面人们认同被认为是德国历史上最成功的民主政治秩序,另一方面也有人(主要是保守派)主张回归更加传统的意义和道德资源。这一派认为,民族并没有被取代,"宪法爱国主义"只是"掩盖分裂鸿沟而聊以自慰的绣花毯",是一种民族和情感上的"禁欲",它抽象浅薄,也不现实,或只能是一种"临时的爱国主义"。他们还说,用"宪法的乌托邦"来替代民族,"必将全面压制曾构成德国认同的那些精神和文化传统";"宪法爱国主义"有赖于坚持批判性的历史记忆并承担责任,则是要把德国人钉在"大屠杀"历史之上。被认为属于"新右派"的艾希贝格(Hening Eichberg,1942—)明确主张"民族认同",并试图把德国看成类似于第三世界的被殖民国家,文化上面临失去认同的危险。"新民族主义"逐渐成为广泛讨论的话题,关于联邦德国"心理上不平衡"和"缺乏认同"等观点,在联盟党思想家和保守的知识界逐渐流行。② 史学"新修正派"也说,对历史的"正常"态度对建立牢固的民族认

---

① Jan-Werner Müller, *Constitutional Patriotism*, pp. 26 – 34.

② Jan-Werner Müller(ed.), *German Ideologies since 1945: Studies in the Political Thought and Culture of the Bonn Republic*, pp. 194 - 195;扬-维尔纳·米勒:《另一个国度:德国知识分子、两德统一及民族认同》,第71—72、77—79、85、277—279页等。艾希贝格是70年代"新右派"重要人物之一,后转向第三世界研究,并加入绿色运动。1982年到国外大学任教。

同至关重要,否则不利于"积极的自我认识"。而一些左翼—自由派人士也逐渐倾向于或者说从未消除"民族关怀"。执政者则坚持德国最终统一的民族诉求,努力维系民族纽带。阿登纳把民族主义看作"欧洲痼疾",但主张培养"健康的民族感情"。科尔宣称"德国历史和德意志民族一样,都是不可分割的"。勃兰特在推行"新东方政策"时,坚持"一个民族,两个国家",德国人民仍然需要统一。施密特更明确声称"坚持民族的概念","我看不到德意志民族会灭亡"。[①] 一些人主张"宪法爱国主义"主要是"后民族主义的",但不是"后民族的",民族性不再居于中心,但并没有"被压制"或清除。它不是消灭民族特点,而只是使之下降到一种支持性的作用。[②] 1989—1990 年德国统一,可以说是德国人民族情感和认同的明确体现,但没有导致左翼—自由派所担心的传统民族主义回归,也没有出现对历史的集体失忆和集体特赦的情况,民族意识和认同已不是传统的民族主义和认同的复归。

三、重铸辉煌的文学艺术

(一) 文学

历史上,德国文学艺术有过辉煌的成就。经历纳粹文化专制主义之后,盟国对德国实行改造,并试图使文学艺术成为"民主化"的工具。德国文学也很快开始其自身的发展。[③] 战后初期,作者们由于在纳粹统治和战争时期的经历不同,创作也不相同,大体分三类:一是战时流亡国外的老一辈作家,如诺贝尔文学奖得主托马斯·曼在战后发表《浮士德博士》,反映德意志民族的命运和灾难,以及德国文化如何被其臣服主义的内核所毁灭而走向堕落。他说,《浮士德博士》就是要"不断提醒人们,

---

① 赫尔穆特·施密特:《同路人——施密特回忆录》,第 86 页。
② Jan-Werner Müller: *Constitutional Patriotism*, pp. 41 - 42.
③ 关于联邦德国文学的情况,除另有注释外,主要参考余匡复:《当代德国文学史纲》,辽宁教育出版社 1994 年版;李伯杰等:《德国文化史》,对外经济贸易大学出版社 2002 年版;以及部分网络资料。

'德意志'一词与'悲剧'和'恶魔'的内在联系"①。二是战时留在国内的所谓"内心流亡"的作者的作品,或脱离现实,或在宗教和神话题材下包含对战争和民族命运的思考。三是一批较年轻的作家,有些人曾加入德共,有些人曾参军并成了盟军的战俘,战后返回。他们用文学来描写战争的创伤和废墟与饥饿的战后年代,其作品被称为"废墟文学"(Trümmerliteratur)、"返乡者文学"(Heimkehrerliteratur)。他们用新的方法和风格写作,努力祛除法西斯狂热的、蛊惑性语言的影响,故又称"砍光伐尽文学"(Literatur des Kahlschlags)。他们主张文学关注现实,干预生活,帮助"塑造民主精英阶层,促进大众的再教育"。这类作家中,最重要的有安德施(Alfred Andersch,1914—1980)、里希特(Hans Werner Richter,1908—1993)、伯尔等人。里希特说:"相信我们能够通过写作参与对社会的改变。"伯尔认为文学可以揭露德国历史的创伤和痛苦,帮助诊断社会的疾病和复兴德国。② 这批作家在 1947 年组成文学团体"四七社"(Gruppe 47),对战后德国文学的发展产生了重要的影响。

　　联邦德国建国后不久,文学领域逐渐出现繁荣,作品题材、审美方式和艺术手法逐渐多样化、复杂化。在方法、结构、人物塑造和语言等方面,受到西方现代主义的影响,既有现实主义,也有超现实主义、魔幻现实主义等技巧的运用。尤其美国作家福克纳(William Cuthbert Faulkner,1897—1962)、斯坦贝克(John Steinbeck,1902—1968)、海明威(Ernest Miller Hemingway,1899—1961)等人的影响广泛可见。聚集在"四七社"的新生代作家成为文学创作的主力军,成就最大的是小说。除了安德施、里希特、伯尔等人外,活跃于文坛的还有克彭(Wolfgang Koeppen,1906—1996)、格拉斯、约翰逊(Uwe Johnson,1934—1984)等一批作家。安德施的存在主义哲理小说,克彭的政治小说,伯尔、格拉斯

---

① 托马斯·曼在流亡期间于 1944 年入籍美国,战后返回,1952 年后定居苏黎世,但经常访问德国,关注其命运。沃尔特·勒佩尼斯:《德国历史中的文化诱惑》,第 169 页。

② Jinnifer M. Kapczynski, *The German Patient : Crisis and Recovery in Postwar Culture*, Ann Arbor: The University of Michigan Press, 2008，pp. 77 - 78.

等人的社会批评小说,都有较大的影响。克彭被称为政治上的"不顺从主义者",他在这一时期的作品主要有《温室》等。伯尔被称为"权力的批评者",主张文学要"从下面去看历史,写历史",反对谎言、隐瞒和粉饰太平。他在这一时期的主要作品有《列车准点》和《九点半钟台球》等。格拉斯曾进行诗歌和戏剧创作,在1958年以长篇小说《铁皮鼓》而成名,并获得"四七社"文学奖。该著作后来成了联邦德国最有影响的文学作品之一。约翰逊的《对雅各布的种种猜测》等作品也颇有影响。这些作品最重要的主题,一是反思德国的历史,揭露法西斯统治的罪行和人民的灾难,思考法西斯何以产生的根源。二是批判联邦德国的现实,如法西斯改头换面仍然存在,"经济奇迹"下的社会阴暗面,资本对人们个性的摧残,物欲统治和小市民的自足自满,小人物的困境和苦恼等。三是反映德国分裂的现实和对核威胁下世界前途的担忧等。在诗歌领域,联邦德国早期的作品经常表现软弱、孤独、失落、悲观等情绪。本恩(Gottfried Benn,1886—1956)的"绝对诗—封闭诗"风靡一时。他主张诗歌"形式便是最高内容",作品体现虚无主义、悲观主义和"失去了自我"后无可奈何的心情,可以说是他本人和不少德国人精神状态的写照。

　　60年代改革呼声高涨,"新左派"崛起,文学受到影响,形成新的特点,涌现一批反映工人生活和斗争的作品,同时出现文学"政治化"的现象。在鲁尔区出现了由职业作家和工人作家组成的"六一社"(Gruppe 61),作者们以劳工世界为主题,用贴近工人的语言写作,反映"经济奇迹"下的剥削、劳动者的处境和斗争等。其间还出现一个"劳工文学创作团体"(Der Werkkreis Literatur de Arbeiterschaft),主要以纪实性作品来揭露历史真相,反映社会的现实。其中较有代表性的作家有瓦尔拉夫(Hans Günter Wallraff,1942—　　)等人。瓦尔拉夫经常深入企业、跨国公司、报纸和教会组织,获取第一手资料,以报告文学形式,反映劳动者(包括外籍工人)的生活和工作处境,揭露民主外表下潜藏着深深的权威主义、危险的右翼和歧视性的政策。在诗歌领域,也产生了不少反映工人劳动、生活和斗争,讽刺和揭露自满自足忘记历史的小市民,以及描写家庭、婚姻、妇女生活和感受的作品。诗人恩岑斯贝格被称为"时代批评者"。他反对脱离现实政治的"封闭诗—绝对诗",主张诗歌成为启蒙的工具,要为结束权力的统治而斗争。他甚至提出"文学死亡",要用政治评论、演说等来进行斗争。伯尔、格拉斯、瓦尔泽等人的社会批评和历史反思小说,反映劳工世界的文学作品和恩岑斯贝格等人的"政治诗"等,构成了 60 年代联邦德国社会与政治生活的一道风景线。当然,并非所有作家都赞成文学"政治化",许多人坚持文学自身的特点。文学界出现了分歧和争论。60 年代末,"四七社"停止了活动,后于 70 年代解散。

70 年代,人们总结了经验教训,文学的"政治化"消退,开始回归自我,并出现新的特点。仿佛是对文学"政治化"的一种纠偏,这时候的不少作品从关注政治、社会等宏大题材转向关注个人,描写日常生活和内心世界与情感,反映"68 年运动"后的幻灭感和悲观情绪,或者是进行反思和走向实际的历程,以及对人类面临危机的感受,出现了所谓"新主体性"(Neue Subjektivität)、"新感伤主义"(Neue Empfindsamkeit)、"新内心主义"(Neue Innerlichkeit)等。一些自叙性作品寻找自我,开掘人性,回忆往事亲情,富有文字魅力。例如,年轻作家施奈德(Peter Schneider, 1940—　)曾参加学生运动,后在 1973 年发表小说《棱茨》,写一位青年知识分子从怀抱激情参加斗争,到抛弃幻想,转向实际工作的经历,描写了理想与现实之间的矛盾,实际折射了作者的心路历程。诗歌领域也有类似变化,政治化消退,一些诗人出现沉寂与困惑。"新主体性""新内心主义"也出现在诗坛,从政治性诗歌转向"日常生活诗",写个人日常生活感受,语言趋向于纪实性和散文化。恩岑斯贝格 1978 年发表长诗《泰坦尼克号的沉没》,其中泰坦尼克号无疑具有多种象征意义。此后直到 80 年代,联邦德国文学领域呈现出多元共生的格局。不过,联邦德国文学并非已经全然不问政治,或丧失了现实批判精神。实际上,继续有大量反映和批判现实的作品问世。例如老作家伯尔在 70 年代发表的《女士与众生相》《丧失荣誉的卡塔琳娜·勃罗姆》等作品,格拉斯的《蜗牛日记》、以"但泽三部曲"为总题再版的《铁皮鼓》等作品,并发表新作《鲽鱼》

和《母鼠》等,约翰逊的四部曲《周年纪念日》,魏斯(Peter Weiss,1916—1982)的长篇小说《抵抗的美学》,伦茨(Sigfried Lenz,1926—2014)的长篇《楷模》《家乡博物馆》等,均属此类。它们或思考现实政治和针砭时弊,或探讨女权和环境问题等主题,或反映德国的历史和人民的不幸与斗争。现实主义文学仍然具有活力。

六七十年代联邦德国文学的一大新现象,是一批女作家登上文坛。女作家在 60 年代崭露头角,其作品不仅反映对现实的批判和思考,而且尤其是反映女性对自身解放和身份的追寻,对实现经济和政治上平等的呼唤。如"六一社"成员荣格(Erika Runge,1939—   )的纪实小说《女性,寻求解放》通过对多位女性生活经历的描写,揭示了女性面临的问题以及在妇女解放方面缺乏进展的现实。沃曼(Gabriele Wohmann,1932—   )的作品创造了具有女性意识,试图自我解放却以失败告终的女性形象。70 年代在新的女权运动背景下,女性文学出现繁荣,一些女作家以明确的女性意识、女性身份和视角写作,真实、坦率、生动地表现女性的命运、追求、困惑、焦虑、自信、自卑和在社会、家庭和个人生活中经历、情感甚至隐秘,表现对男权文化的抗争。其中,施特鲁克(Karin Struck,1947—   )的《阶级爱》、施苔芬(Verena Stefan,1947—   )的《蜕皮》等被认为是德国女性主义作品的经典。同时,还展开了"作为女性进行写作""文学中的妇女"等主题的学术性研讨。研究者认为,这一代女作家创作了多少具有持久价值的作品并不重要,"这个时期最重要和最值得记忆的是女性主义文化产品的丰富和充满活力"①。

联邦德国设有多种文学奖项,如"四七社奖""毕希纳文学奖"(被视为德语文学的最高奖)、"席勒纪念奖""海涅文学奖""伯尔文学奖"等。文学作品的评奖活动经常举行,这些活动对于繁荣文学创作,扶持作家成长,功不可没。联邦德国文学也重新受到国际文学界的瞩目。伯尔在

---

① J. M. Catling(ed.), *A History of Women's Writing in Germany, Austria and Switzerland*, Cambridge: Cambridge University Press 2000, pp. 186 – 189, 218 – 219, 221 – 225,232;李昌珂:《70 年代联邦德国女性文学管窥》,载《外国文学》2005 年第三期,总第 99 期。

50 年代就被提名为诺贝尔文学奖候选人,并终于在 1972 年成为诺贝尔奖得主,这是自托马斯·曼 1929 年获得诺贝尔文学奖后,德籍作家首次获得这项荣誉(其间有其他德语作品获得诺奖,其作者都不是德国国籍)。格拉斯也在 1972 年被提名为诺贝尔奖候选人,后于 1999 年获得诺贝尔文学奖。

（二）戏剧

德国戏剧曾经具有世界水平,并且有着关注现实的传统。[①] 战后,剧院相继恢复演出,一些新的院团组建起来。上演的剧目既有原创,也有改编的古典和外国作品,既有流亡作家的创作(主要反映反法西斯斗争),也有未流亡作家的创作(主要以神话、传奇和历史为题材)和新一代作家的创作(主要反映人们战后初期的遭遇和困惑)。一些小说家和诗人也是剧作家。魏森博恩(Günther Weisenborn,1902—1969)和博歇尔特(Wolfgang Borchert,1921—1947)等人开创了战后西德的现实主义戏剧。前者曾是反法西斯抵抗战士,他的《地下工作者》于 1946 年上演,展现地下反法西斯斗争。博歇尔特是一位"返乡者",他在 1946 年创作的广播剧《大门外》反映了战后返乡者的境遇和痛苦,揭露战争对人的摧残,引起强烈反响。该剧后来还改编为舞台剧和电视剧,反复上演。

50 年代联邦德国戏剧受到萨特的戏剧理论和存在主义哲学以及国外荒诞派戏剧的影响。一些作品运用怪诞喜剧的形式与技巧,揭露时代生活的冷酷、空虚和追求金钱的现象,以及尚存的法西斯残余和"经济奇迹"受益者的低下品格。"四七社"成员艾希(Günter Eich,1907—1972)在 50 年代创作了《梦》和《维泰波的少女们》等广播剧,前者告诫人们不要沾沾自喜于眼前的小康生活,灾难还可能降临人间;后者反映法西斯统治下犹太人的命运。魏森博恩等剧作家也创作了表现社会问题的剧作。一些家庭喜剧和英雄情节剧也颇受欢迎。

[①] 关于联邦德国戏剧的介绍,主要参考余匡复:《当代德国文学史纲》;李伯杰等:《德国文化史》;以及部分网络文献。

60 年代,联邦德国戏剧也出现"政治化"倾向,产生了一批具有强烈批判意义的"纪实戏剧"(又称"文献剧")。作品以历史素材(如卷宗、记录、报道、录音和照片等)来取代虚构,揭露重大事件的真相及其背后的政治力量,激发人们的分析和思考。1963 年霍赫胡特(Rolf Hochhuth,1931—)创作的《基督的代表》揭开了联邦德国"纪实戏剧"的序幕,其中揭露了教皇庇护四世对法西斯屠杀犹太人的纵容,在西方文化界、宗教界和政界都引起震动。基普哈特(Heinar Kipphardt,1922—1982)的《奥本海默案件》以档案文献为基础,表现了科学新发现不应被用来为战争目的服务的主题,亦是"纪实戏剧"的代表作之一。彼特·魏斯的《调查》则根据 60 年代对纳粹罪行进行审判的资料而创作,揭露纳粹迫害犹太人的罪行。他的另一部剧作《马拉/萨特》则以"戏中戏"的结构和多种艺术手段的运用而大获成功,被誉为 60 年代联邦德国最出色的戏剧作品。不少其他戏剧创作,也反映了现实政治与社会问题,如繁荣背后的法西斯主义思潮,权势者滥用权势、小人物无能为力等。60 年代还出现了"街头剧",在抗议运动中发挥宣传鼓动作用。流行于德国南部的"大众剧"出现复兴,反映企业主的巧取豪夺、小人物的处境、社会的商品化和市侩气息等。

70 年代后,联邦德国戏剧创作出现一种内向自省的倾向,从关注政治转向个人和心灵深处,反映激情衰退后的失望和苦恼的情绪。一些人改编古典戏剧,实行"功能转型"。例如对歌德的剧作《塔索》的三次改编,反映不同的心理感受。80 年代的《塔索》,已无 60 年代的《塔索》那样具有浓厚的政治意味,而倾向于内向性的反省。不过,戏剧也同文学一样,并未丧失批判现实的精神,例如克罗茨(Franz Xaver Kroetz,1946—)等人的作品。克罗茨是这一时期最有成就的剧作家,作品被称为"被遗忘者、沉沦者、哭泣者和苦恼者的编年史",代表作有《家务事》等。施特劳斯(Botho Strauss,1944—)是剧作界的新星,其《恐病者》《重逢三部曲》等作品,表现人的失落、无奈和人际关系的异化和悲观情绪。对于联邦德国戏剧,美国学者克莱格曾在 80 年代有所评论。他说德国的戏剧"光辉灿烂和丰富多彩",既有优秀的古典剧,也没有漠视对历史所负的责任;同时,他也认为"社会责任心的传统保持得很不完美",许多剧院提供的作品是"耸人听闻的官能感觉主义或对价值准则和观众感受性的袭击",以及对古典名著"不怕难为情的篡改",在处理纳粹的过去和关注当代社会方面,也比较逊色。[①]

(三) 影视

战后初期占领国曾对德国电影进行管制。美国人希望电影可以帮助德国人回到民主道路,同时也为美国电影打开市场。一些德国人则认为电影可以为德国文化和精神的复兴服务。著名电影人施托特(Wolfgang Staudte,1906—1984)说,电影不能走纳粹时期的老路,电影需要新的面貌和新的规范。他在苏联占领当局支持下制作《凶手在我们中间》,于 1946 年上映,讲一位受伤的前国防军医生战后的经历和他的一位作恶多端的上司成了成功商人的故事,揭露纳粹残余仍然存在的现实。[②] 1947 年上映的考特纳(Helmut Käutner,1908—1980)执导的电影《以往的日子》,则反映法西斯统治下德国人民的生活。反映纳粹统治或战后初期人们遭遇的电影,称为"废墟电影"(Trümmerfilm),在当时德国生产的电影中占有重要地位。联邦德国建立后,为发展电影事业,在 1950 年 成 立 了 "电 影 业 领 导 机 构"(Spitzenorganisation der Filmwirtschaft/SPIO)。为防止电影的"非道德化"问题,设立了"电影业自愿自控机构"(Freiwillige Selbstkontrolleder Filmwirtschaft/FSK),进行电影评价和分级。[③] 此外,还开展电影展演评奖活动,如举办柏林电影节,曼海姆国际电影周、西德短片节等。联邦德国电影的产量逐渐增加。

---

① 戈登·克莱格:《德国人》,第 308—316 页。

② Jinnifer M. Kapczynski, *The German Patient*:*Crisis and Recovery in Postwar Culture*, pp. 90 - 92.

③ "电影业领导机构"成立于魏玛共和国时期,纳粹统治时期改名为"Reichsfilmkammer",1949 年盟国把电影评价和检查的职能转交给德国后,电影业领导机构重新建立,仍沿用魏玛共和国时期的名称。"电影自愿自控机构"由教会、电影业、州文化部和青年组织代表组成,对电影实行分级管理。

仅从故事片来看,1949 年生产了 60 余部,1955 年达到 120 余部,翻了一番。尽管这时电影似乎在走向繁荣,实质上却是一个停滞阶段。此时,描写战后德国灰暗形象的"废墟电影"已不受欢迎,而"电影自愿自控机构"又批评那种"践踏优秀品味的和……不正当的试验",实际上阻止电影界的创新试验。① 当时保守主义当道,官方要宣扬"经济奇迹",不愿揭露社会矛盾,电影领域流行纯娱乐性的喜剧片、惊险片、侦探片和古装片,以及描写乡村生活、传统道德和粉饰太平的所谓"乡土电影"(Heimatfilm)。认真揭露纳粹统治罪行,反思历史和批判现实的作品很少。在好莱坞电影大行其道,欧洲电影革新运动迭起之际,联邦德国电影却缺乏创新。1961 年送往威尼斯国际电影节参赛的五部影片无一胜选。1962 年"德国电影奖"竟然没有一部影片能够被授予"最佳故事片"奖和"最佳导演"奖。

年轻电影工作者对这种局面不满,要求改变现状。1962 年 2 月,在奥伯豪森(Oberhausen)举行的第八届国际短片电影节上,克鲁格(Alexander Kluge,1932—)和赖兹(Edgar Reitz,1932—)等电影人,签署"奥伯豪森宣言"(Oberhausener Manifest/Oberhausen Manifesto),宣称"旧电影已经死亡,我们相信新电影"。他们要求进行电影创新,摆脱传统的业内陈规、商业伙伴和利益集团的影响,重振德国电影。"新德国电影"(Neuer Deutscher Film/Junger Deutscher Film)由此发轫。② 1965 年"新德国电影董事会"(Kuratorium jünger deutscher Film)成立,联邦政府提出在三年内以 500 万马克资助青年导演拍摄 20 部影片的计划。1966 年,第一批"新德国电影"影片问世,1967 年在西柏林举办了"青年德国电影"展览,从而开创了联邦德国电影史中以"新德国电影"为

---

① Jinnifer M. Kapczynski, *The German Patient : Crisis and Recovery in Postwar Culture*, pp. 164,169 - 173.

② 有人将"青年德国电影"(Junger Deutscher Film)和"新德国电影"(Neuer Deutscher Film)加以区分,前者指一批出生于 30 年代的导演的作品,后者指稍晚一批导演在 70 年代的作品。或称"青年德国电影"是"新德国电影"的最初形态。

标志的新时代。

"新德国电影"受意大利"新现实主义"(Neorealism)、法国"新浪潮"(Nouvelle Vague)和国际上先锋派美学的启发,并借鉴好莱坞电影,在题材和艺术手法上表现出新的追求和新的特点,既追求艺术上的创新,也具有历史反省和现实批判精神。其最重要的主题,一是对过去的探讨,反映法西斯统治下的灾难,通过影片剖析德意志民族的文化积淀、民族传统以及纠缠于其中的法西斯精神。二是反映现实,在"经济奇迹"下小人物的命运与抗争,社会中的冷漠、落后和家长制作风,飞黄腾达者的丑恶和代际关系等世间万象。70年代以降,"德国特殊的过去"被纳入到更为广泛的领域和更加多样的文化联系中加以阐发,现实主题的开掘也更为精细化,历史与现实的关联,个人成长经历、外籍劳工、女性生活、家庭伦理等皆成为关涉的对象。一些影片从现实社会的矛盾出发反省过去,力图把人们从"遗忘"的状态中唤醒,呼吁人们警惕纳粹主义的死灰复燃。这些电影在题材、结构、风格、叙事的笔调以及造型语言上各有建树、风格不同,但重新确认了电影的叙事功能和大众性,努力使电影的审美价值与大众观赏性相结合相统一。

在"新德国电影"发展中,施隆多夫(Volker Schlöndorff,1939—　)、法斯宾德(Rainer Werner Fassbinder,1946—1982)、赫尔措格(Werner Herzog,1942—　)和文德斯(Wim Wenders,1945—　)成就突出,被称为"新德国电影四杰"。法斯宾德被誉为"新德国电影"的"动力"和"心脏"。他多才多艺,跨电影、电视和舞台剧三个领域,创作力惊人,从1969年到1982年共导演25部电影、14部电视剧、2部纪录片、多部话剧和广播剧,多部电影的演员、制片人、摄影师、编剧。他善于把艺术追求与观众情趣相结合,用通俗易懂的电影语言、自然流畅的时空构筑、细致生动的性格刻画,空前广阔的社会场景和多样性的人物类型,全方位和多角度地揭露德国的历史和现实万象,关注普通人包括社会边缘人的遭遇,抨击资产阶级社会和对人性的种种限制,揭露纳粹统治造成的灾难对人们生活的扭曲、精神的戕害和美的毁灭,尤其是将女性的脆弱与历史的沉重放在一起表现。所以他又被称为"西德的巴尔扎克"和最敏锐最热情的编年史家。有人评论:"只有回顾起来才能看见法斯宾德在其作品中描写了何种人间喜剧,其电影叙事是如何密集地充满着德国语境中的人物、政治、历史和日常生活。……在联邦共和国,或许除伯尔的著作外,再无别处有如此广泛而深刻的洞察。"①属于"新德国电影"的还有特洛塔(Margarethe von Trotta,1942—)等女导演,推出了一批具有女性主义特点的电影作品。

"新德国电影"是一次具有重要影响的电影革新运动,其制作的影片相继在国内外获奖。如 1966 年施隆多夫的开山之作《少年托莱斯的困惑》、克鲁格的《告别昨天》等影片获多项国内外电影奖。1974 年法斯宾德的《恐惧吞噬心灵》获得戛纳影展影评人奖。1975 年赫尔措格执导的电影《人人为己,天诛地灭》在戛纳电影节上获奖。1979 年施隆多夫根据格拉斯的名作《铁皮鼓》改编的电影,相继获得戛纳金棕榈奖、奥斯卡最佳外语片奖等奖项。1979 年法斯宾德执导的影片《玛丽亚·布劳恩的婚姻》获多个奖项。1982 年,法斯宾德执导的影片《威奥尼卡·伏斯的渴望》获柏林国际电影节"金熊奖"。文德斯等人的影片和特洛塔等女导演的影片,也多有在国内外获奖者。80 年代初有人评价说:"过去的 10 年是属于新德国电影的。西德是目前惟一有作为的电影国家。"②

联邦德国的其他片种也很发达,例如纪录影片。六七十年代,产生了不少关于第三帝国、纳粹集中营和迫害犹太人的影片和纪录片。80 年代,一些揭露德国大公司(在战时与纳粹合作和使用强迫劳工的电视系列片拍摄出来。联邦德国还大量引进外国影片,包括一些国外制作的反映纳粹罪行的影视片。1979 年联邦德国播放了美国拍摄影片《大屠杀》,观众总数达 2000 万,产生强烈的社会效果。

同时,联邦德国电影也面临挑战,首先是电视的挑战。20 世纪 60—

---

① Thomas Elsaesser, *Fassbiner's Germany: History, Identity, Subject.* Amsterdam: Amsterdam University Press, 1996, p. 19.
② 虞吉等:《德国电影经典》,对外经济贸易大学出版社 2003 年版,第 19 页。

80 年代,电视经历了大发展和大普及。特别是 80 年代私营电视台大量开播,电视娱乐节目(故事片、连续剧、记录片其他文艺节目)越来越丰富,大批观众离开电影院而呆在电视机前。为了电影和电视协调发展,1974 年,联邦德国主要的两大广电公司与联邦电影局(成立于 1968 年)达成"电影—电视协议"(Film-Fernseh-Abkommen),规定广播电视台每年提供一定额度的经费,支持生产既适合影院放映又适合电台播送的影视片,这样制作的影片要在影院上演半年之后,才能制成录象带或影碟发行;在影院上映两年后,才可在电视台播出。这样的规定有利于电影的票房收益。但这并不能从根本上消除电视对电影的冲击。上影院的人数大减,例如 1980 年看电影的人次是 1.438 亿,平均每个居民 2.3 次;1987 年看电影的人次只有 1.081 亿,每个居民 1.8 次。电影票价提高了,电影业收入却下降了。国产娱乐片 1956 年是 120 部,1976 年已不足此数的一半。1980 年到 1987 年娱乐片产量 536 部,平均每年 67 部。文献片每年生产不足 10 部。其次,外国影片特别是好莱坞大片的竞争,使本土电影相形见绌。例如,1976 年联邦德国上映的影片中,1/4 来自美国,近 1/5 来自意大利和法国。国产影片仅占 22%。① 而就"新德国电影"而言,其主将之一法斯宾德于 1982 年去世,产生了不利影响。导演们仍在努力,仍然不断有影片在国内外获奖,但"新德国电影"声势已不如以前,也无法扭转"叫好不叫座"的现象。1991 年施隆多夫不无惋惜地说:"现在我们的影片加在一起已不能构成德国电影。这是几乎完全各自独立、互不相关的导演摄制的影片,再也没有一个学派的团结。"一位著名的联邦德国电影发行人谈到:"我们越来越难以找到影院来放映德国电影和欧洲电影。1990 年,德国电影只占发行部门发行总量的 10%,而美国电影则占有 85% 的电影市场。"②

---

① Karl Römer, *Tatsachen über Deutschland : Die Bundesrepublik Deutschland*. S. 365. Stastistisches Bundesamt: *Statistisches Jahrbuch 1989 für die Bundesrepublik Deutschland*, S. 374.
② 虞吉等:《德国电影经典》,第 29 页。

（四）美术、建筑、音乐

德国的美术、雕塑和建筑、音乐等领域，战后不久重新加入了西方文化的主流。20 年代的绘画、雕塑和建筑艺术的传统逐渐恢复，一些在纳粹时期被禁止的所谓"蜕化"作品重现于世。曾遭纳粹禁止的现代派画作广受欢迎，年轻的画家从康定斯基、蒙德里安和克利的作品中吸取灵感。① 抽象主义、印象主义、超现实主义和表现主义等，不同流派和风格，各擅其美。波普艺术(Pop Art)在 50 年代进入联邦德国，它一改以往艺术家的取向，不再以基督教故事和古代神话为主题，旧纸箱、破轮胎、报纸杂志、电影、广告中的事物都可入画，甚至对好莱坞艳星大加赞美，具有反叛学院派和反权威的倾向。70 年代以后，出现了"后现代主义"艺术，美术、音乐、雕塑皆不例外。"后现代主义"承认传统，同时努力综合传统与现代而超越现代主义。波伊斯(Joseph Beuys,1921—1986)被认为是体现由现代主义向"后现代主义"过渡的大师。他曾是纳粹军队的士兵，战后从事艺术，主张"艺术即生活，生活即艺术"。其作品以艺术形式传达了一种负罪感，宣传和平，张扬生命的意义。"新野兽派"(Neue Wilde,Junge Wilde)、"新表现主义"(Neo-Expressionismus)、"新概念艺术"(Neue Konzeptionskunst)等冠以"新"称号的艺术风格也交迭登场。例如，"新表现主义"绘画，色彩浓烈，画面巨大，显示强烈的野性和原始。所谓"时代精神"(Zeitgeist)受到重视，并体现一种怀旧情绪，重新采取传统的材料、传统的形式和传统的主题。② 雕塑艺术则呈现古典与现代同行的局面。80 年代抽象的形式仍占优势地位，80 年代末期开始出现非抽象的趋势。雕塑艺术可谓派流纷呈，多姿多彩。

在建筑领域，魏玛共和国时期的包豪斯(Bauhaus)建筑艺术在纳粹

---

① 康定斯基(Wassily Kandinsky,1866—1944)是俄国画家兼艺术理论家，蒙德里安(Piet Mondrian,1872—1944)是荷兰画家，克利是(Paul Klee,1879—1940)瑞士画家，均为现代派艺术家。

② 李伯杰等:《德国文化史》，第 449—450 页。

时期受到打击,一些设计师移居国外。战后,受纳粹压制的建筑理念重新抬头,现代派设计师在建筑规划和学术部门占有重要位置。一般历史主义、新古典主义因其曾受纳粹推崇而受到批评,现代主义则因其"民主"的象征意义而得到鼓励,钢铁和玻璃结构似乎传达了一种新的开放性。① 对于如何重建毁于战火的城市,见仁见智。有人希望使之现代化,有人主张保护或恢复历史风貌。由于最迫切的任务是清除战争废墟和建设新住房,现代主义建筑艺术的繁荣受到了制约。战后初期西德的建筑大体分三类:一是按原貌重建,二是仿照传统并加以变通,三是全新的现代风格。大量的建筑是实用性的,但还是有些建筑将视觉功能与现代材料相结合,或突出包豪斯传统,或展现活泼、动感的线条。在慕尼黑、纽伦堡等城市重建中,历史保护主义较占优势。法兰克福、汉诺威等地则一改旧貌。但一般而言,是历史和现代的折中,具有多样性。到50年代后期,现代主义取得优势。一批现代风格的建筑设计新颖、功能多样,如法兰克福的钢铁与玻璃结构的银行和保险大楼、柏林的外似帐篷而内部功能齐全的爱乐音乐厅、慕尼黑的大面积透明玻璃纤维拱顶的奥林匹克主运动场等。但是,对现代派建筑的批评也从未间断,或称其偏重技术与功能,单调乏味,或指其为来自美国的舶来品。60—70年代以后,出现一股传统主义潮流,要求重新审视现代主义建筑的利弊,认为建筑是艺术,"传统的"并不意味着保守,"现代的"也不等于进步。此外,纳粹时期建筑的遗存逐渐消失则激起了保留或用文献纪录这些建筑遗存的努力,目的是保持历史的记忆,有警示当今的意义。同时,有人在70年代指出:"企图用建筑来阐释一个多元主义的、民主的共和国,仍然是一个长期的历史和心理情结……这是由于纳粹时期的创伤而带来的。"②

---

① Gevriel D. Rosenfeld and Paul B. Jaskot(eds.), *Beyond Berlin: Twelve German Cities Confront the Nazi Past*, p. 8.

② Jeffry M. Diefendorf, *In the Wake of War: The Reconstruction of Germany Cities after World War II*, New York and Oxford: Oxford University Press, 1993, pp. 60 - 65.

在音乐领域,拜罗伊特瓦格纳音乐节(Bayreuther Festspiele)1951年恢复举行。其他各种音乐节也相继举办,如波恩的贝多芬音乐节(Beethovenfest)等。古典大师的作品被剔除了纳粹时期改动的痕迹,反复上演,广受欢迎。艺术家也热衷追赶国际音乐潮流。到60年代,联邦德国成了当代音乐的中心之一,试验性的音乐在那里拥有专注的听众。不少国家当代音乐运动的领军人物会聚于科隆、巴登巴登等地,讨论"幸运的音乐""空间的音乐""声音结构"等共同感兴趣的问题。年轻新锐的作曲家崭露头角。斯托克豪森(Karlheinz Stockhausen,1928—2007)1956年创作的电子合成音乐《青年之歌》,成为为数不多长期流传的电子音乐作品之一,他也成为电子音乐的权威和德国"先锋派"(Avantgarde)音乐的代表。齐默尔曼(Bernd Alois Zimmermann,1918—1970)的作品则综合运用古典和现代的元素和新的方法。他创作的歌剧《士兵》在1961年公演,被认为是20世纪德国最重要的歌剧音乐之一。美国的爵士乐(Jazz)大受欢迎,美国军队电台、美国之音的节目,在联邦德国拥有大量的听众。贴近大众,表达常人心声的通俗音乐,势头强劲。到60年代中期,严肃音乐与通俗音乐的市场占有率几乎是20%对80%。受美国和英国摇滚乐(Rock and Roll)的影响,联邦德国也有了各种摇滚乐队及其"粉丝"。一些摇滚乐作品在普及中加入了古典元素,与交响乐同台上演。联邦德国的摇滚乐到80年代出现了所谓"德国新潮流"(Neue Deutsche Welle)和"朋克摇滚"(Punkrock)。其特点是节奏机械,旋律单调,歌词充满嘲弄,讲遭到破坏的生活和世界末日的预言,坦露对未来的担忧,在现实中的无助和失去理想时的绝望。80年代,还出现一种称为"RAP"的说唱音乐,它政治性很强,具有更强的叙事性,其演唱团体由黑人和来自土耳其等国的移民组成,内容主要是反映移民的生活,反对种族歧视与压迫。①

---

① 李伯杰等:《德国文化史》,第452—456页。

四、大众传媒的发展

(一)通讯、广播电视

联邦德国《基本法》规定,公民有权以言论、文字和图片自由发表意见和毫无阻碍地从各种渠道了解情况。联邦宪法法院指出,自由的、不受公权力操纵和不受检查的新闻工作,是自由国家的基本要素。《基本法》还规定,联邦德国不存在新闻和书报检查制度,同时言论自由"受到一般的法律、保护青少年的法律和个人名誉权的限制"①。

纳粹政权崩溃后,各占领区就分别建立新闻通讯社。联邦共和国成立后,三个占领区的通讯社合并,成为德意志新闻社(Deutsche Presse Agentur/DPA,简称"德新社")。德新社是私营性质的股份有限公司,任务是"作为独立的机构为德国媒介提供文字和图片形式的信息,并对外国提供信息,从德国的角度为国际信息供给作出贡献"。该社下设报纸、广播和电视新闻等多个部门,总社设在汉堡。该社后来成为联邦德国大众传媒的主要新闻信息来源,在数十个国家派驻记者或聘用撰稿人。其提供的信息包括国内外的政治、经济、科技、社会和文化等各领域,"市场渗透率"几乎达到100%。其他有影响的通讯社还有1971年成立的德意志电讯社(Deutscher Depeschendienst/DDP,总部设在波恩)、1949年成立的德国联合经济新闻社(Vereinigte Wirtschaftsdienste/VWD,总部设在法兰克福)、具有宗教背景的福音新闻社(Evangelischer Pressedienst/EPD)和天主教通讯社(Katholische Nachrichtenagentur/KNA)等。这些机构一起构成联邦德国庞大的新闻信息和通讯系统网络。

战后初期,在盟国占领当局的监督下,各占领区立即重建起无线电广播系统。最重要的是西北德意志电台(Nordwestdeutscher Rundfunk/NWDR),涵盖汉堡、下萨克森、石荷、北莱茵-威斯特法伦等州。1950年8

---

① C. C. Schweitzer, *et al.* (eds.), *Politics and Government in Germany 1944—1994. Basic Documents*, p. 303.

月,联邦德国各州广播电台组成"德国公法广播联盟"(Arteitsgemeinschaft der öffentlich-rechtlichen Rundfunkanstalten Deutschlands/ ARD,简称"德广联"),以发挥监督、协调和解决与广播有关的法律、技术、节目管理和经济等方面的职能。此后,"德广联"各台开始联合制作和播送面向全国的广播电视节目。1954 年,西北德意志电台的电视频道冠以"德国电视台"(Deutsches Fernsehen)向全国播出,成为当时联邦德国唯一的专业电视台。1984 年更名为"德国电视一台"(Erstes Deusches Fernsehen)。

联邦德国的广播电视属于州权范围,但有两家重要的电台是联邦政府出资和管辖,即"德国之声"电台(Deutsche Welle/DW)和"德国广播电台"(Deutschlandfunk/DLF)。"德国之声"初为西北德意志电台 1953 年开播的对外广播,首播时联邦总统豪斯曾发表致辞。1960 年法院裁决对外广播属于对外职能后,依法成为独立实体。其任务是面向海外广播,宣传德国观点、语言和文化,促进国际理解和交流。"德意志广播电台"前身是 1956 年德广联为应对民主德国的长波广播而举办的"德国长波电台"(Deutscher Langwellensender),初由西德意志广播公司负责。后经 1960 年法院裁决后,建成为国家广播电台,于 1962 年开播。起初主要针对民主德国和欧洲邻国的德语少数民族播出德语节目,后来又开播欧洲其他国家语言的节目。德国统一后,"德意志广播电台"改组,分拆归并到"德国之声"和新建的"德国广播电台"。

在建立联邦管辖的对外广播电台的同时,阿登纳政府还计划建立联邦管辖的"德国电视台"。但这个计划遭到各州反对,结果对簿公堂。1961 年宪法法院裁决在没有例外性规定的情况下,广播电视属于州权范围。阿登纳政府的计划搁浅。但各州州长在这一年签署了一项州际协定,决定组建一家新的独立于现有广播电视机构的电视台——德国电视二台(Zweites Deutsches Fernsehen/ZDF)。经过筹备,1963 年该台正式开播。

联邦德国实行"公法广播电视"(Die öffentlich rechitliche Rundfunkanstalten)体制。广播电视作为"公法机构",是非赢利性的,商业性节目受到严格限制。广播电视台从政府的税收中得到营运资金,受公众和法律的监督。其基本原则是既要避免广播电视像纳粹时期那样成为专制的宣传工具,又不因仅靠广告收入而被大众趣味左右。到70年代,属于"公法广播电视"的有:"德广联"的巴伐利亚广播电台(慕尼黑)、黑森广播电台(美因河畔法兰克福)、北德意志电台(汉堡)、不莱梅广播电台(不莱梅)、萨尔广播电台(萨尔布吕肯)、自由柏林电台(柏林)、南德意志电台(斯图加特)、西南广播电台(巴登-巴登)和西德意志电台(科隆);联邦政府主管的德国之声(科隆)和德意志广播电台(科隆);德国电视二台(美因兹)。①

　　20世纪60—80年代,联邦德国广电事业经历了大发展。其一是电视广泛进入寻常百姓家。1964年全国有800万台电视机,1983年近2200万台。发放的广播和电视接收许可证的数量,1960年分别是1589万和464万,1980年分别达到2332万和2375万。② 其二是技术层面。1967年两大电视台都开始播出彩色节目信号。80年代进入有线电视和卫星电视时代。德国电视二台首先开播卫星电视节目。其三是在体制层面,单一的公法体制被打破,私营商业电视发展起来。70年代开始有建立私营电视台的尝试。如1972年基督教社会联盟曾提出法案,要求按照《基本法》和新闻自由的规定,在巴伐利亚州发展私营电视台,但遭到反对。到1981年,联邦最高法院终于批准公法广播电视以外的其他组织进入广播电视业。一些州修改法律,允许建立私营广电公司。于是,一批私营商业广播电视台破土而出。最大的私营广电公司是1984年开播的"卢森堡广播电视台—德国台"("RTL"),起初以卢森堡为基地,播送低成本节目。1988年迁至科隆,并迅速成为联邦德国最重要的私营广电公司之一。另一重要的私营电视台是1985年创办的"德国卫星电视一台"(SAT.1)。各台都播出多个频道的广电节目。私营广播电

---

① Karl Römer, *Tatsachen über Deutschland : Die Bundesrepublik Deutschland*, S. 292.
② B. R. 米切尔编:《帕尔格雷夫世界历史统计·欧洲卷1750—1993年》(第四版),第817、821页。

视台一般由大公司、传媒集团等联合投资,以赢利为目的,收入主要靠广告,以播出故事片、连续剧和娱乐节目为主,投合大众口味,争取收视率。

联邦德国法律规定,广电节目必须符合宪法和法律,尊重和保护个人尊严、人身自由、信仰、观念以及道德和宗教理念,促进国际谅解、和平与社会公正,捍卫民主自由,促进男女平等,探求真实;广泛反映舆论、观念和思潮的多样性;不得偏向某一党派、群体、利益集团、宗教或意识形态;新闻必须普遍、独立和客观;不得播出美化种族仇恨、描述野蛮和非人道暴行、歌颂战争、色情和道德上对儿童和未成年人有害的节目等。在管理体制上,各广播电视台都有"广播电视理事会"作为最高机构,制定基本方针,确定总经理人选,监督总经理日常工作,审核年度财务预算和开支情况。法律规定,广播电视理事会的组成人员包括联邦和各州政府、各议会政党、教会、工会、农会、雇主协会、新闻出版、教育和科技等方面的代表,目的是使广播电视体现各方利益,不受单一社会政治力量的左右。有关州际协定规定,私营广播电视台须经各州当局许可才能建立,其广告时长不得超过播出时间的20%,不得利用儿童缺乏经验来播送针对他们的广告,每一小时节目内只能插入一次广告等等。还有法律规定单个私营广播电视台的市场占有率不得超过30%。这是要阻止广播电视出现垄断,以利于维护舆论多样性。各州的"州传媒管理局"负责私营广电营业许可证的颁发,并监督其依法依规运营,对违规者执行处罚,直至吊销许可。

广播电视(尤其是电视)成为百姓日常生活的一部分,其作为信息传播和教育因素的影响扩大了,但也有负面作用。电视使人们的阅读时间减少,一些私立电视台以逐利为目的,出现迎合低级趣味,节目粗俗,暴力色情等现象,法律法规难以制止,引起人们的担心和批评。

(二) 报刊、出版

更为传统的传媒形式是报刊等出版物。战后初期,德国的报刊出版业也经历了民主改造,要求新闻报刊必须在经济上和政治上独立,即独立于政府和政党(当时还要求独立于各占领区的军政府)。各州相继制定了《出版法》。美占区在 1949 年联邦政府成立前夕就制定了新的《出版法》，英、法占领区各州起初沿用 1874 年的《帝国出版法》，60 年代制定新的《出版法》。联邦《基本法》规定了言论和出版的自由。这些构成了报刊和出版业的基本法律规范。联邦德国的报刊和出版业发达，位居世界前列。

联邦德国的报纸一般是地方性的，但跨地区发行。各报在法律和经济上独立。具有全国性影响的大报约有 10 余种，它们都出版许多地方版。各报的地方版除采编本地新闻，其他新闻都直接从主报转来。以汉堡为基地的施普林格公司(Axel Springer AG)的《图片报》(Bild)、《世界报》(Die Welt)等，具有重要影响。《图片报》创办于 1952 年，主要面向中低文化的工薪阶层。其特点是标题突出，文章短小，信息量大，并配有大量图片。除少量的联邦政治新闻外，主要刊登娱乐、体育、地方新闻，还通常混杂性、犯罪等方面的报道，是欧洲发行量最大的报纸之一。《世界报》原为英国占领当局在汉堡创办，1952 年被施普林格公司控股。该报以时政社评取胜，主要面向政界、财界和知识界上层。其他影响较大的报纸还有创办于 1949 年的《法兰克福汇报》(Frankfurter Allgemeine Zeitung)，侧重于经济方面的报道和评论，主要面向企业界和政府官员。1945 年创办的《南德意志报》(Süddeutsche Zeitung/SZ)经美国占领当局批准在巴伐利亚创办，后来也具有全国性影响。1948 年创办的《西德意志总汇报》(Westdeutsche Algemeinen Zeitung/WAZ)发行量也相当大，读者主要是鲁尔地区的企业职工。以发行量而言，《图片报》最高，1977年的发行量高达 458 万份，《星期天图片报》(Bild am Sonntag)发行量则是 257 万份，其他大报的发行量一般在几十万份。

联邦德国的期刊杂志种类繁多，多数是休闲和娱乐性的，新闻性和政论性期刊主要有《明镜》(Der Spiegel)周刊、《时代》(Die Zeit)周刊和《明星》(Der Stern)杂志等。《明镜》由奥格斯泰因(Rudolf Augestein，1923—2002)创办于 1947 年，他本人长期任主编，以其批判性态度和"揭露性新闻"，进行深度报道而著称。1962 年《明镜》披露联邦军队的某些问题,导致编辑部被警方查抄,编辑人员(包括奥格斯泰因)遭拘留,引起一场风波,并导致政府危机。80年代在揭露"弗利克丑闻"中,《明镜》也起了相当的作用。该刊是联邦德国最有影响的政论性新闻杂志,在读者中有较好的声誉。奥格斯泰因被称做"民主突击炮"。前总理施密特曾评论:《明镜》周刊"总是反对任何权威,不论这个权威是一个人、一个政府部门、一家公司、一种政策、一种哲学还是一种信仰"。"没有《明镜》周刊,某些丑闻和对议会及公共舆论的欺骗恐怕不会被发现和受到制裁。"①

　　联邦德国的商业性报刊杂志一般没有党派背景,但有政治倾向,与其主办者和编辑人员有关。如《明镜》周刊、《时代》周刊和《明星》杂志等具有左翼—自由派倾向。《明镜》在阿登纳政府时期经常批评政府。《南德意志报》则宣称它不是政府或某个党派的喉舌,而是所有团结一致热爱和平、憎恨极权国家、厌恶一切纳粹主义事物的德国人的传声筒。在保守的基社盟长期执政的巴伐利亚州,该报被称为唯一的反对派。施普林格系的报刊则倾向于保守。这与其创立者施普林格(Axel Springer,1912—1985)有关。此公在纳粹统治时期开始从事记者、编辑和出版活动,战后于1946年创办出版公司,后逐渐发展成联邦德国的报业巨头。他本人原倾向于自由派立场,曾为其集团确立几条原则:支持德国的自由和统一、西方联盟和欧洲联合;促进与犹太人和解;反对任何政治激进主义;拥护自由市场经济。60年代期间转向极端保守和反共,并通过人事政策等方面的影响,使他的报纸也向右转。在60年代学生运动期间,施普林格系的报纸对学生多有指责,渲染"左派危险",结果成了"议会外反对派"和一些左翼—自由派知识分子抨击的目标。70年代,施普林格系的报刊又攻击勃兰特及其"新东方政策",指责其承认民主德国。

　　除了商业性报刊外,还有一些政党、社团出版的报刊(多为周报),其具有政党或政治倾向,是不言而喻的。这类报刊主要有社会民主党的

---

① 赫尔穆特·施密特:《同路人——施密特回忆录》,第196页。

《前进报》（Vorwärts），基督教社会联盟的《巴伐利亚信使》（Bayernkurier），德国工会联盟的《劳工世界》（Welt der Arbeit）等。杜塞尔多夫的《德意志报》（Deutsche Zeitung）和科布伦茨的《莱茵信使报》（Rheinischer Merkur）则分别具有新教福音教会和天主教的背景。《德意志民族报》（Deutsche National-Zeitung）和《德意志周报》（Die Deutsche Wochen-Zeitung）则是"德国人民联盟"的创立者、出版商弗雷资助的极右报纸。在70年代的女权运动中，产生了一些女性杂志，如1977年创刊的《爱玛》（EMMA），据说是欧洲唯一完全由女性主办的杂志。

联邦德国是出版业大国。除了报纸杂志，书籍出版也十分发达。统计数据表明，70年代联邦德国的书籍出版居世界第三位，列美国与苏联之后。1974年出版的书籍49761种，是1951年的三倍半。[1] 1949年开始举办法兰克福国际图书博览会，后来成为世界最大的图书博览会。联邦德国的出版业由私营出版商控制，实行市场化经营。

在激烈的市场竞争中，新闻报刊和出版业也走向集中化。例如全国各种日报的总发行量从1954年的1300多万份，上升到1977年的约2000万份，独立的编辑部却由225家减少到120家，这意味着许多报纸在编辑方面已不再独立。施普林格公司是联邦德国的报业巨头，70年代后期该公司控制了全国报纸出版总量的约1/4。[2] 施普林格公司同时也是联邦德国的第二大印刷出版业巨头，是世界上最大的科技出版社之一。60年代末，施普林格和贝特斯曼（Bertelsmann AG 或 Verlagsgruppe Bertelsmann）等四大出版集团控制着全国出版业2/3的市场。贝特斯曼是一家老出版公司，创办于1835年。1971年将其所属各出版社合并成出版集团，主要出版各类文学书、工具书、专业书等，是联邦德国最大的新闻传媒和出版巨头，也是世界最大的传媒和出版业康采恩，其在国内

---

① Karl Römer，*Tatsachen über Deutschland：Die Bundesrepublik Deutschland*，S. 334 - 335.
② Ebd.，S. 287 - 290.

有 30 余家子公司,并在国外拥有多家子公司。1985 年度该集团出书
766 种,期刊 69 种,在版图书 10859 种,年度营业额 11.5 亿马克。贝特
斯曼、施普林格等巨头还进军广播电视行业。如贝特斯曼集团就控制了
私营的卢森堡广播电视台的不少股份。

　　在联邦德国,防止报刊和出版业的集中趋势,既是一个坚持市场竞
争自由原则的问题,又是一个保障言论自由原则的问题。60 年代,卡特
尔局曾对施普林格集团进行调查,于 1968 年(时值学生反施普林格运动
的高潮)宣布其对出版市场控制的份额太大,大大超过保障言论自由的
原则所许可的程度。此后采取了一些措施来分散施普林格集团,但并不
成功。在 1976 年对《反对限制竞争法》的修改中,出版公司也纳入适用
范围。1978 年,联邦政府曾在一份关于新闻和广播状况的报告中强调,
应该保持新闻出版的自由和出版业的多样性,而当时的情况却并不符合
保持报刊市场必要竞争的理念。报告认为,应欢迎各种补充性报刊的出
现,它们有利于形成一种超越社会和阶级集团的、多层次的信息和舆论
结构。同时指出,"向少数控制市场的企业集中,将会缩小新闻出版内容
结构的多样性",而仅靠在各企业内部采取措施将无法保证出版的多样
性,所以"以外在的形式的多元性来维护新闻出版的多样性",十分必
要。[1] 不过,尽管有相关的规定和措施,联邦德国报刊和出版业的集中,
仍然是一个不争的事实。

第二节　民主德国的思想文化与社会生活

　　民主德国处在冷战前沿,思想文化领域的发展深受两大阵营斗争的
影响,党和政府长期以抵制西方意识形态的渗透和影响为重要任务,注
重发挥思想文化战线在社会主义建设中的作用。建国初期,民主德国主
要是仿照苏联模式建立本国的社会主义文化。20 世纪 60 年代,民主德

---

[1] C. C. Schweitzer, *et al.* (eds.), *Politics and Government in Germany 1944—1994. Basic Documents*, pp. 398 - 400.

国国内局势逐渐稳定,开始注重和加强群众性的思想文化工作,还设立公民委员会和居民协会负责有关管理和组织工作。在群众性社会文化生活中,体育活动的开展成为一大亮点。1971年昂纳克上台后,民主德国思想文化领域的环境宽松化,加上提高社会福利后文化生活条件得到改善,民主德国的精神文化生活更加丰富和活跃。

一、社会主义文化的初步建立

纳粹德国战败后,德国社会生活一片混乱,旧政权完全解体,民众食品、衣服、住房等基本生活物资都十分短缺,黑市交易和物物交换盛行。战争破坏及战后混乱给德国人民带来巨大的灾难,除了物质问题外,德国人民也存在严重的精神问题,旧秩序崩溃后新秩序尚未建立,大多数普通民众也因社会混乱和生活困难而自私冷漠、精神苦闷,整个社会道德沦丧、精神萎靡。在柏林所在的德国东部地区,战争的破坏尤为严重,统一社会党面临着沉重的任务,除了重建国家的正常经济社会生活外,还需要建立一个在德国从来没有出现的社会主义新社会。

建立一个反法西斯的、民主主义的秩序,首先需要完成反法西斯的任务,纳粹政权虽然已经垮台,但支持者和追随者势力并没有完全消失,十几年的法西斯宣传不可能在一夜之间不复存在,新政权需要在思想文化方面消除法西斯余毒,要提高人们的认识,最终清算法西斯主义在社会生活各个方面的影响。其次需要建设社会主义新文化,新文化建设要从头开始,而且,民主德国位于冷战前沿阵地,长期面临着西方意识形态的渗透和影响,建立新的社会文化生活并不是一件容易的事情,面临着不少的压力和挑战。

在苏联占领时期,苏占区的德国文化工作者积极为创建社会主义文化创造条件。二战结束后,纳粹德国时期一部分流亡在国外的反法西斯作家和艺术家陆续回国,有的是回到了苏占区。在苏占区,文化工作者们积极投身于国家重建工作,一方面担负繁重的行政工作或文化领导工作,一方面继续进行文艺创作工作。1945年7月,苏占区文化工作者在柏林成立了以左翼作家和诗人约翰内斯·贝歇尔(Johannes Robert Becher,1891—1958)为主席的"德国民主改革文化联盟",并出版《建设》杂志,执行以"人民阵线"为指导思想的文化政策,致力于建立民主、和平、统一的德国。

民主德国成立后,文化管理机构陆续建立。1951年,图书和出版事业管理局成立,国家艺术事务委员会也得以组成。在统一社会党的提倡下,许多企业建立了文化馆和俱乐部,逐渐发展成劳动人民文化进修和文化活动的中心。为了发展群众文化活动,1952年在莱比锡成立业余艺术中心。1954年1月,国家艺术事务委员会解散,代之以德意志民主共和国文化部,文化部及其下属机构接受统一社会党中央委员会和政治局文化处的监督和管理。1958年,德国民主改革文化联盟更名为"德意志文化联盟",1972年再次更名为"民主德国文化联盟",负责全国的文艺管理工作。为了鼓励思想文化的发展,1949年民主德国开始设立国家奖,每年国庆日给成就卓著的科学家和文学艺术家颁发奖章。

建国初期,民主德国党和政府制定文化政策的指导思想是,文学艺术对教育、对社会主义觉悟的提高和社会主义个性的发展有着重大影响,因而十分注重发挥文化政策在社会主义建设中的作用。在1950年7月的统一社会党第三次全国代表大会上,第一个五年计划规定文化政策的任务是在思想文化领域掀起革命的新高潮,主要目的是把人民教育成真正的民主主义者,成为独立的、行动上负责的公民,成为受过良好教育的主要力量,使他们将自己的全部才能服务于和平、进步和民主。主要措施首先是扩大工人阶级在精神文化生活的一切领域里的影响,使工人阶级更加了解马克思列宁主义思想,快速培养一支来自于工人阶级和劳动农民行列的新的知识分子队伍,与此同时,巩固同旧知识分子中进步力量的联盟,加强他们与劳动人民的联系;其次是与一切资产阶级的机会主义的观点进行毫不妥协的斗争。

正如联邦德国成为西方思想文化的追随者一样,民主德国也仿照苏联模式建立自己的文化形式和内容。统一社会党强调民主德国的思想文化是社会主义的国家文化,并借用苏联词汇将之概括为"社会主义的现实主义",长期以来将之作为民主德国的文艺纲领。在文艺创作中,民主德国党和政府提倡社会主义现实主义,也就是在社会主义中产生的现实主义,号召艺术家和作家将他们的创作与现实任务尤其是社会主义建设的五年计划密切联系起来,学习马列主义和苏联文化,维护传统文化遗产,培养从事艺术工作的新人。民主德国提倡社会主义现实主义的目的是,通过文艺工作者塑造的普通工人的杰出成就来激发人们对社会主义建设事业的积极态度。1951年,统一社会党五中全会讨论了艺术创作中社会主义现实主义的问题和任务,认为艺术中的现实主义、文艺创作的道路和方法不正确是文艺落后于生活要求的主要原因。1952年政治局颁发了关于提高德国进步电影艺术的决定,要求电影要反映争取和平与统一的努力,表现工人革命运动中的问题以及民主德国在政治经济文化等方面取得的成就。在社会主义现实主义、社会主义倾向性、同人民休戚与共的原则下,文艺工作者开始在选择题材和艺术表现手法上进行了新的探索。新时期的文艺作品注意从现实生活中普通人物的身上发掘题材,力图展示社会主义社会中人们的思想风貌和新的追求,歌颂社会主义社会的新生活,塑造社会主义社会的一代新人。

然而,冷战初期两大阵营在意识形态领域的斗争十分激烈,民主德国位于冷战前沿,意识形态工作任务艰巨,西方着力将位于民主德国境内的西柏林打造成民主橱窗,这更加重了民主德国思想文化工作方面的困难。民主德国严格限制发行西方出版物,对无线电和出版宣传都实行审查制度,不得传播某些经济、社会和军事方面的资料及消息,不许对民主德国或苏联的领导人进行直接批评,要求每一个文化工作者明确拥护工农政权并同资产阶级思想进行斗争。对于一些描写社会主义建设中的社会矛盾和批判了教条主义和官僚主义等阴暗面的作品,禁止出版或公演,有的作者还受到严厉的批评或批判。为了发扬社会主义的现实主义,民主德国社会科学研究所还专门成立了一个机构,培训文艺干部和各级文艺工作者,同时还监督文艺界坚持社会主义道路。

1958 年统一社会党的第五次代表大会决议决定,中央委员会要采取措施继续进行思想和文化领域的社会主义革命,目的是在民主德国贯彻工人阶级的世界观,使所有劳动者都具有社会主义觉悟和社会主义行为方式。[①] 在思想领域,民主德国党和政府十分注重宣传马克思列宁主义理论,并结合社会主义实际工作将理论与实践结合,如探讨社会主义建设规律、社会主义政治经济学、马克思列宁主义政党的作用、无产阶级国际主义以及阶级斗争中的种种问题,等等。在传播社会主义思想的同时,民主德国党和政府还要求与反共意识形态及帝国主义在意识形态上的破坏活动进行不调和的斗争。

在文化领域,50 年代中期民主德国进行了一场关于文学艺术风格和文艺思想问题的争论,对卢卡契(Georg Luacs,1885—1971)和汉斯·马耶尔(Hans Mayer,1907—2001)文艺思想以及个人迷信、教条主义进行了批判,反对形式主义的公式化、概念化,文学艺术工作者开始积极探索新题材和新的艺术表现手法。统一社会党"五大"还确定了民主德国新的文艺纲领,即"艺术与生活结合,艺术家与人民结合"[②]。1959 年 4 月,民主德国在比特菲尔德召开作家代表大会,会上提出的文化政策被称为"比特菲尔德道路"(Bitterfeld Weg),主要内容是:(1) 要求文化工作者深入工农群众劳动场所,与劳动人民建立一种新的关系,写作现代题材的作品,塑造与人民相结合的有党性的社会主义建设者的英雄形象,以促进社会主义现实主义文学的发展。(2) 要求在城乡开展多方面的群众性文化工作,提高工农群众的文化水平,鼓励工人积极参与文学活动,提出"工人们,拿起笔杆来!"的口号,以创造新型的社会主义生产关系。此后,大量的工人写作组、绘画小组、工人剧团和村社剧团、企业乐队、村社乐队以及其他业余艺术团体陆续组建。

---

① 德国统一社会党中央马列主义研究所编写组编:《德国统一社会党简史》,第 432 页。
② 刘文杰:《东德美术 40 年》,载《美术观察》2008 年第 7 期,第 123 页。

　　通过建立文化管理机构和制定文化纲领和政策，民主德国的社会主义文化初步确立，工人阶级的意识形态在生活中开始占据统治地位，文化工作者开始采取或巩固了社会主义现实主义立场，出现了众多遵循社会主义现实主义的新作品。建国初期的思想文化作品主要分为两大类：一类是以反法西斯为题材，揭露和批判法西斯的罪行，描写反法西斯的斗争；一类是以现实生活为题材，讴歌民主革命阶段的先进人物和模范事迹。在文学领域，出现了安娜·西格斯（Anaa Seghers，1900—1983）、皮特·胡希尔（Peter Huchel，1903—1981）、皮特·哈克斯（Peter Hacks，1928—2003）、沃尔夫·比尔曼（Wolf Biermann，1936—　）以及弗尔克·布莱恩（Volker Braun，1939—　）等揭露法西斯统治和反映新时代生活的重要作家，发表了以《生活的归宿》《分裂的天空》《夏天的故事》《我们不是风中灰尘》《蜜蜂脑袋奥勒》《石头的痕迹》等为代表的既描写社会现实又有艺术创新的文艺作品。以施特里马特为例，他出生于贫寒的乡村面包师家庭，一度还应征入伍参加纳粹军队。德国战败后，施特里马特回到家乡继续做面包师，他支持新的工人阶级政权，积极钻研马列主义经典作品，1947年加入统一社会党，并成为乡政府主席。后来，他离开乡村来到一家煤矿从事新闻工作，做过记者、编辑以及党报管理人员。1951年，他发表第一篇小说《牛车夫》，描写了一名乡村青年的苦难生活，以此说明民主德国进行土地改革的必要性。此后，施特里马特成为一名职业作家，继续写出了小说集《墙塌了》、长篇小说《汀柯》以及两个剧本《猫沟》和《荷兰新娘》等优秀作品，反应民主德国土地改革后农村的阶级斗争情况，反映人民群众对社会主义新生活的拥护。

　　在艺术领域，统一社会党和政府十分重视艺术发展工作，很快建立国家的有关管理机构并出台众多鼓励发展的政策和措施。1958年，民主德国美术家协会开始在德累斯顿举办"德国艺术展览会"，乌布利希还亲自出席开幕式。

　　在文化设施发展方面，民主德国也取得很大进步，1949年出版的图书只有 3340 万册,1959 年发展为 8880 万册,1969 年增加到 11400 万册。① 1949 年到 1957 年在所有城镇和村庄、大型企业、大专院校以及研究机构建立一个图书馆网络。

在社会生活方面,民主德国也取得了不少成就。首先是大力进行反法西斯民主改造工作,严惩法西斯党徒,为了清除法西斯主义在教育文化生活中的影响,即使教师队伍人数不足,也将教师中的法西斯党徒全部撤换,并废除法西斯教材。通过民主改造和社会主义改造,民主德国建立了新的教育体制和医疗卫生事业,并在全国提倡社会主义新风尚。

然而,这一时期的思想文化作品普遍存在概念化、公式化的问题,英雄人物脸谱化,都是坚定地与法西斯政权斗争并积极拥护德国的社会主义。而且,文艺工作者创作时要求必须遵循社会主义现实主义路线,其他创作方式遭到压制和批判,如在艺术领域形式主义被指斥为资本主义艺术,对其批判还发展为一场自我批评、自我揭露的运动。一些反映社会主义建设过程中的矛盾和阴暗面的作品还被批评,甚至被禁止出版或公演。

二、群众性思想文化工作的蓬勃开展

20 世纪 60 年代初,民主德国基本完成了从资本主义向社会主义的过渡时期任务。在社会主义建设时期,民主德国思想和文化的新形势是,国内全面社会主义建设要求群众积极参与并发挥创造性和积极性。而柏林危机则显示,资本主义和社会主义两大阵营的斗争十分激烈,这些都需要通过思想文化教育来提高群众的社会主义思想觉悟。1960 年,中央委员会、文化部和文联召开文化会议,提出用城乡丰富的、具有人道主义精神的文化生活满足民主德国人民日益增长的各种文化需要,在精神上塑造社会主义人民。1963 年,民主德国党和政府规定,新时期思想

---

① 许婉玉编译:《德意志民主共和国的图书馆事业》,载《图书馆学研究》1982 年第 6 期,第 117 页。

和文化任务是巩固文学艺术的党性和人民性、通过思想交流促进文化工作者增强群众的社会主义觉悟,思想和文化工作注重的是在社会主义现实主义指导下创作作品,文艺作品的重点是反映社会主义建设生活和塑造新时期的工人和农民英雄人物,而不是进行对法西斯政权和资产阶级思想的批判。在文学领域,代表性作家及其作品是:施特里马特的《奥勒·比恩柯普》、克里斯塔·沃尔夫的《天分两半》、赫尔曼·康特的《礼堂》、安娜·西格斯的《弱者的力量》,等等。以施特里马特的《奥勒·比恩柯普》为例,在民主德国决定在农村建立生产合作社以前,主人公奥勒就率先在村中成立了新农民集合体,他想方设法克服农村合作社的各种困难,为了合作社的生产发展最终累死在土地上。小说反映了社会主义改造完成后农村中各种人民内部矛盾,塑造了一个有血有肉的英雄人物奥勒,他富有创造性,但也有工作方法简单冒进、性格固执倔强等等弱点,人物不再脸谱化、公式化。在艺术领域,1960 年全国美术展览后莱比锡画派逐渐形成,代表人物是维尔纳尔·图博克(Werner Tübke,1929—2004)、沃尔夫冈·马特霍尔(Wolfgang Mattheuer,1927—2004)、伯恩哈德·海济希(Bernhard Heisig,1925—2011)。

社会主义建设时期,民主德国思想文化工作最为突出的特点是十分注重开展群众性思想文化工作。为了提高劳动人民文化水平和满足文化需要,民主德国开展了"以社会主义方式工作、学习和生活"运动,采取措施进一步发展人民艺术创作,许多企业党组织和工会领导支持企业中的人民艺术小组和学习班,以加强工人阶级对文化工作的影响。为了管理和组织劳动群众的生活,民主德国地方政府设有公民委员会,各小区有居民协会。每个城市、城镇以及乡镇产生 8—10 个与政府各项政策相关的公民委员会,主要有住房、零售商业、卫生、教育、青年和体育、文化、交通运输等方面的委员会,每个委员会成员由地方政府和政党的官员组成,经常召开会议评估满足公民要求的工作情况。居民协会是自愿组织起来的群众组织,协会负责人由选举产生,具体工作是负责打扫小区卫生、美化环境、修理水电设备、调解纠纷、组织国庆节活动、推举可靠的出庭陪审员、为选举列出本区投票人、管理儿童设施和娱乐设施、照顾老人的健康和社会需求，等等。

在群众性社会文化生活中，民主德国体育活动的开展是一大亮点。为了劳动人民的健康，民主德国积极支持发展体育运动，在 50 年代提出"为了劳动和保卫和平，时刻准备着"的口号，以此为体育领域中一切活动的指导原则。1952 年 8 月，民主德国成立了群众组织体育和技术协会，主要工作任务是培训公民特别是青年为武装保卫工农政权服务。早在 60 年代，统一社会党和政府就开始实行普及体育运动的计划，专门设立了体育局(Sportsbüro)，并扩大了德国体育委员会的权力，各个体育联合会和企业体育团体得到了更多的指导和支持，不仅举办决赛运动，还举办各种各样的群众性的体育活动。80 年代，民主德国建立了完善的体育管理体制，体育部门的最高机构是全国体育联合会，实行集权式管理，直接领导 15 个专区体育联合会、国家奥林匹克委员会、39 个单项运动协会、优秀运动员训练部以及群众体育工作部，国家奥林匹克委员会也对单项运动协会和优秀运动员训练部进行管理，在专区体育联合会下设有 250 个县、市体育联合会组织、21 个体育俱乐部以及 7500 多个基层组织，各大企业有自己的体育协会和训练中心。

在民主德国，从家庭、学校到企业、机关的整个社会形成了爱好体育运动的风尚，业余体育活动蓬勃开展，专业体育成绩不断提升。民主德国十分注重发展竞技体育，从幼儿园和小学就开始挑选体育人才，学生可以参加学校的体育专项锻炼小组，优秀人才被送往综合训练寄宿学校、单项联合训练点或少儿体育俱乐部进行专门训练，其中的优秀人才再选送到运动俱乐部或直接进入国际集训队，学生的文化学习和专项训练得到了合理安排，各种训练形式紧密联系，保证了优秀体育人才的培养。民主德国的专业体育成绩不断得到提升，以 1956 年和 1976 年夏季奥运会的金牌、银牌和铜牌成绩为例，1956 年分别获得 1 枚、4 枚和 2 枚，1976 年增长到 40 枚金牌、25 枚银牌和 25 枚铜牌。

民主德国群众体育活动也比较普遍，国家动员各行各业办体育事业,修建了大量的体育场馆,培养了大量合格的体育教师。80 年代全国共有 3000 多名专职教练、21 万业余教练、辅导员和 13 万个裁判。学校教育也比较重视体育锻炼,体育课每周三次,仅次于德语和数学,70%以上学生定期参加课外体育活动。为了鼓励体育活动的开展,全国每 5—6年举办一次体育节,两年举办一次青少年斯巴达克运动员和儿童运动会,每年还有 1.2 万次企业基层运动会。国家在体育方面的投入也比较大,1977 年全国体育设施费用是 2.96 亿马克,1980 年为 2.6 亿马克,1984 年用于体育事业的经费是 1.6 亿美元,相当于英国的 4 倍。据统计,1982 年全国有 329 个大运动场,1173 个田径运动场,9584 个体操场、游戏场和训练场,5246 个体育大厅,694 个游泳池,1666 个体育服务站,体育设施全部向群众开放。居民体育活动比较普及,全国有 364 万体育俱乐部成员,约占全国人口的 20.6%。国家还制订法律保证公民从事体育活动,如宪法第 17 条规定每个公民有进行体育活动的权利,有关法律规定所有厂矿企业必须把收入的 7%用于体育事业,体联会员可以免费使用体育场馆设施,参加体育活动超过 6 人时,乘车价格可以减半。为了推动群众体育活动的开展,还设立了各类体育奖,表彰体育教师、训练辅导员和体育积极分子。

随着社会主义一体化的发展,民主德国与苏联东欧等社会主义国家加强了思想文化领域的合作和交流,1964 年与苏联、捷克斯洛伐克、波兰缔结了文化协定,文化工作者开始联合制作电影,歌舞团、交响乐队等文化团体的交流增多。

三、思想文化领域的宽松化与丰富化

昂纳克时期,民主德国思想文化领域的环境相对宽松化。1971 年,昂纳克在"八大"上宣布,如果创作是从坚定的社会主义立场出发,文学艺术领域就可以没有禁区。统一社会党主管文化的库尔特·黑格(Kurt Hager,1912—1998)也表示,作家和艺术家可以发展多种多样的风格和形式。虽然仍旧存在不允许攻击社会主义基本原则、党和国家现任领导人或苏联及其盟友等禁区,但民主德国的精神文化生活明显开始活跃起来。

　　在文学领域,文艺界可以进行更宽容和更为公开的讨论,作家可以谈到个人,也可以谈到党和政府工作中的缺点和错误,民主德国文艺作品在题材和艺术手法方面都有新的变化和发展,不少作家尝试从友谊、爱情、婚姻的角度表现社会的变革与发展。在创作手法上,作家也可以探索和尝试不同的艺术风格和创作方法,西方现代主义文学各种流派在题材和风格上有了进一步的影响。一部分作家开始采用来源于西方的多层次结构、时空颠倒、深层次心理分析和描写、蒙太奇、内心独白等现代派的艺术表现手法。

　　在艺术领域,以工人形象和生产场景为题材的美术作品在民主德国还是占据主要地位,但内容日益广泛,形式更加多样,并放弃了以前教条式的现实主义说教。塑造工人形象的代表性画家及其作品有多丽丝·齐格勒(Doris Ziegler,1949—　　)关于妇女生产的五联画等。在主流作品之外,还出现了不少带有讽刺性和象征性的绘画作品,维利·沃尔夫(Willy Wolf,1905—1985)还将西方的蒙太奇技巧和其他颓废派的手法运用到他的创作中,成为民主德国抽象派艺术的开路先锋。电影工作者也仿效各种风格和大量制作娱乐片,民主德国电影还开始进军国际电影节,如1971年电影《第三者》在威尼斯电影节上获奖。美术界的一些不服从当局者还组织了莱比锡秋季沙龙,每年11月15日—12月7日在莱比锡展览馆自筹资金举行聚会,一起参观和讨论展出的作品,以与官方对抗。

　　在文化设施方面,昂纳克政府主张经济政策和社会政策统一,文艺创作者的生活与工作条件得到了逐步改善,许多文化机构的建筑、设备和设施得到改进。民主德国有38份日报,总发行量830万份,还有周报和杂志500多份,来自苏联和东欧的出版物可以自由发行,政府开设有两个彩色电视频道,每天播放时间加起来是19—20个小时。全国城乡遍布图书馆,平均四个人中有一个人经常利用公用图书馆,15％的工人家庭中拥有 100 册以上图书,参加经济文化竞赛的人数增加了两倍,参观博物馆里展览会的人数从 1970 年的 1980 万人增加到 1983 年的 3100 万人,150 家剧院每年上演 1600 多种戏剧节目,每年观看各种演出者达到 8000 万人次。出版书籍从 1949 年的 1998 种、印行 3340 册发展到 1988 年的 6388 种和印行 14140 册,1949 年到 1983 年全国总共出版了图书 18.5 万种,总共印行 36 亿册。书店也从 1949 年的 250 家增加到 695 家,另外还有 74 家出售乐谱、唱片和外文书籍的专业书店,1982 年购书人均花费 45 马克左右,而 1949 年只有 1 马克。① 群众性艺术活动也蓬勃发展,150 万公民在业余时间参加音乐、话剧、诗歌、文学、电影、摄影等活动,工会、国家机关和社会联合组织的工人业余创作联欢节每两年在各区举行一次。

　　总的来说,在思想文化领域,社会主义现实主义在昂纳克时期还是占据统治地位,文艺要求为政治和广大人民群众服务,文艺工作者要将专业与群众结合,通过参加劳动和进行专业辅导使创作活动进一步深入群众,创作的作品要反映社会主义生活现实,表现社会变革和集体主义,并要求不断地与西方资产阶级的颓废主义的艺术思潮和影响进行斗争。在特殊的历史条件下,民主德国形成了与联邦德国不同的思想文化和社会生活,两国在政治经济制度、物质生活水平以及精神生活领域都存在较大差别。

---

① 朱锡琳:《苏报介绍民主德国文化的发展》,载《俄罗斯研究》1985 年第 1 期,第 40 页。

第三编

两德统一与统一后的德国

第十三章　德国的重新统一

　　尽管民主德国从 20 世纪 60 年代后期至 70 年代初放弃了德国统一的旗帜，并逐渐从维护国家分裂走上民族分离主义道路，两个德国的分裂状态在《基础条约》签订以后被固定了下来。但是，实现德国统一仍然是包括两个德国人民在内的德意志民族长期以来的夙愿，只是这种夙愿在冷战期间受到东、西方国际大气候的制约。只要美苏"冷战"对峙格局存在，只要"柏林墙"依然存在，德国重新统一就不可能成为现实。尽管如此，联邦德国一直没有放弃德国统一的旗帜，千方百计寻求统一的时机。20 世纪 80 年代末，苏联领导人戈尔巴乔夫抛出"新思维"改革思想，引起东欧政治剧变，并导致雅尔塔格局的动摇，从而为德国统一提供了机遇。联邦德国总理科尔及时抓住民主德国政治变化这一历史性机遇，经过不懈努力在 1990 年快速实现了德国的统一，从而结束了德意志民族在二战后被分裂 40 多年的历史。

第一节　两德统一问题骤然提上日程

一、"新思维改革"和民主德国庆祝建国 40 周年

　　1985 年上任苏联最高领导人的戈尔巴乔夫设想了一套完整的"改革

新思维",主张对外缓和东西方关系,超越意识形态和社会制度的对立进行合作,放松对东欧社会主义国家的控制,对东欧采取支持"改革"的态度;对内大力改革与现代化潮流相背的高度计划经济体制,以及传统的集权政治体制,建立一种富有活力的社会市场经济体制和民主社会主义的政治体制。戈尔巴乔夫希望通过改革,保持苏联同美国并驾齐驱的大国地位,在世界多极化的发展趋势中重新赢得自己的霸权优势。苏联表现出的在东西方关系问题上的"松动",不仅在东欧社会主义国家产生了强烈反响,而且引起美国及西方势力的浓厚兴趣。东欧地区开始出现反对苏联控制、要求自由化的民族主义情绪,企图改变社会主义党的领导和社会主义制度。美国则利用时机在东欧大力推行"和平演变"战略,力图把东欧纳入西方政治经济体系之中。在这种背景下,民主德国领导人昂纳克却坚持不改革、不统一的方针,依仗着民主德国经济水平是社会主义国家中最高的,认为民主德国不需要改革,抵制戈尔巴乔夫的"新思维"改革思想。

随着东欧国家的政治剧变,民主德国的形势也逐渐变化。1989 年 5 月 2 日,匈牙利开放了与奥地利的边界,民主德国居民开始尝试从匈牙利逃往西德。8 月 19 日,民主德国爆发了一股逃亡浪潮,联邦德国拜恩州启动了对逃亡者的避难收留。仅在 1989 年 9 月就有约 3 万名东德居民通过匈牙利逃亡。大规模示威游行也在各地发生,9 月 4 日在莱比锡发生了被称为"星期一游行"(Montagsdemonstrationen)的群众游行,10 月 9 日游行成员发展到 7 万人,人们高呼"我们是人民"(Wir sind das Volk)的口号,要求更多的政治发言权。[1]

1989 年 10 月 7 日是民主德国建立 40 周年纪念日。10 月 6 日下午,民主德国在柏林共和国宫隆重举行庆祝民主德国成立 40 周年大会。昂纳克在大会上发表讲话指出,民主德国已成为世界十大先进工业国家之

---

[1] Eckhard Jesse, *Die Gestaltung der deutschen Einheit: Geschichte-Politik-Gesellschaft*, Bonn: Bouvier Verlag, 1992, S. 105.

一,更是世界上 20 个生活水平最高的国家之一,这是民主德国人民在工人阶级及其政党领导下辛勤劳动的结果。他强调,德国统一社会党将继续坚持马克思主义,在社会主义建设中既考虑本国特点,又注意其他社会主义国家的经验。他还指出,反对用取消社会主义的办法来解决在新形势下出现的问题,决不允许用《赫尔辛基条约》等文件来动摇社会主义,必须严格遵守尊重主权和领土完整、不干涉内政的原则。10 月 7 日,戈尔巴乔夫同昂纳克会晤,在介绍苏联改革经验时批评民主德国领导人,"谁跟不上形势,生活就惩罚谁!"(Wer zu spät kommt, den bestraft das Leben!)①,要求民主德国改革。

联邦德国方面注意到形势的变化,加强了对民主德国的煽动和蛊惑宣传,诱使民主德国公民出走。民主德国的经济水平虽然在社会主义国家中比较高,但也累积了不少问题。人民群众对社会主义民主不充分、高级官员享有特权、出国旅游受限制和领导人不实行改革颇有怨言,从 10 月上旬开始,民主德国群众不断上街游行,要求"新闻自由""旅游自由"和"选举自由",给民主德国经济和社会生活带来了困难。统一社会党中央政治局于 10 月 11 日就民主德国形势发表重要声明,强调民主德国将坚持社会主义道路,号召全国人民齐心协力解决当前遇到的问题,谴责联邦德国对民主德国内政的粗暴干涉,但同时表示要进行改革,由对抗转向对话。

二、民主德国政局急剧变化

面对民主德国将要出现的改革形势,联邦德国总理科尔反复表示,如果民主德国进行改革,在经济上实行市场机制、政治上进行自由选举,联邦德国就愿意给民主德国长期的、全面的、巨大的援助。在联邦德国的煽动和波兰、匈牙利形势的影响下,民主德国一些大城市连续爆发了

---

① Sabine Braun, *3. Oktober 1990*, *Der Weg zur Einheit*, *Eine Dokumentation 1949—1990*, München: Wilhelm Heyne Verlag, 1990, S. 77.

大规模游行示威。从 9 月下旬开始,已有 20 万民主德国居民通过开放的匈牙利、奥地利边界等途径先后逃往联邦德国。

在此情况下,统一社会党于 10 月 18 日举行第十一届中央委员会第九次会议,昂纳克以健康原因提出辞去统一社会党总书记职务,会议选举埃贡·克伦茨(Egon Krenz,1937—　)为中央总书记。当晚,克伦茨发表电视讲话,他对昂纳克"在过去几十年里作为民主德国党的最高领导人所做的工作表示衷心感谢",同时批评党和政府没有对国内不满情绪尽快作出反应。他强调民主德国将坚定不移地走社会主义路线,他说:"我们将毫不犹豫地继续走统一社会党中央政治局 10 月 11 日声明所指明的路线","坚定地遵循历史规律,即社会主义是资本主义唯一人道主义的代替物"。10 月 24 日,民主德国第九届人民议院举行第十次会议,会议根据昂纳克因健康原因提出的要求,解除其民主德国国务委员会主席、国防委员会主席的职务,并以压倒多数票选举克伦茨为民主德国国务委员会主席、国防委员会主席。① 克伦茨上台后迎合戈尔巴乔夫的"新思维"思想,他后来在回忆录中写道:"苏联认为德国问题的现状是一种动态,就是在这个问题上,任何僵化以及对现实的回避都是与戈尔巴乔夫的新思维格格不入的。"②

克伦茨虽然在新闻报道方面有所改革,党报也出现了对党和政府批评的文章,下令取消了一些高级官员的特权,宣布赦免了所有非法外逃和非法游行的人。但是,人民群众继续上街游行,东柏林和莱比锡在 11 月 4—6 日有几十万人举行大游行。面对国内的严重局势,克伦茨决心革新党和政府的形象。他在 11 月 8 日召开的统一社会党第十一届中央委员会第十次会议上,建议统一社会党中央政治局集体辞职。会议一致同意了这一建议,并成立了以他为总书记的新的中央政治局。在此次会议的前一天,民主德国部长会议已向人民议院提出了集体辞职的辞呈。

---

① Wolfgang Benz, *Deutschland seit 1945*, *Entwicklung in der Bundesrepublik und in der DDR*. München: Moos Verlag, 1990, S. 164.
② 埃贡·克伦茨:《大墙倾倒之际——克伦茨回忆录》,第 173 页。

11 月 9 日晚,统一社会党作出了重大决定:开放"柏林墙",并宣布民主德国公民从即日起经由民主德国边界出国旅行和多次往返,不必申述特殊理由。[①] 消息传出后,东德居民如潮水般涌向各边境站。这是民主德国 40 年来首次开放两个德国和东、西柏林之间的边界。民主德国开放柏林墙,是为了缓解公民出走的压力,以稳定政局,并未意识到它将会产生的重大后果。柏林墙的倒塌,使被隔离了 28 年的东德公民第一次有机会了解和观察另一个德国。人们沉浸在久别重逢的巨大喜悦中,琳琅满目的商品、民主选举和议会政治,更是激发了东德人对美好生活的想象。在东德街头,抗议者的口号已经从"我们是人民!"(Wir sind das Volk)变成了"我们是一个民族!"(Wir sind ein Volk)。[②]

严峻的局势也导致了政局动荡,民主德国第九届人民议院于 11 月 13 日举行会议,经过两轮投票,民主农民党主席京特·马洛伊达(Günther Maleuda,1931—　)当选人民议院主席,主张改革的统一社会党政治局委员汉斯·莫德罗(Hans Modrow,1928—　)当选为新的部长会议主席。新任政府首脑莫德罗在施政报告中指出,民主德国政府的首要任务是使民主德国经济尽快摆脱危机,实现稳定,并给它继续增长的活力。他呼吁人们在国家实行边境开放政策后,要恪尽职守,不要轻易离开民主德国。

尽管民主德国政府进行了努力,但政局仍未能得到稳定,反而进一步恶化。12 月 3 日,统一社会党中央委员会举行会议,决定中央委员会集体辞职,将前领导人昂纳克开除党籍,克伦茨辞去党的总书记职务。12 月 6 日,克伦茨辞去国务委员会主席和国防委员会主席职务。12 月 8 日,统一社会党举行特别代表大会,9 日选举由 100 人组成的执委会,格雷戈尔·居西(Gregor Gysi,1948—　)当选为统一社会党新主席。居西

---

① Sabine Braun,*3. Oktober 1990*,*Der Weg zur Einheit*,*Eine Dokumentation 1949—1990*,S. 78.

② Gerhard A. Ritter,*Wir sind das Volk! Wir sind ein Volk! Geschichte der deutschen Einigung*,München:Beck Verlag,2009,S. 9.

在会上作了《关于革新统一社会党的报告》。16 日，会议决定将统一社会党更名为德国统一社会党—民主社会主义党（Sozialistische Einheitspartei Deutschlands-Partei des Demokratischen Sozialismus，SED-PDS）。居西在 17 日的会议报告中表示，要维护民主德国的独立和主权，主张发展两个德国之间的安全伙伴关系。这次会议还通过了新的党章。1990 年 1 月 21 日，民主德国前领导人克伦茨被开除出党。与此同时，民主德国政府与反对派举行多次圆桌会议，1 月 28 日，与各党派达成协议，将原定于 5 月 6 日举行的大选提前到 3 月 18 日举行。2 月 4 日，民主德国执政党进一步改名为民主社会主义党（Partei des Demokratischen Sozialismus，PDS）。2 月 25 日，民主社会主义党举行第一次代表大会，党的纲领变成"将同其他左派政党和民主力量一道主张实现民主社会主义"，并强调在两个德国统一过程中维护民主德国的国家主权。

1989 年 10 月至 1990 年 2 月间，德国统一社会党的统治逐渐陷入瓦解。自克伦茨接任统一社会党总书记后，受国内外局势的推动，执政党在政治上步步退让，承认最大的反对党"新论坛"（Neues Forum）的合法地位，同各种政治力量举行"圆桌会议"，讨论制定新宪法和自由选举问题，删除宪法中关于党的领导作用的内容，允许公民自由出境，对政府进行大规模改组，从而使民主德国政局在短期内急转直下，无法控制。德国社会统一党事实上放弃了马克思列宁主义的指导思想和执政党的领导地位，蜕变为民主社会主义党。党的力量在动荡中受到极大削弱，也失去了在未来领导德国走向统一的可能性。

三、两德统一问题的提出

民主德国政局的急剧变化使联邦德国科尔政府感到了德国统一历史机遇的降临。11 月 9 日，民主德国宣布开放两德边界。次日，联邦德国内政部指示有关部门做好准备，迎接大批到来的民主德国公民；任何前来联邦德国的民主德国公民都予以接纳，不会被遣返；进入西柏林和西德的民主德国公民,每人可以领取 100 西德马克的"欢迎费"
(Begrüßungsgeld)。联邦德国的积极态度极大地激发了两个德国人民
向往统一的民族感情。11 月 10 日,柏林市民开始自发地拆除象征德国
分裂和东西方冷战的"柏林墙",西柏林人在过境路口铺上红地毯迎送东
柏林人。11 月 12 日这一天,进入西柏林的民主德国公民多达 50 万人。
到 1990 年初,已有 1000 多万人次(约占民主德国人口的 2/3)去过西德
和西柏林,留在西德定居的约 20 万人。两德人民之间的接近,东、西德
之间的自由往来,将德国统一问题提了出来。西方舆论认为,民主德国
宣布开放"柏林墙"和边界,是德国"事实上重新统一的预兆",德国统一
"面临着从未有过的有利时机"。根据民意测验,有 85% 的联邦德国公民
赞成德国统一,其中 27% 的人愿意为国家的统一捐款,民主德国则有
90% 的公民希望统一。如此强烈的民意使德国统一问题骤然成为联邦
德国政府内部最紧要的议题。

面对西德的统一呼声和国内日益高涨的压力,新任民主德国总理莫
德罗希望利用西德的经济力量来改善民主德国的状况,以稳定局势,同
时对"民族统一"的浪潮作出回应。11 月 17 日,莫德罗提出,两个德国应
抓住时机,通过条约共同体建立起责任共同体,也就是"条约共同体"构
想(Vertragsgemeinschaft)。其实质是在保持两个德国主权独立的前提
下,谋求更广泛深入的合作。11 月 28 日,科尔接过这一建议在联邦德国
议院提出了实现德国统一的《消除德国和欧洲分裂的 10 点计划》(Zehn-
Punkte-Programm zur Überwindung der Teilung Deutschlands und
Europas)。[①] "10 点计划"提出了实现统一的三个步骤:第一步,西德接
收民主德国总理莫德罗的"条约共同体"的构想,主张在经济、交通、环
保、卫生和文化等领域建立两德联合委员会;第二步,在两德之间建立
"邦联结构",即建立一个经常协商和协调政策的政府联合委员会、一些

[①] Wolfgang Benz,*Deutschland seit 1945*,*Entwicklung in der Bundesrepublik und in der DDR*,S. 166.

联合专门委员会、一个共同的议会机构,以便最终建立一个"联邦";第三,逐步向建立一个统一的中央政府过渡,最终实现德国统一。实现这些步骤的前提条件是民主德国有一个"民主合法的政府",要求民主德国"必须取消统一社会党对权力的垄断",支持民主德国进行"自由选举";经济上主张民主德国"必须取消计划经济,建立市场经济条件"。科尔还认为德国统一问题应同欧洲一体化进程以及东西方关系联系起来,将谈判纳入欧洲共同体设定的欧洲发展框架中。①

面对德国人民急切希望祖国统一的强大民意,加上东欧剧变后的民主德国政治、经济形势进一步恶化,苏联和民主德国对德国统一的态度在 1990 年初发生了变化。1 月 30 日,莫德罗访问莫斯科,戈尔巴乔夫告诉莫德罗,德国统一"并非出乎预料","德国人有权统一"。② 于是,莫德罗回到东德后,于 2 月 1 日修正了对德国统一问题的立场,不再坚持两个德国主权独立,提出了一项《通往德国统一道路的方案》(Konzeption für den Weg zur Deutschen Einheit)。该方案提出了实现德国统一的四个步骤:(1) 两德签订一个关于合作与睦邻关系的条约,成立一个共同体;(2) 两德建立一些邦联机构,如议会委员会、州议会和某些共同的执行机构;(3) 将两个德国的主权问题提交邦联的权力机构处理;(4) 通过邦联的两个部分举行选举,建立德意志联邦形式的统一的德国,选举统一的议会,制定统一的宪法,成立统一的政府,首都设在柏林。莫德罗把"军事中立"(Militärneutralität)作为德国统一的条件,即统一后的德国既不属于华约也不属于北约;统一后的德国应与第二次世界大战中的战胜国签订一项和平条约。

"莫德罗方案"强调统一后的德国必须实行"军事中立",不改革民主德国现行的体制,核心是以"中立换取统一",试图"防止北约吞并民主德

---

① Helmut M. Müller, *Schlaglichter der deutschen Geschichte*, Bonn: Bundeszentrale für politische Bildung, 2003, S. 440.

② Aleksandr Galkin, *Michail Gorbatschow und die deutsche Frage: sowjetische Dokumente 1986—1991*, München: Oldenbourg Verlag, 2011, S. 302.

国";"科尔计划"实质上是要"吃掉"或"吞并"民主德国,计划中讲的是"援助""合作",先决条件是民主德国有一个西德当局认可的所谓"民主合法政府","改变现行政治和经济制度",坚决拒绝"军事中立",声称统一后的德国应留在北约。"科尔计划"和"莫德罗方案"除了德国统一后的国体和地位问题外,在实现德国统一的步骤上并没有太大的区别。"科尔计划"和"莫德罗方案"的提出,标志着德国统一问题真正提上了两德的议事日程。

第二节 德国统一的内部和外部问题

一、两德统一的内部问题

在"莫德罗方案"提出后,科尔认为德国统一是大势所趋,加速推动并希望在 1990 年底以前完成统一。2 月 7 日,联邦内阁通过决议,成立以科尔为首的"德国统一内阁委员会"(Kabinettausschuß "Deutscher Einheit"),专门研究与统一相关的货币联盟(Währungsunion)、经济改革、平衡社会福利制度以及法律、外交和安全政策等问题,为统一作好准备工作。科尔把建立货币联盟视为实现统一的核心步骤。同一天,内阁通过了科尔提出的向民主德国方面正式提出关于立即开始货币联盟及经济改革谈判的建议。2 月 10 日,科尔访问莫斯科,就两德统一问题与苏联领导人戈尔巴乔夫进行会谈。会谈公报声明,德国统一问题应由德国人民自己解决,由他们选择以任何国家形式、何时、以何种速度和条件实现统一。这次访问使科尔从莫斯科取回了两德统一的钥匙,消除了苏联是否会干预德国统一进程的顾虑。

在德国统一趋势不可避免的情况下,民主德国领导人也不愿意在统一进程中完全处于被动地位、将实现统一的领导权拱手相让。2 月 13 日,民主德国总理莫德罗访问联邦德国,与刚刚结束莫斯科之行的科尔在波恩进行会谈。双方讨论的重点是联邦德国内阁 7 日提出的关于建立货币联盟、联邦德国向民主德国提供紧急援助以及两德政治统一的途径等问题。在会谈结束后举行的记者招待会上,科尔声称德国的统一进程将置于"全欧进程和东、西方关系的进程之中";莫德罗强调必须分步骤地、"慎重和实际地"实现两个德国统一的目标,并把这一进程置于"欧洲进程"之中。

至此,两个德国之间是"统一"还是"吞并",成为实现两德统一的主要内部问题,两德领导人对此存在原则上的分歧。联邦德国总理科尔主张,以联邦德国《基本法》第 23 条规定的"随着管辖范围的增加,还将延伸到德国其他部分"为基础,由民主德国各地宣布加入西德,实现统一。这实际上是要把联邦德国《基本法》的运用范围扩大到另一个主权国家,将民主德国并入联邦德国。民主德国领导人主张分阶段实现统一,不能简单地把民主德国合并到联邦德国。民主社会主义党领导人居西强调,统一必须保证民主德国的独立性,反对外来势力对民主德国内部政治生活的干涉。莫德罗指出,两德应该实现统一,而不是合并或一方吞并另一方;两德建立经济货币联盟不能操之过急,要进行充分的准备。支持莫德罗的人士认为,两德统一应该制定一部新宪法,不然统一就意味着民主德国为联邦德国所兼并。东、西德的社会民主党利用联邦德国《基本法》第 146 条规定的"这项《基本法》将在德国人民自由决定制定的宪法实施之日停止生效"①,反对科尔的兼并主张。

二、两德统一的外部问题

德国问题是冷战期间最为敏感的国际政治问题之一,两个德国的出现是二战后欧洲分裂为两大对立集团的产物,这决定了两德统一绝不是德国的内部事务,而是一场令全世界敏感的国际事务。一个统一的德国势必改变美苏在欧洲划分势力范围的"雅尔塔格局",打破北约和华约两大集团的力量对比,影响世界的格局。由于德国近代的军国主义历史,

---

① *Grundgesetz für die Bundesrepublik Deutschland*,Bonn,1989,S. 91.

欧洲各国也普遍对德国再度统一崛起充满警惕。德国统一不仅关系到德国人民的未来,也涉及邻国的利益,乃至影响欧洲和世界的和平与稳定。因此,两德统一必须首先解决其外部问题,尤其是争取第二次世界大战苏美英法四大战胜国的支持,解除欧洲邻国的顾虑。

苏联是制约德国统一的关键国家,其领导人戈尔巴乔夫在德国统一问题上的态度开始是反对的,继而又赞同,后来发展到要求有条件地实现统一。苏联反对德国统一,是担心统一后的德国打破北约和华约的军事平衡。这是因为,苏联在民主德国驻有 38 万人的军队,民主德国是华约的支柱。如果德国实现统一,很可能是联邦德国吞并民主德国,苏联就失去了民主德国这一"可靠的盟国",北约就可能将其前沿阵地向东推移,无疑将不利于保持欧洲军事战略平衡。当联邦德国和美国等西方国家执意坚持让统一后的德国留在北约时,苏联强烈不安。2 月 21 日,戈尔巴乔夫以回答《真理报》的方式强调,德国统一不应该损害欧洲合作的积极成果、不应打破欧洲平衡,华约和北约的作用变化以及外国在欧洲国家驻军问题不可分割。3 月 6 日,戈尔巴乔夫会见莫德罗时声明,把统一后的德国列入北约组织是不能接受的,任何吞并民主德国的图谋和造成"既成事实"的政策都是不负责的,德国的统一必须充分考虑到四个战胜国及邻国的权利和利益,必须无条件地承认现有边界和放弃任何复仇主义的领土要求,不许打破欧洲已形成的均势。[1] 为解决统一后德国的地位问题,苏联随后作出让步,提出统一后的德国应拥有北约和华约成员的"双重身份",以此作为解决德国地位问题的妥协办法。这一建议遭到联邦德国和美国的拒绝。

美国政府在 1989 年对民主德国政局剧变和开放"柏林墙"也感到突然,但随即支持由联邦德国领导实现德国统一。在二战战胜国四大国中,美国总统乔治·H. W. 布什(George Herbert Walker Bush,1924—2018)是

---

[1] Aleksandr Galkin, *Michail Gorbatschow und die deutsche Frage: sowjetische Dokumente 1986—1991*, S. 352 - 353.

唯一毫无保留支持德国统一的领导人。① 他认为，德国统一是由德国人民自己决定的事情。在科尔发表统一"10 点计划"的当天，美国国务院就发表支持声明，认为这是美国和联邦德国"长期以来一直争取的目标"。美国国务卿詹姆斯·贝克（James Backer，1930—　）又提出德国统一的四个条件：必须实行自决原则；必须在西德继续同北约和欧共体保持联合的条件下实现统一，"不应以中立换取统一"；统一是"和平的、渐进的"过程，要有利于欧洲的"全面稳定"；承认战后欧洲各国现行边界。贝克在 2 月 18 日表示，德国统一最保险的结果是建立一个牢牢扎根于北约组织之中的德国，这将使它既保持同西方的联系，又在军事上受到约束。在统一后的德国是否留在北约内及美国和苏联是否继续在德国驻军的问题上，美苏存在着尖锐的分歧。

欧洲大多数国家对德国统一心存疑虑。它们害怕一个统一的德国将成为它们经济上强大的竞争对手，甚至成为主宰欧洲的"德意志第四帝国"；害怕德国统一将打破北约和欧共体目前的格局，妨碍以欧共体为核心的欧洲一体化进程。

英国对德国的统一一直持消极态度。英国首相撒切尔夫人对科尔统一德国的"10 点计划"反应冷淡，认为还不能把德国统一问题提上日程，因为"可能动摇"戈尔巴乔夫在苏联国内的地位。当戈尔巴乔夫同意德国统一后，她的态度发生了变化，认为德国的统一看起来不可避免，但同时要求北约为德国的邻国提供安全保证，尊重欧洲各国现行的边界，并要求北约削减两个德国的现有军队，以消除欧洲人对未来安全的担忧。2 月 5 日，撒切尔夫人发表讲话，强调不能无视 20 世纪德国发动两次世界大战的历史，进一步明确反对德国匆忙统一。② 撒切尔夫人担心德国统一后，英国在欧洲和世界的地位会下降，为此，她主张建立一种由

---

① Georg Fülberth, *Berlin-Bomm-Berlin*, *Detusche Geschichte seit 1945*, Köln：Papyrossa Verlag, 1999, S. 257.

② Tilman Mayer, *20 Jahre Deutsche Einheit*, *Erfolge*, *Ambivalenzen*, *Probleme*, Berlin：Duncker & Humblot Verlag, 2010, S. 54.

主权国家组成的力量与统一的德国相抗衡。基于这些考虑,英国对德国统一提出的条件是:统一后的德国留在北约及美国和其他北约成员国继续在德国驻军、在德国存放核武器。英国是既要利用北约组织约束德国,同时又企图借助美国在欧洲的军事力量,增加欧洲安全系数。

法国在近代历史上两次被德国武力征服,对德国统一疑心重重。同时,法国和联邦德国同为推动欧洲一体化的火车头,希望借助德国统一推动欧洲一体化前进。因此,法国在德国统一问题上表现矛盾。法国一方面表示德国人再统一的要求是合理和合法的,但另一方面也掩饰不住内心的不安。法国国防部长让·皮埃尔·舍韦内芒(Jean-PierreChevènement,1939—　)直言不讳地指出,统一后的德国将是一个非常强大的国家,这将是对法国的极大威胁。法国既担心统一后的德国像一战后那样对战后的"屈辱"进行报复,也担心德国统一后将使法国丧失目前在欧洲举足轻重的政治地位。起初,法国总统密特朗曾告诫联邦德国,不要推动与民主德国的统一,因为这可能打乱欧洲微妙的均势。在德国统一不可避免的情况下,法国转而支持。密特朗说,对于德国人民的自决权,法国无意再提更多的先决条件,因为这是德国人民的"基本权利",但是,德国的统一应考虑到我们彼此所承担的义务,考虑到欧洲的安全、欧共体的未来和欧洲的平衡。密特朗强调,德国统一进程应在有秩序的轨道上进行,并且使这个过程不危及欧洲的稳定。为此,他提出应把德国统一和欧洲统一结合起来,并且首先加强欧共体内部的一体化,在保持欧洲稳定的范围内和征得邻国同意的情况下进行。同英国一样,法国也要求统一后的德国归属北约,反对德国中立化,要求保持美国在欧洲的驻军。

三、"二十四方案"

两德统一面临的种种内部和外部问题决定了德国统一必须依靠多国协商来解决。1990 年 2 月 13 日,美苏英法和两个德国的六国外长在加拿大渥太华召开的北约和华约 23 国"开放天空"国际会议(Konferenz "Offener Himmel")上,就德国统一问题磋商决定,六国在近期就德国统一问题进行谈判,并抛出了"二十四方案"①,即先由两个德国的代表讨论德国统一的内部问题,再由苏美英法四国代表参加讨论有关德国统一的外部问题。

"二十四方案"是美国为掌握解决德国问题的主动权而首先拟定的。民主德国在1月28日决定把大选从5月提前到3月18日举行,美国感到德国统一已不再是一种可能性,而是已成定局,于是提出了这一方案。"二十四方案"把欧洲其他国家排除在与其安全利益相关的德国统一问题讨论之外,引起这些国家强烈不满。波兰一再要求参加有关边界问题的六国会谈,担心统一后的德国会要求改变现存的德、波边界。戈尔巴乔夫明确指出,利用德国统一改变欧洲战后边界是"危险的"。② 法国和英国也明确表明支持波兰参加六国会谈。

3月14日,两个德国和苏美英法四国外交部司长级官员在波恩举行了首轮"二十四外长会议"(Erste Zwei-plus-Vier Außenminister Verhandlung)。会后发表了简短声明,表示同意波兰参加有关德、波边界问题的六国会谈。③ 4月24日,两德外长在波恩举行首次工作会谈,讨论两个德国和四个战胜国外长会议即"二十四外长会议"的筹备工作。"二十四外长会议"将具体讨论德国统一的外交及安全政策,解决德国统一的外部问题。

第三节 通往统一的道路

一、3月18日民主德国大选

根据民主德国政府和各党派达成的协议,1990年3月18日,民主德

---

① Wolfgang Benz, *Deutschland seit 1945*, *Entwicklung in der Bundesrepublik und in der DDR*, S. 171.

② Aleksandr Galkin, *Michail Gorbatschow und die deutsche Frage : sowjetische Dokumente 1986—1991*, S. 313.

③ Wolfgang Benz, *Deutschland seit 1945*, *Entwicklung in der Bundesrepublik und in der DD*, S. 173.

国如期举行全国大选,这是民主德国成立 40 多年来首次举行的西方式的"自由、民主和秘密"的选举。此次选举全国有 24 个党派、政治组织和联盟参加,其中影响最大的有:由基督教民主联盟、德国社会联盟(Deutsche Soziale Union,DSU)和"民主觉醒"(Demokratische Aufbruch,DA)组成的德国联盟(Allianz für Deutschlands);执政党民主社会主义党(前统一社会党);1989 年 10 月成立的社会民主党;由"新论坛""现在就要民主"(Demokratie Jetzt)、和平与人权倡议委员会(Initiative für Frieden und Menschenrechte)组成的"联盟 90"("Bündnis 90");由自由民主党、自民党和德国论坛党组成的自由民主联盟(Freie demokratische Union)。民主德国 1237 万选民中的 93.2% 参加了投票。

3 月 23 日,民主德国选举委员会公布大选结果,科尔支持的德国联盟获得 48.15% 的选票,得到 192 个席位,其中基督教民主联盟得票占 40.59%,德国社会联盟得票占 6.32%,"民主觉醒"得票占 0.92%;社会民主党共得 21.84% 的选票,获 88 个席位;民主社会主义党只得到 16.33% 的选票,获 66 个席位。右翼保守的德国联盟取得了出人意料的胜利。4 月 12 日,新成立的民主德国第 10 届人民议院举行会议,民主德国基民盟主席洛塔尔·德·梅齐埃(Lothar De Maiziere,1940——　)当选民主德国部长会议主席。莫德罗内阁宣告结束,民主社会主义党丧失了 40 多年的执政地位,成为反对党。

德国联盟在大选中获胜,将会加快推动德国统一进程。4 月 19 日,德·梅齐埃在民主德国第 10 届人民议院第三次会议上发表政府声明,宣称新政府将加快同联邦德国政府合作,争取在今后 8—10 个星期内为建立两德货币、经济、社会联盟(Währungs-Wirtschafts und Sozialunion)打下基础;政府将逐步放弃计划经济,而代之以重视环境保护的社会市场经济体制;政府将着手在民主德国恢复州建制,从 1991 年起,民主德国目前的 15 个区将变成 5 个州;政府将推行"取消军事联盟"政策,大幅度裁减国家人民军。声明强调,统一后的德国无意谋求欧洲中心的大国地位,现在和将来都不对任何国家提出领土要求。随后,新政府颁布了包括完全拆除"柏林墙"等一系列措施。

二、两德签订《国家条约》

德国联盟在民主德国上台以后,开始紧锣密鼓的就货币、经济和社会联盟问题与联邦德国展开谈判,德国统一走上了快车道。建立货币、经济联盟的关键是货币,而建立货币联盟的关键是两德马克的合理比价。从3月下旬开始,两德之间、联邦德国各政党之间,在两德马克比价问题上展开了激烈争论,涉及的主要问题是如何既满足和照顾民主德国公民的利益,又不至于增加联邦德国公民的负担。西德联邦银行在3月底提出每个民主德国公民的存款按1:1兑换联邦德国马克,但工资和养老金只能按2:1兑换。这一建议受到联邦德国反对党和民主德国各阶层反对。民主德国各党和联邦德国社会民主党、绿党及两德工会纷纷要求照顾民主德国公民的利益,两德马克应以1:1汇率进行兑换,保障民主德国公民的社会福利不因建立货币、经济联盟而受损。鉴于这种情况,两德双方又增加建立"社会联盟"(Sozialunion)一项内容,即把西德的"社会福利网"覆盖到民主德国。4月4日,联邦德国政府正式提出两德签署《国家条约》,以全面解决两德货币、经济和社会联盟问题。

4月24日,民主德国新任总理德·梅齐埃首次在波恩与联邦德国总理科尔会晤,达成了拟于7月1日起实现两德货币、经济和社会联盟的协议。科尔接受了民主德国的要求,从7月1日起民主德国公民的工资和养老金按1:1比价兑换联邦德国马克,存款和现金按1:1兑换4000联邦德国马克。

5月12日,两德就建立货币、经济和社会联盟的所有条款达成协议。5月18日,两德财政部长在波恩签署《联邦德国和民主德国关于建立货币、经济和社会联盟的条约》(Vertrag über die Schaffung einer Währungs-Wirtschafts und Sozialunion zwischen der BRD und DDR),即《国家条约》。两德总理都出席了签字仪式。科尔说,这是"德意志民族的历史性时刻";德·梅齐埃认为,"两德统一进程将不可逆转"①。

《国家条约》共分 6 章 38 条,其主要内容是三个联盟的条款。货币联盟条款规定:从 7 月 1 日起统一两德货币,联邦德国马克成为民主德国唯一的法定货币,民主德国马克 6 月 20 日起作废;联邦德国联邦银行同时成为主管民主德国货币和货币发行的银行;民主德国公民的工资、养老金、租金、规定限额内的现金和存款,按 1∶1 发放或兑换联邦德国马克,其他款项原则上按 2∶1 兑换;联邦德国在金融、货币、财政和信贷方面的法律规定适用于民主德国。经济联盟条款规定:社会市场经济是今后两德共同的经济基础;民主德国将促进企业私有化,运用竞争机制鼓励自由竞争,实行价格自由以及劳动力、货物、资本等方面的自由流动;努力稳定物价,保障充分就业,实现国际收支平衡,使经济获得持续、适度的增长;民主德国可以遵照欧共体的有关制度对农业和食品经济自行采取某些保护措施,如实行价格补贴;民主德国将采取措施清除已经形成的污染,使现有环保设施符合联邦德国的标准;民主德国在对外经济关系方面将充分考虑世界自由贸易原则,积极适应欧共体的政策和目标,同时信守对经互会其他国家承担的条约义务。社会联盟条约规定:民主德国实行联邦德国的劳动法规,比如允许职工为了促进经济的发展而有权结社、罢工、参与管理和不受解雇等;民主德国引进联邦德国的养老、疾病、工伤事故和失业四大保险,建立社会救济制。② 此外,还要求民主德国按市场经济原则制定其财政政策和预算,逐步取消国家对家庭、住房、交通和能源等的补贴。鉴于民主德国将会出现财政赤字,联邦德国决定于 1990 年下半年至 1994 年提供给东德 1150 亿马克的财政援助,帮助平衡预算。

《国家条约》的签订使两德走向经济统一,并为两德的政治统一铺平

---

① Wolfgang Benz, *Deutschland seit 1945*, *Entwicklung in der Bundesrepublik und in der DDR*, S. 176.

② Bundeszentrale für politische Bildung, *Verträge zur deutschen Einheit*, Bonn, 1991, S. 13 – 14.

了道路。该条约事实上取消了民主德国宪法规定的社会主义制度,民主德国只是在法律形式上继续存在,已经没有了国家主权。条约意味着民主德国将以最快、最简便的方式加入联邦德国,两德统一已成为不可逆转的既成事实。尽管该条约在民主德国受到民主社会主义党等反对党的激烈反对,但两个德国的议院在 6 月 21 日均以压倒性多数批准了《国家条约》。该条约从 7 月 1 日起生效,两德统一进入实施阶段。

三、两德统一外部问题的解决——"二十四外长会议"

为解决德国统一的外部问题,依据"二十四方案",两德和苏美英法外长首次"二十四会议"于 1990 年 5 月 5 日在波恩举行。会议主要讨论如何为德国统一创造"外部条件",即统一后的德国与欧洲军事联盟的关系、德波边界、第二次世界大战后四个战胜国对整个德国和西柏林的权利责任等。各方一致认为,德国统一进程应有秩序、毫不拖延地进行下去,并认为德国的统一应有利于所有国家,强调会谈的目标是作出符合国际公法的安排,最后取消四国的权利和责任。统一后的德国的联盟从属关系是会议的主要焦点。苏联外长谢瓦尔德纳泽(Eduard Schewardnadse,1928—2014)重申苏联反对统一的德国归属北约,认为这样将对苏联的安全利益造成威胁,强调为了维护各方的利益,必须寻找新的解决办法。西方国家对苏联的声明持反对态度。在统一方式问题上,苏联反对民主德国按照联邦德国《基本法》第 23 条加入联邦德国,联邦德国则强调德国统一方式是两德内部问题,外国无权干涉。然而,谢瓦尔德纳泽虽然在声明中反对统一后的德国加入北约,但也放弃了要求统一的德国保持中立的立场,作出了重大让步,并指出德国统一的内部问题和外部问题的解决在时间上不一定要统一起来。也就是说,允许两德自己决定统一的进程。联邦德国外长根舍对此表示欢迎,认为两德现在已将德国统一的钥匙掌握在自己手中。会议决定,此后"二十四外长会议"分别在柏林、巴黎、莫斯科举行,在巴黎举行第三次会议讨论与边界有关问题时,将邀请波兰外长参加。

统一后的德国未来归属于北约，还是中立化，这是德国统一外部问题的关键，也是美苏争论的焦点。6月3日，布什和戈尔巴乔夫会晤。布什重申统一后的德国仍是北约成员国的立场，戈尔巴乔夫则"坦率地表示不赞成这种观点"。他强调说，苏联在第二次世界大战中付出2700万人生命的"巨大代价"，在道义上有权提出统一后的德国不应加入北约的问题，以确保"我们作出如此巨大的牺牲所换来的东西不致丧失和出现新的危险"①。

6月20日，第二次"二十四外长会议"在柏林举行。会议主要讨论统一后的德国军事地位、取消四个战胜国对德国的权利和责任等问题。苏联外长提出了一项"过渡时期"计划：统一后的德国可以加入北约，但应有一个五年的"过渡期"，在此期间，两个德国分别留在北约和华约内；半年内盟国军队撤出柏林，三年内驻德军队减少一半，"过渡期"结束后全部撤走。这一计划遭到两德和美英法的反对。五国强调，德国统一后应享有完全主权，统一后的德国的军事、政治结盟问题应由德国人民自己解决。

7月14日，科尔访问苏联，促使苏联在统一后的德国归属问题上终于作出了最后让步。科尔答应提供120亿马克支付苏联在东德38万驻军及其家属的维持、撤退、安置乃至职业培训费用，提供50亿马克的无息紧急贷款，帮助苏联摆脱经济困境。科尔说服西方盟国不在东德领土上部署北约军队，同意戈尔巴乔夫提出的北约军事演习不在东德领土进行，承诺将同波兰签订边界条约，不向苏联提出曾经属于德国的柯尼斯堡（今加里宁格勒）的领土要求，答应统一后德国军队裁减至37万。科尔还许诺在德国统一后，将签署在长期和睦邻基础上调解德苏关系的基础条约。② 科尔的这些承诺，减少了戈尔巴乔夫对北约和德国的疑虑，让苏联感到失去民主德国的同时又获得了整个德国。这次访问使科尔和

---

① Tilman Mayer，*20 Jahre Deutsche Einheit*，*Erfolge*，*Ambivalenzen*，*Probleme*，S. 87.
② Aleksandr Galkin，*Michail Gorbatschow und die deutsche Frage：sowjetische Dokumente 1986—1991*，S. 465.

戈尔巴乔夫在统一后的德国军事、政治地位问题上达成了八点协议：(1)德国统一包括西德、民主德国和柏林；(2)一旦统一实现，四大国自二战结束以来对德国承担的责任和权利就此停止，统一后的德国立即取得完全的、不加限制的主权；(3)统一后的德国在履行其完全的主权时可以自主决定它将属于哪个联盟；(4)苏联驻民主德国军队将在统一后三至四年撤出德国；(5)苏联军队撤出前，北约机构不向原民主德国领土上扩展，但联邦德国国防军的本土防御部队可在统一后进驻民主德国和柏林；(6)苏联军队留驻民主德国领土期间，西方三大国军队也仍然留驻西柏林；(7)德国统一后的三至四年内军队将裁减到37万人，裁军将在维也纳谈判签订第一个条约时开始进行；(8)统一后的德国将放弃生产和拥有核武器和生物、化学武器。此次协议表明苏联已经接受联邦德国和西方国家坚持的统一后的德国留在北约的立场。至此，德国统一的关键外部问题已经完全解决。

在德国统一的外部问题中，最后只剩下德波边界这一重要问题没有解决。7月17日，六国外长集会巴黎，开始第三次"二十四外长会议"，重点讨论德波边界问题，波兰外长应邀出席会议。七国外长一致认为，统一后的德国应以目前的奥德-尼斯边界为德、波永久性边界。会议就解决德波边界的原则、方式和时间表达成了全面协议，从而结束了二战后德波边界纷争的历史，使德国统一进程又向前迈进了一步。法国外长迪马称这次会议"进入最终解决德国统一问题的决定性阶段"。联邦德国外长根舍表示联邦德国将修改宪法中有关条文，争取在两德统一后尽可能在短时间内签署和批准《德波条约》。波兰外长斯库比谢夫斯基对这次会议成果表示非常满意。在这次会议召开前的6月21日，民主德国人民议院和联邦德国联邦议院分别以压倒性多数通过一项关于保证波兰西部边界不会更改的联合决议，重申统一后的德国与波兰之间现有边界将通过一个国际法条约来最终确认，从而为这次会议取得圆满结果创造了条件。此外，这次会议还决定，由统一后的德国自行决定其在欧洲政治、军事机构中的地位。

第四节　德国的重新统一

一、两德签署《统一条约》

1990 年 7 月 1 日,两德《国家条约》正式生效,德国统一迈出了决定性的一步。从这一天凌晨零点开始,民主德国和联邦德国一样一律使用联邦德国马克。从 9:00 起,民主德国 1 万多处银行、邮局和专门兑换处开始为群众兑换联邦德国马克。与此同时,两德边界及东、西柏林边界上的关卡全部取消,车辆人员自由通行,就像在一个国家、一个城市一样。

两德《国家条约》的实行使两个德国的货币、经济和社会联盟全面建立起来,德国已经在经济上实现了统一,随后就要顺理成章地完成政治统一的任务。7 月 6 日,联邦德国和民主德国在柏林开始就《联邦德国和民主德国第二个国家条约》(Zweite Staatsvertrag zwischen der BRD und der DDR)即《联邦德国和民主德国关于实现德国统一的条约》(Vertrag zwischen der BRD und der DDR über die Herstellung der Einheit Deutschlands,简称《统一条约》)的谈判[1],着手解决民主德国按照联邦德国《基本法》第 23 条"加入"联邦德国等有关问题。

随着《统一条约》谈判的进展,两德政府于 8 月 2 日草签了《选举条约》(Wahlvertrag)。条约规定,全德大选以整个德国作为一个大选区进行计票;各党进入议会的最低限额为所得选票的 5%;不相互竞争的党可以联合提名参加竞选。全德大选仍在 12 月 2 日举行。8 月 22 日和 23 日,民主德国人民议院和联邦德国联邦议院分别通过全德统一选举法——《选举条约》。

与此同时,在 8 月 22 日晚至 23 日凌晨民主德国人民议院特别会议

---

[1] Wolfgang Benz, *Deutschland seit 1945*, *Entwicklung in der Bundesrepublik und in der DDR*, S. 178.

上,德国社会民主党议会党团提出的"民主德国立即加入西德"的提案和社会民主党提出的"9月15日加入西德"的提案在遭到否决后,基民盟—民主觉醒、自由民主党和社会民主党等议会党团联合提出了"民主德国于10月3日加入西德"的妥协提案。① 议会经过表决,联合提案以2/3多数获得通过。人民议院共400名议员,在363名与会议员中,294人赞成,62人反对,7人弃权,最大的反对党民主社会主义党投了反对票。这项提案的通过,是民主德国各党分歧尖锐化导致政局动荡后相互妥协的产物,使各党在先统一还是先选举问题上的争吵暂告平息,从而为两德签署《统一条约》铺平了道路。

8月31日,两个德国在柏林签署《统一条约》,联邦德国内政部长沃尔夫冈·朔伊布勒和民主德国国务秘书君特·克劳泽(Günther Krause,1953—   )分别代表两国政府在条约上签字。条约分"前言"和45项条款。"前言"表明:两个德国意识到,欧洲所有国家的边界的不可侵犯性、领土和主权完整是和平的根本条件;两个德国努力通过德国的统一为欧洲的统一与和平作出贡献。条约的内容有统一后的德国首都、保护民主德国土改成果、在民主德国恢复州建制、西德《基本法》及未来全德宪法修改原则、协调两德的法律规定,以及处理公共财产和劳动、妇女、社会福利和文化、教育等内容。条约规定,统一后的德国首都设在柏林,全德议会和政府所在地由未来的全德议会作出决定,但在统一后5—10年间,政府和议会仍在波恩。② 《统一条约》的签订,为两德统一铺平了道路。德·梅齐埃在条约上签字后表示,这是战后德国历史上最重要的条约之一,它很好地协调了民主德国加入联邦德国以及与此有关的问题。联邦德国内政部长朔伊布勒在讲话中宣称,两德《统一条约》为创造一个共同的国家打下了基础。9月20日晚,联邦德国联邦议院和民主德国人民议院分别通过了《统一条约》。

---

① Wolfgang Benz, *Deutschland seit 1945*, *Entwicklung in der Bundesrepublik und in der DDR*, S. 180.
② Bundeszentrale für politische Bildung, *Verträge zur deutschen Einheit*, S. 42.

二、六国签署德国《统一条约》

讨论德国统一外部问题的"2＋4 外长会议"最后一轮会谈于 9 月 12 日在莫斯科举行,六国外长共同签署了德国《统一条约》,即《最终解决德国问题的条约》(Vertrag über die abschließende Regelung in Bezug auf Deutschland)。苏联总统戈尔巴乔夫出席了签字仪式。联邦德国外长根舍、民主德国总理德·梅齐埃、法国外长迪马、苏联外长谢瓦尔德纳泽、美国国务卿贝克、英国外交大臣赫德分别在条约上签字。

德国《统一条约》批准了两个德国的统一,统一后的德国拥有完全主权。条约内容包括"前言"和 10 条款项。"前言"指出,所有有关国的利益都将得到尊重,德国将为欧洲的和平和稳定作出贡献。条约内容规定,德国的最终边界是两个德国的现有边界,德波边界也将在一项有国际约束力的条约中得以确认,德国将来也不对任何国家提出领土要求;统一后的德国放弃生产和拥有原子、生物和化学武器,军队将缩减到 37 万人;苏联将于 1994 年撤军完毕;在过渡时期内,德国在现今民主德国领土上只部署不隶属于北约系统的大陆防御部队;过渡时期之后在民主德国的北约部队不得携带核武器。① 由于条约有待各国议会批准后才能生效,四大国将签署一项文件,自 10 月 3 日起暂停实施对德国的权利,从而使德国从 10 月 3 日起获得完全的主权。

在签字仪式上,联邦德国外长根舍表示,从德国的土地上将会产生的只有和平,"我们将以这种精神为欧洲的和平与稳定作出我们的贡献。德意志国家的统一对我们而言意味着重大的责任,而不是追求更大的权力"。谢瓦尔德纳泽认为,"有关第二次世界大战后的这一卷书已经合上,新的时代开始了"。联邦德国执政联盟各党纷纷表示欢迎"2＋4 外长会议"签署德国《统一条约》,称这是欧洲新时期的开始,是德国和欧洲历史上的里程碑。六国签署的德国《统一条约》实际上具有第二次世界大

---

① Bundeszentrale für politische Bildung, *Verträge zur deutschen Einheit*, S. 83 - 89.

战战胜国对德和约的性质,拉开了欧洲新格局的帷幕。

由于统一后的德国将是北约成员国,9 月 24 日,民主德国裁军和国防部长埃佩尔曼(Rainer Eppelmann,1943—　　)与华约联合武装部队总司令卢舍夫(Pyotr Georgievich Lushev,1923—1997)在柏林签署了《民主德国退出华约组织议定书》,规定民主德国从 10 月 3 日起不再享有华约成员国的权利,也不再承担对华约的义务。民主德国国家人民军代表最迟应于 10 月 2 日从华约领导机构退出,华约在民主德国领土上存放的军备物资应交还苏联军队,秘密文件予以销毁或交给苏联。

9 月 29 日,两个德国代表分别向对方政府递交关于《统一条约》正式生效的有关照会,为 10 月 3 日统一履行了最后的法律手续。10 月 1 日,英法美和两德外长在纽约欧安会外长会议上签署了一项宣言,宣布从 10 月 3 日起停止英法美苏四国在柏林和德国行使权力,两德 10 月 3 日统一后,德国将拥有完全的主权。

三、两个德国的统一

在两德正式统一前夕,两德党派和团体纷纷合并。10 月 1 日,两德主要执政党——基督教民主联盟在汉堡举行合并大会,科尔和德·梅齐埃以 98.5％的选票当选合并后的德国基督教民主联盟的正、副主席。[1]在此之前的 9 月 26 日,两德的社会民主党在柏林召开最后一次会议,进行了合并。

为履行六国签订的德国《统一条约》和《纽约宣言》,联邦德国和苏联于 10 月 1 日在波恩草签了《关于西德为苏联在民主德国驻军和撤军支付费用的协定》,规定联邦德国将在 1994 年底以前向苏联提供 120 亿马克,支付苏联在民主德国驻军及撤走的苏军在苏联建造住宅的费用;联邦德国向苏联提供 30 亿马克的无息贷款,帮助撤回苏联的军人转业。

---

[1] Wolfgang Benz, *Deutschland seit 1945*, *Entwicklung in der Bundesrepublik und in der DDR*, S. 181.

10月2日上午,美英法在柏林的驻军司令部降下各自的国旗,结束了现代历史上时间最长的占领期限。10月3日,苏联最高苏维埃会议通过决议,宣布从即日起苏联和民主德国于1975年10月7日签订的《友好、合作、互助条约》停止生效。10月9日,德国和苏联在波恩正式签署关于德国向苏联驻原民主德国地区军队提供驻军和撤军费用的《德苏过渡条约》。

按照联邦德国《基本法》第23条规定,民主德国加入联邦德国之后,就成为联邦德国的一个组成部分,《基本法》的有效范围扩大到原民主德国的领土上。这样,联邦德国的联邦议会和政府,就是统一后德国的议会和政府;联邦德国的总统、议长和总理,也就是统一后德国的总统、议长和总理;联邦德国的国旗、国徽和国歌,也成为统一后德国的国旗、国徽和国歌。

10月2日,东、西柏林市政府举行联席会议,宣布柏林市正式统一,柏林成为统一后德国的首都。10月2日晚,科尔和德·梅齐埃分别发表电视讲话。科尔说,我们的祖国又统一了。他呼吁东、西德人民要相互团结。德·梅齐埃说,我们国家40多年的分裂现在克服了,整个欧洲可以再联合起来。3日零时,在柏林国会大厦举行升旗仪式,柏林市政厅钟楼上的钟声敲响,联邦德国的黑、红、黄三色国旗在国会大厦升起,标志着两个德国完成了统一。统一的国家国名为德意志联邦共和国,简称德国。

10月3日成为德国国庆日,在柏林爱乐乐团音乐厅举行了国家庆典。德国总统里夏德·冯·魏茨泽克(Richard Von Weizzacker,1920—2015)、德国总理科尔和其他政府成员以及来自全德2000多名各界代表和各国驻德使节出席了庆祝仪式。魏茨泽克发表讲话说,德国的统一是通过和平达成的协议取得的,"欧洲和德国历史今天向我们提供了一个前所未有的机会,我们将努力完成历史赋予我们的责任"。他强调,德国的统一"是全欧历史进程的一部分",呼吁德国人民团结一致,为建设自己的国家共同奋斗。当天,魏茨泽克任命原民主德国部长会议主席德·梅齐埃、人民议院主席贝格曼·波尔(Bergmann Pohl,1946—　)、国务

秘书君特·克劳泽、自民党主席奥尔特雷普(Rainer Ortleb,1944—　)
和德国社会民主党议会党团主席莫波尔(Walter Momper,1945—　)为
联邦政府特别任务部部长,成为联邦总理科尔的内阁成员。

　　从1990年10月3日起,民主德国作为一个主权国家消失了,联邦德
国的版图扩大到原民主德国的领土范围,成为一个统一的德国,从而结
束了德意志民族被分裂40多年的历史。德国总理科尔在统一之际写信
给世界各国政府,指出统一后的德国有着更大的责任,德国外交政策将
"谋求世界范围内的伙伴关系、紧密合作和和平的均衡利益",表示统一
后的德国武装力量准备参加联合国的维护与重建和平的行动。

第十四章　统一后德国的政治与外交

统一后德国内部出现了经济滑坡、失业高涨、政府财政负担过重、东西德地区差距过大等一系列严重的问题。"统一总理"科尔未能成功解决这些问题，被迫下台。继任的红绿联盟政府在就业和减少政府开支方面所采取的措施虽然取得了一定的成效，但也引发了许多民众的不满。在改革的阵痛中，安吉拉·默克尔（Angela Merkel，1954—　）代替格哈德·施罗德（Gerhard Schröder，1944—　）成为德国新一届联邦总理，并领导德国经济逐步走出了困境。

统一后德国成为了欧洲除俄罗斯外最强大的国家。面对新的形势，它在继承联邦德国外交政策的同时，决心推行全方位自主外交，以改变自己"经济巨人，政治矮子，军事侏儒"的形象。在对外义务方面，德国一方面继续强调其反战的传统，另一方面还积极派出军队参与北约和联合国的维和行动；在对美政策方面，德国既强调德美同盟的重要性，又强调德国是美国平等的伙伴；在欧洲政策方面，德国在继续维持德法轴心，推动欧盟一体化进程的同时，也更加强调自身在欧盟中的利益和作用；在对华政策方面，德国不仅仍旧极其重视经贸往来，而且也在有意突出"人权"等意识形态对双边关系的影响。

第一节　统一后德国的政治

一、统一后德国的科尔政府

实现德国的统一,这一德意志人民长期以来的梦想终于成为现实。然而,两德的统一是在快速的并且在仓促和思想准备不足的情况下进行的,没有一个缓冲的过渡时期和采取一定缓冲措施的适应过程,使统一后的德国在一段时期内出现了一些社会问题。民主德国"在毫无喘息时间、毫无任何保护措施的情况下被生拉硬扯地捆绑到一个经济效能高、但其哲学尚远远没有为德意志民主共和国老百姓所了解的市场经济体制上了"①! 为使东部德国在经济、政治上实现与西部德国的完全接轨,德国政府投入了大量的人力、物力。经过几年的努力,东部德国经济、政治形势不断好转。然而,两德人民在思想情感上的真正融合,却是一个漫长的过程。

1990 年 12 月 2 日,统一后的全德第一次议会选举举行。联合执政的联盟党和自民党得票合计超过半数,科尔取得继续执政的资格。次年 1 月 17 日,两德统一后的首届议会举行。这次会议以 378 票赞成、257 票反对、9 票弃权的绝对多数选举科尔为德国总理,科尔成为德国统一后的第一任总理。科尔为德国的统一立下了汗马功劳,他被选为统一后的德国总理,这是人们意料之中的事情。但是,新一届科尔政府面临比德国统一前复杂得多的形势。

新德国货币统一(Währungseinheit)后带来了严重的通货膨胀。据西柏林德国经济研究所公布的材料,食品价格上涨 50%,服务行业上涨 26%,消费品物价整体上从 1990 年到 1991 年上涨了 20.3%。统一之后的东德人生活明显下降和低于西德。同时,由于一些商业机构只进西德和西方的商品,东德商品遭受排挤,从而造成多数企业资金匮乏,只得靠

① 克里斯塔·卢夫特:《最后的华尔兹:德国的统一回顾与反思》,第 158 页。

贷款发放工资。东部地区新建的各州银行也陷入危机,如莱比锡
(Leipzig)、埃尔福特等城市的财政陷入崩溃。东德居民由于对统一后的
期望值过高,对生活上出现的急剧变化缺乏思想准备,因而对现状极为
不满。从 1990 年底开始,东部地区各州罢工游行不断。

除通货膨胀以外,东德的失业人数不断攀升,就业市场的形势不断
恶化。1990 年 6 月底失业人数是 14.2 万人,7 月底上升到 22 万人。到
1991 年底超过 100 万人,半失业者为 185 万。1992 年失业人数为 190
万,1993 年又上升为 240 万。全德失业人数在 1996 年突破了 400 万,
1997 年底高达 452.2 万,全国失业率为 11.8%,而东部地区高达
19.4%。1998 年初,全国失业率接近 12.6%,失业人数近 500 万,创二战
以来的最高纪录。科尔政府曾提出了到 2000 年将失业人数减少一半的
"就业计划"。几年来,失业大军迅速膨胀的现实,使科尔的这一计划成
为泡影。德国长期以来居高不下的失业率,严重困扰着科尔政府。

德国失业人数不断增长的主要原因有:一是随着新体制的全面推
行,原民主德国经济、内政、外交和军事等领域的重要部门和关键岗位,
都由原联邦德国政府派人主持。大量人员被裁减,使原民主德国政府官
员只有 10%—20% 的人留用;二是东部经济转轨,大批企业破产倒闭;三
是由于推行国营企业私有化措施和建立社会市场经济体制,在西方商品
潮水般的冲击下,大批夕阳工业受到国外激烈竞争的冲击,纷纷倒闭或
面临严重的生存威胁。"由于生产效率太低、缺乏具有竞争力的产品、经
互会市场的崩溃以及传统的东欧贸易变成了以自由兑换的货币结算,导
致了外贸的大幅度下降。"[①]当然,这些原因有的是在德国统一之前就存
在的,但德国失业人数剧增却是在德国统一之后出现的,也不能不说这
些因素随着德国的统一而有所加重。

统一后的最初几年,德国政府为解决失业这一最大的经济和社会问

----

① 乌尔里希·罗尔主编:《德国经济:管理与市场》,顾礼俊等译,中国社会科学出版社 1995 年
版,第 57 页。

题采取了以下几项措施:(1)实行失业保险。德国所有雇员都有参加失业保险的义务,保险费由雇主和雇员各出一半。职工失业可领取失业金,最高可达净工资的68%,最长可领取1年。(2)安排临时工作。这些工作大多是环保或公益劳动。(3)为职工提供培训和咨询。失业人员转业培训一般由地方当局、工会、教会主办,政府给予资助。如果企业为培训毕业的学员提供一个工作岗位,国家可向企业支付最多为12个月的"熟悉工作补贴"。(4)改革劳工市场制度。改革的目的是有利于充分就业。(5)缩短工时,提倡非全日制。(6)加强科研,开发未来工业,不再向传统工业找回失去的工作岗位。尽管实施了这些措施,但德国的失业率仍高居不下,成为一大社会难题,是德国社会不稳定的一个重要因素,是滋生新纳粹(Neo Nazi)势力的一个重要原因。

新纳粹势力是随着德国的统一而出现的。早在两德边界开放之初,西德、西柏林和东德的一批新纳粹分子就勾结在一起,经常制造事端。他们在一些城市街头张贴"希特勒永在人间""外国人滚出去""犹太人滚出去"等标语;他们公开高举帝国大旗在大街上示威,唱纳粹歌曲,行纳粹礼,高喊"希特勒万岁"等口号。1991年初,东德各地有纳粹分子3000多人。从这一年起,德国各地纳粹势力袭击外国人事件频繁发生,尤其是1992年8月22日晚至23日发生在罗斯托克(Rostock)的暴力排外事件,约有200多名极右暴徒用燃烧瓶、石块和棍棒袭击来自罗马尼亚等国的难民居住的楼房,并与警察发生了冲突。这次事件被称为"二战结束以来最为严重的排外事件"。

除新纳粹势力和各种排外事件外,德国极右政党组织活动也十分猖獗。德国极右分子约有4万人,分属于76个组织,其中光头党(Skinheads)约4200人。德国共和党(Die Republikaner)和德国人民联盟是影响比较大的两个极右政党。这两个政党具有强烈的种族排外倾向。这些极右势力不仅发动和参与各种排外暴力事件,而且积极参与政治。在1992年4月5日的巴登—符腾堡州、石勒苏益格—荷尔斯泰因州举行的选举中,德国共和党和德国人民联盟成为两个州议会第三大党,使基督教民主联盟和德国社会民主党的选票大幅度下降。

科尔总理及联邦政府和各政党要人对德国不断出现的暴力排外事件高度重视,并纷纷予以谴责,要求严惩凶手。1992年8月罗斯托克暴力排外事件发生后,科尔总理对这次骚乱进行严厉谴责,政府发言人、联邦议长、基民盟总书记呼吁采取必要的法律手段,严惩闹事者。11月8日,魏茨泽克总统发表严厉谴责新纳粹分子暴行的讲话,他号召德国公民同外国人友好相处,维护人的尊严,制止极端分子的暴力行为。德国各阶层人民对新纳粹的排外暴力行动同样深恶痛绝,用各种方式进行反对和谴责。1991年1月3日晚,东德25万人在特雷普托(Treptow)苏军烈士陵园举行大规模集会,抗议新纳粹分子破坏烈士陵园和墓碑的暴行以及反苏、反犹太人、反外国人的行径。1991年10月9日,科隆市举行万人示威游行,反对德国各地出现的仇外、排外行动。1992年11月8日柏林各界群众30万人高举"人的尊严不容侵犯""反对种族主义"等标语牌和横幅,举行声势浩大的示威游行。

虽然以新纳粹分子为首的右翼极端民族主义势力在德国统一之后有所抬头,但在政治上很难形成气候。饱受希特勒法西斯之苦的德国人民决不愿意再重走老路,德国政界主流也决不允许法西斯势力卷土重来。历届德国政府对纳粹犯下的罪行不断进行忏悔,德国政府反对新纳粹势力的态度也非常坚决。

由于联邦政府每年都要向东部地区投入巨额资金,经济上负担沉重,出现了战后以来最严重的不景气,经济不断下滑,失业率不断上升,不少德国人对科尔政府和未来存有疑虑和失去信心,对德国现状表示不满。然而,从1994年上半年以来,德国经济形势好转,逐渐回升,国际上的威望也不断看好,一些德国人似乎对科尔政府仍寄予了新的希望。在这种形势下,1994年10月16日德国举行了统一后的第二次议会选举。选举结果,科尔领导的联盟党获胜,在全部选票中得票率为41.5%,比上届大选减少了2.3%,获议席294个;社会民主党得票率36.4%,比上届增加了2.9%,获议席252个;自由民主党得票为6.9%,比上届减少

4.1%,获议席 47 个;联盟 90/绿党(Bündnis 90 和 Grünen)得票率为 7.3%,比上届增加了 2.2%,获议席 49 个;民主社会主义党得票率为 4.4%,比上届增加了 2%,虽然在全德选票中低于 5%,但其竞选人在四个选区得票最多,可获议席 30 个;共和党等政党,得票率为 3.5%。全德选民共有 6020 万人,参加选举的选民占 78.1%,比上届增加了 0.3%。社会民主党主席鲁道夫·沙尔平(Rudolf Scharping,1947—)虽然在竞选前认为自己是"最好的总理候选人"①,也不得不承认选举失败,但认为执政联盟议席大减,是"输家的联盟",表示社会民主党要在下次选举中获得政权。

1994 年 11 月 14 日,科尔与自由民主党领导人在波恩举行联合记者招待会,宣布联合执政协议。这项协议主要阐述联盟党和自民党在内政方面的政策,重点是精简国家机构、改善就业状况、巩固政府财政、改造福利国家、加强科技和教育,以及同犯罪作斗争;协议的最后部分阐述了德国外交和安全政策,强调要继续推进欧洲联合,促进东欧国家早日加入欧洲联盟。第二天上午,新成立的德国第十三届联邦议院举行全体大会,科尔以 338 票赞成、333 票反对,当选为德国总理,任期四年。科尔此次获胜,使他成为四度蝉联、第五任德国总理。如果他再任四年总理(实际只要再任满两年),他就成为德国 20 世纪在位最久的总理而载入史册。11 月 15 日下午,科尔正式宣誓就任统一后德国第二任总理。

二、1998 年科尔竞选总理失败

科尔虽然再次当选总理,但困扰科尔政府最迫切的现实问题,依旧是居高不下的高失业率和经济增长乏力。德国经济增长乏力和失业人数不断增多是有多种原因的,其中,与德国的高工资、高福利、高税收等经济上的"德国病"导致德国对投资者的吸引力不断下降,以及本国资本外流是有很大关系的。

---

① 奥斯卡·拉封丹:《心在左边跳动》,周惠译,社科文献出版社 2001 年版,第 70 页。

　　要想提高经济的竞争力并保障社会成员的富裕生活,必须要以在一定的程度上牺牲社会成员的福利为代价。科尔政府为了解决长期遗留的经济结构性问题,试图在经济和社会供养之间寻求平衡点,通过税收和社会福利制度的改革来改善投资环境,从而达到从根本上改善就业市场状况,提高国内企业的国际竞争力。为此,科尔政府从 1994 年 2 月实行"增长与节支"的一揽子计划(Aktionsprogramm für mehr Wachstum und Beschäftigung),试图通过减少税收、大幅削减福利,来进一步改善投资环境,增加就业。科尔政府也试图改革社会保障体系,从 1991 年至 1998 年,德国社会保障分摊金从工资额的 35.5％增加到 42％,这一举措使有工作者的负担不断加重,因而导致他们的不满。1997 年制订了减轻企业负担、创造就业机会的税收改革方案,并计划于 1999 年推行养老金改革。由于科尔一揽子改革计划只对富人有利,不利于普通劳动者,又引起工会的强烈不满。从 1997 年以来工会和反对党组织多次罢工和游行,使德国的社会形势十分不稳定。科尔的税收改革计划为社民党占多数席位的参议院所否决,这对科尔政府是一个沉重的打击。由于繁重的社会问题无法解决,使科尔这位"统一总理"的荣誉逐渐成为过去,人们又给他戴上"失业总理""负债总理"的帽子。

　　1998 年 9 月,统一后的德国第二届科尔政府任期届满举行联邦大选。基于自身的地位以及国内外政策的考虑,科尔宣布参加 1998 年联邦大选。科尔能否在德国的政治舞台上梅开五度,其关键因素还是经济形势。德国东部地区的选民对科尔支持与否,是科尔能否继续连任的一个重要因素。西部地区的选民大都长期支持某一个政党。相反,东部地区的选民在经过一番政治动荡之后,其思想飘忽不定。在争取东部地区选民支持的问题上,正是科尔的一个"致命弱点"。由于科尔总理没有兑现在统一后不久许下的诺言,东德人的工资只有西德人的 60％—70％,因而使东德人有一种沦为"二等公民"的感觉,在东部地区蔓延着一股对科尔政府的不满情绪。

　　9 月 27 日,德国如期举行全国大选。28 日公布选举结果,社会民主党的格哈德·施罗德战胜了科尔。选举结果如下：社民党得票率为41.9％，联盟党为35.3％，联盟90/绿党为6.7％，自民党为6.2％，民主社会主义党为5.5％，其他小党为4.4％；在联邦议院的669个议席中，社民党获298席，联盟党获245席，绿党获47席，自民党获44席，民社党获35席。选举一结束，科尔宣布接受选举失败这一现实，并承担此次选举失败的责任，辞去担任25年之久的基民盟主席一职。战后任期时间最长、成功地实现了德国统一大业的科尔，终于告别了德国政治舞台。

困扰和影响科尔政治生涯的原因，似乎主要是由德国统一造成的。著名德国经济学家卡尔·马滕·巴尔夫斯(Karl Marten Barfuß,1938—   )指出："德国人在统一过程中和今后若干年必须面对的后果是，在东德社会生活的广阔领域中存在着体制转轨危机。对此，至今还没有一个能够很快克服这种危机的有效方案。"①因此，要使东、西德国在政治、尤其是经济上完全融合在一起，做到完全同步协调的发展，并使东、西部德国人民之间的思想情感及精神上也完全融合在一起，是要一个较长时间的艰难的磨合过程的。

然而，德国统一后出现的社会问题，不能完全归咎于两德统一和对东德的改造，更深层原因是联邦德国社会市场经济制度要不断完善和改革。联邦德国一部分人认为，相对于"经济奇迹"年代，"从1974年以来，'社会市场经济'的标志是低增长率和高失业率"，虽然它仍然能够实行较高的社会福利，但社会福利网不是在扩大而是在缩小。在这些人看来，德国"社会市场经济"模式气数已尽，其高福利制度保护了"懒惰"，制约了德国人在经济活动中的积极性，限制了生产效率的提高，德国应向美国的"自由市场经济"或英国的"传统市场经济"模式转变。但是，德国的"社会市场经济"是适应德国的国情和历史传统而产生的，被认为既不同于中央统制经济，也不同于传统的"自由市场经济"，而是介于资本主义和社会主义之间的市场经济，并强调社会保障和社会秩序。50多年

---

① 乌尔里希·罗尔主编：《德国经济：管理与市场》，第57页。

来,尤其是"联邦德国成立到 1974 年,'社会市场经济'能够以一种为大多数公民所信任的方式既达到提高物质富裕程度的目标,也达到社会保障和改善工作岗位质量的目标"。虽然后来出现低增长率、高失业率,但对德国的"社会市场经济"作用不能低估,它为德国经济发展创造过奇迹,为繁荣德国资本主义和提高国民生活起过重要作用。但是,再好的体制也会随着形势的发展而遇到新的问题,也还需要不断进行改革和完善。德国的经济体制模式运行了 50 多年,也还应根据德国变化的现实进行修正,使之不断更加完善。现在,德国大多数人认为社会市场经济这种模式依然适合德国国情,目前德国进行的税收和福利制度的改革,仍然是对德国社会市场经济模式的修正,而不能说是这种模式的失败。

三、环境政治的发展与"红绿联盟"执政

自 1987 年联合国发表《我们共同的未来》阐明可持续发展的理论以来,环境与发展成为了一种全球性共识,许多国家都开始积极探索新的与环境相统一的健康发展模式。统一之后,德国成功地走出了一条"社会市场经济生态化"的道路。

环境保护政策在德国源远流长,但直到 20 世纪 60 年代末、70 年代初,作为涵盖所有环境领域的"环境(Umwelt)"这个词才首次出现在德语中,具有现代意义的环境运动(Umweltbewegung)也才开始兴起。[①]联邦政府和民众开始仔细考虑自然环境和生态系统的问题,专门的环境管理机构纷纷建立,公认的综合性环境政策逐渐形成。

维利·勃兰特上台后,联邦政府先是于 1969 年秋在内政部建立了"水、大气和噪音污染保护局(Abteilung der Gewässerschutz, luftreinhaltung und Lärmbekämpfung)",之后又在 1971 年 9 月制定了首个联邦环境保

---

① Jens Engels, *Naturpolitik in der Bundesrepublik*, *Ideenwelt und politische Verhaltensstile in Naturschutz und umweltbewegung 1950—1980*, Paderbprn: Ferdinand Schönigh, 2006, S. 13.

护规划。① 随着全国统一环境政策的形成,强调人与自然和谐相处的"生态主义(Ökologismus)"理念逐渐成为联邦德国主流政治思潮和政治活动的主要方向之一,德国的环境运动和环境政治也因此而逐渐进入到"生态主义"时代。

两德统一后,生态主义对德国政治的影响进一步扩大。1994 年,联邦议会决定将环保内容写进修改后的《基本法》,要求"国家应该本着对后代负责的精神保护自然生存基础条件"。随着环境问题越来越受到选民们的关注,绿党多次突破选举门槛,进入议会。1994 年,重新改组的联盟 90/绿党取得历史性佳绩,在 16 个联邦州中进入了 11 个州议会,并在下萨克森州、黑森州与社民党组成了联合政府。1996 年底,德国绿党已进入了 12 个州议会,且在下萨克森、北威、萨尔等州与社民党联合执政。与此同时,最早制定统一联邦环境政策的社民党此时也进一步加大了对环境问题的关注,加快自身的"绿化"。两党在州一级联合执政的经验和纲领的相互接近,为施罗德后来组建红绿联合政府奠定了基础。

尽管社民党一再改进竞选纲领,但它在长达 16 年的时间中,却一直未能再度问鼎总理的宝座。造成这种情况的原因之一是党内为争夺总理候选人勾心斗角削弱了竞争力。1995 年底,奥斯卡·拉封丹出任党的主席。拉封丹属于社民党的左翼,他注重"社会公正"。施罗德属于社民党右翼,他比较关注经济和现实问题,倡导改革。双方明争暗斗,但最终的决定在民意。拉封丹对施罗德说:"如果你能在下萨克森州选举成功,那你就是总理候选人。"②结果,施罗德领导的社民党赢得了 48.1% 的选票,取得了单独组织州政府的资格。1998 年 4 月 17 日,社民党召开特别代表大会,正式推举施罗德为联邦总理候选人。9 月 28 日,施罗德终于在新一届联邦议院选举中战胜了科尔。

社民党在这次大选中获胜的原因是多方面的,但它与施罗德的个人

---

① 参见本书第二编第二章第一节第二部分。
② 奥斯卡·拉封丹:《心在左边跳动》,第 79 页。

魅力有密切的关系。施罗德与科尔相比有其竞选优势，他年轻、务实，在德国人眼里是一个更合乎时代要求的变革者，给他冠以了"现代化者"的称号。新闻媒体也十分看好他，"施罗德在民意测验中有很高的支持率"。[①]

虽然社民党成为联邦议院的第一大党，但没有取得单独执政所需的绝对多数，必须与其他政党联合才能组织政府。10 月 20 日，德国社民党（红）和联盟 90/绿党正式签署了《觉醒与革新——德国迈向 21 世纪之路》（Aufbruch und Erneuerung-Deutschlands Weg ins 21. Jahrhundert）[②]的组阁协议，宣告红、绿联盟历时两周的九轮组阁谈判的结束。协议规定了红绿联盟政府在外交、安全、内政、税收改革以及能源、交通、文化、教育等问题上的执政框架原则。随后两党均以压倒多数通过了组阁协议。施罗德在 25 日的党代表大会上强调，他领导下的联邦政府将致力于通过"革新和公正"来重新塑造德国。绿党领导人约施卡·费舍尔在 23—24 日召开的代表大会上指出，虽然绿党的部分主张在联合组阁协议中没有实现，为了使绿党首次成为德国的执政党，必须作出妥协。1998 年 10 月 26—27 日，联邦议院 666 名议员以 351 票赞成、287 票反对、27 票弃权、1 票无效，选举施罗德为联邦德国总理。27 日下午，施罗德领导的新政府正式宣誓就职。

绿党首次成为德国的执政党，说明德国环境政治的不断发展，绿党在德国的政治地位得到了提升，生态主义深入人心，绿色发展、可持续发展成为德国社会的普遍意识。

四、"红绿联盟"到大联合政府

在施罗德总理的第一任期内，联邦政府采取了较为温和的改革

---

① 奥斯卡·拉封丹：《心在左边跳动》，第 96、71 页。
② "Aufbruch und Erneuerung-Deutschlands Weg ins 21. Jahrhundert". Koalitionsvereinbarung zwischen der Sozialdemokratischen Partei Deutschlands und Bündnis 90/Die GRÜNEN, Bonn, 20. Oktober, 1998. https://www. spd. de/fileadmin/Dokumente/Beschluesse/Bundesparteitag/koalitionsvertrag_bundesparteitag_bonn_1998. pdf

措施。

　　首先,减少政府开支,平衡国家预算。高福利政策使联邦财政不堪重负,这是"德国病"的主要特征之一。施罗德上台后,采取一系列开源节流之法,降低政府负债,减少财政赤字。2000 年时,联邦拍卖通用移动通讯系统专用许可,额外收入 994 亿马克,除了弥补当年赤字的部分,尚有 509 亿马克的盈余。① 与此同时,政府还采取了一系列减少支出的计划,调整和降低一些社会福利津贴水平,例如 1999 年的养老保险改革等。2000 年时,联邦政府共节支 305 亿马克。其次,改革劳动力市场,创造新的工作机会和工作岗位。执政联盟成立了由政界、经济界和工会高层代表组成的"劳动、培训和竞争力联盟",促进劳动市场政策的完善。提出旨在扩大青年人就业的"紧急计划",同时鼓励企业招收具有熟练技能的工人和职员,引进终身学习体制,鼓励失业者积极就业等等。第三,降低公司税率和个人所得税率,以达到吸引投资和加快振兴经济的目的。社民党与绿党的《觉醒与革新——德国迈向 21 世纪之路》制定了从 2001 年到 2005 年要完成三个阶段减税方案,大幅度降低个人所得税、企业税等主要税种,以求刺激经济发展,提高企业的竞争力。

　　在 2002 年的议会选举中,社民党再次获胜,这使得施罗德政府敢于采取更为激进的措施进一步推进德国的社会、经济改革。2003 年 3 月 14 日,施罗德在联邦议院提出了对福利体系和就业政策进行实质性改革的一揽子方案的《2010 年议程》(Agenda 2010),从经济、就业、教育、科研、家庭和社会福利等众多领域,向积弊众多的社会市场经济福利系统发出全面调整的信号。② 在这届红绿联盟政府时期,德国公民所享有的福利待遇比以前有了明显的下降。如 2004 年时将养老保险准备金从 50％下调至 20％;同年开始推行的"哈茨方案"(Hartz-Konzept)则规定,

---

① 殷桐生:《施罗德的"新中派"经济政策》,载《国际论坛》2001 年第 4 期,第 74 页。

② Presse-und Informationsamt der Bundesregierung(Hrsg.), *Antwortenten zur Agenda 2010*, Koelblin-Fortuna-Druck, Baden-Baden, 2003.

自 2005 年起长期和短期失业者所领取的救济金也将大幅下调。① 在社会市场经济下,联邦德国民众早已习惯了高福利的"安全"生活。因此,施罗德的这种激进改革不但引起各阶层的普遍反对,而且也引起了社民党内部的担忧和争论。2003 年 5 月 24 日,全国 14 个城市 9 万人走上街头抗议。同年 11 月 8 日,柏林举行了由民社党、服务业工会和反全球化激进团体等共同组织的 10 万人大规模抗议游行。拉封丹从社民党内拉出"左翼党",仅 2003 年就有 4.3 万名党员退党。

在野多年的联盟党利用社会的不满情绪和社民党自身分裂之机,向施罗德的红绿执政联盟发出挑战。2005 年 9 月 18 日,联邦议院提前举行大选。尽管施罗德在此次选举中像以往一样大搞"形象战",但默克尔却以其女性身份得到大量女选民的青睐。对许多女性选民来说,默克尔的性别本身就决定了她们选票的意向。结果,联盟党得票率为 35.2%,获得 226 席,社民党得票率 34.3%,获得 222 席,执政的社民党以微弱劣势落后于联盟党。其余各党得票率分别为:自民党为 9.8%,左翼党为8.7%,绿党为 8.1%。由于无论红绿联盟还是联盟党和自民党组成的黑黄阵营都没有获得超过半数的选票,两派都不能单独组阁。在经过两个月艰难的讨价还价后,社民党不再支持施罗德连任,转而与联盟党组成了以默克尔为总理的黑红大联合政府。11 月 22 日,默克尔在德国联邦议院总理选举中顺利当选新一届联邦总理,成为德国历史上第一位女总理。

德国历史上第二个大联合政府所面临的社会经济形势也十分严峻。1995—2005 年间,德国经济仅增长了 14.6%,远低于美国和全世界的水平。2005 年,德国有近 500 万失业者,失业率超过了 10%。联邦政府2004 年拨付的各种补贴总金额高达 1450 亿欧元,约占当年联邦财政预算的 20%。为了填补这个财政窟窿,联邦政府举债 803 亿欧元。截至2004 年底,德国的公共债务总额已相当于国内生产总值的 66%,超过了

---

① 详见本书第三编第三章第二节。

欧盟所规定的警戒线。① 为了解决这些困扰德国多年的顽疾,大联合政府在财政、税收、社会保障等方面又推出了一系列改革措施:其一,实行税收改革。一方面适当提高增值税、个人所得税,增加政府收入,另一方面降低企业税,提高企业折旧率,刺激经济发展;其二,进一步增加个人福利金上缴比例,减轻政府负担;其三,通过实行"50+计划"和扩大劳动技能培训,促进青年、老年及劳动技能不足者就业;其四,大幅度降低工资附加成本;其五,修改劳工立法,放松对企业,尤其是小企业的解雇限制,以鼓励企业多雇用工人;其六,加大科技投入,提高企业竞争力,刺激国内消费,吸引外资等。

在大联合政府的努力下,德国的就业状况终于出现了自统一以来难得的好转迹象。2006 年,德国就业人数达 3908.1 万人,比上年增加24.2万人。2007 年,德国经济增长率达到前所未有的 2.5%,劳动力市场形势进一步改善,就业人数增长到 3965.9 人,失业人数降为 360.9 万人。

第二节　统一后德国的外交政策

一、统一后德国全方位自主外交

统一后的德国领土面积为 357050 平方公里,人口 8100 万,是欧洲除俄罗斯以外人口最多的国家,也是欧洲经济实力最强的国家。在德国统一之前,原联邦德国和民主德国分别是西欧、东欧集团(前苏联除外)中经济实力最强的国家。原联邦德国是欧洲最发达的现代化资本主义工业国,1990 年国民生产总值为 24477 亿马克。民主德国在统一前的1989 年国民生产总值为 8269.8 亿民主德国马克。新德国的经济规模显然是更加扩大了,1988 年德国的经济规模只有日本的 42.4%、美国的23.03%,然而到 1994 年,德国的经济规模已相当于日本的 80%、美国的60.4%。德国的经济实力和经济规模在世界上仅次于美国和日本。撒

---

① 苏惠民:《浅析德国大联合政府的内外政策》,载《和平与发展》2007 年第 1 期,第 44 页。

切尔夫人在其回忆录中谈及联邦制的欧洲时写道:"德国在这样的格局中很有可能担任领导者的角色,因为统一后的德国实在太大了、太强了。"①

德国统一后面临政治和经济上的整合,必须集中精力解决统一后出现的各种内部问题。同时,德国的邻邦对德国统一的疑虑还没有完全消除,在外交上还必须采取谨慎的态度。随着 1991 年 12 月苏联的解体,欧洲各国的力量对比发生了明显的变化。善于捕捉时机的科尔,在新的世界格局中不断拓展新德国的外交空间,逐渐改变以往在外交上唯美国马首是瞻的"追随者"形象,推行全方位"自主性"的大国外交,不断谋取对外政策的自主性和扩大外交活动空间,努力争取获得与其经济实力相称的政治大国地位。

从 1991 年底开始,德国在国际政治舞台上频频亮相,开展了一系列令世人瞩目的外交活动。1991 年前南斯拉夫内战期间,斯洛文尼亚和克罗地亚两个自治共和国乘机要求独立,美国及欧共体国家从自身利益考虑均不赞成。然而,德国为了重建其传统的势力范围,不顾当时联合国秘书长的劝阻和美国、欧共体国家反对,于 1991 年 12 月 23 日单独宣布承认斯洛文尼亚和克罗地亚两个自治共和国的独立。这样,在欧、美联盟内部出现了德国率先行动、欧共体其他国家紧跟其后、"盟主"美国也不得不跟在昔日的"小伙伴"后面先后承斯洛文尼亚和克罗地亚独立的局面。这表明德国已经开始根据自己国家的利益推行自主性的外交政策,向国际社会显示统一后德国的地位和力量。

要求成为联合国常任理事国,这是德国自主外交的又一表现。德国要成为政治上的大国就要谋求联合国安理会常任理事国的席位。为此,德国与日本联手,德国外长克劳斯·金克尔(Klaus Kinkel,1936—　)于 1992 年 8 月 23 日对《星期日世界报》(Welt am Sonntag)记者说,"既然东京在争取席位,那么我们也要参与这一讨论","目前安理会的构成情

---

① 奥斯卡·拉封丹:《心在左边跳动》,第 170 页。

况是第二次世界大战的结果,不再能反映世界形势"①。为此,德国在1993 年进行了积极的外交活动。6 月底,科尔总理亲自签署了德国向联合国总部递交的要求成为常任理事国的申请书;7 月,科尔和金克尔访问日本。金克尔声称,德国和日本将协调行动,努力争取安理会常任理事国的席位。他对记者说:"日本人希望在安理会得到一个席位,这并不是秘密,我们也希望得到一个。我们将相互支持。"尽管德国这一外交努力还没有成功,但表明德国在统一之后欲成为世界政治大国的愿望是多么的迫切!

德国在外交上的自主性倾向,使美国也认识到德国在世界上的地位和作用,美德关系出现了从过去的"主从"关系到"领导伙伴"(partner in leadership)关系的转变。1994 年 7 月,美国总统比尔·克林顿(Bill Clinton,1946—　　)对德国进行了访问,并发表了战后以来对德国进行"最为全面的支持性讲话"。他称德国是美国在欧洲的主要盟国,是美国欧洲政策的基石,德美关系是战略领导伙伴关系。国际舆论认为,美国总统克林顿这次对德国的访问是这一转变的标志,美德之间的"主仆"关系宣告结束,开始建立起新的"领导伙伴"关系。1995 年 2 月,科尔总理对美国进行了具有重要意义的回访。在会谈中,克林顿听取和接受了科尔在对俄政策、波黑冲突及北约东扩等问题上的意见和看法,并一再称赞科尔是"当代最杰出的国务活动家之一","美国没有比科尔更好的朋友了"②。科尔这次访问在世人面前树立了德国是美国的"领导伙伴"的形象。德国反对美国在欧洲事务问题上指手画脚。在涉及德国内政外交问题上,德国更不愿美国颐指气使,也经常对美国说"不"。1997 年 5 月,美国国务院发言人公开要求德国政府不要不顾波黑难民的意愿,把他们一律遣返。德国立即对此作出了强烈反映,金克尔外长表示,美国无权规定我们应该做什么,在这个问题上德国不需要别人的指教。当然,德国在一些问题上对美国说"不",并不意味着德国政策趋向反美,而

---

① 朱忠武:《联邦德国总理科尔》,第 305—306 页。
② 肖汉森、黄正柏主编,《德国的统一、分裂与国际关系》,华中师范大学出版社 1998 年版,第465 页。

是表示德国不再一味盲目追随美国,但在一些主要问题上它们的政策和立场基本上还是一致的。

在与美国等西方国家继续保持传统的友好关系的同时,德国还积极谋求与俄罗斯建立友好伙伴关系。在德国刚刚实现统一之初,就与苏联签订了《苏德睦邻伙伴合作条约》(Vertrag über enge deutsch-sowjetische Zusammenarbeit)。苏联解体之后,俄罗斯成为其合法的继承者。德国不顾以美国为首的一些西方国家的反对,积极发展与俄罗斯的友好伙伴关系,率先给俄罗斯提供了大量的经济和财政援助。科尔于1992年12月14日访问了莫斯科,与叶利钦总统签署了八项协议。协议规定:俄罗斯军队比原规定提前半年,即在1994年8月31日前从德国领土上撤走,为此,德国将追加5.5亿马克的援助,作为俄军人撤回国内建房的费用;德国同意俄国延长八年偿还原苏联欠原民主德国的176亿马克的债务;德国决定向前法西斯德国暴行的受害者提供10亿马克的赔偿。至1997年底,德国对原苏联地区提供的援助共约有1300亿马克。德国还大力支持叶利钦参加西方七国首脑会议。在北约东扩问题上,科尔强调并极力说服美国要"尊重俄罗斯的情绪"。

红绿执政联盟成立后,德国外交的自主性进一步加强。社民党向来主张德国应实行自主外交,相对于联盟党来说,对美国的顾忌性更少,如勃兰特在20世纪70年代推行"新东方政策"。绿党将和平作为其纲领的核心。施罗德、菲舍尔等红绿联盟领导人是战后成长起来的,没有之前总理们那种历史负罪感,这使得其谋求政治大国的欲望更加强烈。正如施罗德上台后,曾在1998年11月10日的政府声明中说:"在任何人面前都不卑不亢,这正是一个成熟民族应有的自信心,它面对历史、面对自己的责任,同时也面对未来。"他多次强调"德国应该表现出更多的自信。我们应该记住历史,但我们不应天天背着历史的包袱"①。

---

① 刘立群、孙恪勤主编:《新世纪的德国与中国——纪念中德建交30周年》,时事出版社2003年版,第10页。

施罗德时代德国自主外交主要体现在:其一,在武力"倒萨"问题上,施罗德政府明确对美国说"不"。美国出兵伊拉克的行为在德国引起了一场反战风暴。在德国人看来,只靠军事打击是不可能从根本上消除恐怖主义的威胁的。更何况美国的行为还严重威胁了德国在中东的石油安全。因此,施罗德政府对美国联合出兵伊拉克的要求予以了坚决的拒绝。其二,施罗德政府继续重视发展与俄罗斯的特殊关系,两国在重大国际问题上保持协调一致,甚至还考虑建立一个欧盟—俄罗斯能源共同体;其三,施罗德政府执政期间,德国还积极与日本、印度和巴西共同谋求联合国常任理事国的地位,这也是德国争取世界政治大国的重大努力。

默克尔上台后,一方面虽然改变了施罗德时期的很多做法,但另一方面却也保持德国外交政策的连续性,而开展自主的大国外交战略就是她所继承下来的政策之一。"这届德国政府与上届政府一样,在承担国际责任上都非常积极。"[1]默克尔之所以要保持德国外交政策的连续性,除了受国家利益和总体战略的影响外,还和默克尔大联合政府中社民党的势力强大有关。在大联合政府中,社民党占据了外长等八个重要职位。社民党人外长弗兰克-瓦尔特·施泰因迈尔(Frank-Walter Steinmeier,1956—　)是施罗德政府对外政策的主要制定者。默克尔总理在调整德国外交政策时,不得不考虑社民党的意见。

不过,默克尔也同时在致力于修复因伊拉克等问题而受损的德美关系,"竭尽全力致力于发展紧密的、诚实的、坦率的和充满信任的跨大西洋伙伴关系"[2]。默克尔政府通过一系列措施促进了德美关系的改善。例如,2006年2月,德国在慕尼黑安全会议上表明了自己在伊朗核问题上坚决支持美国的态度。

在积极谋求自主外交的同时,德国还试图通过参与国际维和行动来

---

[1] 朱绍中、赵亚鹏:《平衡至上,国家利益至上——析德国默克尔政府的对美政策》,载《德国研究》2004年第4期,第13页。
[2] 同上刊,第12页。

提高自己的政治地位。科尔政府在统一之后声明,德意志联邦共和国愿意为世界的和平进步作出贡献,将在全世界范围内承担与统一的德国地位及声望相适应的责任与任务,使德国军队走出国境。这是统一后德国在自主外交政策上的一个新动向。

在南斯拉夫内战期间,科尔积极主张对南斯拉夫内战实行军事干预。尽管如此,由于德国法西斯曾占领过南斯拉夫这一历史原因,德国决定不派军队参加在南斯拉夫地区的任何维和行动。1991 年 1 月 7 日海湾战争正式爆发后,科尔声称,德国士兵将参加保卫北约领土的行动,但不派德国士兵参加海湾战斗。科尔在 1993 年 2 月 17 日回答日本记者关于德国的国际责任问题时说:我们是联合国成员,作为会员,不仅有权利而且有义务。1990 年 10 月德国统一之前,我们国家是分裂的,因此不能完全履行我们的国际责任,现在不能这么说了,我们今天不能躲避国际责任。

向境外派遣德国军队涉及要修改德国《基本法》。《基本法》明确规定联邦德国军队为防御而建立,对向境外派出联邦军队作了严格的规定,因此,在德国统一之前的历届政府都没有派兵参加境外的任何军事行动。为使德国向境外派遣军队合法化,科尔极力主张修改《基本法》。然而,在是否修改《基本法》有关条款的问题上,德国国内各派势力,尤其是执政联盟和反对党发生了激烈的争论。科尔将此问题的争执搁置一边,通过宪法之外的途径使德国军队合法地走出国境。1993 年 4 月 8 日,德国联邦宪法法院作出裁决,同意联邦国防军参加联合国在波黑的禁飞行动。1994 年 7 月,德国联邦宪法法院再次作出裁决,经过议会批准,德国军队可以在北约和西欧联盟的范围内参加旨在执行联合国安理会决定的行动,同样可以参加联合国组建的维持和平部队。至此,德国在不对《基本法》进行任何修改的情况下,通过符合法律的程序实现了与其他西方大国一样派军队到境外参与国际维和行动。

1993 年 4 月 21 日,德国联邦议院经过激烈的辩论,通过了科尔提出的出兵索马里的计划。根据这一计划,德国于 7 月 21 日派出了 1640 人的部队飞往索马里,以援助联合国重建索马里的行动。这是德国自二战以来向境外派出的第一支维和部队。1995 年 6 月 30 日联邦议院以 386 票赞成、258 票反对、11 票弃权的表决结果,通过了科尔政府提出的派遣作战部队和卫生部队参加前南斯拉夫地区维和行动的议案。德国这次出兵带有着明显的军事性,与以往只是起辅助作用的情况大不相同。

红绿联合政府上台不久,就遭遇到了科索沃(Kosova)危机。虽然社民党和绿党都有着较为悠久的和平反战传统,但德国政府出于自身利益考虑,却力主派军队参加北约的军事行动。开战之后,德国则一面积极代表北约缓和与俄罗斯的关系,一面积极寻求在联合国的框架下最终平息争端。为了获得相关支持,施罗德还于 5 月 12 日访问中国。在科索沃危机中,施罗德政府不仅实现了二战后德国的首次参战,还在一定程度上树立了德国的政治大国形象。"可以肯定的是,新的联邦共和国也在军事力量方面恢复了'正常状态',与联合国其他成员国不再具有区别。"①

2001 年美国"9.11 事件"爆发后,施罗德在第一时间向美国总统乔治·布什(George Bush,1946—)表示了同情,并与其他北约国家一起支持美国在阿富汗进行反恐战争。在这场战争中,德国不仅提供了 3900 名士兵参战,还派出了特种部队直接参与阿富汗前线的"持久自由"行动。塔利班政权被推翻后,德国联邦国防军依然是北约组建的国际安全援助部队的主力之一。

默克尔上台后,沿袭了科尔和施罗德的做法,积极向海外派兵参与欧盟、北约和联合国的军事行动。2006 年 6 月 8 日,默克尔在表彰德国联邦国防军将士时表示,为了维护德国的国家利益,德军将继续在世界上承担必要的军事义务。同年 10 月 25 日,德国公布新版《国防白皮书》,提出联邦国防军未来的任务将主要是预防国际冲突、解决国际危机及与国际恐怖主义作斗争。默克尔在白皮书中明确表示,德军将在"国

---

① 连玉如:《"新德国问题"探索》,载《欧洲》2002 年第 3 期,第 69 页。

际法和《基本法》的框架下继续参与国际军事行动"①。白皮书计划,将国防军根据海外任务的不同改组为 2.5 万人的北约反应部队、1.8 万人的欧洲快速反应部队和 1000 人左右的联合国常规维和部队。② 由此也可以明显看出,在默克尔的海外派兵战略中,北约和欧盟分居第一、二位,而联合国只是第三位。

总之,两德自统一之后,德国已开始将过去只是一般性参加国际维和的行动,发展到从军事上参加北约的作战行动和介入联合国的维和军事行动,开始以军事方式表现自己在国际舞台上的力量,并通过在国际上扩大其军事力量的影响,达到实现政治大国的目的,彻底改变其"经济上的巨人,政治上的侏儒"的形象。

二、统一后德国与欧洲一体化

"冷战"结束后,世界格局出现多极化趋势,欧洲无疑是这一格局中的重要一极。积极推动欧洲的联合和统一,增强欧洲在国际上的竞争实力,这对处于欧洲中心的德国自然是大有裨益的。德国统一后的政府在声明中指出,德国的对外政策目标是:继续从事欧洲的统一事业,进一步发展北大西洋联盟,稳定和支持中欧和东欧的改革进程,在联合国认真负责地共同发挥作用以及同发展中国家建立伙伴关系。科尔将继续把欧洲统一事业作为他的政府的首要目标,为此,科尔在德国统一后继续不遗余力地积极推动欧洲的联合,把建立"欧洲大厦"(Europaische Gebäude)作为德国外交的首要任务。

科尔的目标是要努力谋求实现欧洲的政治联合,将欧共体发展成为欧洲联盟,并设法在 1994 年夏初举行的下次欧洲议会选举前成立欧洲联盟,然后在欧洲实现统一的货币。为实现这个目标,科尔提出了一个

① Bundesministerium der Verteidigung(Hrsg.),*Weißbuch zur Sicherheitspolitik Deutschlands und zur Zukunft der Bundeswehr* , Berlin: Bundesministerium der Verteidigung, 2006, S. 3.
② Ebd., S. 78.

全面的方案:在 1992 年 12 月 31 日前成立一个拥有 3.4 亿人口的欧洲内部大市场;目标是建立一个无边界的欧洲;它不是一个中央集权的欧洲,而是一个多样化的欧洲;要使欧洲议会获得更多的权力;要制定一个共同的外交和安全政策;实现欧洲的经济和货币联盟,要有一种稳定性不次于德国马克的欧洲货币,成立一家独立的欧洲银行。科尔指出:我们的核心目标现在和将来都是欧洲的政治联合,共同体必须向其他欧洲国家开放;中欧、东欧和东南欧各国"返回欧洲",要促使这些国家的改革进程;共同体将成为自由的欧洲的结晶点,成为欧洲合众国的结晶点。科尔认为,统一的德国不想恢复昨天的欧洲;我们要有一个新的、不取消我们的民族特性的欧洲;在这样一个欧洲里,任何人都不反对别人,任何民族都不处于另一个民族的阴影之下,而是我们大家共同为和平的、自由的以及富裕的未来承担责任。

德法关系一直是欧洲联合的核心力量。在德国统一之前,德国在推动欧洲一体化进程中更多的是依靠法国的政治影响,在重大问题上与法国磋商取得一致意见,并由法国牵头予以实施,自己甘当"配角"。现在,为了推动欧共体向纵深发展,促进欧洲联合的进程,德国在继续保持"德法轴心"的同时,更多地显示德国在处理欧洲问题上的"主动性"和处于"主导地位",不愿充当法国的"配角"。在德国统一前夕的 9 月 18 日,科尔总理和法国总统弗朗索瓦·密特朗举行了两国政府间的会晤,德法双方在会晤后发表声明指出,德法两国决心在今后继续"作为欧洲联合的发动机"而起作用;双方表示,共同努力促使讨论欧洲经济—货币联盟和政治联盟的首脑会议的成功。

为使欧共体成员国在欧洲政治联盟问题上达成一致意见,或减少分歧,科尔开展了频繁的外交活动,进行了多方的外交磋商工作。在德国的主动努力下,并根据德国和法国的建议,欧共体的德国、法国、意大利、荷兰、比利时、卢森堡、英国、丹麦、爱尔兰、希腊、葡萄牙和西班牙等 12 国政府首脑集会荷兰的马斯特里赫特(Maastricht),于 1991 年 12 月 11 日共同签署了关于建立"欧洲政治和经济货币联盟"的《欧洲联盟条约》

(Vertrag über die Europäische Union/EUV)，又称《马斯特里赫特条约》(Maastricht Treaty，简称《马约》)。1992 年 12 月 31 日，迈向欧洲一体化重要一步的欧洲内部大市场正式成立。这个市场拥有 12 个成员国、3.45 亿人口，在人员、商品、服务以及资本等四个方面实行自由往来，并取消了各成员国之间一切关税及贸易限制。

1993 年 1 月 1 日，欧洲大市场正式启动，标志着《罗马条约》所确定的欧洲经济一体化的目标的最终实现。1992 年 12 月 2 日，德国联邦议院正式批准了《马约》。当《马约》被丹麦公民投票否决后，科尔表示德国决不能使欧洲联合的火车停驶或减速，而要继续沿着欧洲一体化的道路前进。在科尔的努力下，《马约》于 1993 年 11 月 1 日正式生效，"欧洲政治和经济货币联盟"正式诞生。欧盟是欧洲 15 个主权国家的联盟，它的成立标志着欧洲联合又进入一个新的发展阶段。

为统一欧洲货币，1994 年 1 月 1 日建立在德国美因河畔的法兰克福的欧洲货币管理局（European Monetary Institute）开始运作。1995 年 3 月 26 日，与欧洲大市场协调一致的、取消边界检查、人员可自由往来的《申根协定》(The Schengen Agreement）正式生效。为实现欧洲经货联盟，德国总理科尔和法国总统雅克·希拉克（Jacques Chirac，1932—　）共同联手，顶住各自国内的压力，严格按照《马约》的规定，坚决制定严厉的预算措施，并推动各成员国逐一达标，终于使欧洲统一货币的计划得以启动。1999 年 1 月 1 日，欧洲统一货币"欧元"(Euro）正式问世，欧洲货币局转为欧洲中央银行（European Central Bank），最后一任欧洲货币局局长、荷兰银行家威姆·杜森贝格（Wim Duisenberg，1935—2005）出任欧洲中央银行首任行长。至此，科尔所追求的欧洲统一的经济目标已开始实现。德国是欧洲联盟中经济实力最强的国家，为联盟的建立和发展起了重要作用，并提供了巨额的资金。然而，欧洲一体化市场的建立和欧洲统一货币的实现，也无疑为德国未来的经济发展开拓了新的空间。

由于《马约》的一些规定无法适应欧洲变化的形势，1997 年 10 月 2

日,欧盟15个成员国在荷兰首都阿姆斯特丹(Amsterdam)签订了《阿姆斯特丹条约》(Amsterdam Treaty,简称《阿约》)。《阿约》是继《罗马条约》、《马约》之后的第三个欧洲一体化条约。1999年5月1日《阿约》正式生效。

施罗德政府执政后,继续坚定不移地执行历届德国政府的欧洲一体化政策。施罗德所在的德国社民党向来支持欧洲走向联合。2001年,社民党汉堡代表大会强调,一体化和欧洲化是德国的"不二选择"。社民党的执政伙伴绿党也是欧洲一体化的热心支持者。① 执政七年间,欧洲一体化的辉煌成果成为施罗德政府的最大亮点。

首先,施罗德政府一边巩固"法德轴心",一边又强调英国在欧盟中的作用。战后几十年来,德法轴心是欧洲一体化的稳定基石,是欧洲一体化建设的"发动机"。1998年9月27日联邦大选结束伊始,施罗德就访问了法国。他向希拉克总统保证继续与法国密切合作,维护德法在欧洲联合中的"轴心"作用,确认这个"轴心"对欧洲发展是"无可替代的"②。施罗德时代"德法轴心"对欧盟的发展、尤其是在欧盟东扩和欧盟宪法问题上起到了重要的推动作用。与科尔不同的是,施罗德还十分重视发展与英国的关系,以便使英国尽快向欧洲货币一体化靠拢,并利用英国牵制法国。法德两国在欧盟农业政策、财政摊款等问题上存在着较大的矛盾。红绿联盟上台后,施罗德曾一度企图拉拢英国在欧盟中与法国进行周旋,以提高德国在欧盟中的地位。不过,由于后来英德在出兵伊拉克的问题上无法协调立场,施罗德很快就回到了法德合作的老路上来。

其次,在欧洲一体化中强调德国的利益,希望让德国在欧盟事务中扮演领导者的角色。在欧盟财政预算、就业政策等领域,施罗德特别强调德国的国家利益,主导了欧盟一体化进程。1999年3月,施罗德作为

---

① Josehka Fischer, "Vom Staatenverbundz ur Förderation-Gedanken über die Finalität der europäischen Integration," am 12. Mai 2000 in der Humbolt-Universität in Berlin, *Internationale Politik*, 2000/8.

② 苏惠民:《德国新政府内外政策稳中有变》,载《国际问题研究》1999年第1期,第25—29页。

轮值主席亲自主持了欧盟首脑会议,就欧盟《2000 年议程》中的经费预算、摊派、支出等发生了激烈争论。为了使与会各国达成协议,德国作出了很大让步。不过,施罗德也维护了德国的利益,保证德国对欧盟的财政支出在 2006 年前不再升高。在 2001 年的纽伦堡代表大会决议中,德国社民党也提到施罗德及其领导的联邦政府承诺在欧洲议会的进程中保护德国的利益。[①] 同年,社民党在一份名为《对欧洲承担责任》的文件中指出,施罗德政府应加强德国在欧盟成员国中的领导地位。在德军参加南联盟空袭和马其顿维和等行动中,都可以看到施罗德扩大自己对欧盟领导权的意图。甚至有人说,施罗德政府已经成为推动欧洲一体化的"大脑和心脏"[②]。

第三,积极推动欧盟扩容。在德国推动下,2004 年 5 月 1 日,欧盟迎来了政治版图上最大规模的一次东扩和南扩。马耳他等 10 个国家正式成为欧盟成员国。在把土耳其纳入欧盟候选国问题上,施罗德政府也采取了积极态度并发挥了主要作用。

最后,在促进欧盟成员国内部一体化方面,施罗德政府也成绩斐然。施罗德政府不仅通过积极完善欧洲央行体系和强化欧盟内部市场建设等措施加快欧盟内部经济、社会一体化的发展,还决定进一步明确欧盟首脑会议和部长理事会在共同外交与安全政策领域的职能,谋求欧盟安全与外交事务的一体化。在德国的推动下,欧盟赫尔辛基首脑会议决定建立一支 6 万人的快速反应部队,以加强欧盟的危机处理能力。"欧盟只有在外交和安全政策方面有自己的行动能力,才能承担起维护和平的重任。"[③]

施罗德政府甚至还要求将制定欧盟宪法,使欧盟进一步向欧洲合众国发展。2000 年 5 月 12 日,德国外长菲舍尔在洪堡大学发表《从国家联

[①] Vorstand der SPD, Referat Parteiorganisation, *BeschlüsseParteitag der SPD in Nürnberg*, Paderborn: Media Print Informationstechnologie, S. 42.

[②] 熊炜:《德国社会民主党欧洲政策初探》,载《德国研究》2006 年第 2 期,第 22 页。

[③] 李乐曾主编:《新世纪的德国——政治、经济与外交》,同济大学出版社 2002 年版,第 35 页。

盟到联邦:对欧洲一体化最终形式的思考》的长篇演讲,提出建立欧洲联邦、欧洲中央政府及制定一部欧洲宪法等设想。[①] 次年 11 月,施罗德发出了欧盟宪法改革的倡议。在施罗德政府的积极努力下,2002 年 2 月欧盟成立了以制宪为职责的筹备委员会。2004 年 5 月,德国联邦议院以绝对票数通过了《欧洲宪法条约》。虽然 2005 年荷兰共和国全民公决否决了该条约,但施罗德政府仍旧积极推动各国批准该条约。

默克尔政府的欧洲政策有沿袭其前任的一面,和历届联邦总理一样,上任后第一个访问的国家就是法国,其用意就是要继续保持法德轴心关系。此外,在 2005 年 11 月 30 日发表的"施政声明"中,她不仅专门将"欧洲政策"从德国传统的外交政策范畴中剥离出来,赋予其独立地位,还继续将维护德国在欧盟的利益和推动欧洲一体化作为其"欧洲政策"的核心。在声明中,默克尔一方面明确表示,德国解决欧盟财政危机时必须保护自己的利益,不能接受过分的财政负担;另一方面她又宣称德国新政府将致力于解决欧盟财政危机、农业补贴等实际问题,并将继续谋求欧洲"宪法"草案的修改和通过。[②]

但与此同时,默克尔的欧洲政策又与施罗德有着明显的不同。首先,默克尔试图修复因伊拉克战争而一度疏远的德英关系。她访问英国时表示,新政府"与法国保持友好关系极端重要,但不光是法国,还有英国"[③]。德国的拉拢是英国能在欧盟财政危机谈判中作出妥协的原因之一。其次,默克尔更加注重将德国利益与欧洲普遍利益相结合,照顾欧盟中小国利益。如重视发展与波兰的关系,避免给欧盟伙伴造成法德轴

---

① Josehka Fischer，"Vom Staatsverbundz ur Förderation-Gedanken über die Finalität der europäischen Integration", am 12. Mai 2000 in der Humbolt-Universität in Berlin, *Internationale Politik*, 2000/8.

② Angela Merkel：Wir werden eine Regierung der Taten sein, Regierungserklärung der Bundeskanzlerin am 30. November 2005. http://archiv. bundesregierung. de/Content/DE/Archiv16/Regierungserklaerung/2005/11/2005 - 11 - 30 - regierungserklaerung-von-bundeskanzlerin-angela-merkel. html? nn=273396

③ 聂立涛:《默克尔的开局》,载《瞭望新闻周刊》2006 年第 1 期,第 34—35 页。

心统治欧盟的印象。默克尔在出访法国后不久就出访波兰,以消除中东欧国家对法德轴心和俄德亲密关系的顾虑。在欧盟的财政危机中,默克尔又强调新的预算案不应损害中小国家的利益。默克尔也因此在预算案通过后赢得了以波兰为代表的中东欧新成员国的好评,甚至被称赞为欧洲新领袖。[①] 第三,在深化欧洲一体化时,默克尔采取了更为灵活的手段。默克尔深知,由"欧洲宪法条约"搁浅而造成的欧盟宪法危机绝非短期内单靠德国自己能解决的。为了因避免操之过急而引起英、法、波兰等国民众的反感情绪,默克尔希望先发展欧洲的自我认知意识,寻求公众的理解与支持,同时通过一个新的、各方可以接受的"基础条约"替代原先的"宪法条约",以曲线迂回的方式推动欧盟宪政之路。德国还表示,将在 2007 年上半年担任欧盟轮值主席国期间继续推动欧洲宪法的发展。

三、统一后德国的亚洲及对华政策

(一)新亚洲政策

扩大在亚洲、非洲的影响,与盟国展开以经济和科技为主体的综合国力的竞争,并力图在多极化的格局中占据有利的地位,这是德国在统一后外交上的又一个新动向。科尔曾说过,在政治领域同亚洲的合作早已是德国全球政策必不可少的组成部分。亚洲国家由于在世界政治中的分量,在解决全球问题方面具有越来越重要的意义。在经济发展方面,包括中国、日本和印度在内的亚洲"具有全球意义"。从经济因素上考虑,在全球经济普遍不景气的情况下,亚洲经济却呈现出少有的活力,成为 20 世纪 90 年代以来世界经济增长最快的地区;尤其是亚洲潜在的大市场,对包括德国在内的西方各国具有极大的吸引力。因此,为了显示德国的大国地位和自身经济利益的需要,德国认为必须"更多地参与亚洲事务",参加与美国、日本之间的竞争,改变德国在亚洲地区的经济

---

① 刘婉媛:《默克尔和德国的 2006》,载《中国新闻周刊》2006 年第 1 期,第 59 页。

活动中落后于美日的被动局面。为此,科尔及 30 位德国公司的巨头在德国统一后的 1993 年 2 月 18 日至 3 月 3 日,对印度、新加坡、印度尼西亚、日本和韩国等亚洲五国进行了访问,同这些国家分别签订了一系列双边经贸合作协定。科尔对日本的访问则更具重要的政治意义。这是因为德国与日本在战后所处的国际环境相似,而且都在外交上追求政治大国的目标。科尔对亚洲五国的访问,密切了德国与这些国家之间的关系,扩大了德国在亚洲的影响。这次亚洲五国之行,极大地开阔了科尔的视野,并第一次设计出了他的"亚洲新观念"(Das Neue Asienkonzept)。

五国之行之后,应科尔的要求,由德国外交部组织成立了有六个部和总理府参加的专门工作班子,研究制定了德国的"亚洲政策新方案"。1993 年 9 月 22 日,德国内阁正式通过了这一方案。9 月 26 日,科尔发表文章全面阐述了德国的"新亚洲政策",其主要内容有:将亚洲作为德国外交和经济政策的重点;加强与亚洲的经济合作,重点增加德国在亚洲的直接投资;把科技合作作为与亚洲合作的关键领域;在环保方面与亚洲合作;加强与亚洲各国的政治对话;加强与亚洲各国在文化方面的合作。不难看出,德国的"新亚洲政策"是将其对外政策和对外经济活动置于优先地位。随后,德国政府积极推动政企合作,将外交、外经和援外三管齐下,促进德国企业进入亚洲。1996 年,德国对亚洲又开展了新一轮外交攻势。从这一年的 10 月中旬开始,德国政要纷纷打点行装,奔赴亚洲。先是国防部长打头阵访问了印度,随后是副总理兼外长访问中国和蒙古,紧跟着科尔总理正式访问印尼、菲律宾和日本;11 月 18 日—30 日,罗曼·赫尔佐克(Roman Herzog,1934—)总统对中国和尼泊尔进行了访问。

科尔下台后,德国红绿联盟和大联合政府对科尔的"新亚洲政策"作出了一些调整,即在与亚洲国家发展关系时更加强调西方的民主、人权价值观。

2002 年 6 月 25 日,德国外交部出台了第二份《亚洲政策》,强调要以安全合作为重点，加强与亚洲国家合作与对话，开展预防性外交、建立新的安全结构、保障德国在该地区的经济利益，扩大德国在亚洲的市场，推广人权、民主和法制、增加发展援助。2005 年默克尔大联合政府上台后，德国多次向亚洲敏感地区出口武器，预示了德国政府"亚洲战略"的新变化。2007 年 10 月，默克尔制定了以"价值外交"为核心理念的第三个亚洲政策。在联盟党 10 月 23 日通过的名为"亚洲作为德国和欧洲的挑战和机遇"的决议文件中称，"德国和欧洲在能源、外贸等领域正面临中国的竞争"，中国与苏丹、缅甸、委内瑞拉等国发展关系，"不仅与欧洲的利益相冲突，也给大西洋两岸的民主体制带来挑战"，建议"德国增强与印度、日本、澳大利亚等民主国家的关系"。10 月 26 日，德国总理默克尔在联盟党议会党团会议上公布了这一决议，并声称"许多年以来，我们只是太注重中国。我相信，作为欧洲人，我们在其他国家如印度那里也有机会，我们必须为此而努力，并迅速扮演角色"①。

以对印政策为例。施罗德和默克尔时代，价值观的相近使印度和德国在政治和防务合作方面显得格外突出。2004 年 6 月，印度与德国等西方国家空军举行了联合军演。同年 10 月 6 日，施罗德访问印度，印度总理辛格表示，两国的双边关系建立在共同的价值观基础之上，并具有远大的合作前景。在 2005 年 8 月美印签署民用核协议后，默克尔政府也与印度签署了一个类似协议。2006 年 4 月 23 日，印度总理访问德国，双方发表《联合声明》，强调"德国和印度将深化构建在两国 2000 年签署的《21 世纪印度—德国伙伴关系议程》基础上的基于共同的民主价值观和共同利益之上的战略伙伴关系"②。2006 年 9 月，两国正式达成国防合作协议，结束了十多年以来对印度的军事禁售局面。2007 年 10 月底，默克尔抵达印度访问，鼓吹德国的亚洲新政策，阻止中国崛起"造成区域不安"。德国《商报》事后评论，印度不仅在政治和意识形态上与西方接近，

---

① 吕鸿等：《德国新亚洲战略要冷淡中国》，载《领导文萃》2008 年第 2 期，第 41 页。
② 印度驻中国大使馆：《印度和德国签署〈21 世纪印度—德国伙伴关系议程〉》，载《今日印度》2006 年第 4 期。

而且经济、军事实力强大,是德国在亚洲首选的战略伙伴。

（二）对华政策

中国在亚洲和世界上具有重要的地位和作用,又是联合国常任理事国,因此,德国十分重视发展与中国的关系。1993年11月,科尔第二次亚洲之行时访问了中国,正式开始实施德国的"新亚洲政策"。科尔率领的代表团达180人之多,其中包括4名部长和40多位企业界经理。在访问中,德中双方在钢铁、交通运输、能源、化工、机械、电子、电信和环保等领域签订了一系列合同和意向书,合同金额达16.5亿美元,意向金额也有11.5亿美元。这是科尔作为统一后的德国总理第一次、也是他第三次对中国的访问,极大地促进了两国之间关系的发展。

1995年11月,科尔总理率领高级代表团第四次访问中国,随同的有45位在德国有影响的企业家,以及一批官员和记者。科尔在这次访问中表示,除了加强两国政治和经济关系外,还扩大了在科技文化领域的接触,双方共签署四个政府协定、总金额21亿马克的12项工商企业合同。中国国家领导人也多次应邀访问德国。1995年7月,应德国总统赫尔佐克的邀请,中国国家主席江泽民对德国进行了访问,受到了德国政要的热情接待和欢迎,德中两国政府签署了《中、德增设总领事馆协议》和《中、德财政合作协定》,又签订了42亿马克的12项有关经济、贸易和技术合作的协议、合同及意向书。1996年2月初,国务院副总理朱镕基访问德国,双方一致同意加强在发展中国基础设施及高科技方面的合作,以及促进中小企业的合作;德国政府支持中国加入世界贸易组织,并在欧盟范围内致力于取消对中国进口的限制。这些访问极大地增进了两国之间的友谊,推动了两国之间经贸关系的发展。

红绿联盟和大联合政府执政时期,德国亚洲政策作了调整,施罗德、默克尔等德国领导人曾多次就人权等问题批评中国,给新世纪中德关系的发展蒙上了一层阴影。科尔政府承认中国儒家思想的特殊性,虽然对中国人权状况不时提出批评意见,但主张采取"批评与对话"的态度。施罗德政府外长、笃信人权价值观的绿党领导人费舍尔在上任后却明确表示,要加强德国在世界上的人权外交。① 此后,德国对我国在人权问题上指手划脚,使这一问题再度成为阻碍中德关系发展的主要障碍。再加上当时双方在许多国际热点问题,如北约东扩、科索沃等问题上也存在较大分歧,科尔时代以来的中德交往活跃状态出现了停滞的趋势。

　　向来亲美的默克尔政府为了与布什政府保持某种程度的一致,在很多问题上也对中国表示出消极或者反对态度。默克尔在 2006 年 5 月访华时就明确表示"德国未来不会再单独提出欧盟解除对华军售禁令的问题",并提出"解禁"要取决于中国人权状况和台湾政策是否符合西方的要求。此外,为了在中德贸易中获取更加有利的地位,默克尔政府还迟迟不愿承认中国的完全市场经济地位。2007 年 9 月,默克尔又不顾国内外的强烈反对,以官方身份接见达赖,对中德关系造成了恶劣的影响。作为此次事件的回击,中国单方面取消了德国财长佩尔·施泰因布吕克(Peer Steinbrück,1947—　　)原定于 2007 年 12 月访问北京的计划。德国《经济周刊》对此评论说,"德国希望中国政府短暂生气后会恢复正常的期望落空了",这对德国经济界是一大打击。为了民主和人权的政策,德国经济界需要付出很大的代价。《金融时报》也说,"中国取消财长访华点燃联盟内部对默克尔中国政策的争吵"②。

　　当然,施罗德和默克尔对华强硬政策的推出,虽然在短期内会给中德关系带来一些负面影响,但不会改变未来中德关系稳定的大局。中德两国共同的经济利益决定了中德外交的基调不会改变。在经历了短暂的对华强硬之后,红绿联盟政府很快就开始修复受损的中德关系。2004年,中德在中欧全面战略伙伴关系框架内,建立了"具有全球责任的中德战略伙伴"关系③,双方决定搁置人权争议,注重政治对话,促进中德经济往来。中德经贸关系在科尔下台后继续保持强劲的发展势头。据德国联邦统计局公布的数字,2002 年德国向东亚出口总额为 516 亿欧元,比

---

① 连玉如:《浅谈 21 世纪中德关系》,载《国际政治研究》2001 年第 2 期,第 64—67 页。
② 青木、汪北哲:《中国表达愤怒震动德国》,载《环球时报》2007 年 11 月 19 日,第 16 版。
③ 梅兆荣:《中德关系前景广阔》,载《德国研究》2006 年第 3 期,第 4—6 页。

2001年增长了3.4%。其中,德国向中国的出口额为145亿欧元,比2001年增长19.6%。中国已成为德国在亚洲的最大贸易伙伴。[1] 2003年,德国企业在中国内地和香港的投资额超过110亿欧元。2004年,德中双边贸易额达到535亿欧元。

　　默克尔政府也深知中国市场的重要性,它不愿意在争夺中国市场的竞争中输给英法等国。为弥补接见达赖对中德关系带来的不利影响,默克尔在2008年1月15日的新闻发布会上表示愿下大力气恢复发展德中关系。事实上,默克尔每次到访中国都会有一个大型的经济代表团随行,成员大多是德国经济界的代表,其目的无外乎搭外交的顺风车签订更多的经济合作协议。据德国联邦统计局统计,2006年中德双边贸易额为762.7亿欧元,比2005年增长24.69%。其中,德对华出口275.2亿欧元,同比增长29.32%,占德出口总额的3.1%;德国从中国进口487.5亿欧元,同比增长22.21%,占德进口总额的6.66%。德国向中国出口的商品主要是机械、汽车、印刷设备、电气部件等,从中国进口的商品主要是电子设备、电器、服装、玩具等。从投资规模看,德国对华投资逐年增加。截至2006年底,中国累计批准德国企业在华投资项目5338个,合同资金额251.16亿美元,德方实际投入134.18亿美元。

---

[1] 孙文沛:《浅析默克尔时代的中德外交》,载《武汉大学学报(人文科学版)》2008年第3期,第340页。

第十五章 统一后德国的经济

在 1990 年德国统一时,无论联邦政府还是西德、东德人民都曾经对未来德国的经济发展充满乐观的预期。尽管统一后的德国经济实力更加强大,但事实证明,德国经济发展并非人们预期的那样一帆风顺。两德统一的同时,西德人民也背上了援助东德的沉重负担。对德国东部地区经济改造和重建、社会福利保障的巨额支出,使德国财政不堪重负,高福利社会保障制度难以为继,几十年来推进德国经济高速发展的社会市场经济模式如今饱受质疑。各种国内外因素导致 20 世纪 90 年代以来,德国经济增长缓慢,失业状况严重,财政赤字和公共债务不断扩大。严峻的形势迫使科尔、施罗德和默克尔连续三届政府不断推进财政和社会福利改革,使德国经济在 2006 年以后出现好转,重新成为欧洲经济的发动机。

第一节 科尔时代的德国经济

一、东部经济改造计划

德国统一后,联邦政府按照《基本法》对原民主德国地区从政治经济体制上进行改造。政府派原联邦州有经验的行政管理人员去东德,帮助东部地区按照西部模式建立国家行政管理机构,并派遣 2300 名法官、检察官和司法人员,帮助东部地区建立司法机构。原民主德国的 14 个专区为适应联邦德国建制被改为 5 个州:勃兰登堡(Brandenburg)、梅克伦堡-前波莫瑞(Mecklenburg-Vorprommern)、萨克森、萨克森-安哈尔特(Sachsen-Anhalt)、图林根。这些州经历了巨大变革,在政治上按照西部模式建立与经济重建工作同步发展的政治行政体制,以及建立健全的法律制度。

　　1991 年 1 月 30 日,科尔在联邦议院发表政府声明,全面阐述统一后德国首届政府的内政外交方针。在经济方面提出了以下几项措施:(1) 稳定联邦马克在资本市场的信誉;(2) 解决原民主德国地区日益恶化的失业问题;(3) 鼓励企业家到原民主德国地区投资,并重新规定国家向全德投资的优惠条件,以促使大量资金流向东部新建的五个州;(4) 健全和发挥新建五个州和乡、镇一级的行政机构;(5) 对包括新建的五个州在内联邦各州的财政关系作出新规定,以为其建立一个可靠的财政基础;(6) 将计划经济变为具有竞争力的市场经济,联邦政府的首要目标是把原民主德国的国营企业实行私有化;(7) 从 1992 年 1 月 1 日起,在新建五个州内推行养老保险改革,建立养老金保险体制,实施医疗保健改革法;(8) 在能源政策上,将遵循既要保证供应又要节约开支和不污染环境的原则。可以看出,政府声明中的重点是重建东部经济。声明还对原民主德国的经济进行了评估。科尔指出,民主德国 40 年留下的遗产令人沮丧,许多企业和产品没有竞争力,大量人员失业,环境被严重破坏,房屋破烂不堪。他强调,"要相互承担责任,发扬休戚与共的精神",来改造德国东部经济;原民主德国的国营企业必须解散,必须实行私有化。①

　　1991 年初,德国政府正式实施"振兴东部"计划。3 月 8 日,科尔主持联邦政府会议,制定了"振兴东部"战略——《共同促进东部地区发展

---

① Helmut Kohl, *Regierungserklärung des Bundeskanzlers am 30. Januar 1991 vor dem Deutschen Bundestag in Bonn*, Bonn: bpa-bulletin, Datum: 31. 01. 1991, S. 8 - 21.

的计划》(Gemeinschaftswerk Aufschwung Ost)。该计划规定,从 1990 年—1994 年,联邦政府向整个东部地区提供 1607 亿马克的援助。这些资金主要用于学校、医院和养老院的修缮,扩大交通领域的基础设施和提供工作岗位。[①] 另外,政府还对东部地区企业减免税收、提供优惠贷款等。为了平衡财政支出,联邦政府决定增税,制定了从 1991 年起全面提高税收的一揽子计划。从 1991 年 7 月 1 日起,实行为期一年的对所得税、工资税、法人所得税增加 7.5% 的附加税;每升燃油提价 25 芬尼;增加 3% 的保险税,最高达到 10%;从 1992 年 1 月 1 日起,每支香烟增加 1 芬尼的烟草税。以上增税统称"统一附加税"(Solidaritätszuschlag)。据估计,这些增税可以使联邦政府财政在 1991 年增加 180 亿马克的收入,1992 年增加 280 亿马克的收入。这些新增加的税收分摊在全体居民和团体身上,用于东部地区的重建工作。

联邦政府和西部各州为东部地区经济迅速转轨和重建投入了大量资金,组建"德国统一基金"(Fonds Deutsche Einheit),每年不断增加向东部地区的援助款项。据统计,1991 年援助金额为 1335 亿马克,1992 年为 1620 亿马克,1993 年为 1785 亿马克,1994 年为 1800 亿马克,1995 年为 1940 亿马克。另外,联邦政府还在 1991 年提出一项"共同繁荣东部"的额外计划。这一额外援助,根据联邦政府资助的自有资本援助计划和"欧洲复兴计划",给东部地区提供了 536 亿马克的贷款。至 1995 年 2 月底,联邦政府和各州以及欧洲联盟以"共同改善地区经济结构任务"为目的,向东部地区提供了 430 亿马克的投资。为稳定苏联及东欧各国的社会局势,给东部地区经济重建创造一个良好的环境,联邦政府先后向苏联提供了 180 亿马克援助、给波兰和匈牙利贷款 10 亿马克。联邦政府为鼓励西部私人资本到东部投资,特别规定对在东部投资的私人资本给予补贴,仅 1991 年至 1994 年为投资补贴的税收逆差就达 146 亿马克。由于政策优惠,德国西部及外国资本源源不断流向德国东部,

---

① Helmut M. Müller, *Schlaglichter der deutschen Geschichte*, S. 459.

1991 年为 230 亿马克,1992 年为 390 亿马克,1993 年达 460 亿马克,1994 年增至 560 亿马克。促进投资的结果,是使东部地区的就业紧张状况得到缓解,经济复苏初见成效。

自从 1991 年初"振兴东部"计划实施以来,东部地区新建五个州在经济领域按照社会市场经济体制对经济结构进行改造。对国营企业实行私有化是整个经济体制转轨的中心环节,担负此项工作任务的是早在 1990 年 7 月 1 日由原民主德国政府、企业和联邦德国三方富有经验的经济管理人员组成的"国营财产委托代管局"(Anstalt zur Treuhanderschen Verwaltung des Volkseigentums,简称"托管局")。托管局的主要任务是:根据市场经济的基本原则,实行国有资产的私有化;使可以整顿好的企业适应市场需要,将其发展成为有竞争力的企业,并保障工作岗位;关闭无法整顿的企业。其工作方针是:迅速的私有化、坚决的整顿、慎重的关闭。托管局对企业实行"先私有后整顿"的政策,从产权关系、经营机制到组织管理制度等各个层面对企业进行全方位改造,将原民主德国公有制的计划经济转变为社会市场经济。由于"德意志民主共和国直到 1990 年中期还是国家所有制占主导地位。以私有制为主体的多元化所有制体制才刚刚开始形成。在托管局操纵和指挥下的私有化,步履维艰,矛盾重重,进展极为缓慢"[①]。在托管局局长比尔吉特·布劳伊尔(Birgit Breuel,1937—)的领导下,经过四年多的艰苦工作,才基本完成了对原民主德国国营企业彻底的结构改革。至 1994 年 12 月 31 日,托管局停止活动为止,大约有 1.4 万家国营企业实现了私有化,大约有 3600 家企业被关闭。然而,伴随私有化和整顿而来的是东部地区大批工厂倒闭、大批工人失业。从 1995 年 1 月 1 日起,未进行改造的剩余 60 家企业移交给联邦统一特殊任务局,此机构主要负责处理托管企业私有化合同的管理。经过六年的努力,国营企业私有化任务已经基本完成。对东部地区的农业改造重在结构改革和合理化,原农业合作社大规模解

[①] 克里斯塔·卢夫特:《最后的华尔兹:德国统一的回顾与反思》,第 162 页。

体。1994 年,改造后的农业企业有 2.9 万个,其中约 2.4 万个为自负盈亏的私人个体企业。对工农业的改造和重建,使东部地区基本实现了从计划经济体制向社会市场经济体制的转变。

二、经济成就与困境

联邦政府对东部地区的改造和大量资金投入,促进了东部地区的建设和发展。很多领域的基础设施实现了现代化,这是东部地区建设取得的最大成就。1992 年,投入东部五个州的每个公民的公共固定资产总额超过西部人均值的 42%,1993 年上升为 60%,1994 年为 88%。大量资金的投入,使东部地区初步具备了现代化的基础设施,为经济的复兴创造了条件。东部地区的经济在德国统一后几年里明显地增长。1991年—1995 年,东部新建州国内生产总值平均增长率约 8%,大大超过西部,成为欧洲经济增长最快的地区。其中,图林根州在 1992 年—1993 年经济增长率高达 25%。1995 年—1996 年,勃兰登堡州的经济增长率也有 8%,超过整个东部地区的增长速度。经过几年的努力,东部地区的经济从低水平起步,遏制住了衰退现象,一度呈现不断增长的趋势。但是,东部地区经济离联邦政府设想的靠东部地区自己的力量在市场竞争中站稳脚跟的目标还相差甚远。东部地区经济的暂时增长是巨额投资带动的结果,一旦投资减少或停止,竞争力不强等自身造血功能不足的问题就会凸现。从 1995 年开始,东部地区经济就已失去推动力,增长率只有 5.3%,1996 年和 1997 年均下降到只有 2%,出现了统一七年来首次低于西部 5% 的现象。1998 年东部地区经济增长率只有 2.4%,仍低于西部地区的 2.8%。东部地区的企业缺乏竞争力,振兴和繁荣东部经济的任务任重道远。

由于公共基础设施的需要和商业住房的紧缺,建筑和服务业等基本建设在东部地区发展最快。在对经济进行改造的同时,联邦政府将住房和城市建设列为首要任务。至 1996 年底,联邦政府拨款在新联邦州对420 万套住宅进行了修缮和设备更新,并新建了 37.5 万套住宅。1991

年—1996年底,联邦政府为新联邦州的交通和通讯等方面投资约1000多亿马克。公路、铁路的扩建或新建,邮政和电讯的改造和扩建工作在东部加快发展。至1997年,扩建、新建和重建的公路有1.1万公里、铁路有5000公里。1996年,电话从原来的190万门增加到780万门,其中数控电话占98%。1997年东部地区电讯网已全部实现数据化。1994年3月2日,联邦政府决定建造从柏林经过什未林(Schwerin)通往汉堡的磁悬浮高速列车,该列车以每小时500公里的速度行驶于柏林和汉堡之间。另外,根据需要还进行了其他基本建设,如新联邦州最大的投资项目莱比锡博览会和会议中心,从1991年兴建,耗资13亿马克,不到五年时间就建成使用。这些基本设施的建设,为东部地区提供了大量就业机会,也带动了东部经济的发展。

德国统一后,东部地区居民的生活水平也明显得到提高,最主要表现是工资提高、收入不断增多。1990年东部地区每户收入只相当于西部的44%,1991年上升为50%,1992年上升为62%,1993年达67%,1994年提高到69%。1990年下半年,东德职工的平均毛工资为1350马克,1995年达到了3100马克。在货币统一之初,东德人的养老金只有西德人的40%,1995年这一比例增长到79%。虽然由于工资的提高、税收的增多,从而加速了物价上涨,但联邦政府及德意志银行采取了稳定币值的方针,降低了通货膨胀率,1994年通货膨胀只有3%,1995年下降为2%,因而东部居民的生活水平并没有受多大的影响。但是,东部居民生活想达到西部的水平,也不是一朝一夕就能办到的。因为生活水平是与生产率水平相适应的,"在生产企业中,东德的生产率水平常常只有西部的1/3",因此,为提高东德居民的生活水平"而创造必要的前提条件还需要较长时间"[1]。

然而,改造和振兴东部地区经济是一项重大的系统工程,不是在短期内就能完成的。这是科尔未曾料到的,对德国在实现经济和社会统一

---

[1] 乌尔里希·罗尔主编:《德国经济:管理与市场》,第60页。

后需要付出的代价缺少足够的思想准备。虽然体制转轨过程在新联邦州很快摧毁了旧的经济结构,但没有同时创立起新的能有效运转的结构。因而,德国为东部地区经济的体制转轨付出了沉重的代价:一是导致劳动力市场的危机;二是东部经济完全依靠"输血",每年平均要提供1400亿—1500亿马克。

向东部地区大量投入,使联邦政府财政负担极为沉重,又影响了整个德国经济的发展。1990年德国财政赤字为1000亿马克,1991年高达1200亿马克。德国各级政府的债务不断增加。统一前1989年联邦德国的债务为9290亿马克,1995年已增长到19960亿马克,整整翻了一倍。① 向东部地区不断"输血"带来的沉重财政负担和巨额支出,使西部地区不堪重负,经济增长率不断下降并出现衰退。1990年德国西部的国内生产总值增长率为5.1%,1991年下降到3.7%,1992年再降到1.5%,1993年下降到1.3%,为17731亿美元。1993年是德国经济衰退最严重的一年,整个德国国内生产总值增长率为-1.1%(1991年为1.2%,1992年为2.1%),但仍次于美国和日本居世界第三位。1993年,德国对外贸易总额为7476亿美元,次于美国居世界第二位。在外汇储备方面,德国在1992年曾跃过900亿美元大关,超过日本和中国台湾地区,成为世界外汇储备最多的国家。然而,1993年又下降为817亿美元,退居第三位。当然,德国经济衰退也有其外部因素。自20世纪90年代以来,整个世界经济形势普遍不景气,西方国家的经济振兴无力,外贸出口受到很大影响。德国为减轻财政负担筹措"统一资金",采取不断增加税收的措施,如早在1991年就通过《团结互助法》,规定在1991年7月至1992年6月30日期间,工资税、所得税和公司税必须缴纳"7.5%的团结互助税"附加税。此外,还提高汽油税、烟草税和保险税。税收的提高又使投资和消费全面下降,有效需要降低,因而减少了生产刺激因素,从而

---

① Gerhard A. Ritter, *Wir sind das Volk*! *Wir sind ein Volk*! *Geschichte der deutschen Einigung*, S. 132.

影响了德国经济的增长率。

德国财政形式也十分严峻。1996 年,德国财政赤字高达 783 亿马克,超出预算 184 亿马克,占国民生产总值的 3.9%。德国国家债务也不断增多,1990 年至 1995 年债务年均增长率达到惊人的 17.3%,占国内生产总值的比例由 1991 年的 41% 上升到 1996 年的 60.1%。① 这两项指标都超过了《马斯特里赫特条约》规定的 3% 和 60% 的入盟标准。② 由于出售了部分国有资产,1997 年全年的财政收入好于往年,财政赤字比上一年减少 70 亿马克,从而没有超过国内生产总值的 3%,达到了加入欧洲统一货币的标准。

在德国统一时,科尔曾客观地认为,德国统一后可以很快地"消化"掉民主德国,使东部地区在三至五年内赶上西德。显然,科尔对德国东部地区经济改造和重建的艰巨性和长期性认识不足。他在 1992 年还认为,德国经济在当前出现的困难只是暂时的,只要全国人民同心协力是完全可以克服的。他在 1992 年 1 月 10 日强调,德国东、西部之间实现真正的融合,是德国政府的首要任务。1992 年底,科尔在新年献词中再次指出,统一后的德国东、西部需要共同发展,这是一条艰难的道路,但我们将一道去征服它。他号召西部居民要分担东部居民的忧虑,强调东、西部共同发展需要时间和相互之间应有的耐心。然而,东部地区经济虽然有所发展,但并未像科尔曾许诺的那样,在不到几年的时间内就会出现高涨和繁荣的景象。东部居民认为,虽然现在的物质生活有所改善,但与西部居民相比仍存在很大差距,因而感到深深失望。科尔领导的基民盟在 1993 年 12 月 5 日举行的德国统一后东部勃兰登堡州首次地方选举中遭到失败,就是这种心态的反映。

---

① Sankt Augustin, *Die Verschuldung des Bundes 1962—2001*, Konrad-Adenauer-Stiftung e. V., 2002, S. 7.

②《马斯特里赫特条约》规定,加入欧洲统一货币的国家,其累计国债和当年财政预算赤字分别不能超过国内生产总值的 60% 和 3%。

第二节　施罗德时代的财政改革

二战后,以联邦德国为首的一些西欧国家创建了著名的社会市场经济模式:"莱茵模式"(Rheinischer Kapitalismus/The Rhineland Model)。这一模式的主要特点是:在促进经济高速增长的同时,保持社会公平,维护社会稳定。这一以"高工资、高税收、高福利"为特征的模式帮助德国及西欧一些国家实现了近半个世纪的快速发展,却在 20 世纪 90 年代中期面临着巨大的挑战。对统一后的德国而言,长期实行的社会市场经济模式受到德国统一和不断加速的经济全球化的双重压力,已经到了非改不可的程度。科尔总理领导德国快速实现了政治上的统一,却没能快速实现经济上的统一。德国统一使德国财政背上沉重的负担,社会福利体系的巨大支出和统一后征收的"统一附加税",使德国的税收水平位居世界前列,导致德国企业大量向东欧地区和发展中国家迁移。失业人口增加,财政负担越来越重,加上人口老龄化速度加快,国家已不堪重负,使新上台的施罗德政府面临着巨大的压力。

自 20 世纪 90 年代以来,以美国的克林顿、意大利的普罗迪(Romano Prodi,1939—　)、法国的诺斯潘(Lionel Jospin,1937—　)、英国的布莱尔(Tony Blair,1953—　)和德国的施罗德等为代表的欧美左翼政党相继上台执政,他们不约而同地宣布,要实行既不同于传统左派、又不同于右翼主流的政治经济政策——"第三条道路"(The Third Way)。"第三条道路"成为风靡一时的企图摆脱全球资本主义发展困境的政治经济思潮。1999 年 6 月 8 日,施罗德和布莱尔在伦敦发表共同宣言:《伦敦宣言》——"欧洲社会民主的新道路"(Der Weg nach vorne für Europas Sozialdemokraten),标志着施罗德政府开始改革传统的"莱茵模式",实施"新中派"(Die Neue Mitte)经济政策。这一政策的核心是:执行供给导向经济政策,兼顾需求导向经济思想;强调市场,主张国家对经济的积极干预;兼顾雇员和雇主利益,成为中产阶层的维护者;发展"新经济",加快以信息技术为重点的高新技术发展。① 在这一政策主导下,施罗德时代的财政改革主要集中在以下几个领域:税收改革、劳动力市场改革、养老保险和医疗保险改革。

一、税收改革

德国经济在 90 年代中期陷入停滞的一个重要原因就是税收过重。正是德国社会福利体制中的高税率、高成本恶化了德国国内的投资环境,吓退了众多的国外投资者,造成外国资金不流入、本国资金向外流的尴尬局面。1996 年,德国企业对外投资为 170 亿马克,对内投资仅 2 亿马克,相差 85 倍。施罗德上台之后的 1999 年,德国企业平均税负(企业所得税、统一税、营业税)占企业盈利的 51.8%,是美国的 1.27 倍、英国的 1.73 倍。德国个人所得税高达 51%,导致"车神"舒马赫(Michael Schumacher,1969—)、"足球皇帝"贝肯鲍尔(Franz Beckenbauer,1945—)等一批富人纷纷移居国外。企业税负过重,造成生产成本过高,极大地影响了企业在国际市场上的竞争力。而个人税负过重,则抑制了居民的消费,造成内需不旺,进而影响到生产增长和就业扩大。尽快减轻税负因此成为施罗德上台后的当务之急。

德国社会民主党过去一贯主张采取高税收政策,谋求通过对收入和财富的再分配,通过增加可用于社会目的的公共开支实现"社会公正"。而 90 年代流行的"第三条道路"则强调控制税收和减税,特别是对企业减税能增加它们的利润并刺激投资,多投资能增加生产潜力,有助于形成经济增长的良性循环,从而得以扩大公共开支。在这种思想支配下,1998 年德国新政府一成立,就在其施政方案中明确指出,将分阶段下调所得税和公司税。1999 年,施罗德在《伦敦宣言》中表示,"当代社会民主主义者认识到,在合适的情况下进行税制改革和减少税收,将有助于实

① 殷桐生:《施罗德的"新中派"经济政策》,第 71 页。

现我们承担的社会目标"①。1999 年底,施罗德又宣布税收改革一揽子计划,将在 2001 年到 2005 年总共减少税收 425 亿马克。他称这是自二战结束以来德国政府采取的"最庞大的、意义最深远的税收改革一揽子计划"。但是,为了保护环境,能源税税率将提高。

2000 年 5 月 18 日,德国联邦议院通过了战后最大的税改法案《减税法案》(Steuersenkungsgesetz,缩写 StSenkG)。该法案于 2001 年 1 月 1 号开始实施。税收改革原定分三个阶段实行:第一阶段从 2001 年开始,第二阶段则由于 2002 年洪灾后经济重建和经费紧张从 2003 年推迟到 2004 年,第三阶段因情势紧迫而从 2005 年提前到 2004 年。施罗德政府税收改革的基本内容有:(1) 简化税制。在取消原先纷繁复杂的减免税项目的同时,将课征税种由 50 个减为 32 个。(2) 降低税率。个人所得税初始税率由 2000 年的 22.9% 降为 2005 年的 15%,最高税率由 51% 降为 42%。个人年收入的纳税起征点或免税额由 7235 欧元提高到 7664 欧元。企业所得税由 40% 降为 25%,企业股东红利免税 50%,即由征收红利全额的 30% 改为半额的 30%。(3) 免除税负。公司出让其拥有的其他企业的股份时免征所得税,银行、保险公司等可将拥有的大量工商企业股份出售,所得巨额资金可用来拓展新的业务,如国际并购等。(4) 强化地方财政。由联邦和州共享的部分税收转拨地方财政,降低地方向联邦和州上缴营业税的比重,营业税进一步发展成为地方经济税。限制利润转移,要求企业向其所在地纳税。(5) 严格征管与特殊豁免相结合。在税收征管上加强了突击检查、抽查复查、新闻曝光,重点抓名人大款和黑工的偷税漏税。同时,也通过赦免逃税处罚以吸引存款回流,规定德国人在国外的逃税存款如于 2003 年底前转回德国境内,只要补缴 25% 的利息税,国家对逃税行为既往不咎,过后一经发现严惩不贷。

---

① Anthony Blair, Gerhard Schröder, *Der Weg nach vorne für Europas Sozialdemokraten*, *Blätter für Deutsche und Internationale Politik*, Vol. 7(1999), S. 887.

财政部估计大赦能吸引 200 亿欧元回流。[1]

　　施罗德任期内的税收改革共减税 150 亿欧元,这对大部分家庭、低收入者和中小企业是有利的,刺激了生产和消费。对广大民众来说,减税直接导致了居民收入的增加。年收入 2 万欧元的已婚普通家庭 2004 年减税额为 390 欧元,相对 2000 年减税率为 31.91%。年收入 10 万欧元的家庭减税额和减税率为 1582 欧元和 5.84%。[2] 也就是说,收入越高,减税额越多,但减税率越低。居民收入增加意味着更多的消费,有利于扩大内需刺激经济。此次税改还大大减轻了企业的负担。占德国企业 85% 的中小企业是税改的主要受益者。企业平均税负(包括企业所得税、股东红利税、统一附加税和营业税)降至 38.6%。一个已婚的、税前盈利达到 2 万欧元的小企业主,其减税幅度为 46%。这对加速企业资本的形成,增强企业投资,提高企业竞争力具有突出的意义。出让股份免税则打破了股权僵滞的局面,为德国股票市场注入了活力,有助于产业结构的优化调整。税制改革后,德国个人所得税已低于欧盟多数国家,企业所得税与国际平均水平趋同,有助于德国在国际竞争中处于领先地位。

二、劳动力市场改革

　　自统一以来,德国在 90 年代的失业率持续上升,数次突破 400 万大关。失业大军主要由长期失业者、大龄失业者、低能力失业者、残疾人、妇女等组成。失业问题成为德国政府最感困扰的问题,也给德国经济带来了巨大负担。据 1996 年纽伦堡劳动市场和职业研究所(Institut für Arbeitsmarkt-und Berufsforschung)统计,因失业造成的额外负担高达

[1] Thomas Schmidt, *Die wichtigsten Änderungen durch das "Steuersenkungsgesetz" im Überblick*, Zahnärzte Wirtschaftsdienst Ausgabe 08/2000, S. 5.

[2] Helmut M. Müller, *Schlaglichter der deutschen Geschichte*, S. 476.

1590亿马克,人均4万马克。[①] 1998年大选中导致连续执政18年之久的科尔总理下台的重要原因就是失业率高达10％,失业人口超过400万。而施罗德在大选中获胜的筹码之一就是"劳动、革新与公正"(Arbeit,Innovation und Gerechtigkeit)的竞选口号,以及他在下萨克森州任州长期间有效解决失业问题积累的声誉。

导致90年代德国高失业率的直接原因是高福利养成的一群"懒汉",这也是欧洲福利国家共有的一种现象。90年代,德国的失业者一般可以领到67％的失业津贴或57％的失业救济,期限为四年,这笔钱足以让他们体面地生活下去。很多失业者不愿接受政府安排的新工作岗位,却四处寻找无需缴税的"黑色工作",这让他们在领取失业金的同时又获得一笔不菲的"黑工"收入,收入总和甚至比正式工作时还要高。这种普遍存在的情况导致失业者并不渴望重新就业。造成德国高失业的另一个重要原因是对工作岗位的过度保障——解聘保护。德国是欧洲最早启动劳动立法的国家之一。在德国劳动立法中,保护劳动者的合法权益始终是重要的立法原则。自1969年开始实行的《解除雇佣关系保护法》(Kündigungsschutzgesetz,缩写KSchG)导致德国企业解聘员工成为一件过程复杂而且代价昂贵的事情。解雇困难、补偿金高、制度严格是德国劳动法关于解除雇佣关系规定的总体特点。根据《解除雇佣关系保护法》规定,企业只有在以下三种情况下才能解聘员工:首先,员工行为不端,企业有义务向其发出一封警告信,如果员工再犯,企业可下达解雇通知;其次,员工健康状况欠佳,继续工作对于个人和企业利益都有损害;最后,企业自身经营原因导致的裁员。不仅如此,解聘员工还要支付一大笔解聘费。这导致企业宁愿放弃扩大再生产,甚至减产,也不愿冒经营不善要解聘职工所需高额费用的风险。于是,就出现了令人难以置信的情况:自1973年以来德国没有再净增过任何新的就业岗位。[②] 而美国

① Heinz Werner, *Langzeitarbeitslosigkeit in Europa*, *Entwicklung*, *Ursachen und Strategien ihrer Bekämpfung*, Nürnberg：IAB-Kurzbericht, 06/1996, S. 5.

② 殷桐生:《德国经济与"德国病"》,《国际论坛》2001年第2期,第68页。

在同期却创造了 4000 万个新的就业岗位。对德国劳工种种保护的同时,还阻碍了外国资本在德国的投资。高额的劳工薪酬、福利支出和解聘费用令外国投资者望而生畏,缺少外来投资导致德国就业形势更加恶化。

严峻的就业形势成为施罗德上台后面临的首要问题。施罗德上台后就宣布:"降低失业是新联邦政府的最高目标","国家应该主动推动就业,而不应成为那些经济衰退牺牲品的被动赡养人"。[①] 在第一届任期内,施罗德政府积极推进促进就业政策:成立由政界、经济界和工会代表组成的"劳动、培训和竞争力联盟",协调劳动力市场;努力改善产业结构和就业结构,尤其注重发展高新技术和 IT 产业,在带动就业的同时保持德国在世界上的技术领先水平;实行积极就业政策,推广以补贴福利保险的方式来减少雇主需支付的雇员附加工资的"萨尔模式"(Saar Modell)和以补贴进修的方式来削减福利保险费的"美因茨模式"(Mainz Modell);加强创业资助力度,鼓励创办和扩建企业,创造新的就业机会;实施青年就业"紧急计划",解决青年就业问题;采取措施解决特殊人群的就业问题,不再提倡大龄人口提前退休,并向其提供更多就业机会;引进并推广部分时制工作,扩大妇女就业机会;开拓低工资工作和上门打工的机会,减免其所得税负担,使低能力失业者也能获得适当的工作;对长期失业者和遭受就业歧视者制订专门计划,保障其就业机会;推进残疾人就业,预计到 2002 年为 5 万名残疾人提供就业机会;对接受各类社会救济的适龄劳动者实施劳动能力调查,并要求各部门为其提供工作机会;增加就业培训、进修和改行培训的机会,提高失业者的再就业能力。通过这些措施,截至 2000 年 9 月 30 日,空缺的培训岗位数已超过未获工作介绍的报名者人数。

尽管施罗德政府在第一届任期内努力改善就业状况,但德国的失业

---

① Anthony Blair, Gerhard Schröder "Der Weg nach vorne für Europas Sozialdemokraten", *Blätter für Deutsche und Internationale Politik*, Vol. 7(1999), S. 889.

率仍然居高不下,1999—2001 年失业率略有下降,改革成效并不明显。下表反映了 1999—2001 年德国与主要欧美国家 GDP 增长率与失业率的比较情况(单位:百分比)[①]:

年份 比率 国别	1999		2000		2001	
	GDP 增长率	失业率	GDP 增长率	失业率	GDP 增长率	失业率
德国	2.0	8.8	2.9	7.9	0.6	7.9
法国	3.2	11.7	4.2	10.0	1.8	8.8
英国	2.4	6.0	3.1	5.5	2.0	4.8
美国	4.1	4.2	3.8	4.0	0.3	4.8

从上表可以看出,在施罗德政府第一届任期内的德国经济增长仍然低迷,GDP 增长率低于美英法三国,失业率却高居第二,仅次于法国。事实证明,施罗德政府此前推行的促进就业政策以失败告终,迫使施罗德政府在 2002 年大选后开始在失业问题上转变思想,大刀阔斧地推进劳动力市场改革。实行积极的就业政策、提供就业机会,只是在就业问题上的"开源",却没能改变失业者依赖国家救济的思想和惰性,没能缩减巨额的失业金开支以实现"节流"。2002 年以后的德国劳动力市场改革,其出发点就是从"开源"转向了"节流"。

2002 年 2 月,施罗德政府成立了"劳动力市场现代化服务委员会"(ARGE-Moderne Dienstleistungenam Arbeitsmarkt),由德国大众公司副总裁彼得·哈茨博士(Dr. Peter Hartz,1941—　)领导,开始对现行劳动力市场政策进行全面改革。该委员会由来自劳工局、工会、联邦和州政府官员、大企业领导人、大学和研究机构学者等有关人员共 15 人组成,也被称为"哈茨委员会"(Hartz-Kommission)。该委员会于 2002 年 8 月 16 日提出报告,共 13 章,包括四部各有侧重的从"哈茨Ⅰ"到"哈茨

---

① 中华人民共和国统计局编:《国际统计年鉴(2003)》,中国统计出版社 2003 年版,第 59、146 页。

Ⅳ"的改革方案(Hartz-Konzept),目标是经过三年努力将德国失业人口从 400 万减少到 200 万,把介绍新工作的周期从 33 周减少为 22 周,把失业救济金从 400 亿欧元减少到 130 亿欧元。[①]

"哈茨Ⅰ"方案从 2003 年 1 月 1 日起开始实行,主要内容是:(1) 成立一个公共就业临时机构——"个人服务代办处"(Personal-Service-Agenturen,缩写 PSA),向失业超过 6 个月者提供就业优惠券,价值 2000 欧元,失业者可以凭借此券委托私人就业中介帮助寻找工作。此举是为了向失业者提供临时性工作,提高其就业能力,最终获得长期就业机会。(2) 要求失业超过 1 年(55 岁以上者为 18 个月)的失业者,应当接受任何合法的工作,不论工作内容和薪酬是否令失业者满意。此举增加了失业政策的强制力,在法律上明确了失业者不能以新工作比以前工作差为由拒绝政府提供的工作。[②]

"哈茨Ⅱ"方案从 2003 年 1 月 1 日开始实施,其标志是创造了"自我股份公司"(Ich AG)这种就业形式。政府鼓励失业者个人建立"自我股份公司",从而变成自我雇佣者,目的是鼓励个人创办小型企业,缓解就业压力。政府将对此类企业提供三年的资助,资助总额不超过 1.44 万欧元。2003 年,共有 8.3 万人接受了此类补贴。此外,政府还提供了两种灵活的就业方式——"微型工作"(mini jobs)和"小型工作"(midi jobs),帮助低收入者和低技能的失业者获得更多收入。"微型工作"是指月收入 400 欧元以下的工作,从事这种工作的劳动者可以免除缴税和缴纳社会保险的义务,而雇主要缴纳 25% 的税费。"小型工作"是指月收入在 400—800 欧元的工作,从业者只需缴纳 4%—21% 的税费。

"哈茨Ⅲ"方案从 2004 年 1 月 1 日开始实施,主要是对公共就业服务机构——联邦劳动局进行改革。德国联邦劳动局应该从一个常规的、传

---

① 杨伟国、格哈德·伊林、陈立坤:《德国"哈茨改革"及其绩效评估》,《欧洲研究》2007 年第 3 期,第 28 页。

② *Erstes Gesetz für moderne Dienstleistungen am Arbeitsmarkt*,Bonn:Bundesgesetzblatt Jahrgang 2002 Teil 1 Nr. 87,S. 4609.

统的机构向高效率、以客户为导向的服务性机构转变，增强其面向顾客和面向竞争的服务职能，协助失业者尽早就业。改革将分两个步骤实施：首先对联邦劳动局（Bundesanstalt für Arbeit）进行机构调整，引入企业的管理结构模式，更名为联邦劳动服务局（Bundesagentur für Arbeit）；随后进一步优化联邦劳动服务局的结构，职能从管理失业者转为介绍就业岗位。联邦劳动服务局是德国劳动力市场最大的服务提供者，其组成包括纽伦堡总部、10 个地方管理机构（区域性劳动局、176 家就业服务处和近 610 家办事处）。各地服务处负责为失业者介绍临时的工作岗位。失业者与服务处签订合同，作为其工作人员获得报酬及法定的社会保险保护。在失业者暂无临时性工作时，服务处对其进行培训，协助其获得服务处之外的工作机会。

　　最重要也是影响最大的"哈茨Ⅳ"方案于 2005 年 1 月 1 日起施行，其主要内容是将原来的失业补助和社会救济金合并为"失业金Ⅱ"（Arbeitslosengeld Ⅱ）。在改革之前，德国的失业福利包括三种类型：失业金（Arbeitslosengeld）、失业补助（Arbeitslosenhilfe）及社会救济金（Sozialhilfe）。失业保险由雇主和雇员共同缴费，失业后可以享受 6 到 32 个月，其标准为雇员失业前月收入的 67%。失业救助来源于政府财政，无需缴费，只要失业者家庭收入低于一定标准即可申请，且享受时间没有限制。社会救济金来源于地方财政，提供给那些没有资格领取上述两种福利的人，没有享受时间和资格限制。在"哈茨Ⅳ"方案中，这三种福利被压缩成两种级别的失业金，即"失业金Ⅰ"（Arbeitslosengeld Ⅰ）和"失业金Ⅱ"。失业者可以在失业后领取"失业金Ⅰ"（即原来的失业保险），领取时间最长为 12 个月，55 岁以上的失业者为 18 个月。没有资格领取"失业金Ⅰ"或超过领取时间的失业者可以领取"失业金Ⅱ"。"失业金Ⅱ"不以失业前的工资为参考标准，而是统一的待遇标准，根据申请人实际情况给予的一种最低限度的社会保障。"失业金Ⅱ"的标准是：单身成年人每月 345 欧元（西德地区）和 331 欧元（东德地区）；已婚成年人夫妻每人每月 310 欧元，孩子每月 200 欧元。"失业金Ⅱ"由联邦劳动服务局的地方办事处和市政当局共同管理,所有具备工作能力的失业者都可以申请领取。"失业金Ⅱ"的附加条件是,劳动部门会向失业金领取者介绍工作,只要身体状况能达到工作要求,失业者就不能拒绝,否则会被降低失业金。政府还会向"失业金Ⅱ"领取者提供公益性的"1 欧元工作",这种岗位收入约为每小时 1—2 欧元,拒绝接受者也将受到削减失业金的处罚。[①]

三、养老金和医疗保险改革

　　20 世纪 90 年代以来,随着年轻人生育观念的嬗变、家庭的小型化,德国人口出生率下降明显。1990 年的人口出生率为 11.4‰,而 2001 年则降到 9.6‰。德国人口死亡率也同步下降,1990 年为 11.5‰,2001 年降到 10.0‰。与此同时,德国人口平均寿命增长明显。1980—1985 年,男性预期寿命为 70.3 岁,女性为 76.8 岁,两性平均为 73.8 岁。到 1995—2000 年,德国男性预期寿命增长为 73.9 岁,女性增长为 80.2 岁,两性平均增长为 77.2 岁。而同期德国人平均退休年龄实际上是 60 岁。联邦统计局预计,1996—2015 年间,德国 60 岁以上老人占总人口的比重将从 37% 增至 46.8%。[②] 人口出生率和死亡率下降,人口预期寿命延长,使得德国老年人口比例快速增长,老龄化趋势明显,领取养老金的人口规模巨大。人口出生率的下降造成德国法定养老保险的潜在缴费者大量减少,而人口寿命的增长延长了养老金领取期限。老年人的增多,还导致医疗和其他相关福利支出的增长,成为德国社会保障的沉重负担。

　　德国的养老保险待遇刚性特征明显。1957 年联邦德国养老保险制度改革规定,法定养老保险给付应该随着平均工资增长而指数化上调,

---

① 杨伟国、格哈德·伊林、陈立坤:《德国"哈茨改革"及其绩效评估》,第 30—31 页。

② Statistisches Bundesamt, *Achte koordinierte Bevölkerungsvorausberechnung*, Wiesbaden: Variante 2, 1994, S. 2.

支出有增无减，以便全民共享经济发展带来的繁荣。由于 90 年代以来德国经济增长乏力，以及大量增加的失业人数，使得类似工资比例税的养老保险缴费收入减少。两德统一后，为了拉平东西部在社会保险福利待遇上的差距，西部养老金的转移支付数额大，加剧了养老金给付的困难。科尔执政时期已经对养老保险进行改革，例如将男性退休年龄从 63 岁提高到 65 岁，女性退休年龄从 60 岁提高到 65 岁，但成效并不明显。施罗德上台的 1998 年，德国法定养老保险支出达 3983 亿马克，这一数字是德国全部社会保障支出的 1/3，占德国国内生产总值的 10%。[1] 这种情况迫使新政府实行以紧缩为主基调的养老保险改革方案。

　　1999 年 6 月，施罗德政府发布养老金新方案，养老金待遇调整不按平均工资增长，而按照通胀率计算。当时德国通胀率很低，这相当于变相削减养老金。2003 年 3 月 14 日，施罗德公布了"2010 年议程"，称这是"自 1949 年以来福利国家最大程度削减开支"的序曲，以便在全球化的背景和压力下，实现德国社会市场经济的可持续发展。[2] 该议程标志着施罗德政府的社会保障制度改革进入第二个阶段，其中针对养老保险的改革主要有三个方向：(1) 个人养老保险构成由单一的法定养老保险向三支柱（法定养老保险、企业养老保险、政府补贴的私人补充养老保险）的保险体系发展。从 2002 年开始扩大私人养老保险，努力使私人养老金占到整个养老金的 15%。所有在职员工必须参加私人养老保险，参加者可以从政府得到一定的补贴。(2) 从 2011 年开始，逐步将法定退休年龄提高到 67 岁。[3] (3) 将人口发展因素加入养老金计算公式中，养老金提高的标准将按照缴纳养老保险费的人数与退休者人数比例来计算。当缴纳养老保险费的人数减少时，养老金标准将不再提高。

---

① 赵立新：《德国日本社会保障法研究》，知识产权出版社 2008 年版，第 81 页。

② Klaus F. Zimmermann, "Die Agenda 2010: Ein geschichtsträchtiger gesellschaftspolitischer Reformaufbruch", *Wirtschaftsdienst*, 88. Jg. (2008), H. 3, S. 171.

③ Wolfgang Franz, "Die Agenda 2010: Symbol eines wirtschaftspolitischen Kurswechsels", *Wirtschaftsdienst*, 88. Jg. (2008), H. 3, S. 159.

德国的医疗保健体系非常完备和高效,具有强制性、高覆盖率、几乎免费的特点。但 90 年代以来,由于德国社会老龄化日益严重,德国的法定保险公司基本都处于亏损状态,医疗保险赤字在 2002 年达到 27 亿欧元。施罗德政府执政初期,决定终止实施科尔政府的压缩报销额度、提高自付比例的激进改革措施,颁布了《增进法定医疗保险公司之间的团结法令》(Gesetz zur Stärkung der Solidarität in der gesetzlichen Krankenversicherung,缩写 GKV-Solidaritätsstärkungsgesetz),缓和公众对医改的不满。1999 年 12 月,通过新的医改方案:(1) 用总额预算制来控制医生和医院;(2) 加强全科医生、初级医生和医院住院治疗间的合作,用联合来提高效率,减少浪费,降低费用;(3) 减少报销范围。在此基础上,施罗德第二个任期内在社会保障部部长乌拉·施密特(Ursula Schmidt)的推动下,终于在 2003 年夏秋之际,通过了两德统一以来最大规模的医改方案——《法定医疗保险现代化法》(Gesetz zur Modernisierung der gesetzlichen Krankenversicherung,缩写 GKV-Modernisierungsgesetz),其核心是患者(投保人)更多地通过增加自付,承担医疗的个人责任,同时必须忍受医疗保险待遇的削减。其目标是将目前占工资 14.4% 的缴费率降为 13.6%,节省每年 230 亿欧元的社保支出。主要做法是:每个季度看病要自付 10 欧元的诊疗费;住院费用要每天自付 10 欧元,处方药要自付总额的 10%(最低 5 欧元、最高 10 欧元)取代之前全额报销的情况。[①] 此举在一定程度上缓解了德国医疗体系的负担。

四、财税、社保改革

尽管施罗德政府投入了巨大精力和决心致力于税收和社会保障制度改革,但改革成效并不明显,施罗德两届任期内的德国经济状况不容

---

① Bundeszentrale für politische Bildung, *Gesundheitspolitik: Versorgung und Versorgungsstrukturen*, Bonn, 2003, S. 2 - 6.

乐观。下表反映了 1998—2005 年施罗德任期内德国国内生产总值的变化情况①：

年份	1998	1999	2000	2001	2002	2003	2004	2005
百分比	+2.0%	+2.0%	+2.9%	+0.8%	+0.2%	−0.1%	+1.6%	+0.9%

从上表可以看出，施罗德任期内的德国经济整体增长乏力，尤其是在 2003 年陷入谷底，继 1993 年之后又一次出现经济负增长。虽然致力于推动就业的"哈茨"方案增加了一定数量的就业岗位，但并未从根本上解决失业率居高不下的难题。施罗德在 1998 年上任时，失业人数为 410 万人，占劳动力总人数的 10.6%。到 2005 年 2 月，德国失业人数达到 520 万人，占劳动力的 12.6%，成为二战以来德国失业率的最高峰。2002 年德国的国家总债务达到 12398 亿欧元，每个德国人人均 1.5 万欧元。2003 年德国财政赤字 860 亿欧元，占国内生产总值的比重达到 3.7%，超出欧盟《稳定与增长公约》规定的 3% 的界限，因此受到欧盟的警告。从总体上看，世纪之交的德国经济是：结构性危机严重，财政赤字严重超标，改革进程艰难曲折，经济复苏乏力。除此之外，改革的实施还加速了政权的更迭。施罗德政府由于对养老、医疗以及失业保险（主要是"哈茨Ⅳ"方案）进行的一系列较为激进的改革，给红绿联盟执政带来了严峻的挑战。由于失业金的减少和失业人数的剧增，施罗德政府在执政后期常常遭受人民的示威游行抗议，更受到了在野的联盟党的猛烈抨击，最终导致了施罗德在 2005 年大选中落败。

施罗德时期的社会保障制度改革还存在许多缺陷，甚至带来了很多诈骗活动。位于法兰克福郊区奥芬巴赫（Offenbach）是德国第一个自治城市，该城福利津贴诈骗调查小组在 2005 年总共查出了 30 万欧元的福利津贴被盗用，有 20% 申请"哈茨Ⅳ"方案补贴的人条件不充分。调查小

---

① Statistisches Bundesamt，Verwendung des Bruttoinlandsprodukts Deutschland. https://www. destatis. de/DE/ZahlenFakte，abgerufen am 20. April 2011.

组给出了几个极端的例子：一位月收入 3800 欧元的经理接受了该项补贴一年之久。另外一个领取者在购物网站 eBay 上变卖了自己所有的家具，然后申请了搬家补贴，重新将房子装修了一遍。一个住在高档住宅区的自由撰稿人拥有一座带有花园的别墅，但却装成失业的租房客领取了 9000 欧元的补贴。在"哈茨"方案的"鼓励"下，隐瞒资产变得非常流行。可以说，正是改革后不完善的福利补贴方式为诈骗提供了"温床"。

第三节　默克尔时代的经济发展

一、默克尔政府的财税改革

施罗德政府虽然实施了大力度的改革，要医治"德国病"和解决失业问题，但改革最终并未使德国经济和就业状况好转，反而激起了人民的抗议。当默克尔领导的联盟党以微弱优势取得 2005 年大选胜利，并与社民党组成大联合政府时，新一届政府面临的是一个经济上的烂摊子：经济停滞不前、500 多万人的失业大军、社会福利的高额支出、持续上升的国债、超出欧盟规定的财政赤字。这种状况迫使默克尔上台后就宣布，要继续进行财税领域的改革，首要目标是尽快扩大就业、减少失业。由于在大联合政府中社民党获得了包括劳工部在内的八个部长职位，这决定了默克尔时代的财政改革将延续施罗德政府的改革方向，不会发生根本性的变化。

面对上台后的巨额财政赤字和债务，默克尔政府采取了限制财政支出和减少税收补贴的政策，以解决严重的财政危机。2006 年 5 月，新政府通过财政改革方案，主要措施是：提高增值税，从 2007 年 1 月起增值税从 16% 提高到 19%；取消一次性上下班交通补助，改为 21 公里以上部分每公里补助 30 欧分；降低存款收入中免征利息税的部分；增设高收入附加税，将年收入超过 25 万欧元(未婚)和 50 万欧元(已婚)的个人所得税最高税率从 42% 提高到 45%；缩短儿童补助金的发放时间，从目前的

27 岁缩短至 25 岁;取消山区工人补助。德国的税收改革逐步向"高增值税、低所得税"方向发展。到 2006 年,财政改革成效显现,赤字率降到 2%,2007 年新政府基本实现了财政平衡的目标。①

自德国统一以来,巨额出口是拉动德国经济增长的主要动力,但内需不足却使经济增长乏力。默克尔政府采取了促进和扩大消费的措施,如汽车、家电等大宗消费品可分期付款,举办各种消费品展览会推销商品,提高最低工资标准等。为了增强企业活力,政府大力削减企业税负,使企业整体税负低于美国和日本的水平。例如,将雇主和雇员各承担一半的失业保险费率从 6.5% 降至 4.5%,减低企业遗产税等。

默克尔政府延续施罗德时代的思路,继续推进医疗和养老保险制度改革。2006 年 7 月,执政的联盟党和社民党就进一步医疗改革框架达成协议,出台《医疗改革要点》,其中最核心的内容是设立一个健康基金,该基金成为新医疗保险制度的主要资金来源。该方案标志着德国医疗保险制度将从现收现付向基金积累过渡。此外,德国还积极发展私人医疗保险。2010 年,法定医疗保险公司共约 600 家,覆盖近 90% 的德国民众,私人保险公司约有 53 家,覆盖了 9% 的德国民众。从 2009 年 1 月起,私人保险公司必须提供一项"基本服务"。"基本服务"的内容要参考法定医疗保险公司的服务项目,并对所有投保者提供同质服务。除了"基本服务"项目外,私人保险公司仍旧可以提供其他服务项目。其次,要实行全民医疗保险,把 6 万名没有医疗保险的人全部纳入医疗保险体系。默克尔政府计划逐步减少养老保险缴纳比例,到 2012 年将由工资的 19.9% 下降到 19.6%。为了应对日益严重的人口老龄化,德国继续推动制定有利的家庭政策,如提高父母抚育金、加大对特定家庭的财政资助。从 2007 年起,每生育一个孩子,家庭就可获得政府 2.52 万欧元的生育奖金。

---

① OECD Berlin Centre, "Wirtschaftsbericht Deutschland 2006", *Policy Briefs*, 2006 Mai, S. 4.

　　面对最为棘手的失业问题,默克尔政府采取了比上届政府更有针对性的积极就业政策。德国主要的失业人口是老年人、青年人和低技能者,因此默克尔的就业政策主要针对这三类人群。2006年9月,德国内阁通过"50＋"计划(Perspektive 50plus),通过各种资助提高老年人的就业率,目的是到2010年将50岁以上人员的就业率提高到55％。[①] 如果一个失业的老年人同意接受低于其失业前收入的工作,政府将给予部分补助,在再就业的第一年是新旧工资差距的50％,第二年是30％,两年期间免交90％的养老保险。政府还向雇用老年人的雇主提供一到三年的补助,放松对雇用老年人的企业的限制。政府积极促进对青年人和低技能者的职业培训,从2008年起向企业发放培训奖金。

　　默克尔政府还对施罗德时代实施的"哈茨"方案进行了修正。新的失业金方案中,超过50岁的失业者可以领取15个月的"失业金Ⅰ",超过55岁的失业者可以领取18个月,超过58岁的失业者可以领取24个月。政府还大力削减失业保险费比率,减轻企业负担。从2008年1月1日起,失业保险费比率从6.5％减少到4.2％,今后将降到3.5％。默克尔反对制定最低工资标准,以免促进各行业工资的普涨,导致企业裁员、增加失业。德国企业的劳动成本因此增长放缓。

二、2006年之后德国经济的复苏

　　德国经济在经历了统一之后、尤其是2000年以来的长期低迷后,终于在2006年引来了转机。默克尔执政时期的德国经济发展态势良好,虽然受2008年国际金融危机的影响,德国经济在2009年出现大幅衰退,但2010年德国经济又开始强劲复苏。下表反映了2006—2010年德

---

① IAQ, IAW, *Evaluation der Zweiten Phase des Bundesprogramms "Perspektive 50plus— Beschäftigungspakte für Älterein den Regionen"*, Duisburg: Institut Arbeit und Qualifikation, Fakultät für Gesellschaftswissenschaften, Universität Duisburg-Essen, 2012, S. 10.

国国内生产总值的变化情况①：

年代	2006	2007	2008	2009	2010
百分比	+3.4%	+2.7%	+1.0%	-4.7%	+3.6

　　从 2006 年上半年开始,德国就业形势逐步好转,失业率大大降低。当年就业人数达 3908 万人,是 2000 年以来的最高水平。2007 年,失业人数降为 360 万人,相比较高峰时期的 500 万人已大大减少。德国经济的好转得益于世界经济的拉动和前后两届政府不懈推动的财税改革。由于全球尤其是欧洲经济的整体发展,使"贸易立国"的德国从中受益匪浅,出口成为拉动经济增长的强大动力。默克尔政府延续了施罗德时代的改革方针,持续数年的社会福利和劳动力市场改革至此发挥了作用,改善了德国境内的投资环境,刺激了经济增长。

　　2008 年,源于美国席卷全球的金融危机使德国经济严重受创,尤其表现在出口锐减和大规模企业倒闭。2009 年,德国有超过 3 万家企业倒闭,出口同比下降了 20%,这导致德国经济再度出现大幅度倒退。除金融、房地产等行业受到重创外,实体经济核心产业包括汽车业、机械、化工等行业也受到严重波及。2009 年 2 月,默克尔政府通过了 500 亿欧元的新经济刺激计划,这是战后德国出台的最大规模的经济刺激计划。500 亿欧元主要用于公共基础设施建设;同时还通过了一项允许强制国有化的法律草案,给予政府征收国内银行股份的权力,避免金融危机进一步扩大。

　　金融危机结束后,德国经济在 2010 年再度强劲复苏,在尚未走出金融危机阴影的欧元区一枝独秀。帮助德国经济增长的首要因素仍然是出口。德国经济部特别指出,德国向中国、俄罗斯、拉丁美洲以及其他亚洲新兴国家的出口要明显高于欧盟的平均水平,而这些经济体正是 2010

---

① Statistisches Bundesamt, *Bruttoinlands-Produkt 2010 Für Deutschland*, Wiesbaden, 2011, S. 6.

年世界经济的引擎。除地域优势,行业优势也让德国出口复苏强劲。德国出口的四大产业分别为中间产品、资本货物、汽车以及机械产品,正是各国经济刺激计划中急需的产品。

德国企业还牢牢占据着技术密集型产品的高端市场,这得益于历届政府长期坚持的"以科技立国"的方针。默克尔政府尤其注重提高德国的科技创新水平,希望保持德国走在世界科技发展的前列,以此作为未来德国经济增长的源泉。在默克尔的倡议下,大联合政府成立了"创新与增长咨询委员会"和"经济界科研联盟——面向未来市场的科技研发"两大交流平台,实施"高科技战略",以更好地统一协调包括教育研究、经济、卫生和环境等在内的政策,使科技创新能够更好地转化为生产力,实现 2010 年研发投入占国内生产总值 3％的目标。联邦政府在 2006—2009 年间为科技创新提供约 150 亿欧元资金,大力促进生物与基因技术、信息通信技术、光学技术、纳米和微电子系统技术、环保和航天技术的发展。政府还以"公私合营模式"成立高科技创业基金,为科技企业提供创业融资,弥补德国市场上在企业创建初期的融资不足。该基金主要通过参股方式扶持新成立的以研发为基础的企业,单项最高参股金额可达 100 万欧元。此外,政府还积极扶持中小企业、高等学校和研究机构进行科技创新。联邦政府与各州协商制订了一个共同的 2020 年高校协定,具体包括在联邦、州和市三个层面上挑选 40 家培养后备科学家的博士站、30 家专题研究中心以及 10 所大学来促进尖端科技研发,使之成为具有国际影响力的研发中心。① 科技创新在德国经济强劲复苏中再次展示了巨大的力量。

---

① 中国驻德国大使馆经济商务参赞处:《德国"高科技战略"的目标与措施》。http://de. mofcom. gov. cn/aarticle/ztdy/200609/20060903238025. html,访问日期:2011 年 4 月 22 日。

第十六章 统一后德国的文化多元主义与文化多样性社会

联邦德国拥有文化多元政策的传统。然而,在统一之后,由于大量外来移民的涌入,德国已成为了事实上的移民国家,过去在非移民社会中实行的文化多元政策已无法解决日益严重的族际文化整合问题。随着形势的发展,联邦德国逐渐形成了针对"非典型移民社会"的、以"和而不同、和谐为本"为主要特征的文化多元主义政策。一方面承认德国已成为移民社会的事实,尊重和保护少数族裔的语言、文化和宗教,为非主流文化的延续和发展创造必要的法律框架条件和教育支持条件;另一方面,要求所有外来移民必须融入德国社会,必须学习德语和接受德国社会的主流价值观,如人权、民主、法制及正确的爱国主义。文化多元主义在文化机构、文化传播机构和宗教等领域的贯彻,有助于联邦德国文化多样性的发展,同时也为外来移民与主流社会的文化整合创造了条件。

第一节 文化多元主义政策形成的背景

一、移民问题及移民政策的缺失

自 20 世纪 70 年以来,联邦德国的移民问题日益严重,这是其统一后"文化多元主义"形成的主要国内背景。19 世纪 90 年代后,德国逐渐从一个"出境移民国家"变为"入境移民国家"。① 当时德国强劲发展的工业不仅阻止了国民移居国外,还吸引了大量的外来劳工。1900—1910 年间,迁入德国的移民达 50 万之众。1913 年,来自俄国和意大利的季节性工人有 100 万左右。② 二战后,联邦德国先后经历了三次大规模的移民迁入浪潮:一是战后初期逃离或被迫离开家园的、来自苏占区和东欧的德国难民;二是为弥补战后劳动力缺乏而引进的土耳其和意大利等国的外来务工人员,如今很多人都已经有了第三、第四代子孙。自 20 世纪 70 年代经济危机开始后,联邦德国像西欧其他国家一样收紧劳工准入政策,禁止外国人在德自谋职业,劳工移民数量遂大大减少;三是苏东剧变之后来自原社会主义国家、包括俄罗斯车臣地区的政治避难者和难民,以及根据德国政府允许从苏东地区返回母国定居的、几乎不具备任何德国文化背景的德意志侨民。③ 到本世纪初,在德国 8500 多万人口中,共有外国人 700 多万,占总人口的 8.9%。庞大的移民使统一后的德国成为一个事实上的移民国家。

移民在融入德国主流社会方面存在着严重的障碍,此即所谓的移民"融入问题"(Eingliederungs-problem)。一方面是意识形态上的融入障碍。对来自东德等原社会主义国家的德国侨民和难民来说,资本主义的生活方式和思维模式是完全陌生的,半个多世纪以来形成的政治、经济和文化习惯很难在短期内被根本改变;另一方面是语言文化上的融入障碍。在西德侨居的外国人,以及几乎没有德意志文化痕迹的"返回家园者",都存在着严重的语言障碍和文化认同障碍;而来自土耳其等落后国家的移民,则常常因为文化教育水平低下,而无法找到工作和融入主流社会。据统计,外来移民的失业率是德国平均失业率的两倍左右。与

---

① Gerhard A. Ritter, *Das Deutsche Kaiserreich 1871—1914*. Goettingen, Hubert Co., 1992, p. 29.
② 卡尔·艾利希·博恩:《德意志史》,第三卷,张载扬等译,商务印书馆 1991 年版,第 485 页。
③ 宋全成:《简论德国移民的历史进程》,载《文史哲》2005 年第 3 期,第 89—92 页。

英、法、荷兰等西欧国家相比，德国的移民一体化率是非常低的。①

　　除"融入问题"外，庞大的移民所带来的另一个严重的问题是滋生了少数德国人狭隘的民族主义和排外主义。19 世纪初期文化民族主义和政治民族主义的兴起，使德国摆脱了中世纪以来四分五裂的局面，实现了国家统一。但与此同时，德意志民族主义又被希特勒等人利用，生发出极端民族主义、民族沙文主义和种族主义，给欧洲和全世界带来了深重的灾难。从 19 世纪末期的普鲁士政府到臭名昭著的纳粹政权，德国曾多次对外来移民采取限制、歧视、驱逐乃至清洗的政策。尽管战后西德对自己在二战中所犯下的种族主义罪行，进行了深刻的忏悔和赎罪，但直到 20 世纪末，德国还一直不承认自己是一个移民国家。两德统一之后，由于大量原社会主义国家难民的涌入和失业率的居高不下，德国接连发生多起排外事件。施罗德上台后，这些暴力排外不仅没有消失，反而愈演愈烈，1993 年，一名土耳其妇女和他的四个孩子被杀害在德国家中。2000 年，排外暴力犯罪案甚至达到了创纪录的 15651 起。② 极右政党，如德意志人民联盟等则抓住民众的恐慌性排外情绪，纷纷突破选举门槛，进入州议会。暴力排外事件和极右政党的崛起勾起了世人对法西斯反犹暴行的回忆，严重损害了统一后联邦德国的国家形象。

　　移民问题已经从一个社会问题成为一个政治和文化的问题。但是，对此缺乏心理准备的德国，长期以来一直不承认自己是一个移民国家。③它在移民政策方面一直采取的是被动的隔离政策和"福利融入"政策，只有少数的德裔难民、被驱逐者，才能享受到全面的社会融合待遇。移民隔离政策主要针对的是尚未获得难民身份的政治避难者。1982 年，联邦政府决定，如无特殊情况，不再为这些避难者提供救济金，而改成直接发

---

① Ruud Koopmans, *Contested Citizenship*, *Immigration and Culture Diversity in Europe*, London: University of Minisota Press, 2005, p. 39.
② 姚宝等:《当代德国社会与文化》,上海外语教育出版社 2002 年版,第 249 页。
③ Ruud Koopmans, *Contested Citizenship*, *Immigration and Culture Diversity in Europe*, p. 1.

放基本生活品和集中提供居住地。1993 年,联邦政府又颁布寻求庇护者福利法,剥夺了这些避难者受社会救济法律保护的权利。法律规定,在这些人避难请求得到法院认可,即获得正式难民身份之前,他们既不能获得任何国家福利,也不能工作和参与任何社会融合进程。"福利融入"政策主要针对的是非德裔的外籍劳工及其后代。为弥补战后劳动力不足而来的外籍劳工,可在德国享受与本国人基本相同的福利待遇,如教育、医疗、养老等。自 20 世纪 70 年代起,这些长期生活在德国的外籍劳工开始在西德政府的允许下建立自己的互助组织,并逐渐获得永久居留权。但是,直到两德统一之后,这些人依旧被强调血统的德国视作外国人而不是移民,他们在就业等方面仍遭到严重的歧视。① 联邦德国采取的这种只给予外来劳工社会经济福利而不在语言文化和身份认同方面进行融合的做法,被称作移民融入政策的"福利模式"。在这种模式下,主流社会为移民文化融入设置非常高的障碍。②

在两德统一后的很长一段时间里,德国一直未能形成一个统一而明确的移民政策。实际上,直到 20 世纪 80 年代,关于移民问题的政治讨论才刚刚在联邦德国展开。造成这一情况的原因包括:其一,德国按照血统界定民族的传统。根据 1913 年 7 月 22 日颁布的、并为联邦德国所继承的《帝国国籍法》,只有拥有日耳曼民族血统的人才可能拥有德国国籍。③ 结果就出现了"从小居住在德国,通晓德语和德国文化、但不拥有德国国籍的土耳其人和从小居住在外国、不懂得德语和德国文化、但拥有德国国籍的德国人"④。受血统原则(ius sanguinis)的影响,德国民众和政府都不愿将不具有德国血统的人视作可以获得德国国籍的移民,而一直将他们当作客居德国的外国人。其二,是文化联邦主义的消极作用。在联邦德

---

① 宋全成:《论二战后德国的合法移民及社会融合政策》,载《厦门大学学报》(哲学社会科学版) 2008 年第 3 期,第 119—121 页。
② Ruud Koopmans, *Contested Citizenship*, *Immigration and Culture Diversity in Europe*, p. 8.
③ Reichs-und Staatsangehörigkeitsgesetz Vom 22 Juli 1913, *RGBl 1913*, 1913, S. 583.
④ 宋全成:"简论德国移民的历史进程",载《文史哲》2005 年第 3 期,第 90 页。

国,与移民融入密切相关的文化教育事务都属于州政府的管辖范围,联邦政府只能起协调指导作用。受这一体制影响,联邦政府难以对移民融入问题作出快速有效的反应。其三,是对移民国家的偏见。在德国人心中,移民国家的内涵应是:"外来移民通过和平或战争的方式,驱赶或同化了土著民族,并最终在原民族居住的土地上建立的国家。"显然,只有美国、加拿大这样的国家才符合这一标准,而德国则不是一个典型的移民国家。直到上世纪末,这种观念还一直在德国民众和政府中根深蒂固,严重阻碍了移民问题的政治化。由于缺少相关移民政策,尤其是相关移民融合课程的不健全,移民社区日益边缘化,造成了严重的社会问题。

为了解决日益严重的移民问题,防止排外情绪的蔓延和极右势力的抬头,联邦德国学术界和政界展开了有关移民和外国人政策的大讨论。至 2003 年,对内文化政策的转型讨论仍未结束。正是在这场讨论的过程中,德国文化多元主义移民政策逐渐形成。

二、西方国家和国际组织的影响

外来移民问题不仅困扰着德国,也困扰着其他欧美发达国家。但是,相对德国来说,无论是美国、加拿大、澳大利亚等典型移民国家,还是英国、法国、荷兰等西欧非典型移民国家,都已较早地形成了移民融入政策和相应的文化整合政策。

西方各国的移民文化整合政策可大体归结为三种:一是多元文化主义模式。此模式以加拿大、澳大利亚、荷兰、瑞典等国为典型代表,要求对不同民族、文化群体得到承认的要求给予充分肯定。与"多元文化主义"模式相反的则是法国等采取的"共和模式",它要求外来移民放弃本民族的文化习惯、生活方式,融入本国主流社会,接受本国的文化认同和价值观。在"多元文化主义模式"和"共和模式"之间,还存在一种以英国为代表的中间模式:外来移民在英国可以比在法国拥有更多在公共场合保留自己文化传统的权利,但与此同时,并不是来自每一种族群和宗教信仰的移民都可以获得文化支持,从而大大降低了产生"文化鸿沟和社会碎片化"的危险。[1] 这些国家的移民文化整合政策为联邦德国文化多元主义政策的形成提供了宝贵的经验和教训。

与此同时,随着移民社会文化融合问题的日益突出,联合国、欧盟等国际组织提出了积极的应对措施,这些措施对统一后德国文化多元主义政策的发展起到了重要的指导作用。

1982 年,联合国教科文组织在墨西哥城召开文化政策大会,要求扩展文化的涵盖范围,即未来文化不仅应包括文学和艺术,还应包括人民的生活方式。针对全球化给文化多样性带来的挑战[2],1996 年,联合国世界文化与发展委员会发表了题为《我们创造性的多样性》(Our Creative Diversity)的报告,强调在全球化背景下,各民族要用容忍和互相尊重来维持不同文化间的和平相处。[3] 这份报告用专门的一章讨论文化政策,要求各国扩展文化政策的概念,使文化政策不再仅仅局限于艺术与文化遗产领域,而要将接受个人多样化的文化选择和团体的各种文化实践也包含其中。在 2010 年出版的报告中,联合国教科文组织又重申了 2005 年"保护和促进文化表达多样性大会"的口号,将文化多样性作为促进人类社会良性发展的必不可少的条件。[4] 这些思想对欧洲文化政策产生了重要影响。

欧盟文化政策的目标中也强调保护欧洲各国共同的文化遗产,提高共同社会归属感,承认和尊重文化、民族国家和地区的多样性,促进各种文化的发展和传播。[5] 该目标集中体现在欧盟所推崇的、以"多样性中的

---

[1] Ruud Koopmans (ed.), *Contested Citizenship, Immigration and Culture Diversity in Europe*, pp. 142 – 145.

[2] *Mexico City Declaration on Cultural Policies*, World Conference on Cultural Policies Mexico City, 26 July – 6 August 1982.

[3] *Our Creative Diversity, the Report of the World Commission on Culture and Development*, Paris, UNESCO Publishing, 1996, pp. 19 – 20.

[4] *The Power of Culture for Development*, Paris, UNESCO Publishing, 2010, p. 9.

[5] European Commission, *A Community of Cultures: The European Union and the Arts*, European Communities, 2002, p. 3.

一致性"(Unity in Diversity)为特点的"欧洲文化模式"。为此,欧盟采取了一系列措施贯彻上述文化政策目标。

欧盟教育文化总体指导委员会(The Education and Culture Directorate-General)和文化部长理事会推出了一系列文化项目。如鼓励不同城市、乡镇结成友好关系的"欧盟兄弟城镇计划"项目;以音乐会、展览会等形式吸引多国艺术家互相交流学习的"欧洲文化城市"项目;向民众展现欧洲共同历史文物和遗迹的"欧洲文化遗产日"项目等。

欧盟还实施了一系列人才交流项目,如苏格拉底计划、伊拉斯谟计划、青年项目资助计划等,鼓励世界各国的人员往来,促进不同文化之间的学习和融合。欧盟长期鼓励欧洲各国人民掌握两门外语,同时通过资助翻译和语言培训来保存方言和少数民族语言,积极保护欧洲文化的多样性;其四,运用电子信息技术,促进文化传播。如将新型媒体技术运用于教育和文化交流的"网络时代的欧洲创意"(The Netdays Europe Initiative)计划等。

面对日益严峻的移民问题,拥有文化多元政策传统的德国,在吸收其他西方移民国家文化整合政策的基础上,根据联合国教科文组织和欧盟移民、教育和文化政策要求,结合本国实际,逐渐形成了以"和而不同"为主要特征的文化多元主义政策。

第二节　文化多元主义的形成与发展

一、文化多元主义的形成

德国在统一之后,逐渐形成了专门针对"非典型移民社会的"、以"和而不同、和谐为本"为主要特征的文化多元主义政策。所谓"和而不同、和谐为本",就是一方面承认德国已成为移民社会的事实,尊重和保护少数族裔的语言、文化和宗教,为非主流文化的延续和发展创造必要的法律框架条件和教育支持条件;另一方面,要求所有外来移民必须融入德国社会,必须学习德语和接受德国社会的主流价值观,如人权、民主、法制及正确的爱国主义。文化多元主义的本质是要在保持德国文化多元性和统一性之间寻求一个平衡,使具有不同文化背景的人在德国和谐相处。正如联邦总理默克尔在 2007 年制定的"国家融入计划"中所说:"共同融合是不可避免的,这必须包括承认由宪法所保卫的德国立法制度和各种价值观。那些想在我国成为永久居民的人必须掌握足够的德语……通过我们社会内部的包容和开放性思维,我们的社会将变得更富有、更人性化。"①相对其他国家所奉行的"多元文化主义"和"文化同化"政策来说,这一政策理念可以更好地避免移民社会中所出现的文化断裂与文化冲突问题,实现全社会的文化整合。

移民准入、居留和入籍政策的制定和修正是统一后德国文化多元主义政策形成的第一步。与英、法、荷兰等西欧国家相比,德国的国籍获得率是非常低的。② 两德统一之后,随着社民党、绿党、联盟党、自民党等主要政党的观念的转变,德国降低了外来移民准入、居留和加入德国国籍的难度,承认了德国"已成为一个非典型移民国家"的事实。1990 年,联邦德国通过《外国人法》,降低了外国人加入德国国籍的难度。③ 1999 年7 月,联邦议会修订了 1913 年颁布的《帝国国籍法》,有限地打破了德国一直以来坚持的血统原则而引入了出生地国籍原则。法律规定,从 2000年 1 月 1 日起,凡是在德国出生的外籍人子女,只要其外籍父母中一方在德国已连续且合法居留八年以上,并已获得在德永久居留权至少三年,其自出生之日起自动享有德国国籍;待其成长至 23 岁后,必须在德国国籍和其外籍父母国籍中选择其一;如果选择德国国籍,必须放弃其他国籍,但只有当其拥有的非德国国籍不可能放弃的前提下,才允许其

---

① Press-und Informationsamt der Bundesregierung, *Der Nationale Integrationsplan*, *Neune Wege-Neue Chancen*, Berlin: MEDIA CONSULTA Deutschland, 2007, S. 7.
② Ruud Koopmans, *Contested Citizenship*, *Immigration and Culture Diversity in Europe*, p. 40.
③ Ibid., p. 36.

拥有双重或多重国籍。此外,目前 10 岁以下的在德国外籍人子女自 2000 年 1 月 1 日起可享受与上述新生儿同等的入籍标准。① 之后,红绿联盟政府又于 2000 年任命了以前议长丽塔·聚斯穆特(Rita Suessmuth,1937—)为首的移民委员会,审查德国的外国人政策。2001 年,聚斯穆特领导的委员会发布《塑造移民,促进融入》报告,不仅承认了德国是一个移民国家的事实,而且对新世纪德国移民政策调整提出了完整理念和措施建议。在经历了 2002 年的挫败之后,新《移民法》终于在 2005 年获得通过。该法案为德国移民准入、管理和入籍提供了法律基础,明确了德国各级政府、尤其是联邦政府在移民方面的权利,为移民管理机构和移民救助机构的设立奠定了基础。

《移民法》由居留法、欧盟公民自由移民基本法和修正附加条款组成。该法案在移民准入和居留政策方面采取了更为灵活的制度,主要表现在:(1) 简化准入的手续和种类。不再区别居住和工作两种签证,由德国地方政府就业部门根据移民部门提供的信息来决定是否给予工作许可,同时将以前五种居留许可简化为临时居留和永久定居(绿卡)两种②;(2) 实行投资移民政策,如果在德国设立注册资金 100 万欧元、提供 10 个就业岗位以上的公司,且公司正常经营三年以上,经营者及家属即可获得三年居留权并可继续延期;(3) 放宽高科技人才、留学生和难民的居留条件,如允许高科技人才进入德国后申请永久居留权,外国学生在其顺利完成学业后居住许可可以延长到下一年,以使他们有机会找到与之教育相匹配的工作;规定符合《日内瓦条约》难民条款的移民及其家庭成员、因性别受迫害者可以颁发居住许可。三年后,他们就可以申请定居

---

① Bundesministerium der Justiz (Hrsg.), *Staatsangehörigkeitsgesetz (StAG)*, *Bundesgesetzblatt(BGBl)*, *Teil I*, *1999*, *Nr. 38*, Bonn, 1999, S. 1618 - 1617.

② Bundesministerium der Justiz (Hrsg.), *Gesetz zur Steuerung und Begrenzung der Zuwanderung und zur Regelung der Aufeenthalts und Integration von Unionbürgern und Ausländern*, *Bundesgesetzblatt (BGBl)*, *Teil I*, *2004*, *Nr. 41*, Bonn, 2004, S. 1953 - 1954.

许可。①

放宽移民准入和入籍条件,促进移民融入主流社会,在客观上促进了对移民文化的保护。外国人只有在获得移民身份乃至德国国籍后,才能受到相关跨文化教育和文化政策的保护,从而使本民族文化传统得以保护。"融合包括对文化多样性的承认。成功的融合要求将文化包容和和谐作为基于基本价值观的日耳曼裔和移民的互相面对的基础。"②

与此同时,德国也强调外来移民有义务与德国主流社会保持协调,在进入、居留德国和获得德国国籍时,必须满足相应的前提条件,不能无缘无故地为德国主流社会增加负担。这也在客观上为外来移民在文化上融入德国创造了条件。《移民法》要求申请进入德国的签证并在德国居留时,一般必须要有:(1) 合法的目的,如教育、就业、随迁眷属、政治避难等;(2) 稳定的收入,如相关部门开具的工作合同、奖学金证明、在德存款证明等;(3) 一定的德语水平,如规定移民有参加融入课程学习的义务,拒绝参加融入课程或者在初始阶段就放弃学习的新移民,将面临拒绝延长居留许可、减少社会福利给付等惩罚措施。《移民法修正案》则规定土耳其妇女如申请赴德与丈夫团聚,必须掌握至少 200—300 个德语单词。

改善支持文化发展的框架条件是德国文化政策的首要任务。而改善移民文化发展的法律框架条件,则是这一政策的重要扩展。移民和国籍政策的放宽,意味着德国将接受更多的来自其他国家和文化圈的移民,并为他们进入德国和在德国生活提供各种便利,保障他们应有的文化权利。"只有通过互相理解,以及建立将移民作为国家群体合法组成部分并赋予其平等权利、而不将其视作只适用于外国法律的'外国人'或

---

① Bundesministerium der Justiz (Hrsg.), *Gesetz zur Steuerung und Begrenzung der Zuwanderung und zur Regelung der Aufeenthalts und Integration von Unionbürgern und Ausländern*, *Bundesgesetzblatt*(*BGBl*) *Teil I*, *2004*, *Nr. 41*, S. 1957 – 1960.

② Press-und Informationsamt der Bundesregierung, *Der Nationale Integrationsplan*, *Neune Wege-Neue Chancen*, S. 125

客籍人这样的法律框架,移民对政治、社会和文化上的要求才能被有效地勾勒出来。"①与此同时,德国加强了这些移民进入德国、在德国居留和加入德国国籍的条件,努力引导移民在经济、社会、文化等方面融入德国社会。因此,《国籍法》的修订、《移民法》的通过是统一后德国新文化多元主义兴起的重要基础。

除放宽移民政策外,跨文化教育政策的发展也为统一后德国文化多元主义提供了重要支撑。1992 年,联合国教科文组织发布《教育对文化发展的贡献》建议书,关注跨文化教育问题并试图推动各国跨文化教育的发展。② 2003 年,联合国教科文组织又发表《多元语言文化世界中的教育》一文,要求在设计跨文化教育课程时应包含有关语言、历史和非主流社会文化的学习。在国内外多种因素的共同影响下,德国的跨文化教育政策逐渐形成。1996 年,德国文教部长常设会议将跨文化主义纳入一般教育政策。

跨文化教育政策要求生活在德国的所有居民都要尊重和包容不同类型的文化,它不仅鼓励移民学习自己母国的语言和文化,还积极倡导德国人学习不同国家的语言,了解其他文化的特点。2004 年 5 月,德国"文化政治社会文化政策研究所(Institut für Kulturpolitik der Kulturpolitischen Gesellschaft)"受联邦教育科研部委托启动了一项跨文化教育工程。这项工程的核心是让德国的日耳曼裔年轻人和移民中的年轻人,通过艺术和文化活动互相了解,增强跨文化交往能力。③ 跨文化政策不仅针对外来移民,也针对德国本国人。它集中体现了德国保护移民非主流文化的理念。

与此同时,跨文化教育还特别重视移民融入教育,这也是统一后德

---

① Ruud Koopmans, *Contested Citizenship*, *Immigration and Culture Diversity in Europe*, p. 138.

② 赵中建:《全球教育发展的历史轨迹:国际教育大会 60 年建议书》,教育科学出版社 1999 年版,第 498—499 页。

③ Institut für Kulturpolitik der kulturpolitischen Gesellschaft, *Jahrbericht 2004*, Bonn: Institut für Kulturpolitik der kulturpolitischen Gesellschaft, 2004, S. 10.

国社会能否成功实现文化整合的关键。2005 年通过的《移民法》在《居住
法案》第三章"融合要求"部分设立了专门针对移民的融合课程。该系列
课程内容包括基本的德语语言课程和关于德国历史、人文和法律制度的
适应课程。2007 年默克尔政府通过的《国家融入计划》(Nationaler
Integrationsplan),对移民融合课程进行了评估与完善。该文件指出,由
于设置了融合课程,德国的移民融合进程在欧盟国家中是首屈一指的。①
《国家融入计划》还专门为文化融合教育制定了一系列措施,如准备启动
由联邦政府和州政府、地方政府共同负责的"文化教育与融合网络"工
程。根据 2008 年的官方统计,全德共有 1800 余家教育机构拥有对移民
开设融合教育课程的资质,有 8 家专门培训融合课程教师的机构,数千
名教师通过资格认证;共有约 36 万人参与了融合课程,其中 65％为妇
女,45％顺利通过德语水平测试。② 2010 年 9 月,联邦政府又出台《联邦
境内融入方案》,对《国家融入计划》中的移民融入教育目标制进行了细化
和拓深。该方案不仅提出德语学习应贯穿学前教育、职业教育、成人教育
等教育领域和阶段,还要求采取措提高整个教育系统的移民教育质量。③

　　总之,德国的跨文化教育与一般意义上的多元文化教育
(MulticulturalEducation)不同。多元文化教育突出文化差异性、要求不
同文化平等相处,互相学习。而跨文化教育则要求关注不同文化之间的
相互作用,在尊重文化差异性的基础上实现文化融合和社会整合。因
此,通过十几年的努力,跨文化教育已经广泛渗透到德国社会的各处,包
括各级教育机构,以及公司、社会团体等,这是文化多元主义在德国兴起
的一大表现。

---

① Press-und Informationsamt der Bundesregierung,*Der Nationale Integrationsplan*,*Neune
Wege-Neue Chancen*,S. 38 - 39.

② Ebd.,S. 38.

③ Bundesamt für Migration und Flüchtlinge,*Bundesweites Integrationsprogramm*,*Angebote
der Integrationsförderung in Deutschland*,*Empfehlungen zu ihrer Weiterentwicklung*,
Berlin,2010,S. 9 - 19.

二、文化多元主义的传播与发展

在宽松移民政策和跨文化教育政策的支撑下,德国文化多元主义还逐步扩散至文化及文化传播领域,形成了针对"非典型移民社会"的文化政策。其特点是在文化艺术、新闻出版、广播影视、文物博物等领域尊重、包容、保护、传播移民文化传统、文化遗产和宗教信仰的同时,特别强调文化、宗教及文化出版机构和组织在移民文化融入和社会文化整合方面的作用。

在文化多元主义的指导下,德国联邦政府将调整移民文化与主流文化关系摆在了重要的位置,并希望文化在移民社会整合中发挥重要作用。1999 年,施罗德政府在联邦总理府内设立由国务部长(Staatminister)领导的文化与媒体专署(Beauftragter für Kultur und Medien),开始对联邦各州的文化政策给予统一指导。文化与媒体专署将自己的职责定位于"改善和促进艺术文化的法律、社会、经济发展条件",积极与各州文教部协调工作。2002 年,文化与媒体专署出版了以跨文化工作(Interkulturelle Kulturarbeit)为主题的《文化政策年鉴》,关注移民社会的文化多元性问题和文化整合问题。2003 年 6 月 26—27日,德国召开了每两年一次的文化政策联邦大会。围绕着"跨文化政策"的主题,这次大会明确承认了德国是一个移民国家的事实。"移民以前一直被看作是德国社会之外所遇到的问题或威胁,而没有注意到其给予的机遇,例如移民的技能和才华或他们对文化生活所作出的贡献。""整合政策并没有在各种文化之间架起一座桥梁,因为它一直仅仅被看作是移民就业和社会管理问题……因此,将文化政策作为整合的重点考虑、并把它当作整合的要素来对待,是未来的一个任务。"①在文化政策联邦大会看来,移民多元化的文化背景将为德国文化带来新的

---

① Institut für Kulturpolitik der kulturpolitischen Gesellschaft, *Jahrbericht 2002*, Bonn: Institut für Kulturpolitik der kulturpolitischen Gesellschaft, 2002, S. 5.

血液。大会要求全面检查德国的文化政策,以便把文化多元主义纳入其中。2006年3月14日,联邦政府还在德法部长会议上同意参加两国共同制定的文化融合项目。联邦政府还在积极筹划设立由文化与媒体专署、联邦教育部、联邦青年部参与的"文化整合工作组",加强文化整合工作的部际间合作。

根据2005年《移民法》,联邦政府成立由国务部长玛莉亚·波默(Maria Böhmer,1950—　　)领导的联邦移民、难民与融入专署(Beauftragte für Migration, flüchtlinge und Integration),在全国范围内协调融入措施的具体执行。在波默的支持下,默克尔政府于2006和2007年先后召开两次"融入峰会"(Integrationsgipfel),并在第二次融入峰会上通过了《国家融入计划》,动员政治、文化、宗教、经济、媒体等力量,在尊重文化多元性的基础上,为移民融入德国社会而努力。《国家融入计划》将移民的文化多元性背景看作是推动德国经济和社会进一步向前发展的潜在推动力。[1] 它要求政府和民众接受和包容德国社会文化多元性的事实。但与此同时,《国家融入计划》也强调了移民在文化上融入德国社会的必要性。"移民社会现状同样也意味着文化挑战——只有对话才有宽容。因此,对我们整个社会来说,以宽容平等的态度对待文化多元性是一种非常重要的能力。融合包括对文化多样性的承认。成功的融入要求将文化包容与合作作为德裔和移民互相面对形成宪法价值观的基础。"[2] 2010年9月的《联邦境内融入方案》对《国家融入计划》中提出的文化政策目标进行了进一步的细化,强调要使具有移民背景的人能够在德国拥有平等的机会参与文化活动。[3]

《国家融入计划》专门提出了针对文化传播领域的文化多元主义发

---

[1] Press-und Informationsamt der Bundesregierung, *Der Nationale Integrationsplan*, *Neune Wege-Neue Chancen*, S. 96.

[2] Ebd., S. 127.

[3] Bundesamt für Migration und Flüchtlinge, *Bundesweites Integrationsprogramm*, *Angebote der Integrationsförderung in Deutschland*, *Empfehlungen zu ihrer Weiterentwicklung*, S. 5.

展目标:在承认文化多元性的基础上,文化传媒必须考虑不同族群的需求,并在主流文化与移民文化之间架起一座桥梁;培养训练有素且熟悉移民文化的传媒人才,吸纳具有移民背景的记者和编辑,对传媒工作人员进行移民文化培训等;开展关于媒体社会整合功能的研究;促进不同媒体之间的交流,尤其是德语媒体和外语媒体之间的交流;鼓励不同族群的个人参与媒体节目和产品等。①

受文化联邦主义的影响,文化多元主义在文化政策上的贯彻者主要是地方政府。由于财力有限,大多数地方政府并没有真正负担起这项任务。已经开始的一些项目,如移民博物馆等,主要是在大城市中,而且主要是社会、经济和教育政策领域的附属品。为了改变这种状况,德国各级政府也采取了一些措施,其中以北威州表现最为突出。2007 年,北威州六个城市阿恩斯贝格(Arnsberg)、卡斯特罗普-克劳塞尔(Castrop-Rauxel)、多特蒙德(Dortmund)、埃森(Essen)、哈根(Hagen)和哈姆(Hamm)共同参加的"跨文化社区概念行动",目的是促进有移民背景的人,通过参与项目实现文化和艺术上的融合。北威州州长府特别局还推出了"跨文化对话中的的艺术文化管理"项目。教堂、工会、雇员协会、志愿服务协会等社会组织,都在积极推动文化多元主义在文化领域的发展,如"德国文化委员会(Deutscher Kulturrat)""文化政治社会文化政策研究所"就曾策划推出了"跨文化支持"项目、"跨文化素质与概念发展"项目等一系列文化整合项目。②《联邦境内融入方案》还希望包括文化、宗教组织在内的各种移民组织能够在社会整合中发挥更大的作用,要求德国青少年组织对具有移民背景的青少年开放,为他们长大后全面融入德国社会作准备。

---

① Press-und Informationsamt der Bundesregierung, *Der Nationale Integrationsplan*, *Neune Wege-Neue Chancen*, S. 159 – 160.
② Ebd., S. 135 – 136.

第三节　文化多元主义下的文化多样性社会

一、移民博物馆的建立

　　文化多元主义在图书馆、博物馆、少年科技馆、歌剧院等文化机构中的贯彻,有助于德国文化多样性社会的良性发展:一方面,它可以帮助保护移民文化宗教传统和文化遗产;另一方面,它也有助于增进主流社会对移民文化的了解,从客观上促进德国社会的文化整合。

　　长期以来,联邦德国在移民文化传统和文化遗产保护方面做得很不足,最典型的一个例子就是,联邦国土上的大小博物馆都是表现德意志文化的,而绝少有专门的移民文化博物馆。如今,在文化多元主义政策之下,德国开始重视对移民文化传统和文化遗产的保护。为了从制度上保证移民历史与文化的传承,在国家及社会团体,尤其是移民团体的支持下,人们开始认识到移民博物馆或"移民历史文化中心"的重要性,广泛搜集一切有关移民的档案、文献、艺术品等。移民博物馆的建立越来越受到重视。1990 年,"土耳其移民档案中心—博物馆"(Dokumentationszentrum und Museum über die Migration aus der Türkei)在科隆建立,重点搜集与土耳其劳工相关的历史资料。2002 年起,该机构开始收集来自其他国家,如意大利、西班牙、葡萄牙、希腊、前南斯拉夫、摩洛哥、突尼斯、韩国、越南、莫桑比克和安哥拉的移民资料和文化遗产,并更名为"在德移民档案中心—博物馆"(Dokumentationszentrum und Museum über die Migration in Deutschland/DOMiD)。该机构的目标是为移民后裔保存文化遗产并使其为德国公众所接受。为了弥补过去纳粹所犯下的罪行,德国对犹太文化也采取了特殊的保护政策。在前苏联犹太人大量涌入之前,联邦德国曾自称是犹太人的最后一块向往居住地。2001 年,由犹太建筑师设计的纪念柏林犹太人历史与文化的博物馆向公众开放,并成为原柏林博物馆的组成部分之一。2002 年 10 月,德国召开了"移民历史遗产保护:德意志联邦共和国需要移民博物馆"论坛。2007 年,联邦政府委托隶属于普鲁士遗产基金会的博物馆研究所对全国 6000 多家博物馆,包括移民博物馆进行了详细的调查。2008 年 8 月 8 日,欧洲最大的移民主题博物馆在不莱梅哈芬(Bremerhaven)成立。该博物馆主要有三个功能:一是移民史展览;二是以联邦德国为核心,有关当今各地区移民状况的展示;三是"移民论坛",收藏有大量数据,为每个想了解自己家族移民经历的人提供帮助。① 此外,还有相当多的博物馆都对移民文化进行了保存和展示,如波恩的德国历史博物馆、柏林的世界文化博物馆、奥博豪森的莱茵工业文化博物馆等。其中,世界文化博物馆还曾经组织过德国主流文化和各移民文化之间的"多元对话"。普鲁士遗产基金会的国家博物馆则注重移民起源的研究。

　　建立移民博物馆既体现了德国社会对移民文化权利的尊重与肯定,也增进了德国主流群体对移民文化的了解,为移民融入德国主流社会创造了条件。"文化上的认同,亦即主流社会在文化多元性(kulturelle Pluralität)方面的开放,为有效的、平等的融入提供了前提。这种认同超越了狭隘的、单方面的包容概念,而是站在了不同群体互相支持的、平等的角度上。"②移民博物馆成为德国在文化机构中贯彻文化多元主义的缩影。《国家融入计划》要求文化机构在"各个层次"上开展所谓的"跨文化对话",联邦和各级地方政府要在制度上和财政上采取措施提高文化机构的跨文化能力,鼓励移民文化团体参与,实现社会文化整合。当然,文化机构中贯彻文化多元主义绝非易事,单单是将移民子女吸引到博物馆、歌剧院之中就不是朝夕能够实现的。

二、多元意识的大众文化传播媒体

　　除文化机构外,广播、电视、电影、报刊、出版社、互联网等德国大众

---

① 岳伟、邢来顺:《移民社会的文化整合问题与统一后联邦德国文化多元主义的形成》,载《史学集刊》2012 年第 3 期,第 21 页。

② 同上刊,第 22 页。

文化传播媒体也受到了文化多元主义的影响。这些媒体既体现了当代德国"非典型移民社会"的文化多样性,推动了移民文化的保护和传播,也促进了德国文化的整合。联邦文化与媒体专署在2008年的媒体发展报告中明确指出,鉴于媒体对大众思维方式的影响,在其中贯彻多元文化融合意义重大。媒体将对德国人对"自己文化的观点"、欧洲意识"产生影响",也将影响"跨文化传播和对待外国价值观、生活方式及思维模式的态度"。①

　　其一,德国主流媒体关注移民问题,制作了大量的反映移民生活的节目。为了照顾移民情绪,德国媒体在报道其母国负面新闻时有时会加以斟酌。在节目制作方面,德国公法广播电视联盟在所有节目中都把文化多样性看作反映移民社会现实的主要内容之一。该联盟下辖的广播公司已经决定不惜冒风险和非议,来表现移民家庭成员日常生活和文化多样性社会。如西德广播电视台(Westdeutscher Rundfunk/WRD)也陆续制作了反映移民生活的电影《愿望时代》《愤怒》等。有关伊斯兰文化的内容已经不仅仅出现在时事杂志上,也出现在教育和文化节目里。联邦政府在2006年要求德国媒体巨头制定移民融合类节目的发展计划,支持德国与土耳其媒体的合作。西南德广播电视台(Südwestrundfunk/SWD)自2007年4月20日起就开始在互联网上发布有关伊斯兰文化的演讲,其他一些媒体也制作了大量有关移民文化和有移民背景的人参与制作的节目。从上世纪60年代开始,有关移民的报道就开始见诸报端。与德国公法广播电视联盟并列的德国电视二台(Zweites Deutsches Fernsehen,简称ZDF)在制作节目和产品时,也采取许多促进移民融合的措施,包括:增加接受移民及融合观点的制片人,增加对移民的关注度;制作节目时增加有移民背景的主人公等;1988年西德广播电视台与

① Der Beauftragte der Bundesregierung für Kultur und Medien, *Zur Entwicklung der Medien in Deutschland zwischen 1998 und 2007*, *Wissenschaftliches Gutachten zum Kommunikations-und Medienbericht der Bundesregierung*, Bonn: Statistisches Bundesamt, 2008, S. 375.

弗罗伊登贝格基金会(Freudenberg Foundation)和联邦移民、难民与融入专署开办了 CIVIS 媒体融入奖,专门表彰欧洲反映文化多样性的媒体作品。① 该奖项在未来将进一步专门化。德国杂志出版商联盟(The Federation of German Magazine Publishers)也鼓励出版商们关注移民问题,并准备为融合类出版项目设立专项奖金。

其二,不仅接受具有移民背景的人创办各类文化传媒,还允许主要移民来源国在德宣传本国文化。具有移民背景的德国人并不仅仅是积极参与德国媒体节目和影视剧作品,还自己创建具有本民族特色的文化传播平台。如犹太人创办的报纸《犹太汇报》(Jüdische Allgemeine)、《犹太日报》(Jüdische Zeitung)和出版社。② 自 1970 年以来土耳其的主要报纸就在德国印刷和发行,其中包括具有民族自由倾向的《自由报》、关注社会民主的《国民报》、坚持伊斯兰立场的《民族报》和具有强烈民族主义色彩的《翻译家报》等。土耳其的中央电视台和私立电台,如 Euroshow、Eurostar、EuroD、EuroATV、TGRT、Kanal7、HBB 等都通过光缆和卫星向海外的土耳其移民传送节目,从而强化移民的祖国认同感和民族意识。由土耳其多甘出版集团(Dogan Verlagsgroup)旗下的《自由报》(Hürriyet)所推动的反德国暴力排外运动,也得到了越来越多的德国人的响应和支持。在联邦移民、难民及融合专署的支持下,德国与土耳其媒体合作制作了大量的移民融合类节目。③

其三,培训移民媒体工作者。德国公法广播电视联盟通过特殊政策,为移民出身的编辑、记者、制片提供特别支持,如西德广播电视台的土耳其裔编辑毕兰德·宾顾尔(Birand Bingül,1974——　)被邀请参加德国公法广播电视联盟每日新闻时事节目的记者团队。相当数量的移民

---

① Press-und Informationsamt der Bundesregierung, *Der Nationale Integrationsplan*, *Neune Wege-Neue Chancen*, S. 157 – 158.

② Thorsten Gerald Schneiders(Hrsg.), *Islamfeindlichkeit*, *Wenn die Grenzen der Kritik verschwimmen*, S. 223.

③ Press-und Informationsamt der Bundesregierung, *Der Nationale Integrationsplan*, *Neune Wege-Neue Chancen*, S. 159 – 160.

出身的工作人员被安排进入电视节目。2005 年,西德广播电视台职位招聘广告中出现了如下词语:"西德广播电视台在公司内支持文化多样性并因此而欢迎具有移民背景的人申请职位。"①2008 年时,西南德广播电视台大约有 1/3 的雇员有移民背景。西德广播电视台为年轻的移民记者开设了"无界限"(WDR Grenzlos)培训工程。德国电视二台也在人员招聘和训练方面贯彻文化多元原则,自 2007 年起安排一些有移民背景的年轻记者参加编辑训练,还在准备涉及基督教的文化节目中安排非基督教出身的人员担任编辑。德国之声也为具有移民背景的年轻记者的训练提供了大量的机会。德国之声的学术机构在跨国和跨文化领域有着丰富经验。为了加强对记者的跨文化训练,德国之声将对学术机构作出相应的调整。各主要公共媒体还参加了 1000 多家德国企业签署的"多样化宪章"(Charta der Vielfalt),承诺在记者培训方面贯彻多样性措施。外来移民也大量地进入私营广播公司的众多岗位,包括记者、编辑、导播等,这些人代表了当今德国的多元文化特征。私营广播及电子媒体联合会(Verband Privater Rundfunkund Telemediene. V./VPRT)表示,不论是否具有移民背景,所有年轻人都将获得平等的受训机会。除了广播电视媒体外,德国杂志出版商联盟也开设课程对新闻专业学生和记者进行跨文化培训。德国记者联合会(Deutschen Journalisten Verband)也在计划建立自己的"跨文化网络"。

其四,通过媒体开展专门的跨文化教育。各公立、私立电视台和电台也都设有不少外语类广播节目。② 此外,还有一些媒体拥有反映多元性社会的多元语言(Multilingual)类节目。"这些节目不仅伴随着整个移民过程,还可以通过提供符合移民母国习惯的信息帮助其学习所欠缺的德语……它还可以在包括日耳曼人在内的不同族群之间架设一道连接

---

① Press-und Informationsamt der Bundesregierung, *Der Nationale Integrationsplan*, *Neune Wege-Neue Chancen*, S. 163.

② Ruud Koopmans, *Contested Citizenship*, *Immigration and Culture Diversity in Europe*, London, University of Minisota Press, 2005, p. 61.

的桥梁。因此,多元语言媒体不仅帮助移民,还能成为德国多样性管理的动因之一。"① 进入新千年后,巴伐利亚和北德广播电视台(Norddeutscher Rundfunk,简称 NDR)共同制作的《初级土耳其语》陆续在电视频道中播出。德国电视二台为学前教育移民儿童开设相关语言类节目。由维尔纳传媒集团(Werner Media Group)、柏林的犹太人社团和土耳其人社团联合向柏林的犹太人、俄罗斯人和土耳其人推出立法、语言和计算培训与服务。其他一些传媒集团也陆续推出多语言类节目,帮助不同文化背景的人互相了解和融入德国主流社会。"德国之声"甚至计划在一些主要对德移民国家开设地方化的德语课程,帮助未来的移民融入德国社会。

其五,在新兴媒体中推行文化多元主义。互联网作为最重要的新兴媒体,可以为许多移民群体提供多元的文化产品。德国电视二台等就在互联网上开办跨文化对话平台。斯图加特数字化政府将与慕尼黑理工大学联合推出斯图加特多元语言商业服务(Multilingual Business Services Stuttgart)项目,在互联网上推广多元化语言信息服务。根据北威州媒体专署(Landesanstalt für Medien Nordrhein-Westfalen)最新的调查显示,年轻的土耳其移民和 12—19 岁的俄国移民已经开始大量地使用因特网、手机、电脑和其他数字新兴媒体,新兴媒体已成为对年轻移民群体影响最大的媒体。② 德国还制定了欧洲最大的信息化社会构建计划"D21 计划",重点考虑移民,促进其身份融合。德国的网络信息安全中心也将关注保护移民信息安全问题。

文化多元主义在德国的文化传播领域得到了一定的贯彻。但是,德国媒体在移民文化融入方面所发挥的作用仍是十分有限的。一方面,媒

---

① Press-und Informationsamt der Bundesregierung, *Der Nationale Integrationsplan*, *Neune Wege-Neue Chancen*, S. 159.

② Die Beauftragte der Bundesregierung für Migration, Flüchtlinge und Integration. *Bericht der Beauftragten der Bundesregierung für Migration*, *Flüchtlinge und Integration über die Lage der Ausländerinnen und Ausländer in Deutschland*. Paderborn: Bonifatius GmbH, Druck Buch Verlag, 2010, S. 235.

体工作者中具有移民文化背景的人的比例依旧很低。德意志科研共同会(Deutsche Forschungsgemeinschaft)"少数族群媒体融入"项目(DFG-Forschungsprojekts „ Mediale Integration von ethnischen Minderheiten")研究证明,德国记者中有移民背景的只有 1.2％,84％的日报记者是没有任何移民背景的"本土货"。^① 另一方面,这些媒体对移民的影响力也需要进一步提高。在德国,很多媒体的外语类节目水平甚至还不如一些欧洲小国,很少有移民完全不看母国的媒体,这从一个侧面说明了其跨文化广播能力的不足。^② 2007 年,为了了解媒体在主要移民群体中的影响力和移民对各个媒体形式的期望,两大公立媒体德国公法广播电视联盟和德国电视二台进行一次全国范围内的科学调查。这次调查共抽取了约 3000 人作为被试,涵盖土耳其、前南斯拉夫、波兰、意大利、希腊和前苏联等六个移民群体。调查结果显示,移民在电视和互联网的应用方面与日耳曼裔德国人并无二致,但他们在广播和报纸的应用方面却显得明显不足。^③

三、宗教领域的多元化

在影响到文化机构和大众传媒的同时,文化多元主义在德国宗教领域也得到了一定程度的贯彻。

两德统一之后,德国逐渐承认了多种移民宗教文化在国内共生共存的现状,在一定程度上允许移民群体保持本民族的风俗习惯和宗教信仰,甚至在特定教育机构内可以开设非基督教宗教课程。

---

① Die Beauftragte der Bundesregierung für Migration, Flüchtlinge und Integration. *Bericht der Beauftragten der Bundesregierung für Migration, Flüchtlinge und Integration über die Lage der Ausländerinnen und Ausländer in Deutschland*, S. 236.

② Der Beauftragte der Bundesregierung für Kultur und Medien, *Zur Entwicklung der Medien in Deutschland zwischen 1998 und 2007, Wissenschaftliches Gutachten zum Kommunikations-und Medienbericht der Bundesregierung*, S. 300、298.

③ Die Beauftragte der Bundesregierung für Migration, Flüchtlinge und Integration. *Bericht der Beauftragten der Bundesregierung für Migration, Flüchtlinge und Integration über die Lage der Ausländerinnen und Ausländer in Deutschland*, S. 233 - 234.

出于历史原因,德国对犹太移民和犹太教给予了特殊的包容地位。上世纪 90 年代初,德国曾一度成为前苏联和东欧国家犹太移民的主要目的国。德国有着类似于基督教教会税的犹太教教会税,由国家征收并用于资助犹太教会的发展。在国家的积极支持下,犹太教文化发展迅速。犹太教教堂和文化组织在德国纷纷成立,其中以柏林最为集中。"犹太人中央委员会"(Der Zentralrat der Juden)和一些犹太教牧师在全德范围内得到了政治上的认可。犹太人还有权开办自己的宗教学校。

对最大的非基督教宗教——伊斯兰教,德国也采取了适度的接纳和包容态度。上世纪 80 年代之后,大量清真寺和伊斯兰活动中心在联邦德国得以建立,许多伊玛目(Imam)从土耳其等国来德国主持一般性宗教事务。土耳其移民中间还出现代表特定阶层利益的由私人设立的伊斯兰组织,它们主要扮演社会支持与物质援助者的角色,在住宿、招工、种族主义和歧视等方面积极与德国当局交涉。这些组织和机构主张平等、个人的权利和自由原则,它们认同国际伊斯兰共同体——温麦(Umma),忠诚于伊斯兰原则,并使其在非伊斯兰的环境内得到最大限度的保护,许多还建立了专门的教职人员培训机构。总之,这些伊斯兰组织保护和稳定了穆斯林社区;维持和传承了本土文化。土耳其官方和民间的伊斯兰组织也在德国设立了许多分支机构,而且许多土耳其伊斯兰主义者将德国穆斯林社团作为自己的庇护所,为其政治活动提供某种支持。最大的非政府伊斯兰组织——德国伊斯兰联盟的大部分成员与土耳其的伊斯兰政党关系密切,相当于土耳其伊斯兰政治组织在海外的分支机构,其一些成员还曾当选为土耳其议员。土耳其民众伊斯兰复兴运动代表在德国设立了大量学校,传播该运动的基本思想。著名的纳格希班底教团的苏莱曼斯勒(Suleymancilar)分支也在德国成立了上百所伊斯兰文化中心。

德国人也逐渐认识到了土耳其宗教文化的特殊性,不再将其所信奉的伊斯兰教看作"客籍工人宗教"。德国原先不允许穆斯林按照伊斯教风俗屠宰活牲畜。而且，国家对伊斯兰文化的认同很有限。[①] 但是，这些做法现在逐渐都被允许了。1987 年，联邦德国城市迪伦(Düren)成为西欧最早允许穆斯林通过广播等公开祈祷的城市之一。德国许多城市的公共墓地也开始对穆斯林开放。联邦内政部长沃尔夫冈·朔伊布勒在 2006 年接受《明镜》周刊采访时表示，"在我们的国家生活着 300 万穆斯林，我们不是多样化的穆斯林共同体，但它肯定是我们社会的一个组成部分"[②]。

两德统一之后，伊斯兰教育在德国各州也进一步受到重视。1995年，位于柏林的专设的伊斯兰教小学开始在国家的支持下招收学生。[③] 2006 年为止，16 个联邦州中，有 8 个允许佩戴面纱的穆斯林妇女成为教师。2010 年 5 月 17 日，第二届德国穆斯林大会第一次全体会议召开，重点解决在各级各类教育系统中设置伊斯兰宗教课程的问题。各州、地方代表，以及德国伊斯兰宗教组织和土耳其移民组织也参加了这届大会，大大提高了德国穆斯林大会的代表性与权威性，为日后进一步处理伊斯兰教与德国国家关系奠定了基础。负责就大学发展向政府提供建议的德国科学委员会(Wissenschaftsrat，简称 WR)于 2010 年初完成了题为《在德国高校进一步发展神学与宗教学的建议》的报告，要求在公立大学中建立伊斯兰神学研究体系。科学委员会提出这一建议的首要理由，就是"科研体系对德国日益增长的宗教知识多元化的长期的制度化的反应"。"通过两到三个具有不同特点的伊斯兰神学研究基地所实现的制度化条件，将足以应对联邦德国的多元化伊斯兰信仰问题。"[④]在委员会

---

① Ruud Koopmans，*Contested Citizenship*，*Immigration and Culture Diversity in Europe*，p. 115.

② Thorsten Gerald Schneiders (Hrsg.) *Islamfeindlichkeit*，*Wenn die Grenzen der Kritik verschwimmenSpringer* S. 198.

③ Ruud Koopmans，*Contested Citizenship*，*Immigration and Culture Diversity in Europe*，p. 59.

④ Wissenschaftsrat，*Empfehlungen zur Weiterentwicklung von Theologien und religionsbezogenen.* Berlin：Wissenschaften an deutschen Hochschulen，2010，S. 4 - 5.

看来,大学引入伊斯兰神学专业可以为中小学伊斯兰宗教教育、清真寺、伊斯兰教社会工作和神学研究培养高级专门人才。委员会还希望建立"伊斯兰宗教研究神学家顾问委员会",以保证伊斯兰宗教团体在大学伊斯兰神学教育中的共决权。

　　但与此同时,大量非基督教徒,尤其是穆斯林的涌入使得西欧主要国家面临着巨大的文化融合挑战。穆斯林依然是德国社会中相对贫困和知识文化水平低下的群体,并受到主流社会的歧视。许多伊斯兰教习俗,如男权主义、包办婚姻等都与西方男女平等的人权观念格格不入。人们经常把家庭暴力和歧视妇女事件与伊斯兰文化联系起来。在德国,穆斯林礼拜的时间和形式还是受到严格限制的。除汉堡等少数城市外,大多数地区都不允许穆斯林按照自己的习俗不带棺材进行土葬。"9·11事件"之后,穆斯林在西方国家普遍遭到敌视,土耳其人在德国也不例外。德国土耳其人在柏林-勃兰登堡的"土耳其人联盟"(der Türkische Bund Berlin-Brandenburg)等领导下,展开了一系列维护自身权益的斗争。柏林-勃兰登堡"土耳其人联盟"不仅要求建立涵盖面更广的土耳其移民组织,还希望按照犹太人的模式在德国建立经济、文化功能齐全的土耳其人聚居区。土耳其人的抗议得到了同样在德国曾遭到过不公正待遇的犹太人的大力支持。①

　　显然,仅仅接受和包容伊斯兰教,是无法解决伊斯兰教和德国主流社会之间的矛盾的。实际上,德国并不认同让不同文化背景的人一起快乐生活的"多元文化"理念,强调移民融入主流社会、接受主流社会价值观和实现社会整合的文化多元主义才是其解决宗教矛盾的指导思想。为了帮助穆斯林移民融入德国主流社会,移民宗教组织和德国政府都进行了不懈的努力。伊斯兰组织和机构为促进土耳其穆斯林融入德国社会提供一系列社会服务,如举办夏令营、运动俱乐部、业余无线电课程、

---

① Thorsten Gerald Schneiders (Hrsg.), *Islamfeindlichkeit*, *Wenn die Grenzen der Kritik verschwimmen*, S. 226 - 229.

计算机训练、手工艺、学生家庭辅导、法律援助、翻译服务和性教育等。通过为其成员融入主流社会提供帮助,这些伊斯兰宗教组织在某种意义上充当了沟通穆斯林社区和德国社会的桥梁。德国联邦内政部则于2006年9月28日召开了以"穆斯林在德国——德国穆斯林"为主题的德国首届穆斯林大会(Deutsche Islam Konferenz/DIK),试图"改善德国国家与穆斯林之间的沟通,为穆斯林的宗教与社会融合作出贡献,促进德国社会整合,避免社会极端化和碎片化"①。会议期间,三个工作组分别从"德国社会秩序与价值认同""德国基本法关系中的宗教问题""经济与媒体作为桥梁"等三个方面给大会提出相应的建议。2010年10月,默克尔在波茨坦发表的一场演说中明确表示,穆斯林社区是德国的一部分,但穆斯林移民也必须同时作出努力融入德国社会,学习德语。

文化多元主义政策的推行虽然在一定程度上缓和了外来移民文化与主流文化之间的冲突,促进了相互之间的包容和整合,但在短期内还无法彻底消除移民文化和德国主流文化之间的矛盾。德国社会依旧面临着巨大的文化整合挑战。要想全面贯彻文化多元主义,实现移民社会的文化整合和社会和谐,德国还有很长一段路要走。

---

① Die Beauftragte der Bundesregierung für Migration, Flüchtlinge und Integration, *Bericht der Beauftragten der Bundesregierung für Migration, Flüchtlinge und Integration über die Lage der Ausländerinnen und Ausländer in Deutschland*, S. 271.

附　录

一　地　图

1. 同盟国分区占领德国[①]

---

① Martin Kitchen，*A History of Modern Germany 1800—2000*，Malden，MA：Blackwell Publishing，2006，XⅢ，Map 5.

2. 1949—1990 年分裂的德国[①]

① Mark Allinson, *Germany and Austria 1814—2000*, London：Hodder Arnold, 2002, p. 124.

3. 重新统一后的德国①

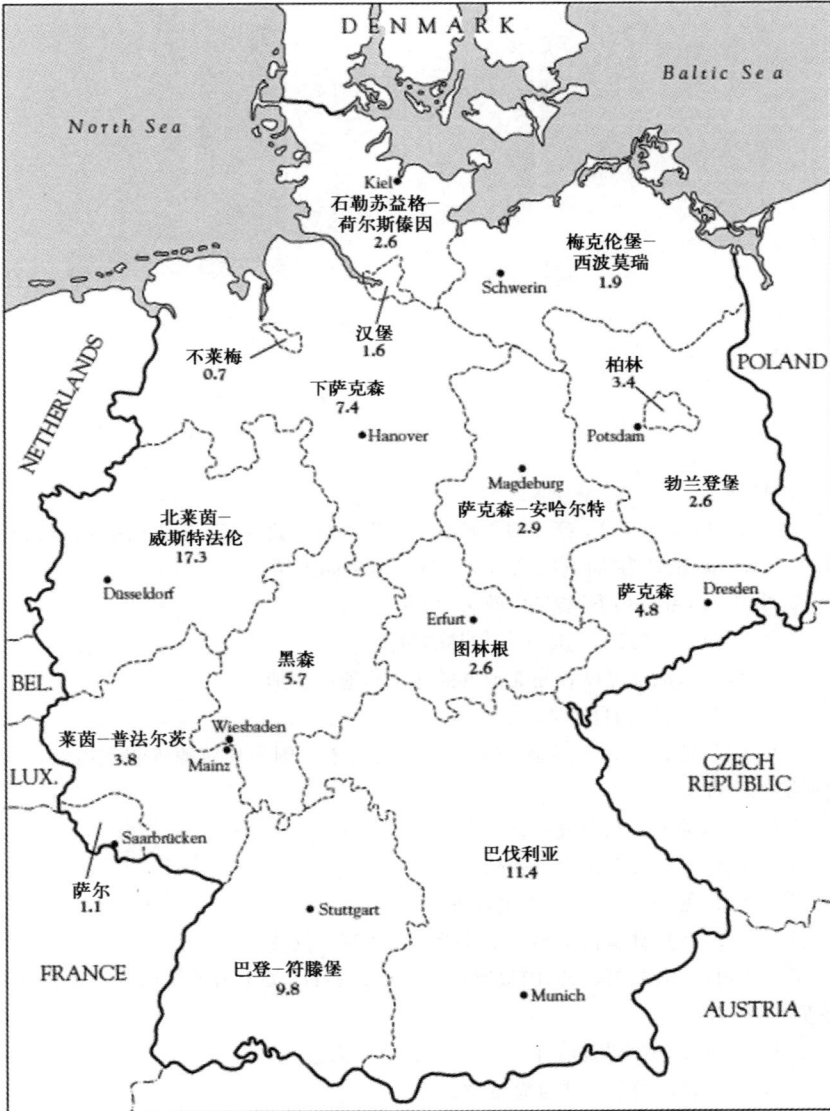

图中标注：

DENMARK

North Sea

Baltic Sea

Kiel

石勒苏益格—
荷尔斯傣因
2.6

梅克伦堡—
西波莫瑞
1.9

Schwerin

汉堡
1.6

不莱梅
0.7

下萨克森
7.4

柏林
3.4

POLAND

Potsdam

Hanover

Magdeburg

萨克森—安哈尔特
2.9

勃兰登堡
2.6

NETHERLANDS

北莱茵—
威斯特法伦
17.3

Düsseldorf

Erfurt

萨克森
4.8

Dresden

黑森
5.7

图林根
2.6

BEL.

莱茵—普法尔茨
3.8

Wiesbaden

Mainz

LUX.

CZECH
REPUBLIC

Saarbrücken

萨尔
1.1

巴伐利亚
11.4

Stuttgart

FRANCE

巴登—符滕堡
9.8

Munich

AUSTRIA

---

① Martin Kitchen，*A History of Modern Germany 1800—2000*，Makden，MA：Blackwell
Publishing，2006，ⅩⅢ，Map 6.

二 大事年表

1945 年

2 月 4—11 日,苏、美、英三国首脑在雅尔塔举行会议,决定三国军队各自占领德国的一个区域,柏林为"特别区域",由三国军队共同占领。

3 月 19 日,希特勒下达"焦土政策"命令。

4 月 15 日,苏联红军完成了对柏林的包围。

4 月 25 日,苏、美军队在易北河畔的托尔高地区会师。

4 月 30 日,希特勒自杀。

5 月 1 日,苏、美、英、法四国政府代表达成关于法国参加对德管制和占领,以及共管柏林的协议。

5 月 2 日,邓尼茨政府成立。

5 月 4 日,苏联红军完全占领柏林。

5 月 7 日,德国签署"无条件投降书"。

5 月 7 日,在柏林举行德国无条件投降正式签字仪式。

6 月 5 日,苏、美、英、法四国政府代表在柏林签订《关于击败德国并在德国承担最高权力的宣言》。

6 月 17 日,北威州基督教民主联盟举行成立大会。

6 月,苏占区基督教民主联盟成立。

7 月 1 日,大柏林"盟国城防司令部"成立。

7 月 5 日,苏占区自由民主党成立。

7 月 17 日—8 月 2 日,苏、美、英三国政府首脑举行波茨坦会议,签署《波茨坦协定》。

8 月 5 日,盟国管制委员会成立。

8月8日,苏、美、英、法及其他19个国家在伦敦签订《关于追剿和惩办欧洲轴心国主要战犯的决定》,并通过了《国际军事法庭章程》。

11月20日,纽伦堡国际军事法庭正式开庭公开审判纳粹战犯。

12月14日,基督教民主联盟成为跨州政党。

1946年

1月8日,基督教社会联盟在慕尼黑成立。

1月20—27日,美占区举行第一次自由选举。

3月1日,阿登纳当选为英占区基督教民主联盟主席。

4月21—22日,苏占区共产党和社会民主党举行两党联合代表大会,合并成立德国统一社会党。

5月9日,西方三占区和柏林代表举行社会民主党重建大会,选举舒马赫为战后第一任主席。

4—6月,四大国外长在巴黎召开会议,讨论和约和德国问题。

9月,苏占区开始举行区、乡、州民主选举。

9月30日—10月1日,纽伦堡国际军事法庭宣布对纳粹战犯宣判的判决书。

11月26日,大柏林选出统一的市议会和政府。

12月2日,美、英缔结关于建立"双占区"的协议,规定1947年1月1日起在经济上合并。

1947年

1月1日,美、英签署《德国美占区和英占区经济合并协定》

3月10日—4月24日,苏、美、英、法四国外交部长在莫斯科举行会议,全面讨论德国问题,中心议题是政治统一和政治制度。

4月,英占区举行州议会选举。

5月18日,法占区举行州议会选举。

5月29日,美、英签订《改组双占区经济机构的协定》,并根据此协定成立了"联合经济区"。

6月5日,美国国务卿马歇尔在哈佛大学演讲中提出美国"欧洲复兴计划",即"马歇尔计划"。

11月25日—12月15日,苏、美、英、法四国外交部长在伦敦就德国统一问题再次举行会议,会议没有结果,最后破裂。

1948年

2月23日,美、英、法三国外交部长开始在伦敦举行会议,26日,荷兰、比利时、卢森堡三国外交部长也参加了这一会议,史称六国伦敦会议,会议于6月7日通过了《伦敦协议书》有关鲁尔管制的文件。

3月17—28日,苏占区召开德国代表大会,成立"德国人民委员会"。

4月29日,苏占区民主农民党成立。

5月25日,苏占区国家民主党成立。

6月16日,苏军代表撤离盟军柏林管制总部。

6月20日,西方三国占领区实行货币改革,发行"B"记马克取代帝国马克。

6月23日,苏占区实行货币改革,发行新货币马克取代旧马克。

6月24日,苏联开始全面封锁西柏林,"第一次柏林危机"开始。

7月1日,西方三国军事长官召集11州总理在法兰克福开会,商讨成立西德国家事宜。

8月6—16日,苏、美、英、法四国代表在莫斯科举行第四次会谈。

9月1日,西德议会委员会(即制宪会议)在波恩开幕。

10月4日,柏林问题正式提交联合国安理会,联合国主席呼吁四国通过谈判解决柏林问题。

11月30日,东柏林成立市政府。

12月5日,西柏林选举市议会,并成立市政府,从此柏林宣告分裂。

11月11日—12月24日,第二次伦敦六国外交部长会议,讨论鲁尔问题。

12月,西占区自由民主党成立,特奥多尔·豪斯当选为主席。

1949年

4月8日,法占区并入美、英双占区,成立"三占区"。

4月28日,美、英、法等六国在伦敦签订协定,正式成立鲁尔国际管制机构。

5月5日,苏、美、英、法同时发表关于解除德国各占领区和柏林之间的限制的公报。

5月8日,西德议会委员会通过联邦德国《基本法》。

5月12日,柏林封锁被解除。

5月15—16日,苏占区举行普选。

5月23日,《基本法》经过10个州议会通过,正式生效。

5月30日,苏占区召开德国全国人民代表大会,批准《德意志民主共和国宪法》。

8月14日,西占区举行第一届联邦议院选举,基督教民主联盟/基督教社会联盟、社会民主党和自由民主党共获得约70%的选票。

9月12日,特奥多尔·豪斯当选德意志联邦共和国首任总统。

9月15日,康拉德·阿登纳当选联邦共和国总理,组成联盟党、自民党和德意志人党联合政府。

9月20日,德意志联邦共和国宣告成立。翌日美、英、法制定的《占领法规》生效。

10月7日,《德意志民主共和国宪法》生效,德意志民主共和国临时议会和临时政府成立。

10月11日,奥托·格罗提渥当选民主德国总理。威廉·皮克当选总统。12日,德意志民主共和国政府内阁正式成立。

10月,苏联与民主德国互派外交使团。联邦德国加入"欧洲经济合作组织",为获得马歇尔计划的援助准备了条件,也是其加入的第一个主权国家的国际组织。

11月12日,阿登纳与美、英、法签署《彼得斯贝格议定书》,占领国将停止对德国工业的拆迁,联邦德国参加鲁尔国际管制机构,并可在外国设立领事机构。

1950 年

2月3日,民主德国成立德意志全国委员会,并以之为全国阵线的中央机关。

3月16日,阿登纳对美国记者金·史密斯谈话,提出建立法德联盟。

5月1日,民主德国实施《劳动基本法》。

5月9日,法国提出《舒曼计划》,阿登纳表示欢迎,因其有利于法德和解和德国的复兴。

6月5—6日,民主德国与波兰签署以奥得-尼斯河为边界的条约和经济技术文化合作协议。

6月13日,民主德国与捷克斯洛伐克签署经济与文化合作协定。

6月20日,联邦德国与法、荷、比、卢、意开始建立欧洲煤钢共同体的谈判。

7月,联邦德国成为"欧洲委员会"联系成员国。

8月18日,阿登纳对记者谈话,要求建立联邦德国防务力量。

9月中旬,美、英、法三国外长会议宣布承认联邦德国为德国唯一合法政府,并考虑联邦德国的防务贡献问题。

9月30日,民主德国加入经济互助委员会。

10月24日,法国提出"普利文计划",阿登纳表示欢迎。

11月8日,民主德国人民议会组成,并根据选举结果组成政府。

1951 年

1月,民主德国开始第一个五年计划。阿登纳拒绝民主德国提出的建立全德委员会的建议,坚持以"全德自由选举"作为走向统一的第一步。

3月,联邦德国建立外交部,阿登纳自任外交部长。

3月14日,民主德国政府发表关于争取缔结和约和为德国统一而斗争的宣言。

4月10日,联邦议院通过《煤钢企业共同决定法》,1000人以上的煤钢企业适用此法。

4月18日,联邦德国与法、意、荷、比、卢签署《建立欧洲煤钢共同体条约》。

4月21日,联邦德国加入关税及贸易总协定。

6月3—5日,民主德国举行反对德国重新军国主义化和要求缔结对德和约的民意投票。

7月,英、法、美相继宣布结束对德国的战争状态。

9月20日,两德签署关于"区间贸易"的柏林协定。

1952 年

2月8日,联邦议院批准加入欧洲防务共同体。社会民主党投反对票。

2月13日,民主德国致函英、法、美、苏四国政府,要求按照波茨坦协定从速缔结对德和约。

3 月 10 日,苏联发出照会,提出联邦德国可以实现统一,条件是它实行中立。阿登纳政府与美、英、法拒绝了这一建议。

5 月 26 日和 27 日,联邦德国先后签署关于调整与三大国关系的《一般性条约》和法、德、意、荷、比、卢《建立欧洲防务共同体的条约》。

7 月 7—12 日,德国统一社会党第二次全国代表会议召开,民主德国国内工作重心开始转向社会主义建设。

7 月 23 日,民主德国实行行政区划管理改革,取消了州的建制,代之以 14 个专区。

10 月 23 日,联邦德国宪法法院裁决取缔新纳粹势力的"社会帝国党"(SRP)。

10 月,联邦德国通过《企业组织法》,雇员在 20 人以上的企业适用此法。

1953 年

3 月 5 日,斯大林逝世。

3 月 6 日,联邦德国第二届联邦议院选举,联盟党获得优势继续执政,阿登纳再次担任总理。

6 月 17 日,民主德国东柏林和其他城市爆发工人示威游行。

7 月 24—26 日,统一社会党中央第十五次全体会议召开,通过乌布利希提出的"新路线"。

8 月 22 日,苏联免除民主德国由于战争而负担的财政和经济义务,并将两国关系提升到大使级别。

1954 年

1 月 25 日—2 月 18 日,英、法、美、苏四国外长会议讨论德国问题,但无果而终。

3 月 26 日,苏联承认民主德国为主权国家。

3 月 30 日—4 月 6 日,统一社会党召开第四次代表大会。

8 月 30 日,法国国民议会否决《欧洲防务共同体条约》。

10 月 23 日,联邦德国美、英、法等国签署《巴黎协定》,规定结束占领制度,联邦德国成为主权国家,实现重新武装并加入北大西洋公约组织。同日,联邦德国和法国签署《关于萨尔问题的原则性协定》,规定萨尔将成为西欧联盟结构中的"萨尔法规"之下的一个地区。

1955 年

1 月 25 日,苏联发布《关于结束苏联同民主德国之间的战争状态的命令》,宣布结束两国之间的战争状态。

1 月 29 日,在社会民主党的倡议下,在圣保罗教堂(美因河畔法兰克福)举行群众大会,要求四大国就德国统一问题进行磋商,反对联邦德国重新武装。

5 月 9 日,《巴黎条约》生效,联邦德国随之加入北约组织。

5 月 14 日,苏联东欧签署《华沙条约》,成立华沙条约组织。民主德国被接纳为成员。

6月2日,联邦德国和法、意、荷、比、卢达成"墨西拿决议",决定"重启欧洲建设"。

7月18—23日,四国首脑日内瓦会谈,讨论德国问题、欧洲安全和裁军等问题,无实质成果。随后苏联领导人赫鲁晓夫宣布了两个德国主张。

9月8—14日,阿登纳访问苏联,双方建立外交关系,并就战俘返回问题达成安排。

9月20日,苏联与民主德国签订友好互助条约,并承认民主德国"拥有充分主权"。

10月10日,联邦总统豪斯任命联邦国防军第一批人员。

10月23日,在西欧联盟监督下的萨尔公民投票,67%的人拒绝"萨尔法规"。

10月24—27日,统一社会党召开二十五中全会,决定今后的任务是在国际法基础上建立两个德国间的正常关系,并全面巩固民主德国中央政权。

12月,联邦德国外长勃伦塔诺告诫其他国家不要无视联邦共和国的单独代表权,由此产生了"哈尔斯坦主义"。

1956 年

1月18日,民主德国通过创建国家人民军和国防部的法律。

3月24—30日,德国统一社会党召开第三次全国代表会议。

7月7日,联邦德国通过《义务兵役法》。社会民主党投反对票。

8月17日,联邦宪法法院根据阿登纳政府的要求,以"违宪"为由取缔德国共产党(KPD)。

1957 年

1月1日,萨尔成为联邦德国的一个州。

1月30日—2月1日,统一社会党举行中委会第三十次会议,乌布利希详细谈到两德邦联计划。

3月25日,联邦德国与法、意、比、荷、卢签署关于建立欧洲经济共同体和原子能共同体的《罗马条约》。

6月26日,联邦德国颁布《联邦银行法》,成立联邦银行。

7月,联邦议院通过《反对限制竞争法》。该法被称为"社会市场经济的宪章"。

9月15日,联邦德国第三次联邦议院选举,联盟党获得空前胜利,单独组成联邦政府。随后阿登纳再次组织政府。

1958 年

3月,在法兰克福的圣保罗教堂举行反核集会,揭开大规划反核群众运动的序幕。

7月10—16日,统一社会党召开第五次全国代表大会,提出完善和发展社会主义生产关系。

11月27日,苏联照会英、法、美三国,提出缔结对德和约的备忘录,要求在半年内解决问题,否则将单方面与民主德国缔结和约。这一建议遭到西方拒绝,第二次柏林危机开始。

1958年,联邦德国马克实行与美元的自由兑换。

1958年,联邦德国司法机构在乌尔姆市开始进行"纳粹行动队审判"。

1959年

1月,民主德国政府停止执行第二个五年计划,实施"赶超联邦德国"的"七年计划"。

4月,民主德国在比特菲尔德召开作家会议,提出"工人们,拿起笔杆来!"的口号。

5月11日—6月20日,英、法、美、苏在日内瓦举行四国外长会议,两德代表列席。

11月13—15日,社会民主党通过《哥德斯贝格纲领》,修改指导思想和纲领,接受"社会市场经济"。

12月,民主德国颁行新法律,要在1964年前普及综合技术教育的十年制综合技术中学。

1959—1960年,阿登纳授意制定"格洛布克计划",试图改善与民主德国的关系。

1960年

9月7日,民主德国第一任总统威廉·皮克去世。12日,人民议院决定不再设立总统,代之以国务委员会主席。

11月25日,德国社会民主党在汉诺威代表大会上指定维利·勃兰特为联邦总理候选人。

1961年

6月3—4日,美、苏首脑维也纳会晤,赫鲁晓夫在德国和柏林问题上加强施压。

8月,柏林危机达到高潮。13日民主德国建立柏林墙。

11月30日,民主德国部长会议主席格罗提渥致信阿登纳,提议互相承认主权平等和尊重领土完整。

1961年,联邦德国外长施罗德提出"松动政策",同东欧国家缓和关系。

1962年

2月28日,德国电影界人士发表《奥伯豪森宣言》,决心振兴德国电影事业。随后开始"新德国电影"运动。

10月,联邦德国《明镜》事件,自由民主党退出政府,国防部长施特劳斯被迫辞职,阿登纳重组政府。

1963年

1月15—21日,德国统一社会党"六大"召开,宣布基本完成由资本主义向社会主义过渡的任务,并提出全面建设社会主义是党的战略任务。

1月22日,阿登纳与戴高乐签署《法德合作条约》。

6 月 25 日,民主德国政府公布《国民经济计划与管理的新经济体制准则》。

7 月 2 日,瓦尔特·乌布利希提议两德就建立邦联、发展正常和平关系和友好合作进行谈判。

7 月 15 日,社会民主党人埃贡·巴尔提出"以接近求改变"的东方政策思路。

8 月 5 日,美、苏、英签署"部分禁止核试验条约"。19 日联邦德国加入该条约。

10 月 11 日,阿登纳辞去总理职务,路德维希·艾哈德继任。

12 月,联邦德国司法机构开始"奥斯维辛审判"。审判持续到 1965 年 8 月。

1963—1964 年间,联邦德国相继与波兰、保加利亚、罗马尼亚、匈牙利等国签署贸易协定,互派贸易使团。

1964 年

2 月 15—16 日,维利·勃兰特当选为德国社会民主党主席。

4 月 24—25 日,民主德国政治局思想工作委员会和文化部在比特菲尔德举行代表会议。

6 月 12 日,民主德国与苏联签订友好合作互助条约。

9 月 21 日,民主德国部长会议主席奥托·格罗提渥逝世。24 日,人民议院任命维利·斯多夫为部长会议主席。

1965 年

2 月 25 日,民主德国人民议院通过了统一的社会主义教育制度法,规定十年制综合技术中学为义务教育。

5 月 13 日,联邦德国与以色列建立外交关系。随后以埃及为首的 10 个阿拉伯国家与联邦德国断绝外交关系。

1965 年,北约成立"核计划小组",联邦德国是其成员国之一。

1966 年

3 月,艾哈德政府发出"和平照会",表示愿意与苏联和东欧国家改善关系,实现共处。

3 月,民主德国与苏联建立经济和科技合作政府委员会。

12 月 1 日,联盟党与社民党联合组成"大联合"政府,库特-格奥尔格·基辛格任总理,社民党人维利·勃兰特任副总理兼外交部长。

12 月,民主德国提出两德之间建立和平共处关系的最低纲领。同月联邦德国"大联合政府"发表声明,重申艾哈德政府"和平照会"中与苏联东欧实现和解的政策。

1966 年间,极右派"德国国家民主党"(NDP)在黑森等州选举中跨越 5% 的门槛,进入州议会。

1967 年

3 月—9 月,民主德国先后与波兰、匈牙利、保加利亚签订友好合作互助条约。

4 月,西柏林学生集会,抗议美国侵越战争。

4 月 17—22 日,德国统一社会党召开第七次代表大会,提出建设发达的社会主义制度。

4 月 19 日,阿登纳去世。

5 月 10 日,民主德国总理斯多夫致信联邦德国总理基辛格,由此开始两德首脑直接通信。

6 月 8 日,联邦德国通过《促进经济增长与稳定法》(简称《稳定法》),被称为"现代经济干预的大宪章"。

6 月,联邦德国学生抗议伊朗巴列维国王访问西柏林,与警察发生冲突。

1968 年

1 月,民主德国颁布新宪法草案,并于 4 月投票通过。

4 月,联邦德国发生学生领袖杜奇克遭枪击事件,激起学生新一轮抗议浪潮。

5 月 30 日,在一片抗议声中,联邦议院通过《紧急状态法》,授权政府在必要情况下采取紧急措施,保护"自由民主的基本秩序"。

8 月 21 日,苏联和部分华约国家部队进入捷克斯洛伐克。

1969 年

3 月 5 日,社会民主党人海涅曼当选联邦德国总统。

9 月 28 日,联邦德国大选,社会民主党获 42.7%的选票。

10 月,社会民主党与自由民主党组织"小联合"政府,勃兰特担任总理,谢尔任副总理兼外长。由此开启为期十余年的社会民主党—自由民主党联合执政的时期。

11 月,勃兰特政府加入《不扩散核武器条约》。

1970 年

3 月 19 日,联邦德国总理勃兰特与民主德国部长会议主席斯多夫在埃尔福特会晤,讨论两德关系问题。

5 月 21 日,勃兰特与斯多夫在卡塞尔再次会晤。

6 月,联邦德国激进抗议分子恩斯林公开呼吁建立"红军",展开"武装抵抗"。

8 月 12 日,联邦德国与苏联签署互不侵犯条约(《莫斯科条约》),宣称放弃使用武力,并承认现状。同时,联邦德国发出"关于德国统一的信件",强调在和平中通过"自由的自决"实现统一的目标。

12 月 7 日,联邦德国与波兰签署关系正常化条约(《华沙条约》)。

1971 年

3 月 31 日,民主德国重新实行集中的计划管理体制。

5 月 3 日,昂纳克当选为统一社会党中央委员会总书记。

6 月 15—19 日,德国统一社会党召开第八次全国代表大会。

9 月 3 日,美、苏、英、法签署《关于柏林的四方协定》。

9 月 30 日,两德达成邮电和通信协议。

10 月 20 日,勃兰特获诺贝尔和平奖。

12 月 17 日,两德签署过境交通的协议。

1972 年

1 月,联邦德国新的《企业组织法》生效。

1 月 28 日,勃兰特与各州总理签署《反对激进分子令》。

5 月,联邦议院批准《莫斯科条约》和《华沙条约》,同时通过解释性决议,强调条约与德国在欧洲框架内以和平手段恢复统一的目标不相矛盾。

6 月,联邦德国"红军派"首要分子巴德尔、恩斯林、迈因霍夫等人被捕。

12 月 21 日,联邦德国和民主德国签署《两德关系基础条约》,双方放弃使用武力或以武力相威胁,承认两德边界不可侵犯,彼此尊重独立。

1972 年,联邦德国作家亨利希·伯尔获诺贝尔文学奖。

1973 年

5 月 1 日,民主德国颁布的对所有社会主义企业都适用的管理条例正式生效。

7 月 3—12 日,欧洲安全与合作会议召开,两德都参加了欧安会。

7 月 31 日,联邦德国宪法法院应巴伐利亚州政府的要求,裁决两德关系基础条约符合《基本法》,并强调民主德国不能被视为外国,而只是德国的一部分。

9 月 18 日,两德同时加入联合国。

10 月 3 日,民主德国人民议院选举斯多夫为国务委员会主席,任命辛德曼为部长会议主席。

12 月 11 日,联邦德国与捷克斯洛伐克签署关系正常化条约,宣布《慕尼黑条约》无效。

1974 年

5 月 6 日,勃兰特因"纪尧姆事件"辞职。赫尔穆特·施密特继任总理,自民党人汉斯-迪特里希·根舍任副总理兼外长。

5 月 15 日,自民党人瓦尔特·谢尔当选联邦德国总统。

9 月 27 日,民主德国人民院决定修改宪法,以"工人和农民的社会主义国家"取代"德意志民族的社会主义国家"的提法。

11 月,联邦德国与波兰达成经济与技术合作协定。

1975 年

1 月,联邦德国与捷克斯洛伐克签署经济技术合作协定。

2—3 月,联邦德国的威尔发生近 3 万人参加的抗议建设核电站的活动。

8 月 1 日,两德和其他国家一起在赫尔辛基签署欧洲安全与合作会议的"最后文件"。

10 月 7 日,民主德国和苏联签订新的友好合作互助条约。

11 月中旬,德国社会民主党代表大会通过"八五大纲"。

1975 年,联邦德国开始对"红军派"首要分子进行审判。

1976 年

3 月 18 日,联邦德国通过新《企业共同决定法》,适用于拥有 2000 以上职工的所有企业。

5月18—22日,统一社会党召开第九次全国代表大会,通过新党章。

10月21日,联邦德国被选为联合国安理会非常任理事国,任期两年。

1976年,联邦德国制定《高教框架立法》,就教育改革制定了相关的方针。

1977年

7月2日,青年社会党人主席克劳斯-乌韦・贝内特尔被开除出德国社会民主党。

9月28日,勃兰特任"国际发展问题独立委员会"(南北委员会)主席。

10月,联邦德国的恐怖活动达到高潮。联邦特种部队成功解救被劫飞机和人质。巴德尔等被囚的"红军派"首领在狱中自杀。

1978年

1978年,联邦政府成立专门机构,研究改善"外国人"处境及其与德国社会的融合等问题。

12月4—5日,在联邦德国与法国的合作之下,欧洲理事会决定建立"欧洲货币体系"。

12月9—10日,社会民主党科隆特别代表大会,提出放松对公用事业聘用人员的审查。

1979年

1月,施密特总理与美国总统卡特、英国首相卡拉汉、法国总统德斯坦在瓜德罗普岛会晤,讨论苏联对欧洲的中程导弹问题。

3月,"欧洲货币体系"正式生效。

5月23日,基民盟的卡斯滕斯当选为联邦德国总统。

6月上旬,欧洲议会首次直接选举,联邦德国获得410个席位中的81席。

7月3日,联邦议院通过决议,取消对纳粹罪行追诉的时间限制。

12月,北约通过关于欧洲中程导弹的"双轨决议"。

1979年,联邦德国学者斯坦贝格提出"宪法爱国主义"。

1980年

7月19日—8月3日,联邦德国与美国等西方国家一起,抵制莫斯科奥运会。

1981年

10月,联邦德国多地发生大规模的反核和平运动,反对北约《双轨决议》。反核和平运动一直持续到1983年。

12月11—13日,联邦德国总理施密特与民主德国国务委员会主席昂纳克会谈。

1981—1984年间,一系列司法调查揭露企业界与政党的权钱交易,一批党政高官涉嫌,或辞职或受到处罚。

1982年

8月20日,自民党人、副总理兼外长根舍批评政府的经济与财政政策,提出

"转向"。

9月17日,施密特宣布结束与自民党的联合政府,并建议举行大选。

10月1日,联邦议院通过对施密特总理的建设性不信任案。随之选举联盟党人科尔任总理,与自由民主党联合组织政府。

1983 年

3月6日,联邦议院选举,联盟党获胜并继续与自由民主党联合执政。绿党首次进入联邦议院,冲击了现有的政党格局。

6月29日,联邦政府担保向民主德国贷款10亿马克,这笔贷款由以巴伐利亚银行为首的银行团提供。

10月5日,昂纳克宣布将撤除两德边境上的自动射击装置。

12月,在联邦德国开始部署美国新的中程导弹,反核和平运动再起高潮。

1984 年

1月18日,苏联在民主德国部署导弹部队。

2月,联邦德国总理科尔和民主德国领导人昂纳克在莫斯科会晤,强调两德的和平共处对欧洲发展起着有利作用。

5月,理夏德·冯·魏茨泽克当选联邦德国总统。

7月,民主德国放松两德间旅行的限制,减少了要求来访者兑换东德马克的数量。

10月,昂纳克在《新德意志报》发表文章称,社会主义与资本主义如同水火,不可能统一。

1986 年

2月17日,联邦德国签署在1992年建成欧共体统一大市场的《单一欧洲文件》。

2月22日,民主德国人民院主席辛德曼访问波恩,与联邦总统、总理等进行了会谈。

4月17日,统一社会党召开第十一次全国代表大会,进一步提出面向2000年的经济战略。

6月16日,昂纳克再次当选为国务委员会主席,斯多夫和辛德曼分别再次当选为部长会议主席和人民议院主席。

10月16日,联邦德国再次当选为联合国安理会非常任理事国,为期两年。

1987 年

9月7—11日,民主德国领导人昂纳克访问联邦德国,与科尔会谈。双方在"原则问题"上各执一辞,但表示彼此是"命运共同体""决不让在德意志土地上再次发生战争"。

1989 年

3月30日,民主德国政府宣布从4月1日起放宽东德人民到西德旅行的限制。

5月2日,匈牙利开始拆除通往奥地利边界上的铁丝网,从而打开了民主德国公民经匈牙利入奥地利逃往西德的缺口。

6月12—15日,苏共中央总书记戈尔巴乔夫访问联邦德国。

从7月起,大批民主德国居民逃向西方。

8月23日,科尔就大批民主德国人民逃往西德发表声明,声称联邦德国对此不会无动于衷,要求与昂纳克会晤。

10月7日,民主德国举行40周年国庆活动,戈尔巴乔夫应邀出席。

10月9日,东柏林、莱比锡等大城市爆发数十万人示威游行。

10月18日,德国统一社会党举行第十一届九中全会,昂纳克以"健康原因"辞职,埃贡·克伦茨当选为德国统一社会党中央总书记。

10月24日,在民主德国第九届人民议院第十次会议上,克伦茨被选为国务委员会主席。

11月4日,东柏林爆发百万人大游行。

11月7日、8日,民主德国政府和统一社会党政治局先后集体辞职。

11月9日,民主德国宣布开放"柏林墙"和东、西德边界。

11月10日,科尔中断在波兰的访问,紧急回国召开内阁会议,讨论东德开放"柏林墙"后的局势。

11月13日,民主德国人民议院选举统一社会党政治局委员莫德罗为部长会议主席。

11月17日,莫德罗提出建立两德"条约共同体"构想。

11月28日,科尔提出实现德国统一的"10点计划".

11月29日,美国国务卿贝克对科尔"10点计划"表示支持。

12月3日和6日,克伦茨先后辞去德国统一社会党总书记和国务委员会主席职务。

12月5—6日,联邦德国外交部长根舍访问苏联,苏联强调其与民主德国的结盟关系,反对人为地强制推行德国重新统一。

12月9日,民主德国统一社会党在特别代表大会上选举41岁的柏林律师格雷戈尔·居西为主席。

12月16日,民主德国统一社会党改名为德国统一社会党—民主社会主义党。

12月19—29日,科尔访问民主德国,与莫德罗会谈。

12月22日,科尔和莫德罗举行仪式,打开了东、西"柏林墙"间的勃兰登堡门。

1990年

1月27日,民主德国各党举行圆桌会议,把原定5月6日举行的全国选举提前到3月18日。

1月29—30日,莫德罗访问苏联,戈尔巴乔夫声称,德国统一问题无疑已经列在欧洲议事日程上。

2月1日,莫德罗提出"通往德国统一道路的方案"。

2月2日,民主德国统一社会党—民主社会主义党主席居西访问苏联,承认德国统一问题提上了议事日程。

2月4日,统一社会党—民主社会主义党更名为德国民主社会主义党(简称民社党)。

2月6日,英国首相撒切尔夫人在下院称德国统一问题看来不可避免,但需要一个较长的过渡时期。

2月7日,波恩内阁成立"德国统一内阁委员会",科尔任主席。

2月10—11日,科尔访问苏联,戈尔巴乔夫宣称,必须由德国人自己解决德意志民族统一的问题,统一后的德国留在北约对苏联来说是不能接受的。

2月23日,苏、美、英、法四国和两德外交部长出席在渥太华召开的北约和华约33国"开放天空"会议,讨论德国统一问题,制定"二十四"方案。

2月15日,科尔在联邦议院发表声明,声称统一后的德国将继续留在西方联盟;科尔访问法国,同密特朗总统会谈。

2月19日,民主德国军队开始从勃兰登堡门大规模拆除"柏林墙"。

2月20日,两德内阁部长和经济专家在东柏林首次会晤,商讨建立两德货币和经济联盟。

2月24—25日,科尔访问美国,与布什会谈,双方一致表示统一后的德国应是北约正式成员国。

3月5—6日,莫德罗访问苏联。

3月14日,四大国和两德外交部司长级代表在波恩举行"二十四"会谈第一次筹备工作会议,重点讨论程序、时间表、议程等事项。

3月18日,民主德国举行自由选举,以德·梅齐埃为主席的基民盟在选举中得票最多。

3月19日,科尔访问英国,与撒切尔夫人举行会谈,一致表示统一后的德国必须留在北约。

4月12日,民主德国人民议院举行会议,基民盟主席德·梅齐埃被选为部长会议主席,组成以德国联盟(基督教民主联盟、德国社会联盟、民主觉醒)、自由民主联盟和社民党为主的新政府。

4月24日,德·梅齐埃访问联邦德国,与科尔达成协议,两德从7月1日起建立货币、经济和社会联盟。

4月27—29日,德·梅齐埃访问苏联,与戈尔巴乔夫会谈。

5月5日,首轮"二十四"外交部长会议在波恩举行。

5月12日,两德就建立货币、经济和社会联盟的《国家条约》达成协议。

5月17日,科尔访问美国,同布什总统就德国统一和东、西方其他问题进行磋商。

5月18日,两德财政部长在波恩正式签署建立货币、经济和社会联盟的《国家条约》。

6月8日,科尔访问美国,表示希望今年秋天结束"二十四"会议。

6月11—12日,德·梅齐埃访问美国,布什重申统一后的德国必须成为北约正式成员国。

6月12日,戈尔巴乔夫提出统一后的德国同时成为华约和北约的"联系成员国"的新建议。

6月18—19日,德·梅齐埃访问法国,表示赞成统一后的德国留在一个政治作用大于军事作用的北约内。

6月21日,联邦德国政府宣布为向苏联提供50亿马克银行贷款提供政府担保;两德议会分别以压倒性多数通过承认德、波边界的决议。

6月22日,联邦议院批准两德建立货币、经济和社会联盟的《国家条约》;第二轮"二十四"外交部长会谈在东柏林举行,主要讨论统一后的德国军事地位问题。

7月1日,两德建立货币、经济和社会联盟的《国家条约》正式生效,西德马克为民主德国流通货币;民主德国的"国营企业信托管理局"(简称"托管局")成立。

7月3日,两德政府决定于12月2日举行全德大选,民主德国决定恢复州建制。

7月3日,两德政府就实现两德政治统一的第二个国家条约——《统一条约》开始谈判。

7月14日,科尔访问苏联,戈尔巴乔夫同意德国统一后立即取得完全的、不加限制的主权,并可自由决定其归属。

7月17日,第三轮"二十四"外交部长会议在巴黎举行,波兰外交部长应邀参加会议,会议主要讨论德、波边界问题。

8月2日,两德政府草案《选举条约》。

8月23日,民主德国人民议院以2/3的多数票通过决议,决定民主德国于10月3日根据联邦《基本法》第23条加入联邦德国。

8月31日,联邦德国内政部长朔伊布勒和民主德国国务秘书克劳泽在柏林签署两德第二个国家条约——《统一条约》

9月12日,第四轮"二十四"会谈在莫斯科举行,签署《关于最终解决德国问题的条约》。

9月13日,《苏德睦邻伙伴合作条约》在莫斯科签订,条约有效期为20年。

9月18日,科尔总理和法国总统密特朗举行两国政府间的第56次会晤。

9月19日,民主德国人民议院通过《统一条约》。

9月10—21日,联邦议院和参议院分别通过《统一条约》。

10月2日,东、西柏林市政府举行联席会议,宣布柏林正式统一。

10月3日,民主德国正式加入联邦德国,分裂40多年的德国实现了统一。10月3日为德国国庆日。

10月4日,统一后的德国全德联邦议院举行首脑会议。

10 月 5 日,德国联邦议院通过新的《选举法》。

12 月 2 日,全德第一次议会选举,联合执政的联盟党和自由民主党得票超过半数。

1991 年

1 月 2 日,科尔政府决定,德国将派遣 18 架阿尔法型喷气式战斗机参加北约机动干预部队前往土耳其。

1 月 3 日,德国东部 25 万人在特雷普托苏军烈士陵园举行大规模集会,抗议新纳粹分子破坏烈士陵园以及反苏、反犹太人、反外国人的行径。

1 月 17 日,在两德统一后的首届议会上,科尔被选为德国统一后的全德第一任总理。

1 月 18 日,统一后首届全德政府成立。

1 月 26 日,德国政府决定给予美国提供 55 亿美元资金,以支持其在海湾的军事行动。

1 月 30 日,科尔在联邦议院发表《政府声明》,全面阐述了统一后德国首届政府的内政外交方针.

2 月 7 日,联邦议院副议长施密特女士表示,反对向以色列出售武器。

3 月 8 日,科尔总理主持联邦政府会议,制定了"振兴东部"战略——《共同促进东部地区发展的计划》。

3 月 11 日,科尔同英国首相梅杰在波恩就欧洲一体化过程和欧洲安全政策等问题会谈。

3 月 13 日,前民主德国领导人昂纳克飞往莫斯科就医,德国政府要求苏联立即送回昂纳克。

3 月 21—22 日,魏茨泽克总统访问法国,重申德国不谋求联合国安理会常任理事国地位。

4 月 1 日,负责德国东部地区国营企业私有化的托管局局长罗韦德尔在其办公室遇刺身亡。

5 月 10 日,科尔在德国东部地区哈雷视察时,遭到示威群众用鸡蛋和番茄的袭击。

6 月 17 日,德国和波兰在波恩签署《德波睦邻和友好、合作条约》,确定奥得-尼斯河为波兰西部边界。

6 月 20 日,联邦议院决定,柏林为议院和政府所在地。

7 月 1 日,为筹措"统一资金",德国通过了《团结互助法》。

9 月 12 日,德·梅齐埃宣布辞去所担任的一切职务。

9 月 18—20 日,法国总统密特朗访问德国,同科尔总理就双边关系、南斯拉夫等问题举行了会谈。

9 月 28 日,柏林市 1000 余人游行示威,要求社会公正、反对严重的失业现象。

10 月 9 日,科隆 1 万人游行示威,反对德国各地不断发生的仇外、排外暴力事件;德国和保加利亚签署两国《友好、合作和伙伴条约》。

11 月 9 日,德国各地群众集会和游行,悼念被纳粹迫害的犹太人,抗议新纳粹分子的排外行径。

11 月 10 日,科尔总理同英国首相梅杰在波恩就欧共体政治联盟举行会谈。

11 月 15 日,科尔总理同法国总统密特朗在巴黎举行会晤,讨论即将召开的欧共体首脑会议有关共同的外交和安全政策以及内政和司法政策等问题。

12 月 11 日,德国等欧共体 12 国政府首脑集会荷兰的马斯特里赫特,共同签署了关于建立欧洲政治联盟和经济货币联盟的《马斯特里赫特条约》。

12 月 23 日,德国宣布承认斯洛文尼亚和克罗地亚两个自治共和国的独立。

12 月 31 日,迈向欧洲一体化重要一步的欧洲内部大市场正式成立。

1992 年

1 月 5 日,外交部长根舍对苏联解体后的裁军和武器控制表示担心并提出六点裁军建议。

1 月 12 日,柏林市 10 万群众举行各种活动,纪念罗莎·卢森堡和卡尔·李卜克内西遇害 73 周年。

1 月 20 日,在纳粹德国万湖会议 50 周年之际,联邦议院议长聚斯穆特夫人等各界人士集会,呼吁德国勿忘这段大屠杀历史。

3 月 3 日,昂纳克在莫斯科一家医院进行一个星期的"医疗检查"后返回智利驻莫斯科大使馆。

3 月 31 日,德国国防部长施托尔滕贝格因向土耳其提供坦克一事遭到反对派攻击,宣布辞职;柏林警察和检察官搜查民社党中央机关办公地点。

4 月 3 日,外交部长根舍提出扩大西欧联盟的组织、组建欧洲联军的主张。

4 月 5 日,在巴登—符腾堡州、石勒苏益格—荷尔斯泰因州举行的选举中,德国共和党和德国人民联盟成为两个州议会的第三大党。

4 月 20 日,历时四天的以要求和平、反对核武器、反对仇外和排外为主题的德国"复活节进军"活动结束。

4 月 27 日,外交部长根舍宣布辞职。

5 月 1 日,柏林 1.5 万人集会,声援西部公共事业部门职工持续近一周的罢工。

5 月 4 日,德国公共服务和交通运输业罢工继续扩大。

5 月 21 — 22 日,科尔总理和法国总统密特朗在法国举行第 59 届首脑会议,两国正式决定建立一支 3.5 万人的法德军团。

6 月 2 日,魏茨泽克总统表示,德国统一的费用过于高昂,要求整个社会适当分担。

6 月 21 日,德国国防部长吕厄说,德国准备派兵参加联合国军事行动。

6 月底,科尔总理亲自签署了德国向联合国总部递交的要求成为常任理事国的申请书。

7月5日,科尔总理表示反对减免俄罗斯所欠西方的债务。

7月6日,德国成立声援昂纳克委员会。

7月22日,德国议会经过激烈辩论,批准德国向境外派兵参加维持和平行动。

7月29日,昂纳克离开智利驻俄使馆,被俄当局用飞机送回德国后,立即被警方送往莫阿比监狱。

7月30日,柏林司法当局宣布昂纳克被监禁。

8月5日,德国开始销毁常规武器。

8月22日,外交部长金克尔表示,德国对联合国安理会常任理事国席位感兴趣。

8月22—23日,德国罗斯托克爆发严重排外暴力事件。

8月25日,德国正式签署建都柏林条约。

9月5日,右翼极端分子在德国东部地区和西部一些地区再次袭击难民营。

9月8—19日,德国各地发生多起袭击外国难民事件。

9月17日,科尔总理强调,改变战后边界是十分危险的。

9月18日,外交部长金克尔表示,德国不会单独谋求联合国常任理事国的资格。

10月7日,科尔与来访的丹麦首相施吕特一致同意不修改《马斯特里赫特条约》。

10月12日,德、法两国总理表示,《马斯特里赫特条约》须得到欧共体12国批准和共同执行。

11月8日,柏林各界群众30万人举行反对新纳粹极右势力的示威游行。

11月9日,德国各地10万多人集会和游行示威,反对仇外和反犹主义。

11月12日,德国柏林州法院审讯原民主德国领导人昂纳克,因原民主德国领导人斯多夫病发未能到庭,审讯中断;16日再次中断审讯;19日对昂纳克审讯持续3个小时;26日再次中断对昂纳克的审讯。

11月14日,波恩10多万人示威游行,反对排外和种族歧视。

11月27日,德国万人悼念23日被极右分子杀害的三名土耳其人;德国内政部宣布查禁新纳粹组织"民族主义阵线"。

12月2日,联邦议院通过《马斯特里赫特条约》。

12月3日,昂纳克在柏林地方法院法庭上表示,法院对他的审讯是政治闹剧。

12月6日,慕尼黑30万人举行"光之链"游行,谴责新纳粹的仇外排外暴行。

12月10日,联邦议院作出德、中关系正常化的决议,德国对华贸易限制也随之取消。

12月13日,汉堡30万人游行,反对种族主义和排外。

12月15日,德国宣布将精简联邦国防军;昂纳克的律师呼吁结束对昂纳克的审讯,昂纳克肝癌病情恶化。

12月15—16日,科尔访问俄罗斯,两国签署八项协议,俄将提前从德撤军,并延迟偿还原苏联所欠原东德的债务。

12月20日,斯图加特等地50万人举行"光之链"游行,反对仇外、排外。

1993年

1月1日,欧洲大市场正式启动。

1月2日,柏林地方法院决定中止对昂纳克的审讯,取消对他的逮捕令。

1月13日,被监禁169天的昂纳克飞往智利,与夫人、女儿团聚。

1月19日,德国内阁改组。

2月6日,科尔表示,德国绝不向南斯拉夫出兵。

2月18日—3月3日,科尔访问印度、新加坡、印尼、日本和韩国。

3月25日,科尔在联邦议院发表访问亚洲五国的政府声明。

3月30日,德国和荷兰建立联合军团。

4月8日,德国联邦宪法法院作出裁决,同意联邦国防军参加联合国在波黑的禁飞行动。

4月2日,联邦议院批准德国派兵参加索马里重建行动。

4月2日,德国和美国联合组建军团。

5月3日,社民党主席恩格霍尔姆宣布辞职。

5月2日,联邦议院通过《团结契约》法案,协调中央和地方财政。

5月29日,德国北威州索林根市发生针对土耳其人住宅的纵火案,造成三名儿童和两名妇女死亡,三名儿童重伤。

6月2日,为时两天的第61届德法首脑会晤结束,双方在波黑问题和关贸总协定谈判问题上达成一致。

6月10日,科尔总理结束对乌克兰的访问。

7月2日,联邦议院通过决议,同意向索马里派兵。

7月21日,德国派出1640人的部队飞往索马里,援助联合国重建索马里的行动。

9月13日,魏茨泽克总统和来访的日本天皇明仁在波恩表示,德、日应吸取历史教训。

9月22日,德国内阁正式通过"亚洲政策新方案"。

9月24日,德国经济界在科隆成立了德国经济亚太委员会。

10月12日,联邦宪法法院裁决赞同《马斯特里赫特条约》;内阁决定政府将在2000年以前迁往柏林。

11月1日,《马斯特里赫特条约》开始生效,"欧洲联盟"正式诞生。

11月5日,由法、德、比三国组成的欧洲军团总参谋部在法国斯特拉斯堡正式成立。

11月15日,科尔第二次亚洲之行访问中国,正式实施德国的"新亚洲政策"。

12月5日,在德国统一后,科尔领导的基民盟首次在东部勃兰登堡州选举中遭到失败。

1994 年

1 月 1 日，建立在德国美因河畔法兰克福的欧洲货币局开始运作。

1 月 14 日，联邦议会、政府及在野党商定，在 2000 年前将议会、政府全部迁往柏林。

2 月 3 日，联邦教育部长奥尔特勒布因无法实施有关教育法规被迫宣布辞职。

2 月 28 日，德国一些地区的火车、汽车司机抗议当局冻结工资和削减福利计划举行罢工。

3 月 10 日，联邦议会正式批准将议会和部分政府迁往柏林，并通过了相应的法律。

3 月 15 日，德国联邦内阁通过安全"白皮书"，将组建灵活和快速的"危机反应部队"，并强调德国必须参加联合国的一切行动。

3 月 25 日，德国北部城市吕贝克发生犹太教堂遭袭击事件。

5 月 11 日，俄罗斯总统叶利钦访问德国，科尔表示德国支持俄成为七国集团成员。

5 月 30 日—6 月 1 日，德、法首脑举行会晤，双方表示将携手推动欧洲建设。

6 月 7—8 日，科尔总理和西班牙首相冈萨雷斯在德国举行首脑会谈，磋商"欧洲联盟政策"。

6 月 13 日，欧洲议会选举结果揭晓，欧洲议会党获 195 席，欧洲人民党获 152 席，德国执政的联盟党依然最强，意大利力量党获胜，英国保守党惨败。

7 月 1 日，赫尔佐克就任德国新总统。

7 月 10—12 日，美国总统克林顿对德国进行了访问，克林顿称德美关系是战略领导伙伴关系。

7 月 12 日，联邦宪法法院作出裁决，德国军队可以参加北约之外的国际行动。

7 月 13 日，由比、德、西、卢、法五国军人组成的欧洲军团首次参加了传统的阅兵仪式。

8 月 13 日，德国警方禁止极右分子纪念纳粹的活动。

8 月 24 日，外交部长金克尔表示，德国的目标是建立尽可能强大的核心欧洲。

9 月 8 日，美、英、法驻德国军队在柏林举行撤军仪式，德国国防部长与三国国防部长讨论德军参加联合国维和行动等问题。

9 月 10 日，为期两天的"德—美大会"在柏林结束，两国与会人士一致认为应进一步扩大伙伴关系。

10 月 16 日，德国举行统一后的第二届议会选举，17 日公布结果，执政联盟险胜。

11 月 7—11 日，德、捷两国军队举行联合军事演习。

11 月 14 日，基民盟主席科尔、基社盟主席魏格尔、自由民主党主席金克尔在波恩举行联合记者招待会,宣布三党联合执政协议。

11月15日,在新组成的德国第十三届联邦议院举行的大会上,科尔以微弱优势再度当选为总理。

1995年

2月,科尔总理访问美国,与克林顿讨论了对俄政策、波黑冲突及北约东扩等问题。

3月26日,欧洲大市场协调一致的、取消边界检查、人员可自由往来的《申根协定》正式生效。

5月6日,德国纪念世界反法西斯战争胜利50周年,科尔专门发表了纪念二战的声明,号召人们不能无视德国历史上黑暗的一页,要为和平而努力。

5月27日,德国政府通过了对拉丁美洲的新政策,即"拉丁美洲概念",决定政界和经济界通力合作,增强德国在拉美的地位。

6月2—8日,德国总理科尔第一次访问埃及、以色列、约旦和巴勒斯坦。

6月10日,格哈特当选德国自民党主席。

6月26日,德国内阁正式决定向波黑派兵,以保护联合国波黑维和部队。

6月30日,联邦议院通过科尔政府的派遣作战部队参加联合国波黑维和行动的议案。

7月6—8日,科尔总理访问波兰。

8月15日,捷克总理克劳斯与巴伐利亚州总理施托伊贝尔就德、捷关系和苏占德区德意志人问题举行会谈。

9月2日,科尔总理与叶利钦总统在莫斯科举行工作会谈,就欧洲安全、两国关系等问题交换意见。

9月9—16日,科尔第一次对南非和纳米比亚进行访问。

10月25日,法国总统希拉克对德国进行其上任以来第一次访问,就法对德提供核保护、北约东扩等问题交换了意见。

11月12日,科尔总理率领高级代表团开始第四次访问中国。

11月20日,德国和阿尔巴尼亚在波恩签署了两项军事合作协定。

1996年

1月30日,德国政府通过《促进投资和就业的行动纲领》,即《50点行动纲领》。

2月20日,科尔总理结束对俄罗斯为期三天的访问。

4月17日,德国决定向波黑派遣警察。

4月29日,科尔总理与英国首相梅杰在伦敦会晤。

5月5日,德国外长金克尔结束对墨西哥、秘鲁、智利和巴拉圭为期八天的访问。

5月20日,德国外长金克尔和来访的日本外相池田行彦签署一项旨在加强两国关系的《德日伙伴关系备忘录》。

5月23日,科尔总理访问美国,与克林顿总统就波黑维和行动、俄罗斯未来大选等国际问题交换意见。

8月30日,德国外长金克尔表示,德国支持爱沙尼亚、拉脱维亚和立陶宛第一批加入欧盟。

9月1日,科尔总理和法国总统希拉克在波恩会晤,双方表示为按期实现欧洲货币联盟密切合作。

9月4—7日,科尔总理访问乌克兰、俄罗斯。

9月13日,德国联邦议院以执政联盟在议会微弱多数通过节支计划。

11月18—30日,赫尔佐克总统对中国(18—25日)和尼泊尔进行了访问。

12月3日,科尔总理与法国总统希拉克在巴黎爱丽舍宫举行非正式会谈,就都柏林欧盟首脑会议、机构改革等问题交换意见。

12月9日,科尔总理与法国总统希拉克在德国纽伦堡举行两国首脑第68次磋商,双方决心使在都柏林召开的欧盟首脑会议成功,进一步推进欧洲一体化事业。

1997年

1月4日,科尔总理访问莫斯科,与俄罗斯总统叶利钦就双边关系、欧洲安全和北约东扩等问题交换意见。

1月7日,德国外长金克尔表示,北约和欧盟东扩是德国今年外交工作的重点。

1月21日,德国总理科尔和捷克总理克劳斯签署了《德捷和解协定》。

1月24日,德国执政联盟议会党团通过税改方案。

2月3日,德国、法国和波兰"魏玛三国集团"国防部长在华沙签署旨在加强军事合作的《倡议书》。

2月18日,德国政府宣布,德国将耗资4100多万马克建立一支由1000多人组成的精锐部队。

4月3日,科尔向新闻界宣布他将继续作为基民盟的总理候选人,第五次参加德国联邦大选。

4月16—18日,俄罗斯总统叶利钦访问德国,

5月20日,科尔总理访问法国,与法国希拉克总统在巴黎爱丽舍宫举行记者招待会,科尔表示,为了推进欧洲建设,德、法两国将继续密切合作。

5月22日,赫尔佐克总统在奥地利工业联合会作报告时呼吁欧盟要深化改革,把中、东欧纳入欧洲一体化。

6月5日,科尔总理对美国进行一天的"闪电"式访问。

7月14日,德国和波兰举行首次政府间磋商会议,科尔表示,德国将支持波兰加入欧盟。

7月31日,由德国联邦议会两院代表组成的税制改革仲裁委员会宣告谈判破裂,科尔政府称为"世纪改革"的税制大改革计划搁浅。

8月28日,德、法领导人表示,两国将严格遵守实现欧洲经济和货币联盟的时间表及标准,于1999年1月按时启动欧元。

8月31日,赫尔佐克总统访问俄罗斯,双方讨论了俄与北约及建立欧洲新安全

体系等问题。

10月2日,德国等欧盟15个成员国在荷兰首都阿姆斯特丹签订了《阿姆斯特丹条约》。

11月30日,科尔总理和俄罗斯总统叶利钦在莫斯科举行非正式会晤,讨论1998年两国最高级协商日程。

1998年

1月12日,德国政府宣布从1999年开始向中、东欧受纳粹迫害者赔偿总计2亿马克的资金。

1月27日,德国各地举行纪念纳粹暴行受害者活动。

2月21日,科尔总理与法国总统希拉克、波兰总统瓦希涅夫斯基在波兰重镇波兹南举行"魏玛三国集团"首脑会晤,就北约东扩、中东欧局势等国际问题交换意见。

3月1日,德国下萨克森州选举揭晓,施罗德领导的社民党重创基民盟,取得了单独组织州政府的资格。

3月2日,社民党召开特别代表大会,正式推举施罗德为联邦总理候选人。

3月27日,德国联邦参议院批准《阿姆斯特丹条约》。

4月,在萨克森一安哈尔特州选举中,极右政党德国人民联盟在州议会获得14个席位,取得了极右政党在二战后以来最大的胜利。

9月3日,联邦议院举行候选人科尔、施罗德辩论演说。

9月27日,德国举行全国大选,28日公布选举结果,施罗德战胜了科尔。

9月28日,科尔辞去担任25年之久的基民盟主席职务。

9月30日,当选总理施罗德访问法国,分别与法国总统希拉克、总理诺斯潘举行会谈。

10月2日,大选获胜的德国社民党、联盟90和绿党开始就联合政府纲领和组成举行会谈。

10月20日,德国社民党、联盟90和绿党正式签署《觉醒与革新——德国迈向21世纪之路》的组阁协议。

10月26日,由669名议员组成的第14届联邦新议院正式成立;赫尔佐克总统向担任了16年联邦总理的科尔颁发"大十字勋章",以表彰他在任联邦总理期间为德国统一和欧洲建设所作出的贡献。

10月27日,联邦议院举行大会,选举施罗德为联邦德国总理。

11月8日,在基民盟党代会上,朔伊布勒当选为基民盟主席,大会选举科尔为基民盟终身荣誉主席。

11月9日,柏林举行纪念犹太人遭受迫害60周年大会,德国主要政要出席了纪念大会。

1999年

1月1日,欧洲统一货币"欧元"正式问世。

3月11日,拉封丹宣布辞去财政部长、社民党主席等职务。

3月12日,社民党主席团召开紧急会议,投票推举施罗德为社民党主席。

4月12日,社民党召开特别代表大会,施罗德正式当选为德国社民党二战后第八位主席。

5月1日,《阿姆斯特丹条约》正式生效。

5月23日,约翰内斯·劳当选为联邦国第八任总统。

6月6日,欧盟科隆峰会任命索拉纳为欧盟首任外交与安全事务高级代表。

6月11日,联邦议院同意联邦国防军参与科索沃维和行动。

7月20日,施罗德及德国国防部长等参加纪念"7·20"刺杀希特勒事件的活动。

8月13日,德国犹太人中央委员会主席去世,享年72岁。

8月25日,德国内阁通过联邦财政部长提交的税收和储蓄一揽子方案。

9月5日,社民党在萨尔及勃兰登堡州议会选举中失利。

10月7日,联邦议院同意向东帝汶派遣联邦国防军卫生部队。

11月21日,科尔否认1991年在与沙特的军火交易中受贿。

12月17日,德美政府及纳粹时期受害奴隶劳工代表就赔偿问题初步达成一致。

2000年

1月11日,欧洲法院表示,联邦国防军对女性的限制违法。

1月18日,科尔辞去基民盟名誉主席职位。

2月4日,奥地利极右政党总统宣誓就职,引发广泛抗议。

2月16日,约翰内斯·劳成为在以色列国会演讲的首位德国国家元首。

2月24日,施罗德建议以客籍工人的身份吸收高技术外籍专家。

3月6日,费舍尔成为九年来首位访问伊朗的德国外长。

5月31日,联邦内阁同意对外籍IT人员实行绿卡制度。

6月1日,联邦总统约翰内斯·劳宣布主体为"人—自然—技术"的汉诺威国际博览会开幕。

6月2日,美国总统克林顿获查理大帝奖,施罗德致贺词。

6月19日,前联邦总统赫尔佐克去世。

6月24日,德国绿党选举雷纳特·屈纳斯特和弗里茨·库恩为新的党主席。

7月14日,联邦参议院通过红绿联邦议院党团提出的税改方案。

7月31日,联邦德国将首个绿卡颁给一位印度电子工程师。

9月12日,德国外长费舍尔在利比亚就菲律宾人质事件的妥善解决表示感谢。

9月,布拉格世界经济峰会召开,抗议群众集会要求解散世界银行和国际货币基金组织。

10月3日,在德累斯顿举行庆祝德国统一10周年的活动。

10月28日,联邦总理施罗德对中东五国及巴勒斯坦地区展开为期五天的访问。

12月6日,联邦总理施罗德参拜华沙犹太区起义纪念碑。

2001 年

1 月 2 日,首次允许联邦国防军女士兵使用武器。

1 月 29 日,联邦国防部长提出国防军改革方案,要求关闭 39 个军事基地。

2 月 1 日,德法总理就原子能等问题展开会谈。

3 月 28 日,联邦议会通过建立"柏林犹太人博物馆"的草案。

5 月 2 日,德国新联邦总理府投入使用。

5 月 11 日,联邦议院决定改革养老金系统。

5 月 25 日,联邦总理施罗德出访奥地利。

6 月 17 日,联邦议院和参议院决定成立"纪念、负责和未来"基金会。

8 月 13 日,柏林举行"柏林墙事件"40 周年活动。

9 月 11 日,美国发生恐怖袭击。

9 月 12 日,施罗德向美国总统布什作出无条件密切合作承诺。

9 月 16 日,施罗德表示不排除军事支持美国。

11 月 16 日,联邦议院表决支持施罗德出兵阿富汗的建议。

11 月 21 日,原德国常驻联合国大使出任施罗德外交顾问。

12 月 22 日,联邦议院同意联邦国防军在国际安全援助部队的框架下参与阿富汗战争。

2002 年

1 月 1 日,欧元在欧盟 12 国正式开始流通。

1 月 31 日,联邦总理施罗德在德美会谈中向美国总统布什保证德国将向阿富汗长期派驻军队和专家支持美国。

2 月 1 日,联邦参议院决定加快德国核能建设。

2 月 10 日,施罗德首次出访拉丁美洲诸国。

2 月 24 日,联邦国防部长确认,德国 KSK 特种部队已经在阿富汗部署。

2 月 26 日,联邦总统约翰内斯·劳宣布特赦原极左恐怖组织"赤军旅"的领导人。

3 月 20 日,联邦内阁决定,自 2003 年起,每个一次性水杯和罐头至少收取 25 欧分。

4 月 10 日,联邦总理施罗德与俄罗斯总统普京在魏玛举行会晤。

5 月 23 日,美国总统布什在联邦议院演讲时呼吁整个欧洲团结起来反对恐怖主义对和平的威胁。

7 月 4 日,联邦议院通过决议,重建 1950 年被东德领导人乌布里希拆毁的柏林霍亨佐伦王宫。

7 月 18—19 日,联邦总理施罗德任命社民党议会党团领袖出任新国防部部长。

8 月 3 日,联邦总理施罗德宣布德国不确定会参与反对伊拉克的战争。

9 月 17 日,联邦总统约翰内斯·劳宣布德国国家官方网站开通。

9月22日,在新一轮联邦议会选举中,执政的社民党保持了第一大党的地位。

10月2日,联邦总理施罗德在与法国总统希拉克的会谈中,未能就出兵伊拉克问题作出决定。

10月16日,社民党与绿党签署第二个组阁协议。

10月22日,新的联邦议院再次选举施罗德出任总理。

10月30日,德国外长费舍尔在华盛顿访问时表示希望改善德美关系。

11月14日,联邦议院同意社民党和绿党所提出的提高生态税的建议。

12月5日,联邦议院决定延长联邦国防军驻马其顿的时间。

12月10日,联邦议院决定延长联邦国防军驻阿富汗的时间。

2003 年

1月23日,在《爱丽舍条约》签署40周年之际,德国总理施罗德与法国总统希拉克共同声明,反对美国布什政府对伊拉克动武。

3月14日,联邦总理施罗德向联邦议院提出关于劳动政策和福利政策改革的一揽子计划"2010年议程"。

4月3日,柏林、斯图加特和科隆50万群众示威反对施罗德政府的"2010年议程"

5月5日,联邦国防部长彼得·施特鲁克成为伊拉克战争爆发以来首位访问美国的德国国防部长

9月1日,施罗德宣布希望与绿党领袖费舍尔再度联手参加2006年大选。

11月4日,联邦国防部长解除KSK特种部队司令的职务。

11月17日,在社民党波鸿代表大会上,施罗德再次高票当选社民党主席。

2004 年

1月29日,联邦议院拒付东德政权受害者养老金。

2月27日,联邦总理施罗德与美国总统布什在白宫会谈,双方重申德美之间有着"真诚的友谊"。

3月24日,由于收到刺杀警告,联邦总统约翰内斯·劳中断了自己的非洲访问。

4月3日,柏林、斯图加特和科隆再次爆发50万人大规模集会,反对联邦政府的社会福利改革计划。

4月22日,联邦总统约翰内斯·劳访问布达佩斯。

4月29日,联邦议院不顾联盟党和自民党的反对通过了养老金改革法。

5月23日,科勒当选新任联邦总统。

5月27日,联邦议院延长联邦国防军科索沃驻军时间。

6月1日,联邦环境部长宣布波恩可再生能源国际大会开幕。

6月6日,诺曼底登陆60周年纪念,施罗德成为首位参加这一活动的联邦德国领导人。

7月1日,新任联邦总统科勒在联邦议院及参议院宣誓就职。

7月2日,联邦议院决定到2005年实现失业和社会救助的合并。

7月15日,科勒就任联邦总统后首访波兰。

7月20日,一名基民盟联邦议员因其反犹言论被开除出党。

7月30日,德国首次公布《移民法》。

8月1日,施罗德成为参加华沙起义纪念活动的首位德国政府首脑。

9月30日,联邦议院决定将联邦国防军驻阿富汗的时间再延长一年。

10月15日,施罗德访问利比亚。

10月31日,德国国家民主党(NPD)与新纳粹分子和德意志人民联盟(DVU)合并为右翼人民阵线。

11月2日,英国女王伊丽莎白二世第四次访问德国。

11月5日,在收到广泛抗议之后,联邦政府决定不取消将德国统一日作为法定假日的规定。

12月6日,施罗德将中国选为其访问亚洲的第一站。

2005年

1月1日,德国历史上首部《移民法》开始生效。

1月26日,联邦宪法法院宣布禁收学费的联邦法律无效。

2月2日,联邦总统科勒出访以色列。

2月23日,美国总统布什在访问欧洲期间与联邦总理施罗德在美因茨会晤。

5月9日,施罗德在莫斯科出席纪念反法西斯战争胜利60周年仪式。

5月22日,因国内政局变化,施罗德要求在2005年秋季提前举行联邦议院选举。

7月1日,施罗德失去联邦议院信任,向联邦总统科勒要求提前举行联邦议院选举。

7月21日,联邦总统科勒解散联邦议院,决定9月18日提前举行大选。

9月18日,联邦议院选举结果揭晓,基民盟以35.2%的微弱优势战胜得票34.2%的社民党。

10月18日,新联邦议院举行首次会议,选举一名基民盟议员为联邦议院议长。

11月1日,德国开始在电子护照上附加生物信息。

11月11日,新联邦议院成立后八周,联盟党终于与社民党达成联合组阁协议。

11月22日,安吉拉·默克尔当选德国新联邦总理。

11月28日,德国新任外长施泰因迈尔首访美国。

12月6日,美国国务卿赖斯与联邦总理默克尔会晤。

12月16日,"联邦女总理"一词入选2005年德语年度词汇。

2006年

1月6日,根据欧洲统计局的数据,联邦德国2005年11月的失业率为10.9%,位居欧洲第四。

1月12日，默克尔访美，与布什总统举行会谈。

1月16日，默克尔访问莫斯科，与俄罗斯总统普京会晤。

1月27日，原联邦总统约翰内斯·劳因病去世，享年75岁。

1月29日，默克尔开始中东之行，与以色列领导人会晤。

2月1日，联邦内阁决定，到2029年将领取养老金年龄从65岁提高到67岁。

3月16日，北威州成为继巴登-符腾堡和下萨克森之后联邦德国决定第三个收取大学学费的州。

4月7日，联邦议院任命调查委员会对联邦情报局在伊拉克战争期间的活动进行审查。

5月22日，默克尔访问中国，与国务院总理温家宝举行会谈。

6月1日，联邦议院决定，派遣780名联邦国防军士兵参加保护刚果民主共和国选举的欧盟部队。

6月8日，默克尔在表彰德国联邦国防军将士时表示，为了维护德国的国家利益，德军将继续在世界上承担必要的军事义务。

6月30日，联邦议院以2/3多数决定对德国的联邦制度进行改革。

7月7日，联邦参议院通过了联邦制改革议案。

9月20日，联邦议院决定派遣德国士兵在联合国安全黎嫩干预部队的框架下参加中东维和行动。

10月25日，德国公布新版《国防白皮书》，提出联邦国防军未来的任务将主要是预防国际冲突、解决国际危机及与国际恐怖主义作斗争。

11月23日，默克尔在德累斯顿第三次当选基民盟主席。

2007年

1月1日，联邦德国接任欧盟轮值主席国。

2月2日，联邦议院通过医疗保险改革方案，扩大保险覆盖范围。

2月27日，卡尔斯鲁厄的联邦宪法法院宣布强化新闻自由。

3月9日，联邦议院通过决议，将退休年龄提高到67岁。

5月23日，联邦总统霍斯特·克勒对中国进行国事访问。

5月25日，联邦议院通过大幅降低企业税的议案。

6月6日，G8峰会在海利根达姆召开，主要讨论大气保护、金融市场和援助非洲问题。

8月，联邦议院和联邦参议院通过新《移民法》，此法是在2004年《移民法》基础上修改而成。

8月26日，默克尔对中国进行访问，并出席2007—2010年德国在华系列文化活动"德中同行"开幕式。

9月29日，埃尔文·胡伯当选基督教社会联盟主席。

11月13日，德国副总理兼劳工和社会事务部长弗朗茨·明特费林以个人原因为由宣布辞职,将由现任外交部长施泰因迈尔兼任副总理。

11月16日,联邦议院将财政支出中失业救济金的份额从4.2%削减到3.3%。

12月31日,德国邮政公司在德国的邮政专营权终止。

2008年

1月27日,黑森州和下萨克森州举行州议会选举,基民盟的席位保持领先。

2月25日,德国公布新《移民法》。

3月1日,德国遭受飓风"艾玛"的侵袭。

3月2日,拜恩州举行议会选举,基督教社会联盟只获得40%的选票,这是40年来的最低点。

3月18日,默克尔在以色列议会演讲,强调德国对以色列"永久的责任"。

4月24日,联邦议院表决通过《里斯本条约》。

5月19日,联合国环境保护大会在波恩召开。

6月6日,联邦议院通过"大气保护方案",计划到2020年将使用可再生能源发电的份额提升30%。

9月7日,联邦总统霍斯特·克勒在北京奥运会期间与胡锦涛会晤。

9月17日,联邦议院通过决议,向黎巴嫩和苏丹派驻国防军以推动当地和平进程。

10月3日,默克尔宣布国家担保所有私人储蓄及定期存款和活期账户。

10月15日,联邦总统霍斯特·克勒签署一项拯救德国金融市场的法案,在紧急情况下将启动5000亿欧元救助资金。

10月22日,联邦政府和各州在德累斯顿的教育会议上达成一致,到2015年将教育和科研支出提升到国内生产总值的10%。

11月3日,德国商业银行得到82亿欧元的救助资金。

12月1日,默克尔在斯图加特以94.8%的支持率再度当选基民盟主席。

12月16日,默克尔宣布在2009年1月启动新一轮经济刺激方案,集中在公路、铁路和学校建设方面。

2009年

1月8日,德国第二大银行"商业银行"部分国有化,以应对严重的债务危机。

1月26日,"国际可再生能源机构"在波恩成立。

2月20日,德国启动新一轮经济刺激计划,包括500亿欧元的投资和减税计划。

6月7日,基民盟和基社盟在欧洲议会选举中拿下37.9%的选票。

6月17日,大约24万年轻人在德国各地游行示威,要求削减学费、改良教育体系。

7月14日,霍斯特·克勒成为首位参加法国国庆日阅兵的德国总统。

8月14日,联邦金融监管局发布对银行经理的激励方案。

9月5日,柏林发生20年来最大规模的反核示威,呼吁关闭德国所有的核电站。

9月23日,联邦总统霍斯特·克勒签署《里斯本条约》附属法令,该条约在德国全境开始生效。

9月27日,德国联邦议会选举,联盟党和自民党组建联合政府,默克尔连任德国总理。

11月3日,默克尔访问美国并与奥巴马商谈经济危机和阿富汗事宜。

11月9日,柏林和多个城市大规模庆祝"柏林墙"倒塌20周年。

11月13日,西格玛尔·加布里尔当选德国社民党主席。

12月3日,联邦议院批准延长国防军在阿富汗和黎巴嫩的驻扎期限。

2010年

1月9日,埃森市举行"欧洲文化之都2010"盛大庆祝活动。

2月5日,第46届慕尼黑安全政策会议开幕,会议主要讨论资源安全、中东和阿富汗问题。

2月11日,第60届柏林电影节开幕。

2月26日,联邦议院通过决议向阿富汗增兵,2011年开始将逐步从阿富汗撤出国防军。

3月1日,世界上最大规模的IT博览会——汉诺威CeBIT博览会开幕。

4月2日,德国国防军巡逻队在阿富汗昆都士附近遇袭,三名德国士兵阵亡,引发德国国内对是否维持阿富汗驻军的争论。

4月18日,贝尔根-贝尔森、拉文斯布吕克和萨克森豪森举行集中营解放65周年纪念活动。

5月7日,联邦议院通过对希腊援助议案,德国将在三年内向希腊提供224亿欧元援助。

5月17日,德国总统霍斯特·克勒访问中国与胡锦涛会晤,并将出席上海世博会德国国家馆日活动。

5月31日,德国总统霍斯特·克勒在柏林突然宣布辞职,成为德国战后历史上第一位辞职的总统。

6月30日,基民盟副主席克里斯蒂安·伍尔夫当选德国第十任联邦总统。

7月24日,杜伊斯堡"爱的游行"音乐节发生踩踏事故,造成21人死亡,500多人受伤。

9月5日,联合政府就延长核电站使用期限达成一致。

9月30日,持续数月的"斯图加特21"铁路项目抗议活动演变成警察和示威者之间的暴力冲突,导致400多人受伤。

10月3日,不来梅举行德国统一20周年的盛大庆祝活动。

10月9日,德国当选联合国安理会非常任理事国。

12月3日,联邦议院通过"哈茨Ⅳ"改革方案,给予单身申请者的救助金提升到364欧元。

三 参考文献

一、西文部分

Abelshauser, Wener, *Der Ruhr-kohlebergbau seit 1945*, Müchen: Verlag C. H. Beck, 1984.

Adamsen, Heiner, *Investionshilfe für Ruhr*, *Wiederaufbau*, *Verbände und Soziale Marktwirtschaft 1948—1952*, Wuppertal: Peter Hammer Verlag, 1981.

Akademie für Staats-und Rechtswissenschaft der DDR Institut für Internationale Beziehungen, *Aussenpolitik der DDR: drei Jahrzehnte sozialistische deutsche Friedenspolitik*, Berlin: Staatsverlag der Deutschen Demokratischen Republik, 1979.

Augustin, Sankt, *Die Verschuldung des Bundes 1962—2001*, Konrad-Adenauer-Stiftung e. V., 2002.

Aumüller, Jutta, *Assimilation. Kontroversen um ein migrationspolitisches Konzept*, Bielefeld: transcript, 2009.

Backer, John H., *Die Deutschen Jahre des Generals Clay*, *Der Weg zur Bundesrepublik 1945—1949*, München: C. H. Beck Verlag, 1983.

Balabkins, Nicholas, *Germany under Direct Controls: economic aspects of industrial disarmament*, *1945—1948*, New Brunswick: Rutgers University Press, 1971.

Banchoff, Thomas, *The German Problem Transformed: Institution, Politics and Foreign Policy 1945—1995*. Ann Arbor: The University of Michigan Press, 1999.

Baringhorst, Sigrid (Hrsg.), *Politische Steuerung von Integrationsprozessen. Intentionen und Wirkungen*, Wiesbaden: VS Verlag für Sozialwissenschaften, 2006.

Becker, Josef and Knipping, Franz, *Power in Europe*, *Great Britain*, *France*,

Italy and Germany in a Postwar World, 1945—1950, Berlin and New York: de Cruyter, 1986.

Behen, Hans Ulrich, *Die Bundesrepublik Deutschland : Handbuch zur staatsplitischen Landeskunde*. Munchen: Günter Olzog Verlag, 1974.

Benz, Wolfgang, *Deutschland seit 1945, Entwicklung in der Bundesrepublik und in der DDR*, München: Moos Verlag, 1990.

Benz, Wolfgang, *Deutschland unter alliierter Besatzung 1945—1949/55*, Berlin: Akademie Verlag, 1999.

Benz, Wolfgang, *Potsdam 1945, Besatzungsherrschaft und Neuaufbau im Vier-Zonen-Deutschland*, München: Deutscher Taschenbuch Verlag, 1986.

Berghahn, V. R., *Modern Germany : Society, Economy and Politics in the 20th Century*. Cambridge: Cambridge University Press, 1982.

Blair, Anthony, "Der Weg nach vorne für Europas Sozialdemokraten", *Blätter für Deutsche und Internationale Politik*, Vol. 7. 1999.

Bloxham, Donald, *Genocide on Trial : War Crimes Trials and the Formation of Holocaust History and Memory*. Oxford: Oxford University Press, 2001.

Boltho, Andrea, (ed.), *The European Economy : Growth & Crisis*. Oxford: Oxford University Press 1982, Reprinted 1985.

Bovermann, Rainer(Hrsg.), *Das Ruhrgebiet-Ein starkes Stck Nordrhein-Westfalen, Politik in der Region 1946—1996*, Essen: Klartext Verlag, 1996.

Bracher, Karl usw. (Hrsg.), *Quellen zur Geschichte des Parlamentarismus und der politischen Parteien, Vierte Reihe, Band 6, Neubeginn bei Essen und Stahl im Ruhrgebiet, Die Beziehungen zwischen Arbeitgebern und Arbeiternehmern in der Nordwestfalischen Eisen und Stahlindustrie 1945—1948*, Dusseldorf: Droste Verlag, 1990.

Bracher, Karl usw. (Hrsg.), *Quellen zur Geschichte des Parlamentarismus und der politischen Parteien, Vierte Reihe, Band 4, Die Ruhrfrage 1945/46 und die Entstehung des Landes Nordrhein-Westfalen : britische, französische und amerikanische Akten*, Düsseldorf: Droste Verlag, 1988.

Braun, H. J. : *The German Economy in the Twentieth Century*. Routledge: London and New York, 2003.

Braun, Sabine, *3. Oktober 1990, Der Weg zur Einheit, Eine Dokumentation 1949—1990*, München: Wilhelm Heyne Verlag, 1990.

Broszat, Martin(Hrsg.), *SBZ-Handbuch, staatliche Verwaltungen, Parteien, gesellschaftliche Organisationen und ihre Führungkräfte in der Sowjetischen Betzaungszone Deutschlands 1945—1949*, Müchen: Oldenbourg Verlag, 1990.

Bruttoinlands-Produkt 2010 Für Deutschland，Statistisches Bundesamt，Wiesbaden 2011.

Bundeministerium für Gesamtdeutsche Fragon，*Dokumente zur Deutschlandpolitik*，Berlin：Metzner，1961—1963.

Bundesamt für Migration und Flüchtlinge，*Bundesweites Integrationsprogramm*，*Angebote der Integrationsförderung in Deutschland*，*Empfehlungen zu ihrer Weiterentwicklung*，Berlin，2010.

Bundesamt für Migration und Flüchtlinge，*Muslimisches Leben in Deutschland im Auftrag der Deutschen Islam Konferenz*，Nürnberg，2009.

Bundesministerium der Justiz (Hrsg.)，*Bundesgesetzblatt (BGBl)*，*Teil I*，*1952*，*Nr. 1*，Bonn，1952.

Bundesministerium der Justiz(Hrsg.)，*Gesetz zur Steuerung und Begrenzung der Zuwanderung und zur Regelung der Aufeenthalts und Integration von Unionbürgern und Ausländern*，*Bundesgesetzblatt(BGBl)*，*Teil I*，*2004*，*Nr. 41*，Bonn，2004.

Bundesministerium der Justiz (Hrsg.)，*Staatsangehörigkeitsgesetz (StAG)*，*Bundesgesetzblatt(BGBl)*，*Teil I*，*1999*，*Nr. 38*，Bonn，1999.

Bundesministerium der Verteidigung(Hrsg.)，*Weißbuch zur Sicherheitspolitik Deutschlands und zur Zukunft der Bundeswehr*，Berlin：Bundesministerium der Verteidigung，2006.

Bundesministerium für innerdeutsche Beziehungen，*Die Entwicklung der Beziehungen zwischen der Bundesrepublik Deutschland und der Deutschen Demokratischen Republik 1969—1976：Bericht und Dokumentation*，Melsungen：Verlagsbuchdruckerei A. Bernecker，1977.

Calleo，David P.，*The German problem reconsidered：Germany and the world order*，*1870 to the present*，Cambridge：Cambridge Univ. Pr.，1978.

Calvocoressi，Peter，*Survey of International affairs*，*1949—1950*，London：Oxford University Press，1953.

Carlyle，Margaret(ed.)，*Documents on International Affairs*，*1949—1950*，London and Toronto：Oxford University Press，1953.

Chartrand，Harry and McCaughey，Claire，The Arm s Length Principle and the Arts：A International Perspective-Past，Present and Future"，in Milton C. Cummings(ed，)，*Who is to Pay for the Arts*? New York：ACA Books，1989.

Childs，David ed.，*Honecker's German*，London；Boston：Allen &. Unwin，1985.

Childs，David，*The GDR：Moscow's German ally*，London，Boston：G. Allen

& Unwin, 1983.

Churchill, Winston S., *The Second World War*, *Volume 6*, Boston and London: Pengnin Books, 1985.

Cipolla, Carlo M. (ed.), *The Fontana Economic History of Europe : Contemporary Economies - 1*. Glasgow: William Collins Sons & Co. Ltd. 1976.

Clay, Lucius D., *Decision in Germany*, Garden City, NY: Doubleday & Company, 1950.

Clay, Lucius D., *Decision in Germany*, Connecticut: Greenwood Press, 1970.

Crawly, Aidan, *The Rise of Western Germany 1945—1972*, London: William Collins Sons & Co Ltd. 1973.

Crouzet, François, *A History of the European Economy*, *1000—2000*. Charlottesville and London: The University Press of Virginia, 2001.

Dauks, Klaus-Peter, *Die DDR-Gesellschaft und ihre Revolution : zur historischen Logik eines staatlichen Zerfalls sowie der Weg zur deutschen Einheit*, Aachen: shaker, 1999.

Davson, W., *The Berlin Blokade*, New Jersy:Princeton University Press, 1958.

DDR Akademie der Wissenschaften Institut für Theorie das Staates und des Rechts, *Geschichte des Staates und des Rechts der DDR : Dokumente 1945—1949*, Berlin: Staatsverlag der DDR, 1984.

Deighton, Anne, (ed.) *Building Postwar Europe : National Decision-makers and the European Institutions*, *1948—1963*, New York: St. Martin's Press, 1995.

Der Beauftragte der Bundesregierung für Kultur und Medien, *Zur Entwicklung der Medien in Deutschland zwischen 1998 und 2007*, *Wissenschaftliches Gutachten zum Kommunikations-und Medienbericht der Bundesregierung*, Bonn: Statistisches Bundesamt, 2008.

Deutsches Institut für Zeitgeschichte, *Dokumente zur Aussenpolitik der Regierung der Deutschen Demokratischen Republik*, Berlin: Rütten & Loening, 1956—1963.

Deutsches Institut für Zeitgeschichte, *Dokumente zur Deutschlandpolitik der Sowjetunion*, Berlin: Rütten & Loening, 1957.

Diefendorf, Jeffry M., *American Policy and the Reconstruction of West Germany*, *1945—1955*, New York: Cambridge University press, 1993.

Diefendorf, Jeffry M., *In the Wake of War : The Reconstruction of German Cities after World War II*, New York and Oxford: Oxford University Press, 1993.

Drei Jahrzehnte Aussenpolitik der DDR : Bestimmungsfaktoren, *Instrumente*, *Aktionsfelder*, München: R. Oldenbourg Verlag, 1980.

Duelund，Peter(ed.)，*The Nordic Cultural*，*Model*，Copenhagen：Nordic Cultural Institute，2003.

Eichengreen，Barry，*The European Economy since 1945*，Princeton and Oxford：Princeton University Press，2007.

Eley，Geoff，*Forging Democracy：The History of the Left in Europe*，*1850—2000*，Oxford and New York：Oxford University Press，2002.

Elsaesserm，Thomas，*Fassbinder's Germany：History*，*Idendity*，*Subject*. Amsterdam：Amsterdam University Press，1996.

Engels，Jens，*Naturpolitik in der Bundesrepublik*，*Ideenwelt und politische Verhaltensstile in Naturschutz und umweltbewegung 1950—1980*，Paderbprn：Ferdinand Schönigh，2006.

Erb，Scott，*German Foreign Policy Navigating a New Era*，London：Lynne Rienner Publishers，2003.

Erstes Gesetz für moderne Dienstleistungen am Arbeitsmarkt，Bonn：Bundesgesetzblatt Jahrgang 2002 Teil 1 Nr. 87.

Fisch，Jörg，*Reparationen nach dem Zweiten Weltkrieg*，München：Beck，1992.

Fischer，Josehka，"Vom Staatenverbund zur Förderation-Gedanken über die Finalität der europäischen Integration"，am 12. Mai 2000 in der Humbolt-Universität in Berlin，in *Internationale Politik*，2000/8.

Foitzik，Jan，*Sowjetische Militäradministration in Deutschland（SMAD）1945—1949*，Berlin：Akademie Verlag，1999.

Foreign Relations of the United States Diplomatic Papers：*European Advisory Commission*，*Austria*，*Germany*，*Volume Ⅲ*，*1945*，Washington：U. S. Government Printing Office 1968.

Foschepoth，Josef，*Britische Deutschland-und Besatzungspolitik 1945—1949*，Paderborn：Schöningh Verlag，1985.

Franz，Wolfgang，*Die Agenda 2010：Symbol eines wirtschaftspolitischen Kurswechsels*，in：*Wirtschaftsdienst*，88. Jg. (2008)，H. 3.

Friedrich，Ruth Andreas，*Battleground Berlin：Diaries*，1945—1948，New York：Paragon House Publishers，*1990*.

Galkin，Aleksandr，*Michail Gorbatschow und die deutsche Frage：sowjetische Dokumente 1986—1991*，München：Oldenbourg Verlag，2011.

Gedmin，Jeffrey，*The hidden hand：Gorbachev and the collapse of East Germany*，Washington，D. C.：AEI Press，1992.

Gesundheitspolitik：Versorgung und Versorgungsstrukturen，Bonn：Bundeszentrale für politische Bildung，2003.

Girard, Augustin, *Cultural Development : Experiences and Policies*, Paris: UNSCO, 1972.

Göktürk, Deniz, et al. (eds): *Germany in Transit : Nation and Migration 1955—2005*. Los Angeles & London: Univ. of California Press, 2007.

Great Britain Foreign Office, "United States, France, United Kingdom, Netherlands, Belgium, Yugoslavia, Luxembourg, Final Act and Annex of the Pairs Conference on Reparation", *The American Journal of International Law*, Vol. 40, No. 4, Supplement: Official Documents. (Oct,1946).

Griffith, William E., *The Ostpolitik of the Federal Republic of Germany*, Massschusetts and London: The MIT Press, 1978.

Grosser, Thomas, *Besatzungspolitische, administrative und rechtliche Rahmenbedingungen 1945—1949*, Mannheim: Südwestdeutsche Schriften,1998.

Grundgesetz für die Bundesrepublik Deutschland, Bonn,1989.

Gutjahr, Lothar, *German Foreign and Defence Policy after Unification*. London and New York: Pinder Publishers, 1994.

Haenisch, W. Hrsg. *Geschichte der Aussenpolitik der DDR : Abriss*, Berlin: Staatsverlag der Deutschen Demokratischen Republik, 1985.

Hanrieder, Wolfram F., *Germany, America, Europe: Forty Years of German Foreign Policy*. New Haven and London: Yale Univ. Press, 1989.

Hanrieder, Wolfram F. ed., *West German foreign policy, 1949—1979*, Boulder, Colo. : Westview Press, 1980.

Herausgegeben aus Anlass des 125. Jubilaeums des Auswaertigen Amts, *Aussenpolitik der Bundesrepublik Deutschland : Dokumente von 1949 bis 1994*, Köln: Verlag Wissenschaft und Politik, 1995.

Hillgruber, Andreas, *Deutsche Geschichte 1945—1975*. Frankfurt/M-Berlin-Wien: Verlag Ullstein GmbH, 1978.

Hockenos, Paul, *Joschka Fischer and the Making of the Berlin Republic*, Oxford and New York: Oxford University Press, 2008.

Hockerts, Hans Günter, *Grenzen der Wiedergutmachung : die Entschädigung für NS-Verfolgte in West-und Osteuropa 1945—2000*, Göttingen: Wallstein Verlag, 2006.

Hofmann, Jürgen, *Es ging um Deutschland : Vorschlage der DDR zur Konfronderation zwischen beiden deutschen Staaten*, *1956 bis 1967*, Berlin: Dietz, 1990.

Hook, James van, From Socialization to Co-determination: the British, Germany and Public Ownership in Ruhr, 1945—1951", *The Historical Journal*, 45, I(2002).

Horne, Alistair, *Back to Power : A Report on the new Germany*. London: Max

Parrich, 1955.

Hubatsch, Walther, *The German question*, New York: Herder Book Center, 1967.

Huber, Ernst Rudolf, *Quellen zum Staatsrecht der Neuzeit*, *Band 2*, *Deutsche Verfassungsdokumente der Gegenwart* (*1919—1951*), Tübingen: Matthiesen Verlag, 1951.

Hünemörder, Kai, *Die Frühgeschichte der globalen Umweltkrise und Formierung der Deutschen Umweltpolitik*, *1950—1973*, Stuttgart: Franz Steiner Verlag, 2004.

Institut für Kulturpolitik der kulturpolitischen Gesellschaft, *Jahrbericht 2002*, Bonn: Institut für Kulturpolitik der kulturpolitischen Gesellschaft, 2002.

Institut für Kulturpolitik der kulturpolitischen Gesellschaft, *Jahrbericht 2004*, Bonn: Institut für Kulturpolitik der kulturpolitischen Gesellschaft, 2004.

Inter Allied Reparation Agency, *Report of the Assembly of the Inter-Allied Reparation Agency to its member governments* (*IARA Report*) *International Organization*, *Vol. 2*, *No. 2*. (Jun,1948).

Jarausch, Konrad &. Welsh, Helga A. (eds.): *German History in Documents and Images*, *Vol. 9*, *Two Germanies*, *1961—1989*. http://germanhistorydocs. ghidc. org/

Jaspers, Karl, *The Question of German Guilt*, Trans. By E. B. Ashton, New York: Fordham University Press, 2000.

Jesse, Eckhard, *Die Gestaltung der deutschen Einheit : Geschichte-Politik-Gesellschaft*, Bonn: Bouvier Verlag, 1992.

Junker, Detlef,(ed.) *The United States and Germany in the Era of the Cold War 1945—1990*, *A Handbook*, Cambridge &. New York: Cambridge University Press, 2004.

Kaase, Max, "Deutschland im Übergang. Parteien und Wähler vor der Bundestagswahl *1990*", in: *Aus Politik und Zeitgeschichte* (APuZ) 37 - 38/1990.

Kapczynski, Jinnifer M. *The German Patient : Crisis and Recovery in Postwar Culture*, Ann Arbor: The University of Michgan Press, 2008.

Kitchen, Martin, *A History of Modern Germany 1800—2000*. Malden, USA &. Oxford, UK: Blackwell Publishing Ltd., 2006.

Knuth, Matthias, *Evaluation der Zweiten Phase des Bundesprogramms "Perspektive 50plus—Beschäftigungspakte für Älterein den Regionen"*, Duisburg: Institut Arbeit und Qualifikation, Fakultät für Gesellschaftswissenschaften, Universität Duisburg-Essen,2012.

Kohl, Helmut, *Regierungserklärung des Bundeskanzlers am 30. Januar 1991 vor dem Deutschen Bundestag in Bonn*, Bonn: bpa-bulletin, Datum: 31. 01. 1991.

Kolinsky, Eva, *The Greens in West Germany : Organization and Policy Making*, Oxford: Berg Publishers 1989.

Koopmans, Ruud (ed.), *Challenging immigration and ethnic relations politics : comparative European Perspectives*, New York: Oxford University Press, 2000.

Koopmans, Ruud, *Contested Citizenship, Immigration and Culture Diversity in Europe*, London: University of Minisota Press, 2005.

Kramer, Alan, *Die britische Demontagepolitik am Beispiel Hamburgs, 1945— 1950*, Hamburg: Verein für Hamburgische Geschichte, 1991.

Kramer, Alan, *The West German Economy, 1945—1955*, New York and London: Berg, 1991.

Kreikamp, Hans Dieter, *Quellen zur staatlichen Neuordnung Deutschlands 1945—1949*, Darmstadt: Wissenschaftliche Buchgesellschaft, 1994.

Krisch, Henry, *The German Democratic Republic : the search for identity*, Boulder: Westview Pr., 1985.

Kuklick, Bruce, *American Polity and the Division of Germany, the Clash with Russia over Reparations*, Ithaca and London: Cornell University, 1972.

Laqueur, Walter, *Europe since Hitler : the Rebirth of Europe.* Revised Edition, England: Penguin Books Ltd. 1982.

Loth, Wilfried, *Die deutsche Frage in der Nachkriegszeit*, Berlin: Akademie Verlag GmbH, 1994.

Loth, Wilfried, *Stalin's unwanted child : the Soviet Union, the German question, and the founding of the GDR*, New York: St. Martin's Press, 1998.

Ludwig Schweigler, Gebhard, *National Consciousness in Divided Germany*, London: SAGE Publications, 1975.

Maier, Charles S. with the assistance of Bishof, Günter(ed.), *The Marshall Plan and Germany, West German Development within the Framework of the European Recovery Program*, New York and London: Berg Publishers Ltd., 1991.

Mann, Golo, *The History of Germany Since 1789.* English Trans. By Marian Jackson, London: PIMLICO, Random House, 1996.

Mausbach, Wilfried, *Zwischen Morgenthau und Marshall, das wirtschaftspolitische Deutschlandkonzept der USA 1944—1947*, Düsseldorf: Droste Verlag, 1996.

Mayer, Margit and Ely John(ed.), *The German Greens, The Paradox between Movement and Party*, Philadelphia: Temple University Press, 1998.

Mayer, Tilman, *20 Jahre Deutsche Einheit, Erfolge, Ambivalenzen, Probleme*, Berlin: Duncker & Humblot Verlag, 2010.

Mcadams, A. James, *East Germany and detente : building authority after the wall*, Cambridge; New York: Cambridge University Press, 1985.

McAllister, James, *No Exit : America and the German Problem 1943—1954*, Ithaca and London: Cornell University Press, 2002.

McCarthy, Patrick, (ed.) *France-Germany 1983—1993 : the Struggle to Cooperate*. London: The Macmillan Press Ltd., 1993.

McInnis, Edgar, *et al. The Shaping of Postwar Germany.* London: J. M. Dent & Sons Ltd., 1960.

McKay, Joanna, *The official concept of the nation in the former GDR : theory, pragmatism, and the search for legitimacy*, Aldershot, Hants, UK; Brookfield, Vt. : Ashgate, 1998.

Meiners, Jochen, *Die doppelte Deutschlandpolitik : zur nationalen Politik der SED im Spiegel ihres Zentralorgans "Neues Deutschland" 1946 bis 1952*, Frankfurt am Main; New York: P. Lang, 1987.

Merrill, Dennis (ed.), *Documentary History of Truman Presidency, Volume 13, Establishing of Marshall Plan, 1947—1948*, Bethesda, MD: University Publications of America, 1996.

Mexico City Declaration on Cultural Policies, World Conference on Cultural Policies Mexico City, 26 July – 6 August 1982.

Mierzejewski, Alfred C. : *Ludwig Erhard : A Biography*, Chapel Hill and London: The University of North Carolina Press, 2004.

Miller, Toby, *Cultural policy*, London: SAGE, 2002.

Milward, Alan S., *The Reonstruction of Western Europe 1945—1951*, New York and London: Metbuen & Co. Ltd., 1984.

Moreton, N. Edwina eds., *Germany between East and West*, Cambridge; New York: Cambridge University Press, 1987.

Müller, Helmut M., *Schlaglichter der deutschen Geschichte*, Bonn: Bundeszentrale für politische Bildung, 2003.

Müller, Jan-Werner(ed.), *Gernan Ideologies since 1945 : Studies in the Political Thought and Culture of the Bonn Republic*. New York and London: Palgrave Macmillan TM, 2003.

Müller, Jan-Werner(eds.): *Memory and Power in Post-War Europe : Studies in the Presence of the Past.* Cambridge: Cambridge University Press, 2004.

Müller, Jan-Werner, *Constitutional Patriotism*. Princeton and Oxford, Princeton University Press, 2007.

Ninkovich, Frank A., *Germany and the United States : the transformation of the German question since 1945*, New York: Twayne Publishers, 1995.

Oppen, Beate(ed.), *Documents on Germany under Occupation 1945—1954*, London, New York and Toronto: Oxford University Press, 1955.

Our Creative Diversity, *the Report of the World Commission on Culture and Development*, Paris: UNESCO Publishing, 1996.

Pieck, Wilhelm, *Aufzeichnungen zur Deutschlandpolitik*, *1945—1953*, Berlin: Akademie Verlag, 1994.

Plock, Ernest D., *East German-West German relations and the fall of the GDR*, Boulder: Westview Press, 1993.

Plock, Ernest D., *The basic treaty and the evolution of East-West German relations*, Boulder, Colo. : Westview Press, 1986.

Poiger, Uta,(ed.) *German History in Documents and Images*, Vol. 8, *Occupation and the Emergence of Two Sates*, *1945—1961*. http://germanhistorydocs. ghi-dc. org/

Press-und informationsamt der Bundesregienung hrsg, *Dokumentation zu den innerdeutschen Beziehungen : Abmachungen und Erklaerungenk*, Bonn: Das Presse-und Informationsamt, 1990.

Press-und informationsamt der Bundesregienung, *Tatsachen über Deutschland*, Frankfurt/Main: Societäts-Verlag, 1998.

Press-und Informationsamt der Bundesregierung, *Der Nationale Integrationsplan*, *NeuneWeg-Neue Chancen*, Berlin: MEDIA CONSULTA Deutschland GmbH, 2007.

Preston, Paul(ed.), *British Documents on Foreign Affairs（BDFA) Part Ⅲ: Series F Europe*, *Volume 7*, *Central Europe April 1945—September 1945*, Bethesda MD: Universitiy Publications of America, 1998.

Prollius, Michael von, *Deutsche Wirtschaftsgeschichte nach 1945*, Göttingen: Vandenhoeck & Ruprecht, 2006.

Raff, Diether, *Deutsche Geschichte*, *Vom Alten Reich zur zweiten Republik*, München: Max Hüber Verlag, 1985.

Reichs-und Staatsangehörigkeitsgesetz Vom 22 Juli 1913, *RGBl*, 1913.

Richardson, James L., *Germany and the Atlantic Alliance*. Cambridge, Massachusetts: The MIT Press, 1966.

Ritter, Gerhard A., *Das Deutsche Kaiserreich 1871—1914*. Goettingen: Hubert Co., 1992.

Ritter, Gerhard A., *Wir sind das Volk*! *Wir sind ein Volk*! *Geschichte der deutschen Einigung*, München: Beck Verlag, 2009.

Römer, Karl, *Tatsachen über Deutschland : Die Bundesrepublik Deutschland*. Gütersloh: Bertelsmann Lexikon-Verlag, 1978.

Rudzio, Wolfgang, Die ausgebliebene Sozialisierung an Rhein und Ruhr, zur Sozialisierungspolitik von Labour-Regierung und SPD 1945—1948, *Archiv für Sozialgeschichte*, *XVIII Band*, Bonn: Verlag Neue Gesellschaft, 1978.

Salman, Trever &. Nicoll, Sir. William, (eds.) *Building European Union : A Documentary History and Analysis*. Manchester: Manchester University Press 1997.

Schneiders, Thorsten Gerald (Hrsg.) *Islamfeindlichkeit*, *Wenn die Grenzen der Kritik verschwimmen*, Wiesbaden: Springer Fachmedien Wiesbaden GmbH, 2010.

Schröder, Hans-Jürgen (Hrsg), *Marshallplan und Westdeutschland Wiederaufbau*, *Positionen-Kontroversen*, Stuttgart: Franz Steiner Verlag, 1990.

Schulz, Eberhard ed., *GDR foreign policy*, Armonk, N. Y. : M. E. Sharpe, 1982.

Schwarz, Hans-Peter Hrsg, *Handbuch der deutschen Aussenpolitik*, München: R. Piper, 1975.

Schweitzer, C. C. *et al.* (eds.), *Politics and Government in Germany 1944—1994. Basic Documents*. Providence and Oxford: Berghahn Books, 1995.

Sethur, Frederick, "The Schuman Plan and Ruhr Coal", in: *Political Science Quarterly*, Volume 67, No. 4(Dec., 1952).

Shumaker, David H., *Gorbachev and the German Question : Soviet-west German relations*, *1985—1990*, Westport, Conn. : Praeger, 1995.

Siebs, Benno-Eide, *Die Aussenpolitik der DDR 1976—1989 : Strategien und Grenzen*, Paderborn: Ferdinand Schoeningh, 1999.

Siemann, Wolfram (Hrsg.), *Umweltgeschichte*, *Themen und Perspektiven*, Müchen: Verlag C. H. Beck, 2003.

Simonian, Haig, *The Porivileged Partnership : Franco-German Relations in the European Community 1969—1984*. Oxford: Clarendon Press, 1985.

Smith, Gordon, *Democracy in Western Germany : Parties and Politics in the Federal Repubilc*. London: Heinemann Educational Books Ltd. 1979.

Smith, Gordon, *et al.* (eds.), *Developments in West German Politics*. Hampshire and London: MacMillan Education Ltd., 1991.

Smith, Jean(ed.), *The Papers of General Lucius D. Clay*, *Germany 1945—1949*, Bloomington and London: Indiana University Press, 1974.

Sodaro, Michael J., *Moscow, Germany, and the West from Khrushchev to Gor-*

bachev, Ithaca: Cornell University Press, 1990.

Sommer, Theo, *Die Zeit, Welt-und Kulturgeschichte: Epochen, Fakten, Hintergründe in 20 Bänden. 14, Zweiter Weltkrieg und Nachkriegszeit*, Hamburg: Zeitverlag, 2006.

Sowden, J. k., *The German question, 1945—1973: continuity in change*, New York: St. Martin's Pr., 1975.

Spittmann, Ilse, *Von der SBZ zur DDR: 1945—1949*, Köln: Verlag Wissenschaft und Politik, 1989.

Stastistisches Bundesamt: *Statistisches Jahrbuch 1989 für die Bundesrepublik Deutschland*. Stuttgart: Metzler-Poeschel Verlag. No publishing time given.

Statistisches Bundesamt, *Achte koordinierte Bevölkerungsvorausberechnung*, Wiesbaden: Variante 2, 1994.

Steininger, Rolf (Hrsg.), *Deutsche Geschichte 1945—1961, Darstellung und Dokumnete in Zwei Bänder, Band 2*, Frankfurt am Mainz, Fischer Taschenbuch Verlag, 1983.

Steininger, Rolf, *Ein Neues Land an Rhein und Ruhr: die Ruhrfrage 1945/46 und die Entstehung Nordrhein-Westfalen*, Köln: Verlag W. Kohlhammer, 1990.

Stent, Angela, *From Embargo to Ostpolitik: The Political Economy of West Germany-Soviet Relations 1955—1980*. Cambridge: Cambridge University Press, 1981.

The Power of Culture for Development, Paris: UNESCO Publishing, 2010.

Thomas, Nick, *Protest Movements in 1960s West Germany: A Social History of Dissent and Democracy*, Oxford and New York: Berg, 2003.

Tomas, Georg(ed.), *The New Islamic Presence in Western Europe*, London: Mansell Publishing Limited, 1998.

Turner, Ian(ed.), *Reconstruction in Post War Germany, British Occupation Policy and the Western Zones, 1945—1955*, Oxford: Berg, 1989.

U. S Department of State, *FRUS, 1946, Volume II, Council of Foreign Ministers*, Wachington D. C. : GPO, 1970.

U. S Department of State, *FRUS, 1947, Volume II, Council of Foreign Ministers, Germany and Austria*, Washington D. C. : GPO, 1972.

U. S Department of State, *FRUS, 1947, Volume III, British Commonwealth, Europe*, Washington D. C. : GPO, 1972.

U. S Department of State, *FRUS, 1948, Volume II, Germany and Austria*, Wachington D. C. : GPO, 1973.

U. S Department of State, *FRUS, 1948, Volume III, Germany and Austria*,

Wachington D. C. : GPO, 1974.

U. S Department of State, *FRUS, Conferences at Malta and Yalta*, 1945, Washington D. C. : GPO, 1955.

U. S Department of State, *FRUS, The Conference of Berlin* (*The Potsdam Conference*), *Volume II*, 1945, Washington D. C. : GPO, 1960.

Überschar, Gerd R., *Der Nationalsozialismus vor Gericht*, *Die alliierten Prozesse gegen Kriegsverbrecher und Soldaten 1943—1952*, Frankfurt am Main: Fischer Verlag, 1999.

Uekötter, Frank, *Von der Reuchplage zur Ökologischen Revolution*, *Eine Geschichte der Luftverschmutzung in Deutschland und USA*, 1880—1970, Essen: Klartext Verlag, 2003.

United States Department of State, *Documents on Germany*, 1944—1985, Washington, D. C. : U. S. Department of State, 1985.

Urwin, D. W. & Paterson, W. E. (eds.) *Politics in Western Europe Today*. Essex, England: Longman Group UK Limited, 1990.

Uschner, Manfred, *Die Ostpolitik der SPD : Sieg und Niederlage einer Strategie*, Berlin: Dietz, 1991.

Van Hook, James C., *Rebuilding Germany : The Creation of the Social Market Economy 1945—1957*, Cambridge: Cambridge University Press, 2004.

Verträge zur deutschen Einheit, Bonn: Bundeszentrale für politische Bildung, 1991.

Vogt, Helmut, *Wächter der Bonner Republik*, *Die Alliierten Hohen Kommissare 1949—1955*, Paderborn: Ferdinand Schöningh Verlag, 2004.

Wallace, Ian, *East Germany : the German Democratic Republic*, Oxford, England; Santa Barbara, Calif. : Clio Press, 1987.

Weber, Hermann hrsg, *DDR-Dokumente zur Geschichte der Deutschen Demokratischen Republik*, 1945—1985, München: Deutscher Taschenbuch Verlag, 1986.

Wegs, J. Robert, *Europe since 1945 : A Concise History*. 2nd Edition, London: Macmillan Publishers Ltd. 1984.

Wendler, Juergen, *Die Deutschlandpolitik der SED in den Jahren 1952 bis 1958 : publizistisches Erscheinungsbild und Hintergünde der Wiedervereinigungsrhetorik*, Köln : Boehlau, 1991.

Werner, Heinz, *Langzeitarbeitslosigkeit in Europa*, *Entwicklung*, *Ursachen und Strategien ihrer Bekämpfung*, Nürnberg: IAB-Kurzbericht, 06/1996.

Wernicke, Kurt(Hrsg.), *Dokument Nr. 4*, *Die Parlamentarische Rat*, 1948—

1949, *Akten und Protokolle*, *Band 1*, Boppard am Rhein: Harald Boldt Verlag, 1975.

Wernicke, Kurt（Hrsg.）, *Dokument Nr. 12*, *Die Parlamentarische Rat*, *1948—1949*, *Akten und Protokolle*, *Band 8*, Boppard am Rhein: Harald Boldt Verlag, 1995.

Wernicke, Kurt(Hrsg.）, *Dokument Nr. 5*, *Die Parlamentarische Rat*, *1948—1949*, *Akten und Protokolle*, *Band 4*, Boppard am Rhein: Harald Boldt Verlag, 1989.

Wernicke, Kurt（Hrsg.）, *Einleitung*, *Die Parlamentarische Rat*, *1948—1949*, *Akten und Protokolle*, *Band 12*, Boppard am Rhein: Harald Boldt Verlag, 1999.

Whetten, Lawrence L., *Germany East and West: conflicts, collaboration, and confrontation*, New York: New York University Press, 1980.

Whetten, Lawrence L., *Germany's Ostpolitik: Relations between the Federal Republic and the Warsaw Pact Countries*, London: Oxford University Press, 1971.

Wilke, Jürgen, *Holocaust und NS-Prozesse*, Köln: Böhlau Verlag, 1995.

Willis, F. Roy, *France, Germany and the New Europe*, *1945—1967*, Stanford and London: Oxford University Press, 1968.

Wirsching, Andreas, *Deutsche Geschichte in 20. Jahrhundert*, München: G. H. Beck Verlag, 2001.

OECD Berlin Centre, "Wirtschaftsbericht Deutschland 2006", *Policy Briefs*, 2006 Mai, 2006.

Wissenschaftsrat, *Empfehlungen zur Weiterentwicklung von Theologien und religionsbezogenen*, Berlin: Wissenschaften an deutschen Hochschulen, 2010.

Wurm, Clemens,（eds.）*Western Europe and Germany: The Beginning of European Integration 1945—1960*, Oxford & London: Berg Publishers Ltd. 1995.

Young, John, *France, Cold War, the Western Alliance 1944—1949*, *France Foreign Policy and Post War Europe*, London: Leicester University Press, 1990.

Zimmermann, Klaus F., *Die Agenda 2010: Ein geschichtsträchtiger gesellschaftspolitischer Reformaufbruch*, in: *Wirtschaftsdienst*, 88. Jg. (2008), H. 3.

Zolling, Peter, *Deutsche Geschichte von 1871 bis zur Gegenwart*, München: Carl Hanser Verlag, 2005.

二、中文部分(按编著者名称汉语拼音首字母顺序排列)

［德］韦·阿贝尔斯豪泽：《德意志联邦共和国经济史 1945—1980》，张连根等译，商务印书馆 1988 年版。

［德］康拉德·阿登纳：《阿登纳回忆录》（1—4 卷），上海外语学院德法语系德语组译，上海人民出版社 1973—1976 年版。

［德］卡尔·埃尔德曼：《德意志史》，第四卷下册，高年生译，商务印书馆 1986 年版。

［德］路德维希·艾哈德：《来自竞争的繁荣》，祝世康等译，商务印书馆 1983 年版。

［德］赖因霍尔德·安德特和沃尔夫冈·赫兹贝格：《倒台——昂纳克答问录》，顾增文等译，世界知识出版社 1992 年版。

［德］埃里希·昂纳克：《我的经历》，龚荷花等译，世界知识出版社 1987 年版。

［德］比库特·伦巴赫：《我的特殊使命》，潘琪昌等译，上海译文出版社 1988 年版。

［德］维利·勃兰特：《会见与思考》，张连根等译，商务印书馆 1987 年版。

［德］卡尔·艾利希·博恩：《德意志史》，第三卷，张载扬等译，商务印书馆 1991 年版。

《德国统一社会党第四次代表大会文件（选辑），1954 年 3 月 30 日至 4 月 6 日》，纪年译，世界知识出版社 1956 年版。

［德］德国统一社会党中央马列主义研究所编写组编：《德国统一社会党简史》，陆仁译，人民出版社 1990 年版。

［德］德意志民主共和国情报局编：《关于波恩战争条约的白皮书》，阴方等译，人民出版社 1954 年版。

［德］德意志民主共和国外交部编：《关于德意志联邦共和国政府侵略政策的白皮书》，世界知识出版社编译，世界知识出版社 1959 年版。

［德］凯·迪珂曼和拉·格·洛约特：《我要的是德国统一——科尔自述》，葛放主译，辽宁人民出版社 1999 年版。

［德］威廉·格雷韦：《西德外交风云纪实》，梅兆荣等译，世界知识出版社 1984 年版。

［德］迪特尔·格罗塞尔：《德意志联邦共和国经济政策及实践》，晏小宝译，上海翻译出版公司 1992 年版。

［德］卡尔·哈达赫：《20 世纪德国经济史》，扬绪译，商务印书馆 1984 年版。

［德］H. 哈麦尔、R. 克脑夫：《西德和东德的经济体制——社会主义市场经济和社会主义计划经济的体制比较》，景林译，中国社会科学出版社 1980 年版。

［德］克·哈普雷希特：《维利·勃兰特：画像与自画像》，复旦大学资本主义国家经济研究所译，上海人民出版社 1976 年版。

［德］何梦笔主编：《德国秩序政策理论与实践文集》，周健、冯兴元译，上海人民出版社 2000 年版。

［德］埃贡·克伦茨：《大墙倾倒之际——克伦茨回忆录》，沈隆光等译，世界知识出版社 1991 年版。

［德］奥斯卡·拉封丹：《心在左边跳动》，周惠译，社科文献出版社 2001 年版。

[德]沃尔夫·勒佩尼斯:《德国历史中的文化诱惑》,刘春芳、高新华译,译林出版社 2010 年版。

[德]克利斯塔·卢夫特:《最后的华尔兹:德国统一的回顾与反思》,朱章才译,中央编译出版社 1995 年版。

[德]乌尔里希·罗尔:《德国经济:管理与市场》,顾俊礼等译,中国社会科学出版社 1995 年版。

[德]维纳·洛赫:《德国史》,北京大学历史系世界近现代史教研室译,三联书店 1959 年版。

[德]维尔纳·马泽尔:《联邦德国总理科尔传》,潘琪昌等译,东方出版社 1991 年版。

[德]梅尼克:《德国的浩劫》,何兆武译,三联书店 1991 年版。

[德]苏姗·米勒、海因里希·波特霍夫:《德国社会民主党简史 1848—1983》,刘敬钦等译,求实出版社 1984 年版。

[德]扬-维尔纳·米勒:《另一个国度:德国知识分子、两德统一及民族认同》,马俊、谢青译,新星出版社 2008 年版。

[德]汉斯·莫德罗:《起点与终点:前民主德国总理莫德罗回忆录》,王建政译,军事科学出版社 2002 年版。

[德]斐迪南·穆勒-罗密尔、托马斯·波古特克主编:《欧洲执政绿党》,郇庆治译,山东大学出版社 2005 年版。

[德]莱茵哈德·屈恩尔:《法西斯主义剖析》,邸文、李广起译,军事科学出版社 1992 年版。

[德]汉斯·萨尼尔:《雅斯贝尔斯》,张继武、倪梁康译,三联书店 1988 年版。

[德]赫尔穆特·施密特:《行动起来,为了德国》,刘芳本等译,外语教学与研究出版社 1995 年版。

[德]赫尔穆特·施密特:《均势战略:德国的和平政策和超级大国》,上海外国语学院英语系译,上海人民出版社 1975 年版。

[德]赫尔穆特·施密特:《同路人——施密特回忆录》,潘海峰译,世界知识出版社 2002 年版。

[德]赫尔穆特·施密特:《伟人与大国——施密特回忆录》,梅兆荣等译,世界知识出版社 1991 年版。

[德]威廉·冯·施特恩堡主编:《从俾斯麦到科尔——德国政府首脑列传》,许右军等译,当代世界出版社 1997 年版。

[德]施特劳斯:《施特劳斯回忆录》,苏惠民等译,中国对外翻译出版公司 1993 年版。

[德]罗尔夫·魏格豪斯:《法兰克福学派:历史、理论和政治影响》,孟登迎等译,上海人民出版社 2010 年版。

[德]乌布利希:《目前形势和德国统一社会党的新任务》,纪年译,世界知识出版社 1954 年版。

[德]吴伟:《希特勒阴影下的战后德国》,黄在正译,民族出版社 2000 年版。

[德]海尔曼·亚当:《德意志联邦共和国的经济政策和政治体制》,薛福廷等译,辽宁人民出版社 1998 年版。

[德]库特·宗特海默尔:《联邦德国政府与政治》,孙克武等译,复旦大学出版社 1985 年版。

[法]米歇尔·阿尔贝尔:《资本主义反对资本主义》,杨祖功等译,社会科学文献出版社 1999 年版。

[法]夏尔·戴高乐:《希望回忆录》,《希望回忆录》翻译组译,中国人民大学出版社 2005 年版。

[法]夏尔·戴高乐:《战争回忆录》(第三卷:拯救 1944—1946),陈焕章译,中国人民大学出版社 2005 年版。

[法]让·莫内:《欧洲之父——莫内回忆录》,孙慧双译,国际文化出版公司 1989 年版。

[美]迪安·艾奇逊:《艾奇逊回忆录》,上海《国际问题资料》编辑组、伍协力合译,上海译文出版社 1978 年版。

[美]史蒂文·奥茨门特:《德国史》,邢来顺等译,中国大百科全书出版社 2009 年版。

[美]麦乔治·邦迪:《美国核战略》,褚广友等译,世界知识出版社 1991 年版。

[美]雅各布·比姆:《出使苏联东欧回忆录》,潘益世译,商务印书馆 1981 年版。

[美]哈里·杜鲁门:《杜鲁门回忆录》上卷,李石译,东方出版社 2007 年版。

[美]哈里·杜鲁门:《杜鲁门回忆录》下卷,李石译,三联书店 1974 年版。

[美]埃德温·哈特里奇:《第四帝国》,国甫等译,新华出版社 1982 年版。

[美]埃德温·哈特里奇:《第四帝国的崛起》,范益世译,世界知识出版社 1982 年版。

[美]W. F. 汉里德、G. P. 奥顿:《西德、法国和英国的外交政策》,徐宗士等译,商务印书馆 1989 年版。

[美]戴维·霍罗威茨:《美国冷战时期的外交政策:从雅尔塔到越南》,上海市"五·七"干校六连翻译组译,上海人民出版社 1974 年版。

[美]亨利·基辛格:《大外交》,顾淑馨、林添贵译,海南出版社 1998 年版。

[美]戈登·A. 克莱格:《德国人》,杨立义、钱松英译,上海译文出版社 1998 年版。

[美]保罗·肯尼迪:《大国的兴衰》,陈景彪等译,国际文化出版公司 2006 年版。

[美]安格斯·麦迪逊:《世界经济千年史》,伍晓鹰等译,北京大学出版社 2003 年版。

[美]B. R. 米切尔编:《帕尔格雷夫世界历史统计·欧洲卷1750—1993年》(第四版),贺力平译,经济科学出版社2002年版。

[美]戴维·墨菲:《柏林墙下的较量:冷战中的中央情报局与克格勃》,李嘉曾译,江苏人民出版社2000年版。

[美]罗伯特·A. 帕斯特编:《世纪之旅——七大国百年外交风云》,胡利平等译,上海人民出版社2001年版。

[美]科佩尔·S. 平森:《德国近现代史:它的历史和文化》,下册,范德一译,商务印书馆1987年版。

[美]布雷德利·沙夫:《民主德国的政治与变革》,秦刚等译,春秋出版社1988年版。

[美]罗伯特·舍伍德:《罗斯福与霍普金斯》,福建师范大学外语系编译室译,商务印书馆1979年版。

[美]斯塔夫里阿诺斯:《全球通史——1500年以后的世界》,吴象婴、梁赤民译,上海社会科学院出版社1999年版。

[美]格奥尔格·G. 伊格尔斯:《德国的历史观》,彭刚、顾杭译,译林出版社2006年版。

[南]米洛凡·吉拉斯:《同斯大林的谈话》,司徒协译,世界知识出版社1989年版。

[日]木下太郎编:《九国宪法选介》,康树华译,群众出版社1981年版。

[苏]A·C. 阿尼金等:《外交史》第五卷,大连外国语学院俄语系翻译组译,三联书店1983年版。

[苏]尼·法捷耶夫:《经济互助委员会》,北京对外贸易学院国际贸易问题研究所译,中国财政经济出版社1977年版。

[苏]安·葛罗米柯:《苏联对外政策史》(1945—1980),韩正文等译,中国人民大学出版社1989年版。

[苏]萨纳柯耶夫、崔布列夫斯基编:《德黑兰、雅尔塔、波茨坦会议文件集》,北京外语学院译,三联书店1978年版。

[苏]B. H. 舍纳耶夫等:《联邦德国》,裘元伦译,中国社会科学出版社1988年版。

[苏]维什聂夫:《论德国问题》,怡黎译,中外出版社1951年版。

[苏]伊·费·伊瓦辛:《苏联外交简史》,国际问题译丛编辑部译,世界知识出版社1960年版。

[英]迈克尔·鲍尔弗、约翰·梅尔:《四国对德国和奥地利的管制(1945—1946)》,安徽大学外语系译,上海译文出版社1985年版,

[英]布衣:《罪孽的报应:日本和德国的战争记忆与反思(1945—1993)》,戴晴译,社会科学文献出版社2006年版。

　　[英]德里克·W.厄尔温:《第二次世界大战后的西欧政治》,章定昭译,中国对外翻译出版公司 1985 年版。

　　[英]克兰克肖、爱德华等编:《赫鲁晓夫回忆录》(上、下),上海市"五七"干校六连、上海外国语学院英语系译,三联书店 1973 年版。

　　[英]大卫·莱昂:《后现代性》,郭为桂译,吉林人民出版社 2004 年版。

　　[英]约翰·W.梅森:《冷战(1945—1991)》,余家驹译,上海译文出版社 2003 年版。

　　[英]唐纳德·萨松:《欧洲社会主义百年史》下册,姜辉等译,社会科学文献出版社 2008 年版。

　　[英]D.C.瓦特:《国际事务概览,1961》上册,于树声等译,上海译文出版社 1988 年版。

　　《列宁选集》(四卷本),人民出版社 1972 年第二版。

　　《马克思恩格斯选集》(四卷本),人民出版社 1972 年版。

　　《世界经济》编写组:《世界经济》第一册,人民出版社 1980 年版。

　　《斯大林文选 1934—1952》,人民出版社 1985 版。

　　《斯大林文选》下册,人民出版社 1963 年版。

　　陈宝音编著:《国外社会主义宪法论》,中国人民公安大学出版社 1998 年版。

　　陈锋、殷寿征:《德国宰相与总理列传》,时事出版社 1995 年版。

　　陈乐民主编:《西方外交思想史》,中国社会科学出版社 1995 年版。

　　邓红英:《民主德国政策的演变(1949—1990)》,湖北人民出版社 2009 年版。

　　丁建弘、陆世澄、刘祺宝主编:《战后德国的分裂与统一》,人民出版社 1996 年版。

　　丁建弘:《德国通史》,上海社会科学院出版社 2002 年版。

　　法学教材编辑部编:《国际关系资料选编》(下册),武汉大学出版社 1983 年版。

　　冯存诚:《正义之剑——全球追捕审判纳粹战犯史鉴》,中国海关出版社 2002 年版。

　　复旦大学世界经济研究所德意志联邦共和国经济研究室:《德意志联邦共和国经济》,人民出版社 1984 年版。

　　高德平:《柏林墙与民主德国》,世界知识出版社 1992 年版。

　　龚荷花等编译:《联邦德国东方政策文件集》,中国对外翻译出版公司 1987 年版。

　　国际问题研究所编:《国际条约集(1969—1971)》,商务印书馆 1980 年版。

　　江宜桦:《自由主义、民族主义与国家认同》,扬智文化事业公司 1998 年版。

　　景德祥:《二战后德国史学发展的脉络与特点》,载《史学理论研究》2007 年第 3 期。

　　李伯杰等:《德国文化史》,对外经济贸易大学出版社 2002 年版。

李琮主编:《西欧经济与政治概论》,高等教育出版社 1988 年版。

李乐曾主编:《新世纪的德国——政治、经济与外交》,同济大学出版社 2002 年版。

李平民:《德意志文化》,上海财经大学出版社 2005 年版。

李银波:《德国西占区报业重建研究》,中国社会科学出版社 2012 年版。

连玉如:《德国默克尔政府的外交与欧洲政策辨析》,载《德国研究》2006 年第 1 期。

连玉如:《浅谈 21 世纪中德关系》,载《国际政治研究》2001 年第 2 期。

连玉如:《新世界政治与德国外交政策:"新德国问题"探索》,北京大学出版社 2003 年版。

刘成、马约生:《欧洲社会民主主义的缘起与演进》,重庆出版社 2006 年版。

刘金质:《冷战史》,世界知识出版社 2003 年版。

刘立群、连玉如主编:《德国·欧盟·世界》(论文集),社会科学文献出版社 2009 年版。

刘立群、孙恪勤主编:《新世纪的德国与中国》(论文集),时事出版社 2003 年版。

刘婉媛:《默克尔和德国的 2006》,载《中国新闻周刊》2006 年第 1 期。

罗芃等主编:《欧洲文学史》第三卷下册《20 世纪二次大战后的欧洲文学》,商务印书馆 2002 年版。

马桂琪、黎家勇:《德国社会发展研究》,中山大学出版社 2002 年版。

梅兆荣:《中德关系前景广阔》,载《德国研究》2006 年第 3 期。

孟钟捷:《寻求黄金分割点:联邦德国社会伙伴关系研究》,上海辞书出版社 2010 年版。

聂立涛:《默克尔的开局》,载《瞭望新闻周刊》2006 年第 1 期。

潘琪昌:《走出夹缝:联邦德国外交风云》,中国社会科学出版社 1990 年版。

潘琪昌主编:《百年中德关系》,世界知识出版社 2006 年版。

彭滂沱:《德国问题与欧洲秩序》,三民书局 1992 年版。

邱震海:《德国———一个冬天之后的神话》,复旦大学出版社 1997 年版。

裘元伦:《稳定发展的联邦德国经济》,湖南人民出版社 1988 年版。

人民出版社编:《德国问题文件汇编》,人民出版社 1953 年版。

沈越:《德国社会市场经济评析》,中国劳动社会保障出版社 2002 年版。

世界知识出版社编:《德国统一纵横》,世界知识出版社 1992 年版。

世界知识出版社编:《德意志民主共和国政府关于武装西德政策造成对和平的威胁备忘录:1958 年 11 月 6 日》,世界知识出版社 1958 年版。

世界知识出版社编:《国际条约集(1948—1949)》,世界知识出版社 1959 年版。

世界知识出版社编:《国际条约集(1950—1952)》,世界知识出版社 1959 年版。

世界知识出版社编:《国际条约集(1953—1955)》,世界知识出版社 1960 年版。

世界知识出版社编:《国际条约集(1956—1957)》,世界知识出版社 1962 年版。

世界知识出版社编:《国际条约集(1963—1965)》,世界知识出版社 1976 年版。

世界知识出版社编:《欧洲安全与德国问题文件汇编》(第一、二集),世界知识社 1956 年版。

宋全成:《简论德国移民的历史进程》,载《文史哲》2005 年第 3 期。

苏惠民:《德国新政府内外政策稳中有变》,载《国际问题研究》1999 年第 1 期。

苏惠民:《浅析德国大联合政府的内外政策》,载《和平与发展》2007 年第 1 期。

孙炳辉、郑寅达:《德国史纲》,华东师范大学出版社 1995 年版。

孙奎贞:《西德垄断财团》,时事出版社 1983 年版。

孙文沛:《浅析默克尔时代的中德外交》,《武汉大学学报》(人文科学版),2008 年第 3 期。

孙秀民:《统一后的德国对欧洲及世界的影响》,上海外语教育出版社 2001 年版。

王蕾:《联邦德国总理阿登纳》,四川人民出版社 1997 年版。

王绳祖、何春超、吴世民编选:《国际关系史资料选编》,法律出版社 1988 年版。

王绳祖主编:《国际关系史》(第 8—10 卷),世界知识出版社 1995 年版。

王殊:《中德建交亲历记》,世界知识出版社 2002 年版。

王泰平主编:《新中国外交 50 年》中册,北京出版社 1999 年版。

王霄鹏:《施罗德的忠告:勇气》,载《领导文萃》2006 年第 9 期。

吴友法、黄正柏主编:《德国资本主义发展史》,武汉大学出版社 2000 年版。

吴友法、邢来顺:《德国:从统一到分裂再到统一》,三秦出版社 2005 年版。

吴友法:《德国现当代史》,武汉大学出版社 2007 年版。

吴友法:《德国史探研》,商务印书馆 2010 年版。

肖汉森、黄正柏主编:《德国的分裂、统一与国际关系》,华中师范大学出版社 1998 年版。

辛薔:《融入欧洲——二战后德国社会的转向》,上海社会科学院出版社 2005 年版。

邢来顺:《生态主义与德国绿色政治》,载《浙江学刊》2006 年第 1 期。

熊炜:《德国社会民主党欧洲政策初探》,载《德国研究》2006 年第 2 期。

熊炜:《统一以后的德国外交政策》,世界知识出版社 2008 年版。

郇庆治:《欧洲绿党研究》,山东人民出版社 2000 年版。

严双伍:《第二次世界大战与战后欧洲一体化起源研究》,武汉大学出版社 2004 年版。

晏小宝:《德国的统一》,上海远东出版社 1992 年版。

晏小宝:《社会市场经济与德国统一》,上海三联书店 1993 年版。

杨洪贵:《澳大利亚多元文化主义研究》,西南交通大学出版社 2007 年版。

杨荫恩：《战后德国简史》，外语教学与研究出版社 1995 年版。

姚宝等：《当代德国社会与文化》，上海外语教育出版社 2002 年版。

叶晓东：《第二次柏林危机期间美国与联邦德国关系研究(1958—1963)》，武汉大学出版社 2013 年版。

殷桐生：《施罗德的"新中派"经济政策》，载《国际论坛》2001 年第 4 期。

印度驻中国大使馆："印度和德国签署《21 世纪印度—德国伙伴关系议程》"，载《今日印度》2006 年第 4 期。

印芝虹：《德国战后文学反思的使徒——走近伯尔、格拉斯》，载《南京大学学报》(哲学、人文科学、社会科学)2004 年第 6 期。

余匡复：《当代德国文学史纲》，辽宁教育出版社 1994 年版。

余灵灵：《哈贝马斯传》，河北人民出版社 1998 年版。

虞吉等：《德国电影经典》，对外经济贸易大学出版社 2003 年版。

岳伟、邢来顺：《移民社会的文化整合问题与统一后联邦德国文化多元主义的形成》，载《史学集刊》2012 年第 3 期。

战后世界历史长编委员会：《战后世界历史长编(第一编第三分册)，1947 年》，上海人民出版社 1977 年版。

战后世界历史长编编委会：《战后世界历史长编(第一编，第五分册)，1949 年》，上海人民出版社 1980 年版。

张才圣：《德国与欧洲一体化》，人民出版社 2011 年版。

张五岳：《分裂国家互动模式与统一政策之比较研究》，业强出版社 1992 年版。

张亚中：《德国问题：国际法与宪法的争议》，扬智文化事业公司 1999 年版。

赵全胜：《分裂与统一：中国、韩国、德国、越南经验之比较研究》，桂冠图书公司 1994 年版。

中国国际关系学会主编：《国际关系史》(第 11、12 卷)，世界知识出版社 2004、2006 年版。

中国社会科学院世界经济与政治研究所综合统计研究室编：《世界经济统计简编·1982》，三联书店 1983 年版。

中华人民共和国统计局编：《国际统计年鉴》(2003)，中国统计出版社 2003 年版。

周琪、王国明主编：《战后西欧四大国外交》，中国人民公安大学出版社 1992 年版。

朱绍中、赵亚鹏：《平衡至上，国家利益至上——析德国默克尔政府的对美政策》，载《德国研究》2004 年第 4 期。

朱正圻、林树众等：《联邦德国的发展道路——社会市场经济的实践》，中国社会科学出版社 1988 年版。

朱忠武：《联邦德国总理科尔》，四川人民出版社 1997 年版。

四 译名对照

德国工会联合会(民主德国)(Deutscher Gewerkschaftsbund，DGB)

德国工会联盟，又译德意志工会联合会(西德)(Deutscher Gewerkschaftsbund，DGB)

德国工商大会(Deutscher Industrie-und Handelstag，DIHT)

德国工商会(Industrie und Handelskammern，IHKS)

德国工业家全国联合会(Reichsverband Deutscher Industrieller，RDI)

德国工业联合会(Bundesverband der Deutschen Industrie，BDI)

德国公法广播电视联盟(德广联)(Arteitsgemeinschaft der öffentlich-rechtlichen RundfunkanstaltenDeutschlands，ARD)

德国公务员联合会(Deutsche Beamtenbund，DBB)

德国共产党(东德)(Deutsche Kommunistische Partei，DKP)

德国共产党(西德)(Kommunistische Partei Deutschlands，KPD)

德国共和党(Die Republikaner)

德国雇员工会(Deutsche Angestelltengewerkschaft，DAG)

德国雇主协会联合会(Bundesvereinigung der Deutschen Arbeitgeberverbände，BDA)

德国民族民主党(Nationaldemokratische Partei Deutschland，NPD)

德国环境、自然资源保护和核安全部(简称德国环保部)(Bundesministerium für Umwelt，Naturschutz und Reaktorsicherheit，BMU)

德国教育委员会(Deutscher Bildungsrat)

德国经济委员会(Deutsche Wirtschaftskommission)

德国科学委员会(Wissenschaftsrat，WR)

德国历史学家协会(Verbandes der Historiker Deutschlands)

德国联盟(Allianz für Deutschlands)

《德国煤钢工业改组法令——75号法令》(Law No. 75 on the reorganization of German Coal and Steel Industry)

德国民主妇女联合会(Deutsche Demokratische Fraubund)

德国民族民主党(Die National-Demokratische *Partei* Deutschlands，NDPD)

"德国模式"(Modell Deutschland)

德国穆斯林大会(Deutsche Islam Konferenz，DIK)

德国农场主联合会(Deutscher Bauern-Verband，DBV)

德国农民民主党，又译德国民主农民党(Demokratische Bauernpartei Deutschlands，DBD)

德国人民委员会(Deutsche Volkskomitee)

德国社会联盟(Deutsche Soziale Union，DSU)

德国社会民主党(Sozialdemokratische Partei Deutschlands，SPD)

德国社会主义学生联合会(Sozialistischer Deutscher Studentenbund，SDS)

《德国条约》(Deutschlandvertrag)

德国统一基金(Fonds Deutsche Einheit)

德国统一内阁委员会(Kabinettausschuß "Deutscher Einheit")

德国统一社会党(Sozialistische Einheitspartei Deutschlands，SED)

《德国统一社会党简史》("Eine kurze Geschichte der Sozialistischen Einhe-

摩根索，亨利（Morgenthau，Henry，1891—1967）

"摩根索计划"（Morgenthau Plan）

摩加迪沙（Mogadischu）

"魔法四角"（Magischen Viereck）

莫波尔，瓦尔特（Momper，Walter，1945—　）

莫德罗，汉斯（Modrow，Hans，1928—　）

莫洛托夫，维亚切斯拉夫（Molotow，Wjatscheslaw，1890—1986）

莫内，让（Monnet，Jean，1888—1979）

莫斯科（Moskau）

墨菲，罗伯特（Murphy，Robert，1894—1978）

《墨西拿协议》（Die Absprachen von Messina）

默克尔，安吉拉（Merkel，Angela，1954—　）

慕尼黑十月节（啤酒节）（Oktoberfest）

N

"拿骚协定"（Nassau Agreement）

《南德意志报》（Süddeutsche Zeitung）

"内心指导原则"/"内部领导原则"（Innere Führung）

尼克松，理查德·米尔豪斯（Nixon，Richard Milhouse，1913—1994）

牛赖特，康斯坦丁·冯（Neurath，Konstantin Freiherr von，1873—1956）

纽伦堡劳动市场和职业研究所（Institut für Arbeitsmarkt-und Berufsforschung）

农民互助联合会（Vereinigung der gegenseitigen Bauernhilfe）

《农业和自然保护法》（Gesetz über Naturschutz und Landschaftspflege）

诺登，阿尔伯特（Norden，Arbert，1904—1982）

诺尔特，恩斯特（Nolte，Ernst，1923—　）

诺尔廷，埃里克（Nölting，Erik，1892—1953）

诺维科夫，尼古拉（Novikov，Nikolai，1903—1989）

O

《欧安会最后文件》（Schlussdokument für Sicherheit und Zusammenarbeit in Europa）

欧盟教育文化总体指导委员会（The Education and Culture Directorate-General）

欧奈尔，康（O'Neil，Con，1912—1988）

欧元（Euro）

欧洲安全与合作会议/欧安会（Konferenz für Sicherheit und Zusammenarbeit in Europa，KSZE）

"欧洲大厦"（Europaische Gebaude）

欧洲防务共同体（Europäische Verteidigungsgemeinschaft）

《欧洲防务共同体条约》（Europäische Verteidigungsgemeinschaft Vertrag）

欧洲复兴计划（European Recovery Plan）

欧洲工人党情报局（European Information Bureau of the Commu nist and Workers' Parties）

欧洲汇率机制（European Exchange Rate Mechanism，ERM）

欧洲货币管理局（European Monetary Institute）

欧洲货币体系（Europe Monetary System（EMS）

欧洲经济共同体（Europäische Wirtschaftsgeimeinschaft，EWG）

欧洲经济合作委员会（Committee of Europe Economic Cooperation）

特洛斯贝克,约翰(Trouthbeck,John)

特洛塔,玛格丽特·冯(Trotta,Margarethe von,1942—)

"特殊道路"/"独特道路"(Sonderweg)

体育和技术协会(Sport und Technik Verein)

体育局(Sportsbüro)

替代性政治联盟——绿党(Die Sontige Politische Vereinigung〔SPV〕-Die Grünen)

天主教会(Kartholische Kirche)

"条约共同体"(Vertragsgemeinschaft)

《通往德国统一道路的方案》(Konzeption für den Weg zur Deutschen Einheit)

"统一附加税"(Solidaritätszuschlag)

《统一条约》(Einigungsvertrag)

图林根(Thüringen)

《图片报》(Bild)

土耳其移民档案中心—博物馆(Dokumentationszentrum und Museum über die Migration aus der Türkei)

"托管人计划"(Trusteeship Plan)

W

瓦尔拉夫,汉斯·贡特(Wallraff,Hans Günter,1942—)

《外国人法》(Ausländergesetz)

外籍工人(Gastarbeiter)

外交部(Außenministerium)

"网络时代的欧洲创意"(The Netdays Europe Initiative)

威尔,塞西尔(Weir,Cecil,1890—1960)

威尔逊,詹姆斯·哈罗德(Wilson,James Harold,1916—1995)

韦勒,汉斯-乌尔里希(Wehler,Hans-Ulrich,1931—2014)

《威斯特法伦评论》(Westafälischen Rundschau)

《威斯特法伦邮报》(Westfalenpost)

"微型工作"(mini jobs)

维尔纳传媒集团(Werner Media Group)

维辛斯基,安德烈(Vyshinsky,Andrey,1883—1954)

维也纳(Wien)

卫生保健部(Ministerium für Gesundheit)

魏茨泽克,卡尔·弗里德里希·冯(Weizsäcker,Carl Friedrich von,1912—2007)

魏茨泽克,里夏德·冯(Weizsäcker,Richard von,1920—2015)

魏森博恩,贡特(Günther,Weisenborn,1902—1969)

魏斯,皮特(Weiss,Peter,1916—1982)

温伯格,卡斯珀(Weinberger,Caspar,1917—2006)

温德尔斯,维姆(Wenders,Wim,1945—)

温麦(Umma)

文化部(Ministerium für Kultur)

文化代表多元主义政策(kultureller Trägerpluralismus)

文化多元性(kulturelle Pluralität)

文化教育部(Kultusministerium)

文化联邦主义(Kulturföderalismus)

文化与媒体专署(Beauftragter für Kultur und Medien)

文化政策(Kulturpolitik)

文化政治社会文化政策研究所(Institut für Kulturpolitik der Kulturpolitischen Gesellschaft)

文科中学(Gymnasium)

《稳定与增长法》/《稳定法》(Stabilitäts- und Wachstumsgesetzes/Stabilitätsgesetz)

《我们创造性的多样性》(Our Creative

Partei Deutschlands，LDPD)

自由民主联盟（Freie demokratische Union)

"自由与民主的基本秩序"（Freie-Demokratische Grundordnung，FDGO)

自治（Selbstverwaltung)

"综合复兴政策"（Comprehesive Recovery Programm)

综合性大学(Gesamthochschule)

综合中学(Gesamtschule)

最高税率(Spitzensteuersatz)

《最终解决德国问题的条约》（Vertrag über die abschließende Regelung in Bezug auf Deutschland)

五　德国历代皇帝、国王和国家首脑

法兰克王国加洛林王朝	
矮子皮平（原法兰克宫相）	国王 751—771
查理大帝	共治国王 768—771；国王 771—814；皇帝 800—814
虔诚者路德维希	分国王 781—814；国王 814—840；皇帝 813—840
德意志路德维希	东法兰克国王 840—876
小路德维希	东法兰克国王 876—882
卡尔曼	东法兰克国王 877—880
卡尔三世	东法兰克国王 876—887；皇帝 881—888
克恩滕的阿努尔夫	东法兰克国王 886—899；皇帝 896—899
路德维希四世	东法兰克国王 900—911
罗马-德意志王国(911—962)	
康拉德王朝	
康拉德一世（弗兰克公爵）	第一任选举出的东法兰克国王 911—918
萨克森(奥托)王朝	
海因里希一世（萨克森公爵）	东法兰克国王 919—936

续表

神圣罗马帝国(962—1806,第一帝国)	
奥托一世,大帝	东法兰克国王 936—973;皇帝 962—973
奥托二世	国王 961—983;皇帝 973—983
奥托三世	国王 983—1002;皇帝 986—1002
海因里希二世	国王 1002—1024;皇帝 1014—1024
萨利尔王朝	
康拉德二世(弗兰克公爵)	国王 1024—1039;皇帝 1027—1039
海因里希三世	国王 1028—1056;皇帝 1046—1056
海因里希四世	国王 1053—1106;皇帝 1084—1106
莱茵费尔登的鲁道夫	对立国王 1077—1080
萨勒姆的赫尔曼	对立国王 1081—1088
康拉德三世	共治国王 1087—1098;皇帝 1111—1125
海因里希五世	共治国王 1106—1125
苏佩林根堡王朝	
洛塔尔三世	对立国王 1125—1130;皇帝 1133—1137
施陶芬王朝	
康拉德三世	国王 1138—1152
海因里希·贝尔伦加	共治国王 1147—1150
弗里德里希一世·巴巴罗萨	国王 1152—1190;皇帝 1155—1190
海因里希六世	国王 1190—1197;皇帝 1191—1197
施瓦本的菲利普	国王 1198—1208
韦尔夫王朝	
奥托四世	国王 1208—1218;皇帝 1209—1218
施陶芬王朝	
弗里德里希二世	国王 1212 或 1215—1250;皇帝 1220—1250
海因里希七世	共治国王(1222—1235)
康拉德四世	共治国王 1237—1250;国王 1250—1254

大空位时代(1245—1273)	
荷兰的威廉	对立国王 1248—1254;国王 1254—1256
康沃尔的理查德	国王 1257—1272
卡斯蒂利亚的阿尔方斯十世 Alfons (X.) von Kastilien(1221—1284)	国王 1257—1284,没有实际即位
哈布斯堡王朝	
哈布斯堡的鲁道夫一世	国王 1273—1291
拿骚王朝	
拿骚的阿道夫	国王 1292—1298
哈布斯堡王朝	
哈布斯堡的阿尔布雷希特一世	国王 1298—1308
卢森堡王朝	
卢森堡的海因里希七世	国王 1308—1313;皇帝 1312—1313
维特尔斯巴赫王朝	
巴伐利亚(维特尔斯巴赫)的路德维希 六世	国王 1314—1347;皇帝 1328—1347
哈布斯堡王朝	
哈布斯堡的美男子弗里德里希三世	对立国王 1314—1325;共治国王 1325— 1330
卢森堡王朝	
卡尔四世	国王 1347—1378;皇帝 1355—1378
文茨尔	国王 1378—1400;皇帝 1383—1388
维特尔斯巴赫王朝	
普法尔茨的鲁普雷希特(Ruprecht von der Pfalz,1352—1410)	国王 1400—1410
卢森堡王朝	
西吉斯蒙德	国王 1411—1437;皇帝 1433—1437

续表

哈布斯堡王朝	
阿尔布雷希特二世	国王 1438—1439
弗里德里希三世	国王 1440—1493；皇帝 1452—1493
马克西米利安一世	国王 1493—1519；皇帝（没有加冕）1508—1519
卡尔五世①	国王 1519—1556；皇帝 1530—1556
费迪南德一世	皇帝 1556—1564
马克西米连二世	皇帝 1564—1576
鲁道夫二世	皇帝 1576—1612
马蒂亚斯	皇帝 1612—1619
费迪南德二世	皇帝 1619—1637
费迪南德三世	皇帝 1637—1657
利奥波德一世	皇帝 1658—1705
约瑟夫一世	皇帝 1705—1711
卡尔六世	皇帝 1711—1740
维特尔斯巴赫王朝	
卡尔七世	皇帝 1742—1745
哈布斯堡-洛林王朝	
弗兰茨一世·施特凡	皇帝 1745—1765
马利亚·特蕾西亚	摄政 1765—1780
约瑟夫二世	皇帝 1765—1790
利奥波德二世	皇帝 1790—1792
弗兰茨二世	皇帝 1792—1806；奥地利皇帝弗兰茨一世 1804—1835
德意志邦联(1806—1871)	分裂的各邦无共同首脑
德意志帝国(1871—1918,第二帝国)	

---

① 此后哈布斯堡家族分为西班牙系和奥地利系,所有国王和皇帝均出自奥地利系。

霍亨索伦王朝	
威廉一世	皇帝 1871.01.18—1888.03.09
弗里德里希三世	皇帝 1888.03.09—1888.06.15
威廉二世	皇帝 1888.06.15—1918.11.09
魏玛共和国和第三帝国(1919—1945)	
弗里德里希·艾伯特	总统 1919.02.11—1925.02.28
保罗·冯·兴登堡	总统 1925.05.12—1934.08.02
阿道夫·希特勒	总统 1934.08.02—1945.04.30
卡尔·邓尼茨	总统 1945.05.02—1945.05.23
菲利普·谢德曼	总理 1919.02.13—1919.06.20
古斯塔夫·鲍尔	总理 1919.06.21—1920.03.26
赫尔曼·米勒	总理 1920.03.27—1920.06.08
康斯坦丁·费伦巴赫	总理 1920.06.25—1921.05.04
约瑟夫·维尔特	总理 1921.05.10—1922.11.14
威廉·古诺	总理 1922.11.22—1923.08.12
古斯塔夫·施特雷泽曼	总理 1923.08.13—1923.11.23
威廉·马克斯	总理 1923.11.30—1924.12.15
汉斯·路德	总理 1925.01.15—1926.05.12
威廉·马克斯	总理 1926.05.16—1928.06.12
赫尔曼·米勒	总理 1928.06.29—1930.03.27
海因里希·布吕宁	总理 1930.03.30—1932.05.30
弗兰茨·冯·巴本	总理 1932.06.01—1932.11.17
库尔特·冯·施莱歇尔	总理 1932.12.03—1933.01.28
阿道夫·希特勒	总理 1933.01.30—1945.04.30
施末林·冯·克罗西克	总理 1945.05.03—1945.05.23
占领时期(1945—1949)	德国处于英、美、法、苏四国分区占领,无共同首脑

续表

分裂时期(1949—1990)	
联邦德国	
特奥多尔·豪斯	总统 1949.09.12—1959.09.12
海因里希·吕布克	总统 1959.09.13—1969.06.30
古斯塔夫·海涅曼	总统 1969.07.01—1974.06.30
瓦尔特·谢尔	总统 1974.07.01—1979.06.30
卡尔·卡斯滕斯	总统 1979.07.01—1984.06.30
里夏德·冯·魏茨泽克	总统 1984.07.01—1994.06.30
康拉德·阿登纳	总理 1949.09.15—1963.10.15
路德维希·艾哈德	总理 1963.06.16—1966.11.30
库尔特·格奥尔格·基辛格	总理 1966.12.01—1969.10.20
维利·勃兰特	总理 1969.12.01—1974.05.07
赫尔穆特·施密特	总理 1974.05.16—1982.10.01
赫尔穆特·科尔	总理 1982.10.01—1991.01.17
民主德国	
威廉·皮克	总统 1949.10.11—1960.09.07
瓦尔特·乌布利希	国务委员会主席 1960.12.12—1973.08.01
维利·斯多夫	国务委员会主席 1973.10.03—1976.10.29
埃里希·昂纳克	国务委员会主席 1976.10/29—1989.10.24
埃贡·克伦茨	国务委员会主席 1989.10.24—1989.12.06
曼弗雷德·格拉赫	国务委员会主席 1989.12.06—1990.04.05
奥托·格罗提渥	部长会议主席 1949.10.07—1964.09.21
维利·斯多夫	部长会议主席 1964.09.24—1973.10.03
霍斯特·辛德曼	部长会议主席 1973.10.03—1976.11.01
维利·斯多夫	部长会议主席 1976.11.01—1989.11.07
汉斯·莫德罗	部长会议主席 1989.11.13—1990.04.11
洛塔尔·德梅齐埃	部长会议主席 1990.04.12—1990.10.02

续表

统一后的联邦德国（1990—2010）	
罗曼·赫尔佐克	总统 1994.07.01—1999.06.30
约翰内斯·劳	总统 1999.07.01—2004.06.30
霍斯特·克勒	总统 2004.07.01—2010.05.31
赫尔穆特·科尔	总理 1991.01.17—1998.10.27
格哈特·施罗德	总理 1998.10.27—2005.11.22
安格拉·默克尔	总理 2005.11.22—

后　记

　　本书为《德国通史》第六卷，主要阐述的是第二次世界大战后从1945年至2010年德国现当代的历史，是德国在战后被盟国分区占领到分裂成两个德国，以及两个德国奋斗崛起和最后统一并发展成欧洲大国、强国的历史。本书是集体合作的成果。吴友法负责全书的组织、框架构思、撰写前言、统稿等工作；上编第一章、第二章，下编第十三章、第十五章由孙文沛撰写；上编第三章、第四章，下编第十四章、第十六章由岳伟撰写；中编由黄正柏、邓红英撰写，其中联邦德国部分由黄正柏执笔，民主德国部分由邓红英执笔。附录内容由各位作者提供，最后由岳伟、孙文沛负责编排、整理而成。

　　由于我们能力、水平有限，本书肯定存在不足之处，敬请读者、同行专家批评指正。